世界传世藏书 图文珍藏版

世界百科全书

王艳军◉主编

线装书局

目 录

世界百科全书·目录

3

旅游篇

科技发明

网络信息类发明

我无知　我搜索——搜索引擎

提起布告栏,相信大家都不会陌生,它通常可以视为机构公布信息的一个"媒介"。随着信息经济和传媒理论的发展,"布告"一词的内涵进一步得到了深化。从某种意义上讲,我们每一个机关企事业单位、每一个职能部门、甚至每一个人都可以视为布告的发布者。互联网出现后,我们需要考虑将这种"布告"电子化;也正是基于此,才有了后来全球数千万网站,数亿博客的出现。

在互联网领域,任何一个网站或博客都可以视为由形形色色"布告"构成的信息集成系统。在互联网信息海洋里找到我们要想要的那个"布告"就成了一个问题,于是,互联网搜索引

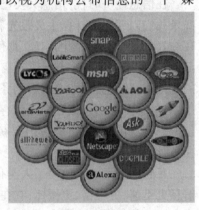

搜索引擎

擎应运而生。谈到互联网搜索引擎的发明,不能不先要提到三位年轻的大学生。1990 年,加拿大蒙特利尔麦吉尔大学的阿兰·英姆特吉、彼德·戴尔彻、比尔·威兰编写出了一种被称为"Archie"的档案检索系统。他们当初做梦也不会想到,这个创意后来被一家叫作"Google"的公司创造出了超过 1500 亿美元市值的经济体。当然,这是 1998 年以后发生的神话了。在"Archie"程序诞生后,世界上有更多的人认识到了这种检索系统的无穷魅力,于是纷纷展开此类研究。1993 年,美国内华达系统计算服务中心的研究人员开发出了"Gopher"搜索工具。美国麻省理工学院的研究人员后来开发出世界上第一个"Spider"程序,意即指这种程序能够像"蜘蛛"一样在互联网上攀爬并抓取信息。

20 世纪 90 年代是搜索引擎出现和迅速发展的时期。1994 年 4 月,美国斯坦

福大学的两名博士生杨致远和大卫·费罗创立了 Yahoo 公司,利用数据库提供目录式检索服务;它在刚开始的时候还不是自动收录搜索引擎,数据库数据都是由人工输入的。就在这个月,美国华盛顿大学的电脑工程师布莱恩·平克顿领导的研究小组创立了世界上第一个正式的互联网全文搜索引擎。1998 年 9 月 27 日,由软件工程师谢尔盖·布林和拉里·佩奇合伙创办的 Google 公司正式诞生;它后来在动态摘要、网页快照、多文档格式支持、多语言支持、地图股票词典、网页级别、用户界面等方面进行了创新,改写了人们对搜索引擎的观念。

21 世纪到来的第一年,中国人在搜索引擎的自主创新方面也迈出了一大步,电脑工程师李彦宏和徐勇创立了百度搜索引擎;如今,百度在中国搜索引擎市场占有率已达到 70%左右,在美国纳斯达克上市后总市值一度超过 150 亿美元。2004 年 8 月,搜狐公司投资成立了"搜狗网";2005 年 12 月,腾讯公司的"搜搜网"正式上线;2007 年 7 月,网易公司推出了"有道"搜索引擎;2009 年 5 月,微软公司在中国推出"必应"搜索引擎。从各大公司争相觊觎搜索引擎这块市场来看,我们可以隐隐约约地感觉到,竞争才刚刚是一个开始。

在信息经济时代,信息其实已经成为我们政治经济文化生活的核心组成部分。如果我们以纯粹的计算主义眼光看待社会,我们将透过个人、家庭、企业、国家等存在的表象,发现其共同的本质,那便是"信息"。政令、商机、企业制度、个人诉求等都能够以"布告"的形式出现。我们每天工作的核心内容就是处理信息。在这样的时代里,我们需要知道以下两条基本事实:第一、无知是绝对的,有知是相对的;第二、信息搜寻是组织和个人生存发展的要义。作为互联网信息检索服务商的搜索引擎有点像"包打听",你需要获得什么信息,它就可以为你提供什么,而且通常在一眨眼时间。

互联网搜索引擎改写了人类信息时代的游戏规则,它使我们在网络时代获取信息更迅速、更丰富、更便捷;它在消灭着无知的同时,也使得很多经济体运行的效率有了显著的增强。搜索引擎创立至今只有短短的二十年时间,未来还会有很漫长的路要走。如今,已经有人对一些搜索引擎的服务质量提出了质疑,比如搜索结果过于"平板化";搜索结果的排序可能会由于商业利益的影响而有失公平;信息的无限制传播将导致一些版权纠纷……相信在"生存竞争、优胜劣汰"的法则支配下,未来更加优秀的搜索引擎会涌现出来。需求在塑造人才,需求也在创造市场。

知识经济时代的先驱——威客技术

什么叫作"威客"?或许还有人对这样的概念陌生。其实,"威客"是英文 Witkey 的译音,是指那些通过互联网把自己的智慧、能力、知识经验转换成实际收益的人。大家都知道科学技术是第一生产力,那么如何才能将科学技术的力量转化为直接推动社会经济发展的动力?这是信息时代的重要命题。科学技术之所以能够像杠杆一样撬动社会经济呈指数级数增长,就在于它能够实现人类最优秀文明的"共享"。1995年,美国程序员沃德·坎宁安创立了"维基"的概念。维基是英文Wiki的译音,来源于夏威夷语"wee kee wee kee",原意是"快点快点"。维基的内涵就是参与式共同编写文章。从其内涵中我们不难发现,人类的"概念知识元"可以在全体网民的参与下,以"互动式百科词典"的形式不断加以更新和发展。

人类的科学技术在被发现或发明后,是以概念知识元为基础形成的一种系统化知识体系。要进行快速的传播,我们便可以借助于互联网的力量。"维基"这一概念,使得人类科学技术的影响力能够借助数亿网民的力量发展,这有点类似"BT"下载中的共享的精神。2001年,美国程序员吉米·威尔士、拉瑞·桑格和一群爱好英语的同伴共同创立了"维基百科"。截至2008年4月,维基百科已经收录了超过230万条概念知识元,它通过互联网使得维基的基本精神"快点快点"深入人心。在过去,你遇到不明白的概念和知识需要去求教于专家学者或去图书馆查阅资料;现在,你只需要在搜索引擎中输入关键词,一般均能借助维基找到答案。

"维基"其实是电子公告牌(BBS)概念的一种延伸。一般而言,BBS是以"事件"或"话题"为中心,如果将其中存在"概念知识元"提取出来的话,便有利于人们在短时间内对事物的本质进行认知和了解。这是信息时代"知识经济"理念的重要基础,也是威客技术的基础。威客技术旨在通过互联网,使得科学技术以及人类解决问题的有效方案能够在最短的时间内传播开去,帮助人们解决问题;而科学技术拥有者,则能够利用头脑中的知识和掌握的技术为他人服务而创造价值。"维基"是威客技术的一种重要基础;在维基以"概念知识元"为中心的信息构建模式基础上,威客技术后来又发展出了更广泛的利用"一切有价值的科学技术以及生活经验中的问题解决方案",从而使得互联网和人脑之间形成了一种更有效的通路,这是一种具有深远影响力的重大突破。

2005年,中国著名搜索引擎百度公司的首席产品设计师俞军领导的科研小组,创建出"百度知道"(zhidao.baidu.com)这一服务系统并正式上线。2006年12月4日,百度知道收录的问题数突破1000万大关;到了2009年底,百度知道收录问题已超过7000万个。百度知道目前收录的问题,从科学技术、社会民生到婚恋烦恼等,几乎无所不包;而当你在社会生活中遇到形形色色的问题时,你都可以直接通过该系统在最短的时间内获得答案。假如你遇到该系统知识库中没有答案的问题时,你还可以发出悬赏提问;而你所付出的积分则可以通过回答别人的提问而获得。这就建立起一种有效的机制,调动了中国亿万网友参与互联网建设的热情,也使得团结互助的社会精神得以不断发扬光大。

随着概念知识元维基网站以及互动问答式威客网站的兴行,一种直接用现金购买技术的网站也开始风行,它们即指谓狭义上的威客网站。在中国目前比较有名的威客网站有"威客网""猪八戒威客网""雅士特外包网""任务中国网"等。这批网站的兴起,使得那些拥有艺术设计、程序设计、网站设计、文化创意等一技之长的专业人才能够很快地将其技术转化成金钱。从广义上讲,全球数千万网站站长、数亿博客主也属于"威客"的范畴。1996 年,亚马逊网创始人杰夫·贝佐斯创建出"Web 广告联盟"这一新生事物,通常简称"广告联盟"。它的兴起,使得网站和博客成为了一种有效的赢利平台。目前,广告联盟除了 CPS(按购买金额付费)外,已经发展出了 CPC(按点击次数付费)、CPA(按下载注册人数付费)、CPM(按展示次数付费)等多种形式。2010 年 4 月 26 日,百度公司宣布其广告联盟在 2010 年度发放的奖金有望达 10 亿元。

分享互联网的乐趣——点对点软件

作为新兴产业的互联网市场,风险投资家们总是觊觎但又谨慎的。互联网的高速成长,离不开一批热爱互联网事业并以此为乐的人。或许,他们当初建立某个网站或是编写某段程序仅仅是出于一种兴趣,别无经济目的。1998 年,年仅 19 岁的美国大学生肖恩·范宁编写出了 NAPSTER 程序。通过这种程序,他后来在叔叔的帮助下建立了一个 NAPSTER 音乐网站。利用他编写出的程序,全球的音乐爱好者们可以共享硬盘中音乐。NAPSTER 音乐网站于 1999 年推出后不久大获成功。随后,肖恩·范宁也成为美国《有线》杂志的封面人物。

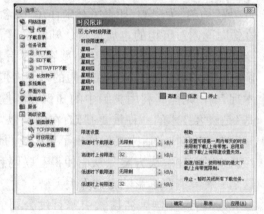

点对点软件

肖恩·范宁编写的 NAPSTER 程序被称为"P2P"软件,它的中文名称叫"点对点"软件。一般网站都是建立在服务器上,然后通过服务器进行访问;但"P2P"软件却可以实现无需服务器,使互联网前面的每台个人电脑都可以通过这种软件共享资源。"P2P"即"peer-to-peer",译为"同伴"与"同伴"的关系。这种网络连接模式,彻底颠覆了过去以门户网站为中心的互联网模式;它其实也是真正意义上的"互联"网的内涵,即无边界的互联与共享。不过,2001 年 2 月 12 日,NAPSTER 被美国法院裁定侵权,因为它侵害了很多作品的版权。"P2P"技术发展给当代互联网版权保护带来了很大的挑战,德国互联网调研机构 Ipoque 发布的一份调查报告显示,P2P 目前已经彻底统治了当今的互联网,现在全球互联网 50%~90% 的流量都来自 P2P 程序。

目前,全球过半的互联网流量来自 P2P 软件;而在 P2P 软件中,过半的流量又来自于一个叫作"BT"的软件。"BT"的全称是"BitTorrent",它是一种 P2P 软件,由美国纽约大学一位名叫布莱姆·科恩的程序员在 2001 年写出。布莱姆·科恩被誉为"天才程序员""BT 软件之父"。相传他在 5 岁时就开始学习 C 语言,高中毕业时数学和编程水平已和优秀工程师不相上下。在读大学时,有一次数学考试他只做完第一题就交卷了。老师问他为什么;他回答老师道,后面四十九道题太简单了,它们只是第一道题目的简单变形,根本不值得花时间去做。还有一次,算法课结束后,他找到自己的任课教授,说他所教授的算法太复杂,自己可以将其简单变革一下就能使计算速度增加百倍。布莱姆·科恩很快就觉得学校生活不适合自己,他辍学离开大学后开始了创业生涯。

2001 年 4 月,布莱姆·科恩推出了 BT 程序,此程序一经推出就在美国网民中迅速传播开来,不到两年其使用者就突破了 2000 万人。由于 BT 软件可以使得网友之间交换电影等资料不受任何限制,它给电影业带来了前所未有的压力。2005 年,美国《纽约时报》记者曾采访过美国电影协会主席丹·基利克曼,问及 BT 软件的出现会对电影业造成的影响,丹·基利克曼评论道:"科恩是个绝顶聪明的家伙,好莱坞现在已经认识到是时候拥抱这些新技术了。"2006 年,美国华纳兄弟电影公司与 BT 软件创始人布莱姆·科恩签署了一项协议,通过 BitTorrent 网络发行自己的 200 余部正版电影、电视剧,这标志着 BitTorrent 成为世界上首个向用户提供正版下载内容的 P2P 技术平台。

随着互联网的深入发展,"P2P"概念已开始逐渐深入人心。除了很多常见的。P2P"下载软件"外,我们熟知的互联网"即时通讯系统"也是一种 P2P 软件,比如"ICQ""QQ""MSN""阿里旺旺""百度 Hi"等都属于此类软件。1996 年,以色列高科技企业投资家尤西·瓦迪投资成立了"紫茉莉"公司;在包括他儿子在内的四位以色列工程师瓦迪、维格西、高德芬格、阿米若的共同努力下,"ICQ"软件于当年诞生。"ICQ"是从"I Seek You"演变而来的,即为"我找你"的意思。由于"ICQ"支持互联网 PC 之间发送即时信息、传输文件,它很快便在互联网火爆起来。如今对于大多数网民而言,即时通讯软件号码和手机号一样,成为个人信息的重要组成部分,这也为互联网电子商务的发展做出了重要贡献。2010 年 3 月 5 日,腾讯公司宣布其 QQ 软件同时在线人数突破 1 亿。

没有房租的商店——电子商务

互联网在 1969 年出现以后,很多计算机专家都开始尝试用互联网发送信息。1971 年,BBN 科技公司的美国工程师雷·汤姆林森发明了含有"@"标记的电子邮件。20 世纪 80 年代,美国工程师大卫·克罗克开始将电子邮件进行商业应用,他获得了两项国家电子邮件系统的专利。电子邮件的出现和运用,不但方便了人们在日常生活中的沟通和交流,也使得商业信函无纸化成为可能,这大大降低了人们进行沟通的成本。电子邮件和"P2P"即时通讯软件目前是电子商务的通讯基础,如今很多门户网站都提供此类服务。

熟悉传统商业流程的人,不难理解"发包"这个概念。在商品的生产和流通领域,如果我们有一项任务需要完成,可以将其转交给他人去解决;而收到此任务的人,未必会自己去独立解决,他可以将任务继续转交给另一人或另一个组织来完成。据此,便出现了我们俗称的"大包""二包""三包"……或许有人会觉得奇怪,为何任务最先接受者自己不去解决?又为何"大包"不直接发单给"三包",要通过"二包"?

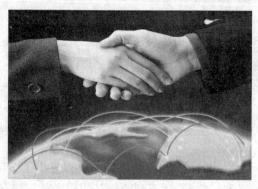
电子商务

这两个问题其实反映出在传统商业运作流程中易出现的两种情况,其一是由社会分工所促成的"竞争门槛",其二是营销渠道阻滞所促成的"佣金制度"。这两种现象都和信息不对称有关,而它们均在某种程度上增加了消费者消费某种商品的成本。曾被誉为"互联网革命中最伟大的思考者"的美国作家克莱·舍基在其《未来是湿的:无组织的组织力量》一书中提到,随着信息技术的发展,全球分享与合作的工具终于交到了个体公民的手中,每个人都有可能获得和别人一样多的信息。他提倡一种消除中间环节的商业模式,一种去除繁文缛节的生活方式,一种能够在未来像"流体"一样无拘无束、自由运行的社会新范式。

在互联网和电子商务的时代,我们完全有可能实现克莱·合基的这种梦想。在未来的信息社会,自由将无所不在,而"二包"和"三包"将有可能面临命运的终结;甚至在某些行业,传统商业发包模式都有可能彻底终结。经由网络这种媒介,看不见的可以变成看得见的,需要者可以直接找到供给者,外贸客户能够很快跳过中间商找到厂家……电子商务能够使得商务流程变成更加简单,商品的价格也因此变得更加低廉。1995 年 9 月 4 日,美国人皮埃尔·奥米迪亚在加州创建了一家拍卖式购物网站;1997 年 9 月,他将公司正式更名为"eBay",其口号是成为"世界的网上购物市场",它目前已发展成为世界上最大的网上拍卖市场。2002 年,eBay 网以 15 亿美元的价格并购了世界上最大的网上第三方支付公司"PayPal",业务获得长足的发展。2009 年,eBay 网实现净收入 87.27 亿美元,净利润达 23.89 亿美元。目前,eBay 网在全球电子商务领域主要竞争对手有亚马逊网、Marketplace 网、Yahoo 拍卖网,以及阿里巴巴网。

阿里巴巴网由原杭州电子工业学院的青年外语教师马云于 1999 年 3 月创立。马云在创立阿里巴巴网后,当年就引入了包括高盛在内的 500 万美元的风险投资;2000 年 1 月,日本软银又向阿里巴巴网注资 2000 万美元。此后阿里巴巴网不断获得风险投资基金的青睐,它后来获得过一笔高达 8200 万美元的注资。目前,阿里巴巴网已成为全世界最大的"B2B"电子商务网站。2003 年,阿里巴巴网又投资成立了淘宝网；2005 年底，美国雅虎公司以 10 亿美元外加中国雅虎换得阿里巴巴网 35％的股权。

互联网从万维网出现到今天，才不过二十年的时间。就在这二十年的时间里，已经出现了翻天覆地的变化；互联网及其相关技术创造出了一个又一个的奇迹，电子商务使得人们足不出户便可以选购精美商品。据中国国际电子商务中心主任刘俊生介绍，目前我国电子商务交易额年平均增长率逾 70％，是我国 GDP 平均增速的十倍左右。2002 年，中国电子商务交易总额为 1809 亿元，到了 2006 年首次突破万亿元大关，预计 2010 年我国的电子商务贸易总量将超过 15 万亿元。而在这种发展变化中，最重要的就是要实现模式创新、转型与升级。

网络，网聚精英的力量——互联网

前面我们介绍了信息经由"布告栏"可以组建出大大小小的信息系统。这些信息系统实现优胜劣汰就需要有一种"信誉甄别"机制，这种机制类似于选举中的

"投票"。好的"布告"引用次数多、提及率高，其赢得的关注频率高，自然也就会获得更多的成长机会。这种投票机制是自发完成的，但实现这种投票过程的前提是把若干信息系统聚合在一起。1948 年，信息论创立人香农在《通信的数学原理》中指出："信息即为消除不确定性的东西。"信息含有一种内在的"甄别"机制。我们能够联系起来的"备选信息"越多，可能消除不确定性的成功概率也就越大。

1990 年，英国物理学家蒂姆伯纳斯·李发明了世界范围的互联网——"万维网"（World Wide Web），将人类引入了一个前所未有的"信息高速公路"时代。蒂姆伯纳斯·李发明万维网历

互联网

经了十年的艰苦努力，后来他主动放弃了这项发明的专利申请权。如果没有蒂姆伯纳斯·李的贡献，我们今天的互联网很可能仍然只是少数计算机专家在实验室进行科学研究的工具。万维网是一个巨大的"信息超级市场"；这个超级市场是没有国界的，是电子化的，是高容量、高自由度、高效率的。万维网连接起来的，不仅仅是人脑，还有由人类行为衍生出来的一切社会活动。

在蒂姆伯纳斯·李发明万维网之前，美国麻省理工学院林肯实验室的电子工

程师拉里·罗伯茨领导的科研小组于 1969 年 10 月发明了"APRANET"交互式计算机网络,即"阿帕网"。阿帕网是世界上第一个互联网系统,它的出现标志着互联网诞生。1969 年 9 月 2 日,阿帕网研究小组成员之一,美国加州大学洛杉矶分校的计算机系教授雷纳德·克兰罗克成功地用 5 米长的电缆接驳了两台电脑并交换了数据,为阿帕网奠定了基础。1969 年 10 月 29 日,阿帕网首次利用分组交换技术将加州大学洛杉矶分校的一台电脑与斯坦福大学的另一台电脑接驳并进行了通讯。罗伯茨和克兰罗克工作的机构名为"DARPA",系由美国第 34 任总统艾森豪威尔亲自督促建立的。美国建立这个科研机构的最主要动机,是因为受到 1957 年苏联第一颗人造卫星成功发射的刺激。"DARPA"研究中心最初的研究任务是发展美国的雷达系统,并且能够找出一种新的通讯方式解决美国军方日益增长的对信息通讯的巨大需求。

阿帕网于 1969 年 10 月试运行成功后,1972 年,美国电子工程师罗伯特·卡恩加入了"DARPA"信息技术处理中心。同年,美国加州大学洛杉矶分校计算机系博士毕业生温顿·瑟夫开始到斯坦福大学工作,他后来和罗伯特·卡恩一起开发出了互联网 TCP/IP 协议。温顿·瑟夫在加州大学的导师杰拉尔德·埃斯特林曾和雷纳德·克兰罗克共同参与过阿帕网的建设工作,他对互联网的未来充满了信心。温顿·瑟夫于 1976 年加入"DARPA"中心后一直工作到 1982 年;后来他加入 MCI公司,担任负责技术研发的副总裁,领导设计了互联网先进的网络框架,包括为企业和消费者提供各种文本信息、语音、视频及其他网络服务的全面的互联网问题解决方案。温顿·瑟夫后来还担任过国际互联网名称与数字地址分配机构(ICANN)的理事长及互联网协会的创会主席。他为互联网的技术创新、应用推广做出了杰出贡献,后来被人们尊称为"互联网之父"。

互联网的出现,不仅加速了人类信息聚合、共享的进程,而且使得市场竞争更加透明化,让更多的优秀人才和企业脱颖而出,让更多的优秀科学技术和生活经验传播开去。1762 年,法国哲学家卢梭出版了《社会契约论》。在该书中卢梭指出,人为了实现共同的利益必须放弃"天然自由"而选择"契约自由"。他的这一思想用今天的眼光来看就是"自由体为实现更高的价值经由博弈而选择结盟",这其实就是"互联"一词的广义内涵。互联网的发展才刚刚是一个开始,它未来对促进人类文明的发展将会做出更大的贡献;而它的技术基础还将为揭示人脑运行的奥秘打开一扇窗户,这将会是"机器人"最引人入胜的一个环节。

网络信息的集成——多媒体技术

互联网技术能够飞速发展到今天,离不开多媒体技术的支持。1965 年,美国电脑工程师霍尔姆·尼尔森发明了超链接技术。超链接又被称为"超文本",它是互联网文本结构不同于传统文章的主要特征。超链接技术不仅是互联网上文档必

不可少的技术，它也是很多文字处理器的
重要技术基础。熟悉微软 PowerPoint（幻
灯演示）等软件的人，都知道超链接在这
些软件使用过程中的重要性。多媒体又
被称为超媒体，它不仅仅包括超文本、声
音、图像、视频等交互式信息内容，还包括
声卡、显卡、硬盘、光盘等互联网信息存储
和转换设备。换句话说，互联网技术本质
上就是一种多媒体技术，它是一种信息的
集成技术。

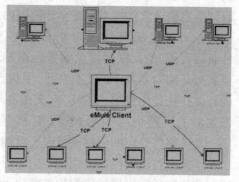

多媒体技术

　　熟悉 PC 机的人都知道，无论是文本、图像、视频还是其他互联网信息，都存在
着文件"后缀"标明其格式。除了信息的交互性，大量格式的文件在同一个平台显
示出来，这是多媒体的另一种内涵。对于 PC 使用者来说，可以不懂"C++"，不懂
"mysql"，但你在操作电脑时，不能不熟悉各种格式文件的打开方式，熟悉相关软件
的使用技巧。当然，在很多时候 PC 在购买时预安装的软件已经将大多数格式的
文件和其相应的软件之间建立了一一对应的关系，这使得现在 PC 的使用要比过
去简便很多。

　　最早的电脑是没有声卡的，显卡最初的形式是显示芯片，那时电脑最主要是作
为一种"计算"的工具，我们今天的"计算机"也正因此而得名。事实上，我们今天
的计算机的功能，已经将 DVD 影碟机、MP3 播放器、电视机、收音机乃至游戏机的
功能都包括了进去；它对于很多人而言，已经变成了日常生活中一种不可或缺的娱
乐工具。而随着计算机文字处理器、即时通讯等软件的出现，计算机又具有了文字
处理、远程通讯等功能。当今世界很难想象一个不懂电脑的人可以称得上真正意
义的"现代人"。多媒体技术的发展使得电脑成为现代家庭必备的家用电器。

　　1981 年，新加坡商人沈望傅成立了创新科技公司。创新科技于 20 世纪 80 年
代初推出第一批声卡，当即在全球引起轰动。1986 年，创新科技又推出了世界上
第一批真正意义上的多媒体电脑。创新科技公司为声卡、MP3、多媒体技术的发
展，做出了卓越的贡献。因此，沈望傅也被尊称为"多媒体之父"。创新科技公司
在 80 年代以雄厚的声卡研发技术打败了苹果公司。2002 年，创新科技又收购了拥
有世界领先图形处理技术的"3Dlabs"公司。出人意料的是，沈望傅没有想借助
3Dlabs 在图形处理技术上的优势，而是以超前的眼光联合 3Dlabs 开发出了被称为
"干细胞处理器"的拥有分生和集群信息处理能力的"Zii"处理器；而此后，3Dlabs
也更名为"Ziilabs"。由于"Zii"处理器具有更加强大的多媒体信息处理能力，创新
科技此次研发的竞争对手就直接指向了英特尔公司；沈望傅因此也成了业界让人
钦佩的技术自主创新发展的楷模。

　　就在多媒体硬件技术的竞争进行得如火如荼的时候，一种被称为"RSS"的多

媒体信息聚合软件技术也在全球范围内发展起来。"RSS"是建立在电子邮件基础上的。20世纪80年代，电子邮件在世界范围内被广泛应用，使得一种被称为"邮件新闻订阅"的互联网信息服务迅速发展起来。这种服务类似于我们熟悉的"手机新闻订阅"；与其不同之处在于，手机新闻订阅大多数情况下需要付费，而邮件新闻订阅往往是免费的。1995年，美国苹果电脑公司的印度工程师拉马拉坦·古哈开发出了一种内容聚合框架，它被视为"RSS"的前身。1997年12月，美国UserLand软件公司的创始人戴夫·温纳开发出了世界上第一个"RSS"信息聚合系统并率先在自己的网站上使用。"RSS"是一种高效的信息聚合软件，可以将无数网站和博客的资讯通过此类软件实现类似于邮件新闻订阅的功能。使用RSS的方法是，先安装一个RSS阅读器，然后将提供RSS服务的网站加入到RSS阅读器频道即可。RSS使得互联网资讯的传播更具有针对性。如今，是否拥有RSS输出功能，已成为衡量一个网站是否是"Web2.0"网站的重要标志之一。

磁性材料的"记忆"——磁存储技术

磁存储技术是信息存储的一项重要技术。它目前主要应用于电脑磁盘领域；除此以外，它在磁带及银行磁条卡中也有应用。1888年，美国电子工程师奥伯林·史密斯发明了磁性材料声音存储技术。1898年，丹麦电子工程师波尔森发明了磁性材料录音电话，这一发明在1900年巴黎世博会上展出，引进了各大电子厂商对磁存储技术的关注。此后科学家们发明出了利用三氧化二铁涂料作为存储介质的磁带，此发明后来被德国AEG公司成功地进行了商品化。

磁存储技术

最早的磁带只能用于存储音频信息，后来科学家们又发明出了视频信息存储磁带，这一发明为录像机的诞生奠定了基础。随着光盘技术和数字磁存储技术的出现，利用磁性介质存储数据的录音带和录像带逐渐退出了历史舞台；不过，磁带如今在一些大型计算机中仍作为"外存"使用。在早期计算机中，磁存储还曾作为"内存"使用过。1932年奥地利电子工程师古斯塔夫·陶合克发明的"磁鼓"就曾作为计算机的内存被使用了数十年。后来，半导体内存出现后，磁介质内存才在计算机中逐渐消失。

20世纪50年代，晶体管开始进入计算机领域。IBM公司管理层做出了公司计算机更新换代的决定，他们宣布："从1956年10月1日起，不再设计使用电子管的机器,所有的计算机和打卡机都要实现晶体管化。"1957 年,IBM 公司开发出了世界上第一台配置了硬盘(Hard disk)的计算机,此硬盘由 IBM 公司的电子工程师雷诺·约翰逊领导的科研小组发明。雷诺·约翰逊是一名自学成才的电子工程师,他曾发明出一种学校自动阅卷机,后来在美国被普遍使用。雷诺·约翰逊在研制硬盘的过程中,先将磁性材料碾成粉末,使其扩散到直径 24 英寸的铝盘表面。然后,他再将 50 张这样的磁盘安装在一起,造出了世界上第一个硬盘。此硬盘的硬盘机采用了类似于电唱机那样的机械臂,可以沿磁盘表面移动并读取和存储数据。它的造价超过 100 万美元,其数据处理速度比传统的磁带机快了 200 多倍。雷诺·约翰逊被誉为"计算机硬盘之父",他后来曾一直担任 IBM 公司的研究室主任。

1967 年,IBM 公司又推出了第一张计算机软盘(Floppy disk),开创了磁盘在计算机外存储器中应用的新的一页。1971 年,舒加特合伙人公司的创始人艾伦·舒加特发明了直径 8 英寸的表面涂有金属氧化物的塑料质磁盘,这一磁盘是后来的"标准软盘"的前身。1979 年,日本索尼公司推出了 3.5 英寸的标准软盘。艾伦·舒加特曾在 IBM 公司工作过,为 IBM 公司的第一个硬盘研制做出过贡献,他后来在 1969 年离开 IBM,创建了舒加特合伙人公司。1979 年,艾伦·舒加特和几位朋友共同创建了希捷技术公司,专门为 PC 机研制小型高性能的硬盘。1980 年,希捷技术公司研制出第一台 5.25 英寸温式硬盘,这种硬盘后来成为 IBM 公司的 PC/XT 个人电脑的标准配件。1988 年,法国电子工程师阿尔贝·费尔和德国电子工程师彼得·格林贝格发现了"巨磁电阻"效应,这使得硬盘制造技术有了重大突破。两人因此而获得 2007 年度的诺贝尔物理学奖。

20 世纪 90 年代初,英特尔公司的美籍印度裔电子工程师安杰·巴特领导的科研小组发明了 USB(通用串行总线)接口,它从 1994 年起开始出现在商业电脑上。1999 年,我国朗科科技公司电子工程师吕正彬领导的科研小组发明了 USB 闪存。吕正彬曾在日本一家银行担任软件工程师,经常要将资料从公司拷贝回住所,有时一些文件需要用数十张软盘。吕正彬觉得这样很不方便,便萌生了发明更优质活动存储盘替代软盘的念头。此后,他与电子工程师邓国顺、成晓华等人共同研发出可以直接通过计算机 USB 接口转移数据的"U 盘"并获得了国家专利。2006 年 2 月,朗科科技公司起诉美国 U 盘制造商 PNY 侵权。2008 年 3 月美国法院宣布朗科科技公司赢得诉讼,其对"U 盘"的一些技术享有专利权。据赛迪调查发布的数据显示,2008 年,我国 U 盘销售量达到 1800 万余片,比 2000 年增长了 1000 多倍,已经超过了光驱、移动硬盘等计算机外存储器产品的销售总量。目前我国 95% 的"U 盘"市场份额都掌握在国内企业手中。

信息海洋的构建者——电子公告牌

21世纪最重要的资本就是人力资本,任何发明创造归根结底还在于人的需求和创造力的展现。在互联网时代,有一种很好的方式将人的需求和创造力展现出来,那便是"电子公告牌"。电子公告牌,简称"BBS",是一种由电子信息构成的公共文件张贴、显示系统。"BBS"使得我们可以将自己的需求和观点随时随地展现出来,我们也可以经常了解到各式各样的人的需求和观点。从电子公告牌的基本定义来看,证券公司的股票显示系统就属于一种电子公告牌,其实电视机本质上也是电子公告牌的一种形式。不过,我们一般俗称的"BBS",是专门针对互联网而言的。这种电子公告牌是伴随着互联网的发展而发展起来的,如今已经表现出了多种多样的形式。

人类历史上第一个拨号上网BBS由IBM公司的电子工程师沃德·克里斯腾森于1978年建立,那时万维网还没有出现;他建立的BBS可以算是第一个基于"Web"的BBS。当然,早在Web出现以前,就诞生过基于"PC"的BBS。很多人对基于PC的BBS不太理解,可以举这样一个很通俗的例子帮助大家领会这一点。从广义上来讲,电视机信息发布就属于BBS,那你独自在家看的DVD呢?它其实也是一种BBS。虽然,它并没有进入狭义的"公共"领域,但在你在看DVD的时候,其实已经在进行"人机对话"了。所以,只要有"对话"存在,就存在着"公共领域"的内涵,只不过有狭义的和广义的公共领域的区别。

1990年万维网诞生后,BBS进入了全球视野,这是一种革命性的变化。与此同时,各式各样的计算机语言编写的BBS程序也相继出现。我们今天大多数人熟悉的BBS已经和历史上最早出现的BBS大相径庭,不过它们本质上却是相同的。我们可以用"沟通的记忆"一词来加深对其理解,它就像你写过的一篇日记、张贴在学校海报栏的一则启事一样,这些都是人的思想情感诉求的表达和交流。BBS发展至今,出现了丰富多彩的形式。我们今天常见的BBS,除了综合性、专业性网站设立的固定版块论坛外,还有一种自由创建版块的论坛,比如像百度"贴吧"、天涯"来吧"、搜狗"说吧"等。除了这些论坛形式的BBS外,各种Web2.0网站、新闻组、博客、微博客也都附带了BBS元素,比如开放式注册或免注册式的回帖、评论等。世界上第一个博客社区由美国程序员布鲁斯·阿巴尔森于1998年10月创建。

据中国互联网络信息中心公布的一项调查数据显示,至2007年11月,我国博客数量就达到了约4700万。专门发布视频的博客又被称为"播客"。博客和播客因为是以个人为中心而不是以网站限定的主题为中心,所以它的自由度大大增强。网络不应只是对于传统纸质媒体进行电子化的"拷贝"和"张贴",它更应当是作为一种信息创造者的角色出现;而这种信息的创造,在很大程度上源自"全体网民的总动员"。孔子说，"三人行，必有我师"。在互联网的时代，只有调动全体网民的积极性和参与性，我们才能构建出一个任由我们思想驰骋的"信息的海洋"。虽然，大量 BBS 的出现，无论对于搜索引擎、新闻网站，还是对于政府而言都会带来监管上的困难；但面对这种困难，大家都应该承担起责任，争取让网络世界中那些诽谤、造谣、亵渎事件不要发生。

2006 年，美国程序员杰克·多西等人发明了 Twitter 软件；它和传统博客比，要求字数更短，还可以和手机、即时通讯软件相结合，从而使得博客发展从此进入"围脖"时代。围脖即"微博客"的昵称。苏轼有诗："横看成岭侧成峰，远近高低各不同，不识庐山真面目，只缘身在此山中。"更多的个性化信息的出现，使得我们更加容易发现真理。2009 年 3 月，英国前小学总督察吉姆·罗斯向英国政府提交了一份议案，拟将"Twitter"和"Wikimedia"纳入英国小学必修课程。在 BBS 的帮助下，其实当代互联网上的文章、图片、视频中充满了创意和灵感。学艺术我们需要灵感，进行科学创造我们需要灵感，认识世界我们也需要灵感；有时，这种灵感就潜藏在 BBS 中一个看上去不起眼的角落。当我们从中受益时，最好不要忘了自己今后也去成为一个互联网世界 BBS 的积极回帖者和贡献者！

办公何需用纸？——文字处理器

公元 1703 年，德国科学家莱布尼茨发表了《二进位算术的阐述——关于只用 0 与 1 兼论其用处及伏羲氏所用数字的意义》一文，标志着二进制数学正式问世。据悉，莱布尼茨早在此前二十多年就有了建立二进制数学的想法，但当时认为它没有什么用处而没有继续研究。后来他可能受到中国《易经》相关内容的启发，从而逐渐意识到了二进制数学可能潜藏着的巨大意义。虽然莱布尼茨是先看到《易经》还是先想到发明二进制数学很难考证；但毋庸置疑的是，二进制数学对于今天计算机的出现及其衍生出来的信息技术具有举足轻重的价值。

中央处理器

在美国信息互换标准代码（ASCII 码）中，键盘上的字符是同具体的二进制数字一一对应的，而对 0 和 1 计算机很容易识别，这便使得"人机对话"成为可能。当然，这也为后来的计算机文字处理器的诞生奠定了基础。文字处理器属于一种办公自动化软件，在计算机发明出来以前，较为先进的文字处理工作是通过打字机进行的；但打字机打错字以后，很难对其进行修正。而有了计算机和文字处理器后，不但修正输入的错字十分便捷，而且也为"无纸化"办公的实现创造出了条件。在今天的办公室里，有计算机和互联网，我们就可以很轻松地输入文字并交流思想。

在 Windows 等视窗软件出现以前,计算机普遍采用 DOS 操作系统。在 DOS 系统被使用的初级阶段,汉字输入的实现大多采用汉卡;通过硬件将文字叠加在英文操作系统上。随着软件技术的发展,后来出现了汉化 DOS 系统;也就是先建立一个点阵字库,再通过软件调用实现汉字输入功能。在汉字输入法中,除了传统的拼音输入法外,出现了很多字形输入法;这其中最具有代表性的是我国电子工程师王永民历时五年研发,于 1983 年推出的“五笔字型”输入法。它在世界上首破每分钟 100 汉字输入大关,在 20 世纪末已被全国 90%以上的专业文字输入工作者采用。

1989 年,我国电子工程师求伯君领导的金山公司正式推出了我国第一套文字处理软件——WPS。20 世纪 90 年代初期,美国微软公司推出了集成办公软件系统——MicrosoftOffice,它包含文字处理、表格制作、幻灯制作、网页制作等多项办公室常用软件。1989～1994 年期间,WPS 曾一度垄断中国文字处理软件市场。1994 年起,微软公司为了迎合中国消费者的习惯,主动找到 WPS 公司要求收购金山公司遭到拒绝;1995 年,微软以高薪诱惑想把求伯君纳入旗下仍被拒绝。1996 年,微软想出了一个“折衷”的办法,找到金山公司要求双方将软件在“井水不犯河水”的前提下进行兼容,金山公司同意了。没想到,1996 年 8 月,微软公司推出了功能更强大的新版本视窗软件和办公系统,乃至国内用户纷纷从喜欢 WPS 产品转向了与其兼容的微软产品;到了后来,金山公司在微软公司强大的竞争面前几近倒闭。

求伯君此后不得不卧薪尝胆,卖房求生,公司以开发游戏、杀毒软件谋求生存。经过一番励精图治后,金山新版 WPS 文字处理系统卷土重来;后来在联想集团的帮助下,金山公司终于在与微软文字处理系统的竞争中重新获得了一席之地。然而,好景不长,金山公司的市场份额在微软强大的实力和用户长期养成的习惯下又再度失落下去。2008 年,金山公司将积累了 14 年经验的文字处理器软件代码全盘推倒重建,向微软“屈服”,彻底兼容微软制定的代码标准。然而,他们这样做的目的,正是为了不向微软屈服;或许只有这样才能迎合用户的使用习惯,有朝一日东山再起。金山人身上的这种不服输的竞争精神被业界视为楷模。

使用文字处理器对于绝大多数白领而言是不可或缺的,它正如使用搜索引擎一样。面对这一巨大市场,IT 巨头 Google 公司也不甘寂寞,他们于 2006 年推出了谷歌文档,一种基于 Web 的文字处理器。2010 年 1 月,Google 公司又联合 Memeo 公司推出了谷歌文档桌面客服端,用户可以方便地实现在线创建文档的离线修改工作;这种客服端还增加了谷歌文档和微软文档之间的格式转换,以实现文档彼此兼容的问题。作为对 Google 公司相关举措的回应,微软公司则推出了网络文档在线查看软件,可以在线免费查看 Microsoft Office 文档,双方竞争已进入白热化。

世界就是一个“屏”——视窗软件

随着量子物理学的发展,有些科学家坚信在基本粒子背后,有着更微观的终极物理结构。目前关于这种终极结构主要存在着三种猜想——"超弦""圈量子""信息"。第三种猜想最令人震撼，它认为物质和能量都不过是世界存在的一种表象，只有"信息"才是最本质的。这种创见就好比当我们打开电脑，显示器视窗软件上显示出千变万化的世界；但关闭电脑时，一切都消失了。

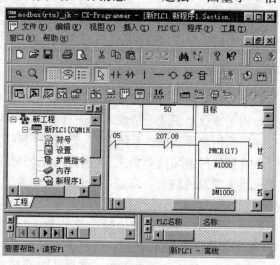

视窗软件

20世纪70年代，美籍匈牙利裔电子工程师查尔斯·西蒙尼发明了世界上第一个图形用户界面文本编辑器，这是第一个"所见即所得（What You See Is What You Get）"的文字处理软件。它为计算机程序可视化做出了开创性的贡献。他的这项技术是在施乐公司的帕洛阿尔托研究中心的Alto电脑上研发出的。后来查尔斯·西蒙尼加盟了微软公司，他掌握的这项技术不仅是微软视窗软件的最关键技术也是微软文字处理器的基础技术。他加盟微软的原因，是由于他看到了比尔·盖茨在计算机软件开发方面的远见卓识；而施乐公司当时很少有人意识到这一点。当然，世界上聪明的人并不只有比尔·盖茨一个。20世纪70年代末，PC硬件制造商苹果公司的史蒂夫·乔布斯也在觊觎这个领域。苹果公司的工程师杰夫·拉斯金告诉史蒂夫·乔布斯说，他曾作为斯坦福大学人工智能实验室的访问学者多次参观过施乐公司的Alto电脑，发现里面有很多"核心技术"可以学习借鉴。

当时，施乐公司已经具备了一定的知识产权保护意识，一般不再向同行们开放参观Alto电脑，更不用说提供技术了。史蒂夫·乔布斯后来想出了这样一个办法：他找到施乐公司的投资部门，请他们为苹果公司的工程师们开放参观一下帕洛阿尔托研究中心，条件是允许施乐公司购买苹果公司100万美元的原始股票。施乐公司喜出望外，因为当时苹果公司即将上市，原始股很难买到。最终他们同意了苹果的请求。最终的结果是，施乐付出的100万美元，一年后变成了1760万美元；而作为回报，他们向苹果公司开放了两个下午的参观。第一次是史蒂夫·乔布斯独自参观的，他看后喜不自胜；第二次他带上了公司的软件副总裁、工程执行副总裁、软硬件工程师等多名技术精英来到帕洛阿尔托研究中心。事后史蒂夫·乔布斯兴奋地说道："这是一个伟大的东西！这是一次革命!"

这真的是一次革命。1984年1月24日，苹果公司的Apple Macintosh图形用户界面操作系统正式上市。上市后不久便惊动了五角大楼，随后美国军方宣布：禁止苹果公司的 Apple Macintosh 图形用户界面操作系统销往共产主义国家。这些事实说明，当初查尔斯·西蒙尼加盟施乐是幸运的；而后来微软挖走了查尔斯·西蒙尼就更幸运。就在苹果公司开发 Apple Macintosh 时，微软公司也在默默行动着。1985 年 11 月，微软公司宣布其图形用户界面操作系统 Windows1.0 上市。此后十余年，Windows 系列产品以其卓越的技术逐渐垄断了全球操作系统市场。

从后来苹果和微软在图形用户界面操作系统上的成功，也可以看出施乐公司当初由于商业意识缺乏造成的损失有多大。1989 年 12 月，施乐公司正式起诉苹果公司图形用户界面操作系统侵权，最终美国联邦法院驳回了其诉讼。与施乐公司错失视窗软件市场机会相比，美国另一家公司在非图形用户界面操作系统上也曾错过巨大的发展机会。那是在 1980 年，IBM 公司需要一款新的操作系统装备电脑，当时除了微软公司的 MS-DOS 系统可以作为选择外，还有蒂姆·帕特森数字研究公司的 QDOS 系统。而恰好在 IBM 要谈判时，蒂姆·帕特森急着外出送货离开了，留下了妻子与 IBM 谈判。结果谈判没有成功，给微软创造了机会。

1988 年，IBM 公司也发布了其自行研发的图形用户界面操作系统。由于图形用户界面操作系统能够减轻用户认知负担，方便用户使用电子设备，所以，它不仅在 PC 应用上取得了巨大的成功，现在还已经拓展到了 PDA、手机、智能家电等多种电子产品方面。"所见即所得"，当我们今天享受这一发明创造成果时，不要忘记当初施乐公司帕洛阿尔托研究中心这个"虽败犹荣"的阵地。

人与机器的"对话"——程序设计

世界上最有趣的现象莫过于人的智能，上千亿个神经元细胞形成人脑复杂的记忆、联想模式识别、逻辑推理等"网络计算"功能。在人工智能的秘密被我们彻底揭示出来之前，科学家们已经通过程序设计使得"人机对话"成为一种可能。1840 年，当英国著名诗人拜伦的女儿阿达·洛夫雷斯尝试通过某种方式进行人机对话时，她没有想到自己会成为人类有史以来的第一位程序员。

阿达·洛夫雷斯和她的父亲性格迥然不同。她的父亲热情奔放、多愁善感，而她却冷静睿智、豁达开朗。当穿孔卡计算机还未正式问世时，阿达·洛夫雷斯便开始思考将来能否利用这种工具去解决一些现实性的问题。她于 1840 年设计了利用计算机求解流体力学上著名的伯努利方程的程序，并创立了"循环"和"子程序"的概念。熟悉计算机语言的人都知道，这两个概念在程序设计中具有举足轻重的地位。1843 年，阿达·洛夫雷斯发表了一篇论文，提出计算机在未来具有不可限量的发展前途；可以应用于科学研究、工程制图，甚至是音乐创作中。她还绘出了一份"程序设计流程图"并拟定了一些未来计算机的可能算法。为了保证计算机语言的通用性和可靠性，美国军方曾经耗时 20 余年设计出了一套先进的计算机语言，后来他们将此语言命名为"阿达"语言，以纪念阿达·洛夫雷斯为人类程序设计所做出的贡献。

因为程序的指令运行是一个循环沟通,直至满足目的的过程,我们也可以把程序视为一种人为机器设计的"招标游戏";结果分两种,一种是"中标",一种是"不中标",即布尔命题中的"是"与"否"。阿达·洛夫雷斯所言的"循环",有点像"穷举试错",也即尝试所有的选支是否满足既定条件;而阿达所言的"子程序",即可以理解为"模块"。有了形形色色的模块,你便可以层层嵌套这种"招标游戏"的形式,使得整个"招标游戏"更加复杂也更具有现实意义。比如,你可以对诸备选支进行加权评分,然后选出一种最符合条件的"中标"答案。

阿达·洛夫雷斯之后,计算机编程界出现了另一位杰出的女性,她便是被誉为"COBOL语言之母"的美国海军中尉(后升为少将)格蕾丝·霍波。格蕾丝·霍波曾在1944年为哈佛大学的一台大型计算机"Mark I"开发出了程序,她还开发出了第一个编译器"A-O"。"A-O"的下一代称为"FLOW-MATIC"的编译器导致了1959年COBOL语言(面向商业的通用语言)的诞生。格蕾丝·霍波一直致力于创建一种接近于自然语言的编程语言,以使那些非技术人员也可以轻易学习使用,这为程序设计语言的商业化应用奠定了基础。熟悉计算机编程的人都知道"bug"(漏洞)一词,这个词也是由格蕾丝·霍波第一个派生到计算机编程中的。她创立这个词还有一个小故事。一天,她发现MarkII计算机在运行中出现一些故障,她后来在计算机的继电器中发现了一只飞蛾;正是这只飞蛾影响了计算机的运行。于是,格蕾丝·霍波便将它小心地保存在笔记本里,并把程序故障诙谐地统称为"臭虫"(bug)。如今,这只"bug"被收藏在美国史密森研究院自然历史博物馆。

1967年,挪威计算中心的计算机工程师克里斯汀·尼盖德和同事奥尔·约安·达尔开发出了"Simula67"语言,它是第一个"面向对象"的程序设计语言,被视为现代计算机语言富有革命性的开端。克里斯汀·尼盖德将阿达创意的子程序概念继续深化,提出了"按组件"编程的思想,它是计算机程序"模块化"和"结构化"的基础。与此同时,克里斯汀·尼盖德认为,程序应具有"抽象性";也即其应具有能力忽略信息中的次要方面,而只关注其主要方面。除此之外,程序还应具有"封装性";通过组件相关接口实现某部分信息被限制访问和修改。除此之外,程序还应具有"多态性"和"继承性",前者使组件的分类更加详细,后者则体现出程序指令的通用性。这些思想都使得计算机程序在某种程度上更类似于人的思维模式。这些设计思想是后来的C语言以及C++等多种计算机语言的重要基础。因此,克里斯汀·尼盖德也被尊称为"现代计算机语言之父"。

让"数字秘书"帮你工作——计算机

自然界存在因果关系就自然存在自变量和因变量,也即函数关系。数可以转换成形,但数要有理来制约。制约数的理即可称之为"算法"。人类自古以来就一直在试图制定算法以让机器参与计算过程。算盘可以视为一种古老而又简单的计算工具,我国汉代数学家徐岳在其名著《术数记遗》中曾记载了算盘的算法规则。在 1946 年世界上第一台全电子化计算机正式问世以前,人类曾利用机械装置发明出了可以进行数据处理的机械计算机,其中比较有代表性的有打孔卡片计算机和手摇计算机。

1834 年,英国数学家、哲学家查尔斯·巴贝奇构思出了可编程序的计算机蓝图,这也是人类第一次构想出可以通过程序运行的计算机模型,也

计算机

是阿达·洛夫雷斯模拟进行程序设计的基础。1855 年,世界上第一台打孔卡片计算机"巴贝奇分析仪"正式诞生。1878 年,瑞典工程师奥涅尔发明了世界上第一台齿数可变的手摇齿轮计算机,它的操作过程十分繁琐。19 世纪 80 年代,美国人口调查局统计员赫尔曼·霍勒瑞斯为了适应人口统计工作的需要,在他女友的父亲,当时任美国军医署署长的约翰·比林斯的帮助下,将查尔斯·巴贝奇关于计算机的创意发扬光大,研制出了可以进行大规模自动数据处理的制表机。霍勒瑞斯的制表机的穿孔卡第一次把数据转变成二进制信息,所以在计算机发展史上具有十分重要的意义。此后数十年,霍勒瑞斯一直潜心于计算机领域的科研工作,获得了 50 多项技术专利;他后来被计算机科学界授予"数据处理之父"的荣誉称号。

20 世纪前三十年,穿孔卡片计算机开始逐渐进入商业领域。霍勒瑞斯于 19 世纪末创立了制表机公司,此公司后来被美国 CTR 公司收购。1924 年,CTR 公司更名为国际商业机器公司,即 IBM 公司。IBM 公司后来开始批量生产穿孔卡片计算机。20 世纪 30 年代后期开始,电子计算机的规划和发展更加明朗起来。1937 年,"图灵机"数学模型问世,这为电子计算机的诞生奠定了理论基础。1938 年,美国数学家克劳德·艾尔伍德·香农提出了继电器用作电子计算机的布尔逻辑开关的方法;1940 年,美国贝尔实验室尝试将继电器应用于计算机取得了成功。1944 年 1 月 10 日,英国工程师汤米·费劳尔斯领导的研究小组研制出了"科洛萨斯"计算机。

1945 年,美籍匈牙利裔数学家冯·诺依曼领导的研究小组创建了"存储程序通用电子计算机方案"(EDVAC),它明确规范了未来计算机的五个组成部分:运算器、逻辑控制器、信息存储器、信息输入和输出设备。他还创建了计算机存储数据的原则:指令和数据一起存储。这些规范的制定是计算机发展史上的一个重要里程碑。1946 年 2 月 14 日,世界上第一台全电子化计算机"ENIAC"在美国正式诞

生,这是人类科技史上划时代的伟大事件。"ENIAC"计算机诞生后,冯·诺依曼又发表了著名的《电子计算机逻辑设计初探》一文,这标志着电子计算机从此进入了"冯·诺依曼机"时代。由于冯·诺依曼对电子计算机的发展做出过极其重要的铺垫工作,他后来被人们尊称为"电子计算机之父"。

第一代计算机是电子管计算机,在其诞生后又经历了第二代晶体管计算机和第三代集成电路计算机,目前已经是第四代超大规模集成电路计算机了。在这期间,很多计算机厂商都投入了大量人力物力进行研发。据悉,IBM 公司当初为研发首台第一代 360 系列计算机,投入研发的资金达 50 亿美元,是二战期间美国政府投入原子弹研究经费的 2 倍多。随着超大规模集成电路的应用,计算机信息处理能力越来越强,而体积却变得越来越小。1946 年诞生的"ENIAC"计算机重达 30多吨,而现在的很多小型笔记本计算机只有不到 1kg 重。这不由得让人想到著名的"摩尔定律":"集成电路上可容纳的晶体管数目,约每隔 18 个月便会增加一倍,性能也将提升一倍。"目前,计算机领域的专家们除了力求使计算机向更小、更轻薄、运行速度更快、容量更大方向发展外,他们还在努力朝"第五代计算机"的方向发展,那便是"智能化计算机"。这种计算机要求能够实现推理过程,能够进行建模,还能够进行图像识别,本身具有一定的学习能力。

商品的"身份证"——条形码

现代都市中很少有人没有接触过条形码。条形码作为一种商品信息识别的方法,使得物流系统运行更加快捷。条形码技术最早诞生于 20 世纪 20 年代。美国西屋电气公司一位名叫约翰·科芒德的工程师出于对邮政单据实现自动分捡的兴趣,发明出了一种简易的条形码识别技术。他用一个条表示"1",用两个条表示"2";以此类推,这样便可以实现十种代码。随后他制作出了一个简易的光电信号识别装置,通过这种装置,他便可以识别代码。此后,他的朋友道格拉斯·杨发明出了可以识别一百个代码的技术。约翰·科芒德和道格拉斯·杨的发明由于技术过于简单,不能在商业上被广泛应用。

条形码

1948 年,美国工程师伯尼·西尔沃根据食品连锁店提出的要求,开始研制商品信息自动识别系统。他刚开始利用的是紫外线油墨识别技术但最终没有成功。1949 年,伯尼·西尔沃将他面临的困难告诉他的朋友约瑟夫·伍德兰德。约瑟夫·伍德兰德根据莫尔斯电码的提示设计出了一种新型的代码识别系统,并通过光电倍增管(PMT)实现对信息的读取。1952 年,约瑟夫·伍德兰德和伯尼·西尔沃共同获得了世界上第一个条形码专利。因为他们设计的代码是由圆条和空白构成的靶状图案,所以俗称为"公牛眼"代码。这种靶式代码的原理和现代条形码已经比较接近。遗憾的是,由于当时相关技术还不够完善,所以未能进行商业化推广。10年后,约瑟夫·伍德兰德在 IBM 公司领导了北美统一条形码 UPC 码的建设,为条形码的发展做出了重要贡献。

1959 年,美国麻省理工学院的研究生大卫·J·柯林斯应美国宾夕法尼亚铁路公司的要求开始研制商业化条形码的技术。他后来开发出了一个系统连接到车辆的蓝色和黄色反光条纹,据此编出了一个 6 位数字的公司代码和一个 4 位数字的车辆代码。1961 年开始,柯林斯开始进行系统测试。由于这是一项具有开创性的工作,测试工作一直持续了 6 年。1967 年,大卫·J·柯林斯的技术获得了专家的认可。1967 年 10 月 10 日,世界上第一套商业化条形码系统运行后取得了成功。美国铁路协会此后开始推荐此套系统作为铁路车辆的自动识别系统。到 1974 年,全美 95% 的铁路车辆已经安装了大卫·J·柯林斯发明的条形码系统。

铁路系统使用条形码的成功,大大激发了食品、邮政、出版等行业使用条形码的兴趣。20 世纪 60 年代,一些食品连锁店开始小范围地测试条形码商品识别系统。与此同时,条形码扫描识别技术也发展起来。1969 年,美国贝尔实验室的电子工程师韦拉德·博伊尔和乔治·史密斯发明了 CCD 传感器,使得光电识别技术有了重大突破。CCD 传感器不仅在早期的条形码识别技术中有着广泛应用,它也是数码传真机、扫描仪、数码相机等设备的基础元件。韦拉德·博伊尔和乔治·史密斯因发明了 CCD 传感器而获得了 2009 年度的诺贝尔物理学奖。随着 LED 发光二极管技术、微处理器技术和激光二极管技术的发展,条形码识别技术不断取得进步;条形码技术已经成为当代物流体系中极为重要的一个组成部分。

条形码技术的发展,除了条形码识别技术外,还有一个重要的工作,那便是条形码的标准化。从 1952 年条形码第一个专利颁发以来,世界上陆续出现了 UPC 条形码、EAN 条形码、39 条形码、库德巴条形码、25 条形码、49 条形码、11 条形码等条形码。1977 年,国际物品编码协会成立,负责开发出一套全球化跨行业的商品信息识别系统。由于条形码技术的不断成熟,加上条形码全球化标准规范的建立,从 20 世纪 70 年代起,条形码技术在各行各业迅速应用起来。20 世纪 80 年代,美国国防部规定其所有供货商都要在商品上附有条形码。目前条形码已经应用到了社会生活的很多方面,比如连锁超市各式各样的商品,企业货品的仓储物流,机票、戏票等各种票务领域,图书、证件、病历等。条形码技术使得各式各样的商品证件能够在瞬间被识别,从而大大加快了商品及人的流通速度,提高了人们的工作效率。条形码技术的发展,也为后来"物联网"技术的出现奠定了基础。

电子电气类发明

微电子时代的到来——集成电路

在《第五项修炼》一书中,美国麻省理工学院斯隆管理学院教授彼得·圣吉提出了"杠杆解"的概念,用以指"小而专注的行动,如果用对了地方,能够产生重大、持久的改善"。人类新技术、新发明能够通过推广普及像杠杆一样撬动产业经济的发展。半导体发现并运用于电子技术可以视为电子工业一种的杠杆解,集成电路的发明亦可以视为一种新的杠杆解,这两项技术使得人类从此步入微电子时代。因为这两项技术都是建立在硅的基础上的,而硅又是沙粒的主要成分,所以,它们又可以被称为"点沙成金"的技术革命。

集成电路

19世纪40年代电子计算机问世后,由于电子元器件众多、体积庞大、造价昂贵,计算机的小型化被提上了日程。1952年,美国电子工程师杰弗里·达默在一次电子元件会议上指出:"随着晶体管的发明和半导体研究的进展,可以期待着将电子设备制作在一个没有引线的固体半导体板块中,这种固体板块由若干个绝缘的、导电的、整流的以及放大的材料层构成,各层彼此分割的区域直接连接,可以实现某种功能。"杰弗里·达默提出的这种设想就是后来的集成电路的核心思想。时隔6年,他的这一设想被美国德克萨斯仪器公司36岁的工程师杰克·基尔比变成了现实。

杰克·基尔比意识到了:既然晶体管、电阻、电容等电子元器件都可以用同一种材料制造,为何不能先用一块材料把它们造出来,然后再使得这些元器件相互连接?于是他开始进行实验。等到初步实验取得成功后,他又将这种特殊的电子线路通过触点联结,这便形成了"集成电路"的雏形。1958年9月12日,请记住这个伟大的时刻,人类历史上第一块集成电路在工程师杰克·基尔比手下诞生。不过,直到2000年,诺贝尔奖评审委员会才决定将当年度的诺贝尔物理学奖颁发给杰克·基尔比,奖励他发明集成电路,并盛赞他"为现代信息技术奠定了基础"。其实,不用这句评论,从2000年全球集成电路产品出货量为865亿件这个数字上,我们就可以看出杰克·基尔比所发明的集成电路对全球经济和信息产业造成的影响有多么深远。

杰克·基尔比发明集成电路后不久,美国仙童公司的电子工程师罗伯特·诺伊斯在氧化膜上通过铝条连线使得各个元器件连为一体,为集成电路进入商业化生产奠定了基础。1968 年,罗伯特·诺伊斯离开了仙童公司,与戈登·摩尔、安迪·葛洛夫同创建了英特尔公司。1971 年,英特尔公司的研发人员成功地在一块仅 12 平方毫米的芯片上集成了 2300 个晶体管,制成了世界上第一款包括运算器、控制器在内的可编程序运算芯片,也就是现在所说的"CPU"(即"中央处理单元",英文"central processing unit"),简称"微处理器"。这一发明目前每年为英特尔公司创造数百亿美元的销售额,当然它也在造福着数以亿计的人们的生产生活。20世纪 70 年代,英特尔公司创始人之一的摩尔做出了一个著名论断,这也就是我们前面提到过的"摩尔定律":"集成电路上可容纳的晶体管数目,约每隔 18 个月便会增加一倍,性能也将提升一倍。""摩尔定律"激励着美国硅谷乃至全球半导体行业的科研工作者们不断努力进行着技术创新。

集成电路作为微电子技术中的核心组成部分,它不仅对高科技产业的发展形成巨大的推动作用,它还可以和传统机械电子产业结合,促使传统技术产业向高科技产业转型。在这个意义上讲,它是一支巨大的"杠杆",能够撬动全球超过万亿美元产值的市场;同时它也是一个巨大的"赚钱机器"。2000 年,我国集成电路产值约占全球集成电路市场的 1% 左右,近几年来有明显上升的趋势。我国集成电路产业发展起步比较晚,目前很多集成电路产品还依赖于进口,这就要求我国科学技术工作者能够努力奋斗,争取在集成电路产业方面多创立自主创新品牌。2002 年8 月 10 日,中国"龙芯"正式诞生,其结构采用 MIPS 授权,内核完全由中国人独立制造,其问世标志着我国在集成电路研发上迈出了重要一步。相信未来我国一定会涌现出更多民族知识产权的高科技产品,完全由中国人全面设计的 CPU 也会诞生。

让光波自组织运动——激光器

20 世纪初,丹麦物理学家尼尔斯·玻尔提出了著名的电子跃迁理论。此后,阿尔伯特·爱因斯坦在玻尔的电子跃迁理论基础上结合德国物理学家马克斯·普朗克推导出的黑体辐射公式提出了受激辐射理论。爱因斯坦认为,处于高能级的粒子在受到和其同频率光子激发的情况下可以从高能级跃迁到低能级并释放出光子。理论上讲,可以通过受激辐射来实现光的能量的"放大"。不过,当时人们发现,根据玻尔兹曼统计分布,一般平衡态系统中高能级粒子比例很低,靠受激辐射来实现光的放大在实验室里很难做到。

20 世纪中叶,随着量子力学理论和实验技术的进一步发展,人们发现可以在实验室中创造出系统粒子数反转效应。这样,受激辐射就可以循环往复地进行下去,使得光的放大成为一种可能。1954 年,美国贝尔实验室的工程师查尔斯·汤斯在实验室里成功地制造出了一台氨分子束微波激射器,这为后来的激光器的诞生奠定了技术基础。查尔斯·汤斯巧妙地运用了微波的相干作用使得微波纯化

激光器

并受激放大;而在他之前,很少有人想到去利用这一点。1958 年,查尔斯·汤斯和阿瑟·肖洛共同发表为名为《红外和光学激射器》的论文,从理论上系统地阐述了利用微波激射器和光谱学原理相结合,采用开式谐振腔的技术,可以制造出一种受激辐射光波放大的电子设备。这篇论文标志着激光器理论的成熟。有趣的是,查尔斯·汤斯曾先后与量子力学奠定人尼尔斯·玻尔和电子计算机之父冯·诺依曼谈及研制激光器的理论,但他们二人均不相信纯化光束频率可以完成。

可见,查尔斯·汤斯的成功和他丰富的电子工程学实践经验是分不开的,这使得他能够不被传统理论所形成的观念所束缚,大胆地进行开拓性实验并从中产生创意。1960 年 5 月 16 日,美国休斯研究所的工程师西奥多·梅曼发明了世界上第一台红宝石激光器,令全世界的电子工程师们为之兴奋。很快,IBM 实验室和贝尔实验室的工程师们也都研制出了不同种类的激光器。此后激光器的研制飞速发展起来。1960 年,美国约有激光器研究单位 30 余家,到 1962 年已经超过 500 家。激光器位于多学科交叉研究领域,关联到大量的产业部门,它的发明可以视为一种"通用"发明。1958 年,查尔斯·汤斯曾经预言过激光未来可以大量应用于通讯、医学等领域,事实上后来激光在工业上的应用要多得超乎想象。比如,激光加工工业,如激光切割、激光打孔、激光焊接、激光雕刻等;激光测绘工程,如激光测距、激光定位、激光校准等;激光医学,如激光去斑、激光除皱、激光解剖等;激光信息技术,如光盘技术、条形码扫描技术、激光通信等;激光军事武器,如激光瞄准仪、激光枪、激光炸弹等……

2009 年,前香港中文大学校长、美籍和英籍华裔物理学家高锟因"有关光在纤维中传输及用于光学通信方面"为人类做出了开创性的工作而和 CCD 传感器的发明人博伊尔和史密斯分享了当年度的诺贝尔物理学奖。高锟教授在 1966 年发表了"光通讯"的相关论文,提出可以实现以一条比头发丝还要细的光纤代替体积庞大的千百万条铜线,传送容量几近无限的信息;当时他的想法还曾受到别人的嘲笑。如今高锟教授的理论已经被广泛应用,为人类互联网及通讯事业的发展做出了卓越的贡献;高锟教授也被人们尊称为"光纤之父"。

光纤即"光导纤维"的简称,光纤通信是利用 LED 光源或激光器作为信源,以

透明导光材料作为信道,利用光的全反射原理传输信息的一种方式。光纤在通信领域具有损耗小、容量大、制作简单、成本低廉等特点,它可以取代传统的铜芯电缆。据悉,一对金属电话线一般最多只能传送1000多路电话,而一对细如蛛丝的光纤可以同时传送超过100亿路的电话;如果铺设1000公里长的铜轴电缆大约需要500吨铜,而改用光纤通信只需要几公斤石英材料就行了。光纤除了可以广泛应用于通信领域外,它还可以用于医学临床诊断上的内窥镜,制成各种各样的光学传感器,这些新的光纤应用也为激光器的工业应用拓宽了道路。

电子设备的基础——电子管

提起美国发明家托马斯·爱迪生,大家都会想到他发明了炭化竹丝电灯。其实爱迪生有一个发现的重要性不亚于电灯的发明,而且这个发现是他在灯泡研制失败的过程发现的,这就是著名的"爱迪生效应"。它是电子管诞生的基础,也是最早的收音机、电视机、电子计算机诞生的基础。1883年,爱迪生在研制电灯的过程中,苦于一直找不到灯丝的最佳材料,他一直为碳丝在高温下的蒸发而苦恼。后来,他想出了一个没有办法的办法,那便是在真空灯泡里安装一小段铜丝,他希望铜丝能够阻止碳丝的蒸

电子管

发过程。当然,他的这种奇思异想最终以失败而告终。不过,在实验中他发现一个奇怪的现象,他竟然检测到铜丝中产生了微弱的电流。实际上这就是热电子效应:在真空灯泡中的碳丝充当了阴极,铜丝充当了阳极。高温下阴极向阳极发射出了电子。爱迪生将这一发现记录在案,后来将其申请了专利。不过,遗憾的是,爱迪生后来并没有想到将此效应应用于无线电波检测继而发明出伟大的电子管。两年后,"爱迪生效应"惊动了大洋彼岸的英国诺丁汉大学36岁的电气工程学教授安布鲁斯·弗莱明。安布鲁斯·弗莱明认为,这种热电子真空发射效应应当大有用武之地。

1904年,安布鲁斯·弗莱明经过长期努力终于成功地研制出一种能够充当交流电整流和无线电波检测的新型"灯泡",他称之为热离子管。这就是我们现在熟知的真空二极管,电子管的常见形式之一。安布鲁斯·弗莱明的真空二极管和原来发报机中的金属屑检波器比,确实有一个明显的进步。不过,他发明出的真空二极管只能用于检波,不能用于电信号的放大。就在安布鲁斯·弗莱明发明出真空

二极管后,美国有位名叫李·德福雷斯特的电子工程师对真空二极管展开了进一步的研究。他首先按照安布鲁斯·弗莱明制作真空二极管的方法,在真空灯泡内以白金丝作第一个电极,在白金丝旁又装了个金属屏作为第二个电极,结果发现其果真可以替代金属屑检波器。随后,他又在两个电极之间加上第三个电极——一块锡箔。奇迹出现了,他发现在第三个电极上加上额外电信号,就可以改变第二极的电信号,而且信号出现等比例放大!

这无疑是一个重大发现。也就是说,只要在第三极施以弱电流,就能够在第二极出现等比例的强电流,这是电子工程师们梦寐以求的。李·德福雷斯特意识到,只要能够将无线电波检测出来并加以放大,无线电波的用途将开启一个崭新的时代。他随即改进实验装置,用金属丝代替锡箔充当第三极,结果效果要比前面的结果好得多。李·德福雷斯特在成功地研制出真空三极管后,由于他没有资金进行进一步实验或者推广,于是只好自己带着这一发明成果去主动寻求企业家们的帮助。由于李·德福雷斯特的样子长得不是很好看,而且去拜访企业家的时候常常衣衫不整,很多门卫都把他拦在了门外。由于李·德福雷斯特坚信自己的发明将会导致人类技术发展出现革命性的变化,很多门卫都认为他是"疯子"。最后,有一个企业的门卫怀疑他有某种行骗的目的,将其扭送到了警察局。

1906 年的春天,美国纽约地方法院审理了一桩离奇的案件。被告人李·德福雷斯特涉嫌用一个奇特的玻璃灯泡"公开行骗"。在法庭上,李·德福雷斯特公开辩解道:"这个玻璃泡是我的发明,它可以把远在大洋彼岸传来的微弱电波进行放大。历史必将证明,我发明了空中帝国的王冠。"对于李·德福雷斯特公开宣称自己发明"空中帝国的王冠",很多媒体都对其嗤之以鼻,但他们的报道却使得李·德福雷斯特的发明受到了很多企业家的关注。历史最终证明了李·德福雷斯特当初的预言是正确的。他后来不仅被无罪释放,其发明在 1906 年 6 月 26 日获得了美国专利并继而掀起了无线电和电子工程技术的一场伟大革命。20 世纪初以真空二极管、真空三极管为代表的电子管的发明,推动了无线电技术的迅猛发展,也为后来的电子计算机的诞生埋下了一个最重要的伏笔,是电子科技发展史上的划时代大事件。

电子技术进入硅时代——晶体管

20 世纪初,随着物理学研究的发展,人们发现了半导体这种特殊的物理材料。科学家们预言这种材料可以帮助人们制造出一种新的电子元器件,这种元器件比电子管体积更小、更结实、更省电。1929 年,美国电子工程师朱利斯·李林费尔德获得了一项半导体专利。他提出利用硫化铜作为半导体材料,对其加以一个很强的电场,可以实现场效放大的功能。李林费尔德的这项专利技术被视为现代晶体管的最基本的原理。可惜由于当时实验室技术的限制,李林费尔德没有能够制造出现实的产品,他与后来表彰晶体管发明的诺贝尔物理学奖失之交臂。20 世纪 40 年代,美国贝尔实验室的一些科研人员们想到了李林费尔德的理论,他们开始尝试研制晶体管。

在 20 世纪初电子管发明后,曾掀起了无线电工程和电子工程相结合发展的浪潮。仅在一战期间,美国西电公司就为美国军方生产了超过 500 万只电子管。在电子管普遍应用的同时,人们也发现了电子管存在着诸多缺点。比如,电子管需要预热,不能一开启就立即工作,如电子管收音机打开后需要过一会儿才能收听到节

晶体管

目;电子管体积相对较大,这使得电子设备要容纳既定数量的电子管,不得不做得很大;此外,电子管还容易老化,这主要和电子管在灯丝加热时不断释放电子及真空慢性泄漏有关。李林费尔德的理论给了人们新思路,人们可以利用半导体制造出更稳定、更节能、更耐用的电流放大、控制元器件,来取代电子管。

1945 年,美国贝尔实验室的电子工程师们在威廉·肖克莱的领导下从事利用半导体研制晶体三极管的工作。由于实验一直没有取得突破性进展,再加上当时科学界对这种新兴的三极管能否马上研制成功一直持怀疑态度,威廉·肖克莱退出了研制过程,此项目由他的两位同事约翰·巴丁和瓦尔特·布拉顿继续进行。后来,约翰·巴丁依靠其总结的电流通过半导体的表面特性理论,在瓦尔特·布拉顿搭建的实验装置的帮助下,于 1947 年 12 月 23 日成功研制出世界上第一只晶体管。当时,他们利用的是锗材料,制造出来的是"点接触式"晶体管。1950 年 10 月 3 日,美国专利局批准了巴丁和布拉顿二人申请的晶体管专利。由于点接触式晶体管存在放大倍数有限、噪声较大等缺点,威廉·肖克莱后来对其进行了改造,他利用硅材料成功地研制出"面接触型"晶体管,后来肖克莱的发明也获得了专利。

1956 年,诺贝尔奖评审委员会决定将当年度的诺贝尔物理学奖颁给约翰·巴丁、威廉·肖克莱、瓦尔特·布拉顿三人,以表彰他们共同发明了晶体管。晶体管的发明,使人们充分地认识到了半导体的巨大威力,使得电子工业从此步入了硅时代;它也为后来集成电路的发明并引领电子工业进入微电子时代奠定了基础。现在衡量一个国家进入信息技术社会的标准是,一个国家的半导体产业产值要占到工农业总产值的千分之五。晶体管诞生后,发展速度是惊人的。20 世纪 50 年代初《纽约时报》对晶体管的评论是:"这东西除了做助听器,恐怕没有什么别的用途。"到了 20 世纪 50 年代末,如果一台收音机不是用晶体管做的,几乎出现无人购买的窘境。

晶体管发明后,不仅大量用于收音机、电视机等电子技术产品制造,还导致电子计算机掀起了一场革命,从此由"电子管"时代迈入"晶体管"时代。虽然现代计

算机已经普遍采用超大规模集成电路,但晶体管仍是集成电路的重要组成部分;虽然现代电视机已大规模采用液晶(LCD)技术和等离子(PDP)电视技术取代显像管(CRT),但其集成电路中仍含有大量晶体管单体。利用光伏效应制成的晶体管又称为光敏晶体管。光伏效应由法国物理家安东尼·E·贝可勒尔于1839年发现。光敏晶体管不仅有光电转换作用,而且还能对光信号进行放大,它在光探测器、光电编码译码器、特性识别、过程控制、激光接收、光电开关及遥控信号接收机等自动控制设备中都有应用。从今天电子、集成电路、计算机、自动控制等产业对国民经济和社会生活的巨大影响中,我们可以深切感受到晶体管对于人类文明发展起到了多么巨大的推动作用。

大千世界的万花筒——电视机

电视机的发明是一个典型的"艰苦创业"的故事。1901年马可尼发明无线电报后,有人便想到了利用无线电进行视频信号传送。1897年,德国物理学家卡尔·费迪南德·布劳恩发明了显像管。显像管学名"阴极射线管示波器",英文缩写CRT。CRT通过变化的电场控制阴极射线发射电子的运动,将其投射到荧光屏上形成明暗不同的光斑,这样便可以轻易地实现电信号向光信号的转化。不过,就电视机的基础技术而言,它只解决了二分之一的技术问题,即图像的接收。1911年,苏格兰工程师坎贝尔·斯温顿提出,用光敏元器件制成显示屏,然后将需要转输的视频图像投射到此屏上;再用射线对存贮在这些元器件上的电荷强弱进行扫描,便可以将光信号转换成电信号。坎贝尔·斯温顿的创意,其实就是显像管的一个逆过程,即是我们现在俗称的"摄像管"。有了显像管和摄像管,剩下的工作基本就像发

电视机

无线电报一样简单了。而在这整个过程中,最难研制的也就是"摄像管"。20世纪20年代,一位来自苏格兰的名叫约翰·洛吉·贝尔德的小伙子决定致力于此项研究。

贝尔德在研究初期没有任何赞助,也没有一个助手,独自一人艰苦奋战着。他

把自己所有的积蓄都投入到实验室中去了,然而他的实验一直没有出成果。最穷苦的时候,他不得不忍饥挨饿地超负荷工作着,他的衣服鞋子破了没有钱补,生病了也没有钱去买药,他唯一的伙伴就是一个被他称为"比尔"的木偶人,最终他连房租都快付不起了……就在山穷水尽的时候,他于1924年春天终于成功地发射出一朵十字花的图案。可就在这个时候,他因一次触电事故险些丧生。所幸的是,他后来遇到了一位杂货店老板,对他的发明很感兴趣;不过不是想对其投资,而是想利用这种少见现象为自己招揽顾客。他和贝尔德达成一项协议,每周去他的店里表演这种奇特技术三次,他付给贝尔德25英镑。

由于当时人们都从未见过这种技术,很多人都对贝尔德的表演产生了好奇心,但更多的人还是不理解,纷纷嘲笑他哗众取宠。贝尔德忍受不了这种嘲笑,于是又将仪器搬回了自己的实验室。后来他去找报社宣传;但人们对穿着破烂的他不屑一顾,有的门卫则称他是异想天开的人。贝尔德大失所望,无奈之下只好向亲朋好友借钱。就在这时,他的两位堂兄答应出资500英镑入股帮助他建立贝尔德电视公司。1925年10月2日,贝尔德终于成功了,他改进后的设备成功地将他的伙伴"比尔"的脸的图像发射了出去。他随后又对技术进行了改进。1926年1月26日,英国皇家科学院的专家们应邀到他的实验室参观,当场引起极大轰动。

1928年,贝尔德成功地将英国的电影画面通过无线电波传送到了美国;很多人看到这一幕都惊呆了。此后,英国政府意识到了这种技术的巨大潜力,决定赞助贝尔德,BBC也决定赞助。1929年电视台播送了他的新发明:有声电视。1930年,贝尔德提出了更大胆的目标,发明彩色电视系统。他的目标在1941年12月实现。此后,纳粹飞机的轰炸使得研究无法继续。二战结束后,1946年6月8日,BBC播出了贝尔德制作的《第二次世界大战胜利大游行》彩色电视节目,再次引起强烈的轰动。电视机的发明,改变了全球数十亿人的生活。

1968年,美国工程师乔治·海尔曼发明了液晶显示器,英文缩写LCD,由于这种显示器轻薄、纯平、无辐射、无闪烁、能耗相对较低,它很快就在电视机和计算机上广泛应用起来。据美国DisplaySearch市场调查公司一项研究数据,2009年全球电视机出货量超过2亿台,总金额超过1000亿美元。其中第四季度出货比例为CRT(显像管)电视18.1%,PDP(等离子)电视7%,RPTV(背投)电视0.1%,LCD(液晶)电视74.8%;液晶电视出货量超过显像管电视的四倍。随着通讯技术的发展,卫星有线电视和数字电视已进入了寻常百姓家庭,而"三网(电信网、互联网、电视网)合一"工程的推进,使得未来的电视机在我们的日常生活将扮演更重要的角色。当我们享受这一切时,请不要忘记贝尔德那段艰苦奋斗的创业史。

定格美好的瞬间——照相机

照相机的发明离不开光学成像技术,现实物体反射的光线变成缩小的实像后,使得观察并记录这些实像成为可能。照相机的发明,催生了现代胶片的产生;而后者又是电影技术的基础。1685年,德国工程师约翰·赞恩发明了照相机的光学镜头;后来过了大约150年,由于显影技术的发展,照相机才得以诞生。世界上第一张永久性照片诞生于1826年,由法国工程师约瑟夫·尼埃普斯发明。1829年,约瑟夫·尼埃普斯与法国画家路易斯·达盖尔共同改进显影技术。约瑟夫·尼

照相机

埃普斯于1833年不幸去世后,路易斯·达盖尔独自一人对显影技术进行了改进并于1839年获得了专利。所以,人们通常将路易斯·达盖尔视为现代照相机的发明人,发明日期为1839年。

1841年,英国工程师塔尔博特又对达盖尔的显影技术进行了改进并获得了专利。此后,塔尔博特公开宣布向所有的照相机使用者收费,业余摄影师收取4英镑,专业摄影师收取300英镑。塔尔博特的做法引起了很多摄影师的不满,他们认为其做法阻碍了摄影技术在英国的发展。早期的照相机都是采用湿版相片,这使得摄影过程十分不方便。1855年,火煤胶干版相片获得了专利;1871年,明胶干版相片获得了专利;1885年,美国工程师乔治·伊斯曼发明了赛璐珞干版相片,他于1888年取得这项技术的专利。赛璐珞干版相片的出现,使得照相成了一种非常方便的事情,但赛璐珞的缺点便是它很容易燃烧。

1892年,乔治·伊斯曼成立了柯达公司,开始生产家用相机和胶卷。1898年柯达从Nepera公司购买了一种新型照相纸的专利权。这种照相纸由亨得里克·贝克兰发明,它的优点是可以在普通灯光下显影。早期的照相机多为双镜头反射相机,简称"双反相机"。由于这种相机的取景镜头和成像镜头不一致,所以在照相时通常会出现一定偏差。最早的单镜头反射相机即"单反相机"出现在1861年,由英国工程师托马斯·萨顿发明,那时赛璐珞干版相片还未出现,他的发明也没有推广开来。1928年,德国工程师弗兰克和海德克发明出一种新型单反相机,使得单反相机开始受到人们的关注。单反相机真正取得突破性进展是在20世纪30年代,德国爱克山泰系列单反相机的推出,使得很多专业摄影师开始选用它作为摄影工具。不过,刚开始诞生的单反相机仍然沿袭了双反相机的特点——俯视拍照。

20世纪40年代末,"五棱镜眼平取景器"被发明了出来,这使得单反相机出现了革命性的变化。从此,摄影师不用再弯着腰拍照了,这不但使得摄影师减轻了拍照负担,降低了患腰肌劳损病的风险,而且使得更多的人喜欢上了拍照。1948年,美国宝丽来公司推出了一种"即时成像"照相机,使得照片可以实现即拍即得,受

到了人们的广泛欢迎。1972 年,宝丽来公司又革新了这种照相机的技术,照片无需用手去拉出撕开,只需要一按快门它便会从相机里自动吐出来。不过由于后来数码相机技术的发展,宝丽来相机逐渐退出历史舞台;2008 年宝丽来公司宣布全面停产即拍即得相机。

1974 年,美国柯达公司开始进行不用胶片照相机的研发。柯达公司是现代胶片诞生之地,又率先开展不用胶片相机的研究,可见柯达公司的领导者具有远见卓识。该项目由年轻的工程师斯蒂文·赛尚负责。在数码相机发明过程中,关键是要处理好模拟电子摄像头、模拟数字转换器、存储介质及线路的结合;而在这其中,关键是对存储介质的选择。赛尚创造性地想到了利用卡式录音磁带作为存储介质。在经过差不多一年时间的艰苦研发过程后,斯蒂文·赛尚领导的科研小组,终于成功地用电视机回放出他所摄制的 23 秒长的他的助理的动态影像。由此,在柯达公司,世界上第一台不用任何胶片的数码相机诞生了。此后,柯达公司围绕数码相机进行了长达十余年的技术改进,申请了超过 1000 项和数码相机有关的技术专利。1989 年,柯达公司终于生产出了世界上第一台商品化的数码相机。2000 年,全球数码相机出货量达到 1082 万台,到了 2009 年,全球数码相机出货量更是上升到了 1.2 亿台;其间出货量的年增长率超过 30%。

让照片活动起来——电影

马在奔跑的时候,是否会出现四足腾空的一刹那? 这个问题很多人感到困惑。而这是这种困惑,促成了电影的诞生。1872 年,美国一个商人和一位马场老板,就马在奔跑时是否会出现四蹄同时离地的问题求教于斯坦福大学的学者,这名学者观察了很多次也无法给出答案。最终,他找到了一位名叫埃德沃德·迈步里奇的朋友,请他帮忙解决这个问题。正好迈步里奇是一名摄影师,他后来想出了这样一个方法:在

电影

跑马场跑道的一侧固定 24 架照相机,镜头均正对着跑道;在跑道另一侧钉 24 根木桩,将照相机的快门和木桩之间用细线连接起来。这样,当马依次撞断这些线时,

就会自动牵引照相机快门完成照片拍摄过程。

最终的结果出来了,答案是马在奔跑时不会出现四足腾空的一刹那。这个问题结束了,但电影的故事却从此开始了。后来,有人快速拉动那根被迈步里奇连在一起的照片,突然发现照片上的马"动"起来了!人们从这种发现中想到了发明出一种"更好看"的活动的影像。其实,早在 19 世纪 20 年代,比利时科学家约瑟夫·普拉东就曾发现过静止画面快速移动可以变成动态画面的现象。他在 1829 年提出了"视觉暂留"的理论,并于 1832 年制造出了一种可以实现动态画面的"诡盘"。迈步里奇的"动态照相术"传开后,引起了法国生物学家艾蒂安·马莱的兴趣。他于 1882 年发明了摄影枪,每秒可曝光 12 幅画面。1892 年柯达胶卷问世后,艾蒂安·马莱又用柯达胶卷进行了大量连续摄影研究。1899 年,他制造出了技术比较成熟的电影摄影机。在 1888 年,法国人埃米尔·雷诺曾经制成过"光学影戏机",他最早使用柔软有孔的带子进行画面放映,不过放映机播放的不是摄制出来的胶片。

1877 年,美国发明家托马斯·爱迪生发明了留声机。后来爱迪生在获知迈步里奇的"动态照相术"后,对此也非常感兴趣,希望自己能够发明出"留影机",留住过去岁月的动态影像资料。20 世纪 80 年代末,爱迪生采用马莱的连续摄影法采用赛璐珞胶片进行试验,他在胶片画面中央打孔标记。这一做法后来由他的实验助手英国人威廉·狄克逊进行了改进,威廉·狄克逊把洞孔移到胶片两侧,在每幅画面两侧打四对孔;这样,他便发明了现代电影胶片。在爱迪生的指导下,威廉·狄克逊拍摄出世界上第一部影片。爱迪生和狄克逊此后又进行了放映机的研制工作。他们制作出一个柜子,前面安装了一个小放大镜,后面则通过滑车带动胶片以每秒 46 幅画面的速度移动。1894 年 4 月,爱迪生在美国纽约百老汇大街,用 10 台这样的机器组成了一家"电影院"。由于每台机器只能供一个人观看,所以每场也只能出售 10 张电影票。不少观众怀着好奇心来欣赏爱迪生的这项新的发明成果。结果,人们发现这种动态影像不仅内容十分有限,而且图像也很不清晰;在一组胶片很快就运动完毕后,片门还得关闭一小段时间,这让人觉得难以忍受。爱迪生对这项发明也不满意,但一时似乎难以改进。

就在爱迪生对改进放映机束手无策的那一年,法国有一对叫路易·卢米埃尔和奥古斯特·卢米埃尔的兄弟也在研究电影放映问题。有一天晚上,路易·卢米埃尔在设计放映机时,忽视联想到了缝纫机缝衣服时的情景。他想象着衣物是如何在缝纫机针头的往复运动中不断前进的……最终,他从这种联想中获得了灵感。他和他的哥哥于 1895 年 3 月研制出了集摄影、放映、洗印功能于一身的手摇摄影机和放映机。摄影时,遮光器反复开启,胶片在前进中曝光,即可得到负片。然后将负片与另一条新胶片贴在一起后再曝光,这样便可得到正片。放映时,将摄影镜头换成放映镜头,装上正片后即可放映。1895 年 12 月 28 日,卢米埃尔兄弟在巴黎卡普辛路 14 号大咖啡馆的地下室里,公映了几部他们拍摄的短片《工厂的大门》

《火车到站》等,这标志着电影正式诞生。他们后来也被誉为"现代电影之父"。

随着电影技术的发展,有声电影、彩色电影、数字电影、三维电影等电影新形式不断被发明出来。蒙太奇手法的运用使得电影成为人类艺术宝库一个独特的艺术组成部分;而建立在卡通漫画基础上的动画片,则为那些充满童心的人们带来了数不尽的欢乐。

前景无限的领域——光电子技术

光电子技术的内涵极其丰富,它除了包括利用光电效应来制造设备外,还包括将光学和电学技术有机地结合起来的技术。现代数码传真机、扫描仪、数码相机、光电鼠标、光信息通讯、光数据存储、太阳能硅光电池等都和光电子技术有关。光电效应可以分为内光电效应和外光电效应这两种,内光电效应又可以分为光电导效应和光生伏特效应等。在光照的作用下,半导体材料中的电子在吸收光子能量后可以引起材料电导率的变化,这种现象被称为光电导效应,利用它可以制成光敏电阻。在光照的作用下,某些半导体材料内还能生成电动势,这种现象即称之为光生伏特效应,利用它可以制成光敏晶体管和硅光电池。外光电效应即指在光照作用下物体内电子逸出表面向外发射的现象,利用它可以制成光电管和光电倍增管。

1839 年,法国物理家安东尼·E·贝可勒尔发现了光伏效应;1907 年,英国电气工程师约瑟夫·瑞恩德发明了发光二极管(LED);1960 年,美国休斯研究所的工程师西奥多·梅曼发明了世界上第一台红宝石激光器;1966 年,华裔科学家高锟发表了"光通讯"的相关论文;1969 年,美国贝尔实验室的电子工程师韦拉德·博伊尔和乔治·史密斯共同发明了 CCD 传感器。这些都为光电子技术的发展,做出了重要的贡献。

20 世纪 70 年代,荷兰飞利浦公司由苏汉姆·伊明克领导的科研小组发明了光盘(Compact Disc),更是开创了光数据存储的崭新天地。到了 2007 年,全球累计销售的光盘总数已经超过了 2000 亿张。光数据存储技术是建立在光学技术、激光技术、微电子技术、材料科学、细微加工技术、计算机与自动控制等技术之上的,它具有价格低廉、安全可靠、方便传播等优点。相比而言,磁存储技术则易因长期使用磁粉脱落、磁面划伤、受外部环境影响而造成数据损失。一般硬盘的设计使用寿命为 10 年,但少数厂商的硬盘在五年内的返修率就高达 30%。而很多光盘厂商都声称其光盘寿命可以达到在 100 年以上。1997 年,日本先锋公司推出了第一台 DVD 刻录机,使得光盘受到了更多的人的喜爱。2008 年初,日本东芝公司宣布停产 DVD 光盘,推出蓝光光盘,这掀起光数据存储领域新的竞争。一般 CD 采用 780 纳米镭射波长,DVD 为 650 纳米,蓝光光盘则为 405 纳米,所以其储存的影像清晰度更高。

1887 年,德国物理学家鲁道夫·赫兹发现了外光电效应。1905 年,爱因斯坦提出了光量子假说,对外光电效应做出了解释。这为光电管和光电倍增管的诞生奠定了基础。光电管在光的照射下能够发射电子。后来为了增大信号,人们又发明出了光电倍增管(PMT)。1919 年,美国电气工程师约瑟夫·斯列宾获得了第一个光电倍增管的专利。此后,光电倍增管不断改进,如今它在基础核物理学、天文学、医学影像学、电影胶片扫描、计算机高端扫描仪中都有着广泛的应用。光电管和光电倍增管是光电传感器的重要组成部分。光电传感器通常包括光源、光学通路和光电元器件三个组成部分。其中的光源有发光二极管、钨丝灯泡、激光等。在光电传感器中还需具备一定测量电路,以便能够测量出光电元器件的电性能变化。在实际应用中可以采用光敏电阻测量电路或由光敏晶体管组成的测量电路。在光电转换过程中,根据需要还可以采用由硅光电池构成的集成放大电路。

1969 年,CCD 传感器出现后,由于其数字信号放大转换器需要串联,这使得其结构比较复杂。为了迎合图像处理设备小型化的需求,美国电气工程师埃里克·福苏姆于 20 世纪 90 年代初发明了 CMOS 有源像素传感器(APS-C)。APS-C 和 CCD 使用了相同的光敏材料,但它利用了 CMOS 集成电路技术,从而使得图像处理设备更加小巧。如今,APS-C 在手机摄像头、电脑网络摄影头、光电鼠标以及一些数码单反相机中都已经被广泛应用。随着技术发展,光传感、光通信、光存储等技术拥有极为广泛的发展前景。围绕光源、传输、转运、探测、成像、显示等过程,将会有更多更新的技术出现,并造福于我们的生活。

告别明火燃料——电子烹调厨具

在距今 50 万年的时候,古人就学会了用明火加工食物,取火技术的出现使人类告别了茹毛饮血的时代。摄取熟食不仅能够使人的饮食方式更加卫生健康,也促进了古人体格的成长和智力的发育。人类进入电气时代以后,工程师们开始尝试发明出一些电子烹调厨具。1882 年,在加拿大诞生了世界上第一台电烤箱(Electric stove);1945 年,世界上第一台商品化电饭煲(Rice cooker)在日本上市;1947 年,世界上第一台微波炉(Microwave-oven)在美国诞生;1957 年,在德国内夫公司,制造出了世界上第一台电磁炉(Induction-cooker)。形式色色的电子烹调厨具的出现,给人们的生活带来了便捷。

电烤箱由加拿大渥太华肖迪埃电灯和电力公司的电子工程师托马斯·埃亨发明,它是利用电热元器件发出的热辐射烤制食物的厨房电器。1892 年,托马斯·埃亨发明的电烤箱被安装在了加拿大渥太华的温莎酒店,由于它无需明火,对环境造成的污染少,很快就受到了厨师们的欢迎。次年,埃亨发明的电烤箱在美国芝加哥世博会的厨房电气化模型展区进行展示。人们纷纷被这种从未见过的电子厨具深深吸引住了。许多人在厨房电气化展示区前驻足停留,也在思考着未来厨房电气化将会产生的新的变革。

1897年，美国电子工程师威廉·哈达韦发明了自动温控电烤箱，使得这种电子烹调厨具受到了越来越多的人的关注。此后数十年，电烤箱技术不断发展成熟。在20世纪30年代，电烤箱开始进入百姓家庭，慢慢取代传统的煤气灶具。电烤箱后来发展成为很多西方家庭必备的电子烹调厨具，它在食品烹饪方面有着许多优点，它无油烟、无粉尘、无明火、可以在烹饪过程中去除肉类的多余脂肪，烹饪温度也可以自由控制。由于中国人一般偏爱吃炒蒸煮类食物，所以电烤箱在中国受到的欢迎程度不如在西方社会大。不过，随着中国经济的发展以及西方饮食文化对中国的影响，越来越多的人开始选购电烤箱作为厨房家电。2007年上半年，我国电烤箱的销售量比上一年同期增长了40%以上。

目前在中国家庭，最受到欢迎的电子烹调厨具可以说是电饭煲和微波炉。微波炉的发明，源自一件非常偶然的事件。1945年，美国有一位名叫珀西·斯宾塞的电子工程师，他在美国雷神公司工作时参与了美国军方的雷达系统建设。珀西·斯宾塞从未受到高等教育，是一名自学成才的青年。斯宾塞在工作中非常勤奋，经常在别人已经下班离开时还在进行紧张的工作。有时为了避免出现饥肠辘辘，他就在上班时顺便购买一些零食放在口袋里。一天，他在加班后感觉肚子饿了，于是下意识地从口袋中取出一根花生巧克力棒。这时，他突然发现巧克力棒的一侧已经熔化了。他感到非常惊奇，因为当时房间里温度并不高。珀西·斯宾塞经过一番思考后，怀疑口袋中的巧克力棒熔化是由工作台上的磁控管所发出的微波造成的。经过试验后，他发现自己的猜想是正确的。他为此而十分震惊，既然磁控管发出的微波可以使巧克力棒融化，那它也应该可以用来烹饪食物；而在此之前，谁也没有想到这一点。珀西·斯宾塞后来申请了微波炉的专利，并研制出了成熟的产品。美国雷神公司在1947年即向市场上推出了商品化的微波炉。珀西·斯宾塞后来成为雷神公司董事局成员和副总裁。

微波炉能够实现的烹饪食物的方法非常多。不过，它和电磁炉比起来还是略逊一筹。电磁炉能够实现的烹饪种类基本上已经和传统煤气灶具完全一致。谈起电磁炉的发明，不得不首先谈一下"涡电流"，它又称"傅科电流"，由法国物理学家莱昂·傅科于1851年发现。在交变磁场中，导体会因为电磁感应现象产生涡电流，这会使得导体的温度升高。这一现象的发现是后来的电磁炉诞生的基础。也因此，电磁炉和微波炉所采用的烹饪炊具的材料迥然不同——微波炉不能用金属炊器烹饪食物，而电磁炉却不能用非金属炊器烹饪食物。有些人不明白这个道理，在电磁炉上使用砂锅，结果闹出了笑话。随着技术的发展，越来越多的电子烹调厨具开始出现，有些厨具已经能够实现智能化控制，它们在造福着人们的生活，也使得人类电气化和信息化生活大放光彩。

基本粒子的"孵化器"——对撞机

公元前 4 世纪,古希腊哲学家德谟克利特提出了原子论的思想,他认为世间万物都是由原子构成的。由于他的学说在当时很难通过实验来进行验证,所以也难以取得人们的一致认同。19 世纪初,英国化学家道尔顿第一次将原子学说从一种哲学猜想转变为科学学说。到了 19 世纪末 20 世纪初,已经很少有人怀疑原子学说的科学性了。科学家们把工作重点放在了研究原子的内部结构上。

对撞机

1911 年,英籍新西兰裔物理学家欧内斯特·卢瑟福用带正电的 α 粒子轰击金箔,发现了原子核。原子核的发现是物理学史上划时代的重大事件,它标志着一门新的科学领域——原子物理学正式创立。1914 年,卢瑟福用 α 粒子轰击氢原子,发现了质子。1919 年,他继而用 α 粒子轰击氮原子,使得氮原子部分转化成了氧原子;这是人类有史以来的第一次人工核反应。卢瑟福一连串的发现震惊了物理学界;科学家们纷纷开始寻找更先进的原子"炮弹"来取代 α 粒子,以期获得更惊人的发现。从此,粒子"加速器"掀起了发明创造的热潮。1932 年,美国科学家柯克罗夫特和爱尔兰科学家沃尔顿建成世界上第一台直流加速器,用高能质子束轰击锂靶获得了 α 粒子和氦;这是人类历史上第一次用人工加速的粒子实现核反应。同年,美国实验物理学家劳伦斯建成了回旋加速器,用它产生了人工放射性同位素;他因此获得了 1939 年的诺贝尔物理学奖,他是加速器发展史上获此殊荣的第一人。

1945 年,苏联科学家维克斯列尔和美国科学家麦克米伦发现了"自动稳相"原理,这是提高粒子能量方面的一次重大突破,但它同时也使得加速器的建造成本变得越来越高。1952 年,美国科学家柯隆、李温斯顿和史耐德发现了"强聚焦"原理;它使得加速器的建造成本大幅降低。随着加速器如火如荼地发展和技术革新,人们也开始发现,普通加速器只是用一束运动的高能粒子去撞击静止的靶粒子;如果能够利用两束运动的高能粒子沿相反的运动方向对撞,效果岂不更好?沿着这种新的思路,科学家们很快想到了发明粒子对撞机来取代普通加速器。1960 年,意大利科学家布鲁诺·陶歇克在意大利佛那斯卡蒂实验室首次建成了粒子对撞机并取得实验成功。他在实验室中将产生高能反应的粒子有效能量提高了 1000 倍。此后,各个国家的加速器发展基本上都沿着这条思路,即采用对撞机的形式。

对撞机的发明是人类科技上的重大事件,它为人类最终揭开宇宙演化之谜奠定了基础。众所周知,物理学最微观的研究领域就是原子物理学,而最宏观的研究领域就是天体物理学。对撞机的发明使得天体物理学和原子物理学最终能够在同一框架中得以统一,这种统一不仅是人们一直憧憬的梦想,也是一百多年来物理学家们一直在兢兢业业奋斗的终极目标所在。对撞机不仅能够帮助我们最终彻底地揭开宇宙演化之谜,它还能间接造福以下研究及工业部门——核工业、航天工业、微电子工业、化学工业、凝聚态物理研究、纳米技术研究等。

2008 年 9 月 10 日,由包括中国在内的 80 多个国家和地区共同投资兴建的位于瑞士日内瓦附近的大型强子对撞机(LHC)试运行,7000 多位科学家将共同开展一项史无前例的协作式研究。研究的课题包括:粒子是否有相对应的超对称粒子存在、为何物质与反物质是不对称的、标准模型中造成基本粒子质量的希格斯机制是正确的吗、物理界到底有没有更高维度的空间存在、能否发现一些和弦理论有关的现象、宇宙中 96% 的未知质量的本质到底是什么、为什么万有引力与其他三个基本作用力相比差那么多数量级……2002 年 8 月,早在 LHC 破土动工之际,英国著名物理学家斯蒂芬·霍金在访华演讲时讲道:"但愿 LHC 能够发现微小的黑洞,我将因此而获得诺贝尔奖。"斯蒂芬·霍金在 1974 年提出了黑洞辐射理论,他也是伟大的预言家,曾预言人类终将会发明出以反物质作为能量的宇宙飞船,然后大规模地迁离地球。或许未来对撞机真的能够帮助我们实现他的这一预言,毕竟人类现在利用阿波罗号中的燃料,飞抵最近的恒星也需要 5 万年。

生命不能承受之轻——核武器

作为光伏效应发现者、法国物理学家安东尼·E·贝可勒尔的儿子,法国物理学家安东尼·H·贝可勒尔成长在一个很好的家庭环境中。他的祖父安东尼·C·贝可勒尔也是一位著名的科学家,擅长矿物学和电化学研究。他的父亲安东尼·E·贝可勒尔发明的磷光计曾为验证 1852 年斯托克斯提出的荧光现象的本质做出过重要贡献。安东尼·H·贝可勒尔早年跟随父亲进行光学研究。在得知 1895 年德国物理学家伦琴发现了 X 射线后,他对 X 射线的本质进行了进一步研究。他推断 X 射线和荧光本质有可能相同,后来通过实验验证了这一点。1896 年的一天,他准备用铀盐进行实验,恰好遇到阴天不利于实验,便将铀盐和用黑纸包好的照相底版放入抽屉。他原以为不受日光照射的铀盐不可能使照相底版显影,可最终照相底版却显示出雾翳像。他感到十分奇怪,于是又进行了多次实验;发现只有铀盐能够出现这种情况,而其他盐类晶体均不出现;如果利用纯铀显影则比铀盐强得多。贝可勒尔通过进一步实验,证明这种射线与 X 射线不同,他将其命名为贝克勒尔射线。后来,在居里夫妇等人的帮助下,贝克勒尔了解到钍、镭等物质也能够发出这种射线,这种射线是天然放射性导致。天然放射性的发现标志着核物理学的开始。1903年,安东尼·H·贝可勒尔和居里夫妇共同获得诺贝尔物理学奖。

核武器

天然放射性的发现,激起了一位名叫奥托·哈恩的德国犹太化学家的兴趣,他毅然放弃了原先准备从事的化学工业研究,投身到放射性化学研究中来。他曾师从卢瑟福学习放射实验技术,后来同奥地利女物理学家莉斯·梅特涅展开了合作研究。1914年卢瑟福发现质子后,粒子加速器的研制开始在世界各国兴起,高能粒子使得物质基础研究取得了进一步的发展。1932年,卢瑟福的学生查德威克在实验中发现了中子。1938年,奥托·哈恩利用中子对铀进行了轰击,结果发现在实验中释放出了非常强的能量。在经过多次实验及莉斯·梅特涅的帮助下,奥托·哈恩成功地验证了实验中铀核发生了裂变,而能量正是由铀核裂变所释放出来的。奥托·哈恩人工核裂变实验的成功,为后来原子弹的制造奠定了重要基础,也开创了人类利用原子能的新纪元。1944年,奥托·哈恩因此而获得诺贝尔物理学奖。

莉斯·梅特涅当初在帮助奥托·哈恩确认实验结果时,曾征求过丹麦著名物理学家尼尔斯·玻尔的意见。玻尔也认为这是核分裂产生的现象。此后,玻尔赴美国参加物理学会议,将这个消息传到了美国,这引起了美国物理学家的强烈震撼。大家心里很清楚这种现象意味着什么。1939年,第二次世界大战正式爆发,关于铀的研究立即转入"地下";此后数年,任何科学媒体均不发表铀的相关论文。1942年6月,美国陆军总部制定"曼哈顿计划",由物理学家罗伯特·奥本海默负责,投资数十亿美元,旨在抢在德国前面研制出原子弹。计划之初,只有数百名科学家参与,后来参与的科学家超过了6000人,而参与的总人数则超过10万人。美国人深信"曼哈顿计划"如果成功的话,可以改变二战的历史进程。

1945年7月16日,美国第一颗原子弹试爆成功。1945年8月6日和9日,两颗原子弹分别被投向日本广岛和长崎。日本在这种"新式武器"的致命性破坏力面前对战争彻底感到绝望,于当年8月15日宣布无条件投降。第二次世界大战结束后,不少国家都纷纷开始进行原子弹及氢弹的秘密研制工作。1949年8月29日,苏联第一颗原子弹试爆成功。1952年10月3日,英国第一颗原子弹试爆成功。1952年11月1日,美国第一颗利用核聚变释放能量的氢弹试爆成功。1953年8

月,苏联第一颗氢弹试爆成功。1957 年 5 月,英国第一颗氢弹试爆成功。1962 年 2 月 13 日,法国第一颗原子弹试爆成功。1964 年 10 月 16 日,中国第一颗原子弹试爆成功。1967 年 6 月 17 日,中国第一颗氢弹试爆成功。1968 年 8 月 24 日,法国第一颗氢弹试爆成功……核武器的发展使得核危机也在威胁着全球的安全,如何制衡核武器的使用对于全球的稳定与和平发展是一个非常现实的问题。

让电能造福人类——电动机

人类能够在 19 世纪进入电气时代,英国物理学家迈克尔·法拉第对此做出了卓越的贡献。1821 年,法拉第发现了通电导线能绕磁铁旋转,从而奠定了电动机诞生的基础;1831 年,他又发现了电磁感应现象,这又奠定了发电机诞生的基础。法拉第是历史上少见的依靠毛遂自荐而获得成功的科学家之一。他年轻时做过 8 年图书装订工,与此同时挤出时间来自学。此后,他写信给英国皇家科学院院长戴维毛遂自荐,戴维被他勤奋

电动机

好学的精神打动,安排他做了一名助理实验员。此后,法拉第的才华如泉水般喷涌而出,不仅为人类电气时代的到来奠定了两项最重要的基础,而且发现了苯,开创了电化学研究,创造出"场"的概念。他的思想影响了后来的麦克斯韦和爱因斯坦等人;他不计名利,专注科学的精神也为世人所称颂。

在法拉第发现通电导线在磁场中运动的现象后,很多科学家都开始了电动机的研制工作,最初他们都是采用电池给电动机供电。由于当时的电池技术很不成熟,用电池供电的方式不仅动力不够大,而且成本也过高,所以缺乏商业实用价值。后来随着电气技术的发展,很多电动机相关技术问题都得以解决。世界上第一台具有商业实用价值的直流电动机由美国电气工程师弗兰克·朱利安·斯普拉格于 1886 年发明。斯普拉格不仅发明了现代直流电动机,他也是电梯和电气化铁路的杰出贡献者。世界上第一台具有商业实用价值的交流电动机由美国电气工程师尼古拉·特斯拉于 1888 年发明,他也是交流发电机的奠基人。

在日常生活中,绝大多数家用电器都离不开电动机,比如空调、冰箱的压缩机,

微波炉的转盘,电风扇,电吹风,吸尘器,电动剃须刀,家用排气扇,吸油烟机,波轮式、滚筒式洗衣机,洗碗机,榨汁机,电瓶车,电动按摩器,PC 机用风扇,硬盘、光驱、影碟机的驱动装置等,无一不用到电动机。电动机在工业上的用途就更加广泛了,比如通风机、鼓风机、压缩机、电钻、水泵、点钞机、碎纸机、搅拌机、卷扬机、减速机、自动卷帘门、舞台灯光设备、电梯、工业传输机的驱动装置等。电动机的发明,使得电能能够有效地转化成各式各样的机械能,人类的工业生产和家庭生活因此能够实现自动化,这就大大减轻了人们在工作和生活中的劳动负担。

目前,在世界各国的石油、电力、水利、建材、钢铁、有色、煤炭、化工、造纸、纺织、印染等工业部门,电动机都得到了广泛的应用。在当代社会,电能除了转化成热能、化学能和光等电磁波能量外,大多数都是转化成机械能服务社会。全世界发电量的一半以上,都是通过电动机来消耗的。电动机和内燃机、蒸汽机相比而言,具有高效易控、清洁无污染等特点,具有极其远大的发展空间。现在很多城市都在大力推广电动自行车和电动汽车以取代传统的机动车。法国巴黎 2009 年推出了一项新法案,巴黎市民每购买一辆 400 欧元以下的电动自行车,政府补贴 25% 的价格。在我国一些城市则已经开始兴建电动汽车充电站,未来在很多城市里我们将会看到各式各样的电动汽车行驶在城市的街头。其实,早在 19 世纪末,欧美国家就曾出现过电动汽车,当时的内燃机技术发展还不够成熟。20 世纪上半叶,由于福特等汽车公司改进了内燃机技术,而且使用了汽车大规模批量化生产流水线,便使得内燃机汽车取代了电动汽车。今天,我们回过头来再推广发展电动汽车技术,一方面是出于环境保护的需要;另一方面也是积极应对全球石油资源危机的一项重要举措。

由于电动机在世界各国都有着极为广泛的应用,电动机节能技术的发展将有助于大幅度地降低工业制造成本。2002 年,我国电力消耗约为 1.6 万亿千瓦时,其中约有 60%~70% 的电能被各种类型电动机所消耗。2002 年底我国各类工业电动机的装机容量约为 5 亿千瓦,总数在 1 亿台左右,其中 85% 是异步电动机;而且我国电动机每年保持 10% 以上的增长率。目前,我国大约只有 2000 万千瓦的电动机是带有节能装置的,占我国电动机装机总容量的 4% 左右。如果我国 80% 的电动机都能够采用节能技术,平均节能 4% 的话,那么一年就能节省超过 400 亿千瓦时的电量,相当于我国三峡发电站 2008 年发电总量的一半左右。

迈向电气时代——发电机

英国科学家迈克尔·法拉第于 1831 年发现电磁感应现象后,引起了人们研制发电机的兴趣。1832 年,法国工程师伊波利特·皮克西利用永磁体发明了可以简单工作的手摇式发电机,而且还发明了像电动机换向器一样的发电机整流子,这样便可以得到定向电流。皮克西发电机的不足之处在于他转动的是磁体而不是线圈,这使得发电机工作很不方便;其次,他发明的整流子虽然能够帮助获取定向电流,但这种电流十分不稳定。皮克西发电机诞生后的近三十年内,工程师们一直试图改进发电机,但都没有能够获得至少像电池那样能够稳定供电的发电机。1860年,意大利物理学家安东尼·帕奇诺蒂发明了铁环轴向线圈发电机,使得发电机的性能有了一定程度的提高。

发电机

　　第一台实用发电机由德国西门子公司的维尔纳·冯·西门子于1867年发明。1867年西门子所发明出来的发电机是直流发电机;它第一次采用电磁铁而非永磁铁,这使得发电机的功率显著增强。1871年,比利时学者泽拉布·古拉姆在法国巴黎访问研究时,发现了意大利物理学家安东尼·帕奇诺蒂写的关于发电机的论文。他认为安东尼·帕奇诺蒂的设计具有优越性,于是便在其设计基础上将很多铁环组合成铁芯,其中用绝缘纸隔开,再在这种铁芯上绕上大量的线圈;与此同时,他还借鉴了西门子发电机的一些优点,最终于1871年发明了"古拉姆发电机"。

　　古拉姆发电机是有史以来第一个可以带动很多电力设备的发电机,具有优良的性能,发出的电流十分稳定。为了感谢古拉姆为电气事业做出的贡献,他被尊称为"现代发电机之父"。1873年,西门子公司又在古拉姆发电机的基础上发明了交流发电机,这比美国物理学家尼古拉·特斯拉在1883年发明小型交流发电机要早出10年。1881年,西门子公司的交流发电机为英国小镇戈德尔明提供了照明。此后,西门子公司的交流发电机又在电动列车等方面得到应用。历史上与发电机技术一起发展的,还有变压器技术。1879年爱迪生改进电灯技术后,电流采用的是直流电;由于直流电传输很容易耗损,这使得爱迪生不得不每约隔一公里就建造一座发电站。1882年,法国工程师高兰德和英国工程师吉布斯发明了一种被称为"二次发电机"的变压器,它能够在一定程度上降低直流电传输中的耗损问题;但这种"二次发电机"作用是有限的。

　　就在爱迪生大力推广直流电的时候,美国物理学家尼古拉·特拉斯于1883年发明了小型交流电发电机,他认为采用交流电传输比直流电要好得多;但他的提议遭到了爱迪生的强烈反对。尼古拉·特拉斯原来是爱迪生公司的一名职员,在与爱迪生发生分歧后离开了爱迪生公司。他后来在美国西屋公司的赞助下继续对交流电的传输进行研究。1884 年，匈牙利岗茨工厂的三名年轻工程师米克什·德里、奥托·布拉什、卡罗里·齐伯诺夫斯基发明了高性能的交流电变压器，这使得交流电能够实现用很高的电压进行长距离低损耗传输。

1885 年 5 月 1 日，在布达佩斯国家工业博览会上，一台交流发电机成功地通过 75 台岗茨工厂生产的变压器，在远距离传输交流电后点亮了博览会现场的 1067 只爱迪生公司的灯泡；其光耀夺目的场面轰动了会场。从此，交流电开始广泛采用。可是，即便如此，爱迪生对他的直流电仍情有独钟，甚至用交流电故意电死一些小猫小狗警告美国公众，用交流电是十分危险的。他的这些过激举动据说后来还帮助美国军方发明了电椅。尼古拉·特斯拉坚信自己的目标是正确的，他于 1891 年发明了高频率交流发电机。1893 年，他发明的高频率交流发电机成功地点亮了芝加哥世博会 9 万多盏电灯，同时也宣告交流电在与直流电之争中取得了胜利。特斯拉的成功使得交流电发电机成为 1897 年美国尼亚加拉水电站的主要设备；后来在美国财团的威胁下，特斯拉放弃了交流电的专利权。此后他开始转向无线电发射器的研究。在无线电发射器研究中，他欠下美国财阀摩根一大笔债务，最终摩根通过向美国政府施压，删除了美国课本中所有关于他的记述。

上帝说，要有光——电灯

电灯作为一种将电能转化成光能的电气设备，它的出现最早可以追溯到 1800 年。英国物理学家赫弗里·戴维用伏特电池组连接了一截细碳丝，使其发出了微弱的电弧光。1860 年，英国物理学家威尔逊·斯万利用碳纤维发明了世界上第一个真正意义上的电灯泡。1877 年，美国电气工程师查尔斯·弗朗西斯在美国最早发明了电灯并推广使用。此后，美国发明家托马斯·爱迪生于 1879 年改进了真空碳丝电灯；爱迪生后来经过反复试验，又用炭化竹丝制成了电灯丝，这种新型电灯能够使用半年以上。1880 年，托马斯·爱迪生成立了爱迪生

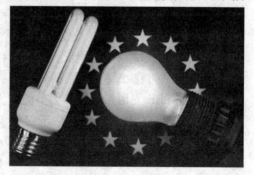

电灯

照明公司，这家公司后来改组为通用电气（GE）公司。1910 年，GE 公司的电气工程师大卫·柯立芝发明了钨丝电灯，GE 公司从 1911 年开始批量生产钨丝电灯并取得了很好的经济效益。

电灯的发明，大大推进了人类电气化的进程，使得发电机和变压器技术迅速发展起来，也使得煤油灯、煤气灯逐渐退出了历史舞台。中国的第一盏电灯于 1882 年 7 月 26 日在上海点亮。电灯扩大了人们在夜晚的活动范围，为人们赢得了更多

的时间创造财富和享受生活。就在白炽灯技术发展的同时,荧光灯技术也开始发展起来。1857年,德国物理学家海因里希·盖斯勒发明了能够实现辉光放电的"盖斯勒管"。此后,科学家们利用盖斯勒管研制出了一些简单的荧光灯。爱迪生于1896年也发明出了一种荧光灯,但由于那时他的公司白炽灯生产销售一片火红,他也就没有重视荧光灯技术的发展。尼古拉·特斯拉也曾经从事过荧光灯的研制工作,但他也没有能够使荧光灯实现商业化。

1898年,英国化学家威廉·拉姆齐和莫里斯·特拉维尔发明了霓虹灯。1901年,美国电气工程师库珀·休伊特发明了汞蒸汽灯,使得荧光灯的发光效率大大提高。最先应用于商业照明的荧光灯是霓虹灯。随着霓虹灯为越来越多的人所喜爱,汞蒸汽灯的商业化也逐渐被提上了日程。1934年,GE公司在其技术顾问阿瑟·康普顿的建议下开始了汞蒸汽荧光灯的商业化研发工作。此后,GE公司开发出了商业化荧光灯并获得了专利。但就在GE公司准备投产荧光灯的时候,却遇到了一系列的专利纠纷,因为荧光灯在数十年中陆续颁发过一些其他的专利。随着荧光灯专利纠纷事件的发展,越来越多的电灯生产企业开始关注这种新型的电灯产品。汞蒸汽荧光灯真正受到普通百姓的关注是在1939年的纽约世博会上。

由于荧光灯和普通白炽灯比具有发光效率高、光线柔和、保护视力等特点,很多家庭开始将白炽灯换成荧光灯;很多学校、图书馆、商场后来几乎全部采用荧光灯进行照明。到了1951年,美国的荧光灯的产量已经超过了白炽灯的产量。现代荧光灯技术和"LED"技术结合起来后,出现的"LED荧光灯"具有发光效率更高、更节能等特点,它已成为当今户外照明的首选光源。"LED"即为发光二极管,它系由无线电报发明人古列尔莫·马可尼的私人助理、英国电气工程师约瑟夫·瑞恩德在1907年发明。LED在被发明出来后主要用于照明光源、显示器制造、光电传感等领域。由于LED能耗很低,而且不含有汞蒸汽等可能对环境有害的成分,LED在照明光源中拥有"绿色光源"的美誉。

目前同LED光源一起被作为节能灯大力推广的还有节能荧光灯,它可以作为普通家用白炽灯的替代产品。由于它将镇流器装在了灯管后端,这样便可以轻松地实现用荧光灯取代白炽灯。据悉,从2009年9月1日起,欧盟开始禁止商店新进100w白炽灯的销售;普通40w和25w白炽灯则将于2012年停止新进货销售。欧盟预计,将节能灯全部替代白炽灯以后,即使算进购置节能灯的成本,每个家庭每年也能够节省出25~50欧元的电费。如果按照欧盟人口近5亿,约1亿以上家庭计算;欧盟推广节能灯每年将节省25亿至50亿欧元。为了应对全球气候变暖等问题,从2007年起,世界自然基金会在全球范围内推广一项名为"地球一小时"的活动,要求全球参与此项活动的机构和个人在每年3月的最后一个星期六的晚上8点30分至9点30分,熄灯一小时。这项活动已经受到了越来越多的人的关注。

上上下下的享受——电梯

现代电梯是在电气化技术发展的基础上建立起来的。在机械化升降梯出现以前,在古埃及已出现使用人力或畜力拉动的升降梯。1793 年,俄罗斯工程师伊万·库里宾发明了世界上第一台机械化升降机,当时他采用的是以蒸汽机运动产生的拉力。伊万·库里宾升降梯最早被安装在圣彼得堡的冬宫,1816 年它开始出现在莫斯科。为了向更多人推广这种新技术,从 1823 年起它开始在英国伦敦展示。不过,当时人们对这种机械化升降装置的安全性普遍持怀疑态度。1851 年,美国工程师以利沙·奥蒂斯开始着手研究安全升降机。他在 1852 年发明出安全升降梯,这一发明成果刚问世时未能引起人们的重视。

1853 年在纽约召开的世博会给以利沙·奥蒂斯带来了机遇。此次世博会共有来自 23 个国家的约 4000 个展位。以利沙·奥蒂斯在此次世博会上设立了一个安全升降梯展位,结果大出风头。他自己大胆地站在升降梯上,让工人们将升降梯缓缓地升起;随后,以利沙·奥蒂斯又令工人们将系住升降梯的绳子切断……奇迹发生了,升降梯安然无恙地悬挂在空中。原来,以利沙·奥蒂斯利用了一种三路蒸汽阀引擎设计,里面装有一种安全的自动制动设备。以利沙·奥蒂斯这种大胆的"活广告"使得他的升降机声名鹊

电梯

起,在纽约世博会上他的产品即打开销路,此后每年销量翻着倍增长。当然,利沙·奥蒂斯发明的并不是"电梯",而是以蒸汽机和液压机作为动力系统的。

世界上第一台电梯于 1880 年诞生在德国西门子公司。1886 年,美国电气工程师弗兰克·朱利安·斯普拉格发明了世界上第一台具有商业价值的直流电动机。他后来成立了一家电动机公司,并在经营数年后将其出售给了托马斯·爱迪生。此后,他在 1892 年创立了斯普拉格电气电梯公司,与查尔斯·普拉特合作,开始批量生产"普拉特"牌电动升降机,即"电梯"。斯普拉格电气电梯公司在 1895 年又出售给奥蒂斯电梯公司。由于普拉特电梯运行速度比传统蒸汽机或液压机驱动的升降梯更快,负载能力也更强,它在斯普拉格公司被奥蒂斯公司收购之前已售出了584 台。奥蒂斯电梯公司在收购斯普拉格电气电梯公司后,即开始批量生产电梯产品并进行技术改进。中国第一台电梯就是由奥蒂斯电梯公司生产的,于 1907 年安装在上海外滩的汇中饭店。目前,奥蒂斯电梯公司是美国联合技术公司的一家子公司,它已成为世界上最大的电梯制造企业。而斯普拉格在出售了自己的电梯企业后,即转向从事电气化铁路的建设。

19 世纪末电梯的出现,为后来高楼大厦的建造提供了交通方便。世界上绝大多数高楼大厦都是在 20 世纪这一百年内矗立起来的。随着电梯技术的发展,电梯的运行速度也变得越来越快。1897 年由美国奥蒂斯电梯公司研制生产后来装备在纽约德玛利斯大厦的电梯,速度只有每秒 0.17 米左右;目前世界上最快的电梯速度已超过每秒 17 米,是前者的 100 倍。

世界上第一架电动扶梯于 1897 年由美国工程师杰斯·W·雷诺发明。它建在美国纽约康尼岛的游乐场,系利用电力驱动一组斜板运动。1898 年,美国工程师查理斯·西伯格也获得了一项电动扶梯专利,他与奥蒂斯公司展开技术合作,于次年制造出了梳齿状的电动扶梯。1910 年,奥蒂斯公司收购了查理斯·西伯格拥有的自动扶梯的专利,并于次年又收购了杰斯·W·雷诺的公司;此后,奥蒂斯公司的技术人员设计出了类似于今天电动扶梯式样的产品。中国第一架电动扶梯于 1935 年在上海大新百货公司出现,它亦由奥蒂斯公司负责生产安装。电梯可以视为楼宇内的一种交通工具,有了它,楼层的高度对于人们而言就不再是困难。这不但加速了高层建筑的诞生,而且节省了人们在高楼大厦内活动的时间。电梯上上下下的过程不仅是一种工作效率的表示,也是一种生活的愉悦享受。如今很多商场都安装了观光电梯,乘坐观光电梯不仅可以方便购物,而且也可以从高处俯瞰城市美丽的风光。建立在电梯牵引技术上的观光缆车,更是给予了人们一种无穷的视觉享受。

把电"储存"起来——电池

"电池"这个概念最早系由本杰明·富兰克林于 1748 年提出,虽然此前已经有储存电荷的"莱顿瓶"诞生,但莱顿瓶由于不能持续供电,它只能被视为电容而非电池。最早的电池要追溯到"伏特"电池,它是由意大利科学家亚历山德罗·伏特于 1799 年发明的。1780 年,意大利生物学家伽伐尼在做青蛙解剖实验时发现,当自己用两种金属手术刀触碰蛙腿时,蛙腿会发

电池

生抽搐。伽伐尼认为这是由于蛙体内部的"生物电"导致。由于当时人们都知道电鳗会发电,所以人们就误认为伽伐尼的推断是正确的。此后,意大利科学家亚历

山德罗·伏特重复了伽伐尼的实验,经过反复思考后他推断,伽伐尼的结论可能是错误的,青蛙肌肉内能产生电流,可能存在其他的原因。

亚历山德罗·伏特曾受过英国科学家约瑟夫·普利斯特里的影响,他确信青蛙的体液能够充当导体的作用;可电流如果不是从青蛙体内来的话,它又是从哪里来的呢?此后,亚历山德罗·伏特发现,如果将不同的金属片浸泡在导电溶液中,由于发生化学反应,在金属片之间能够产生出微弱的电流。1799年,伏特根据他的发现建立了一个能够产生明显电流的电池组,并在1800年公布了他的实验结果。伏特电池组是一堆用沾了导电溶液垫片隔开的锌和铜的圆板;当一根金属线连接上锌板和铜板时,电流就通过金属线流动。1802年,美国和俄罗斯的科学家研究发现,如果使用的伏特电池组超过一定的规模,其产生的电流强度可以使得金属丝融化;这可能是自本杰明·富兰克林引入闪电电火花以来,人类第一次发现在实验室中产生的电流也具有很大的威力。

伏特电池组在早期的电学实验中,成为有效的产生电流的装置;在早期的发报机研究中,伏特电池组也曾作为有效的供电装置。在1871年古拉姆发电机出现以前,化学电池都一直是最主要的电流提供者。1881年在巴黎召开的国际电气会议上,为了感谢亚历山德罗·伏特对电学事业做出的开创性工作,决定将"伏特"作为电压的基本单位。1836年,英国科学家丹尼尔对伏特电池进行了改进,解决了电池极化的问题,制造出第一个能够保持平衡电流的锌-铜电池,又称"丹尼尔电池"。此后又诞生了"本生电池""格罗夫电池"等多种多样的电池,但它们都存在老化的问题。

1859年,法国科学家加斯顿·普兰特发明出了铅蓄电池。他将两块卷成螺旋形的铅皮用橡皮隔开,然后将其浸泡在10%的硫酸溶液中。他发明出的这种电池比当时的其他电池都具有更高的电动势。普兰特发明的铅蓄电池后来在1881年经过法国化学家C·A·福尔改进后,进行了批量的生产,很快在无线电研究、电化学实验中得到了广泛的使用。世界上第一块碳锌电池由法国化学家乔治·勒克朗谢在1860年发明。他采用氯化铵溶液作为导电溶液,用锌和石墨作为电极,并使用二氧化锰作为去极性剂。不过,勒克朗谢发明的这种电池由于使用氯化铵溶液生产制造,故携带很不方便。1887年,英国化学家威廉·赫勒森对乔治·勒克朗谢所发明的碳锌电池进行了改进,他以糨糊状的氯化铵代替了氯化铵溶液,用锌皮充当电极兼电池外壳,发明了现代干电池,使得电池的制造的携带更加方便,获得广泛的应用。

1890年,美国发明家托马斯·爱迪生发明出了可充电的铁镍电池。1896年,美国开始批量生产于电池。随着电气化技术的发展,小型家电对干电池产生了巨大的需求;随着汽车、轮船等交通工具的发展,蓄电池的需求也出现了迅猛增长。随着卫星通信和微电子产业的发展,诸如太阳能电池、锂电池等新兴电池开始出现。电池作为一种电能的储存设备,可以十分方便地为低电压电子设备供电,在当今世界发挥着巨大的作用。我国于1911年成立了第一家电池厂,到了1998年,我国的干电池年产量已达140亿只,占全世界当年度干电池总产量的将近50%。随着干电池的大量运用,与其相关的一系列环境保护问题也引起了人们的重视。据悉,一节普通五号电池中释放出的废物能够损害约一平方米的耕种土地。旧电池的回收和合理处置问题亟待我们去认真面对。

使人类免受雷电干扰——避雷针

中国人很早就懂得了利用避雷针将雷电引至地下,避免建筑物受到雷电的袭击。在17世纪葡萄牙传教士安文思所著的《中国新史》一书中,记载了一种中国的"奇妙"装置。在中国某些屋脊的两头,各有一个仰起的龙头,龙口吐出金属舌头伸向空中,舌根连接一根细铁丝直通地下,这种装置在发生雷电的时候可以将电流引至地下从而避免建筑物被雷电击毁。安文思记载的这种中国的"奇妙"装置即可视为现代避雷针的前身。现代避雷针是由美国科学家本杰明·富兰克林发明的。本杰明·富兰克林发明出来的避雷针不仅为人类创造出了一种有效的避雷设备,而且为人类揭示电的奥秘打开了一扇窗户。

1750年,本杰明·富兰克林提出,闪电可能是一种"悬挂"在暴风雨中的电力,他试图通过某种装置将这种电力从空中引下来。1752年5月10日,本杰明·富兰克林在法国达利巴尔利用一根约12米高的铁棍从暴风雨中试图吸引闪电。1752年6月15日,本杰明·富兰克林和他的儿子威廉·富兰克林成功地进行了著名的费城实验。在这次实验中,他采用的吸引雷电的装置是一只风筝,他冒着生命危险成功地从闪电中吸引到了电火花。当年10月19日,富兰克林致信英国皇家科学会,表示可以利用像莱顿瓶之类的装置对暴风雨中的电力进行控制。1752年底,本杰明·富兰克林制作了避雷针,安装在当时的费城学院,也就是现在的宾夕法尼亚大学。这种装置不久后在费城开始兴起,此后又传入了欧洲。

避雷针

本杰明·富兰克林对电力的研究工作,激起了约瑟夫·普利斯特里的关注。他是18世纪英国著名的哲学家、化学家、物理学家。他的哲学思想曾经影响了边沁、穆勒、斯宾塞等人;他在化学史上被认为是氧气的发现者之一,他的实验曾影响过拉瓦锡等人。1769年,约瑟夫·普利斯特里完成了《国家电力的历史和现状》一书。这是一本著名的电力学著作,系统地总结了本杰明·富兰克林和其他电学开拓者在电力研究方面所做的贡献及其意义。在书中,他还提出了电子力的平方反比法则。他的思想影响了后来很多著名的物理学家,包括库伦、伏特、法拉第、麦克斯韦等。从西方近代科学发明创造的成功中我们也不难看出,其成功的奥秘首先在于严格的实证主义作风,这和中国古代科学技术更多地依赖工匠们的个人经验形成了鲜明对比。因为科学只有通过实证进行重复推演,才可以有效地进行广泛传播和递进研究。其次,西方科学发明创造的成功还在于和商业化进程有机地结合在一起。在中国古代,虽然很多工匠做出过不少优秀的发明创造,但由于商业发展缺乏强有力的资本推动,所以很多发明创造成果都未能普及开来,这不能不说是个遗憾。

富兰克林的避雷针在得到推广之后,很多科学家都对电的原理进行了深入研究并试图改进富兰克林的避雷针。1830年,英国科学家威廉·哈里斯雪发明出了一种有效的船用避雷针。他的发明在1842年被商业运用并推广开来。1836年,英国科学家迈克尔·法拉第发明出了一种静电屏蔽装置,这为人们克服电场的负面影响提供了一种新选择。1916年,美国科学家尼古拉·特斯拉获得了一项改进富兰克林避雷针的专利,他的研究使得人们开始进一步研究避雷针对其附近空气的电离作用,这促使后来人们发明出新型的消雷器。

1992年,俄罗斯科学家亚历山大·古列维奇提出了著名的闪电"逃逸击穿"理论。古列维奇认为,宇宙射线是引发闪电的因素。在闪电过程中,最关键的就是外界条件提供了一个高能量的电子源;在这种高能电子源的作用下,更多的空气分子能够在短时间内,实现一种几何级数的被击穿释放电子的效应。古列维奇提出的闪电"逃逸击穿"理论,为人们从本质上认识雷电的奥秘提供了一种新的视角;他的理论也为今后人们研制出更有效的防雷设备提供了新思路。由于雷电对很多电子设备的正常运行会造成巨大影响,传统避雷针和消雷器目前仍不能彻底解决这个问题。据悉,全球每年因为雷电造成的经济损失在10亿美元以上;开发出更新更有效的防雷设备就成了当代人们的迫切需求。

交通通讯类发明

电信联通你的移动生活——手机

作为世界无线移动通信领域的先驱者,美国摩托罗拉公司的总裁办公室别具一格。一般的总裁办公室正中央端放着一张长长的办公桌,后面便是一把舒适的椅子;而在摩托罗拉公司的总裁办公室里,办公桌置放在了墙角,其余的地方则是一大圈沙发,随时准备召开小型会议。据悉,摩托罗拉创始人保罗·高尔文最喜爱的两个英文字母便是"P"和"L",它们不仅代表着"Profit"和"Loss",即利润和损失;更代表着"People"和"Love",即人和爱。只有把"人"和"爱"这两个问题解决好了,一个企业才能够获得长足的发展。

自从1876年贝尔成功地进行了商业电话推广以来,移动式无线通信就成了很多发明家的梦想。1942年8月11日,美国专利局通过了一份专利申请,申请人是奥地利影视明星海蒂·拉玛和音乐家乔治·安塞尔,专

手机

利名称是"扩频通讯技术"。当时谁也不会想到,如果没有这项技术,CDMA手机的诞生根本无法实现。海蒂·拉玛的故事说来话长,她颇有些像德国纳粹时期的地下工作者。20世纪30年代,海蒂·拉玛嫁给了奥地利一个著名的军火商;此军火商和希特勒的关系十分密切。由于相貌出众,海蒂·拉玛很快便成为纳粹军事首领中知名的"交际花"。由于痛恨纳粹发动的战争,海蒂·拉玛便想到了学习纳粹的一些绝密的军事技术。1938年,她带着一些技术资料带来了伦敦;此后又移居美国,在那儿认识了音乐家乔治·安塞尔。乔治也是一名反纳粹者,他们一拍即合,合作开发一种秘密无线通讯系统,最终发明出了"扩频通讯技术"。20世纪90年代,美国通讯界授予海蒂·拉玛"CDMA之母"的荣誉称号。

人类第一代手机利用是"模拟制式"通讯技术,世界上第一台模拟制式手机由摩托罗拉公司的工程师马丁·库帕于1973年4月发明。模拟制式移动网络正式出现是在1978年,手机正式进入商业运用是在1983年;当时的手机重达3Kg左右。到了1999年,手机只有60g重了,只及1983年时手机重量的2%左右,这为实现真正意义上的"手机"奠定了基础。我国从1987年开始发展移动通信业务,于2001年12月31日关闭了模拟制式移动网络;现在普遍采用的是第二代手机通讯技术,主要是GSM(全球通讯系统)和CDMA(码分多址技术)。由于CDMA和GSM相比具有容量大、保密性能好等特点,现在很多国家都采用它作为第三代手机(3g)的基础。

20世纪80年代,我国手机价格为数万元一台,当时权威专家们预测的2000年

我国手机用户数,还不及今天我国一天新增的手机用户数;手机技术和业务的飞速发展,是当时的人们始料未及的。1997 年中国手机用户数就突破了 1000 万。从 0 到 1000 万,手机在我国只用了 10 年的时间;而固定电话则用了超过 100 年。手机这种看来不可思议的增长速度,正因为它可以"移动"着"联通"我们的生活,它使人与人之间的联络可以不受时间和空间的限制,适应了现代人快节奏的工作和生活方式。当然,它也在帮助着人们创造出巨大的商业财富,也造就了许多杰出的通讯公司。

20 世纪末,深圳华为申请加入中国证券市场"科技版",当时专家们的评审结果是:此公司并没有科技含量。可是,时隔十年,华为公司已成长为拥有 4 万多项专利技术,年销售额超过 300 亿美元的世界知名企业。管理界人士想必对华为总裁任正非在 21 世纪初所做的《华为的冬天》一文耳熟能详。或许正是这种危机意识和华为人的自主创新精神,使得这家企业积极把握住了全球移动通信市场迅猛发展的机会,铸就了令中国人引以为自豪的跨国企业。

目前,世界各国已经普遍开始发展第三代移动通信(3g)技术,它和第二代移动通信技术比,不仅可以有效地实现与互联网的接驳,传输多媒体文件,方便召开移动视频会议,而且其数据传输速度更快。从 2008 年 6 月起,中国通信领域开始进行了大规模的资产重组工作:中国联通和中国网通公司合并,中国电信以 1100 亿元并购中国联通公司的 CDMA 网络,中国移动并购中国铁通……这些并购表明,一场世界规模的移动通信和互联网业"战争"即将打响……

现实世界的千里眼——雷达

人类科技史是一个复杂而又玄妙的过程,从中国古代炼丹术士们发明火药,中国古代旅行家们将磁体制成的指南针应用于导航到今天林林总总的科技新发现、新发明的出现,科技在改善着我们的生活,也在成就着我们的德性。人类最原始的德性恐怕就在于一种征服的精神——把看不见的变成看得见的,把不可控的变成可控的。1864 年,英国物理学家麦克斯韦预言电磁波存在;1888 年,德国物理学家鲁道夫·赫兹用实验证实了电磁

雷达

波的存在。他们的成功为无线电新的发明创造奠定了基础。

1897 年,俄国科学家亚历山大·波波夫在波罗的海海面上进行电磁波实验时,发现障碍物对电磁波的传播会造成影响,他在实验记录中提出了可以利用电磁波进行勘测导航的可能性。他的这种认识可以说是最早的雷达思想的萌芽。1901 年,意大利工程师古列尔莫·马可尼发明了远距离电磁波信号传递接收技术;这为无线电广播和雷达技术的发展奠定了基础。1904 年,德国工程师克里斯蒂安·许尔斯迈尔获得了第一个雷达专利,该专利的全称为"发射、接收赫兹波的装置,如在波的投射方向上存在金属物体如舰船、火车等,该装置可以示警。"许尔斯迈尔的这个发明的动机,源自他亲眼目睹了一位因轮船相撞事故而失去儿子的悲痛欲绝的母亲。雷达的基本原理和人看见物体的原理本质上是相同的;当物体对光线进行漫反射时,光子在我们的视网膜上被感应,我们就对物体进行了模式识别。光的本质就是一种电磁波。这种原理和蝙蝠利用耳朵接收超声波反射定位也十分相似,根据这种原理人们后来便发明出了声呐探测仪。

雷达是英文 radar 的音译,为 Raio Datection And Ranging 的缩写,中文全称是"无线电探测和测距"。它的原理即是通过固定或旋转的天线向特定方向或全方位发射无线电脉冲,经目标阻挡被反射、散射回来后,设备接收到回波信号再根据相应的公式计算出目标物的大小、远近、移动速度,最终通过成像技术转换为可视图像。1927 年,德国工程师汉斯·霍尔曼发明了世界上第一台厘米波段的雷达,此系统经完善后,可以探测到 8 千米远的舰船和 30 千米处的飞机。1938 年 12 月,美国研制出了可以探测到 160 千米远处飞机的雷达。1940 年 10 月,美国麻省理工学院建立军方投资的辐射实验室,主要开展雷达研制工作,在六年内美国军方共投入 21 亿美元,投资规模堪于"曼哈顿计划"媲美。美国后来又建立 DARPA 中心,目的是在发展军用雷达的基础上寻找新的通讯方式,正是在这个研究中心后来诞生了互联网。雷达不仅可以应用于国防系统,它还被广泛地应用于遥感测绘等领域;通过飞机或卫星搭载天线,向地面发射无线电波,再通过信息接收装置和成像技术,便可以勘测出地理地貌。雷达技术还可以和激光技术、互联网技术、GPS 全球卫星定位系统相结合,从而拓展出更广阔的发展空间。

2002 年 10 月 29 日,一位名叫乔尔·约旦的英国科学家和他的美国同事通过遥感技术结合互联网和机器仿生技术,制造出了"超距离人体互感装置"。这是一种互动式"虚拟现实"技术。你无需和对方接触,便可以通过这种技术"真实地"感受到你在与对方接触。乔尔·约旦的这个发明不禁让人联想到美国著名哲学家希拉里·普特南提出的"瓶中大脑"假想实验。它通俗的表述便是,如果将你的大脑在你沉睡时悄悄移植到一个装满营养液的瓶中,再通过超级神经网络计算机输入你熟悉的信息;这时,你能否判断出你是一个"完整的人"还是仅仅是一个"装在瓶子中的大脑"?随着形形色色遥感技术的出现以及通讯技术的发展,我们能观测到的世界也越来越广阔。虽然普特南的假想实验未必一定能够实现,但它从侧面反映出这样一个道理:要想在现实世界赢得胜利,我们就一定要拥有对信息的主动权。

电磁波的驾驭者——无线电技术

无线电波发现以后,利用它进行无线通信就成了人们的梦想。我们前面介绍的利用手机进行的移动通信就是无线通信的一种形式;另外,无线互联网也是一种无线通信形式。最早的无线通信形式是无线电报,它是由意大利电气工程师古列尔莫·马可尼发明的。马可尼在 1896 年取得了无线电技术的专利,他于 1901 年 12 月成功地研制出了横越大西洋的无线电报,这标志着无线通信时代的到来。1901 年马可尼发明的无线电报虽然可以实现远距离通信,但它仍存在着很多缺点。比如,马可尼发报机的振荡线路和天线是结合在一起的,这使得发报机的功率很低;其次,马可尼使用的无线通信是不能够进行调谐的,这使得其发射出的无线电报彼此很容易出现干扰;再次,马可尼无线电报系统中缺乏性能可靠的电报接收装置。

德国物理学家卡尔·费迪南德·布劳恩对此进行了改进。他从 1902 年开始在英国工程师约瑟夫·洛奇的调谐粉末检波器的基础上发明出了新的调谐技术,这使得无线电报可以以不同频段定向发送和接收,降低了干扰;这种技术也是收音机的基础。他还发明出磁耦合天线,将振荡线路和天线独立设计并使之耦合在一起;这种崭新的设计使得无线电报的发射功率大大增强。此外,他还发明出晶体探测器电报接收机,在电子管出现以前这种晶体探测器曾被广泛使用;早期的雷达使用的就是布劳恩发明的晶体探测器。布劳恩除上述成就外,他还发明了显像管,这是早期电视机、雷达、计算机显示器的基础部件。1909 年,诺贝尔奖评审委员会将当年度的诺贝尔物理学奖颁发给马可尼和布劳恩,以感谢他们为人类无线电工程事业所做出的贡献。

马可尼发明无线电报和布劳恩改进其技术后,人们便开始尝试建立广播电台制作节目并将其传送到百姓家里去,这便是最早的无线电广播的构想。无线电报发明人马可尼以及雷达构想者波波夫都曾想过发明无线电广播,不过它最早诞生在了加拿大工程师奥布里·费森登手中。奥布里·费森登早年曾在发明家爱迪生创办的公司工作,后来由于爱迪生早期企业经营不善,奥布里·费森登等很多优秀工程师都被爱迪生裁员;此后,费森登曾任匹兹堡大学电气工程系主任,后来转到美国气象局工作;后来他被美国全国电力信号公司聘请为研究员,从事无线电技术的产业化工作。当时连续性无线电广播电台实现的一个主要难题,就是很难将声音转换成电流并进行有效的放大。1906 年 6 月美国工程师李·德福雷斯特发明了真空三极管后,费森登将真空三极管运用到了无线电技术中去。1906 年 12 月,费森登终于成功地进行了试验,他组建出世界上第一个广播电台。虽然首播的节目很简单,由小提琴曲和《圣经》精华片段朗诵组成,但这已经为无线电技术未来更广泛地商业应用奠定了基础。

1909 年,英国人将广播电台引入到中国,他们在上海兴中旅馆私自设立电台与黄浦江邮轮通信;此后,经中方与英方斡旋,此电台及技术被上海电信总局以 1 万大洋收购。1918 年,旧中国陆军向马可尼公司赊购了 200 部电台用于军事通信。1920 年,马可尼公司开始批量生产收音机并于当年 6 月转播了音乐会盛况;1920 年 11 月,英国 BBC 的前身伦敦广播站开始进行每日广播。1930 年,马可尼公司在中国上海设立办事处,开始在中国销售收音机和其他无线电通信产品;20 世纪 30 年代,仅中国上海一地,就有 30 万户家庭购买了收音机。

最早的收音机都是用电子管的,20 世纪 40 年代晶体管出现后,晶体管收音机开始逐渐进入百姓家庭。由于晶体管是用半导体材料制成的,所以晶体管收音机又叫半导体收音机;它与电子管收音机比,具有体积小、重量轻、用电省、经久耐用等优点,一上市就受到了人们的欢迎。20 世纪 20 年代收音机进入寻常百姓的家庭后,人们产生了这样的疑问,为什么无线电能够传送声音信号,它就不可以传送视频信号呢?无线电工程奠基人布劳恩发明的显像管为电视机的出现奠定了基础。后来经过数年努力,英国发明家贝尔德发明了电视机,为无线电事业的发展做出了新的贡献。

大海中的"顺风耳"——声呐

人类研究声音的历史要比研究无线电的历史早得多。最早对声音在水中传播进行研究的科学家可以追溯到达·芬奇。1490 年,达·芬奇曾记载过这样话:"如果你把你的船在水中停下,并把一条长管子的一端放在水中,将另一端贴近你的耳朵,你会听到离你很远的船的声音。"1826 年,瑞典物理学家丹尼尔·克拉顿和法国数学家查尔斯·斯特姆在日内瓦湖上利用精密仪器进行实验,测量出声音在水中的传播速度为 1435 米/秒,约是在空气中传播速度的四倍。

虽然人类研究声音的历史很早,但利用水中的声音进行定位和勘测的技术即声呐技术的出现却要晚于雷达。世界上的第一个雷达专利是 1904 年颁发,而第一个声呐专利直到 1912 年才颁发,第一台利用压电效应制备的实用声呐的专利于 1914 年颁发。1912 年,著名的商船"泰坦尼克号"沉没后,英国工程师刘易斯·理查森先后申请了利用水中和空气中回声进行定位的技术专利,他是声呐的最早发明人。1913 年,德国工程师亚历山大·贝姆获得了利用水声进行地理勘测的专利。1914 年,加拿大电子工程师奥布里·费森登,也就是我们前面介绍过的世界上第一个无线广播电台的首创者,他利用压电效应制造出了世界上第一台实用的声呐。压电效应系由法国物理学家杰克斯·居里与皮埃尔·居里兄弟发现。皮埃尔·居里即是居里夫人的丈夫,他在和妻子结婚前从事晶体性质的研究,在结婚后转向放射性研究,于 1903 年与妻子和贝克勒尔共同获得了诺贝尔物理学奖。

所谓的压电效应,就是某些晶体在受到机械力作用的情况下,在晶体两端会产生电荷;而且这种电荷的强弱和受力的大小和方向有关。这样的晶体即称之为压电晶体。利用压电晶体可以实现机械振动产生的声波和电流的互换;这是一种十分有趣的现象。如果没有压电效应存在的话,水中的声波就很难被检测出来。利用压电效应可制成"电声换能振荡器",它在声呐技术中就像无线电技术中发射电磁波的振荡器一样重要。由于无线电波无法有效穿透海水,所以声呐具有雷达不可替代的巨大作用。

1919 年,德国科学家在研究声呐时发现,声波在水中遇到水温和水压变化时会发生折射现象;1937 年,南非工程师阿瑟斯坦·斯比尔霍斯根据这一原理发明了具有海水温度勘测功能的声呐。此后,科学家们开始利用这种声呐来绘制海洋温度变化的三维地图。科学家们还利用声呐来监视海洋动物的生活习性。海洋的地理信息和生物活动信息对于人类开发海洋资源无疑具有重大意义。声呐运用于军事领域最早由英国海军在 1915 年装备,技术从加拿大引进。不过那时声波检测技术还很落后,无法适应战争的需要。一战中,由于声呐技术不发达,打击潜艇成为一件困难的事情。当初英国还为此运用了一种"钓鱼战术":利用一艘拖网渔船放在海上作诱饵,诱骗德国潜艇出来攻击,然后事先潜伏在水下的英国潜艇趁机发射鱼雷将德国潜艇击沉。真正能够有效满足战争需要的声纳于 1920 年出现,由英国自行研发;工程代号为"ASDIC"。在二战中,"ASDIC"系统发挥出了巨大的作用。在二战中,英国将此技术免费转让给了美国。为了更好地打击纳粹潜艇,美国后来又请到了法国著名物理学家保罗·朗之万改进声呐技术。

早在 1915 年,朗之万就提出制造超声波声呐的设想。1916 年,他成功地利用无线电高频线路和压电晶体振荡器相结合,制造出了世界上第一台超声波声呐仪。在二战中,经过朗之万技术改进后的声呐为盟军做出巨大的贡献。二战后,声纳不断受到了各个国家的高度重视。声呐除了可以作为海底监控设备,它还可作为鱼雷的引信和导航系统。现代广泛使用的声呐的频率约在数千赫至数十千赫之间,既用到了普通声波也用到了超声波。美国从 20 世纪 50 年代开始,启动了一个名为"SOSUS"的声呐工程,将大量声呐仪安装在北美和英属西印度洋群岛附近海域中,织成了一个巨大的"监听网",可以发现在此范围内出现的潜艇的式样、大小,甚至可以观察到这艘潜艇有几个螺旋桨。随着世界和平的发展,"SOSUS"工程目前日益开始转向民用,利用这个声呐网可以监视火山、水文等变化情况,造福于百姓。

电和声的切换——电话

1844 年美国人塞缪尔·莫尔斯发明了有线电报。由于它信息传送速度快,很快就受到了各国的重视。但电报有个缺点,每次发报都要去电报局,而且还得事先拟定好电报稿,十分麻烦。后来人们便想,既然利用电流能够传递电报,为何不能用电流传递声音呢？1856年,意大利舞美设计师安东尼奥·穆齐在美国发明了电话。他在自己的地下室里成功地通过电话与二楼卧室的妻子进行了声音交流。1856年至1870年,穆齐在他的第一个电话的基础上发展出了30多种不同类型的电话。安东尼奥的电话在美国最早获得专利是在1871年,专利的名称叫"声音电讯报"。这个专利比贝尔的电话要早出5年。

在过去的一个世纪,大多数人一直都认为亚历山大·格雷厄姆·贝尔为电话的发明人,但到2002年6月11日美国国会通过的一项议案中,安东尼奥·穆齐被正式确认为电话的发明人。亚历山大·格雷厄姆·贝尔在1876年制造出了电话并在此后进行了大规模的商业推广。贝尔为了推广电话,曾举办过大量的演讲和宣传活动。他的推广甚至引起了维多利亚女士的兴趣。正是贝尔对电话事业的热忱影响了人们对于电话这种新生事物的态度。十年后,贝尔电话公司在美国成功地销售出了超过15万门电话。电话通讯网的建立,为后来传真和互联网的发展提供了方便。由于电话后来多采用双绞线设计,它能够有效地将电流转输过程的电磁波阻抗掉,所以电话线能够高效传递电信号。在电话发展史上,除了安东尼奥·穆齐和亚历山大·格雷厄姆·贝尔做出了重要的贡献外,还有两个人不得不提,那便是埃利萨·格雷和托马斯·爱迪生。

贝尔的电话专利是在1876年2月14日获得的。美国电子工程师埃利萨·格雷在他获得专利2小时后也获得了一项电话专利,他发明的电话的送话器是利用话筒内部"液体电阻"的变化。

电话

1877年,托马斯·爱迪生也获得了一项电话专利,他的技术是在送话器中用"碳粒的振动"来切换声波和电流。此后,美国西部联合电报公司购买了格雷和爱迪生的电话专利权,并与贝尔公司进行了旷日持久的诉讼战。1892年,贝尔公司和西部联合电报公司就此事达成了一项和解协议;西部联合电报公司在此后的17年内,分享贝尔公司20%的电话销售利润。安东尼奥·穆齐也曾经与贝尔公司进行过旷日持久的诉讼,但由于他势单力薄,终于没有敌得过贝尔的影响力。这也是我们很多老版本的教科书上,将亚历山大·格雷厄姆·贝尔视为电话发明人的原因。

电话的发明,除了可以通过经营电话本身的服务获取利润外,它还创造出了另外一个重要的利润来源——电话黄页。这种变化有点类似互联网搜索引擎在提供信息检索服务的同时,也创造出一个巨大的 Web 广告联盟。电话黄页是一个很好的广告平台,因为在固定电话占据通信市场主要江山的时候,几乎每个家庭和企业都需要一本电话黄页。电话黄页的发明人是美国商人鲁本·唐纳利,他在与贝尔公司合作推广电话时于 1883 年创造出这个新生的事物。由于电话黄页每年才更新一次,而且通常都是按照行业分类,所以电话黄页的广告效应在当时比报纸广告要好得多。鲁本·唐纳利藉电话黄页的发明,为电话事业的发展做出了重要的贡献,也为自己创造出了丰厚的收益。

在电话进行商业应用后的数十年内,大量新技术开始发明并应用于电话事业的发展,包括"自动拨号技术","电子管扩音器","电缆制造技术","光纤技术"等。20 世纪 80 年代移动电话进入商业应用后,固定电话渐渐地退出了人们的家庭;但它对于工商企业仍是不可缺少的通讯工具。随着互联网技术的发展,"网络电话"这种新生事物也开始出现。随着通讯技术的发展,人们的通讯手段越来越多,成本也越来越低,这大大促进了社会经济的发展和人们工作效率的提高。我国第一部电话出现在 1900 年,1949 年我国约有 26 万门电话,到了 1978 年我国电话发展到 359 万门。2003 年,我国固定电话安装总数约为 22562 万门,已经占到了我国人口总数的约 18%。1844 年 5 月 24 日,当莫尔斯发出人类第一份有线电报"上帝创造了何等的奇迹!"的时候,他恐怕不会料想到人类通讯技术其后会发展得如此之快。

太空中的使者——卫星飞船

1687 年,英国科学家牛顿在其《自然哲学的数学原理》一书中谈道:"有可能以极大的初速度抛出一颗不再落回地球的物体。"牛顿的这一梦想在 270 年后,由苏联航天工程师们率先变成了现实。1957 年 10 月 4 日,苏联第一颗人造地球卫星成功发射,这一消息惊动了世界。很快,《纽约时报》等各大报刊头版头条都刊登了这条消息。当时,美国国务卿杜勒斯有点不悦地质问美国报界人士赫斯勒:"为什么你们媒体要围绕这个'铁块'大做文章?"赫斯勒意味深长地说道:"这个'铁块'使人类生活进步了几个世纪。"

赫斯勒这句评论,说得一点也不过分。如果离开了人造地球卫星这项伟大发明,我们今天应用全球卫星定位系统(GPS)的车辆导航、卫星电视、卫星通信、卫星遥感气象及测绘等都无法进行。再者,如果没有苏联当初第一颗人造地球卫星的成功发射给美国国民带来的"刺激",互联网的发明也许要朝后推迟数十年。当我们在今天享受着这些人类发明创造的优秀成果时,我们也应当感激人类那种内在的不甘落后、勇攀高峰的竞争拼搏精神。

第一颗人造地球卫星的发明初衷并非用于民用，而是主要服务于军事及政治目的。20世纪50年代初，美国保持着领先的空中优势，每年侵犯苏联边境不下于1万次。苏联任命火箭专家谢尔盖·科罗廖夫成立了一个洲际导弹研发小组，旨在研制出能够把核弹头运往地球上任何一个地点的洲际导弹。1954年，科罗廖夫的一位朋友，苏联火箭专家吉洪拉沃夫向他递交了一份题为《关于人造地球卫星的报告》。在报告中，他指出了国家发展人造

卫星飞船

地球卫星技术的可行性和必要性。科罗廖夫看完这份报告后深为触动，他将此报告转交给国防工业部长乌斯季诺夫。由于一直担心洲际导弹的研制不能马上出成果，乌斯季诺夫和赫鲁晓夫商议后决定支持。虽然当时科罗廖夫的研发小组除他一人外，没人支持搞人造地球卫星，但在政治家们的支持下，人造地球卫星研制被提上了日程。1957年10月4日苏联在第一颗人造地球卫星发射成功后，又于1957年11月3日成功发射了第二颗人造地球卫星。第二颗人造卫星还搭载了一只名叫"莱卡"的小狗，它成为地球有史以来第一次进入太空的动物，这为后面的宇宙飞船技术打下了基础。

1961年4月12日，苏联东方1号宇宙飞船发射升空，宇航员尤里·阿列克谢耶维奇·加加林成为人类有史以来第一位"太空人"。在完成了1小时48分钟飞行后，加加林安全返回地球。不幸的是，七年后，加加林在一场空难中遇难，年仅34岁。苏联政府将其骨灰安葬在克里姆林宫墙壁龛内，以纪念这位伟大的英雄。加加林遇难次年，美国在航空史上迈出了更为卓越的一步。1969年7月16日，美国阿波罗11号宇宙飞船发射升空；7月20日，美国宇航员尼尔·奥尔登·阿姆斯特朗和巴兹·奥尔德林先后登上月球。阿姆斯特朗有幸成为第一位在地球外星体留下脚印的宇航员；他在月球上所说的那句"这是个人迈出的一小步，但却是人类迈出的一大步"，后来也成为一句脍炙人口的名言。

由卫星飞船推动的航天技术，导致了人类进入了"太空科技"时代。正如同大城市区别于小城市可以从错落有致的立体化交通网络上看出来一样，太空科技也是各个国家的一种"立体化"发展战略。进军太空不仅可以满足一个国家彰显综合实力，成为超级大国的愿望，也能够满足现代军事技术发展的需要。据悉，美国

在近二十年内进行的局部战争中,80%以上的军事信息都是通过太空获得的。除此之外,太空还含有极其丰富的矿物资源;它独特的微重力环境为生物育种、微电子技术、医药食品工业提供了广袤的发展空间。1974 年 4 月 24 日,中国第一颗人造地球卫星"东方红一号"成功发射。2003 年 10 月 15 日,中国首位"太空人"杨利伟搭乘神舟五号宇宙飞船成功进入太空,这标志着中国成为世界上第三个掌握载人航天技术的国家。2007 年 10 月 24 日,中国"嫦娥一号"月球探测卫星成功地进行了首次发射。2009 年 3 月 1 日,嫦娥一号首次撞月成功,这为不远的将来中国人登上月球,在月球上插上一面五星红旗奠定了基础。

告别大地母亲——火箭

人类在 1961 年首次通过火箭实现了载人航天之梦。早在数百年前,人们就通过各种各样的方式进行航空航天的尝试;世界公认的人类第一位尝试利用火箭飞行的人是中国明代的士大夫万户。14 世纪末,中国这位名叫万户的官员把 47 个自制的火箭绑在椅子上发射,然后希望通过两个大风筝平稳着陆;不幸的是火箭发生爆炸,万户也因此献出了生命。为了纪念这位人类首次尝试利用火箭飞天的人,20世纪 70 年代,国际天文学联合会决定将月球表面的一座环形山命名为"万户(Wan Hoo)山"。

近代火箭作为一种有效的航天工具,是在 20 世纪初正式被科学家们提上议程的。19 世纪末,英国著名科幻小说家赫伯特·乔治·威尔士出版了其一系列享誉世界的作品《星球大战》《时间机器》等,激发出了人们开拓未知世界的激情。1903年,俄国科学家康斯坦丁·齐奥尔科夫斯基在莫斯科《科学评论》杂志上发表了题为《利用喷气工具研究宇宙空间》的论文,文中他推导出一系列的火箭方程式。此后他一直潜心于火箭理论的研究,奠定了现代火箭的理论基础。齐奥尔科夫斯基在航天理论上的重要贡献有:首次明确地提出液体火箭是发展航天技术的基础,并提出液氢和液氧是最佳的火箭推进剂;计算出了火箭的质量比及其逃逸速度范围;首次提出多级火箭的设计理念,并提出了利用陀螺仪来实现对宇宙飞船的方向控制;他还提出建立外太空空间站的概念,并预言太空移民将来会变为现实。

20 世纪,还有一位火箭研究人士为人类火箭史做出了卓越的贡献。与齐奥尔科夫斯基不同,他主要走的是一条实践的道路,他便是后来被人们尊称为"现代火箭技术之父"的美国科学家罗伯特·戈达德。罗伯特·戈达德原系美国克拉克大学的物理学教授,由于受科幻小说家赫伯特·乔治·威尔士的影响的太深了,一直醉心于火箭的研究。不过,当时人们普遍对这种将机器发射到太空的技术表示怀疑;有些美国报刊甚至讽刺罗伯特·戈达德是一个不切实际、爱好空想的"月亮人"。所幸的事,就在罗伯特·戈达德孤立无援的时候,美国史密森纳研究院决定从 1917 年起,每年对罗伯特·戈达德赞助 5000 美元进行研究,直到 1929 年结束,这在当时是一笔不小的数额。1926 年,罗伯特·戈达德的研究取得了突破性进展,在马萨诸塞州冰雪覆盖的草原上,他成功地发射了第一枚液体火箭。成功后,戈达德兴奋地说道,"昨天的梦想的确是今天的希望,也将是明天的现实。"1929年,就在史密森纳研究院赞助结束的那一年,罗伯特·戈达德成功地发射了一枚装载有实验仪器的液体火箭。1935 年,罗伯特·戈达德又成功发射了一枚液体火箭,这枚火箭的飞行速度首次超过了音速。罗伯特·戈达德开创性的工作使人类第一次亲眼目睹了火箭的巨大威力。他后来还发明了一种小推力火箭发动机,这种发动机是后来登月用的小火箭的基础。罗伯特·戈达德于 1945 年 8 月去世。在他的墓碑上面,刻着他的名言:"昨天的梦想的确是今天的希望,也将是明天的现实。"

液体火箭试飞成功后,很快就有人提出了可将其运用于军事的目的。由于当时火箭飞行精确性非常低、可控性差,人们便想到了将电子技术与火箭技术结合起来,这样便可以发明出可以进行远程控制的导弹。1942 年,由德国火箭专家沃纳·冯·布劳恩主设计的 V-2 导弹发射成功。它在升空到 96 公里高度时与地平行飞行了 190 公里,最后在离预定目标 4 公里附近爆炸。V-2 导弹在二战中共制造了 6000 余枚,在战争中发挥出了重要作用。德国战败后,布劳恩开始服务于美军和美国政府。1954 年,他向美国政府建议利用火箭技术制造二级飞行的导航飞机的设想,这便是后来的航天飞机的雏形。他在 1961 年出任肯尼迪总统空间事务科学顾问,分管"阿波罗"登月工程,领导"土星"号运载火箭的研制工作,为 1969年 7 月美国宇航员登月的成功做出了巨大的贡献。1981 年 4 月 12 号,在距苏联第一艘宇宙飞船发射成功 20 周年之际,美国"哥伦比亚"号航天飞机成功发射,又揭开了人类探索太空领域的新的一页。

陆战"铁骑兵"——坦克

坦克作为现代陆军必备的交通工具,它的发明是建立在履带式车辆的基础上的。20 世纪初,当英国霍尔斯比父子公司的总工程师理查德·霍尔斯比发明履带式拖拉机的时候,他绝不会想到自己的发明后来为机械化战争做出了贡献。1902年,霍尔斯比为克服拖拉机在冰雪泥泞道路上行驶不便的问题,便想到了给拖拉机装上履带。1904 年,他发明了世界上第一辆履带式拖拉机并申请了专利。此后不久,美国霍尔特公司发明了履带式推土机并于 1906 年批量生产。1913 年,霍尔特公司购买了霍尔斯比的履带式拖拉机发明专利权。履带式车辆被誉为"无休止的循环往返式轨道车",它也被戏称为"毛毛虫"。

1914 年 8 月,第一次世界大战爆发,约有 15 亿人卷入了这场战争。英国随军记者厄内斯特·斯文顿发现,英军士兵被困在德军炮火前面;而前面地形十分恶劣,难以发起冲锋。于是他便想到了利用履带技术制造出一种钢铁外壳车辆的想法。斯文顿预感到自己的创意会在战场上具有重大的发展前途，后来就将自己的想法上报给了温斯顿·丘吉尔。温斯顿·丘吉尔听取了军事大臣们的意见后采纳了他的建议。随后，一种新式的军事车辆被制造出来了。英国人为了保密，称其为"坦克"，意即"水箱"的意思。

坦克

1915 年 2 月，丘吉尔为这种新式军用车辆专门成立了一个"陆地战舰委员会"，意即这种车辆像战舰一样将会具有强大的火力、坚固的装甲和良好的机动性。世界上第一辆坦克于 1915 年 8 月制成。1916 年索姆河会战中，英军第一批共出动了 49 辆坦克，遗憾的是，还没到达前线，已经有 17 辆坦克抛锚了；到达前线后不久，又有 14 辆坦克先后熄火。这样，正式投入战斗的坦克只有 18 辆。这 18 辆坦克，让从未见过坦克的德军们目瞪口呆。德军发现对这种"钢铁机器"开枪无效后纷纷逃跑。其中有一辆坦克一下子就帮助英军俘虏了 300 多名德军士兵，还有一辆坦克未开火就占领了一座村庄。不过，大约前进了 13 公里后，这 18 辆坦克又先后出现了问题，要不是出现了技术故障，要不就是燃油消耗殆尽。在后来的战斗中，英军又出动了几次坦克，取得了一定的战绩。索姆河会战是世界战争史上第一次使用坦克的战役。虽然最终英法联军未能完全突破德军的防线，但他们有效地扼制了德军的进攻。而坦克出现，使得各个国家开始充分意识到组建机械化陆军部队的重要性。

美国先锋拖拉机公司的机械工程师埃德温·米勒·惠洛克于 1918 年为美军制造了第一辆"斯凯尔顿"坦克，这辆坦克又被称为"骨骼坦克"。它的与众不同之处在于只有 9 吨重；它的设计在今天看来很前卫，很像美国在 2007 年设计的蜘蛛船。它的两侧履带动力系统通过数根巨大的钢管连接，驾驶室的空间很小，悬空架在履带中央的上方。据悉，1915 年 4 月，惠洛克曾派代表带着图纸去与英国军方联系过合作制造"履带式装甲车"的事宜，最终不了了之。至于英国后来的坦克是否借鉴了惠洛克的设计灵感，那就不得而知了。

在第二次世界大战中，各国坦克制造技术都有了长足的发展。如果说坦克在一战中只是一个配角的话，它在二战中已经成为主角；而且还因此发展出一个独立的战斗兵种——装甲兵，成为地面突击进攻的主体力量，颇有点像公元 12 世纪金兀术同南宋进行战争时装备出来的"马披铁鞍，人穿铁甲，刀枪不入"的"铁骑兵"。在二战中，各参战国前后投入使用的坦克数量总计超过 20 万辆。其中使用数量较大的坦克有美军的"谢尔曼"坦克、苏军的"T-34"坦克、德军的"PzKpfW Ⅲ"坦克。二战中最著名的坦克当数德军的"虎王"重型坦克,其装备的加农炮几乎能射穿任何一辆盟军的坦克。在二战初期,德军发动的闪电战之所以能够成功,坦克所起的作用是十分明显的。坦克在二战的战场上就像是一座座移动的堡垒,其能够迅速地将战线向前推进而使兵力损失降低到最低程度。二战后期,很多国家在生产的坦克上面都装备了红外夜视仪,这使得坦克夜间作战如同白昼一样方便。1943年7月开始,苏军和德军在库尔斯克举行了人类有史以来最大规模的坦克战,双方出动的坦克总计超过7000辆,战斗场面之壮观令人叹为观止。

让梦想冲上云霄——飞机

人类自古以来就一直怀有飞行的梦想。在阿拉伯神话故事《天方夜谭》中描述过一种神奇的飞毯。相传中国古代工匠鲁班曾利用竹木制作出一种奇特的飞鸟,能在空中飞行很长时间而不落。中国晋代道教学者葛洪是人类历史上第一个正确解释飞鸟滑翔原理的人,他提出鸟类不扑扇在空中滑翔是利用了上升气流的原理。文艺复兴时期,达·芬奇曾设计过一种"扑翼机";他希望人能够利用机械装置飞上蓝天,但最终没有成功。18世纪末,英国机械工程师乔治·凯莱开始系统地研究飞行器的原理。1809年,乔治·凯莱发表《飞行导航》,提出推力、提升力、阻力和重力是影响飞行的四个重要条件。他还设计了"固定翼"飞行升降机,并提出"弧形"机翼的设计理念;为了保持飞机的稳定,还提出了横向稳定小尾翼和垂直尾翼的设想。乔治·凯莱后来被人们尊称为"航空动力学之父"。

19世纪下半叶,世界各国的机械工程师们都研制出了很多具有动力系统的飞行器,很多人甚至在试飞中献出了宝贵的生命。1903年12月17日,美国机械工程师奥维尔·莱特和维尔伯·莱特兄弟利用他们发明的莱特飞行器进行了试飞并取得了成功。当天他们共进行了四次飞行,最远一次飞出了279米的距离。由于莱特兄弟发明的飞机是第一次实现载人持续飞行,他们被公认为飞机的发明人。1905年10月5日,莱特兄弟用其改进后的飞行器,飞出了39公里远的距离。1909

飞机

年9月21日,中国留美工程师冯如试飞了中国人研制的第一架飞机并取得了成功。此后,冯如充分意识到了飞机对于未来国家发展的重要性,就谢绝了美国一些大公司的邀请,将自己研制的两架飞机和科研设备带回了祖国,后来为中国航空工业的发展做出了杰出的贡献。

飞机发明出来后,很快就派上了军事用场。起初是用于军事侦察,后来人们又在飞机上面装了机枪使其作为攻击机,再后来又发展出安装了炸弹的各种类型的轰炸机。在第一次世界大战初期,在前线参与战斗的飞机超过1500架;在一战后期,前线作战的战斗机总数超过了8000架。随着飞机技术的发展,飞机的飞行速度也越来越快。此后,工程师又发明出涡轮喷气式飞机。可是飞行员们发现,当飞机飞行速度很高时,经常会出现飞机控制不稳定的情况,有时甚至会因此酿成机毁人亡的惨剧。后来科学家们通过研究发现,造成这种现象的是一种被称为"空气墙壁"的流体效应。当飞机高速飞行时,会对前方的空气造成压缩,形成一种压缩空气;飞机速度越大,这层压缩空气的密度也就变得越大,这种飞机前端的压缩空气即被俗称为"空气墙壁"。

要克服"空气墙壁"的影响,一种方法就是减小飞机在飞行时的阻力。工程师们据此后来改变了高速飞行的战斗机的造型,将机翼做成很薄的菱形或者三角形,同时将机身做成前端很尖的箭头型。还有一种方法就是提高飞机的飞行速度;随着"涡喷""涡桨""涡扇"等各种新型飞机动力引擎的出现,使得飞机的速度可以突破"空气墙壁"的束缚。通过这一系列的技术改进,飞机的性能和安全性大大提高了。

由于传统飞机在起飞和降落时都要依赖于跑道,使飞机在有限的空间内实现起飞、降落,甚至在空中盘旋就成了很多机械师的梦想。1907年,法国的路易斯·布雷格特与雅克·布雷格特兄弟制造出了能够上升1.5米的直升机。世界上第一架实用的直升机是在1939年诞生的,由美籍俄罗斯裔军事专家伊戈尔·西科斯基负责设计制造。伊戈尔·西科斯基出生在俄罗斯,曾为苏联著名的军事专家,他设计的"格兰德""俄国勇士""伊里亚·穆罗梅茨"等战斗机曾为苏联做出过卓越的贡献。伊戈尔·西科斯基后来移民美国发展,在美国创办了一家航空工业公司,把主要方向放在了直升飞机的研制和生产上。1939年,西科斯基的公司生产出了"VS-300"直升机,此机一问世就受到了美国军方的关注。1940年,美国陆军向西科斯基的公司定购了"VS-300"改进后的"VS-316",并将其更名为"R-4"直升机。这种直升机性能卓越,已具有现代直升机的众多功能,在二战中为盟军发挥了重要作用。西科斯基后来也被人们誉为"现代直升机之父"。

马力的解放——汽车

中国是世界上最早使用车的国家之一,相传中国人在4600多年前的黄帝时代就已经发明了车。车辆在古代不仅是重要的物资运输工具,而且是人们出行、士兵出征的重要交通工具。早期的车辆主要采用畜力驱动,随着工业革命的爆发,蒸汽机和内燃机先后被发明了出来,这为人们发明机械动力汽车创造了条件。世界上公认的第一辆汽车诞生于1885年,由德国工程师卡尔·奔驰发明,这比世界上第一架飞机的出现早 8 年。当然，因为我们今天的汽车普遍采用汽油内燃机作为动力引擎，所以我们通常也以是否采用汽油内燃机作为汽车诞生的标志。

早在 1769 年，法国机械工程师居里奥就制造出了世界上第一辆蒸汽汽车；不过这种蒸汽汽车的安全性很让人担心。因为汽车与火车的不同之处在

汽车

与其没有固定的铁轨，这使得汽车载着燃煤锅炉四处颠簸是一件很危险的事情。1859 年，比利时机械工程师勒努瓦研制出了世界上第一台煤气内燃机。1883 年，德国工程师戴姆勒和迈巴赫研制出了世界上第一台汽油内燃机；汽油内燃机的出现，使得汽车具有了安全高效的动力引擎。1885 年，德国工程师卡尔·奔驰研制出世界上第一辆以汽油内燃机作为动力引擎的汽车。虽然卡尔·奔驰发明出来的汽车只有三个轮子。但它已经具备现代汽车的许多基本特点，比如火花点火、水冷循环、钢管车架、钢板弹簧悬架系统、后轮驱动、前轮转向等。

卡尔·奔驰发明出汽车后，便创建了奔驰汽车公司。1886 年，戴姆勒发明了四轮汽车。此后，他创建了戴姆勒汽车公司。后来，该公司生产以其公司一位重要投资人女儿的名字"梅赛德斯"命名的汽车。1926 年，奔驰汽车公司与戴姆勒汽车公司合并，成立了戴姆勒·奔驰汽车公司，将其生产的汽车命名为"梅赛德斯·奔驰"汽车。1998 年，戴姆勒·奔驰汽车公司更名为戴姆勒·梅赛德斯公司。2007 年，该公司以 74 亿美元将梅赛德斯公司出售给美国一家资产管理公司；此后，公司重新命名为戴姆勒汽车公司。2009 年，戴姆勒汽车公司在全球财富 500 强企业中排名第 23 位。1886 年戴姆勒发明出四轮汽车后，他在 1889 年给汽车安装了齿轮变速系统，但当时这种变速器还比较简单，不能实现倒车功能。

1894 年，法国工程师埃米尔·勒瓦索和路易斯·潘哈德发明了世界上第一台可以换档并实现倒车的汽车手动变速器，使得汽车的控制更加灵活，驾驶汽车也成为一种自由愉悦的享受。1904 年，美国工程师斯特蒂文兄弟发明了世界上第一台实用的自动变速箱。此后，汽车工业开始飞速发展起来。汽车的发明使得马车逐渐退出了历史舞台；从此人类交通运输业出现了迅猛的发展。1896 年，美国爱迪生照明公司总工程师亨利·福利研制出了福特四轮汽车。1899 年，亨利·福特离开了爱迪生照明公司，在美国底特律"木材大王"威廉·墨菲的资助下创建了底特律汽车公司。由于当时的底特律汽车公司的制造质量不过关，此公司于 1901 年初

解散。此后,亨利·福特潜心于汽车技术改进,他于 1901 年 10 月研制出了 26 马力的汽车。

1901 年 11 月,亨利·福特汽车公司成立。由于威廉·墨菲请来了亨利·利兰担任首席技术顾问,亨利·福特颇为不悦。他此后便离开了公司并在美国煤业老板亚历山大·马尔科的资助下于 1903 年重新创建福特汽车公司。原来的亨利·福特公司则由亨利·利兰改组成了凯迪拉克汽车公司。福特汽车公司成立后大获成功,于第一年就获得了超过 25 万美元的利润。此后亨利·福特与亚历山大·马尔科就企业发展问题产生矛盾,最终他以 17.5 万美元出售了自己的股份后创建了福特汽车制造公司,这已经是他第四次成立汽车公司了。亚历山大·马尔科的那家公司后来则被哈得逊汽车公司收购。1908 年,福特汽车制造公司开发出著名的 T 型车,受到了美国百姓的欢迎。后来,福特汽车制造公司于 1913 年开发出了世界上第一条汽车生产流水线,此举使 T 型车的产量达到 1500 万辆,创下了不朽的工业神话。1999 年美国《财富》杂志授予亨利·福特"二十世纪的商业世人"的美誉。

人类交通的革命——火车

火车的发明是人类交通史上的一次伟大革命。火车既是陆路工业物资和长途客运的主要交通工具,也是现代城市轨道交通系统的前身。火车的发明是建立在轨道的基础上的。16 世纪德国出现了最早的木制轨道。1776 年世界上第一条铁轨诞生,但在最初的轨道上运行的是马车。1789 年,英国工程师威廉·杰瑟普设计了法兰轮,此后人们便开始思考如何将蒸汽机运用到铁轨车辆上来。1814 年,英国工程师乔治·史蒂芬森发明了世界上第一个蒸汽火车头。这个火车头约有 5 吨重,可以牵引约 30 吨重的 8 节车厢。1825 年 9 月 27 日,史蒂芬森改进后的火车在英国斯托克顿运行,4 万多名英国市民沿途围观。当拉着 12 节煤车,20 节客运车厢,装载有 450 名乘客的火车开动起来的时候,围观的人群沸腾了。这是一次伟大的行程。

火车的发明,使人类意识到了在陆地上也可以运送大批量的物资和乘客,这使得人类商业活动从此变得更加频繁起来。火车十分便于长距离交通运输,铁轨架设也很方便,这使得人类陆上交通在平原地带几乎不再受到任何限制。从此,人类工业文明就像呼啸而过的火车头一样,进入了一个"狂飙"的时代。1851 年世界首届世博会在伦敦开幕,英国小说家查尔斯·金斯利在辉煌的水晶宫前面写下这样的文字:"在我看来,纺纱机、铁路、轮船和电报,这在某种程度上标志着我们和宇宙是一致的;一定有一个伟大的神灵在我们中间工作,他就是创造万物和主宰一切的上帝。"从这段话中,我们可以看出由科学技术发展所引发的人类历史上第一次工业革命,在当时的人们的心灵中产生怎样一种震撼。

1857 年,英国工程师乔治·普尔曼发明了卧铺车厢;卧铺车的发明,使得人们长距离或夜间乘坐火车不再有不舒适的感觉。乔治·普尔曼原先投资研发的是蒸汽机汽车,后来他意识到了蒸汽火车和蒸汽汽车相比具有更大的发展潜力,于是将公司改行从事蒸汽火车研究。1879 年,德国西门子公司生产出了世界上第一辆电力火车。1893 年在英国利物浦诞生了世界上一条电力火车铁路运输线,主设计师为英国工程师道格拉斯·福克斯。我们曾经在前面提到过 1886 年美国电气工程师弗兰克·朱利安·斯普拉格发明了人类历史上第一台有商业价值的直流电动机,他也是世界上第一位提出"动车组机车"概念的人。所谓的动车组机车,就是在一辆多节车厢的列车中,除了车头外,其他车厢也为整辆列车提供动力,这样便可以大大增强列车组的牵引力和行进速度。由于动车组机车具有动力强劲、清洁无污染等特点,它很快在世界各国迅速发展起来。

随着动车组列车技术的发展,为了增大列车运行速度,其头部通常被设计成了流线型,所以其又被俗称为"子弹头"列车。目前在世界各国的铁路系统中,使用动车组列车比例最高的国家为日本,约为 87%;日本动车组铁路"新干线"工程始建于 1967 年,在 1996 年后发展成为国家常规铁路。目前在世界各个国家中使用动车组列车比例排名第二的国家为荷兰,约占 83%;第三名为英国,约占 61%。中国目前正在大力发展动车组列车技术,很多动车组列车的运行速度使得城市之间的交通时间比以往缩短了一半以上,而部分动车组列车的运行时速已接近每小时 400 公里。

世界上第一台汽油电机火车于 1894 年在德国诞生,但由于成本太高这种火车不具备商业价值。1895 年,美国通用电气公司也研制出电机火车,他们认为电力驱动相对成本较高,如果能够运用柴油发电机提供火车的电能,便可以使火车运营成本降低下来;于是便产生了研制柴油电机火车的想法。1914 年,通用电气公司的美籍瑞士裔电子工程师赫尔曼·伦普发明了一个可靠的直流电气控制系统,这个系统可以同时控制电动引擎和发电机以一种协调的方式工作,这个发明为后来柴油电机火车的诞生奠定了基础。柴油电机火车于 20 世纪 20 年代诞生,其后便成为大多数国家的主流列车类型。人类铁路系统由于是有轨交通,它的安全性和通畅性要强于汽车。如今,建立在火车技术基础上发展起来的城市轨道交通系统,为人们出行提供了便利。

燃烧焕发的激情——内燃机

内燃机的发明是现代汽车诞生的重要基础。19 世纪初,蒸汽机在工业生产和交通运输业中越来越显示出巨大的作用,但当时人们对蒸汽机的原理认识得还不是很透彻。1824 年,法国科学家萨迪·卡诺出版了《关于火的动力的思考》一书,在书中他提出了著名的"卡诺循环"热机理论,为工程师们研制新的热机提供了思路,也加深了人们对蒸汽机的本质的理解。此后,机械工程师们不断尝试着能够发明出机械效率更高的动力引擎。1859年,比利时机械工程师艾蒂安·勒努瓦发明了世界上第一台内燃机。勒努瓦发明的内燃机以煤气作为燃料,采用的是单缸二冲程设计,用吕姆科夫线圈作为点火设备。

1860年,艾蒂安·勒努瓦的发明取得了专利。在当年度的《科学美国人》杂志上,编辑这样点评道:"蒸汽时代宣告结束"。1863年以前,勒努瓦生产出了100多台内燃机,很快都销售一空。1863年,勒努瓦出售了自己的专利,转而从事摩托艇的研究。内燃机的出现,使得发动机引擎的小型化成为现实。内燃机后来采用燃油作燃料后安全性大大提高,为现代汽车的诞生奠定了基础。由于勒努瓦发动机的效率只有4%左右,工程师们后来设法提高内燃发动机的效率。1862年,法国工程师比奥·德·罗克斯提出了四冲程发动机的工作循环思路。1876年,德国工程师尼古拉·奥托利用罗克斯的原理发明了世界上第一台单缸往复式四冲程发动机,它的热效率达到了14%。

尼古拉·奥托发明的内燃机仍然是以煤气作为燃料,与艾蒂安·勒努瓦发明的内燃机不同之处在于,他将煤气进行了压缩。随着石油工业的发展,比压缩煤气更便于运输的汽油和柴油逐渐引起了人们的注意。1883年,德国工程师戴姆勒和迈巴赫研制出世界上第一台汽油内燃机。1885年,德国工程师卡尔·奔驰研制出了世界上第一辆以汽油内燃机作为动力系统的三轮汽车;1886年,戴姆勒发明了以汽油内燃机作为动力系统的四轮汽车。汽油内燃机作为汽车动力的成功,大大推进了汽车工业的发展;与此同时,汽车工业的发展又使内燃机的技术不断得以改进。1903年,内燃机开始取代蒸汽机成为很多舰船的动力设备。

1892年,德国工程师鲁道夫·狄塞尔受面粉厂粉尘爆炸的提示,设想将气缸的空气高度压缩,使其温度超过燃料的点燃温度,再用高压空气将燃料吹入气缸内将其点燃。基于这种设想,他于1897年发明了世界上第一台"压缩点火式"内燃机,它也是世界上第一台柴油内燃机。这种内燃机的热效率达到了26%。1898年,狄塞尔内燃机开始运用于固定式发电机组,1903年用于船舶动力设备。1913年世界上第一台以柴油机作为动力的内燃机车诞生;20世纪20年代,柴油电机开始用作火车的动力设备。由于柴油比汽油价格便宜,至今很多大型运载汽车和舰船仍采用柴油机作为主要的动力设备。汽油机和柴油机的发明和大量运用,标志着人类第二次工业革命的兴起。它们不仅直接推动了人类交通运输事业的迅猛发展,还间接推动了人类迈入电气化时代。

在古代,人类主要通过水力机械和畜力获得动力;进入蒸汽时代后,煤炭中的化学能成了人类获得动力的主要来源;当人类进入第二次工业革命以后,汽油和柴油中的化学能就成了人类获得动力的主要来源。即使是今天,汽油和柴油发动机直接提供的动力仍然占人类机械动力来源的50%以上。内燃机的迅猛发展,也促进了石油工业的迅猛发展。1870年,全球石油开采量只有约80万吨;到了1900年

世界百科全书·科技篇

就增至 2000 多万吨。石油工业的发展,也促进了石化工业的发展;很多化学工业品都是从石油工业的迅猛发展中派生出来的。内燃机的发明也促进了汽车、飞机、船舶制造业的发展。而这些产业的发展,又推动了机械制造业、冶金业的发展。由于内燃机还可以和排灌机械结合起来,所以内燃机的出现还促进了水利事业的发展。在人类第二次工业革命中,诞生了大量的托拉斯经营巨头,比如"石油大王""钢铁大王""汽车大王"等。这些托拉斯经营巨头积累了大量的财富,而这些产业资本的发展,后来又促进了社会金融产业的发展。

水上运输的工具——舰船

地球陆地面积只占地球总表面积的 29%,地球上大部分区域是海洋。人类很早以来就有发展海上交通、开发海洋资源的梦想。公元 12 世纪,在丹麦和挪威一带,每年约有 4 万艘船只和 30 万渔民出海捕鱼。在蒸汽机出现以前,人类古老的船只大多是用人力桨、桨轮或风帆作为动力来源。公元 1405 年起,中国航海家郑和率领 200 多条海船,27000 余名船员七下西洋,开创了人类大航海时代。郑和宝船中最大的一艘为 7800 吨,已接近万吨级。1421 年 2 月 2 日中国农历春节,世界各国的参观者们在中国造出的巨型船只面前目瞪口呆。

西方著名史学家丹尼尔·布尔斯廷这样写道:"当欧洲在 1470 年开始大航海的时候,这离明朝结束国家主导的大航海,已经过去差不多半个世纪了。从这个意义上说,是中国开创了人类的大航海时代。"2009 年,美国海军学院和美国国会图书馆分别矗立起一座郑和雕像,以纪念这位开创人类大航海时代的英雄。郑和的伟大之处,不仅在于他开创了人类大航海时代,而且郑和下西洋的历史史实也告诉我们,尽管中国很早就发展起了航海技术,但中国并没有将其发展成为侵略和奴役他国的工具;而半个多世纪后,当欧洲大航海兴起时,欧洲很多国家却在舰船的帮助下以一种海盗式的行为展开了全球性的殖民主义掠夺。

人类第一艘以蒸汽机作为动力的有商业价值的汽船在距郑和第一次下西洋402 年后变成了现实。尽管在蒸汽机出现以后,曾有很多人想到将蒸汽机搬到船上使用,但效果都不是十分理想。1807 年,在法国巴黎考察学习的美国工程师罗伯特·富尔敦在美国驻法国大使罗伯特·利文斯顿的资助下,发明了人类第一艘由明轮驱动的蒸汽机商业轮船"克莱蒙特"号。"明轮"是一种早期船只所用的动力机械。早在公元 418 年,中国人就发明出了具有明轮的船只,只不过当时它是由人力脚踏来推动的;这种船在中国古代又被称为"车船"。明轮船只的工作原理很像中国古代水轮舂米机的逆过程。水轮舂米机是通过水轮将圆周运动转化成直线运动提供机械力;而明轮船只则是将人力或蒸汽机活塞的直线运动转化成明轮的圆周运动,提供机械力推动轮船前进。1829 年,奥地利的机械工程师约瑟夫·莱塞尔发明出实用的船舶螺旋桨,它克服了明轮效率低、转向能力差、易受风浪损坏等缺点。此后,螺旋桨推进器逐渐取代了明轮。

汽船的发明,使得人类船只的运行进入机械化动力时代,极大地促进了人类水上贸易、旅游客运、海洋资源的开发,乃至海上军队的发展。后来船只也发展出了客轮、货轮、渡轮、游艇、渔船、军舰等多种形式。地球约71%表面积的海洋在舰船的帮助下,都具有了资源开发利用的可能性。蒸汽机汽船发明出来后被广泛使用了100年之久。1887年,瑞典机械工程师卡尔·古斯塔夫·拉瓦尔发明了蒸汽轮机。1897年,英国工程师帕森斯首次将2000马力的蒸汽轮机安装在他的小艇上,使他的小艇的行驶速度超过了当时采用蒸汽机推动的驱逐舰的速度,显示出蒸汽轮机在舰船上的优越性。从1903年起,柴油内燃机开始在船舶上使用,此后柴油机成为舰船的主要动力来源。至今约有98%的船舶都是采用了柴油机作为主动力设备,柴油机舰船功率占造船总功率的90%以上。在现代军舰中,大多数军舰都装备了复合动力系统,有柴油机、燃气轮机、蒸汽轮机等。有些超大规模的军舰甚至以核燃料提供能量,这种军舰即被称为"核动力"军舰。

1909年,法国机械工程师克雷曼·阿德第一次提出了将飞机与军舰结合起来的伟大设想。他在当年出版的《军事飞行》一书中,史无前例地提出"航空母舰"的基本概念以及建造航空母舰的技术蓝图。1910年,在美国海军的一艘巡洋舰上,飞机进行了第一次试起飞,结果取得了成功,这就证明了军舰甲板具有成为飞机跑道的可能性。1912年,英国海军将"竞技神"号巡洋舰改装成了水上飞机航母。世界上第一艘非改装陆基飞机航母于1922年在日本出现。在第二次世界大战中,航空母舰获得了较大的发展。如今世界上拥有航空母舰的国家有美国、英国、意大利、俄罗斯、法国、印度、巴西、日本、泰国、韩国等。

迈向蒸汽时代——蒸汽机

蒸汽机的发明在人类历史上具有极其重要的意义。美国历史学家斯塔夫里阿诺斯在其《全球通史》一书中这样写道:"蒸汽机的历史意义无论怎样夸大都不过分。它提供了开发和利用热能来驱动机械的手段……19世纪欧洲对世界的支配其实就是以蒸汽机为基础的。"早期蒸汽机最主要的技术原理就是利用了封闭管腔压强的变化。这种思路在中国很早以前就出现过。在中国唐代著名宰相,晚唐诗人杜牧的爷爷

蒸汽机火车头

杜佑所著的《通典》一书中,有这样的记述:"渴乌隔山取水,以大竹筒雌雄相接,勿令漏泄,以麻漆封裹,推过山外,就水置筒,入水五尺,即于筒尾,取松桦干草,当筒放火,火气潜通水所,即应而上。"这段话阐述了中国古代劳动人民利用火燃烧改变封闭管腔压强,使之产生负压,从而实现汲水的目的。

人类历史上第一台蒸汽机所实现的,也是汲水这种目的。只不过其实现管腔压强变化的方法,是利用水蒸气相变使得封闭管腔内分子间距缩小。1688 年,英国工程师托马斯·萨瓦瑞构思出蒸汽机雏形,后于 1698 年制造出第一台实用蒸汽机。其原理是先用水蒸气将封闭管腔充满,再浇上冷水冷凝,即可利用负压将矿井水抽出。1705 年,英国铁匠托马斯·纽科门发明出可以从矿井提水的蒸汽提水机。它的技术与萨瓦瑞的有所不同。萨瓦瑞利用的是矿井底部的大气压,而纽科门利用的是蒸汽机活塞外的大气压。不要小看这点改变,它大大提高了蒸汽机的运行效率。往复式活塞运动这种绝妙设计为后来蒸汽机自动化奠定了基础。这颇有些类似中国古代冷兵器中单发弩与"诸葛连弩"的区别。单发弩只能单发,"诸葛连弩"可以实现"连发"。

纽科门发明出来的蒸汽机效率比萨瓦瑞发明出来的蒸汽机工作效率大大提高,不过它和詹姆士·瓦特改良后的蒸汽机比又差远了;它当时最多一分钟只能做20 来个冲程。不过,纽科门蒸汽提水机的"往复式活塞设计"为后来的瓦特改良蒸汽机奠定了最重要的技术基础。詹姆士·瓦特对纽科门蒸汽机进行的改良主要体现下以下几个方面:(一)1765 年,瓦特想出了在汽缸之后直接加上一个冷凝器的办法。1769 年瓦特造出了这种新型蒸汽机并获得了冷凝器的发明专利。(二)1781 年,瓦特在纽科门蒸汽机上又加上一个传动曲柄,改变了纽科门蒸汽机只能直线做功的状态。(三)1782 年,瓦特设计出了双汽缸蒸汽机,仅仅是这个改变就使得蒸汽机的热效率翻了一倍。(四)瓦特后来还发明了离心调节器,可以控制输入蒸汽气压,使得蒸汽机能够实现基本的自动控制。到了 1790 年,瓦特蒸汽机已基本全部取代纽科门的蒸汽机。瓦特改良后的蒸汽机,对英国第一次工业革命造成了极为深远的影响。马克思和恩格斯在考察英国经济发展后,曾在《共产党宣言》一书中提到蒸汽机的作用:"市场总是在扩大,需求总是在增加。甚至工场手工业也不再能满足需要了。于是蒸汽和机器引起了工业生产的革命。现代化大工业替代了工场手工业……"

瓦特蒸汽机的问世,促进了英国机械制造业的发展。为了制造出性能优良的蒸汽机,英国机械工程师不断设法发明新的机械制造设备。1795 年,英国钳工约瑟夫·布拉马发明了液压机;1797 年,英国工程师亨利·莫兹利发明了金属加工机床,使得蒸汽机加工制造变得更加容易。瓦特蒸汽机的出现,还催生了 1807 年和 1814 年汽船和蒸汽火车的诞生,这给人类交通事业带来了革命性的变化。除此之外,瓦特蒸汽机还为英国制造业,特别是英国的纺织业提供了一种机械化的、可以不受制于气候和水力资源条件的动力系统。瓦特蒸汽机的出现,还使得自动控制技术在英国得到了较快的发展。这些都为英国工业化在全球率先发展起来,后来成为经济强国做出了不可磨灭的贡献。蒸汽机的出现和不断改良,也为后来的蒸汽轮机、燃气轮机、内燃机的问世奠定了技术基础。而汽轮机、内燃机的出现又促进了人类发电技术的发展,最终将人类推向电气时代。此后,西方科学技术迅猛发展起来,一发而不可收,最终将人类推向信息时代。

旋转产生的力量——涡轮机

中华民族是世上少有的奉行不侵略政策的民族,尽管在世界上首次开创了大航海时代,但从未利用巨大的舰船去推行殖民主义政策;尽管在世界上率先发明了火药,但火药的用途,主要还是用于制造烟花爆竹创造喜庆气氛;尽管在世界上最早发明了利用气体推动涡轮旋转的走马灯,但更多的还是把这种技术应用于节日猜谜赏灯活动。走马灯为公元10世纪我国杰出女性军事领袖惠利夫人所发明。李约瑟在《中国科学技术史》中曾高度评价了中国走马灯的发明。惠利夫人俗名莘七娘,她的精神曾经鼓舞过南宋抗金英雄文天祥。文天祥曾写过一首题为《吊惠利夫人》的诗:"百万貔貅扫犬羊,家山万里受封疆。男儿若不平强寇,死愧明溪莘七娘。"意思就是说如果他此身不报国的话,愧对古代女中豪杰、自己的江西老乡莘七娘。

莘七娘发明的走马灯,和现代主要涡轮机的原理几乎完全一致:利用流体向一个涡轮运动,最终使得连接涡轮的主轴发生旋转。中国人后来没有在这种涡轮装置基础上继而发明出蒸汽轮机和燃气轮机,这不得不说是一种遗憾。现代工业生产中常见的涡轮机有水轮机、风力涡轮机、蒸汽轮机、燃气轮机这四种类型。而燃气轮机后来又演变出了涡轮喷气发动机、涡轮风扇发动机、涡轮螺旋桨发动机等多种形式的发动机。人类历史上最早出现的涡轮机是水轮机,水轮机也是水力机械的主要形式;中国很早以前就出现了水轮机,它在灌溉、纺织、冶金等工农业生产中都有应用。

18世纪下半叶,瓦特改良蒸汽机后,活塞往复式蒸汽机曾一度在工业生产中占据了主导地位。1882年,瑞典工程师古斯塔夫·拉瓦尔提出了利用水蒸气制造汽轮机的想法,1887年,他制造出了世界上第一台可以为工业生产服务的蒸汽轮机,这在涡轮机发展史上是一次重大突破。由于此时活塞式蒸汽机技术已经发展了100多年,人类已经有足够的经验产生并控制蒸汽,这使得蒸汽轮机一经出现就很快被应用起来。1890年,古斯塔夫·拉瓦尔又制定出了蒸汽轮机喷管的技术标准,这一标准对后来的燃气轮机、超音速喷气机的发动机,乃至火箭发动机都起到了建设性作用。与活塞往复式蒸汽机比,由于蒸汽轮机可以采用持续不断的蒸汽去冲击涡轮旋转,所以蒸汽轮机的功率要比往复式蒸汽机要高很多,但也正因为如此,蒸汽轮机的蒸汽消耗量和运行成本也要比普通蒸汽机高。这一点正如同燃气轮机与内燃机的关系一样。不过,在一些需要驱动大功率机械设备运行的时候,有时采用涡轮机是必需的。

在拉瓦尔发明蒸汽轮机之前,内燃机已经问世了。在拉瓦尔提出冲动汽轮机的概念两年后,挪威工程师迪乌斯·埃灵于 1884 年提出了燃气轮机的设想并获得了专利。他于 1903 年制造出了第一台燃气轮机。1912 年,埃灵提出了将气体分离装置和涡轮串联的压缩机设计;这种组合方式也是现代常用涡轮机的构造形式。1936 年,德国工程师冯·奥海因发明出世界上第一台离心式喷气发动机;此后,海特尔·昆特在 1939 年对其进行了改进,使飞机的飞行速度达到 700 公里每小时。1942 年,德国工程师海尔伯特·瓦格纳在他们的基础上发明了世界上第一台轴流燃气涡轮发动机,简称"涡喷"式发动机。这种发动机由压气机、燃烧室、涡轮、尾喷管等结构组成,通过尾喷管高速排出燃气产生反推力。其与传统飞机用内燃机的不同之处在于,传统飞机用内燃机本身不产生推力,要借助螺旋桨的帮助产生推力,而涡喷式发动机可以直接产生动力;由于其可以持续不断供能,所以输出功率更大;而且它是一种旋转式机械,其转速不会像往内燃机那样受到限制。

20 世纪 40 年代后期,在涡轮机家族中又出现了涡轮螺旋桨发动机,简称"涡桨"式发动机。它采用动力涡轮驱动螺旋桨提供主要动力,所以其输出功率比"涡喷"式发动机要略差些,不过其经济性较好。20 世纪 40 年代,在"涡桨"式发机动的基础上工程师们又发明出"涡轴"式发动机,它主要应用于直升机。1966 年,世界上第一台涡轮风扇发动机在英国诞生。它采用了风扇加力设备,所以输出功率更高些。由于装备了涡轮风扇发动机的飞机当其速度过高时会使得气道的气压影响发动机的性能,此后,没有风扇和压气机,靠连续吸气供能的"冲压"式发动机被创造了出来。

最经济的代步工具——自行车

不要小看今天的一辆自行车,它的发明经历了数代人的努力。人类历史上最早发明两轮车的人是中国清朝康熙年间一位名叫黄履庄的人。《清朝野史大观》卷十一载:"黄履庄所制双轮小车一辆,长三尺余,可坐一人,不需推挽,能自行。行时,以手挽轴旁曲拐,则复行如初,随住随挽日足行八十里。"黄履庄所发明的两轮车已经具备了车把,比欧洲两轮车出现要早数十年。1790 年,法国工程师西夫拉克制成木制两轮车,无车把、脚踏板、链条,只能用脚踩地推动。1817 年,德国工程师冯·德莱斯发明了具有车把能转向的两轮车,并于 1818 年在英国申请了专利,他发明的两轮车仍没有脚踏板。

我们今天俗称自行车为"脚踏"车,所以真正意义上的自行车应该是具有脚踏板的,它于 1839 年由英国工程师柯帕克·麦克米伦发明。麦克米伦发明的自行车脚踏板安装在后轮,使用起来很不方便。1861 年,法国工程师皮埃尔·米肖设计出前轮安装踏板的脚踏车,后来这种自行车开始批量生产。米肖自行车大量问世后,人们发现了新的问题。米肖自行车如果要提高速度,通常只有两种方法。要不就是通过提高车轮转速,这一点可以通过加快脚踏板的运动频率来实现;还有一种做法,那便是提高车轮每转经过的距离,这一点则不得不对车辆进行重新设计,将前轮增大。由于人骑车的频率不能无限度提高,所以人们就只好将自行车前轮不断增大。最终出现了非常尴尬的事情:由于自行车前轮做得非常大,这时如果升高自行车坐垫人跨上去会很困难;而如果降低自行车坐垫,人骑起来又会很费力,因为两只脚要向前伸缩才能骑车。

　　这种令人尴尬的情况后来被一位名叫亨利·约翰·劳森的英国工程师改变了。1879 年,亨利·约翰·劳森发明出自行车传动链条并将其安装在自行车上,人对自行车脚踏板的作用力可以通过链条传递给车轮。他发明出来的自行车从传动装置上已经和现代自行车十分类似。链条传动自行车的发明,不仅改变了自行车前轮越做越大的尴尬,而且使得自行车脚踏板可以直接安装在人脚的正下方,这使得人们骑车不再那么费力了;而很多身穿制服长裙的绅士淑女们在骑自行车时,也变得姿势更加优雅了,这大大加快了自行车的普及。在亨利·约翰·劳森发明链条传动自行车的时候,自行车刹车装置已经被发明了出来。不过,亨利·约翰·劳森的自行车还存在另外一个缺点,那便是自行车在碰到崎岖不平的路时,震动得很厉害,这使得人们骑在上面很难受。

　　1887 年,英国有一位名叫约翰·博德·邓洛普的兽医,一天他在单位上班时发现门外跌跌撞撞地冲进一个头破血流的年轻人,而此人正是他的儿子。于是邓洛普心疼地询问儿子是否跟人打架了。儿子解释道,那是因为刚才自己在路上骑自行车时颠簸得太厉害了,一不小心从自行车上摔了下来。邓洛普非常同情儿子的遭遇,此后他便开始思考如何解决自行车避震的问题。1888 年的一天,邓洛普在花园浇花时,不经意间发现水管中水胀鼓鼓地在流动;他于是想,如果用橡胶水管制成轮胎,不就可以解决自行车避震的问题了吗? 后来,他便用橡胶水管制成了自行车轮胎,此后他又发明出世界上第一条充气轮胎。

　　在 19 世纪 90 年代,自行车技术已经基本发展成熟,自行车开始大批量生产并涌入百姓家庭。有意思的是,自行车的流行后来还改变了人们的着装习惯。就在自行车开始流行起来的时候,一种叫作"灯笼裤"的宽裤角裤子开始流行起来。对于女士而言,穿"灯笼裤"比穿长裙更方便骑车。而西方女性惯常穿的紧身胸衣,也在自行车流行中逐渐被淘汰。此后,胸罩被发明了出来,这使得女性肢体的活动性大大增强。由于骑自行车可以使身体更加健美,很多国家开始推广自行车比赛,后来它又被列为了奥运会的体育竞技项目。随着目前人们对能源造成的全球气候变暖问题的关注,很多国家都提倡以骑自行车上班替代开私家车上班,有的国家甚至还对骑自行车上班的员工予以补贴。中国是自行车使用大国,也是自行车生产大国,仅在 2005 年上半年,中国就向 158 个国家和地区出口了逾 2800 万辆自行车。

地球旅行家的向导——指南针

指南针的前身是司南，它是中国影响世界的古代"四大发明"之一。中国人发明的司南最早出现在战国时期，《韩非子》中记有"先王立司南以端朝夕"。这里的"端朝夕"就是"正四方、定方位"的意思。在《鬼谷子》一书中，则记述了中国人利用司南在采玉过程中进行定位，以不至于在茫茫深山中迷失方向。中国古人在长期的生产实践中最早接触了磁石，又发现了铁磁化的方法，制造出了实用的指南针，为世界早期交通的发展，特别是航海事业的发展做出了卓越的贡献。

指南针

中国古人还曾利用薄铁片磁化制成了浮在水盆中的指南鱼。中国宋朝军事家曾公亮在《武经总要》中写道："用薄铁叶剪裁，长二寸，阔五分，首尾锐如鱼型，置炭火中烧之，候通赤，以铁钤钤鱼首出火，以尾正对子位，蘸水盆中，没尾数分则止，以密器收之。用时，置水碗于无风处平放，鱼在水面，令浮，其首常向午也。"这段话便是描述了中国古人利用铁片烧红后淬火进行磁化，然后制作出指南鱼的细节。此后，人们又利用天然磁条放置在小木鱼中制成了一种新型的指南鱼，这在宋代的《事林广记》一书中有记载。在指南鱼被发明出来以后，中国古人又发现铁针在天然磁石上磨擦后，也具有磁效应，这便使得真正意义上的"指南针"被发明了出来。指南针用于航海最早见述于12世纪初的《萍洲可谈》一书。后来，指南针经阿拉伯传到了欧洲，改变了人类交通发展乃至文明传播的进程。

中国宋朝著名学者沈括在其《梦溪笔谈》一书中，记述了四种常见的利用指南针的常用方法。其一是"水浮法"，即将指南针浮在水面上指示方向；其二是"缕悬法"，即在指南针中部涂上一些蜡，然后利用丝线将指南针悬挂起来后使用；其三是"指甲法"，即将指南针放在指甲中央轻轻转动后指示方向；其四是"碗唇法"，即指用碗的边沿作为指南针的支撑点。沈括通过观察发现指南针指示的方向并不是正南和正北，而是微偏东南和西北，这便是"磁偏角"。这一发现比西方早出约400

年。和今天的指南针比较接近的"盒式"指南针于 13 世纪下半叶在欧洲出现,在 14 世纪初已经开始批量生产服务于各式各样的旅行者。这种指南针被西方学者称为"干指南针"。在西方航海历史上,曾广泛使用过中国人所发明的"水浮"式指南针。事实上,由于水浮式指南针实际使用效果要比"干指南针"好,它曾一度作为船舶最主要的导航设备。

中国指南针传入欧洲后,很多学者都对指南针为何指向南北这两个方向大惑不解。这个难题在 1600 年由英国科学家威廉·吉尔伯特在《论磁》一书中做出了回答。威廉·吉尔伯特指出,指南针之所以能够指向南北两个方向,是因为地球本身就是一个巨大的磁体。同时,他还指出了在地球的中心很可能存在着大量的铁。威廉·吉尔伯特除了发现了很多磁现象的规律外,还深入研究过静电现象,并发明出了验电器。1646 年首次由英国科学家托马斯·布朗提出的"电力"一词,就是借鉴了威廉·吉尔伯特的思想。

由于近代造船工业中开始大量使用钢铁,这使得磁式指南针的实际使用效果产生了偏差。因为钢铁本身对磁式指南针会产生一定的作用,使得指南针发生偏移。随着电气技术的发展,人们想到了发明无磁指南设备的念头。20 世纪初,德国科学家赫尔曼·卡普菲发明了陀螺罗盘,这使得指南针出现了革命性的变化。陀螺罗盘利用了陀螺仪旋转时旋转轴方向不变的原理。陀螺仪最早由德国科学家约翰·贝格尔发明,此后陀螺仪便用于导航机械设备的制造。由于早期陀螺仪阻力比较大,所以实际效果并不理想。随着技术水平的提高,陀螺仪的阻力也越来越小,其导航的精准度也越来越高。如今,陀螺仪已被广泛地应用在了宇宙飞船、洲际导弹、隧道挖掘、航海罗盘的制造中。利用陀螺仪制成的罗盘即为陀螺罗盘,它由于可以不受船体钢铁结构的影响,所以在航海导航中逐渐取代了磁式指南针。随着卫星技术的发展,GPS(全球卫星定位系统)也开始被广泛使用起来。

机械控制类发明

人造"人"乐死人——机器人

加拿大传播学家麦克卢汉在 1969 年发表的《媒介即信息》一文中,提出了"媒体即人体的延伸"这一重要思想。麦克卢汉的思想并不难理解,随着互联网和自动控制等技术的发展,"现代人"和"现代技术"已经成为一个有机的整体。除了想方设法通过媒体和信息技术来延伸人体外,人们也在不断设想利用自动控制技术制造出一些机器来分担人的体力乃至脑力劳动。于是,"机器人"这一想法应运而生。"机器人"这一名词,最早系出现于捷克著名作家卡雷尔·凯佩克于 1920 年出版的《洛桑的万能劳工》一书中。

20世纪50年代,美国科幻作家艾萨克·阿西莫夫在其代表作《我,机器人》一书中,提出了著名的机器人"三大定律"。其一,"机器人不可伤害人类或是因为疏忽而使人类受伤。"其二,"机器人必须服从人类的命令,除非与第一守则冲突。"其三,"机器人必须保护自己,只要不与第一或第二守则冲突。"阿西莫夫提出的机器人"三大定律"从一定程度上消除了人们对未来机器人出现的恐惧心理,更加激发出人们研制机器人的热情。现代机器人从梦想走向现实,离不开工业自动控制技术的发展。其实,早在工业革命发生以前,人们就一直致力于发明一些自动机械装置降低人类的劳动负担;工业革命发生后,随着蒸汽机、内燃机技术和电子电气技术的发展,人类自动控制技术也获得了长足的进步,这为后来的现代工业机器人的诞生创造了条件。

1954年,美国电气工程师乔治·德沃尔首次提出了工业机器人的概念,并为这一技术申请了专利。在一次鸡尾酒会上,他邂逅了美国哥伦比亚大学电气工程师约瑟夫·恩格尔伯格,两人均对研制工业机器人表示出了浓厚的兴趣。恩格尔伯格是一位科幻小说迷,他喜欢阅读阿西莫夫的科幻作品,非常希望机器人能够早日变成现实。德沃尔和恩格尔伯格一拍即合,他们后来经过数年不懈的努力,终于在1959年研制出了第一台可以重复编程

机器人

和控制的工业机器人。不久后他们成立了一家名为"尤尼梅逊"的公司。1961年,美国通用汽车公司开始使用尤尼梅逊公司的产品。美国普尔门火车车厢公司后来非常看好这家公司的前景,以300万美元购进其51%的股份。此后,尤尼梅逊公司以1.07亿美元被美国西屋电气公司并购。

20世纪60年代,美国史丹佛研究所研制出了第一台可以自行行走的机器人"摇晃者"。20世纪70年代,日本早稻田大学的工程师们研制出了第一台拥有视觉和听觉传感器的人形机器人。到了20世纪80年代,机器人研究和应用在世界各国如火如荼地开展起来,这对机器人发展的标准制订提出了要求。1990年,在丹麦首都哥本哈根召开的机器人国际标准大会上,科学家正式将机器人分为以下四种基本类型:第一,顺序作业型,即其拥有规定的作业次序;第二,沿轨迹作业型,其能够沿一定轨迹运动并作业;第三,距作业型,即可通过遥控使其在一定距离外

作业;第四,智能型,指具有感知、适应或学习能力的智能机器人。

近二十年以来,机器人无论在性能还是在外形方面都取得了巨大的进步。日本 Kokoro 公司研制的机器人在外形和基本性能上已经和人很接近。由于机器人能够部分甚至全部取代人类的手工劳动,机器人制造行业目前被公认为是最具发展潜力的新兴行业之一。据权威研究机构预计,2012 年全球机器人市场规模将达到 2500 亿美元。目前,在一些经济发达国家里,在医院里,有"机器人护士"为病人服务;在餐馆里,有"机器人厨师"负责烹饪;在公司里,有"机器人前台"接待客户;在家庭里,有"机器人保姆"打扫卫生;在农田里,有"机器人农民"照看庄稼;在宗教场所,甚至出现了"机器人牧师"主持宗教仪式……虽然目前真正意义上具有人工智能的机器人仍未诞生,不过已经有一些计算机程序开始接近图灵测试的标准。2008 年,图灵测试中著名的"勒布纳人工智能奖"颁给了一位名为"Elbot"的计算机程序的研制者。"Elbot"程序在长时间的文本对话测试中,竟然使 12 名计算机专家中的 4 人相信"它"真的是人。

科学家的"垂帘听政"——自控技术

世界上有一种被称为博弈的力量无处不在,在序参量的役使下,系统能够从无序走向有序。协同论提出者赫尔曼·哈肯将规定能量从无序变化到有序的要素称之为序参量。在数学上,我们可以把它理解成一组约束条件的集合。如果世界上没有序参量,整个世界就会自发趋向混沌。混沌是一种完全随机的运动,在这种状态下系统的有序结构将不复存在。所谓的"自动控制",就是为了使系统从无序到有序,给被控制对象输入一组可执行的序参量约束,从而使得其呈现出某种"自组织"运动状态。机器人是一种典型的自动控制,计算机微处理器也是,其实人类每一项发明创造中都蕴含着自动控制的理念,而这一切的目的都是为了节省人类劳动。

在工业革命以前,工程师们就一直在试图发明出可以进行有序运动、有效转化自然界能量为人类服务的机械。这其中比较具有代表性的是中世纪印度工程师艾尔·加扎里,他被誉为"人类工程之父"。他曾发明出性能优良的传动曲柄,当今世界上任何一辆汽车都离不开这项发明成果。在古老的各种机械传动装置里,都蕴含着丰富的自动控制理念。机械传动装置可以实现机械运动和能量的转换,而实现这种转换的目的,就是为了使得自然界的能量对于我们而言更加"有序",发挥出更大的效用。自然科学家和工程师们的使命,就是发现自然界运动变化的本质规律,并据此找出一组特定的约束条件,创造出前所未有的装置,藉此改变人的生产和生活方式,使人类迈向更高的文明。而在这其中,节省人的劳动时间、取消不必要的繁琐动作是关键。

有一种观点认为,人类发明创造的动机其实就是源自"懒惰"。其实,懒惰站在现代管理学的角度而言,它是一种智慧。凡事不必事必躬亲,你只需要安排好适当人做适当的事就行了;这种智慧类似于"无为而治",也类似于"垂帘听政"。你只需要把握好大节,在幕后策划指挥好就行了,最主要的细节都会由相应的人来完成。如果你是一位自动控制工程师的话,那相应的细节则会由机器自控系统替你完成。比如,我们在夜晚经过楼道时,原先都需要用手去按楼道灯的开关,后来工程师发明出了声控开关,我们便省去了手的动作,电灯会自动根据楼道里的传来的脚步声控制开关。现代自动控制技术是建立在系统论、信息论、控制论等理论基础上发展起来的。作为机械电子电气工业的核心基础技术,自动控制技术如今已经被广泛地应用到了几乎所有的工业部门。

无论是宇宙飞船、导弹制导、雷达定位等尖端技术领域,还是机械制造、石油化工、仪器仪表、医药食品等传统工业部门,都需要用到自控技术。自控技术的主要环节有控制器、受控对象、控制参数。控制器则可分为传感器、信息处理器、效应器三个组成部分。就控制器而言,对信源信息的接收和处理是相当重要的;如果信息无法甄别处理,整个控制器就有可能陷入瘫痪。1960 年,美籍匈牙利裔数学家和电气工程师鲁道夫·卡尔曼发表了题为《线性滤波与预测问题的新方法》的论文,提出了最优化自回归数据处理算法。根据他提出的这种算法,原先看似无序的信息可以很快地求出可靠解。他提出的这种方法在卫星定位、导弹追踪、雷达传感,以及人脸识别、机器人控制、计算机图像处理等方面都有着广泛的用途。

随着互联网技术的发展,一种被称为"物联网"的技术也开始迅速发展起来。1999 年,麻省理工学院提出了"物联网"的概念。工程师们认为,每个人都在和周围的很多物体经常发生关系,如果能将这些物体均通过传感器进行计算机识别和控制并接入互联网,我们就可以通过手机"掌控"生活。比如,你可以在上下班的路上,就通过手机"指挥"洗衣机将衣服洗好,"指挥"电饭煲将饭煮好。在未来机器人大量进入人们的生产生活后,物联网的发展前景更为广阔。所谓的"智能家电"只是物联网的一个小小的开端。2008 年底,美国 IBM 公司提出了建立"智慧的地球"的口号。在未来社会,我们可以坐在家里上班,可以足不出户享受世界各地的精美产品,甚至可以进行"人物"交流。

灵动科技,一触即发——触摸屏

作为一种新兴的人机对话方式,触摸屏受到了越来越多的人的喜爱。它是一种简单、自然、便捷的人机对话方式,目前应用非常广泛,比如银行的 ATM 机、图书馆及行政机关的公共信息查询系统、军队的电子化指挥系统、GPS 全球卫星定位系统等,很多掌上电脑(PDA)和手机上也都装备了触摸屏。1971 年,美国肯塔基大学的电子工程师塞缪尔·赫斯特发明了世界上第一个触摸式传感器,他当时发明这种传感器是为了节省工作的时间。1974 年,赫斯特又发明出了透明的触摸屏。

触摸屏是一种非常有意思的设备,它把信息的输入和输出设备有机地结合在了一起,给使用者一种人在控制计算机的真切感受。虽然,键盘和鼠标也是控制计算机的外设,但其和计算机的输出设备——显示器隔着一段距离。即便是使用无线键盘和鼠标,也无法克服这段距离给人们的内心造成的影响。这就好比你骑在一匹马上驰骋,用手直接拍打马背和用一根木棒去拍打马背相比,自然是前者会让人感觉更加真切、舒坦。

不过,目前触摸屏的实际工作效率,往往不及使用传统的输入设备来得高;所以,触摸屏通常被使用在一些公共场合或是电子设备需要移动的场合。在这些情况下,让它们带着键盘和鼠标不仅不方便,而且也不便于维护。为了解决触摸屏信息输入效率低的问题,电子工程师们也在想着各种各样的办法。经常使用电脑的人,在从事一些工作量比较大的信息处理的时候想必有这样的经验,有时,键盘和鼠标要一起使用才来得快——你左手可以使用键盘快捷键或是翻页键,右手则可以用鼠标快速定位。1982 年,加拿大多伦多大学的电子工程师们开始研究"多点触摸屏",以使当人的两个或多个手指置放在同一个触摸屏上时,能够对计算机同时输入不同的信息。1985 年,多伦多大学的电子工程师比尔·巴克斯顿开发了一种电容式多点触摸屏,为多点触摸屏的发展做出了贡献。虽然,在此前一年,美国贝尔实验室的电子工程师们研制出了多点触摸屏,但他们使用了由笨重的相机和复杂的光学传感器组成的系统,所以使用起来不是那么方便。

1991 年,美国电子工程师皮尔埃·维尔纳开发出了一款被称为"数字桌面"的多点触摸屏,这一成果受到了众多 PC 和手机生产厂商的关注。多点触摸屏正式进入商业化生产是在 21 世纪初,苹果公司的 iPhone 以及 MacBook 笔记本都装备了多点触摸屏。其中,iPhone 手机可以用两个手指同时控制一幅图片的旋转、缩放。2007 年,微软公司展示了其研发的"表面计算(Surface Computing)"平台,在一个 30 英寸的工作平台上面,用户可以用多个手指直接在触摸屏上控制电脑,而且可以实现十多个人同时操作这个平台。多点触摸屏进入商业化生产至今,只有短短的几年时间,未来还有很漫长的路要走。随着"物联网"技术的发展,相信未来会有更多的家电产品会使用这项技术。这项技术也可以和机器人技术结合起来,并发展出一些更易于控制,更具有人性化的电子产品,从而使得我们的生活更加多姿多彩。电子游戏软件制造商和玩具制造商们在此方面也会大有发展空间。

触摸屏是采用了微电子、光电传感、液晶显示、新材料、程序设计等技术的集成触控系统,它和有线和无线遥控器一样,丰富了我们对机器设备的控制形式,使得我们的工作和生活更加便利,也更加充满情趣。从广义上讲,计算机手写输入系统也是利用了触摸屏技术。商品化的计算机手写输入系统出现在 20 世纪 80 年代初。1985 年,我国汉王科技公司创始人刘迎建领导的科研小组,发明了世界上第一台汉字联机手写输入系统。现在,一些比较高级的计算机手写输入系统已经能够实现直接在电脑屏幕上写字、绘画,这使得我们能够把电脑屏幕直接当成一种电子化的纸。与普通纸不同，这种"纸"还可以和各种各样的软件结合起来；这样，我们的一只写字的"笔"，就可以在电脑软件的帮助下，摇身变成数不清的文具。非但于此，互联网还帮助我们消除了创作者之间的空间距离以及创作者与欣赏者之间的空间距离。我们在"触摸着"电脑的同时，其实我们也在触摸着整个世界。

一切尽在"掌握"之中——遥控器

遥控是指人通过通信媒体对远距离的被控对象进行控制的技术。它由控制面板、编码器、信息发送装置、信道、信息接收装置、译码器和效应器等部分组成。按信道的介质，可以分有线遥控、无线遥控和光遥控等。19 世纪 30 年代，美国物理学家约瑟夫·亨利发明的继电器就可以作为一种有线遥控装置来控制高压电路。遥控技术在发电厂、卫星飞船、鱼雷导弹、无人驾驶飞机、机器人、汽车电子锁、家用电器、手机等领域都有着广泛的应用，世界上第一个无线遥控器由美国科学家尼古拉·特斯拉发明。他于 1898 年在美国麦迪逊广场花园的水池旁向公众展示了一种无线遥控船。

其实，电台、电视、互联网从广义上讲都属于遥控技术，只不过我们通常讲的"遥控器"只指可以一手掌控的遥控装置，它一般只针对家用电器、航模玩具、手机等中小型设备。20 世纪 50 年代，美国齐尼思电子公司开发出世界上第一台电视有线遥控器。1956 年，美国电气工程师罗伯特·爱德勒发明了世界上第一款电视无线遥控器，不过他使用的是声波技术。20 世纪 60 年代，罗伯特·爱德勒将超声波用于电视机无线遥控。罗伯特·爱德勒一生热衷发明创造，退休后仍未放弃研究。

2006 年，他在 93 岁高龄时还获得了一项触摸屏技术的专利。

20 世纪 80 年代初，红外线遥控器开始出现。红外线由英国科学家约翰·赫合尔在 1800 年发现。由于它不易发生衍射，穿透性比较好，而且制造起来比较方便，后来被大多数遥控器使用。由于地球上的物体夜晚也在发出红外线，故利用红外线还可

遥控器

以制成夜视仪。在红外线遥控器中，通过红外线 LED 可以发出红外线，然后再在

红外线接收机中通过光敏晶体管等元件器进行信号的转换和放大,便可以达到遥控的目的。最早出现的电视红外线遥控器面板比较简单,只有三个键:开关键、上一个频道、下一个频道。后来逐渐发展出了能够对电视的音量、明暗、色彩、对比度进行调节的遥控功能。红外线电视遥控器的出现,对电视台的广告收益曾经造成过一定的影响。由于遥控器使得人们在遇到广告时可以很方便地切换频道,这使得广告节目的"收视率"大为下降。为此,广告制作商们不得不去压缩广告时间,将原来的一些30秒广告压缩成只有8秒,并将广告片拍摄得生动有趣。红外线电视遥控器的出现还促进了MTV的发展。MTV(音乐电视)由美国有线电视网在1981年8月1日正式推出。由于它融入了电影蒙太奇技术,所以更能够吸引人们的注意力。后来,很多电视广告纷纷借鉴MTV的风格,使得人们在观看它的时候乐此不疲。

随着各种家用电器红外线遥控器的出现,人们家庭中遥控器的数量也日见增多,这给人们控制家电产品带来了不便。相信很多人在现实生活中都遇到过需要使用家电的时候却找不到遥控器的情况。1985年,荷兰飞利浦公司的电子工程师罗宾·瑞姆伯尔特,威廉·麦金泰尔,拉克·古德森等人发明了"通用遥控器",我们俗称为"万能遥控器"。它是一个复杂的控制系统,后来获得了多项技术专利。它的问世使得人们在遥控家电产品时更加便捷。

随着互联网技术和移动通信技术的发展,越来越多的人在日常生活中离不开电脑和手机。如何使电脑和手机等电子产品具有短距离无线通信功能,就成了很多电子产品制造商关心的问题。1994年瑞典爱立信公司提出了"蓝牙(Bluetooth)"技术标准,旨在推进全球短距离无线通信技术的发展。此名称来自丹麦的一位国王的别名,相传他喜欢吃蓝莓,故牙齿经常是蓝色的;他曾将挪威,瑞典和丹麦统一起来。借用这个名称,寓示着蓝牙技术未来有着全球协作交流的作用。1998年,爱立信、东芝、IBM、英特尔、诺基亚五大公司联合成立蓝牙技术联盟(SIG)。如今,SIG全球会员单位已超过1.3万家,年会费收入超过1亿美元。SIG执行董事迈克尔·福利认为,借助蓝牙技术,未来我们通过手机不仅可以像使用电视遥控器一样操控电脑、打印机、传真机、空调、微波炉、洗衣机等家电,还能够操控车库门、车门,窗帘的自动开合。截至2009年底,全球采用蓝牙技术的电子产品已超过20亿件。

电流界的"以弱制强"——继电器

在18世纪的时候,科学家们还认为电和磁是风马牛不相及的两种物理现象。1820年丹麦物理学家奥斯特发现电流的磁效应后,1831年英国物理学家法拉第又发现了电磁感应现象。这些发现证实了电能和磁能可以相互转化,这也为后来的电动机和发电机的诞生奠定了基础;人类则因这些发明创造从此迈入电气时代。

19世纪30年代,美国物理学家约瑟夫·亨利在研究电路控制时利用电磁感应现象发明了继电器。最早的继电器是电磁继电器,它利用电磁铁在通电和断电下磁力产生和消失的现象,来控制高电压高电流的另一电路的开合,它的出现使得电路的远程控制和保护等工作得以顺利进行。继电器是人类科技史上的一项伟大发明创造,它不仅是电气工程的基础,也是电子技术、微电子技术的重要基础。

约瑟夫·亨利原来是一名戏剧演员,后来他偶尔看到了一本英国科普作家乔治·格雷戈里编写的科普书籍,从此便迷上了科学研究。无独有偶,在约瑟夫·亨利发明的继电器基础上继而发明出有线电报的塞缪尔·莫尔斯也非科班出身,他原先是美国一名画家。他们的成功表明,科学的大门其实对任何有志青年都时刻敞开着;只要你痴迷于科学并做出切实的努力,你就有可能在未来某一天取得辉煌的成绩。塞缪尔·莫尔斯在发明有线电报的过程中曾遇到过电流衰减的问题,后来在约瑟夫·亨利的帮助下,他想到了用若干个继电器将电流不断放大,最终使得有线电报研制成功。

继电器的信号放大功能,就在于它能够用微小的控制量控制大功率的电路。除了以上提及的应用外,继电器的连通、断开机制也为早期的电子计算机提供了巨大的帮助。1938年,美国数学家克劳德·艾尔伍德·香农发表了题为《继电器和开关电路的符号分析》的论文。文中指出,可以通过继电器电路来实现布尔代数的逻辑运算,并给出了加、减、乘、除等常见数学运算的电子电路设计方法。这篇论文帮助电子计算机解决了逻辑开关的重大问题,也为继电器拓展出了一个新的用途。1943年,贝尔实验室把U型继电器装入计算机设备中,制成了M-2型机,这是最早的编程计算机之一。在第一代电子管计算机中,继电器是一个十分重要的组成部分;后来晶体管发明后,由于晶体管自身含有电路的开关控制功能,晶体管逐渐取代了传统继电器用于电路的开关控制;集成电路出现后,集成电路又取代了晶体管用于电路的开关控制。

除了远程控制、信号放大、计算机逻辑开关等功能外,继电器在自动控制领域还有着广泛的用途。继电器本质上就是将一组参数转换成另一组参数,它是和维纳的控制论和香农的信息论有机地结合在一起的。我们常说继电路由"控制线路"和"被控线路"组成,或者由"输入线路"和"输出线路"组成就是这个道理。"控制"和"被控"是站在控制论的角度阐述的;而"输入"和"输出"是站在信息论的角度阐述的。在继电器参数转换中未必都需要电信号,像热信号、力信号、速度信号都可以在继电器中使用;换句话说,只要将继电器同传感器、处理器、效应器结合起来,便构成数据处理单元。集成电路广泛使用后,集成电路的微处理器可以同继电器有效结合起来,从而引发电气控制向自动化、微电子化方向发展。

微处理器和继电器的结合,加上计算机辅助设计,我们便可以在实验室中模拟出工业和社会控制的模型并寻找最佳解决问题的方案。在这其中,进行建模和确定算法是一项基础工作。1975年,美国圣塔菲研究所研究员约翰·亨利·荷兰德出版了《自然和人工系统中的适应性》一书，标志着一种新兴的算法——基因算法正式诞生。基因算法将问题域中的可能解看作是一个个体，将每一个体编码成符号串形式模拟达尔文提出的遗传选择和自然淘汰生物进化过程，再根据预定目标适应度函数对其进行最终的评价。荷兰德在基因算法的帮助下，成功地搭建出了很多复杂工业控制的模型，使其比传统算法更便捷地找出了最优答案。由于基因算法和传统算法相比，有着更强的自组织学习功能，它在自动控制方面意义十分重大；这一新兴算法越来越受到人们的关注，它也为继电器控制和计算机仿真技术开辟了新天地。

冬暖夏凉的福音——空调

空调器的发明是基于蒸发制冷的原理。大家都知道，在夏天当我们洗完澡便吹电风扇时，会感到格外凉爽——这就是蒸发制冷现象。1756年，英国化学家威廉·卡伦利用乙醚蒸发制冷原理发明了人工制冷技术。1842年，美国医生约翰·戈里利用压缩技术发明了世界上第一台制冰机，美国佛罗里达州医院的病人们第一次通过这种机械在夏天享受到了凉爽的空气。此后不久，人们就在约翰·戈里的基础上研制出了冰库。从19世纪50年代开始，制冷技术被广泛应用到了食品酿造和肉类加工等行业。可惜在19世纪下半叶这五十年中，没有人能够发明出空调。空调制冷原理本质上与冰库非常类似，只不过空调的技术实现要比冰库技术更为复杂一些。

1902年，美国康奈尔大学毕业的年轻工程师威利斯·开利发明了世界了第一台空调器。开利当时发明空调器的主要目的，是为了解决布法罗锻造公司在精密仪器控制中出现的温度和湿度变化问题。后来，一些公司的印刷设备在温度湿度反复变化下不能精确地打印出图像，开利发明的空调器帮助他们解决了这一难题。此后，空调器的商业化生产开始迅速发展起来，它的需求量实在太大了；纺织业、化工业、精密仪器制造业、制药业、食品业等都需要这种能够调节空气温度和湿度的机器。

1924年夏天，美国底特律哈得逊百货公司由于天气闷热而有好几个人先后中暑晕倒，这促使哈得逊百货公司斥巨资购买了大量空调器并安装在所有楼层。此举大获成功，很快人们都知道哈得逊百货公司有一种奇特的设备能使室内空气变得十分凉爽，于是来此公司购物的人络绎不绝，哈得逊百货公司销售额很快便开始迅猛增长。哈得逊公司的成功使得电影院、室内运动场等其他公共场所也开始纷纷安装空调设备。空调设备后来逐渐小型化，并最终进入寻常百姓的家庭。1938年，美国帕卡德汽车制造公司的创始人詹姆士·帕卡德发明了汽车空调，并于1939年生产出世界上第一批安装空调系统的汽车。

早期的空调器通常使用的是氨、甲基氯、丙烷等制冷剂，这些制冷剂存在有毒或易燃等缺点。20 世纪 20 年代,美国杜邦公司推出了氟利昂制冷剂。由于氟利昂安全性很高,很快就在空调及冰箱等制冷机械中得到了广泛应用。20 世纪 80 年代,由于人们发现氟利昂会对环境造成一定的破坏,各个国家的环保部门开始出台一系列措施严格限制含氟利昂制冷剂设备的生产销售。据悉,在氟利昂被限制使用前,人类向大气中排放的氟利昂已经超过 2000 万吨,对地球大气层造成了巨大的破坏。根据 1987 年世界各国在加拿大蒙特利尔签订的《蒙特利尔议定书》,我国从 2010 年 1 月 1 日起,全面禁止一切含有氟利昂设备的生产。

最早出现的空调器是单向制冷的,后来人们在此基础上研制出了制热空调。实现空调从"制冷"向"制热"转化的,主要是靠"四通换向阀"实现切换。在空调制冷过程中,制冷剂的低压蒸汽被压缩机吸入并压缩成高压蒸汽后,排至冷凝器继而凝结成高压液体;高压液体再经过毛细管喷入蒸发器,最终便吸收了室内热量将其排放到室外,从而实现了室内制冷的目的。在空调制热的时候,通过四通换向阀的作用,可以很轻易地实现一个逆向过程:原来的蒸发器变成了冷凝器,而原来的冷凝器则变成蒸发器,最终便可以吸收室外的热量将其排放至室内,从而达到室内制热的目的。

由于空调器通常都是由内机和外机组成的,外机通常固定在建筑外墙,这使得空调的移动十分不方便;后来,人们又在普通空调的基础上发明出了"移动空调",这种空调又被称为"便携式空调"。移动空调具有普通空调的常见结构,如压缩机、冷凝器、排风机、蒸发器等;它在制冷时同普通空调相同,制热时则通常采用电热器来工作。与移动空调容易混淆的一种家用电器是"空调扇"。空调扇不属于空调,它是电风扇的一种技术革新。在制冷时,空调扇使用了水冷系统,一般空调扇在制冷时只能比环境温度降低 3~5 度,而普通空调却能使环境温度降低 20 度甚至更多。不过空调扇的优点是对环境无污染,价格便宜,所以它也很受人们喜爱。

开创战争的新纪元——后装枪

枪械存在的价值就是消灭敌人。站在纯粹的技术角度而言,枪械不仅要提高精准度,而且需要提高单位时间的杀伤力。枪械的发展和其他机械一样,经历了机械化和自动化的发展历程。后装枪取代前装枪是一个巨大进步。后装枪的发明,使得子弹可以模块化、标准化生产出来;后装式步枪也是后来的重机枪和轻机枪诞生的基础。早在宋末元初,中国就出现了前装枪。中国火药传到欧洲以后,14 世纪欧洲开始出现火门枪;这种枪最早系由中国人发明,精准度不高。15 世纪和 16 世纪欧洲人发明了火绳枪和燧发枪;这些枪械大都是前装枪,虽然精准度比火门枪有所提高,但装填弹药还是十分不便。

18 世纪后期,苦味酸和雷汞相继出现,这使得枪械进入了崭新的发展阶段。1807 年,英国枪械工程师福赛斯发明了含有雷汞击发药的火帽;1812 年,法国枪械工程师让·塞缪尔·保利发明了将火帽、发射药和弹壳连成一体的定装式子弹。这些技术的出现为现代后装枪的诞生奠定了基础。虽然在 17 世纪的时候曾经出现过燧石点火式的后装枪,这种后装枪设计出了可以打开装填火药的枪膛;但由于这种后装枪密封性能不佳,没有推广开来。19 世纪初雷汞火帽和定装子弹出现后,大大简化了枪械的弹药装填过程,可以说是枪械史上的一次伟大革命。此后,针击式后装枪逐渐取代了燧石点火后装枪和各种类型的前装枪。1836 年,德国枪械工程师兼军火制造商尼古拉·德莱赛将其设计的可装填定装子弹的针击式步枪进行批量生产,正式开启了后装枪时代。

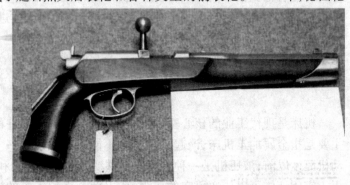

后装枪

19 世纪下半叶,普鲁士军队大量装备了后装枪,取得了多次战役的胜利,这使得后装枪很快被各个国家重视并发展起来。此后,金属壳子弹的出现加速了针击式后装枪的发展。1884 年,法国化学家保罗·维埃利将硝化纤维的制备工艺改进后研制出了无烟炸药,这是枪械发展史上的又一个重要里程碑。定装式金属壳子弹和无烟发射药用于枪械后,枪械的质量大大提高;枪械自动化发射技术也快速发展起来。其实,早在黑火药枪械时代,就有人开始研制自动式枪械。中国清代学者纪昀在其《阅微堂笔记》一书中记载,1673 年镇守云南的吴三桂发动叛乱,当时参加镇压叛乱的军事专家戴梓发明出了"连珠火铳"。此火铳以机械轮轴控制,一次装填火药后可连续发射 28 枚子弹,这种枪可以视为近代自动化枪械的鼻祖。

近代自动化枪械的发展最早得益于美国医生理查德·加特林的贡献。1861 年,加特林在后方医院看到美国南北战争中负伤的士兵太多,他就想,如果发明一种威力十分巨大的枪械,或许能够减少参加战争的士兵的数量,也就能够减少负伤的士兵。在这种比较单纯的动机驱使下,他于 1861 年完成了手摇转管机枪的设计;1862 年,又制造出世界上第一挺手摇转管式机枪并获得了专利。加特林机枪采用的是多枪管设计,枪管在旋转的过程中完成退膛装弹等动作。这种机枪在最快时可以达到每分钟发射 200 多发子弹的速度。不过这种机枪由于需要多人操作,而且存在卡壳的问题,最终没有能够在南北战争中发挥作用。

1882 年,美国枪械工程师海勒姆·马克沁移民到英国。他发现英军士兵常因为步枪的后坐力而使得肩膀变得青一块紫一块。于是,他后来发明了利用火药喷发时产生的后坐力使枪自动完成开锁、退壳、送弹、闭锁等一系列动作的装置。1884 年,马克沁发明出自动机枪,射速超过每分钟 600 发子弹。马克沁在发明自动机枪后，曾向世界各国推销他的发明成果。当时的很多军事专家还没有充分意识到这种自动机枪的价值。有些人认为，通常只需要一发子弹就可以使人毙命，为何还需要这种枪械呢？而且这种机枪击发子弹速度太快，无疑是一种巨大浪费。后来，德国军方认为这种发明意义重大，于是率先大批量订购马克沁机枪。一战中，马克沁机枪成为德军的杀人武器；直到这时，其他国家方才意识到了马克沁机枪的意义。随着枪械技术的发展，更便于携带的轻型机枪、自动步枪、冲锋枪等枪械陆续被发明了出来。后装枪的出现及其技术革新，使得人类进入了轻武器时代；它无论对国防军事，还是对于公安防卫都是不可或缺的武器。

现代工业的核心基础——机床

机床是现代工业的核心基础设备，它是加工机械零件的必要工具。现代机床主要是指金属加工机床，谈起现代机床不能不首先谈及一下液压机的发明。在电动机诞生以前，液压机是一种方便的提供动力的设备。它利用的是帕斯卡尔定律，由于密闭液体可以传递恒定的压强，所以两个面积不等的活塞上可以出现大小不同的压力。液压机由英国钳工约瑟夫·布拉马于1795年发明并获得了专利。约瑟夫·布拉马是一位多产的发明家，他于1778年发明了厕所排水箱，这项技术使得"抽水马桶"后来进入了寻常百姓的家庭；除此之外，他在造纸机械、印刷机械、啤酒加工机械、钢笔中都有发明创造成果。

约瑟夫·布拉马发明液压机后，成立了一个工厂。液压机最初用于制造产品包装机。后来，布拉马工厂的一位名叫亨利·莫兹利的英国机械工程师对这种液压机进行了改进，将其拓展到了金属加工领域。亨利·莫兹利设计出一种装置，可以将刀具夹住，沿正反两个方向运动加工金属零部件。他于1797年获得了这种金属加工机械的专利。亨利·莫兹利的发明是机械制造史上的一次伟大革新，它彻底改变了传统金属加工过程对人力的依赖，大大提高了金属零部件的加工效率。1800年，他又开发出标准螺纹生产车床，这是历史上首次进行螺纹尺寸标准化加工；此后，各种系列的螺栓和螺母被生产了出来，为各种工程机械提供了紧固件。

1805年，亨利·莫兹利找到约瑟夫·布拉马，和他商议要给自己涨工资，结果遭到了拒绝。此后，亨利·莫兹利离开布拉马创办了自己的工厂。1810年，亨利·莫兹利将其生产出来的机床装备在了英国朴茨茅斯工厂，结果大大提高了工厂的生产效率。原先需要100名工人完成的工作任务，现在只需要10名工人便能够完成。亨利·莫兹利的成功使得人们对金属加工机械化生产作业给予了高度的关注。19世纪20年代，亨利·莫兹利开始转向船用蒸汽机的研发，为蒸汽机的商业运用做出了卓越的贡献。

19世纪上半叶金属加工机床研制工作的迅速发展，和当时的工业革命背景是分不开的。蒸汽机的大量运用，火车等交通工具及机械化纺织机的出现，对各种机械零部件出现了大量的需求;而机床可以实现机械零部件的批量和标准化生产。自 1814 年起,英国机械工程师发明了各式各样的龙门刨床。1818 年,美国机械工程师惠特尼发明了卧式铣床。1876 年,外圆磨床在美国诞生。只要有机械零部件加工地方,工程师们都会想方设法发明出可以取代人力的机械设备。

早期的机床是通过液压机或是蒸汽机驱动的,后来电动机发明出来以后,机床进入电气化发展阶段。1913 年,美国福特汽车制造公司开发出了世界上第一条汽车生产流水线,使得机械加工业从此进入了流水线操作时代。1947 年,美国工程师约翰·T·帕森斯在为美国军方生产加工直升飞机的螺旋桨叶板时,创造性地利用一台 IBM 穿孔卡计算机辅助计算定点;此后,他又产生出一个创意,即不但利用计算机辅助定点,而且利用计算机下达指令进行整个加工过程的自动控制。约翰·T·帕森斯随后将他的创意提交给美国军方。美国军方认为他的创意具有很大的发展潜力,于是让麻省理工学院与帕森斯共同研发数字控制机床;1950 年 2 月 3 日,世界上第一台数控机床在美国诞生。数控机床的问世,使得机床的发展出现了革命性的变化。数控机床不仅能够大量节省人力,而且可以实现零部件加工的精准化。

可以说,没有数控机床的诞生,就没有今天微电子产业和计算机产业的蓬勃发展。数控机床的问世是建立在微电子技术和计算机技术基础上的;而数控机床的出现,又大大地促进了后者的发展。有了计算机辅助设计和制造技术,有了数控机床,我们今天才可以十分精确地在极其微小的芯片上设计和制造电路;以往仅凭人力难以完成的工作任务,今天在计算机和数控机床的帮助下就可以轻松地完成。数控机床的发明,也促进了制造业"机电一体化"时代的到来。1979 年,我国数控机床装备量不足 700 台,到了 2007 年,我国数控机床的装备量已经超过了 70 万台。1985 年,约翰·T·帕森斯因其在工作中不经意产生的两个创意被美国国会授予"国家技术奖",后来他被誉为"数字控制之父"。

工业革命的先驱——纺织机

作为纺织机械的主要设备,纺纱机具有重要的地位。历史学家认为工业革命是以"珍妮纺纱机"的出现作为开端的,纺织业也是英国工业革命中率先发展起来的工业部分。其实,早在 13 世纪末,我国元朝松江乌泥泾(今上海徐汇区东湾村)人黄道婆就发明了多锭纺纱机,比詹姆斯·哈格里夫斯发明出来的"珍妮纺纱机"要早出了 350 多年。可惜的是,黄道婆和哈格里夫斯所处的时代背景不同。哈格里夫斯所处的时代恰逢英国工业革命的前夜,蒸汽机等一系列机器相继问世,因而英国能在她所发明的多锭纺织机基础上经过技术发展,继而发明出利用蒸汽机驱动的机械化自动织布机,从而使得工业革命轰轰烈烈地开展起来。

詹姆斯·哈格里夫斯发明多锭纺纱机,其创意源自于她的纺纱机的一次意外翻倒事故。哈格里夫斯发现,纺纱机倒地后主轴仍在旋转,因而想到了利用多个纱锭同时工作的设想。此后她于1764年发明了有8个纱锭的"珍妮纺纱机"。哈格里夫斯发明的多锭纺织机,仍是以人力作为主要动力,这与中国元代就已经出现的多锭纺纱机并无明显的不同。1769年,英国工程师阿克莱特发明了英国第一架水力纺纱机,使得纺纱机的工作效率大大提高。

世界上第一架水力纺纱机其实是由中国人发明的。中国元代学者王祯在其《农书》中记载了中国人发明的水力纺纱机并绘有详细的图示说明,这说明了水力纺纱机至迟在中国元代就已经出现了。更令人称奇的是,王祯所描述的水力纺纱机已经具有了同时纺32个纱锭的能力;而珍妮纺纱机后来经过技术改进后,只可以纺12～18个纱锭。可见,中国纺纱技术在元代时期,就已经远远超过了英国在17世纪中叶的水平。西方科学史学家在这一点上给予了高度的评价。李约瑟在其《中国科学技术史》第四卷中的《机械工程》分册中认为,这种水力纺纱机"足以使任何西方经济史学家叹为观止"。李约瑟同时指出:"在14世纪早期,中国纺车上已有3个甚至5个锭子,全体由一根绳传动;这似乎是成熟的特征,意味着它们已有很长的发展历史了。"阿克莱特发明的英国第一架水力纺纱机,有史可考的证据是借鉴了意大利水力捻丝机的基本原理;而后者又是源自中国。

中国元代发明的水力纺纱机具有捻丝的功能,而史学家发现意大利的水力捻丝机和中国元代的水力纺纱机有着惊人的类似。在法国科学史学家保尔·芒图编著的《十八世纪的产业革命》一书中这样写道:"阿克莱特之领悟纺纱机的原理,是由于他听到一个水手叙述中国人所用的机器。"从这些历史史料中我们不难看出,中国人的发明对推动英国第一次工业革命的到来,起到了一定的作用。无论是哈格里夫斯的纺纱机还是阿克莱特的水力纺纱机,就纯粹的技术创造的新颖性来看,和中国元代的相关发明比起来,并不具备明显的优势。

英国人在纺织技术上对人类做出的真正贡献,是英国工程师塞缪尔·克朗普顿在1769年发明的"缪尔"纺纱机和英国工程师爱德蒙·卡德莱特1789年发明的蒸汽织布机。"缪尔"纺纱机俗称为"骡机",是一种走锭式纺纱机,可以将多锭纺纱机和水力纺纱机有效地结合起来,从而实现纺织生产过程机械化。而蒸汽织布机的意义便在于,由于水力机械必须沿河建在有流水落差的地方,并且水力还会受到气候和季节的条件限制,而蒸汽织布机的出现,可以使得纺织厂随时随地大规模兴建。

其实,不仅是中国错过了工业革命,而且在很多技术领域比英国率先发展起来的意大利等国家也错过了工业革命。究其原因,不容忽视的重要一点就在于英国对矿物能源的大量应用。一个新技术的产生也许并不难,但这个技术要对经济发展能够产生一种革命性的推动力量,就需要在能源等基础设施上提供支持和保障。这就好比发明了电灯,但却没有整个发电机系统提供电能保障;发明出了汽油内燃机,但却没有大量汽油提供能源保障的道理一样。社会经济发展是一个系统化的产业链,并非某一个新技术或某一种新能源就能够单独推动社会经济从根本上发生变革。所以,中国在纺织机械上曾经领先于英国超过 350 年,但最终却在工业革命的浪潮中输给了英国,这一历史事实值得我们反思。

合久必分,分久必合——拉链

拉链是人类历史上一个貌不惊人却不能被忽视的发明创造。早在 1851 年,美国发明家埃利斯·哈维就获得了一项服装开闭合条的专利。埃利斯·哈维是美国缝纫机的发明人。他在服装加工的过程中发现传统的服装的开闭方式非常繁琐,于是便想到了发明这种服装开闭合条。它和现代拉链相比,没有滑动条,所以也不能被称为"拉链";但其主要结构,已经比较接近现代拉链的齿状互嵌结构。

1891 年,美国工程师惠特科姆·贾德森发明出一种滑动扣锁装置,这种装置已经比较接近现代拉链了。惠特科姆·贾德森发明这种滑动扣锁是因为当时美国贵族喜欢穿长筒靴,而这种靴子的缺点是铁钩式纽扣有 20 多个,所以长筒靴穿脱起来非常麻烦。有时人们为了避免这种麻烦,甚至索性穿着这种长筒靴就上床睡觉。惠特科姆·贾德森的发明系采用一种滑动装置,将一组对排的铁纽扣相互啮合锁紧。由于惠特科姆·贾德森发明的滑动扣锁经常会出现铁纽扣松开的情形,所以惠特科姆·贾德森的发明并没有得到广泛应用。但他在 1893 年的芝加哥世博会上推出他的发明时,还是引起了不小的轰动。毕竟这种滑动扣锁打破了人们传统观念中,衣物只能通过纽扣一粒粒扣上的做法。1914 年,瑞典工程师吉迪恩·桑巴克在惠特科姆·贾德森发明的滑动扣锁基础上改进了他的设计,发明了现代意义上的拉链。

吉迪恩·桑巴克采用的方法是,将两排金属锁齿分别固定在两条带子上,然后通过一个滑动器控制这两排金属锁齿的开合。在两排锁齿上,每一个齿上都有一个小勾,与它紧挨着的另一条锁齿的孔眼相对;这样,当滑动器滑过时,两排锁齿的"小勾"与"孔眼"分别紧密啮合;除非通过滑动器将其打开,否则锁齿相互的结合很难被扯开。吉迪恩·桑巴克在 1914 年所申请专利的产品被称为"无勾紧固件二号"。在他申请这项专利前,曾经申请过"无勾紧固件一号"的专利,但这件产品质量不过关。吉迪恩·桑巴克曾经将"无勾紧固件一号"投产过但结果遭遇了巨大的失败,曾一度靠生产回形针勉强维持生计。"无勾紧固件二号"被发明出来后,由于其质量优良引起了很多知名人士的注意,包括美国著名的剧作家詹姆士·奥尼尔。后来,美国《科学》杂志还曾将吉迪恩·桑巴克的这项新发明成果刊登在了杂志的封面上。

吉迪恩·桑巴克刚开始生产"无勾紧固件二号"时订单并不多,后来匹兹堡的麦克瑞百货公司认为这种新产品非常适合用在女性裙子和套装上。麦克瑞百货公司在试销这种无勾紧固件裙和套装后获得了女性顾客们的好评,后来便向所有的女性服装制造商们都推荐这种无勾紧固件,这极大地促进了它的销售。第一次世界大战爆发后,美国很多军工企业也开始关注这种无勾紧固件。他们发现很多军服采用这种装置后,不仅可以节约军人们穿脱衣服的时间,提高军事行动的效率,而且这种服装在野外的防风性能也更好。后来,为了满足军事生产的需要,美国政府甚至专门拨款支持吉迪恩·桑巴克生产无勾紧固件。此后,"无勾紧固件二号"又获得了美国烟草公司的大笔订单。烟草公司发现在其烟草袋上使用无勾紧固件后,烟草的销售业绩和过去比有了显著增长。

1921 年,美国俄亥俄州的豪富公司开始在他们的生产的橡胶靴上试用这种无勾紧固件,结果大获成功。该公司的市场营销人员起初将这种新式靴命名为"奇妙靴"。后来,他们觉得这种名称太土气,于是便商议对靴子重新起名。在该公司的一次头脑风暴会议上,公司的销售经理在灵感迸发时,突然想到了"Zip"这个拟声词,它是"快速移动"的意思。于是,他们最终商议决定将原来的"奇妙靴"更名为"Zipper 靴",译成中文就是"拉链靴"。到了 1923 年,"拉链"在美国已经成为一个流行的词汇了。在那年冬天,美国豪富公司售出了逾 50 万双拉链靴,最终美国的服装设计师们也开始使用"拉链"这个流行词汇。可惜,吉迪恩·桑巴克去世得比较早,至死都没有听过"拉链"这个词汇。他更不会想到,他当初的这个看起来微不足道的发明创造,在今天的中国,每年产量超过 100 亿米,产值超过 250 亿元。

发现微观世界的奥秘——显微镜

人类很早就掌握了玻璃制造技术,公元前 3500 年左右,古埃及人已学会制造玻璃;公元前 1500 年左右,古埃及出现了玻璃容器。公元前 700 年左右,古亚述人掌握了利用水晶磨制透镜的技术;到了公元 10 世纪,西方僧侣开始利用半球形透镜阅读经书。随着玻璃技术的发展,玻璃的透明度也越来越高。公元 13 世纪,英国学者罗杰·培根磨制出了边缘很薄的玻璃透镜,这为后来的显微镜和望远镜的诞生奠定了基础。罗杰·培根是一名预言家,相传他不但预言了显微镜和望远镜的诞生,还预言了蒸汽船、飞机,甚至坦克的诞生。

古罗马战败古埃及后,曾将古埃及的俘虏放在威尼斯岛上制作玻璃。后来,意大利威尼斯的工匠们对玻璃生产工艺进行技术革新,使得玻璃的透光性能大大增强。此后,人们开始利用玻璃来磨制眼镜片。1590 年,荷兰的眼镜制造商扎卡里斯·杨森和他的父亲汉斯·利伯希发明了显微镜。1663 年,英国科学家罗伯特·胡克利用其自制的显微镜对植物进行了观察研究;他于 1665 年创立了"细胞"这一词汇,用来指他看到的软木蜂窝状的小室,其实他看到的只是植物细胞死后所留下来的细胞壁。1673 年,荷兰科学家安东尼·列文虎克利用自制的显微镜进行了大量观察研究。他于 1674 年发现了滴虫,1682 年发现了肌纤维,1683 年发现了细菌,1684 年发现了红细胞。安东尼·列文虎克为显微镜的制造和微生物学、原生动物学、医学的发展做出了巨大的贡献,他一生共制造了超过400架各种类型的显微镜,遗留到今天的一些显微镜具有275倍左右的放大倍率。

随着技术的发展,现代光学显微镜已经能够实现1500倍的放大倍率;能够分辨的距离已经缩小到0.2微米,即200纳米。当放大倍数超过这个极限时,物体就不能够分辨清楚,这主要是受光波的波长的限制。更具体地说,光在通过显微镜时要发生衍射现象。我们通过目镜观察到的物体上的一个点实质是一个光的衍射光斑,如果两个光斑距离靠得太近,便无法将其分辨开来;即使提高透镜的放大倍数也是徒劳的。面对这种情况,人们便想到了发明电子显微镜。根据德布罗意提出的物质波理论,运动的电子都具有波动性;而且它的速度越快,它的"波长"就会越短。不难设想,如果能够把电子的速度加到足够高,并且设法汇聚它,便能够利用电子的波动效应来放大并观测到物体更微细的结构。

1931年,德国物理学家恩斯特·卢斯卡和德国电气工程师柯诺尔发明了电子显微镜,1938年,恩斯特·卢斯卡领导的科研小组制造出可以进行商业化生产的电子显微镜。现代电子显微镜放大倍率已经超过100万倍,在生物学、化学、物理学、电子工业中都有着广泛的用途。早期的电子显微镜是透射式电子显微镜,即通过电子枪发射一组高压电子束,将其穿过显微镜射向物体标本;在标本后面再通过传感器收集信息并最终将其在显示器上转化成可视图像。在透射式电子显微镜的基础上,后来又发展出了扫描电子显微镜和反射电子显微镜等多种形式的电子显微镜。不过,电子显微镜也有一个缺点,那便是它不能穿过水。所以,在面对一些含水量丰富的活体检测时,很多时候还得采用光学显微镜;有的时候则可以通过X光成像设备弥补这一缺憾。

1981年,美国IBM公司设在瑞士的宾尼西实验室的电子工程师格尔德·宾宁和海因里希·罗雷尔共同发明了扫描隧道显微镜(STM),这将显微镜的分辨率又提升到了一个新的高度,可以达到单个原子的级别。扫描隧道显微镜的问世,也为后来的纳米技术的诞生和发展奠定了重要的基础。1986年,电子显微镜的发明人恩斯特·卢斯卡和扫描隧道显微镜的发明人格尔德·宾宁及海因里希·罗雷尔共同获得了当年度的诺贝尔物理学奖。显微镜作为人类了解微观世界奥秘的一种非常重要的仪器,它在很多自然科学基础研究和工程技术领域中都是必不可少的工具。已经很难确切统计出人类历史有多少项发明创造是在显微镜的帮助下获得的了,相信在未来的世界中显微镜将会发挥出更大的作用。

注视着遥远的世界——望远镜

光学望远镜的发明人和光学显微镜的发明人都是荷兰的扎卡里斯·杨森和他的父亲汉斯·利伯希。1608年,汉斯·利伯希获得了望远镜的专利。意大利科学家伽利略在获知望远镜问世的消息后,便开始动手制作望远镜。1609年10月他制造出了能够观察到月球环形山的望远镜。此后,他又继续制造出倍率更高的望远镜,观测到了木星的卫星以及太阳黑子的活动情况。伽利略和汉斯父子制造出来的望远镜都是折射式望远镜。世界上第一架反射式望远镜由英国物理学家艾萨克·牛顿于1668年发明。反射式望远镜和折射式望远镜相比少了一面透镜,而用一块平面镜取代它。这样,光就无需穿过密闭的镜筒,所以也就不易产生色差。反射式望远镜的缺点是移动后再校正比较麻烦,而且由于镜筒不能密封也就容易沾染灰尘。

望远镜

望远镜问世后,当时人们不知道把这种新型的仪器叫作什么才好。英国诗人弥尔顿在其代表作《失乐园》中将其称为"光镜",也有人建议把它叫作"透视镜",有人则提出叫它"窥器"。后来,数学家狄米西亚的提议占了上风。他提出这种新型仪器应当叫作"telescope(望远镜)",这是希腊语中"tele(遥远)"和"skopein(注视)"的组合,意即指它能够帮助人注视着遥远的物体并被其吸引。望远镜的发明,使得天文学研究迅速发展起来。德国物理学家约翰尼斯·开普勒曾利用自制的望远镜观察和研究星体的运动,为天文学的发展做出了巨大的贡献。

艾萨克·牛顿在发明反射式望远镜后,曾一度认为折射式望远镜的色差问题不可救药,后来事实证明了牛顿当时的推断过于悲观。1733年,英国工程师哈尔制造出了消色差折射式望远镜。1758年,英国工程师宝兰德制造出相仿的望远镜,他利用折光不同的玻璃分别制成目镜和物镜,然后使各自形成的有色边缘正好相互抵消,这样就不存在色差了。不过,要想磨制出很大的透镜并不容易。目前,世界上最大的一台折射式望远镜安装在雅弟斯天文台,透镜的直径超过1米。和折射式望远镜相比,反射式望远镜则在各地天文观测中发展得更快。1793年,英国工程师赫瑟尔制成了直径约为1.3米的反射式望远镜,反射镜用铜锡合金制成,重达1吨;1913年,在威尔逊山天文台出现了反射镜直径为2.54米的反射式望远镜;1950年,在帕洛玛天文台安装了一台反射镜直径为5.08米的反射式望远镜。现在各地天文台都普遍使用反射式望远镜。

1931年,美国贝尔电话实验室的无线电工程师卡尔·杨斯基在工作中偶尔发现一组来路不明的无线电噪音。他经过反复测量后发现其每隔23小时56分04秒出现一次峰值,据此他断定这组噪音来之于银河系。1932年,卡尔·杨斯基发明了世界上第一台射电望远镜。射电望远镜利用的是宇宙中发出的电磁波,它的原理类似反射式光学望远镜。1946年,美国无线电工程师格雷特雷伯制造出了反射面直径达9米的射电望远镜。目前世界上很多射电望远镜反射面都达到了数百米,这为收集宇宙中的信息提供了更精确的方法。

随着航天技术的发展,人们开始思考在太空中安装望远镜的可行性。1923年,德国火箭专家赫尔曼·奥伯特率先提出了在太空中安装望远镜的设想。此后,美国火箭专家罗伯特·戈达德以及苏联火箭专家吉洪拉沃夫都认同了这种想法。1962年,美国国家科学院正式批准了将发展太空望远镜作为空间计划的一个组成部分。1966年,美国第一个太空望远镜升空,但其实际使用效果并不理想。后来经过大量技术改进后,美国国会于1978年拨款3600万美元发展新的太空望远镜计划。1983年美国为纪念观测宇宙学的创始人哈勃,而以其名命名该太空望远镜。此计划由于技术问题及"挑战者"号航天飞机失事事件被推迟,其预算后来超过1亿美元。最终哈勃太空望远镜在1990年4月被"发现者"号航天飞机送入太空轨道。其长度超过13米,总重量超过11吨。经过反复维护后它成功地获取了大量宇宙照片。哈勃望远镜原计划服役到2009年,后因"哥伦比亚"号航天飞机失事,预计它在太空中至少要服役到2014年。

实用的简单机械——轮轴

提起轮轴,想必大家都不会陌生。中国古代从水井提水的辘轳就是一种简易的轮轴装置,由于辘轳的动力臂比阻力臂长,它便可以省力。很多轮轴都是为了省力而建立起来的,这种轮轴即可以视为杠杆的变形。古希腊科学家阿基米德曾经系统地总结过杠杆原理,他还曾说过一句脍炙人口的名言:"给我一个支点,我可以撬动地球!"相传阿基米德曾利用杠杆和滑轮成功地独自拖动一条大船,令在场的人目瞪口呆。国王亥洛沃更是把阿基米德当成一个无所不能的人,他对大臣们说道,"今后无论阿基米德说些什么,你们都要相信他……"

轮轴除了可以利用杠杆原理省力外,它还可以利用滚动摩擦促成物体快速运动;几乎所有的车辆都具有轮轴系统。滑轮也是轮轴的一种常见类型。通过定滑轮可以改变力的方向,通过动滑轮则可以达到省力的目的。滑轮最常见的用途就是安装在各式各样的升旗杆的顶端,用以改变力的方向。在家庭中,我们在一些自动拉合式窗帘上也可以发现滑轮。工厂中常用的"手拉葫芦"是一种常见的滑轮组,在它的帮助下,我们可以徒手拉动很重的机器设备。电动机发明出来后,轮轴和滑轮的用途越来越广泛。起重机、卷扬机、电动卷帘门、电梯里都离不开轮轴和滑轮装置。起重机通常是通过头部的定滑轮和勾部的动滑轮配合起来使用的。

轮轴除了以上提及的用途外,它还有一个十分重要的作用,那便是传动。轮轴传动通常使用皮带。在古代我国就出现了皮带传动装置,这和当时纺织业的发展是分不开的。轮轴皮带传动也是汽车发动机的一个十分重要的传动方法。当链条传动和三角皮带被发明出来以后,轮轴上的轮子就更换成了各式各样的齿轮,最典型的链条传动的例子就是自行车。轮轴皮带传动装置如果将皮带和轮子的宽度大幅增大,那就变成了工业皮带传输机。世界上第一台工业传输机由瑞典商人亨里克·戈兰松于1901年发明。他采用薄钢片作为传输带为其工厂传送工业生产中所需要的原材料。1905年,英国工程师理查得·萨特克利夫发明出了世界上第一台工业皮带传输机。这种工业皮带传输机最早运用于煤矿采矿过程中的矿材运输,它使得煤矿的工作效率比以往大大提高。此后,皮带传输机被广泛运用到工业产品生产组装流水线。

1913年,亨利·福特首次将工业传输机大规模地应用到了汽车制造中。工业转输机为粮食、矿石、机械电子零配件等货物的运输提供了一种高效率途径,也是自动扶梯和自动人行道实现的技术基础。如今,在机场行李托运提取处,在邮局信件分拣中心,在日式寿司店,在跑步机上我们都可以看到传输带的影子。有些滑雪场还利用皮带传输机将滑雪者送到滑雪山坡上。世界上最长的单一皮带传输机架设在印度一个采石场和孟加拉国的一个水泥制造厂之间,全长约17公里,每小时可将约1000吨的石灰岩、页岩等建材从印度送至孟加拉国。

在轮轴的发展过程中,为了减小轴和基座之间的摩擦力,人们起初是利用润滑油进行润滑,后来又发明出滚动式轴承。滚动式轴承即是利用嵌在轮子之间的很多滚动的圆柱体或圆球来降低摩擦力。在古代,工匠们就懂得了利用滚动的圆木帮助搬运巨大的石块。现代不少家用橱柜上面都安装了有很多轮子的滑动条来减少摩擦。这种滑动条上的轮子通常称为滑轮,实际上它并不是物理学严格定义上的滑轮,而可以视为一种直线式轴承。早期轴承采用的是滚动的圆柱体,后来又出现了采用圆球的轴承。世界上第一个实用的球笼轴承由英国制表匠约翰·哈里森于1740年发明。1794年,英国工程师菲利浦·沃恩获得了有沟槽的球笼轴承的专利,这种轴承和现代轴承比较接近。1869年,法国工程师朱利斯·苏佩瑞发明了世界上第一辆安装了球笼轴承的自行车,这种自行车后来由英国自行车运动员詹姆士·摩尔驾驶,在1869年11月法国巴黎举办的世界上第一个自行车公路赛中夺得了冠军,这使得球笼轴承受到了人们的关注。1883年,德国工程师弗里德里希·费合尔制定了轴承的统一标准并进行批量化商业生产,从而使得轴承开始被工程机械大量运用。

方便的计时器——钟表

在机械钟发明以前,人们通常通过沙漏、日晷等仪器来观测时间。这些仪器使用起来都不方便,也不够准确。1088年,中国学者苏颂发明了水运仪象台擒纵器——擒纵器是近代钟表的最关键设备。李约瑟对苏颂的发明曾做过这样的点评:"苏颂把钟表机械和天文观察仪器结合以来,在钟表原理上已经完全成功,他比罗伯特·胡克先行了六个世纪。"苏颂发明的水运仪象台利用的是水力和机械相结合的原理。1336 年,英国机械工程师沃灵福德·理查德利用擒纵器发明了机械钟;它通过一种齿轮控制系统,能够将钟内机械势能进行均匀的释放,也正是它能够使得机械钟发出"嘀答嘀答"的声音。

钟表

1430 年左右,德国出现了由弹簧驱动的机械钟。早期的时钟没有分针和秒针,而且运行也不够准确。15 世纪和 16 世纪,机械钟制造业在欧洲蓬勃发展起来。从机械钟问世到 20 世纪下半叶石英钟逐渐取代机械钟,机械钟在历史上共发展了 300 多种擒纵结构,流传下来的并不多。其中比较著名的有 1584 年瑞士的乔斯特·伯基发明的交叉打擒纵器;1660 年英国的罗伯特·胡克发明的锚擒纵器;1675 年英国的理查德·汤利和托巴斯·汤皮恩发明的死打擒纵器;1748 年法国的皮埃尔·莱罗伊发明的棘爪擒纵器;1860 年瑞士的乔治·弗雷德里克发明的脚托盘擒纵器等等。机械擒纵器最大的一个缺点便是容易老化。随着时间的推移,擒纵器的机械运动会变得越来越缓慢。在过去有使用过机械表的人,一定会记得定期需要将手表送到钟表匠处加油清洗的经历;机械表要在清洗和加上润滑油后,才能变得运转如初。

虽然早期的机械钟不能和现代时钟的准确性相比拟,但它毕竟给了人们一种确定时间的方便方法。一方面,宗教信仰者需要在准确的时间进行宗教活动;另一方面,人们也需要确定时间以安排生产和生活。机械钟还有一个用途,恐怕大家都不容易想到,那便是用于航海定位。随着地理大发现及航海事业的发展,作为欧洲经济中心的英国一直想找到一种海上定位的方法;罗盘可以帮助海员们沿纬度直线航行,但不能帮他们确定经度。1675 年,英国国王查理二世设立格林尼治天文台,并让人设法发明出一种星表,能够帮助海员们确定经度。后来在这项发明没有问世前,英国载有 2000 多人的舰船在海上不幸触礁沉没;英国政府发出巨额奖金,悬赏能够进行经度定位的仪器。英国皇家科学院的牛顿和哈雷都参加了此次研究;但最终赏金却被一个名叫哈里森的木匠获得。

这名木匠"发明"的仪器是什么?原来,哈里森"发明"的这个仪器就是机械钟。他的创意是,将机械钟配发在所有的船舶上,时间和格林尼治天文台时间保持一致。船员们在航海过程中,到了太阳升至头顶正中的时候,观察机械钟的时间。如果此时间比 12 时早了一个小时,那就说明船只处在伦敦以东约 15° 的位置;如果时间比 12 时恰好晚了一个小时,就说明船只处在伦敦以西约 15° 的位置。哈里森的创意即是巧妙地利用了地球自转一周差不多刚好等于 24 小时的基本常识。正是由于哈里森的这个创意,使得后来所有的英国舰船都开始装备机械钟;而且工匠们开始将发展机械钟制造技术上升到了关乎海员生死存亡的高度来认识。

1927 年,在美国贝尔实验室工作的加拿大电子工程师沃伦·马里森根据压电晶体的原理发明了石英钟。石英钟的问世,是钟表史上的一次革命性的变化。由于石英钟的精准度要高于机械钟,在 20 世纪下半叶石英钟开始不断取代机械钟成为人们日常生活中的计时器。目前世界上性能最好的石英钟,每天计时的准确性能够达到十万分之一秒,也即要经过差不多 270 年才会相差 1 秒。1969 年,日本精工公司的电子工程师山崎淑夫发明了以 LC 振荡器为动力的液晶电子手表;1973 年,精工公司又推出了以石英振荡器为动力的石英表。由于石英表和传统机械表相比具有精度高、重量轻、价格低、易维护、寿命长等特点,它受到了人们的广泛欢迎。随着科学技术的发展,科学家们又利用原子的磁共振现象发明了原子钟,现代铯原子钟可以实现 2000 万年误差不超过 1 秒;而现代锶原子钟则可以实现 3 亿年误差不超过 1 秒。

文明传播的使者——印刷术

印刷术是中国伟大的发明创造,没有印刷术就没有图书文献,没有人类知识和文明的迅速积累和传播。印刷术传入欧洲后,欧洲出现了印刷机械,这加速了文艺复兴运动的历史进程。中国人对印刷术的贡献不仅在于雕版印刷术,更在于活字印刷术;而后者是印刷机械诞生的基础。雕版印刷术的起源可以追溯到印章。早在周朝时期我国就开始普遍使用印章;在公元 105 年蔡伦发明造纸术之前,印章多印在布帛、竹简上,也有印在泥土上作为封印的。造纸术也是印刷术的基础,没有纸张便不会有批量印刷。纸张在我国东汉时期出现,到南北朝时期盛行开来。有了纸张和印章为基础,再加上文化发展的需要,到了我国隋朝时期便出现了雕版印刷术。

印刷术发明出来后,大大促进了我国区域文化的传播。中国是世界上少有的文化传承性非常好的国家之一,雕版印刷术对此做出了重要的贡献。不过,雕版印刷术仍存在着很多缺点。比如,当雕版雕错字的时候,或是当雕版局部发生虫蛀现象的时候,工匠们往往只能丢弃此版,重新再雕刻出一个新版;而且,大量雕版堆放贮藏也很不方便。为了克服雕版印刷术存在的这些不便之处,我国北宋工匠毕昇于 1045 年发明了活字印刷术。欧洲公认的第一部活字印刷品诞生于 1456 年,比中国晚了 400 多年。

毕昇在印刷史上是一位极其伟大的革命家。毕昇发明的活字印刷术使用的是胶泥，将胶泥刻好字后再烧制使用。欧洲活字印刷术诞生于德国，此后又传入意大利、英国、法国等国家，推动了欧洲文艺复兴的进程。世界上最早的金属活字印刷术诞生在韩国，有史可考的第一份金属活字印刷品诞生在 1377 年。无论是德国还是韩国，第一份活字印刷品都是宗教经文，这从侧面也可以反映出宗教文化对印刷技术的推动作用。当初毕昇在发明活字印刷术后，我国佛教界也对其非常感兴趣。据悉，《大藏经》多达 5000 多卷，唐代为了传播《大藏经》，雕版超过了 13 万块；由此可见毕昇的发明能节省多少人力。如果当时中国拥有专利制度的话，相信毕昇凭活字印刷术这项发明就能富甲一方。

15 世纪 50 年代，德国工匠约翰内斯·古登堡发明了印刷机。约翰内斯·古登堡当初发明印刷机的原因，据说是他在图书馆看到一本非常有价值的图书；而他想如果能够发明一种机械能够大批量复制这本书并将其售卖，一定能够产生大量的商业利润。古登堡发明的印刷机械在刚诞生时还比较简陋，后来经过不断技术改进，到了文艺复兴后期已达到每天能印刷 3600 页的水平，这在当时已经是一个奇迹了。据世界教科文组织的一项统计数据，在 15 世纪下半叶，仅仅半个世纪的时间，印刷机就为欧洲创造了 20 亿美元的产值；可见印刷机在当时是一种怎么样的推广速度。在 16 世纪一百年中，欧洲印刷机的普及率增长了十倍。英国工业革命爆发后，蒸汽动力加速了印刷机械的发展；此后，印刷机械又进入电气化时代。印刷技术的发展促进了社会新闻出版行业的迅速发展，促进了世界文明的传播。随着科学技术的发展，印机机械的工作效率越来越高。今天的一些高速印刷机已经能够实现每天印刷 200 万页的水平。

除了印刷厂的印刷机械外，打字机和打印机也属于一种广义的印刷机械。1714 年，英国工程师亨尔·米尔发明了世界上第一台打字机；1868 年，美国工程师拉森·肖尔斯发明了和我们现在电脑键盘布局一致的商业打字机。打字机的发明使得文字输入进入机械化时代。随时电子计算机的出现，各种打印机也被发明出来。世界上第一台针式打印机于 1953 年在美国雷明顿·兰德公司诞生；雷明顿·兰德公司曾经专业生产过打字机并购买过拉森·肖尔斯的键盘设计专利。世界上第一台商业化激光打印机于 1971 年在美国施乐公司诞生。世界上第一台商业化喷墨打印机于 1984 年在美国惠普公司诞生。2004 年，美国惠普公司总裁卡莉·费奥瑞纳女士访问中国，在清华大学演讲时她讲道，"我们惠普特别要感谢毕昇先生，他在 1045 年第一个发明了活字打印机（印刷术），比西方的发明早好几百年；所以我今天要特别感谢他，它的发明给惠普公司带来了 200 亿美元的生意。"

生产工具的革命——冶金术

卡尔·马克思告诉我们，生产力和生产关系的矛盾是推动社会发展的根本动力。生产力包括生产工具、劳动对象和劳动者,而在这其中,生产工具又是十分重要的因素。青铜器和铁器的大量运用,曾被视为奴隶社会和封建社会建立的重要推动力之一;而冶金技术则是其基础。中国是世界上最早发展起精湛冶金技术的国家。虽然,中国不是世界上最早发明冶铁技术的国家,但是世界上最早发明并使用生铁的国家。中国生铁冶炼早在春秋时期就出现了,而西方国家直到公元 14 世纪才出现生铁冶炼术。我国的生铁冶炼技术比西方国家早出现 1000 多年,这主要得益于我国在冶铜过程中就发展起了功能十分强大的水力鼓风设备,而且我国古代工匠们对冶铁原料进行了比较好的选择和处理并在世界上率先发展起了竖炉冶炼技术。

我国目前出土的确定属于春秋时期的铁器共有九件。1951 年在长沙识字岭楚墓出土铁锄一件;1952 年在长沙龙洞坡楚墓出土铁刀一件;1958 年在常德楚墓出土铁刀一件;1964 年在六合吴墓出土铁丸一件;1972 年在程桥吴墓出土铁条一件;1976 年在长沙杨家山楚墓出土铁剑、铁刀、铁制鼎形器各一件;1978 年在河南楚墓出土铁剑一件。经现代冶金专家研究鉴定:杨家山楚墓的铁剑系渗碳钢,六合吴墓的铁丸系白口生铁,杨家山楚墓的铁制鼎形器系白口铸铁,程桥吴墓的铁条系块炼锻件。

1722 年,法国人发明了白心可锻铸铁冶炼术,1826 年,美国人发明了黑心可锻铸铁冶炼术,而这些冶金术在我国战国以前就已经被工匠们掌握了,这不能不让人惊叹。我国钢铁冶炼技术在相当长一段时间内都领先于国外;在战国时期,我国冶金工匠们还掌握了炼钢工艺。1976 年,在我国长沙杨家山 65 号墓发掘出一把战国时期的钢剑。专家测定后发现,此钢剑经过锻打的层次有七至九层,系一种含有球状碳化物的碳钢,含碳量约为 0.5%;这是全世界迄今发现的最古老的一把钢剑。我国关于炼钢技术的记述最早现于东汉《太平经》第 72 卷。东汉时期,我国又出现了"百炼钢"技术,这在宋朝学者沈括所编著的《梦溪笔谈》一书中有详细的记述。公元 31 年,东汉南阳太守杜诗发明了水排;这是人类利用自然力的一次伟大胜利,为我国冶金技术的发展做出了重要的贡献。

16 世纪 30 年代,德国科学家耶奥尤斯·阿格里科拉在西方率先开始从事系统性矿物学研究,并于 1546 年出版了研究专著。阿格里科拉在他的著述中,详细地对地质勘测的方法、矿物的分类、采矿的方法、冶炼的技术做了系统的总结和归纳。阿格里科拉的工作为后来冶金发展成为大规模的工业奠定了基础,因此他也被尊称为"矿物学之父"。美国第 31 任总统赫伯特·胡佛对耶奥尤斯·阿格里科拉的工作尤其重视,曾经和自己的妻子卢亨利·胡佛共同将阿格里科拉的作品译成英文在美国出版。19 世纪 40 年代,随着工业革命的深入发展,传统的钢铁冶炼技术已经不能满足社会发展的需要。1851 年,英国冶金工程师威廉·凯利率先发明了利用空气吹入转炉进行炼钢的方法,这种方法是钢铁冶炼史上的一次重大突破。1856 年,英国工程师贝塞麦发明了用酸性空气吹入的转炉炼钢法。1879 年,英国工程师托马斯又发明了碱性空气吹入转炉炼钢法。20世纪40年代,制氧技术得到了迅速发展,后来氧气被普遍应用于转炉炼钢过程。

我国第一台氧气炼钢转炉于1964年建立,此后我国钢厂开始飞速发展起来。我国不仅是世界精湛钢铁冶炼技术最早发展起来的国家,目前也是全球最大的钢铁生产国。到了2009年,我国钢产量已经达到约5.6亿吨,将近全世界该年度钢产量的一半。我国除了钢铁制造为世界做出了巨大贡献外,我国的有色金属冶炼也为世界做出了不菲的贡献。在我国汉代的《考工记》一书中曾系统地记载了著名的"六齐"说:"金有六齐:六分其金而锡居一,谓之钟鼎之齐;五分其金而锡居一,谓之斧斤之齐;四分其金而锡居一,谓之戈戟之齐;三分其金而锡居一,谓之大刃之齐;五分其金而锡居二,谓之削杀矢之齐;金锡半,谓之鉴燧之齐。""六齐说"是全世界最早的有色金属冶炼理论;而目前我国的有色金属产量,已经连续八年位居世界第一。

化学材料类发明

新材料制造的引擎——纳米技术

人类的科学技术大体上沿着理论和实验这两条道路发展,在理论上,我们可以依靠数学计算、逻辑推理、科学假设帮助科学发展;在实验室中我们可以利用新材料、新设备、新方法发展科学。20世纪五六十年代以来,随着材料科学研究和微电子技术的发展,很多科学家都提出了可以在精微尺度制造新产品的思想。1959年,美国物理学家理查德·费因曼在美国科学年会的一次演讲中指出,未来人们完全可以在分子和原子层次操纵和控制物质;1962年,日本东京大学的理论物理学教授久保亮五在研究电子能级和金属粒子大小后得出了著名的久保(Kubo)公式,这为纳米技术的诞生奠定了理论基础;1974年,日本东京理工大学的谷口纪男教授在国际生产技术会议中首次提出了"纳米技术"的概念。

1986年,美国麻省理工学院的埃里克·德雷克斯勒教授出版了《造物引擎:纳米技术新纪元》一书,在书中他指出纳米技术作为一种在纳米层次操控物质的技术,在不远的将来能够导致一场新兴的产业革命;这种新兴的技术可以被帮助我们消除贫困、根治疾病甚至有一天能够使我们长生不老。埃里克·德雷克斯勒不仅是一位科学家,更是一名非常具有想象力的科幻家。他在《造物引擎:纳米技术新纪元》一书中,还提出了这样有趣而又大胆的设想:人类未来有一天甚至能够造出一种"纳米机器人",这种机器人可以随心所欲地按照既定程序制造出土豆、服装、计算机芯片,甚至造出它本身。埃里克·德雷克斯勒的著作使得"纳米技术"这一概念在世界广泛传播,激起了各国科学家和工程师们发展纳米技术的兴趣。后来,他被人们尊称为"现代纳米技术之父"。纳米技术在现代工程学上首先将造福于新材料技术,这种技术还能够推动化学能源、印染纺织、生物制药、环保工程、电子工业等经济支柱产业向前发展。

现代纳米技术的问世,离不开扫描隧道显微镜等现代显微技术设备的帮助。1981年,美国IBM公司设在瑞士的宾尼西实验室的工程师格尔德·宾宁和海因里希·罗雷尔共同发明了扫描隧道显微镜(STM)。它利用的是一种被称为"隧道效应"的原子物理学现象,即当两种金属距离近至数纳米时,彼此的电子云将互相渗透;此时,若给这两种金属施加电压,它们之间就能够产生隧道电流。利用金属探针测量金属表面的隧道电流变化,则可以辨别出其表面图像。根据隧道电流的基本规律,当样品表面起伏超过0.1纳米时,隧道电流就会产生一个数量级的变化。这使得扫描隧道显微镜可以方便地观测到样品的精细结构。基于扫描隧道显微镜的基本原理,科学家们后来又制造出各种扫描探针显微镜(SPM),如扫描力显微镜(SFM)、弹道电子发射显微镜(BEEM)、扫描近场光学显微镜(SNOM)等,在它们的帮助下,人们可以在纳米层次对物质进行"外科手术",这是古代炼金术士们求之不得的。

1990年,IBM公司在现代显微设备的帮助下,移动氙原子写下了"IBM"三个字。1993年,中科院真空所的科学家们移动原子写出了"中国"字样。1997年,法国和美国的科学家联合制造出了世界上第一个分子级的放大器,将电子元器件的微型化系数扩大了约1万倍。1998年,被誉为"稻草变金条"的纳米金刚石粉在中国诞生。2001年,美国国情咨文对纳米技术做出了这样的评价:"众所周知,集成电路的发明开创了硅时代和信息时代,而纳米技术在总体上对社会的冲击将远远比集成电路大得多;它不仅应用在电子学方面,还可以用到其他很多方面。有效的产品性能改进和制造业方面的发展将在新世纪引起许多领域的产业革命。因此,应把纳米科技放在科学技术的最优先地位。"2000年,中科院金属所所长卢柯在《科学》杂志上首次提出了纳米金属超塑性。国际纳米材料领域权威,纳米晶体固体块状材料发明人格莱特教授这样评论道,"这是一次重大突破,它第一次向人们展示了无空隙纳米材料是如何变形的。"据悉,卢柯在26岁时就发明了纳米晶体非晶化法制造工艺,这是目前纳米材料制造三大常用方法之一。

它改变了战争的进程——炸药

大凡名人都喜欢编写自传,而世界著名发明家,诺贝尔奖创立人贝恩哈德·诺贝尔却没有编写任何自传;他给自己一生的小结就是这样一段话:"本人生于1833年10月21日,学问从家庭教师处得来,从未进过高等学校。特别致力于应用化学方面的研究,生平所发明的炸药有:猛炸药、无烟火药'巴立斯梯'或称'C89'号,

1884 年加入瑞典皇家科学会、伦敦的皇家学会和巴黎的土木工程师学会。1880 年获得瑞典国王颁发的科学勋章,又得到法国大勋章。"诺贝尔一生拥有近 400 项发明专利,积累了大量财富;但他终身未娶,去世前夕在遗嘱中将绝大部分遗产设立基金,以奖励人类拥有永不停息创新精神的杰出人物。

诺贝尔一生的财富主要是通过炸药获得。炸药是指在爆炸时能产生 1km/s 以上爆轰冲击波的化学剧烈燃烧过程的化学品;它和传统火药相比,威力更为巨大。一般传统火药只能产生低于声速的爆燃过程。18 世纪英国工业革命以来,随着筑路、采矿等工程的发展以及战争的需要,炸药的研究也随之发展起来。1771 年,英国化学家彼德·沃尔夫研制出苦味酸(学名三硝基苯酚),即"黄色炸药",它是一种能效较高的单质炸药;1779 年,英国化学家霍华德研制出雷酸汞,它是 1863 年诺贝尔发明的雷管的重要组成材料;1845 年,德国化学家克里斯蒂安·弗里德里希·舍恩拜发明了硝化纤维素。舍恩拜发明硝化纤维素源自一次偶然事件。一天,舍恩拜在实验室里不小心将硝酸和硫酸的混合溶液弄翻在了桌子上,他随手用妻子的围裙将桌子擦干,随后将围裙放在壁炉前烘烤;结果意想不到的是,妻子的围裙发生了爆燃。舍恩拜通过这起事件意识到了新型炸药即将出现。

硝化纤维素的发明,不仅是炸药发展史上的一次伟大事件,也是化纤发展史的一次伟大事件;只不过舍恩拜专注于炸药的研究,忽视了从硝化纤维素的研究过程中继续研究人造纤维。1884 年,法国化学家保罗·维埃利改进了硝化纤维素制造工艺后,研制出了无烟炸药;后来这种无烟炸药被广泛地运用了枪炮弹中。1846 年,意大利化学家阿斯卡尼欧·索布雷发明了硝化甘油,这是一种爆炸性很强的炸药,性质十分不稳定。1862 年,诺贝尔成功地利用"温热法"发明了新型硝化甘油制备工艺,这就暂时解决了硝化甘油性质不稳定的问题。1864 年,诺贝尔的工厂在制造硝化甘油的过程中发生了爆炸,他的弟弟和四名工人被当场炸死;此后,瑞典政府下令禁止硝化甘油生产制造。

诺贝尔不甘心失败,在马拉伦湖上租了一条驳船冒着生命危险继续实验。一天,他在实验中不小心将一只装有硝化甘油的烧瓶打碎,硝化甘油流到了烧瓶下用于减少震动的惰性粉尘硅土中。诺贝尔惊奇地发现,硝化甘油与硅土混合物仍然可以产生爆炸,但性质要比单纯的硝化甘油稳定得多。这样,他便成功地解决了硝化甘油性质不稳定的问题。诺贝尔将自己发明的这种新型炸药命名为"达纳"炸药,"达纳"为希腊文"威力"的意思。1872 年,诺贝尔又成功地将硝化纤维素加入硝化甘油中,制成胶质达纳炸药,这是世界上第一种双基炸药。1887 年,诺贝尔改进了保罗·维埃利的制造工艺,成功地研制出新型无烟炸药"C89"。他一生热衷于炸药研究,研制出了大量可用于工程爆破和军火制造的炸药。

1863 年,德国化学家约瑟夫·威尔勃兰德发明出了 TNT 炸药(学名三硝基甲苯),由于 TNT 炸药威力强大而安全性很高,它在战争中得到了普遍应用。TNT 混和硝酸铵即可制成阿马托炸药。1898 年,德国化学家弗里德里希·亨宁发明了黑索今炸药(学名环三亚甲基三硝胺),它的威力比 TNT 还要强大,俗称"旋风炸药"。从 19 世纪以来,一系列实用炸药的发明使得传统火药在工业和军事应用方面逐渐退出了历史舞台;随着飞机、舰艇、火箭、导航等技术的发展,炸药的杀伤力也变得越来越大。在伊拉克战争中,美军在伊拉克上空投放的钻地炸弹,利用了 GPS、激光制导、火箭推动等技术,能够"钻"入地下 300 米深处的钢筋混凝土掩体;每枚炸弹爆炸当量在 5000 吨 TNT 以上,对伊拉克战局产生了很大影响。

纺织原料家族的新成员——化纤

在人类发明化学纤维以前,只能通过棉、麻、丝、毛等天然纤维作为纺织品的原料。天然纤维的产量很低;一亩棉田一年只能产出约 60 千克的皮棉,10 棵亚麻只能获得约 5 千克的亚麻皮,一万个蚕茧只能抽出约 5 千克的丝,一只羊一年只能剪出约 10 千克的羊毛。随着社会的发展,人们越来越希望能够通过其他途径获得纺织原料。早在 1664 年,英国物理学家胡克在《显微绘图》一书就提到,"也许能找到某种方法来制造一种粘性的物质,然后把它通过网筛拉出后变成很像蚕吐出的丝,这种丝也许比蚕丝性能更好。"1666 年,法国科学家卜翁利用蜘蛛粘液压出了丝,并用这些丝织出了一副手套。

1845 年,德国化学家克里斯蒂安·弗里德里希·合恩拜发明了硝化纤维素,他离人造纤维的发明其实只有很近的距离。10 年后,瑞士化学家乔治·安德曼利用硝化桑叶发明了人造纤维。1884 年,法国著名生物学家巴斯德的学生海兰勒·夏尔多内取得了人造纤维布的专利;此后数年,夏尔多内成功地解决了人造纤维布防火的问题。1889 年,夏尔多内带着他的人造纤维布参加了巴黎世博会,当即引起轰动;1891 年,他开始将其发明的人造纤维布进行批量生产。由于夏尔多内是世界上

化纤

第一个开始批量生产人造纤维布的人,他后来被尊称为"人造纤维之父"。就在夏尔多内开始生产人造纤维布的同年,英国化学家查尔斯·克罗斯、约翰·爱德华·贝文和克莱顿·比德尔也获得了一项人造纤维的专利。他们将这种人造纤维生成

之前的溶液命名为"粘胶";这也是我们通常称人造纤维为粘胶纤维的原因。

严格意义上讲,粘胶纤维只是人造纤维的一种。人造纤维主要包括人造棉、人造丝、人造毛。人造棉除了粘胶纤维外,还包括富强纤维;它是将粘胶纤维用合成树脂处理过的人造纤维,洗涤性能好、不易缩水。人造丝包括粘胶纤维长丝、铜氨纤维、乙酸纤维等。其中铜氨纤维的优点是不易缩水,乙酸纤维则是一种优质人造丝,不仅不易缩水,而且不易燃烧。人造毛包括人造羊毛和氰乙基纤维等。今天的人造纤维里已包含了很多合成纤维的技术,统称化学纤维。合成纤维技术是在 20 世纪 30 年代开始逐渐发展起来的,这其中最具代表性的便是尼龙的发明。1927 年,美国杜邦公司实施了一项基础化学研究计划,每年投资 25 万美元作为研发费用。1935 年 2 月 28 日,杜邦公司的化学研究员华莱士·卡罗瑟斯以己二酸与己二胺为原料研制出一种高分子化合物,它在熔融状态下可以拉伸成纤维。当时称这种化合物为"聚酰胺 66",后来实现工业化生产后定名为尼龙。

1939 年 10 月 24 日,杜邦公司在总部开始销售一种由尼龙制成的女性丝袜,引起美国女性的极大兴趣。这种丝袜和传统袜子相比,不仅透明度高而且不易扯坏,人们排起了长长的队伍争相购买这种丝袜。当时的媒体用"像蛛丝一样细,像钢丝一样强,像绢丝一样美"来形容这种奇特的纺织物。尼龙问世后,形形色色的合成纤维陆续被发明了出来,并发展出了三大类别:锦纶,即尼龙,优点是耐磨性好,缺点是不易透气;涤纶,即的确良,优点是质地柔软,缺点是不易吸水;腈纶,即为人造羊毛,优点是不霉不蛀,缺点是不及羊毛保暖。鉴别各种纺织纤维我们可以采用燃烧观察法。一般天然羊毛和丝燃烧有一点臭味,毛燃烧后马上缩成黑色易碎颗粒;粘胶纤维燃烧时有烧纸的气味,灰烬很少。尼龙燃烧时边熔融边缓慢燃烧,趁热可拉成丝,灰烬成灰褐色玻璃球状,不易压碎;的确良燃烧时有芳香气味,灰烬为黑褐色玻璃状小球,易用手压碎;人造羊毛燃烧时有闪光,有酸的气味,灰烬为发脆的黑色无光泽硬球。

2000 年,我国在化学纤维领域获得了技术自主创新重大突破。我国化学工程师李官奇历时十年研发,发明了从大豆豆粕中合成大豆纤维的技术;此技术很快获得了国家高科技成果奖。后来国际化纤业权威对其表示了认可,认为这是一项意义十分重大的发明创造;李官奇也被誉为"大豆纤维之父"。美国一家公司后来愿意出 21 亿元人民币来购买这项技术的专利;但李官奇表示,他不会出售这项技术,他会利用这项技术创造新的奇迹,让这种中国人自主创新的新型化纤制品从中国迈向全世界。

高楼大厦的重要材料——混凝土

中国唐代著名诗人杜甫曾作有诗云:"安得广厦千万间,大庇天下寒士俱欢颜。"杜甫住在漏雨的陋室中渴望高楼大厦的梦想在现代混凝土诞生后成为了现实。正是有了现代混凝土的出现,才有了我们今天的高速公路,桥梁大坝,牢固民宅,现代化的摩天写字楼……人类最早的混凝土,可以追溯到古罗马时代。不过那时的混凝土需要加入火山灰的成分,也缺乏成熟的技术标准,所以很难在世界范围内推广。现代混凝土的出现则要从水泥的发明说起。近代水泥在1796年问世,硅酸盐水泥则在1824年出现。1755年,英国工程师约翰·斯密顿发明的"液压石灰"对水泥的问世起到了推动作用。

1755年,英国国会决定让工程师约翰·斯密顿修葺埃迪斯通灯塔。当时英国的灯塔主要由木材和"罗马砂浆"建造,这些材料都经不起海水的反复冲刷;而灯塔受损对海上交通会构成很大的威胁。约翰·斯密顿在修葺埃迪斯通灯塔的过程中,发明了"液压石灰"。他起初研究了"石灰+火山灰+沙子"组分的罗马砂浆中不同成分对砂浆性能的影响。后来他发现,含有部分黏土成分的石灰石在经过煅烧和细磨后,再加水制成的新型砂浆其硬化后强度要比罗马砂浆高出很多。约翰·斯密顿将这种新型的建筑材料称为"液压石灰",它是近代水泥的前身。

1796年,英国化学工程师詹姆士·帕克在约翰·斯密顿所发明的液压石灰的基础上,采用黏土质的石灰岩磨细后制成料球,再将其高温煅烧后磨细制造出了最早的水泥。詹姆士·帕克将这种水泥称为"罗马水泥"。此后,"罗马水泥"开始在英国流行起来。它的成功使得更多的人投入到水泥的研究和技术改进中去。1822年,英国化学工程师詹姆士·福斯特获得了一种被称为"英国水泥"的水泥专利。虽然"英国水泥"由于煅烧温度低,其质量比不上"罗马水泥",但它的制备方法已经比较接近现代水泥。詹姆士·福斯特的制法是将"白垩+黏土"湿磨成泥浆,送入料槽后沉淀;沉淀物经过干燥后再进行煅烧,冷却后细磨即成水泥。

人类历史上第一种硅酸盐水泥由英国化学工程师约瑟夫·阿斯普丁于1824年获得专利。阿斯普丁将其发明的水泥称为"波特兰水泥"。"波特兰水泥"一经问世,就受到了建筑商们的欢迎,它是当时能够生产出来的性能最好的水泥,用它配制出来的混凝土强度非常高。1838年英国在重建泰晤士河隧道时,尽管"波特兰水泥"报价很高,但仍然最终赢得了胜利。约瑟夫·阿斯普丁的成功引起了很多水泥生产商的嫉妒,他们纷纷派商业间谍到阿斯普丁的水泥厂刺探水泥的配方和生产工艺。阿斯普丁为了垄断技术,不得不采取一些计谋,他经常会在工厂里放置一些跟水泥生产毫无关系的化学品,以转移人们的视线;他严格界定了工人们的活动范围,一般生产人员无法了解到"波特兰水泥"的全部配方。后来,他干脆在工厂四周用石块和混凝土筑起了很高的墙壁,阻止同行们前来参观。"波特兰水泥"在市场上的技术领先保持了相当长的一段时间,而阿斯普丁也因此积累了大量的财富。

近代水泥的发明者都具有一定的化学研究背景,但钢筋混凝土的发明者却是一位园艺师。1865年,法国园艺师约瑟夫·莫里哀发明了钢筋混凝土技术,这一发明源自一次花盆落地事件。一天,约瑟夫·莫里哀在自家花园里用混凝土修砌花台,一不小心将一盆花碰落到了地上。约瑟夫·莫里哀惊奇地发现,花盆虽然砸碎了,但黏土却依然十分完整。他通过细心观察,很快就发现原来是花的根系将黏土紧紧地束缚在了一起。于是,约瑟夫·莫里哀便想,如果在砌花台的时候,在混凝土里面用铁丝做出一些类似植物根系的错综复杂的结构,应当也可以紧紧地束缚住混凝土,使得砌出的花台更加牢固。很快,他就根据这样的创意发明出了钢筋混凝土技术。钢筋混凝土是人类历史上相当伟大的发明。在1902年以前,全球最高的大楼只有6层;而通过"钢筋混凝土"建造起来的美国英格尔大厦,高达16层,这在当时引起了轰动。当时甚至有记者在英格尔大厦竣工后守在它下面,准备报道它倒塌的新闻。今天来看英格尔大厦的高度,早已没有什么了不起了。

农作物的营养剂——化肥

化肥作为一种重要的植物营养元素来源,在当今世界,保证了全球约一半的粮食生产,帮助养活了全球至少百分之四十的人口。化肥不仅能够为农作物提供营养元素,从而提高农作物的产量,也是改善土壤环境的重要原料。在化肥发明以前,古代农民主要通过动物粪尿和草木灰来增加土壤养分,这不仅难以满足大规模生产的需要,也容易将一些有害物质传播到土壤中。现代化肥工业的诞生离不开合成氨技术。1774年,英国科学家约瑟夫·普利斯特里首次分离出氨气,当时他还不知道它的具体结构,将其称为"碱性"气体;11年后,氨气的结构才被法国化学家克劳德·贝托莱成功地测定出来。

1909年,德国化学家弗里茨·哈伯发明了氨的化学合成工艺并取得了专利。弗里茨·哈伯因为合成氨的重要贡献,获得了1918年的诺贝尔化学奖。合成氨技术常被称为一项导向"天使"和"魔鬼"的技术。所谓的"天使",就是合成氨工艺为氮肥的生产创造了条件,目前全世界每年合成氨的产量超过1亿吨,其中约有80%都是用来制造氮肥;而所谓的"魔鬼",便是合成氨技术的出现,也是后来炸药制造的重要基础条件。氨在化学工业上具有广泛的用途,它可以制成纯碱、硝酸、铵盐,也是尿素、化纤、染料,某些塑料和制冷剂的重要原料。

西方近代化肥工业,在合成氨技术出现以前就开始发展了。1828年,德国化学家弗里德里希·维勒人工合成尿素取得了成功,这标志着人类完全可以从实验室里制造出化学肥料取代天然肥料。从1840年开始,德国化学家贾斯特斯·李比希通过研究生物的代谢,发现了植物生长需要氨、磷、钾、碳酸等物质,这一发现为现代化肥工业的诞生奠定了重要的基础,他因此后来也被人们尊称为"化肥工业之父"。贾斯特斯·李比希一生热衷于化学研究,在近代化学史上做出过杰出的贡献,他不仅是化肥工业的奠基人,而且提出过化学反应的基团理论和多元酸理论;除此之外,他还在1835年发明了镀银技术,这为现代镜子的诞生奠定了基础。

1842年,J·B·劳斯在英国建起了世界上第一个过磷酸钙生产厂;从此,化肥工业开始蓬勃发展起来。现代常见的无机化肥有"氮肥",如硫酸铵、碳酸氢铵、尿素等;"磷肥",如过磷酸钙、重过磷酸钙等;"钾肥",如氯化钾、硫酸钾等。除这三大主要化学肥料外,还有各种含有多种植物营养元素的无机"复合肥料",如磷酸铵、磷酸二氢铵、氮磷钾复合肥等。现在,很多城市有机物垃圾及食品加工厂的废料等经过处理后,也可以制成化肥。联合国粮农组织的一份统计数据表明,在人类农作物增产影响力中,化肥约占到50%,作物遗传改良约占到35%,可见化肥目前对于农业生产的重要作用。我国在 20 世纪 30 年代,曾针对土壤的营养成分进行过地力测定。测定结果表明,当时我国土壤中氮素的含量极为匮乏,磷素含量在长江以南各省份土壤中也相当匮乏,钾素含量则普遍比较丰富。新中国成立后,我国首先发展的是氮肥生产事业。在 1949 年时,我国氮肥产量只有约 0.6 万吨;到了 1998 年,我国化肥总产量已经达到 2956 万吨,约占当年全球化肥总产量的 20%,上升到了世界第一位。

随着科学技术的发展,一种新兴的生物化肥开始引起了人们的注意,那便是根瘤菌剂。大家都知道,豆科植物具有天然的"生物固氮"功能。科学家们发现,大豆的这种生物固氮本领是通过根瘤菌进行的。它可以将空气中的氮转化成氨,并合成酰胺类或酰尿类化合物,再输出到植物根部,最终由植物根部的传导组织将养分输送至植物体内供其使用。豆科根瘤菌固氮技术在澳大利亚、阿根廷、巴西等国的大豆生产中已被成功地大规模推广。这些国家的大豆单产量都超过我国,但他们基本不施氮肥,只用根瘤菌剂这种生物化肥和磷钾等无机肥料。1990 年,澳大利亚大豆氮肥施用量约 44 万吨,而根瘤菌剂固定的氮肥则超过 140 万吨,是氮肥施用量的 3 倍以上。在巴西,目前种植大豆则基本不施用氮肥,而其大豆产量排名世界第二;仅仅是这一项,每年节省出来的普通氮肥的价值就达 25 亿美元之多。

它几乎能制造任何东西——塑料

在前面的照相机技术发展史中,我们曾提及过赛璐珞底片。赛璐珞作为一种塑料,它是在 19 世纪下半叶出现的。1869 年,美国一家台球制造商以 1 万美元的赏金要求寻找一种制造台球的新材料;当时台球是用象牙制造的,成本过高。此后,一位名叫约翰·海厄特的美国工程师用硝化纤维、樟脑、乙醇等材料在高压下制成了一种坚韧材料并获得了赏金。这种材料后来被称为"赛璐珞"。此后,约翰·海厄特申请了专利。海厄特获得专利后,一位名叫亚历山大·帕克斯的英国工程师向美国法院提起了诉讼,称他拥有足够的证据证明他本人在 1855 年就发明了"赛璐珞"这种材料。后来,1884 年美国法院宣布亚历山大·帕克斯赢得诉讼,他才是赛璐珞真正的发明人。

赛璐珞是一种化学纤维塑料,也可以称得上是人类历史上第一种塑料,尽管它有着易燃烧等缺点。1888 年,乔治·伊斯曼获得了发明赛璐珞照相底片的专利权,他在四年后成立了柯达公司。赛璐珞不仅可以制作照相底片,由于它可以在较低的温度下模塑成型,比较容易进行切割、钻孔,并且还具有很强的硬度,所以它在合成塑料问世前用途相当广泛。我们在一些 19 世纪末的文学作品中,时常会看到关于赛璐珞制成的时尚生活用品的描述。赛璐珞开创了人类塑料制造的先河,促使人们从此开始研究性能更好的塑料;虽然后来合成塑料在大多数领域取代了赛璐珞,但直至今天赛璐珞在一些领域仍有广泛应用,最典型的如制作乒乓球。

人类历史上第一种合成塑料由美国工程师亨德里克·贝克兰于 1909 年发明。亨德里克·贝克兰创业的第一桶金来自和柯达公司创始人乔治·伊斯曼的一次交易。19 世纪 90 年代,亨德里克·贝克兰发明出了一种可以在灯光下显影的照相纸。后来这个技术被乔治·伊斯曼看中,遂在 1898 年以 75 万美元的高价收购,这笔金额相当于现在的 1500 万美元。贝克兰在 1909 年发明的合成塑料利用的主要原料是苯酚和甲醛,所制成的化学品学名为"酚醛树脂",这种塑料又被称为"贝克兰塑料"。其实,早在 1872 年,德国化学家阿道夫·冯·拜尔就发现,苯酚和甲醛在经过化学反应后,在玻璃管底部会有些糊状的黏性物存在,但他当时研究的主要目的是为了寻找新的染料而不是可塑性材料。贝克兰获得专利的第二天,一位名叫姆斯·斯温伯恩的英国工程师也递交了专利申请书,所申请的专利和贝克兰一模一样;可惜他慢了一天,否则酚醛树脂在今天很可能就叫"斯温伯恩塑料"了。

1912 年,贝克兰改进了酚醛树脂的制造技术,又发明出了胶木这种材料。胶木在电子电气工程中又被称为"电木"。1930 年,美国克林特公司收购了贝克兰的电木专利,大量生产电木产品。在今天的很多家用电器中,电木都是不可或缺的重要组成材料。而胶木后来也取代赛璐珞,成为很多台球的制造材料。1933 年,德国化学家奥托·卡尔·罗门获得了有机玻璃的专利。有机玻璃是一种透明材质的塑料,学名聚甲基丙烯酸甲酯。由于有机玻璃和普通玻璃比,具有机械强度高、安全性能好、重量轻等优点,因而从 20 世纪 40 年代起它得到了飞速的发展。它不仅用于飞机窗户制造,在建筑装潢、灯具、广告等行业中都有着广泛的应用。

20 世纪 40 年代,随着乙烯类单体合成技术的发展,人工合成高分子化合物进入蓬勃发展的时期。交通业、电子电气业、包装业等工业部门都急需大量塑料。进入 20 世纪 50 年代,在石油加工工业中又获得了大量乙烯与丙烯。后来,德国化学家齐格勒和意大利化学家纳塔分别发明出了利用金属络合物催化剂合成低压"聚乙烯"与"聚丙烯"的方法,两人于 1963 年共同获得了诺贝尔化学奖。大量新原料和新技术的出现,使得塑料制造业获得了飞速发展。2008 年,全世界塑料消费总量约为 2.45 亿吨,平均地球上一个人就消费了约 40 公斤。中国 2008 年的人均塑料消费量约为 48 公斤,超过了世界的平均水平。由于塑料这种材质难以在土壤中降解,所以,塑料行业的飞速发展也为环境保护带来了一系列的问题,这些问题亟需我们去认真面对。

透明的工业材料——玻璃

玻璃是地球上一种用途极广的材料,窗户、幕墙、饰品、器皿、眼镜、镜子、光学仪器等物体上都要用到玻璃。人类最早的玻璃是由古埃及人发明的。一种说法是古埃及人在制造陶器的过程中发明了玻璃的制造工艺,另一种说法是玻璃的制造工艺起源于古埃及人对一种火山石的发现。公元前 1500 年左右古埃及出现了玻璃容器。由于当时玻璃容器制作比较困难,所以玻璃主要还是用于制造一些工艺品。公元前 30 年左右,玻璃吹制工艺的发明使得玻璃容器制造业迅速发展起来。公元 4 世纪古罗马进入了玻璃制造的黄金时代,那时工匠们已经

玻璃

掌握了透明玻璃的制作方法。公元 10 世纪,苏打制造玻璃的技术开始发展起来,玻璃制造业进入第二个黄金时代。

意大利威尼斯在中世纪逐渐发展成为世界玻璃制造业的中心。在文艺复兴时期,人们已经开始大量制作用以装饰建筑的艺术玻璃。玻璃技术的发展也为人们发明眼镜、显微镜和望远镜奠定了基础。1674 年,英国工匠乔治·雷文斯克罗夫特发明了铅玻璃。在 18 世纪和 19 世纪,人们已经开始进行平板玻璃的商业化生产,但由于当时技术不成熟,平板玻璃的产量也很有限。平板玻璃工业的真正发展,是在 20 世纪初。1905 年,比利时工程师埃米尔·弗卡尔特和埃米尔·古尔伯共同发明了工业平板玻璃生产制造工艺,这使得平板玻璃生产迅速发展起来。他们的工艺主要是利用玻璃在熔融状态下的重力,将其通过矩形截面的机器设备后形成长条状再进行冷却。经过十多年技术的发展,埃米尔·弗卡尔特和埃米尔·古尔伯的工业平板玻璃制造工艺在全球推广开来,直到后来"浮法玻璃"制备工艺的问世。

1959 年,英国工程师阿拉斯泰尔·皮尔金顿发明了浮法玻璃制造工艺,它的主要原理是利用金属锡和玻璃在熔融状态时比重不同,当两者熔化后由于玻璃的比重比液态锡要轻,所以它就浮在了液态锡的表面。在适当降温后,将玻璃引上辊台从锡液上面拉出;再通过退火、剪裁等工序便可得到平板玻璃。浮法玻璃制造工

艺主要具有两个优点,一是由于熔融的玻璃能够利用自重在液态锡表面自由平展开来,这样制作出来的玻璃表面非常平整,而传统工艺需要花较长的时间对玻璃进行平整化处理;二是浮法玻璃制备工艺可以非常方便地控制所制造的玻璃的厚度,而传统工艺要实现这一点上则非常困难。浮法玻璃制造工艺的问世,大大降低了玻璃生产制造过程中的工作量,后来它在很多国家得到了推广应用。

由于玻璃属于一种易碎物品,当玻璃破碎后很容易出现棱角划伤人,在 20 世纪,人们相继发明了夹层安全玻璃和钢化安全玻璃。夹层安全玻璃由法国艺术家和化学家爱德华·贝奈狄特斯于 1903 年发明。爱德华·贝奈狄特斯发明夹层玻璃是因为有一次他在实验室偶尔摔碎了一只残留有硝酸纤维素溶液的烧瓶,发现虽然瓶子裂开了但碎片并没有四处飞散。由此,他便想到了发明夹层安全玻璃。随着汽车工业的发展,夹层安全玻璃在汽车车窗上得到了广泛应用。此后,奥地利工程师鲁道夫·塞丹获得了第一个钢化安全玻璃的专利。这种玻璃强度要高于普通玻璃,而且其破碎后边缘不会出现棱角,这使得其安全性能得到了很大的提高。后来很多高层建筑门窗、写字楼玻璃幕墙、观光电梯护栏、采光顶棚都采用了钢化安全玻璃。

玻璃除了前面介绍过的用途外,它还可以制成玻璃纤维;而玻璃纤维又可以制成绝缘材料、保温材料、电路基板等,它还是制造玻璃钢的重要材料。玻璃钢是一种玻璃纤维增强塑料,被广泛应用于汽车和船舶外壳、公共场所座椅、影视道具制造中。现代玻璃纤维约有 70% 的产量都用于制造玻璃钢。玻璃纤维由美国工程师罗素·斯莱特于 1938 年发明。斯莱特当初创建的工厂现在仍在为世界各地供应着玻纤制品。我国的玻纤产业开始于 1958 年,目前我国玻纤产量已经位居世界第一位;而我国的平板玻璃产量目前也居于世界第一位。随着技术的发展,工艺水平的提高,相信在不远的将来玻璃这种工业原材料在我们的生产和生活中将扮演更重要的角色。

向树木取"乳汁"——橡胶

橡胶最早产于南美洲印第安人种植的橡胶树。印第安人很早就懂得了从这种树木中取出汁液涂在衣服上面防雨,还曾用这种材料制成一种类似皮球的玩具玩耍。早在 15 世纪末,西班牙人就在南美洲土地上认识了这种神奇的物质,但直到 1736 年橡胶树才由法国探险家查尔斯·康达敏引入欧洲种植。1751 年,查尔斯·康达敏在法国科学院宣读了自己的相关论文,但当时未引起人们的足够重视。1768 年,法国化学家皮埃尔·麦加发明了工业软化橡胶,这使得橡胶可以用于制造医疗软管等用品。1770 年,英国科学家约瑟夫·普利斯特里发现橡胶具有擦除铅笔字的功能,这使得人们发现了橡胶的另一种用途。到了 19 世纪,橡胶树开始在东南亚国家大量种植,这在很大程度上源自欧洲国家对于橡胶的工业需求。

随着19世纪欧洲橡胶工业的发展,人们对橡胶的研究也日趋深入;新技术、新产品的不断出现又使得橡胶工业更为迅猛地发展起来。1819年,英国化学家马金托希利用橡胶能够被煤焦油、松节油等溶剂溶解这一特性发明了防水布的制造工艺,这为现代雨衣的诞生奠定了基础。1839年,美国化学家查尔斯·顾特义发明了硫化橡胶,成功地解决了生胶变黏发脆的问题,从而使得橡胶成为了一种用途更为广泛的工业原材料。此后,人们开始利用橡胶制做胶鞋等物品。胶鞋由于具有很好的耐磨性和防渗水功能,一上市就受到了人们的广泛欢迎。1845年,英国化学家斯蒂芬佩里发明了橡皮筋,又开创了一种新的橡胶工业用途。

1888年,英国兽医约翰·博德·邓洛普发明了自行车充气轮胎,使得橡胶成为制造充气轮胎的重要材料。19世纪末汽车工业的发展,又对橡胶产生了巨大的需求。1904年,我国云南德宏傣族景颇族自治州的土司从马来亚的新加坡州(今新加坡共和国)购入橡胶树苗8000余株,带回国后种植于云南盈江县新城凤凰山,从此开创了我国的橡胶树种植史。到了2003年,全世界天然橡胶产量已超过750万吨,产量排名前五名的国家分别是泰国、印度尼西亚、印度、马来西亚、中国,这五国的天然橡胶总产量约为630万吨,约占全球天然橡胶总产量的84%。如今橡胶已被广泛地应用到了软管、皮带、电缆、轮胎、鞋底、防水布、避孕套、医用手套、玩具气球等工业生产部门。此外,橡胶还可以制造黏合剂,它被广泛地运用于纸业、地毯业等部门;橡胶还是一些化纤的工业原料。

由于天然橡胶的产量满足不了近代工业发展的需要,人们最初想到的办法是大量引种橡胶树。1876年,英国探险家魏克汉冒着九死一生的危险,从亚马逊热带雨林中采集到了7万余粒橡胶树种子,后来送到英国伦敦皇家植物园精心培育;再将培育出来的橡胶树苗运送到东南亚地区广泛种植。魏克汉为人类早期橡胶工业的发展做出了卓越的贡献。1897年,马来亚新加坡州的植物园主任黄德勒发明了橡胶树连续割胶法,使得橡胶生产效率大幅提高。1915年,荷兰植物学家赫尔屯在印度尼西亚爪哇植物园发明橡胶芽接法,使得优良橡胶树种可以通过无性系繁殖大量推广。

在第二次世界大战中,由于远东地区受日本控制,这严重影响了东南亚天然橡胶向美国运输的通道,而这时美国的汽车工业又急需大量橡胶,于是美国工程师们开始尝试制备合成橡胶来满足工业需求。世界上第一个合成橡胶产品由德国工程师弗里茨·霍夫曼在1909年发明,他发明的合成橡胶是甲基橡胶。1937年,德国开始大量生产乳聚丁苯橡胶(ESRB)来满足战争的需要。美国工程师们后来经过长期努力,终于在20世纪50年代研制出了溶聚丁苯橡胶(SSRB)。丁苯橡胶最广泛的用途就是制造汽车轮胎。现在在很多经济发达国家,用于制造轮胎的丁苯橡胶已经占到了丁苯橡胶总产量的60%以上,美国、日本等国家这一数字已超过75%。丁苯橡胶除了制造轮胎外,还是电线电缆、胶鞋的重要工业原材料。我国的SSRB研究始于20世纪80年代,在20世纪90年代开始大批量生产。2003年全球丁苯橡胶消耗量约为 340 万吨,大约接近当年度全球天然橡胶总产量的一半。

油脂和草木灰的结晶——肥皂

在纯碱出现以前,古埃及人就发明了肥皂。古埃及人发明肥皂源自一种巧合,当油脂滴落在热的草木灰上时,会生成脂肪酸;脂肪酸有着特殊的分子特征,其分子一端具有亲水性,另一端则具有亲脂性,因而其水溶液能够使得油脂乳化,继而达到去污的目的。在公元 3 世纪左右,在欧洲一些国家已经出现了制皂作坊。古代制皂作坊中通常使用动物油和从草木灰中提取的碱液进行反应制造肥皂。16世纪,欧洲人开始利用植物油来制造生产肥皂,但产量十分有限;所以,当时只有达官贵人们才用得起肥皂。肥皂的大工业化生产是在 1791 年法国化学家尼古拉·勒布兰发明工业纯碱的制备工艺后。

纯碱俗称苏拉,在公元 10 世纪就开始被运用于玻璃生产,但当时提取纯碱的技术非常落后。18 世纪 70 年代末,法国科学院发出一个悬赏公告,悬赏发明一种能够从食盐中提取纯碱的工艺。法国化学家尼古拉·勒布兰历经十多年研究,终于在 1791 年发明出了这种工艺。这种工艺并不复杂,首先将食盐与浓硫酸在 800至 900 度的温度进行反应,生成硫酸钠;然后将硫酸钠粉碎后,混合木炭以及石灰石等成分后再进行熔炉加热反应,这样便可以得到碳酸钠。尼古拉·勒布兰发明纯碱制备工艺后不久,即设厂生产,曾达到年产 320 吨纯碱的水平。遗憾的是,后来他的工厂被法国革命政府没收,他也未能获得那笔赏金。

工业纯碱生产工艺的发明,不但促进了制皂工业的发展,而且也促进了玻璃工业的发展。18 世纪末制皂新工艺传到美国的时候,出现很多村子里家家户户都在制作肥皂的场面,因为这种东西人们太需要了。在肥皂工业发展起来之前,很多国家的人都懂得利用一种天然的皂角洗涤衣物,但那毕竟很不方便。尽管在 19 世纪初,肥皂已经开始在很多国家进行大批量生产;但肥皂制造过程的本质却直到 1823年才被人们发现,而这在于一位名叫尤金·契伏尔的法国化学家的贡献。尤金·契伏尔发现,碱液与油脂反应后,会生成硬脂酸钠,这便是肥皂的主要成分。皂化反应的本质的发现,不仅更加有利于人们生产制造肥皂,而且有利于人们研制出一种更有效的无烟蜡烛来取代传统的蜡烛。此后人们利用皂化反应,还发明出了可以经久不坏的油画技术。人们还利用皂化反应发明出一种干式动物标本防腐技术,这种标本防腐技术不仅可以使得动物标本长期保存不坏,而且可以有效地保持动物的形态特征。

皂化反应本质的发现,还使得人们可以利用各种不同的化学反应生成不同的化学品。比如,利用椰子油和含钾的碱液进行反应,可以制造"洗发水",这是一种液体肥皂。在皂化反应中,如果用铵盐取代钠盐,则可以制备"雪花膏",它可以将皮肤与干燥的空气隔离,从而有效地保持人体皮肤的水分。在现代制皂工业中,我们还可以在皂化反应中加入一定的硅酸钠,它俗称为"水玻璃",这样我们便可以制造出具有较强硬度和去污性能的"洗衣皂"。我们还可以在皂化反应中加入各种各样的防腐剂、杀菌剂、香料、染料、精油、植物草本精华素、中草药提取液等,从而使得肥皂呈现出各种各样的形态和功能。1837年,英国商人罗伯特·哈德森推出了洗衣粉,打出的广告语即是"哈德森肥皂,粉末化,方便和安全"。他生产的洗衣粉成为欧洲家喻户晓的品牌。

1892年,美国化学家汉密顿·卡斯特纳获得了以电气分解食盐水生成工业烧碱的专利,这一工艺是他在研究铝生产冶炼的过程中发明的。后来,汉密顿·卡斯特纳了解到奥地利化学家卡尔·凯尔纳也掌握了这种方法。为了避免可能产生的专利诉讼,他收购了卡尔·凯尔纳的公司,成立了卡斯特纳·凯尔纳公司,开始大批量生产工业烧碱。工业烧碱制造工艺的发明,使得肥皂的生产过程进一步简化了,而肥皂的价格也变得越来越低廉;一些贫寒家庭的人们,也可以消费得起肥皂。肥皂的普及使用,促进了人类卫生事业的发展。对于人们预防感染性疾病起到了很大的作用。尽管随着化工技术的不断发展,人们后来又发明出了形形色色的合成洗涤剂,但直到今天肥皂仍然是我们生活中最方便的去污产品。

炼丹士的奇遇——火药

火药的发明起源于中国古代炼丹师的研究。公元682年,中国唐代著名医学家孙思邈首创硫磺"伏火法",其配方可以视为火药的前身。孙思邈的方法是用硫磺、硝石各2两,碾成粉末,再加3个炭化了的皂角子,放在一起烧炼。公元808年,我国炼丹士清虚子又提出了"伏火矾法",用硝石2两,硫磺2两,马兜铃3钱半进行烧炼。由于当时他们用的药料本是燃品,材料不够纯净,配比也不够标准,所以这种燃料的威力还是十分有限的。后来,经过我国炼丹士不断改进配比和纯化成分,到了公元9世纪末,黑色火药才正式在我国出现。

中国不仅是世界上最先发明火药的国家,也是最早发明枪炮的国家。火药在中国被用于枪炮发射药之前,曾被运用于制造花炮;中国也是世界上最早发明花炮的国家。花炮由唐代宗教人士李畋发明。我国古书《骇闻录》记载:"李畋居山中邻人仲叟家,为山魈所祟,畋令旦夕于庭中用竹置火中,鬼乃惊避,至晓寂静安帖。"这便是描写了李畋为避邪发明花炮的过程。在英国2004年出版的《企鹅英语词典》的"火药"一栏中,记述了中国大约在公元900年有了枪,1042年有了火箭和榴弹,1259年出现了炮,而欧洲最早的火药应用则是在1325年。

据中国史料记载,唐朝末年,天下大乱,唐哀帝派了一个叫郑璠的人去平息内乱。郑璠率领军队对敌城久攻不下后,怒喝道:"发机飞火!"他便是指用抛石机向城楼发射火药。最终城上火光一片,城楼不攻自破。早期的军用黑火药只具有燃烧功能,后来中国人又开发出了爆炸功能。最厉害的当属1232年元兵攻打京城时所使用的"震天雷"。这种震天雷爆炸力很强,传出的声音在数里之外人都能够听到。在我国宋末元初时期,出现了用铜和铁等金属制成的火铳和手铳。火药的发明改变了战争的方式,促进了很多国家资产阶级革命的胜利,改写了人类文明的进程。

卡尔·马克思曾做过这样一句著名的论断:"火药把骑士阶层炸得粉碎。"这是对黑火药对人类所做的贡献的一句最为精辟的概括。比黑火药威力更强劲的苦味酸是在 1771 年由英国化学家彼德·沃尔夫研制出来的;1807 年,英国枪械工程师福赛斯发明出了含有雷汞击发药的火帽;1812 年,法国枪械工程师让·塞缪尔·保利发明出了定装式子弹。在 19 世纪上半叶,苦味酸作为一种炸药并没有被广泛运用到战争中去。战争史上最早被广泛使用的炸药是硝化甘油,它于 1846 年由意大利化学家阿斯卡尼欧·索布雷发明;但它在刚发明出来的时候性质非常不稳定,后来经过诺贝尔改进后才用于战争。而作为定装子弹发射药的无烟炸药是在 1884 年由法国化学家保罗·维埃利发明的。可见,在 19 世纪中叶以前数百年,黑火药武器在战争中占据了主要的地位。而在 19 世纪中叶以前,英国资产阶级革命、法国资产阶级革命、美国独立战争早已爆发,而当时革命者使用的武器大多数是枪炮。可以说,是枪炮帮助了很多国家的资产阶级率先推翻了封建及殖民统治,建立起了民主共和的新社会。由此可见,虽然黑火药在功能上和现代炸药相比并不算十分强大,但它却在很大程度上改写了人类历史和文明发展的进程。

19 世纪中叶以前的枪械大都属于前装枪,前装枪的发展经历了突火枪、火门枪、火绳枪、燧发枪等发展阶段。突火枪和火门枪都是由中国人发明的,火绳枪和燧发枪则是由欧洲人发明的。火绳枪出现在 15 世纪,枪上有一个可以转动的夹子,上面夹了一段用草木灰溶液浸泡过的点火绳;当枪械发射时,枪手将点火绳点燃后推入火药室即可引爆火药。由于火绳枪在发射时枪手们可以双手持枪,这就大大增强了发射时的精准度。20 世纪 80 年代,国外曾做过一项测试,用 16 世纪奥地利生产出来的火绳枪的复制品装填传统黑火药后,结果在 30 米内射穿了 2.7 毫米厚的钢板,100 米内射穿了 2 毫米厚的钢板,可见当时的火绳枪已经令骑士们胆战心惊了。燧发枪则出现在 16 世纪,最早可以追溯到 1508 年意大利科学家达·芬奇的一部设计手稿;燧发枪于 1515 年前后诞生。最早的燧发枪是转轮式的,后来又改进成弹簧式;燧发枪从 18 世纪下半叶起,逐渐被后装枪取代。

书写材料的一次革命——造纸术

我们通常指的"纸"是一种可以方便折叠、质地柔软的植物纤维制品。在纸发明出来以前,古人通常用甲骨、动物皮、丝绸、竹简等记录文字。这些材料由于成本相对较高,书写比较困难,所以很难普及。造纸术是由中国东汉时期主管宫廷御用器物制造的官员蔡伦发明的。虽然在中国人发明造纸术之前,在古埃及已经出现了纸莎草卷片,但这种卷片不易折叠,携带和阅读起来很不方便,和"纸"的概念存在着很大的差别。也正因为此,西方社会在造纸术传入以前,一直流行着用羊皮卷作为书写物。

美国历史学家麦克哈特在其《影响人类历史进程的 100 名人排行榜》中,将蔡伦排在了第 7 位。可见蔡伦对人类文明发展的重要性。蔡伦发明纸源自公元 92 年起对缫丝作坊的考察。他发现蚕妇在缫丝漂完絮后,竹簟上会留下一层短毛丝絮;将其揭下晒干可以用来书写。蔡伦获得了这种启发后,便开始研究一种成本低廉的书写物的制造方法。他后来收集了树皮、破布、旧麻、鱼网等物品,经过十多年的反复实验,终于在公元 105 年总结出了纸的制造工艺。他将此工艺的流程记载下来后并附上样品,呈奏给汉和帝。汉和帝和群臣们看过后大加赞赏,很快这种造纸术在皇帝的支持下大力发展起来。

公元 2 世纪下半叶,中国的造纸业已经非常兴盛了。在中国南唐时期,徽州地区(今安徽歙县一带)所产的宣纸闻名全国。其制法是在寒冬水中浸泡楮树皮原料,用冰水扬帘、沥捞纸张,最后烘干而成。纸的长度可达 50 尺,从头到尾匀薄如一。南唐后主李煜对造纸术情有独钟,他在全国招募造纸精英在京城开办了造纸坊,甚至他自己还脱下龙袍,亲自参与造纸的过程。中国造纸术大约在公元 8 世纪传入阿拉伯国家,约在公元 12 世纪传入西方。纸在西方的出现,对推动文艺复兴运动和其政治改革起到了重要的作用。在中世纪时,中国文明的发展程度和西方不相上下,在政治统治方面中国则相对更开化;虽然都是封建社会,但中国推行的是科举制度。而科举制度得以顺利进行,中国的造纸术和印刷术起到了重要的作用。而西方中世纪却处在愚昧无知的宗教极权统治下,西方知识分子后来开始觉醒并掀起了一场伟大的文艺复兴运动。文艺复兴的成功,在很大程度上得益于中国人发明的造纸术经阿拉伯地区传入到了欧洲。约翰内斯·古登堡在 15 世纪发明了印刷机,则使得文艺复兴运动更加蓬勃地发展起来。

人类造纸历史上的另一次伟大突破发生在 1844 年,加拿大诗人查尔斯·费纳蒂发明了木浆造纸工艺。查尔斯·费纳蒂作为一名诗人,非常热爱文艺事业,酷爱读书。他预计随着社会的发展,纸张的需求量将会出现爆炸式的增长,于是便从 1838 年开始进行木浆造纸的研究并于 6 年后取得成功。利用木浆造纸的想法最早由法国生物学家勒内·安托万·雷奥米尔提出。后来,查尔斯·费纳蒂在雷奥米尔的提示下展开了研究。在费纳蒂发明出这种工艺后,德国一位名叫弗里德里希·凯勒的织布工人于 1845 年也成功地掌握了这种工艺流程。木浆造纸工艺的出现,极大地促进了新闻出版事业的发展。到了 19 世纪末,西方主要国家木浆造纸工艺都已经普及开来。纸是新闻出版、包装印刷等行业不可或缺的材料,2009年全球纸产量已经超过 1900 亿平方米。

除了我们日常生活中常见的用于书写、印刷的纸外,玻璃纸也是纸的一种类型。1900 年,瑞士工程师雅克·布兰德伯格在法国一家餐馆吃饭时,发现葡萄酒洒在了桌布上,他便想到了去研制一种不会被弄湿的桌布;那时合成塑料还没有被发明出来。雅克·布兰德伯格于1908年发明出了玻璃纸。玻璃纸是木浆、棉浆等天然纤维材料在经过化学处理后生成的一种透明材料。这种材料不仅不吸水,而且无毒无害易分解。雅克·布兰德伯格的发明既是纸张的一种延伸,也是包装业的一次革命。玻璃纸的用途远远超过了雅克·布兰德伯格当初的预计。目前,在药品、食品、烟草、化妆品、纺织品包装中大量运用玻璃纸。虽然后来人工合成的高分子材料透明塑料布和塑料薄膜也被发明了出来,但玻璃纸在安全性和环保性等方面仍是其所无法替代的。

中国"第五大发明"——陶瓷

中国是世界上最早发明陶器和瓷器的国家。中国陶器的发明最早可以追溯到距今2万年之前。古人先要吃饱,而陶器的发明为古人提供了一种重要的炊具和储存食物的工具;古人在吃饱的前提下要追求美,创造美,而陶器的独特可塑性工艺,使得古人的艺术创造性发展起来。中国目前有史可考的最早陶器在湖南玉蟾岩遗址出土,距今约有1.4万~2.1万年的历史。江苏高邮龙虬庄曾出土过距今5500~6300年的陶器,其中一只猪形陶器的设计已经达到了惟妙惟肖的境地。

恩格斯在《家庭私有制和国家的起源》中精辟地指出,人类从蒙昧时代过渡到野蛮时代是从"学会制陶术开始的"。陶器的发明,是中国对全世界文明发展所做出的重要贡献。在陶器制作工艺的基础上,中国在商周时期出现了简单的瓷器;东汉时期瓷器制造业进入蓬勃发展的时期。西方人通过瓷器了解了中国,也用瓷器命名了中国,陶瓷可以说是中国的"第五大

陶瓷

发明"。早在唐代,中国的瓷器就开始远销欧洲,受到了欧洲人的喜爱,他们把中国称为"陶瓷之国";后来,欧洲的皇室和贵族们把是否拥有中国瓷器看作是身份和地位的象征。法国、英国、西班牙、德国等国都建起了中国瓷宫,收藏这种旷世奇珍。在郑和七下西洋的过程中,中国瓷器更是借着这支船队传到了数十个国家和地区。外国人用它们来装饰宫殿、教堂,用贵金属和名贵木材的基座来陈列它们,

并为这种洁白、明亮、精致、绚丽的艺术品所倾倒。

我国制瓷业的发展，经历了一个漫长的过程。在我国原始社会新石器时代末期，我们的祖先们就学会利用瓷土作为原料，烧制出胎质灰白的灰陶。大约在我国奴隶社会初期的夏朝，工匠们在瓷土中加入一定比例的长石、石英石等成分，烧制出了质地更加坚硬的器皿。在商周时期，我国古人们已经掌握了青釉器皿的制造技术。这种青釉器皿胎色灰白，表面附釉，叩起来能发出清脆的声音。到了东汉时期，我国则出现了青瓷器；在我国河南、河北、湖南、湖北、安徽、江苏、浙江、江西等地，都出土过东汉时期的瓷器。我国古代工匠在长期的制瓷实践中，对原料选择，胚泥淘洗，器皿成型，施釉烧制等都已积累了丰富的经验。到了唐代，我国出现了"三彩釉陶"，很多工匠们已经将陶瓷视为一种艺术表达的形式，在作品中竭力表现出不同的艺术风格。2003 年香港收藏家收藏的一对唐三彩陶马，在纽约苏比富拍卖会上竟拍出了 157 万美元的价格。

唐代陶瓷工艺的发展，为我国宋元明清很多名瓷的诞生奠定了技术基础。2006 年，在北京春季文物艺术品拍卖会上，一件宋代汝窑观音瓷瓶更是拍出了 1.6 亿元人民币的天价。2010 年 5 月，我国科考人员在广东南澳岛附近海域的一艘古沉船上打捞出了大量青花瓷器，有的瓷器上还绘制有外国民族人物的图案。在 18 世纪以前，西方国家根本造不出能够和中国精湛技术相媲美的瓷器；西方瓷器在近代数百年的时间内，都是从中国进口的。到了 19 世纪，由于西方一些无赖国家发动了对中国的侵略战争，将中国大量珍稀官窑瓷器劫走。后来，清朝政府为了解决财政困难问题，也曾将很多官窑瓷器抵押给银行，最后由银行进行拍卖，而这些瓷器也大多被西方人买走。西方人在获得了大量中国名品瓷器后，进行过仿制研究，这才使他们的制瓷工艺得以快速发展起来。

陶瓷不仅可以制成盛物器皿，工艺摆件等物品，在现代材料工程、电气工程、化学工程和建筑工程等领域也都有着十分广泛的用途。1893 年，法国化学家亨利·莫瓦桑在外太空坠入地球的陨石中发现了天然的碳化硅；同年，美国化学家爱德华·艾奇逊发明出了碳化硅的人工制备工艺。碳化硅起初只是作为一种磨料，随着电气工程和电子工程技术的发展，人们发现了碳化硅更为广泛的用途。碳化硅目前不仅可以作为磨料和重要的冶金原料，它还具有制备功能陶瓷、高级耐火材料的作用。碳化硅制成的陶瓷不仅具有优良的力学性能，还具有很好的绝缘、耐高温、耐腐蚀性等性能。它是已知的工业陶瓷中最好的材料。目前碳化硅陶瓷在石油化工、机械采矿、航空航天、电子工业、激光工业、原子能工业中都有应用。

生物医学类发明

生物的"放大"机制——克隆技术

遗传和变异是生命进化的基础,如果没有遗传,生命的进化就会失去稳定性;如果没有变异,生命的进化就会失去创造性。自从 1892 年德国生物学家奥葛斯特·魏斯曼提出种质论后,科学家们便开始深入研究决定生物遗传特性的物质。20 世纪初,人们发现核酸由碱基、核糖(脱氧核糖)和磷酸组成,可以分为核糖核酸(RNA)和脱氧核糖核酸(DNA)两类,碱基则有 A、T、C、G 四种。此后数十年,生物学家通过反复实验试图能够发现核酸的具体结构。

20 世纪 50 年代,奥地利生物化学家查加夫发现了生物核酸中碱基数量"A＝T、C＝G"的奇怪现象。在这种提示下,英国科学家弗兰西斯·克里克和美国科学家詹姆士·沃森通过科学推理和 X 光衍射实验,终于成功地发现了 DNA 的双螺旋结构,将结果刊登在了 1953 年 4 月 25 日的《科学》杂志上。克里克和沃森的发现轰动了全球,这一发现对生物学和医学的影响绝不亚于门捷列夫发现元素周期表对化学的影响;其重大意义在于,人类只要发现了决定生物性状的基因的终极结构,将来在实验室里改造物种甚至创造生命就不再是一种梦想。DNA 双螺旋结构被发现后,绘制基因图谱就成了生物学家和医学家关心的课题。2003 年 4 月 16日,中美英法日德六国首脑发表联合声明,宣告"人类基因图谱"绘制完成,这为将来彻底揭开人的生老病死之谜奠定了基础。

当然,弄清生物基因的终极结构只是"万里长征第一步"。对于基因的形成过程以及其对生物具体性状的影响我们仍有大量的工作要去做。一方面,我们将通过"基因工程"改良生物性状和品种;另一方面,我们则可以通过"克隆技术"进行生物数量"放大"。"基因工程"和"克隆技术"是相辅相成的。我们可以举一个计算机领域的例子来说明这一点。假定现在有一个商业程序开源了,你把源码拿来并不能直接应用;你需要对其进行修改,使其更符合客户需求或在同类产品中更具有竞争优势,这就类似于"基因工程"。在这个过程中,你可能会走很多弯路,但这同时也是你学习提高的机会;最终你的具有自主知识产权的程序诞生后,你便可以直接进行"克隆"了,也即批量复制。

"克隆"一词从狭义上讲,指"生命的复制"。复制生命很早就是人类的梦想,早在 2000 多年前,中国果农就学会利用植物枝条克隆植株。1958 年,美国康奈尔大学的斯特沃教授将胡萝卜粉碎后获取了单个胡萝卜细胞;将其置于生长培养基里成功地培育出了胡萝卜植株。20 世纪 60 年代,英国剑桥大学的约翰·戈登教授成功地完成了世界上首例动物体细胞克隆实验;他把蝌蚪肠壁细胞核移植到已经去了核的爪蟾卵细胞中,成功培育出正常的蝌蚪。他的成功具有极其重要的意义,第一次证明了动物的体细胞核具有遗传基因的全能性,也奠定了动物克隆技术的实验标准;这为后来英国克隆羊的诞生奠定了基础。1997 年,美国《科学》杂志公布了一条轰动世界的新闻,英国科学家于 1996 年 7 月 5 日成功地利用体细胞克隆出"多利羊"。虽然多利不是世界上第一只克隆羊,此前诞生过克隆羊梅根和莫拉格,但它是世界上第一只由体细胞产生的克隆羊,而后者均由胚胎细胞克隆出来。多利羊系由基思·坎贝尔领导的科研小组创造。

"多利羊"的诞生,点燃了人们对克隆技术的热情。2003 年 2 月 14 日,多利因为肺部感染医治无效被执行"安乐死",遗体被制成标本,陈列在苏格兰国家博物馆。目前对克隆技术感兴趣的有大型制药企业、人造器官研究者、遗传育种专家、濒危动物保护者;当然,还有狂热的科学幻想者,他们期待着有一天"克隆人"能变成现实。对于人体克隆,由于它可能会引起社会伦理道德等诸多方面的问题,目前很多国家都已经立法禁止进行人体"生殖性克隆"研究。不过,由于人体克隆技术在医学治疗上拥有极为广阔的前景,很多国家又允许进行人体"治疗性克隆",即人体胚胎克隆,这其中包括中国、英国等国。2005 年联合国曾举行过一次"全球禁止一切克隆人研究"的非正式法案表决,投票结果为:71 票赞成、35 票反对、43 票弃权。

合成生物学的开端——基因工程

首届国际转基因动物学术研讨会秘书长、我国生物学家曾邦哲曾经说过,"系统生物科学与工程的发展已经席卷全球,将带来的不仅是生物医药的革命,而且是制造工业的革命,从而推动第三次产业革命向纵深方向发展。"现代生物技术、信息技术、新材料技术并称为人工智能研究的三大基础技术。这三大技术不仅将为未来的人工智能的出现奠定科学基础,而且将创造出大量的新兴产业。

1974 年,波兰生物工程师沃克莱·谢尔宾斯基提出合成生物学概念,并预言基因工程将成为新兴支柱产业。1978 年的诺贝尔生理学医学奖颁给了限制性内切酶的发现者瑞士生物学家沃纳·阿尔伯;以及其在分子遗传学应用中的开拓者、美国微生物学家丹尼尔·内森斯和汉密尔顿·史密斯。沃克莱·谢尔宾斯基在《基因》杂志撰文评论道:"限制性内切酶不仅使我们可以轻易地构建或重组 DNA 分子、分析单个基因,还让我们进入了合成生物学的新纪元——从此人们不仅可以对自然界的基因进行分析和描述,还可以构建出全新的基因排列,并对其进行评估。"20 世纪 80 年代,美国科罗拉多大学的生物化学教授马文·卡拉瑟斯发明了被称为"固相亚磷酰胺法"的单链 DNA 合成法,这种方法目前被大多数 DNA 商业合成所采用。马文·卡拉瑟斯曾在 1980 年和七位合伙人共同创建了安进公司。

1992年,安进公司已经跻身《财富》全球500强企业。2007年,美国总统布什授予马文·卡拉瑟斯美国当年度的"最高科学成就奖"。

2007年,《自然》杂志曾经这样风趣地评论过合成生物学:"很多科技都会在某种情况下被认为是对上帝的冒犯,但也许在这其中没有任何一个可以像合成生物学这样引发如此直接的控诉;因为开天辟地的第一次,上帝也有了竞争者。"倘使世界上真的存在万能的上帝,相信他一定会为人类当今科技的飞速发展感到目瞪口呆;大自然给予人类最原始的制造工具的材料是石头和树枝,然而人类凭借自己的聪明才智和锲而不舍的探索精神,目前已经能够利用基因工程改造物种,站在了几乎和"上帝"平起平坐的位置。其实,如果我们用信息论的眼光来看待基因工程,它实质上非常类似计算机编程;只不过在这种编程过程中,电脑程序员变成了生物工程师。

了解电脑编程的人想必都很熟悉模块这个概念。美国麻省理工学院于2003年成立了生物的"基因模块"登记处,至今已经收集了超过3000个标准生物基因模块;它为未来"基因工厂"的出现和发展奠定了基础。而在这其中,蕴藏的想象力、创造力、商业机会是无限的。这里举两个简单例子予以说明,第一个例子,生物工程师将红酒酿造中能使人健康长寿的微生物的基因移植到了啤酒中,这样便发明出了"长寿啤酒"。另外一个例子是,有一种微生物所含的蛋白质成分可以使人的牙齿变得更加洁白;于是,生物工程师们便将这种微生物的基因成功地嫁接到了酸奶中的乳酸菌中,据此便轻易地发明出了"洁牙酸奶"。

基因工程目前不仅可以应用于农业育种、食品工业、药品制造等领域,还可以运用于医学临床研究和诊断。这其中有两项重要的发明就是"聚合酶链式反应"技术和"生物芯片"技术。1985年,美国西特斯生物技术公司生物工程师卡瑞·穆利斯领导的科研小组发明了聚合酶链式反应(PCR)技术(又称"无细胞DNA克隆技术"),能够以几何级数增殖特定序列的DNA分子。穆利斯因此发明获得了1993年度的诺贝尔化学奖。西特斯公司将此技术申请了专利,这一专利在1991年以3亿美元转让给了霍夫曼·罗氏药厂。生物芯片技术的兴起,则是建立在PCR技术之上的;除此之外,还得益于英国生物学家埃德温·萨瑟恩提出的核酸杂交理论、英国生物学家弗雷德里克·桑格和美国生物学家沃尔特·吉尔伯特发明的DNA测序法,以及现代微电子技术的发展。生物芯片目前并不是某种机器的"芯片",而主要作为一种集成生物检测装置。就目前而言,是微电子技术帮助了生物技术发展;而随着生物芯片技术的发展,生物技术将逐渐回报微电子技术,进一步揭开"生物计算机"研发的伟大序幕。

医生诊断的助手——X光机

1895年11月8日,德国维尔茨堡大学的科学家威廉·康拉德·伦琴在实验中发现了一种穿透力很强的射线:如果把手掌放在发射装置和荧光屏之间,可以在荧光屏上显示出手掌的骨骼影像。当时伦琴也弄不明白这到底是怎样的一种射线,于是将其取名为"X 射线"。1896 年 1 月 6 日,伦琴在一次物理学会议上展示了这种 X 射线的奇特功能,引起物理学家们的

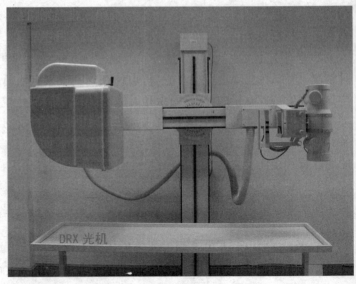

X 光机

强烈震撼。此后不久,普鲁士国王得知这一消息后专门请伦琴带着他的装置去王宫表演;他的表演让普鲁士国王啧啧称奇,国王当即授予他一枚"王冠勋章"。1901 年,诺贝尔奖评审委员会决定将人类历史上首届诺贝尔物理学奖颁发给伦琴;以奖励他发现了 X 射线,为人类开创了一门崭新的科学研究领域。

X 射线经伦琴发现后,被广泛地运用了医学临床诊断和工业无损检测等领域。由于 X 光具有很强的穿透性,可以在不拆开电子元器件的情况下通过影像技术呈现出其内部结构,这样,电子工程师们就很容易发现电子元器件内部的瑕疵。同样的道理,X 光也可以大量运用于临床医学诊断。1895 年伦琴发现 X 射线后,很多工程师都想到了发明 X 光机。人类历史上第一台 X 光机由德国工程师拉塞尔·雷诺兹于 1896 年发明,如今雷诺兹发明的这台 X 光机陈列在伦敦科学博物馆。伦敦科学博物馆曾举办过一次公众投票,在博物馆的所有 30 万件展品中评选出对当今世界影响最大的发明,结果拉塞尔·雷诺兹发明的 X 光机荣获第一名。

随着科学技术的发展,我们可以将更多过去存在于未知世界中的科学规律造福于人类。诚如居里夫人所言,"人类看不见的世界并不是空想的幻影,而是被科学的光辉照射的实际存在。"X 光机在本质上其实和照相机的原理是一致的,只不过照相机成像使用的是普通光,而 X 光机使用的是"X 光";所以,X 光机也可以形象地被理解成是一种"透视相机"。X 光机的发明,彻底改变了人类的传统行医模式;当病人在医生面前成为一个"透明人"的时候,医生就能够在最短的时间内确诊病人身体内部出现的病变,从而采取及时有效的治疗措施。X 光机的发明,也为交通安全检测做出了贡献,保障了人们出行时的安全。

20 世纪中叶以后,随着电子计算机技术的发展,又有人想到了将 X 光机和计

算机技术相结合,发明出功能更加强大的医学临床诊断设备。1972 年,美国电子工程师阿兰·科马克和英国电子工程师戈弗雷·洪斯菲德将 X 光发射装置和计算机技术有机地结合起来,发明出了一种新型的计算机 X 射线断层摄影机,简称"CT"机。由于 CT 机可以利用 X 光传感器围绕人体特定部位按照一定轴线进行多角度扫描,这样就可以得到一组 X 光照片;再通过计算机软件进行合成,便能使得人体各组织区分度大大增强。一般情况下,传统的 X 光机只能区分大约 20 级的人体组织密度;而 CT 机却能够区分出约 2000 级的人体组织密度,是传统 X 光机的100 倍。这对于科学诊断疾病而言,无疑是一种技术上的突破性进步。1979 年,诺贝尔奖评审委员会决定将当年度的诺贝尔物理学奖授予阿兰·科马克和戈弗雷·洪斯菲德,以奖励他们发明 CT 机为人类做出的贡献。

　　随着医学影像学技术的发展,目前我们除了可以使用传统的 X 光机、CT 机外,还可以使用 DSA(计算机 X 线血管断层投影)机、3D-CT(三维计算机 X 线断层摄像)机、MRI(核磁共振)机,超声波医学诊断仪等现代化的医学诊断设备进行临床诊断。医学影像学目前已经发展成为医学的一门重要分支学科。在一些大型医院里,则已经开始采用 PACS(医学影像的存储)系统、RIS(医学影像的转输)系统、EMR(电子病历)系统等新兴的电子影像技术实现医院临床诊断数据的电子化。它不仅能够节省胶片的制造成本,而且可以帮助医生们便捷地调用病人以往的诊断数据,还可以方便同一医院的不同科室或不同医院之间组成联合会诊小组对病人进行远程医疗。有关专家预计,在未来 5 年内全球 50%以上的医院将实现医学影像诊断无胶片化。

蝙蝠给人类的启示——超声波技术

　　提起仿生学,不能忽略人类在发现利用超声波过程中两次对动物的学习过程;一次是对蝙蝠的学习,另一次是对海豚的学习。1793 年,意大利科学家拉扎罗·斯帕拉捷对蝙蝠在黑夜里飞行感到十分好奇,于是他便捉来一些蝙蝠实验。他先是蒙上蝙蝠的眼睛,再是堵住它的鼻子,结果发现蝙蝠还是能够自由地在黑夜中飞行;他塞上蝙蝠的耳朵后,则发现它从墙上摔落下来。于是他总结出蝙蝠是利用听觉飞行的。可在寂静的夜晚哪来的声音呢? 最终他发现了超声波的存在。后来,人们根据机械振动波的频率将 20 千赫以上的称为超声波,低于 20 赫兹的则称为次声波,介于这两者之间的即为普通声波。

　　由于次生波穿透力强,常用于地质勘探;普通声波可以用于海底声呐定位和勘测;超声波除了用于声呐技术外,还可以运用在液体雾化、超声清洗、超声碎石、超声医学诊断等领域。生物学家们在研究海豚发声系统时发现过一种奇特的现象。海豚拥有变化的发声结构,当目标距离比较远时,它们可以发出低频声波勘测距离;当目标距离比较近时,它们可以发出高频超声波来提高分辨率。换句话说,海豚具有天然的"变频声纳"系统。在声呐的研究过程中,科学家们学习借鉴了海豚的发声原理。除此之外,海豚在高速行进中,声呐受水流噪声的干扰度很低;经过进一步研究,科学家们发现海豚的声呐具有一种"导流罩"的结构。这一发现又帮助他们发明出了声呐导流罩。有了这种装置,潜艇即使在前进中,也不用担心水流噪声对声呐的影响了。

超声波声呐除了用于海底勘测外,科学家们还想到了将其用于金属探伤领域。1928年,苏联工程师谢尔盖·索科洛夫首次提出这种想法;1941年,第一台商用超声波金属探伤仪由美国工程师费斯通发明并申请了专利。1949年,有着电子工程硕士背景的美国医学博士约翰·朱利安·野生利用改进后的超声波金属探伤仪进行了病人肠道诊断,结果成功地获得了可供临床治疗参考的图像。1951年,他发明出了第一台超声波医学诊断仪,标志了一个新的医学诊断学科的诞生——"超声诊断学"。他因此被人们誉为"超声医学之父"。此后,很多大公司都对医用超声仪进行了技术研究和产品开发,包括日本的阿洛卡公司,德国的西门子公司,荷兰的飞利浦公司,美国的通用电气公司等。

超声医学设备后来发展出很多种类型,包括以波形显示人体组织特征的"A超",以平面图形显示人体被探查组织的"B超",观察心脏结构层次的"M超",以及专门检查血液流动情况的"D超"。"D超"又称"多普勒"超声诊断仪,它利用的是多普勒效应。多普勒效应是由奥地利科学家约翰·多普勒于1842年发现的。他根据火车面向自己驶来汽笛声变响,背向自己驶去汽笛声变弱的现象,推而演之,总结出"多普勒效应"——物理辐射的频率会因为波源和观测者相对运动而产生变化。在波源面向观测者运动时,波频会变高,为"蓝移";当波源背离观测者运动时,波频会变低,此为"红移"。根据多普勒效应,我们只要测出红移和蓝移的程度,就可以计算出波源的运动方向及运动速度。利用多普勒超声仪,即可诊断出人体的血管是否通畅,管腔是否狭窄,或是出现闭塞和病变等情况。天文学上,利用天体发出的光谱中谱线的移动,即频率的变更可以准确测定天体的视向速度。人造卫星的视向速度就是利用多普勒效应测定的。

超声波除了用于临床医学诊断等领域外,目前科学家们已经开发出了它的很多新的用途。德国一家公司开发出了"超声波助语器"。在人的舌头上面放置超声波传感器,可以对人的嘴形变化进行传感,这样,即使人嘴不发出声音,也可以在显示器上面显示出此人想要说出的话。这种发明无疑给失语症患者带来了福音。美国一家公司研制出"超声波电冰箱",它的制冷系统由超声波辅助制冷。这种冰箱不仅对人体的辐射比普通冰箱小很多,而且耗电量只有普通冰箱的三分之一。日本一家公司则发明出了"超声波洗衣机",这种洗衣机无需任何化学洗涤剂,利用超声波就可以将衣服上的油脂等污垢轻松除去,而且对衣服纤维本身没有任何破坏。这些发明展现出超声波技术的无限前景。

遗传育种的"诀窍"——杂交技术

从 17 世纪英国科学家胡克首次观察到细胞壁结构以来,人们就一直在思考生物的结构与功能的关系。19 世纪 30 年代,德国生物学家施莱登和施旺指出,一切植物和动物都是由细胞所构成的,细胞是一切动植物的基本组成部分;这一学说即为著名的"细胞学说"。1858 年 7 月 1 日,达尔文和华莱士在伦敦林奈学会共同宣读了物种起源的论文,标志着生物进化论正式诞生。1892 年,德国生物学家奥葛斯特·魏斯曼出版了《种质论》一书,提出了"种质"和"体质"的概念,他也是后来的以色列的第一任总统。魏斯曼认为,生物的遗传主要是由种质决定的,而体质的发展受到了后天环境的影响。后来,他又证实了细胞核是遗传的基础。种质论是对达尔文和华莱士学说的重要补充,它启迪着人们更深入地去了解生物遗传的奥秘,也为 1900 年孟德尔遗传规律的再发现起到了很好的推动作用。

早在达尔文和华莱士的学说诞生以前,奥地利神父格雷戈尔·孟德尔就开始了杂交育种的研究。当然,孟德尔起初研究的目的,并不是为了发现遗传学定律,而是为了通过杂交技术培育出具有杂种优势的作物品种。所谓的"杂种优势",通俗地说,就是父本和母本身上都有着很多"优点",但它们未必能够在子代身上表达出来;杂交技术可以使得集中父本和母本优点的子代诞生。众所周知,不同国籍和种族的人结婚,往往生出的"混血儿"既聪明又漂亮,这在某种程度上,就是在于杂种优势的体现。杂种优势在农业畜牧业生产实践中很早就被人们发现利用。在 1866 年孟德尔发表的《植物杂交试验》论文和 1876 年达尔文出版的《植物界异花授粉和自花授粉的效果》一书中,都对杂种优势的现象有所提及。不过值得注意的是,孟德尔的遗传学三大定律(分离定律、自由组合定律、连锁与交换定律)并不表明杂种优势的产生是一种"大概率"事件,而孟德尔杂交实验起初也只在于"随机"地产生并利用具有杂种优势的个体。

对于杂种优势出现的"大概率"现象,理论界就其本质仍没有确定的结论。目前最具代表性的有两种假说,其一是布鲁斯和琼斯提出的"显性假说"。他们认为,自交或近交会增加"纯合体"出现的概率,而纯合体容易出现不利于生长的"隐性基因"的表达;而杂交由于亲本基因型区别较大,其产生纯合体的概率要比前者小,所以杂交后代就更容易具有生长优势。另一种观点是由沙尔和伊斯特提出的"超显性假说",即杂交会对不同基因型配子结合后产生的等位基因具有刺激生长的作用。1998 年,我国农业科学家蓝天柱出版了《作物杂交 F1 数量性状遗传》一书,在书中,他提出了"细胞质遗传变异显性力"和"细胞核激发变异力"这样一对概念。他认为是细胞核和细胞质共同作用导致了"杂种优势"的出现。蓝天柱的这种观点有助于我们进一步反思显性基因和隐性基因的本质,也有助于我们将生物的遗传性状放在整个细胞的宏观视野范围之内去思考杂种优势产生的本质原因。

　　虽然现在生物学家们尚未搞清楚杂种优势的本质原因所在,但农业科学家们已在利用杂种优势进行着大量的科学实验,以期培育出高产作物。1970 年,诺贝尔奖评审委员会决定将当年度的诺贝尔和平奖颁发给美国农业科学家诺尔曼·布劳克,以感谢他发明出高产杂交小麦对人类和平发展所做出的贡献。据联合国粮农组织公布的数据,2008 年全球小麦产量约为 6.54 亿吨,全球水稻产量约为 6.66 亿吨。培育出优质杂交水稻品种对于全球农业发展的重要性绝不亚于杂交小麦。目前全球水稻平均亩产 200 公斤左右。20 世纪末,我国农业科学家袁隆平领导的科研攻关小组,进行了艰苦卓绝的杂交水稻研究工作。他们于 2000 年和 2004 年分别培育出了平均亩产达 700 公斤和 800 公斤的杂交水稻,有部分试验田亩产已突破 1 吨。20 世纪 70 年代以来,袁隆平杂交水稻技术为中国水稻增产超过 2.6 亿吨;按照 2008 年我国粮食总产约 5.28 亿吨、水稻总产约 1.9 亿吨计算,袁隆平和他的科研攻关小组的努力相当于我国 4 亿农民 1 年的工作量,相当于我国所有水稻生产工作者 1.4 年的工作量总和!

食品保鲜的妙招——罐头

　　罐头的发明源自一张悬赏布告。1800 年,拿破仑·波拿巴让人贴出一则布告,宣称如果有人能够发明出食品长期保鲜术,便可以获得 1.2 万法郎。1805 年,法国食品商尼古拉·阿珀特经过反复试验,终于成功地发明出了世界上第一个罐头。阿珀特的做法是,准备一个大口玻璃瓶,然后将牛肉、禽肉等食物用沸水煮 30 分钟至 60 分钟;再将食品放入广口瓶中,然后用软木和蜡将瓶口密封。尼古拉·阿珀特发明罐头后,即利用拿破仑的赏金成立了一家罐头制造厂。虽然阿珀特的做法在我们今天看来很简单,但当时人们并没有杀灭细菌的概念——巴斯德著名的"巴氏灭菌法"

罐头

直到 1864 年才被提出。

1810 年,英国商人彼德·杜兰德获得了镀锡铁皮罐头的专利,即我们俗称的"马口铁"罐头。彼德·杜兰德发明马口铁罐头后并没有想到将其用于大规模的商业化生产,当初他发明这种罐头只是为了小规模地销售一些不超过 30 磅的肉类。1912 年,他的朋友布莱恩·唐金和约翰·霍尔看中了这项专利。经协商后,两人以 1000 英镑获得了这项专利,随后便成立了马口铁罐头生产厂。他们于 1913 年获得了英国军队的大笔订单,赚取了大笔利润。如今全球每年的锡产量超过 25 万吨,其中有三分之一以上用来制造马口铁,而马口铁的大部分都用于罐头的制造。

彼德·杜兰德发明的马口铁罐头和尼古拉·阿珀特发明的玻璃罐头比,首先具有更好的密封性,便于运输、不易破碎;其次,具有很好的不透光性,而光线会使得罐头食品变质,损失营养成分。一项研究表明,完全透明的玻璃瓶所装的牛奶,经过一定时间光照后,维生素 C 的损失量比深棕色瓶装的牛奶要高出 14 倍。再次,马口铁内壁的锡能和罐头内残存的氧气作用,从而使得罐头的防腐性能更好。此外,马口铁罐头内壁还会有微量的铁元素融入罐头中,这对人体具有一定的营养作用。布莱恩·登金和约翰·豪尔在成立马口铁罐头厂后,罐头的生产制造主要通过手工完成,一个工人一天最多只能生产几十个。1822 年,马口铁罐头从欧洲传入到了美国。1846 年,美国机械师亨利·埃文斯发明了制罐机,一个工人通过一台制罐机,一天能制造 500 多个罐头。罐头的批量生产使得寻常百姓在家庭生活也开始食用罐头食品。

1864 年,法国微生物学家路易斯·巴斯德发明了"巴氏灭菌法"。由于这种方法无需将待杀菌物体煮沸,所以受到了很多罐头厂的欢迎;特别是对于一些不宜煮沸的食品而言,"巴氏灭菌法"有助于保持食品生鲜的风味。罐头杀菌技术此后有了很快的发展。除了"巴氏灭菌法"外,人们又发明出了高压灭菌法、低温灭菌法、火焰灭菌法、微波灭菌法等。当大量罐头进入寻常百姓的家庭后,如何开启罐头就成了问题。1855 年,英国人米德尔·塞克斯发明出了世界上第一个罐头开罐器。1858 年,美国人以斯拉·华纳发明出了美国的第一个开罐器。米德尔·塞克斯和斯拉·华纳发明的开罐器样子看上去很像镰刀,不但使用起来很不方便,而且这种开罐器用起来也不够安全。1870 年,美国人威廉·莱曼发明厂世界上第一个旋转式开罐器,它只需要将罐头刺开一个小口,便可以利用旋转机械装置打开罐头。

尽管后来各式各样的开罐器被发明了出来,但人们还是经常发现当需要食用罐头的时候却找不到开罐器。在战场上,很多士兵由于找不到开罐器不得不使用刺刀和匕首去刺开罐头。1959 年,美国工程师克利恩·弗雷泽在一次野餐中试图打开罐头时,由于找不到开罐器他只好使用汽车上的金属工具来撬开罐头。正是这次不愉快的体验促使他去尝试发明一种能够"自开启"的罐头。最终,他想到了在圆罐顶部中心用铆钉铆一个拉杆,然后再在圆罐铆钉周围刻出一圈沟槽的想法。

这样便可以使得罐头无需借助任何开罐器便能轻松打开。克利恩·弗雷泽此后不久便发明出世界上第一个"易拉罐"。易拉罐发明后首先被啤酒罐头厂商使用，到了1965年，美国75%的啤酒罐头厂商都开始使用易拉罐。此后，易拉罐又被可口可乐等饮料公司看中。这种装置后来出现在了很多固体食品罐头上，给人们的生活带来了方便。

细菌的天敌——抗生素

我们生活在一个充满细菌和病毒的环境中，之所以在大多数情况下都能够保持健康，就是因为人体内存在着一道"长城"，它即是我们体内的免疫系统。当人处于外伤或营养不良等情况下，免疫系统功能就可能不足以抵御细菌和病毒的侵袭，从而罹患感染性疾病。流行性可传染的感染性疾病被称为"传染病"。有些病毒的变种具有强大的攻击力，哪怕是健康人有时也无法抵御其袭击。可见，发明抗菌和抗病毒药物是保证人体健康的重要手段。在抗生素药物出现以前，生物学家和医学家们已经开始通过一些科学实验来寻找治疗感染性疾病的方法。

早在1877年，微生物学家路易斯·巴斯德和罗伯特·科赫就指出，某种芽孢杆菌能抑制炭疽杆菌的生长。20世纪初，德国医学家保罗·埃尔利希在研究细胞染色的过程中，发明了人类历史上第一种抗病毒药物"酒尔佛散"。1908年，保罗·埃尔利希获得诺贝尔生理学医学奖。1915年英国微生物学家弗莱德瑞克·特沃特首先分离出噬菌体，1917年法国微生物学家费列迪·海瑞勒将其命名为噬菌体；此后，医学家们发明了治疗感染性疾病的"噬菌体疗法"。1925年，德国医学家格哈德·多马克发明出治疗感染性疾病的磺胺类药物"百浪多息"，格哈德·多马克在亲自为自己的女儿治疗后获得成功。此后，伦敦一家医院使用"百浪多息"使得链球菌败血症死亡率降低了85%。当时美国总统的儿子由于病菌感染奄奄一息，在这种药物的帮助下获得了新生，这使得"百浪多息"名声大振。1939年，格哈德·多马克因为在抗感染领域做出的杰出贡献获得诺贝尔生理学医学奖。

人类抗感染性疾病治疗的历史，后来因青霉素药物的发明而从此掀开了新的一页。微生物体内存在青霉素是亚历山大·弗莱明在1928年发现的；但在1940年以前，由于青霉素无法进行有效纯化，所以"噬菌体疗法"和"磺胺类药物"仍然是治疗感染性疾病的首选方法。1928年9月28日，英国医生亚历山大·弗莱明在一次休假归来的时候，偶尔在一只未及时洗刷的废弃培养皿中发现了一种神奇的霉菌。在这种霉菌生长的地方，葡萄球菌不能正常生长。于是，他猜测这种神奇的霉菌具有一定的杀菌效果，后来他经过实验发现了青霉素。然而，进一步实验后，弗莱明发现这种抗菌素的作用十分缓慢；于是他的热情也开始冷了下来。1929年他在一篇论文中提及了自己的发现，但他的这篇论文当时并没有受到人们的重视。

1935年，在英国牛津大学工作的澳大利亚生物学家霍华德·弗洛里和英国生物学家厄恩斯特·钱恩开始开始对亚历山大·弗莱明发现的青霉素进行了提纯工作。1940 年，他们完成了第一份稳定的青霉素纯化样品，发现这种提纯后样品具有很强的杀菌效果，于是便想到了利用这种工艺生产青霉素药物。1841 年，他们对一位脸部感染浮肿的病人施以青霉素药物。奇迹出现了，仅仅用了一天的时间，这位病人的症状就明显减轻。在二战中，这种药物被大规模地生产了出来，挽救了数以百万计的人的生命。后来人们把"青霉素药物"和"原子弹""雷达"并称为二战历史进程中的"三大发明"。1999 年，美国《时代》周刊评选出 20 世纪人类历史上最重要的 100 位人物，亚历山大·弗莱明因发现青霉素名列其中。1945 年，诺贝尔奖评审委员会决定将当年度的诺贝尔生理学医学奖颁发给亚历山大·弗莱明、霍华德·弗洛里和厄恩斯特·钱恩，以感谢他们为人类健康事业做出的卓越贡献。

自从青霉素药物问世以来，人类已经发明出了成百上千种抗生素药物。抗生素药物目前已经成为抗感染治疗的首选药物。从针对单一致病微生物的抗生素药物，发展出了广谱抗生素药物。抗生素药物使得人类在同致病微生物做斗争的过程中，取得了巨大的胜利。人们在抗生素药物的帮助下，能够在短时间内战胜一般感染性疾病并恢复健康，也因此延长了寿命。在 19 世纪末，人类平均寿命只有 40 岁左右；到了 20 世纪末，人类平均寿命已经将近 70 岁。除了营养摄入等因素外，抗生素药物无疑对此做出了很重要的贡献。随着人类科技的进一步发展，医学家们相信到了下个世纪，人类的平均寿命将有望达到 100 岁。

失血病人的福音——人工输血

血液是人体的重要组成部分，在人体内起到传送营养物质和氧气的作用。人类很早就发现了人体内部的血气循环。《黄帝内经》的《举痛论》篇云："经脉流行不止，环周不休。"《脉度》篇则云："气之不得无行也。如水之流，如日月之行不休，故阴脉营其脏，阳脉营其腑，如环之无端，莫知其纪，终而复始。"西方最早系统地提出血液循环理论的人是英国医生威廉·哈维。威廉·哈维在 1628 年出版了《血液循环论》一书。他提出，血液的循环并不是血液本身的力量，而是由心脏的收缩与松弛作用产生的。血液首先从左心房经动脉流向全身，供应人体所需的营养和氧气，再把二氧化碳和不洁物经过静脉送回右心房，这便是"大循环"；右心房把二氧化碳和含有不洁物的血液送入肺动脉，再经肺静脉管进入左心房，这便是"小循环"。

人体血液循环理论的提出，为后来人们发明人工输血技术奠定了基础。人类有史可考的第一次人工输血发生在 1667 年。当时法国巴黎有一位名叫巴蒂斯特·丹尼斯的医生，他怀疑病人的疾病与其体内的血液有关，于是将羊血和牛血分别注射到几个病人的体内以期治疗其疾病。他的荒唐举动导致了病人死亡，这在法国民众中引起了强烈的反响。法国政府后来开始立法禁止医院进行人工输血实验;英国等国家相继做出这样的规定。结果人工输血在此后约 150 年的时间内,再也没有出现过。

1818 年,英国妇产科医生詹姆士·布伦德尔发现一名孕妇在分娩后大出血,如果不急救的话病人很可能死亡。詹姆士·布伦德尔迫不得已想到了通过人工输血的方法给这名产妇补充血液。经过协商后他从她丈夫体内抽出四盎司血液,然后将其通过自己设计的一组装置成功地输入到了这名产妇体内,结果手术获得了圆满的成功。当时,他的成功存在着一定的侥幸因素,因为人体血型直到 1901 年才被人们认知;而只有相配比的血型才能够进行安全输血,否则就会产生血凝结事故,严重时还会导致病人的死亡。1840 年,詹姆士·布伦德尔在伦敦圣乔治医学院还进行过一例全体换血疗法治疗血友病的手术。所幸的是,他在这次手术中也取得了成功。后来,人们发现人工输血还是存在着很大的危险性;在 19 世纪下半叶,很少有人敢进行人工输血的尝试。

1900 年,奥地利维也纳病理研究院的研究员卡尔·兰德斯泰纳发现,有时人的血细胞在接触其他人的血清时会发生凝结,而有时这种情况又不会出现。他对此很好奇,便展开了研究。1901 年,他提出人的血型说,将人的血型分成 A、B、C 三种。后来,卡尔·兰德斯泰纳的学生阿瑞特·德卡斯特和斯特瑞利又发现了 AB 型血型。血型的发现,是医学史上的一次重大突破,不仅解开了困扰人们多年的人工输血死亡问题,也为现代人工输血的发展奠定了重要的基础;而人工输血则是现代很多外科手术的必备基础。血型的发现不仅对于人工输血具有极其重要的意义,在遗传学、法医学、医学诊断学、免疫学等方面也都有着重要的意义。卡尔·兰德斯泰纳不仅是血型的发现者,也是脊髓灰质炎病毒的发现者;而脊髓灰质炎病毒的发现,为人类预防和治疗小儿麻痹症奠定了基础。1930 年,因兰德斯泰纳对人类医学做出了重要贡献,诺贝尔奖评审委员会决定授予他当年度的诺贝尔生理学医学奖。

1908 年,人工输血在很多国家进入了临床普及阶段。为了科学指导人工输血实践的进行,美国于 1909 年出版了世界上第一部人工输血专著《出血与输血》。20 世纪 10 年代,抗凝血剂开始用于人工输血手术中,以确保病人的安全。随着制冷技术的发展,各个国家开始建造血库,以满足医疗事业发展的需要。第二次世界大战后,塑料血袋开始取代玻璃瓶盛放医疗用血,这使得血液的储存和运输更加方便。由于人工输血技术的发明,血液后来发展成为一种商品,引起了很多病毒的传播。为了更好地规范社会医疗用血,很多国家都明文规定血液不能买卖,积极倡导无偿献血。1985 年,日本一名家庭主妇提出的献血口号"献血是爱,是勇气,是关怀",已成为目前很多国家发展无偿献血事业的宣传口号。

消炎止痛奇药——阿司匹林

阿司匹林是一种用途十分广泛的化学药品，它的主要成分是乙酰水杨酸。直至今天，阿司匹林仍是世界上运用最广泛的解热止痛消炎药。人类止痛药的记载，最早可以追溯到公元前 1552 年前后在古埃及问世的《埃伯斯莎草古卷》，其中记载了877 种药方。19 世纪初，德国学者在埃及街头把它买了下来，发现书中提到了服用桃金娘科植物干叶浸泡液可以治疗疼痛。在公元 5 世纪，古希腊医生希波克拉底曾将柳树皮制成一种药粉让病人服用以减轻疼痛。1828 年，德国药剂师约翰·毕希纳从治疗疼痛的植物叶片中分离出了水杨苷；1838 年，意大利化学家拉斐尔·皮尔以水杨苷为

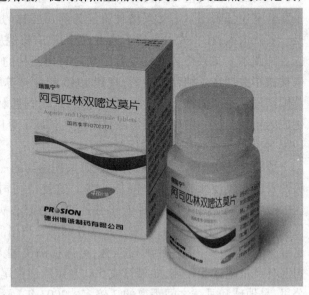

阿司匹林

原料通过化学方法制造出水杨酸晶体。1853 年，法国化学家查尔斯·弗雷德里克·杰哈特第一次在实验室里合成了乙酰水杨酸。

在 19 世纪 50 年代和 60 年代，化学家们又提出了一些新的乙酰水杨酸的合成法，人们开始尝试通过服用这种化学品的溶液来治疗风湿头痛等病症。人们在服用了乙酰水杨酸溶液后发现，这种溶液虽然能够在一定程度上缓解风湿头痛等病症，但它的副作用也十分明显。粗制的乙酰水杨酸盐的溶液会给病人的咽喉、食管、胃等部位造成强烈的刺激，严重时会使人出现呕吐、腹泻、胃出血等副反应。19 世纪 90 年代，德国拜耳公司的化学工程师费利克斯·霍夫曼发现他患有严重风湿病的父亲出现了这种副反应后，便想到了在实验室里尝试发明乙酰水杨酸的提纯工艺。他后来在他的实验室主任阿图尔·艾兴格林的指导下，于 1897 年发明了纯化的乙酰水杨酸制造工艺。

1898 年，拜耳公司开始将纯化的乙酰水杨酸作为药物进行试生产，并开始了一系列的临床实验。1899 年，拜耳公司的临床实验取得了圆满成功，并获得此药物"阿司匹林"的注册商标。阿司匹林上市后，拜耳公司并没有做太多的广告，但它的治疗效果却迅速传播开来。各国医院的医生和病痛患者对于这种药物给予了很高的评价。仅仅在两年内，各专业期刊上发表的关于它的文章就达 160 余篇。

20世纪初,意大利著名歌唱家恩里克·卡鲁索曾一度因头痛病烦恼不已,后来在服用阿司匹林后头痛减轻了很多;卡鲁索宣称,阿司匹林是"唯一能够减轻他病痛的药品"。捷克著名作家弗朗茨·卡夫卡则认为,阿司匹林是世界上少有的几种能减轻人生痛苦的药品之一。

阿司匹林的问世,是很多人共同努力的结果。诞生阿司匹林的拜耳公司的那个实验室主任阿图尔·艾兴格林曾经为阿司匹林的诞生做出过重要贡献;但由于是一名犹太人,在二战中受到了迫害,德国政府将他从阿司匹林药物的贡献者中抹去。阿图尔·艾兴格林不仅没有因其对阿司匹林的贡献而获得任何利益,而且后来被德军关押在了纳粹集中营,直到1945年才被苏联红军解救了出来。1971年,英国药理学家罗伯特·瓦勒通过研究发现,阿司匹林具有抑制前列腺素和血栓素生成的功能。这一发现为阿司匹林的应用拓展了更广泛的空间。罗伯特·瓦勒在1982年获得了诺贝尔生理学医学奖。

1988年,美国由2万多名男性医师共同参与的一项医学研究表明,阿司匹林能够使首次心肌梗死的发生率降低44%。这使得阿司匹林受到人们越来越多的关注。医学研究表明,阿司匹林能够有效地预防冠心病、脑梗死,而它的价格却十分低廉。在1985年,美国卫生和公共服务部部长玛格丽特·赫克勒曾向媒体宣传过这样一句口号:"一天一片阿司匹林,可以提高美国人民的素质。"1997年,全球阿司匹林产量超过5万吨,如果算成500毫克片剂首尾连接起来,总长度超过100万公里,是地球和月球之间距离的2倍多。2007年,美国预防医学会将阿司匹林、免疫接种和戒烟并列为世界上最有效的三种预防医学措施。1988年,澳大利亚医学家库勒曾提出阿司匹林还有预防癌症的效果。2007年,美国公布了一项由8万名注册女护士共同参与的医学研究的结果,阿司匹林能够有效地降低癌症发生的风险。

人工免疫的创意——疫苗

在我国,每个公民都有接种很多疫苗的义务。疫苗即是为了提高人体特定免疫力,预防感染病而用于接种的生物制剂。疫苗包括口服类疫苗和注射类疫苗。注射类疫苗俗称"预防针"。提起疫苗,一般人不会立即联想到其重要性;但只要提起流感、霍乱、鼠疫、脊髓灰质炎、肝炎、狂犬病、白喉、麻疹、腮腺炎、天花、SARS、病牛病、口蹄疫之类的感染性疾病,想必大家就会意识到疫苗对于人类健康原来是那么重要。公元6世纪,地中海沿岸鼠疫大爆发,前后持续了约50多年,全球因此而死亡的人数总计超过1亿人。公元14世纪,俗称为"黑死病"的鼠疫大爆发,仅在欧洲死亡人数就超过2500万人。18世纪,天花在欧洲爆发,全球死亡人数超过1.5亿。20世纪初,流感夺去了全球超过5000万人的生命。

有人说,人类与感染性疾病之间展开的是一场永不停息的战争。在这场战争中,虽然我们目前已彻底消灭了天花,也让脊髓灰质炎、麻风病遭到了重创;但感染性疾病并没有被人类彻底消灭,2003年出现了"SARS"和2009年出现"甲型H1N1流感"就是最典型的例证。疫苗的发明,对人类抵御特定感染性疾病具有非常重要的意义,对于治疗那些具有很强传染性的感染性疾病更是功不可没。中国古代医学家对疫苗的发明做出了可贵的贡献。

公元3世纪,天花传入中国。此后,中国古代医学家在面对这一可怕传染病时发明了疫苗。据清代医学家朱纯嘏在1713年刊发的《痘疹定论》一书中记载,宋真宗时期,四川峨眉山有一神医能种痘,他被请到开封府为当时宰相王旦的儿子王素种痘后取得成功。清代医学家俞茂鲲在《痘科金镜赋集解》中则写道:"种痘法起于明隆庆年间,宁国府太平县,姓氏失考,得之异人丹徒之家,由此蔓延天下,至今种花者,宁国人居多。"清代医学家张琰在1741年刊发《种痘新书》中则详细介绍了痘疹发病规律及诊治方法,其中就有人痘接种法。

人痘接种法是世界上第一种人工免疫的方法。在我国宋朝和明朝就已经出现,自1681年起得到了康熙皇帝的大力推广。康熙在其《庭训格言》中写道:"国初,人多畏出痘,至朕得种痘方,诸子女、尔等子女,皆以种痘得无恙。今边外四十九旗及喀尔喀诸蕃,俱命种痘,凡所种皆得善愈。尝记初种痘时,年老人尚以为怪,朕坚意为之,遂全此千万人之生者,岂偶然耶。"康熙热爱医学事业,曾亲自调研寻找接种人痘的专业人才,并由朝廷设立了"种痘局",在民间张榜公布了《力劝普种痘花法》。这些措施为百姓所欢迎,也获得了其他国家的关注。1688年,俄罗斯率先派医师来中国学习种痘的技术。此后,土耳其也向中国学习了种痘的技术。当时英国驻土耳其公使玛丽·蒙塔古在获知这一方法后,于1717年请医师为自己的子女接种人痘预防天花。1721年,玛丽·蒙塔古将这一技术传到英国并推广,此后又传到欧洲其他国家。尽管这种方法起初在欧洲推广时,在一些国家遭到很多人的反对,但后来终于获得了当时欧洲学术界的一致认可。法国启蒙思想家伏尔泰曾在其《哲学通讯》中的《谈种痘》的一封信中写道:"我听说一百年来,中国人一直就有这种习惯,这是被认为全世界最聪明最讲礼貌的一个民族的伟大先例和榜样。"德国科学史学家恩斯特·博伊姆勒在其《药物简史》一书,则高度评价了玛丽·蒙塔古对欧洲免疫学所做出的伟大贡献。

英国医生爱德华·詹纳是一位接受过人痘接种的医生,他在推广人痘接种时听一位牛奶场女工提及,牛奶场的女工从不得天花,爱德华·詹纳很快联想到牛痘也可能会成为一种疫苗。他经过反复实验,于1796年发明了世界上第一支牛痘疫苗。19世纪下半叶,路易斯·巴斯德在研究微生物和人体传染病的关系时,提出了将灭活微生物注射进人体内以进行人工免疫的方法。此后,形形色色的疫苗不断从实验室走向医院造福百姓。目前,世界上应用的疫苗有数百种,各种主要的感染性疾病都已经出现了相应的疫苗。为了预防"甲型H1Nl流感",2009年全球共生产出了逾30亿支甲型H1N1流感疫苗,以保障人们的生命安全。

彻底"忘记"疼痛——麻醉术

现代外科手术是建立在三大基石上的:麻醉术、人工输血术和抗感染术。麻醉术能够帮助病人基本感觉不到外科手术的痛苦。如果没有麻醉术的话,很难想象外科手术能够顺利进行下去。中国东汉末年的医师华佗曾发明过一种叫"麻沸散"的麻醉剂。《三国志·魏书·方技传》云:"若病结积在内,针药所不能及,当须刳割者,便饮其麻沸散,须臾便如醉死,无所知,因破取。病若在肠中,便断肠湔洗,缝腹膏摩,四五日差,不痛,人亦不自寤,一月之间,即平复矣。"华佗发明麻沸散是因为在东汉末年战乱频繁,战争造成很多士兵受伤,需要进行外科手术。虽然当时没有人工输血术和抗感染术,但为了挽救伤者的生命,医生有时不得不进行手术并设法减轻病人的痛苦。

在无麻醉状态进行手术是一件非常痛苦的事情。古代有的医生便在手术前让病人服用一些药酒。在古罗马时期,为了让病人避免手术时的剧痛,有些医生甚至在手术前,通过压迫病人颈部血管使其进入昏迷的状态。1811年,拿破仑·波拿巴的首席医师多米尼克·拉莱为英国小说家范尼·伯尼在无麻醉的状态下进行了乳腺癌的切除手术,范尼·伯尼后来在文章中表述了自己在那种极端痛苦之下的心情。

18世纪下半叶,英国化学家约瑟夫·普利斯特里和约瑟夫·布莱克发明了能缓解疼痛的"笑气",其主要成分是氧化亚氮。1799年,英国化学家弗莱·戴维曾亲自体验过"笑气",后来他把自己的感受写进了《化学和哲学研究》一书中:"我并非在可喜的梦幻中,却为狂喜所支配;我的胸膛并未燃烧可耻的烈火,两颊却泛起玫瑰色。我的双眸充涨闪耀的光辉,我的嘴唇喃喃自语,我的四肢不知所措,好像有新生的力量附上了我的身体。""笑气"虽然能够在一定程度上缓解疼痛,但由于它被当时的人们误认为能够传播瘟疫,所以遭到了很多人的抵制;它当时大多只出现在一些娱乐场所。19世纪初,美国一位名叫塞莫尔·柯尔特的商人认为"笑气"很值得商业推广,他在美国推广"笑气"后赚了一大笔钱;塞莫尔·柯尔特后来改行从事军火研究,发明了左轮手枪。19世纪30年代,英国医师辛普森率先使用氯仿进行全身麻醉并实施了产科手术,获得了成功;但后来由于氯仿在一些医院用作麻醉剂时引起了死亡事故,没有被进一步推广。

19世纪初"笑气"在美国的推广,使得很多美国牙医采用它作为麻醉剂,后来美国牙医霍勒斯·威尔士专门在哈佛大学进行过一次公开的"笑气"麻醉表演。不料,霍勒斯·威尔士的表演失败了,很多美国人开始反对这种麻醉剂的应用。此后,美国牙医们不得不去思考一些新的麻醉方法。1846年,霍勒斯·威尔士的一位名叫威廉·莫顿的学生首创乙醚医学麻醉术并取得了成功。乙醚是一种极易挥发的液体,于1275年就已经被西班牙化学家发现。1540年,普鲁士化学家科达斯发明出了乙醚的合成工艺;差不多在同一个时期,一名瑞士医生发现乙醚具有催眠的作用。但后来大约三百年的时间内,都没有人将乙醚正式作为一种医学麻醉剂使用。"笑气"的推广为乙醚吸入式麻醉奠定了技术基础。乙醚麻醉法在 1846 年出现后,在美国引起了一场旷日持久的专利权之争。美国纽约州法院在 1862 年宣布,由于乙醚及其麻醉效应在很早以前就出现了,因故不予批准专利。1847 年,乙醚吸入式麻醉法由广州博济医院创始人彼得·帕克传入中国。

19 世纪下半叶,可卡因作为一种麻醉剂开始流行。可卡因最早是在 1855 年由德国化学家从古柯叶中提取出来的,在 1860 年被命名为可卡因。可口可乐最初的产品里就含有可卡因的成分。由于可卡因可能使人情绪失去控制并具有很强的致瘾性,1906 年,美国政府立法禁止可卡因在非医学领域内销售。1898 年,德国化学家阿弗雷德·爱因霍恩合成了普鲁卡因,它后来在医学上发展成为局部麻醉剂。1943 年,瑞典化学家尼尔斯·洛夫格伦又发明出利多卡因,它后来也发展成为一种重要麻醉剂。随着科学技术的发展,越来越多的麻醉剂开始出现。今天在医院进行手术时,很多新型麻醉剂已经让病人丝毫感觉不到痛苦。

摆脱两性的烦恼——避孕术

人口的无控制增长会对社会造成很大的压力。相信大家都熟悉英国人口学家马尔萨斯提出的以下结论:人口通常呈几何级数增长,而生活资料通常呈算术级数增长。其实,在马尔萨斯的《人口学原理》出版前 5 年,中国清代翰林院编修洪亮吉在 1793 年完成的《意言》一书中就提出了以上思想。在《意言》的《治平篇》中,洪亮吉指出,对地产和食物等有限资源"增三倍五倍而止矣",而人口的增长异常迅速。他这样写道:"然言其户口,则视三十年以前增五倍焉,视六十年以前增十倍焉,视百年、百数十年以前不啻增二十倍焉。"洪亮吉认为人口的过度增长不仅会造成生活资料的短缺,而且会对社会治安造成威胁,"况天下之广,其游惰不事者何能一一遵上之约束乎?"可见,洪亮吉对于人口发展有着前瞻性的眼光。

控制人口的增长,最基本的方法就是进行避孕。在避孕套和避孕药发明以前,人们避免怀孕的方法通常是男人进行体外射精。但这种体外射精法对于避孕的效果并不是十分理想。其一,这要求男人有很好的自我控制能力;其二,其实男人在射精前阴茎口就可能有部分精子溢出。人类最古老的避孕套的形式是采用哺乳动物的肠衣或者鱼鳔。在法国南部多尔多涅地区的康巴里勒斯洞窟中,考古学家们发现了一些创作于公元 2 世纪的壁画中就有避孕套,这说明欧洲人在很久以前就开始使用避孕套了。避孕药有史可考最早出自古埃及,古埃及人发明了一种阴道栓剂,可以有效地杀灭精子。当然,古埃及人当时并不懂得精子,精子的发现是在显微镜发明出来后。古埃及人很可能从男女交合生成婴儿的过程中,感觉到了精液中存在着某种使女人受孕的成分。

15世纪末,哥伦布发现了美洲新大陆。与此同时,他的水手们也将梅毒这种可怕的疾病从美洲带回了欧洲。西班牙医生法罗皮斯用一种化学溶液浸泡过的亚麻布制成阴茎套,后来他对1000多名使用这种阴茎套的男士进行了测试,结果发现他们中没有一人感染梅毒。这种阴茎套很快就成了预防性病传播的一种手段。17世纪下半叶,英国医生约瑟夫·康德姆用小羊的盲肠制成了一种新型的阴茎套。他先是把羊肠剪成适当的长度,将其晒干后再用油脂和麦麸等对其进行柔化处理,直至肠衣变得很薄。这种阴茎套由于质地柔软,逐渐被男士们喜爱。起初男士使用它是为了预防性病,后来也作为避孕套。在18世纪时它开始发展成了一种商品,在欧洲很多国家都出现了这种避孕套的广告。

19世纪50年代,随着橡胶制造技术的发展,橡胶避孕套开始出现并逐步取代了肠衣避孕套。1883年,荷兰人雅各布发明了乳胶避孕套,使得避孕套更为男士们喜爱。19世纪上半叶,医生们已经掌握了绝育手术,而乳胶避孕套的出现,使得成年男女在性生活时有了一种简便可靠的避孕措施,所以人们在一般情况下就不会选择去做绝育手术。19世纪下半叶,女性节育器具开始出现,这对于那些已经分娩过的女性而言,是一种较好的避孕方法;但对于那些未曾生育过的女性,往往还是依赖于避孕套。1912年,德国化学家朱利斯·弗洛姆发明出了一种新型的避孕套生产工艺,使得避孕套更加轻薄。在20世纪上半叶,弗洛姆公司生产的避孕套已经成为德国避孕套第一品牌。1928年,弗洛姆公司又推出了避孕套自动贩售机,这大大方便了人们购买避孕套。

1921年,美国医生路德维希·哈勃兰特发现了女性体内激素与女性排卵及月经生成的机制,从而揭开了激素类避孕药研制的序幕;路德维希·哈勃兰特也因此被誉为"激素避孕药之父"。20世纪30年代,德国先灵公司的化学工程师们在实验室里合成了雌激素。20世纪40年代,德国化学家比肯·巴赫和保利·科维奇开始研究用雌激素抑制女性排卵的方法。1950年,美国计划生育联合会创始人玛格丽特·桑格拨款5万美元支持科学家们进行激素类避孕药的研究。1951年,在美国化学家卡尔·德杰瑞斯,墨西哥化学家路易斯·米拉蒙特斯,匈牙利化学家乔治·罗斯克兰茨等人的共同努力下,世界上第一个激素类口服避孕药诞生。口服避孕药为未曾分娩过的女性提供了一个新的避孕途径。2009年,全球销量最好的避孕药销售额已突破100亿元人民币。

食品工业的革命——发酵术

如果要确切地统计出全球"发酵业"的产值,那将是一件很困难的事情,因为采用到发酵技术的领域非常多,比如面包、包子、酒类、酱醋、酸奶、泡菜、火腿、抗生素、疫苗、维生素、味精等生产领域都要用到发酵。人类发酵的历史可谓源远流长。我国黄酒的生产在公元前4000年左右就出现了;在汉武帝时期,则出现了葡萄酒;

在公元前 1000 年左右,我国出现了酱醋生产。在古代巴比伦,大约在公元前 3000 年就出现了酸奶;在古代埃及,大约在公元前 1500 年就出现了面包。古代世界各国的劳动人民,虽然在生产实践过程中掌握了形形色色的食品发酵技术,但他们对发酵的本质缺乏足够的认识和了解。

17 世纪荷兰科学家安东尼·列文虎克首次观察到微生物,在随后的一百多年时间里,人们对微生物展开了持续的观察和研究。19 世纪中叶,法国科学家路易斯·巴斯德首次提出,发酵是微生物作用的结果。其后不久,德国科学家罗伯特·科赫建立了单种微生物的分离和培养技术。单种微生物的分离和培养技术的建立,为现代发酵工业的发展奠定了基础。罗伯特·科赫还发现,动物的很多传染病都是由特定的细菌所引起的。他认为,微生物和其他生物一样,也可以根据它们的种属关系进行分类和研究。不过,在路易斯·巴斯德建立微生物学说和罗伯特·科赫建立细菌学说后,人们对发酵的化学本质过程仍未能够认识清楚。

1897 年,德国生物化学家爱德华·布赫纳发现了发酵的化学本质,即它系由酶引起的化学反应。爱德华·布赫纳用石英砂和硅藻土磨碎酵母菌细胞制成酵母汁;为了防腐,他又在酵母汁中加入大量砂糖,结果他发现酵母汁也有发酵的作用,产生二氧化碳和乙醇。他使人们第一次认识到了利用无细胞成分也能够进行发酵。布赫纳还预言利用酵母菌发酵时发酵反应不是发生在细胞内,而是通过酵母菌向体外分泌化学物质,这一预言后来得到了证实。爱德华·布赫纳的研究促使发酵从微生物学和细菌学研究上升到了生物化学研究的阶段,为后来的发酵工业的发展做出了杰出贡献,他因此在 1907 年获得诺贝尔生理学医学奖。

1908 年,日本学者池田菊苗发现海带中含有一种味道鲜美的成分,后来他经过研究后发明了味精。早期的味精是从面筋中提取的。1950 年,人们发现了大肠杆菌能分泌出少量的丙氨酸、谷氨酸、天冬氨酸和苯丙氨酸,这为人们利用发酵制造味精带来了有益的启示。1957 年,日本化学家木下祝郎发明了利用谷氨酸棒状杆菌发酵法制造味精的新工艺,这使得味精的生产变得更加容易,成本也更低。木下祝郎不仅改进了味精的生产工艺,而且还开创了利用发酵法制造氨基酸的先河。由于人体内很多氨基酸不能自行合成,需要通过外源食物补给,而利用发酵法可以大批量生产制造氨基酸,从而为人体营养保健事业开辟出一条崭新的途径。现代发酵工程不仅可以制造常见的 22 种氨基酸,而且可以制造抗生素、疫苗、维生素、核苷酸等药品或保健品。发酵工程为很多制药企业和保健品企业提供了重要的产品生产手段。在二战期间,抗生素的巨大需求促使发酵技术得到了飞速发展,包括菌种的分离和培养技术、发酵罐的建设、通风搅拌技术、培养物的供给等。

维生素的发现最早源自荷兰医生克里斯蒂安·艾克曼的贡献。1897 年,克里斯蒂安·艾克曼发现糙米中含有一种能够避免使鸡患脚气病的营养成分,这一发现促使了后来维生素的发现。1898 年,英国生物化学家弗雷德里克·霍普金斯研究出了维生素的化学成分。1929 年,克里斯蒂安·艾克曼和弗雷德里克·霍普金斯由于发现维生素所对人类健康事业所做出的重大贡献,共同获得了当年度的诺贝尔生理学医学奖。在早期的维生素生产过程中,主要采用德国人所发明的"莱氏化学法",它需要经过五道工序:一步发酵、酮化、氧化、转化、精制;其连续操作比较困难,而且在生产过程中会有大量有害气体排出。20世纪六七十年代,中国科学院微生物研究所和北京制药厂的化学工程师们发明了维生素的"二步发酵法"并将其应用于工业生产。1986年,此新型发酵法专利被瑞士一家制药公司以550万美元购买。

经济文化类发明

一卡在手　消费不愁——信用卡

众所周知,某种商品的市场是由供给和需求双方共同构成的。要使市场经济繁荣,我们就必须保持商品的供给和需求始终处在旺盛的状态。但是,由于交易成本的存在,商品流和货币流的自由流转就出现了一个"瓶颈";而构成这种瓶颈的原因,本质上还是由于信息不对称的存在。为了解决这对矛盾,英国经济学家科斯在其著名的《企业的性质》一文中提出了"签订一个较长期的契约以替代若干个较短期的契约"的思路。在社会经济领域,无论是商贸、企业经营还是银行、保险、证券、期货乃至其他任何金融衍生工具中,我们都可以看出这种思路的影子。

信用卡的发明即是人类为消弭信息不对称所采取的大胆而又富有创意的行为。1950年2月,美国人弗兰克·麦克纳马拉在曼哈顿的梅杰·卡班烤肉店请朋友吃饭,结账时却尴尬地发现自己身上没有带钱,只好让朋友帮他付了账单。事后,他开始思考创立一种不需要现金就可以向陌生商户付账的方法。不久后,他在他的律师的帮助下发明出一种名为"大莱卡"的就餐者俱乐部会员卡。首批印制的200张卡片一售而空。而紧接着美国人的反应则令麦克纳马拉始料未及:1年后,使用这种信用卡的美国人已超过4万人。1951年,美国富兰克林国民银行成为世界上第一家发行信用卡的银行,做了第一个"吃螃蟹"的人。

信用卡作为一种"支付手段",可以取代纸质货币的形式;作为一种"赊购手段",则使得陌生人可以通过信用直接加入到商品赊购行为中来。虽然赊购在古代就已经出现,但在信用卡诞生以前,商品赊购往往局限于商户所熟悉的顾客。信用卡的出现,就在于其剥除了商品供给者对商品需求者的信用进行甄别的成本,将其聚合到了第三方机构手中。"诚信"一词,在过去我们看来是一种道德命题,而现在它已作为一种经济命题出现。这其实也印证了在前面在介绍电子商务时我们所提及的美国作家克莱·舍基在《未来是湿的》一书中的观点。随着电子技术的发展和交易成本的降低,未来社会的经济行为将会像"自由流淌的液体"一样随心所欲地发展。当然,这种自由是建立在充分的技术和制度保障的前提下的,与那种不受任何约束的自由不同;后者则会带来更多的商业欺诈行为,从而损害市场秩序。

在 1951 年美国富兰克林国民银行成功地发行了信用卡后,很多银行开始纷纷效仿,其中最成功的是美洲银行从 1958 年 9 月开始发行的信用卡。1965 年,美国十四家银行在纽约水牛城成立银行卡协会,商讨如何进一步提高信用卡的影响力。后来,美国商业银行成立,设立专门的部门在世界其他国家推广美国银行信用卡。由于具有浓厚美国商业银行色彩的信用卡推广起来比较困难,1966 年美国商业银行投资成立了 BSC 公司,专门负责信用卡相关业务。后来,此公司于 1977 年改组成 VISA 国际集团;原来的美国银行信用卡也更名为"VISA 卡"。1994 年,VISA 卡在全球范围内已经发展出了 2 万余家会员行,在全球 206 个国家和地区发展出了逾 1200 万家特约商户,发卡量超过 4 亿张,市场占有率已超过 50%。

现代信用卡的发展是建立在磁卡及 IC 卡等电子技术基础上的。1960 年,美国 IBM 公司的电子工程师福雷斯特·帕里发明了磁卡。福雷斯特·帕里在 IBM 公司开发打印机及光学电子扫描仪过程中,已经掌握了磁条信息存储和读取技术,但他对于将磁条粘在塑料卡片上一直缺乏有效的方法。后来,福雷斯特·帕里在妻子熨烫衣服的过程中获得了灵感,成功地解决了这个难题。磁卡诞生后,不仅被广泛地应用到银行信用卡中,而且在银行普通借记卡、超市购物卡、食堂消费卡等领域都有着广泛的应用。1974 年,法国电子工程师罗兰·莫雷诺发明了智能卡,俗称"IC 卡",它通过集成电路技术、计算机识别技术可以将卡内信息读取写入。由于 IC 卡比普通磁卡信息存储更安全,使用寿命也更长,它已经在很多国家的信用卡中得到了广泛应用。除了信用卡外,IC 卡还可以应用于公共交通等领域;在我国一些经济发达城市,已经用 IC 卡实现了"交通一卡通",方便了人们的出行。相信在不远的将来这种技术将获得更大的发展空间。

货币乘数效应的中介——银行

银行最早起源于第三方委托管理货币的机构。在古巴比伦时代,商人们由于发现携带大量贵金属货币不方便,于是便委托当时的一些寺庙进行管理——据说委托寺庙管理货币可以借助于宗教的"神圣的"力量。其实,人类信贷的出现比货币要早,在货币诞生以前,就有了以一般等价物为主体的信贷;货币诞生后,货币信贷便开始发展起来。第三方货币管理机构的出现使得货币信贷更为频繁。欧洲在古代对于货币信贷合法性问题曾出现过很长时间的争论。支持方认为,收取利息是正当的;而反对方则认为利息是一种"不劳而获"所得,违背了基督教的基本精神。在欧洲十字军东征以前,很多国家曾停止过银行业务,这是由于反对银行的呼声占据了主导地位的缘故。

公元 11 世纪末,十字军东征战争开始。由于战争需要大量的金钱,这使得人们开始关注银行业的发展。具有讽刺意味的是,教皇是最早站出来反对银行的人;但在十字军东征战争后,却成为开办银行最成功的人。公元 13 世纪,由于国际贸易的发展,各个国家的生产和分工更加专业,大量同类型企业开始进行联合生产,从而促成了货币资金存储和信贷的发展。为了避免大规模资金存贷面临的金融诈骗的威胁,银行业开始接受政府监管。1397 年,意大利商人乔瓦尼·美第奇创办了美第奇银行,它在 15 世纪发展成为欧洲最大的银行。

我国是世界上最早使用纸币的国家,但纸币诞生后在我国并没有普及开来,直到清代商人们主要还是用金属货币进行交易。金属货币不仅携带起来不方便,而且携带大量货币还会存在着风险。由此,镖局应运而生。公元 17 世纪,我国出现了数万家经营货币抵押放贷业务的当铺,约有四分之一在山西;山西当时的商业活跃程度在我国处于领先水平。很多当铺在面临大宗典当业务的时候都要和镖局取得联系,以保证货币运输中的安全。清代学者铢庵云:"时各省贸易往来,皆系现银。运转之际,少数由商人自行携带,多数则由镖局保送。盖沿途不靖,各商转运现银,时被劫夺,而保镖者遇众寡不敌,亦束手无策,故为各商所深忧。"这段话反映出当时人们对货币安全问题普遍存在的担忧。为了更好地满足商业的需要,18 世纪上半叶我国出现了钱庄;到 19 世纪初我国钱庄已有数百家。

1824 年,我国出现了山西票号,它可以视为银行的前身。山西票号最早由商人雷履泰在山西平遥西大街创立。所谓的"票号",即是经营汇兑业务的商号。为了防止出现假票和冒领,山西票号施行了严格的汉字密码领兑制度。山西票号在我国清代后期影响力甚大,后来在辛亥革命后才逐渐衰落直至消亡。我国最早的外国银行分支机构在 19 世纪上半叶出现;1845 年香港出现第一家外资银行,1848 年上海出现第一家外资银行。我国最早的本土银行是在 1897 年由清政府批准成立的中国通商银行。

1936 年,英国经济学家约翰·梅纳德·凯恩斯在《就业、利息和货币通论》一书中提出了系统的经济乘数理论,从而使得人们对货币和银行的功能有了更深入的认识。经济乘数理论最早由英国经济学家理查德·卡恩在 1931 年研究经济反馈系统时提出,凯恩斯对其进行了发展。凯恩斯认为,在一定边际消费倾向条件下,投资的增加或减少会导致国民收入和就业量多倍增加或减少;在此过程中,收入和就业量变量与投资变量的比值即为投资乘数,它表明国民经济具有一种内在的"扩张"力量。对于某确定投资而言,它可以直接推动该领域经济和就业的发展;与此同时,它也将派生出新的经济力量对相关的经济部门的发展进行推动。

就银行而言,银行可以通过数次存款和贷款,使得货币的力量在国民经济体系中加以扩张;这种货币的扩张力即可通过"货币乘数"来定量统计。一般而言,货币乘数取决于法定准备金率、超额准备金率、流通中的现金与银行活期存款的比率、定期存款与活期存款的比率等多种因素。货币乘数过小,会使得货币的经济影响力降低;货币乘数过大,则会对经济运行的安全性构成一定威胁。所以,政府有必要将货币乘数控制在一定范围之内。凯恩斯的经济理论为20世纪美国实施"罗斯福新政"奠定了基础。

最有魅力的纸片——纸币

中国是世界上最早出现纸币的国家。公元9世纪,在我国四川出现了"交子"。最早产生的"交子"不算真正的纸币。首先,那时交子是商人私下印制的,不属于国家法定货币;其次,交子需要在中介机构——交子铺进行兑换,只有兑换成金属货币后才能购买实物。早期在交子铺进行交子承兑时,一般要收取3%的服务费用。由于那时金属货币在四川携带不方便,而且很多大宗交易需要的货币量十分巨大,所以不少商人还是乐于使用交子进行交易。在承兑交子时,通常要求在交子上进行签字,这在现代纸币上国家则是明令禁止的;而当时这样做的目的,是为了防止交子被伪造。从这一点来看,最早的交子更像支票。

交子在四川出现后,北宋政府曾经想过禁止交子的流通,但后来发现对这种新生的事物与其进行禁止还不如进行更好地监管和利用。1023年,北宋政府设立"交子务",开始发行"官交子"。这可以视为人类最早的纸币形式,它比西方纸币的诞生早了六七百年。马可波罗曾将中国发明纸币的消息带到欧洲,当时的人们怎么也不相信纸也可以作为货币的形式。公元11世纪,北宋交子由于监管不便,后来又改成了印制更为精美的"钱引";由于钱引没有设钞本,后来引起了滥发现象,最终逐渐退出了市场。

到了南宋时期,我国又出现"会子"这种纸币形式。1160年,中国浙江临安知府钱端礼开始发行"会子";后来钱端礼被提拔到户部工作,会子的影响力开始逐渐扩大。会子在中国的发行相对于交子而言更加成功,这主要得益于宋孝宗对会子制定了有效的管理措施。其一是对会子建立50%的纸币价值偿还制,这使得会子的公信力提高;其二是严格控制发行数量,当发现会子出现贬值趋势时就立即实行回笼政策,以保证其购买力。到了宋淳熙年间,民间有"军民不要见钱,却要会子"的说法,可见当时纸币已经培养起了很好的公信力。此后南宋时期会子一直被使用,直到宋朝的灭亡。在中国纸币问世后数百年,西方国家仍在使用金属货币,但他们也发现了这其中存在着一定的问题。

早期西方国家多使用贵金属货币,他们发现贵金属货币在使用过程中会出现"越用越小"的奇怪现象。调查后发现原来人们喜欢用锉刀将贵金属货币边缘挫下一些粉末来再利用;而挫小了的货币在既定市场内流通价值不变。为了避免这种现象出现,后来很多贵金属货币都采用了锯齿状边缘设计;这样,当有人将其锉小时,就很容易被发现。在16世纪的英国,贵金属货币逐渐退出了历史舞台,在各种材质合金货币的使用过程中,人们又发现,在法定价值相当时,含优质金属的货币总是被人们留下来;而人们习惯使用的,总是含劣质金属的货币。1580 年,英国伊丽莎白铸币局局长格雷欣提出了著名的"劣币驱逐良币"法则。这一法则促使人们反思如何建立起更好的货币制度。与此同时,在国家强制力的帮助下,成本越来越低廉的货币形式开始取代成本高昂的货币,最终发展出了纸币。

西方国家在从金属货币向纸币转变的过程中,还曾尝试过多种形式的货币,比如瓷质货币、丝绸货币、皮革货币等;最终才确认了纸币作为最主要的货币形式。纸币是人类历史上一项重要发明,它不但节省了大量金属材料,而且使得货币更加容易发行和携带,残币的回收也比金属货币方便得多。1967 年,英国德拉鲁仪器公司的电子工程师约翰·谢菲德·巴伦发明出了自动提款机(ATM),使得人们可以更方便地提取纸币。

不过,纸币的大量发行也带来了防伪和通货膨胀等问题。纸币相对于金属货币而言毕竟属于"劣币",它的材质本身基本上没有多少价值可言。一个十分明显的例子,就是在中国解放前夕国民政府发行的纸币出现了惊人的贬值速度;最终导致银圆在某些地区重新流通,有些商家甚至以大米作为交易媒介,回复到了物物交换时代。纸币防伪也是纸币安全流通的前提。据悉,中国第五套人民币采用的主要防伪技术就多达 18 项,比如固定水印、安全线、红蓝彩色纤维、光变面额数字、荧光图案、变色荧光纤维、雕版印刷图案、磁性号码等。

让风险摊薄开去——保险

保险作为人们防御风险的重要手段,最早可以追溯到古巴比伦时代。公元前 2000 年左右,古巴比伦长老们向村民收取赋金,用来救济遭遇天灾人祸的村民。公元 12 世纪,在冰岛也曾出现过火灾救助的保险形式。公元 14 世纪,航运业在欧洲兴起。由于当时航运业充满风险,商人们便创造出了"风险式高利贷":若船只安全往返的话,船主将付出本金 1/4~1/3 的利息;若船只发生事故,则可以免除一部分债务甚至全部。由于这种高利贷的利息过高,后来被教会禁止。于是商人开始采用了一种新的方式,即将利息改成交付保险费的形式。

欧洲早期发展起来的保险形式主要是商业贸易保险。1347 年 10 月 23 日意大利商人签署的一份保险契约是迄今发现的最古老的保险契约。公元 1666 年,英国伦敦发生了一场特大火灾,火灾烧毁了大约 87 个教区的逾 1.3 万间官方建筑,超过 7 万间的民房。这场大火灾引起了人们恐慌,也引起了社会有识之士的深刻反思。1680 年,英国商人尼古拉斯·巴伯恩成立了世界上第一家提供火险服务的公司。美国的第一家火险公司则于 1752 年成立,它是在本杰明·富兰克林的倡议下成立的。在钢筋混凝土建筑出现以前,木制建筑在欧洲很多国家是普遍采用的建筑形式;由于木制建筑非常容易导致特大火灾的发生,所以尼古拉斯·巴伯恩公司的火险服务一经问世,就受了人们的欢迎。

世界上最早的保险交易中心由英国商人爱德华·劳伦德在 1688 年建立。当时劳伦德在伦敦的泰晤士河畔开设了一家咖啡馆，吸引海陆贸易商人、船主、航运经纪人、保险商惠顾；后来它逐渐发展成为开展保险业务活动的固定场所，继而成为伦敦海上保险业集中活动的总会所。劳伦德建立的这家保险交易中心在其发展的过程中制订了保险业活动的许多基础性规范，这些规范后来成为英国政府在 1871 年颁布的《劳合社法》的核心内容。《劳合社法》的通过，使得保险业务的发展有了国家法律保障，从而有效地避免了很多在投保和理赔过程中产生的利益冲突事件，同时也促进了英国乃至全球保险业务的规范发展。

人身意外保险的雏形最早在 15 世纪后期出现，当时欧洲的奴隶贩子将大量的非洲奴隶运往美洲。起初船主们将这些奴隶当成货物一样投保，后来船上的水手们也可以投保。由于这种险种是首次将保险的标的从货物及船只转到人身安全，所以它在保险业发展史上具有重要的意义。世界上医疗保险的概念最早由一位名叫休·张伯伦的英国助产士提出。休·张伯伦家族曾为丹麦女王的御用助产士，他的父亲彼德·张伯伦是妇科产钳的发明人。因为职业的缘故，休·张伯伦对人类生命的脆弱十分了解，他从 1694 年开始便率先倡导在原有的社会养老保险的基础上再发展出医疗保险。医疗保险公司正式出现是在 19 世纪中叶。由于医疗保险关系到一个国家的稳定和社会的可持续发展问题，所以它后来和国家的社会保障体系结合在了一起，成为一种强制性的社会保险形式。一些经济发达国家甚至推出了"从摇篮到坟墓"的终身医疗保险制度，从而使得百姓能够安居乐业，可以将更多的精力投入到社会财富的创造上。

随着保险业的发展，人们对保险的设计也更加具有科学性。17 世纪中叶，意大利银行家伦佐·佟蒂提出了一项联合寿险方案，这项方案从 1689 年起开始施行。它规定每人在一定的时期内定期交纳一定数额的保险金；在保险期满后，每年偿还保险金额的 10%，如果该人死亡，则停止给付。1693 年，英国著名科学家埃德蒙·哈雷以西里西亚的勃来斯洛市市民死亡的统计数据为基础，绘制成一张生命表，精确地计算出人在各个年龄的死亡比例，开创了寿险精算的先河。18 世纪中叶，保险经纪人辛普森根据哈雷的生命表计算保费，提出了均衡保险费理论，进一步促进了保险精算的发展。保险精算目前已经发展成为保险学的一门分支学科；在其指导下，保险业向量化方向深入发展。保险本质上可以视为一种不幸的"对冲"，从这个意义上而言，它有点类似期货交易中的"套期保值"。换句话说，保险将个人风险从时间和空间上摊薄开去，使得社会发展更加稳定与和谐。

聪明人赚未来的钱——期货

期货的发展是建立在远期交易的基础上的。期货交易的成功在于对未来商品价格变动的成功预期。在古希腊时代，有一位名叫泰勒斯的哲学家，他擅长哲学思辨和数学计算。他的朋友笑话他说学哲学和数学对于赚钱毫无用处。泰勒斯反驳道,哲学家不是不能赚钱,而是不屑于赚钱。为了证明这一点,泰勒斯通过考察后发现,雅典橄榄会大获丰收,于是租下了雅典所有的橄榄榨油机;结果他的预测成功了,他因此也大赚一笔。从泰勒斯的这个故事中我们不难发现,脚踏实地的人懂得赚现在的钱,但聪明绝顶的人却懂得赚明天的钱。

1570 年,在英国伦敦出现了商品远期合用交易所——皇家交易所。期货的英文即是由"未来"一词演化而来,其含义就是交易双方不必在买卖发生的初期就交收实货,而是共同约定在未来的某一时间交收实货。由于期货交易存在着巨大的风险,因而在最初的期货交易中,就形成了签订书面契约的惯例并要求对期货合同予以一定的担保。18 世纪初,日本大阪的堂岛米期货交易市场成为当时世界上最大的期货交易市场。当时的日本处在德川幕府的统治时代,经济昌盛,商业活动十分频繁。当时大阪市民追逐财富的热情非常高,乃至于人们每天见面的第一句问候语就是"你今天赚了吗?"大阪堂岛米期货市场的兴起,培养出了一位富可敌国的期货交易人本间宗久。本间宗久家族在日本二战战败后国家进行土地改革以前,一直都是日本最大的地主。

本间宗久在期货市场投资的巨大成功,很重要的原因得益于他将军事战争的思想融入到了期货市场的交易中,并创造性地发明了著名的 K 线图分析法。他发明的 K 线图俗称"蜡烛图";即通过一根根的阴线和阳线的变化来考察市场的强弱以及未来的发展趋势。本间宗久对期货市场发展变化的预测出奇的准,因此而赚进了大量的财富;乃至于后来在日本的期货市场里一提起他,会有这样一句评论:"你可以像大名(相当于中国的王侯)一样有钱,但你不可能像本间君那样富有。"本间宗久对期货交易技术分析的研究心得后来被编写成了两本书,一本叫作《酒田战法》,另一本叫作《风林火山》。据说后一本书的书名,就是来自中国的《孙子兵法》军争篇中"其疾如风,其徐如林,侵掠如火,不动如山……"一句,而这种思想,也正是中国太极思想的内涵所在。

当人类历史迈进 19 世纪以后,由于交通技术的迅猛发展,商品物流的成本也越来越低。这使得各个国家现货交易市场出现供给过剩的局面,这种现象在美国中西部尤其出现得频繁。过去,美国中西部的交通运输主要是通过马车,吨英里运价是 25 美分;而采用了铁路运输以后,吨英里运价只需要 4 美分;而如果走水运的话,只需 2 美分。为了避免现货交易市场商品大量集中造成的交易价格下跌现象,商人们开始逐渐采取先签订远期合约,届时再按合约送货的方法。在这种商品远期合约的基础之上,1848 年美国 82 名商人组织成立了芝加哥期货交易所(CBOT);由交易所统一承担期货交易的中介和信用管理问题。经过数十年的发展,CBOT 已经制定出了完善的期货交易制度。商人们逐渐发现,除了需要实物交易的期货外,也可以发展出不需要实物交易的期货交易,俗称"买空卖空";这种新的交易使得期货交易的内涵出现了本质性的变化,也使得期货市场激起了更多人的兴趣。

在芝加哥期货交易所成功发展的启迪下,1972 年芝加哥商业交易所(CME)的理事长利奥·梅拉梅德创造性地推出了世界上第一种金融期货交易服务——外汇期货交易。此后,债券期货交易、股指期货交易陆续被推了出来。到了 2008 年,全球金融期货交易总额已占到所有期货交易总额的 90%。利奥·梅拉梅德对全球金融期货事业的发展做出了开创性的贡献,被人们尊称为“金融期货之父”。2006 年10 月 17 日,CME 宣布和 CBOT 合并,组建成芝加哥交易集团,它是目前全世界最大的金融衍生品交易所。由于期货投资不仅可以用于追逐利润,而且可以为现货厂商们提供“套期保值”,以规避商品价格波动的风险,目前期货投资已成为社会经济生活中不可或缺的重要组成部分。

金融市场的革命——股票

随着产业经济的发展和社会化大生产的需要,产业投资的融资就成了一个很大的问题。一方面,民间有很多闲散资金在寻求更大的投资回报率;另一方面,产业投资公司为了扩大生产规模又急需大量资金注入。“股票”这一金融市场工具于是应运而生,它的诞生和发展可以视为人类金融市场的一次革命。股票的出现与信用卡的出现本质上利用的都是信用,其不同之处在于后者利用的信用的主体主要是“消费者”,而前者利用的信用的主体则是“生产者”。

1602 年,荷兰的东印度公司成功地通过发行股票募集到了大量资金,这为其组建庞大的商队前往南洋进行瓷器、丝绸、香料等贸易奠定了基础。荷兰商人发行股票的成功与其在长期贸易生涯中积累起来的信用是分不开的。据说荷兰的贸易商们视客户的商品为生命,有时宁可自己饿死病死,也不擅自动用商船上客户的食品和药品。1609 年,阿姆斯特丹证券交易所正式成立,它是世界上第一个股票交易市场。1773 年,英国第一家证券市场在伦敦柴思胡同的乔纳森咖啡馆自发组织成立,于 1802 年获得了英国政府的营业批准。1792 年 5 月 17 日,美国 24 名股票经纪人在华尔街 68 号门前的一棵梧桐树下商订了证券交易的具体细节和条款,标志着纽约证券交易所正式发端,这就是金融史上著名的“梧桐树协定”。股票的出现对于人类经济发展的意义,不仅是经由信用机制扩大了企业的生产规模,也进一步使得企业的发展进入了科学管理的时代。股票虽然从表面形式上来看增加了股东,摊薄了经营的风险;而本质目的还是为了满足逐利的需求。大大小小股东的加入,使得企业更容易发挥出集体智慧,以一种更加科学、负责任的态度来面对企业的经营管理。

19 世纪末,随着纽约证券交易所的发展,股票投资逐渐深入人心,了解商业金融资讯就成了很多商业投资人士的需求。1882 年,美国股票经纪人查尔斯·道和爱德华·琼斯共同创办了道琼斯公司。他们在纽约金融区开展业务,为股票投资人提供商业金融信息。1885年,查尔斯·道和爱德华·琼斯创立了股票市场平均指数"道琼斯"工业指数。1889年,公司两位创始人又共同创办了《华尔街日报》,以适应蓬勃发展的证券市场对商业和金融信息的需要。查尔斯·道作为《华尔街日报》的第一位编辑,为《华尔街日报》编写了大量研究股市运行规律的原创性的文章。后来,他的文章被美国一些经济学家集结成书出版,他的股市理论被称为"道氏理论"。"道氏理论"中的很多经典假设和定理一直沿用到了今天。据2010年4月美国报纸发行量审核局公布的数据,《华尔街日报》以210万份的日发行量高居全美报纸发行量首位,《华尔街日报欧洲版》于1983年诞生,1996年推出网络版,此后又增加了微博客、播客、RSS新闻订阅等功能,深受人们喜爱。

1971年,在美国证券市场诞生了一个完全采用电子交易的二级市场纳斯达克,纳斯达克是"全美证券商协会自动报价系统"的简称。后来,纳斯达克逐渐发展成为全球新兴产业提供证券业务服务的市场。虽然纳斯达克市场的出现比纽约证券交易市场晚了约80年,但其发展速度是惊人的。1999年,纳斯达克市场日均成交额415亿美元,首次超过了纽约证券交易所(350亿美元/日)。1999年的最后一天,纳斯达克综合指数比市场刚成立时上涨3300%。目前纳斯达克已成为全美也是全球最大的股票电子交易市场。

截至2007年8月,纳斯达克共有322家非美国公司挂牌上市,非美国上市公司的市值共约6685亿美元;其中中国内地公司为40家,市值约280亿美元,中国香港公司19家。纳斯达克市场不仅孕育了微软、英特尔等世界知名企业,而且使得中国很多高科技企业在国际资本推动下进入高速发展状态,它使得很多高科技企业资产一夜暴增成为现实。纳斯达克国际公司总裁约翰·沃尔在北京中关村考察时指出,今后纳斯达克将考虑在中国建立分支机构,以推动中国高科技企业在纳斯达克市场的上市以及中国投资人对纳斯达克市场的投资。随着美国经济的复苏和中国人民币可兑换问题的逐步解决,相信他的这些愿望终有一天会变为现实。

保护技术的原创性——专利制度

专利制度旨在鼓励人们进行发明创造的积极性,世界科技史的发展是和专利制度紧密结合在一起的。据世界知识产权组织的一项统计资料,全球每年90%~95%的发明创造成果都可以在相关专利文献中查到;在科研工作中学会经常查阅专利文献,不仅可以提高我们科研项目的研究起点,而且可以节省至少60%的研究时间和40%的研究费用。专利由于授予发明人在一定时期内对该技术或设计拥有独占性,使得他们能够获得一定的利润回报,这就促进了世界科学技术和物质文明的发展。

世界上最早的专利制度出现在古希腊;公元前5世纪左右,古希腊颁布了一项法案,鼓励人们发现任何新的设计或制造,发明创造者可以从中获得一定比例的利润。古希腊以后,意大利是欧洲较早施行专利制度的国家。公元1421年,意大利建筑师菲利普·布鲁内莱斯基获得了意大利的第一项专利。这比中国第一项专利制度的问世早了500多年。中国第一部专利法是1944年由南京国民政府颁布的《专利法》。

与专利制度相关的另一项重要的知识产权法是著作权法。欧洲第一部著作权法是1709年颁布的《为鼓励知识创作而授予作者及购买者就其已印刷成册的图书在一定时期内的权利法》,中国第一部著作权法则是1910年《大清著作权律》。中国著作权法比欧洲晚了约200年。欧洲从文艺复兴运动一直到20世纪上半叶科学技术发展领先于中国,这与其率先实施专利制度有着很大的关系。中国知识产权发展滞后于西方国家的主要原因,一方面在于封建礼教重集体轻个人,封建经济生产重农轻商;另一方面则在于中国封建社会长期闭关锁国,不重视学习他国先进技术。

英国有史可考的最早的专利是在1449年由亨利六世授予的专利;英国于1623年颁布的《垄断法》则是世界上第一部比较成熟的专利法案,它恰好出现在了英国工业革命的前夜。法国最早的专利是在1551年由亨利二世授予法国工程师阿贝尔·富隆的一项专利;他发明出一种测量仪器,因此而获得了一项有效期为10年的专利。澳大利亚最早的专利法案于1624年颁布。美洲大陆有史可考的第一项专利,由英格兰工程师约瑟夫·詹基思于1646年在马萨诸塞州法院获得,他发明出一种能够使水车运行得更快的机械装置。约瑟夫·詹基思在获得专利后拥有了更多的资金投入发明创造,于1654年发明出了北美第一辆消防车。

我国在宋朝时期科学技术发展非常迅速,如果当时我国就能够出现专利制度的话,科学技术的发展有可能因此而获得更加迅猛的发展;而整个中国的历史甚至世界的历史都可能因此而改写。美国在1783年取得独立战争的胜利后,于1787年由詹姆斯·麦迪逊和查尔斯·科特斯沃思·平克尼起草了专利和著作权法律文件。麦迪逊说道,"该条款的效用将很难被质疑,作者的版权已被庄严地判定。在英国,有一条普遍适用的法律权利,有用的发明权有理由属于发明人。"美国专利法案在1790年被国会通过并开始正式实施,促进了美国科学技术的快速发展。中国专利思想的启蒙最早可以追溯到太平天国时期的领导人之一的洪仁玕,他于1859年在《资政新篇》中首次提出了专利思想。后来,清朝政府于1898年颁布了《振兴工业给奖章程》,它可以视为我国专利法最早的雏形,不过此时清朝政府已日薄西山。

我国于1984年正式颁布了《专利法》,从此我国专利制度进入良性快速发展阶段。1988年,我国改革开放的总设计师邓小平同志提出了"科学技术是第一生产力"的著名论断,全国从此掀起科技创新的热潮。2003年,中共中央总书记胡锦涛同志提出了"科学发展观"的战略思想,这一思想后来在2007年召开的中国共产党第十七次代表大会上被写入党章。这进一步地坚定了我国各行各业广大技术工作者追求技术自主创新、建设创新型国家的信念。进入 21 世纪,我国专利申请非常活跃。2009 年国家知识产权局共批准专利约 58 万项,比 2008 年增长 41%。2009 年我国的国际专利申请数量位居世界第五位;而在 2009 年国际化学领域的专利申请中,我国科技人员的申请量已位列第一。

解读变量的内涵——函数

这个世界在本质上存在着一种因果关系。中国古代的《易经》认为,世间万物的变化莫不由"理、数、形"三大要素制约;而在这其中,"理"又是最重要的。以现代信息论的眼光来看,"理"可以指一组契约或边界条件的制约,它从本质上规范了事物数和形的变化趋势。理可以是定性的,也可以是定量的;当理规定了事物量之间的变化关系时,它又可以理解成"函数"。函数即是自变量和因变量关系的约束条件集合,它也可以被视为输入信息和输出信息的关系。函数不仅是物理学等基础科学研究的基础,也是计算机技术等工程学科的基础。

16 世纪,法国数学家弗朗索瓦·韦达系统而全面地利用符号构建出数学计算,他被认为是"现代代数之父"。弗朗索瓦·韦达对数学的主要贡献是系统地发展了三角函数运算;提出了用代数解决几何问题的思想,这为后来笛卡尔创建解析几何奠定了基础;除此以外,他将符号运算称为"类"的运算,将其和通常"数"的运算区分开来,这被认为是代数思想史上的一次伟大变革。弗朗索瓦·韦达认为,在他的这种新的代数的帮助下,几乎现存的一切问题都可以解决。在弗朗索瓦·韦达看来,代数存在的主要意义,不仅是要解决数学计算中未知数求解的问题,还需要解决好类与类之间的关系问题。这种思想突破使得他创立的代数学成为一个重要的分水岭,使代数从此迈进现代代数研究。

17 世纪下半叶,英国科学家牛顿和德国科学家莱布尼茨分别独立地发明了微积分,这为函数的研究拓展出了新的领域。牛顿和莱布尼茨当初创建微积分主要是为了解决无穷小的问题。无穷小分析是现代数学分析学的一个重要分支。牛顿研究微积分侧重于从运动角度来考虑,而莱布尼茨则侧重于从几何学角度考虑。相比较而言,莱布尼茨建立的微积分使用的符号系统更加完善一些。微积分发明后,英国和德国曾陷入了长达百年之久的微积分发明权之争。这并不仅仅因为牛顿和莱布尼茨本身都是科学巨匠,而且因为微积分在数学史乃至自然科学史上的地位太重要了。正是有了微积分,人类才有能力精确地把握物体的运动变化过程。近代工业革命,特别是第二次工业革命和微积分这种数学工具密切相关;现代航天技术和现代化交通工具的制造都离不开微积分的帮助。牛顿和莱布尼茨创立的微积分还不完善,此后又经过贝努利、欧拉、拉格朗日、柯西等人的发展。

莱昂哈德·欧拉是瑞士伟大的数学家,为函数理论的发展做出了卓越的贡献。在欧拉晚年,几乎所有的欧洲数学家都把他视为老师。拉普拉斯曾经说过:"读读欧拉、读读欧拉,它是我们大家的老师!"高斯曾经说过:"研究欧拉的著作永远会是我们了解数学的最好方法。"欧拉对数学史的贡献主要体现在他完善了微积分理论,创立出一系列我们现在还在使用的函数符号,将函数大量运用于天体运动、刚体力学、流体力学、航海科学等复杂计算中。他为显微镜和望远镜的设计和制造提供了完善的数学计算方法。在代数和几何中以欧拉命名的函数表达式不胜枚举。欧拉从 19 岁开始发表论文,到 76 岁去世前共出版了 32 部专著,发表了 856 篇论文,其中分析数学、代数、数论占 40%,几何学占 18%,物理学和力学占 28%,天文占 11%,弹道学、航海学、建筑学占 3%。据说当初彼得堡科学院为了整理欧拉的思想,花了整整 47 年时间。

　　1829 年,法国出现了一名数学史上罕见的天才人物。一位年仅 18 岁的名叫瓦里斯特·伽罗瓦的中学生在面对一元五次方程不可解的问题时创立了"群论"。群论的提出,标志着抽象代数的诞生。可惜的是,瓦里斯特·伽罗瓦由于年轻气盛,在 20 岁的时候与人决斗不幸身亡。抽象代数又名"近世代数",是现代数学的一门重要科学分支。它变"求函数解"为"研究函数结构",从而使得数学研究上升到了逻辑研究和哲学的高度。瓦里斯特·伽罗瓦被公认为是近世代数的创始人。目前近世代数主要包括群论、域论、环论、格论、线性代数等等;近世代数目前在一些理化基础科学的前沿研究领域,在计算机程序设计以及各种经济系统的建模和研究分析中都具有十分广泛的用途。

引领整合科学的潮流——系统理论

　　哲学常被人们誉为"科学之母",它不仅代表着科学的认识论和方法论的总结,也作为我们的价值观念和信仰的基础。历史上自然科学的方法论大体上沿着"机械论"和"生机论"两条路发展。机械论的主要思维特色是确定性、必然性、还原性;生机论的主要思维特色则是不确定性、偶然性、整体性。举一个最简单的例子来说,如果机械论认为:$A+B=C$,则 $C-A=B$;那么生机论给出的答案就是:不一定。极有可能出现的事实就是,在"$A+B=C$"的过程中,已经产生了"AB"这种新的层次关系。换句话说,在生机论的眼中事物并不是机械累加的,也不可以绝对地还原出原貌。

　　可见,盲目追求客观性容易使得我们的结论陷入形而上学,而忽视人与环境的互动性则有可能让我们做出南辕北辙的愚蠢举动。1945 年,美籍奥地利裔理论生物学家路德维希·冯·贝塔朗菲在《德国哲学周刊》上发表了《关于一般系统论》的文章,标志着系统论正式诞生。系统论的主要概念有:系统、要素、环境、结构、功能、演化等;它将事物之间的互动性、目的性、发展性、协作性纳入了视野。系统论是现代科学思维的杰出代表。1969 年美国阿波罗登月计划的成功,就离不开系统工程及系统思维的帮助。在电子技术发展史上,安布鲁斯·弗莱明看到了真空管和无线电波检测的关系,李·德福雷斯特看到了真空管与无线电波放大的关系,这都是系统思维的结果。

贝塔朗菲提出的系统论,开创了整合科学的时代。正如同我们的社会是一个"关系"社会一样,科学内部也是一种"关系"结构。系统思维可以帮助我们进行科学的整合,进一步澄清科学的本质概念,去除原先科学体系中存在的形而上学的成分。熟悉哲学的人,想必对"去粗取精、去伪存真、由此及彼、由表及里"这十六字并不陌生;但这十六字的认识论精髓并不构成哲学的全部,这只是一种"修"的过程;真正的哲学还需要科学地对待"建"的过程。因此,我们更需要一种高屋建瓴的思维和眼光来看待现实存在的本质。1948年,美国数学家诺伯特·维纳出版了《控制论——关于在动物和机器中控制和通讯的科学》一书,标志着控制论正式诞生。维纳将控制定义为"为改善某个或某些受控对象的功能或发展,获得并使用信息;以这种信息为基础而选出于该对象上的作用。"从维纳对控制的定义上我们不难发现,控制是实现系统目标的核心手段。它揭示出系统存在和协作的原因,也概括出了系统发展的基础和控制关键所在,那便是对信息的获取和选择。就在控制论诞生的同年,美国数学家克劳德·艾尔伍德·香农在《贝尔系统技术学报》上发表了《通信的数学原理》一文,标志着信息论正式诞生。信息论是围绕信息的获取、传输、变换、存储、处理、显示等一系列问题进行研究的学科。如果说系统论旨在强调整体思考,控制论旨在强调目标与手段的关系,那么信息论就旨在强调对运动变化具体细节的把握。

值得注意的是,系统论、控制论、信息论集中诞生在20世纪40年代,而这个时代恰好是电子计算机问世的时代。电子计算机要解决的终极哲学问题便是:"何为智能?"而另一个与其紧密相关的问题便是:"何为生命?"1969年,比利时物理学家伊利亚·普里高津在一次理论物理和生物学会议上提出了耗散结构论。耗散结构论的重要概念有:开放、秩序、涨落、相变、远离平衡态、非线性等。1971年,德国物理学家赫尔曼·哈肯提出了协同论。协同论的重要概念有:序参量、自由度、役使、自组织、协同等。1972年,法国数学家勒内·托姆提出突变论,阐述了系统结构稳定和形态发生的数学模型;他的发明被誉为"是牛顿和莱布尼茨发明微积分三百年以来,数学史上最伟大的革命。"耗散结构论、协同论、突变论这"新三论"将有助于我们最终解开生命结构诞生、演化、协同、突变、衰亡等复杂的过程;系统论、控制论、信息论这"老三论"也是我们在研究复杂现象时不可或缺的。由于新老三论都重点着眼于系统的本质演化过程及其相互之间的关系,所以它们也可以统称为"系统理论"。

解读造物的秘密——大统一理论

20世纪上半叶,原子的"大门"逐渐被科学家们敲开。1914年,英籍新西兰裔物理学家欧内斯特·卢瑟福发现质子;1932年,英国物理学家詹姆斯·查德威克发现中子。

科学家们继而提出,在原子核当中应存在一种不同于万有引力和电磁力的相互作用力。1935 年,日本科学家汤川秀树提出了一种新理论:核子之间通过"交换粒子"发生作用,这种交换粒子被称为"介子"。1947 年,汤川秀树的理论被科学实验证实。此后人们进一步总结出原子核内部的一对作用力:强子之间的强相互作用力和导致原子核衰变的弱相互作用力。

1961 年,美国科学家格拉肖提出了弱力和电磁力统一的猜想,据此搭建起弱力和电磁力统一的框架。1967 年,美国科学家温伯格和和巴基斯坦科学家萨拉姆在格拉肖弱电统一模型的基础上建立起弱电统一模型;此模型后来又经格拉肖进行了完善。这个模型的科学性在 1983 年通过了实验验证。1973 年,美国科学家格罗斯、波利茨、威尔茨克共同创建出一个数学模型,证明了强力中存在着"渐进自由"的现象,这导致了量子色动力学的诞生。目前科学家在原子核研究中主要进行两方面的工作,其一是通过高能物理实验继续研究强子的内部结构,其二便是从理论上不断突破,争取先行做出一种能从根本上统一物理基本作用力的假设。

目前的粒子统一标准模型还处在假设阶段,它是在弱电统一模型和量子色动力学基础上发展起来的,这是量子力学的最前沿研究领域。未来它对社会经济将会造成深远影响,特别是一些高科技产业。"大统一理论"不仅对未来的核工业、激光工业、电子显微镜、纳米技术、核磁共振等研究具有重要的影响,对于凝聚状物理和化学基础理论也有十分重要的价值,而且它将帮助我们彻底弄清时间、空间、概率等现象的哲学本质。当然,目前很多粒子统一标准模型并不完备,这不仅是因为它们还有待于实验做出进一步的验证,而且也在于它对于四种相互作用力中最普遍存在的一种——引力尚未囊括进去。所以,要真正建立起"大统一理论",还有待于我们从根本上认识量子引力的本质。

有一种朴素的哲学观支配着人们未来对量子本质的界定,那便是这个世界在本质上有着惊人的"同构性"。1968 年,意大利理论物理学家加布里尔·维内奇诺等人提出了一种轰动世界的理论——弦论。正如同爱因斯坦创造出相对论借鉴了"非欧几里德"几何学思想一样;加布里尔·维内奇诺也借鉴了一种数学思想,那便是有两百多年历史的"欧拉 Beta 函数"。这个函数非常奇特,能够像一小段橡皮筋一样进行扭动,从而形成纷繁复杂的状态。加布里尔·维内奇诺猜想,构成我们世界的本质或许就是这种被称之为"弦"的东西;各种不同的量子只是对应了"弦"的不同的振动状态。1984 年,美籍日裔物理学家南部阳一郎等人提出了一种新的超弦理论。10 年后,美籍犹太裔物理学家爱德华·威腾创立了"M 理论"。由于"M 理论"能够将各种弦理论在一个框架内统一起来,所以它备受人们的关注。

与弦理论对应存在的一种量子引力理论被称为"圈量子"理论,它由李·施莫林、阿贝·阿希提卡、卡洛·洛华利等人创建。它和弦理论一样,认为时空不是可以无限分割的,而在这其中一定存在着某种最小的基元结构;只不过它认为这个最小的结构不是"弦"而是"圈量子"。圈量子引力理论与弦理论的最大不同之处在于，它克服了弦理论的"背景依赖性"，而这是弦理论和广义相对论存在着不可调和矛盾的关键之处。换句话说，圈量子引力理论是一种"关系"理论。除了弦理论、圈量子引力论外，目前在"大统一理论"中还有一种研究比较热门，那便是"全息物理"论。这种理论跳出了世界是由"物质"和"能量"组成的传统思维框架，创造性地认为世界的本质是由"信息"构成。换句话说，物质和能量或许只是由信息衍生出来的外在表象。弦理论、圈量子引力论、全息物理论被认为是目前通向量子引力本质的三条重要途径，它们其中之一有可能在不远的将来为我们揭示出世界的本质。待到那时一场科学和哲学革命将随之发生。

音乐王国的创造符号——乐谱

音乐的"音"源自物体振动发出的声音，振动发出的有规律、有固定音高的声音则谓之音乐。音乐诞生于乐谱出现以前，为了更好地研究、记录、创造音乐，人们便发明了乐谱。音乐与乐谱的关系，很像口头语与文字的关系，会说话的人不一定识字。古代的牧童未必认识乐谱，但他们凭经验也能够吹奏出美妙动听的乐曲。乐谱的出现，则使得音乐的学习和创作变得更加容易。人类历史上早在苏美尔人时期就已经出现了乐谱；在古希腊时期，他们创造的乐谱已经能够表示出音高；在古代伊拉克地区，艾尔·金迪是一位著名的音乐理论家，他建立了系统的音乐理论和乐谱表示方法，他的音乐思想超过了古希腊音乐家的成就，对后来英语世界国家音乐的发展造成了深远的影响。

在古代中国，曾出现过以"宫商角徵羽"命名的音阶，它相当于今天简谱中的"12356"音。《周礼·春官》云："皆文之以五声，宫商角徵羽。"以这五音为主，后来又发展出了"清角""变徵""变宫"等音，使得中国的音乐更加丰富多彩。《战国策·燕策》云："高渐离击筑，荆轲和而歌，为变徵之声，士皆垂泪涕泣。"与西方乐谱不同之处在于，中国古代乐谱以文字谱和工尺谱等形式为主，这些记谱方式重视音乐变化的表现价值，重视声口相传，鄙薄乐谱节奏的理性抽象。据史料记载，当时唐明皇曾让女乐师黄幡绰设计拍板谱，谁料她画了一只耳朵呈上，并言道："但有耳道，则无失节奏也。"由于中国古代乐谱标准化不够，不易推广，到了近代基本都被淘汰了。

欧洲乐谱的发展比较看重符号化表达。在古希腊时期，音乐的高低长短是用字母来表示的。到了古罗马时代，由于宗教活动的需要，开始出现了著名的"纽姆记谱法"。纽姆符号可以帮助音乐表演者记忆音乐的曲调，但它不能表示出音高；后来人们在纽姆记谱法上划出一根直线，用其作为基准位确定音的高低，这称之为"一线谱"。到了11世纪，意大利城邦国家阿雷佐的一位名叫圭多的僧人把纽姆符号放在四根线上，从而更好地帮助音乐演唱者确定音高，这便是"四线谱"，它是现代五线谱的前身。圭多的四线谱用不同的颜色划出，以方便人们识别。到了13世纪,四线谱全部采用黑线,只是在线的前面写上一个拉丁字母表示绝对音高。由于四线谱不能把节奏标示出来,后来人们又对定量音乐的表示法进行研究。

"有量记谱法"由科隆的教士弗兰科创立,它用音符、休止符和记号严格规定了音的长短。公元 15 世纪时出现了能够记录音的高低长短的全部涂成黑色的五线谱。图中的符号即谓之为"有量黑符"。后来这种有量黑符又改用空心音符,即为"有量白符"。到了公元 18 世纪时,五线谱中出现了升降记号,从纽姆符号演变出了装饰音符号,从有量记谱法演变出了表情记号;音乐的表达方式已经非常接近今天的五线谱结构。后来,随着欧洲音乐文化的不断发展,到了 20 世纪,五线谱已经成为全世界通用的音乐文字。五线谱传入中国,最早见于文字记载的是 1713 年的《律吕正义》续编,书中记述了五线谱的详细说明。在五线谱之后,曾有人立足于五线谱试图发展出了更多线的乐谱,但都是昙花一现,未能推广开来。

在公元 17 世纪,法国神父苏埃蒂在指导信众唱赞美诗时,发现五线谱教学比较困难,于是他便想到了创建一种更简单的乐谱;他后来想到了用"1234567"来代替"Do Re Mi Fa sol La Si"。他于 1665 年和 1679 年,分别发表了《学习音乐的新方法》和《用数字谱唱教会歌曲的实验》论文。由于当时五线谱已经非常流行,他的论文没有受到人们的重视。18 世纪中叶,法国思想家让·雅克·卢梭看到了苏埃蒂的论文,对他提出的这种想法非常感兴趣,于是便对简谱进行了改进和推广。此后,法国数学老师 Galin 和医生 Paris 以及音乐教育家 Cheve 又对简谱进行了进一步改进,最终他们的成果获得了法国政府教育机构的认可,称其为"Galin-Paris-Cheve"记谱法。这种简谱由于易于学习受到很多国家的欢迎,在欧洲主要有德国、法国、荷兰和俄国等国。后来它传入亚洲后,深受东亚国家人们的喜爱,尤其是在中国。

人类文明的基础——文字

历史上最早的文字是由古苏美尔人创造的楔形文字,象形文字则最早出现在古代埃及和古代中国。中国有史可考的最早的系统性汉字是甲骨文,甲骨文由我国清代国子监王懿荣最先发现。有一次,王懿荣在药铺看见一味叫作"龙骨"的中药上面居然有类似文字的图案,于是便将所有此类龙骨买了下来。他经过研究后确认,这是出现在我国殷商时期的一种象形文字。后来,人们找到了这批龙骨出土的地方——河南省安阳县,在那里又发掘出了大量含有象形文字的龙骨。此后人们便把这种文字称为"甲骨文",而研究它的学科则为"甲骨学"。最早的象形文字是和"文字画"结合在一起的,它是古人的一种抽象意念的表达;在殷商象形文字出现以前的所有历史,包括黄帝的功绩,仓颉造字的历史,都仅仅只能认为是一种传说。

文字的发明对于人类文明的启蒙具有十分重要的意义。正是文字使人类摆脱了"文盲";也正是文字使得历史可以记载、传承和研究。中国汉字作为一种象形文字,历经甲骨文、金文、大篆、小篆、隶书、楷书、草书、行书等发展阶段,是世界上现在仍在使用的文字中最早出现的一种。作为表意的象形文字,汉文博大精深;人类很少有一种文字能够像汉文这样仅用四个字组成的成语就能够表达出一种内容丰富的意境。在此意义上而言,中国古代人拥有杰出的智慧。不过,正如中国成语"尺有所短,寸有所长"表述的那样,拉丁文和英文也有其优点,那便是简单易学。

拉丁文最早是意大利的一种方言,后因古罗马扩张而传入古罗马,古罗马后来将拉丁文确定为官方文字。拉丁文后来因为基督教的影响在欧洲广泛传播,成为法文、西班牙文、葡萄牙文等文字的重要基础。拉丁文后来随着西班牙和葡萄牙等国家对中南美洲的殖民主义扩张而发展到美洲地区。后来,中南美洲即被称之为"拉丁美洲"。在拉丁文发展的过程中,古罗马帝国的开国皇帝盖乌斯·屋大维、"拉丁文神学之父"奥古斯丁、古罗马政治家西塞罗起到了关键性作用。西塞罗曾将古希腊大量书籍翻译成拉丁文,使得很多古希腊专业词汇进入拉丁文,为拉丁文体系的深入发展做出了贡献。拉丁文也为现代社会最通用的文字——英文的发展造成了影响。

英文最早属于印欧语系中日耳曼语族下的一个分支。公元 449 年前后,不列颠群岛的国王沃蒂根因为战争的需要,请来了大量日耳曼人。后来这些"移民"建立起了七个王国,史称"撒克逊王朝"。在撒克逊王朝时期,日耳曼人逐渐统一了当地的文字,形成了"古英文"。1066 年,法国人诺曼底公爵吉约姆二世,史称"征服者威廉"以武力征服了英格兰。此后约三百年,英格兰王室通行法语。在此时期内,大量以拉丁文为基础的法文词汇进入英文,古英文也开始了复杂的演变过程,逐渐演变成中古英文。古英文时期最著名的文学作品是《贝奥武夫》,而中古英文时期最著名的文学作品是《坎特伯雷故事集》。近代英文则是从莎士比亚所处的时期开始繁荣。在近代英文时期,随着英国在全球范围内的殖民主义扩张,英文在全世界的影响力越来越大,以至于后来发展成为世界上最通行的文字。

英文部分源自法文,法文部分源自拉丁文,拉丁文部分源自古希腊文,古希腊文又部分源自古埃及文字。从西方文字的这种十分曲折的发展历程中我们不难发现,汉文与西方文字的不同之处,不仅仅在于它是一种世界上罕见的"流传至今"的象形文字,而且也在于它是一种世界上少有的"独立发展"出的文字。尽管中国有数不清的地方方言,又经历过一些少数民族统治的朝代,但汉文始终是中国人使用得最为广泛的文字。有一种观点认为,正是因为汉文的字形结构异常复杂,这使得其演变起来不像拉丁文等文字那样简单,所以,这使得中华民族的文化能够以汉文为核心基础历经数千年延续不断,而在绝大多数时间内又始终处在一个大一统的国家状态。如果这种观点可以成立的话,那我们今天更加要感谢汉文了;它使得中华民族卓尔不群,使得中华民族历经数千年人类历史绵延不绝,笑傲世界民族之林。

旅游篇

名山游

亚洲名山

珠穆朗玛峰

天外奇峰从海底崛起

喜马拉雅山是世界上最高大最雄伟的山系,却也是最年轻的山脉之一。据地质学家考证,7000万年以前,这里还是一片汪洋大海,在剧烈的造山运动中,喜马拉雅山骤然隆起,构成一道威武雄壮的陆上屏障。如此说来,印度洋上星罗棋布的岛屿,与绵亘于中国、印度、不丹、尼泊尔之间的峰峦叠嶂,居然是一脉相承,共同经历了地球上沧海桑田的巨大变化。

珠穆朗玛峰

喜马拉雅山长达2500多千米,它所拥有的8000米以上的高峰就多达14座,尽显"地球屋脊"的风采,而在这高高的"屋脊"上,又耸立起一座昂首天外的奇峰,它就是珠穆朗玛峰。在藏语中,"珠穆"的意思为"女神","朗玛"为"第三","珠穆朗玛"合到一起就是"第三女神"。尼泊尔人则称它"萨加玛塔",意思是"摩天岭"。西方人普遍称它为额菲尔士峰,那是为了纪念英国人乔治·额菲尔士,他担任过印度测量局局长,负责测量过喜马拉雅山脉。

从海底崛起的珠穆朗玛本身就足够神妙,它的峭拔冷峻无山可及,永恒的冰封雪裹中隐藏着创世纪的重大秘密,而流行在藏族同胞中的各种传说更为它笼罩上一层层神奇的色彩。相传珠穆朗玛原是一位天上的仙女,她有五个姐妹,大姐珠穆次仁玛,二姐珠穆丁结沙桑玛,四妹珠穆珠桑玛,五妹珠穆定格日卓桑朗玛。珠穆朗玛排行第三,却是五个姐妹中长得最漂亮的,而且性情最温和。她厌倦了天宫中绝俗的生活，喜欢人间烟火，于是就趁着天降大雪之机，背着父母和姐妹们偷偷下凡，降落到这片雪域圣地。那四位姐妹得知珠穆朗玛的下落后，便纷纷来到她的身边，与她朝夕相处。后来，她们化为喜马拉雅山脉的五大主峰，永驻人间，为首的珠穆朗玛就是当今世界最高峰，被藏族人民亲热地称之为"神女峰"。

在神话传说中，珠穆朗玛峰的很多特征都有来历。比如，珠峰气候恶劣，变化无常，那是因为珠穆朗玛下凡后，在晴日里显得特别妩媚动人。云魔时常来偷吻她的朱唇，风魔不时掀起她雪白的纱衫。温柔的女神被招惹得大发雷霆，便施出法术，让云魔在雪中打滚，让风魔在冰岩下哭泣。至于珠穆朗玛峰的峰顶那么平，则另有一段传说。

相传在人类还没有出现的时候，宇宙间有一位大神，名叫珠穆朗玛。为了不让天塌下来，他就一个人撑在天地之间，这一撑就是一万八千年。他实在撑不住了，就趴了下去，肉体变成了珠穆朗玛峰。他的身高只有 3000 米，所以他变成的山峰也只有 3000 米高。又过了不知多少年，盘古突然间醒来了，他见面前一团漆黑，就抡起大斧头一通砍，天和地又分开了。这回由盘古来支撑天和地。他感觉累的时候，就在珠穆朗玛峰顶上坐一坐，坐了几次就把峰顶坐得平平的。盘古最后也累倒了，就倒在了珠穆朗玛峰上，给它增加了几千米的高度。盘古呼出的气都留在了珠峰上，变成了雪，这就是珠峰奇冷无比的原因。

在藏族人民中间还流传着一个关于喜马拉雅山和珠穆朗玛峰的传说，竟然道出了山海巨变的秘密，与科学家考证的结果相呼应。那是很久很久以前，如今的喜马拉雅山区还是一片汪洋，海边生活着各种各样的飞禽走兽。忽然有一天，从海里冒出一条长着五个龙头的毒龙，喷出五种颜色的火焰和五种颜色的毒瘴，刹那间森林燃起大火，鸟兽们被毒瘴包围，眼见得奄奄一息。就在这时候，从天边冉冉飘来五朵彩云，幻化成五位仙女，她们与五头毒龙展开激烈的搏斗，终于降伏了毒龙。

灾难平息后，五位仙女正要返回天宫，获救的众生灵苦苦哀求，希望她们能留下来保护众生。五仙女大发慈悲，便答应留了下来。她们来到大海边，施展无边法力，只见汪洋渐渐退去，东边生长出茂密的森林，西边变成了万顷良田，南边长出了美丽的花草，北边变成了无际的草原。五位仙女来到西南边，化成了五座美丽的神女山，守卫着她们亲手建造起来的美丽家园。

这些传说在平时是可以当成故事来听的，而如果你有机会到珠峰地区游览，就会找到与它们暗合的物证。在海拔几千米的高山营地，你可能会随手捡到一块海螺化石。假如你不知道珠峰的历史，对这样的发现一定会感到惊诧。吃饭休息的时候，会有一些小孩子背着或捧着一堆"珠峰石"来向你兜售，有鱼有鸟，都是化石。不妨买一块带回家，那上边的痕迹可是几千万年前的描画呀！

而对于科学家来说，这些化石的作用和意义就非同寻常了。古生物学家在与珠峰峰顶同属一个层位的岩层中发现了三叶虫、腕足类、海百合化石群，从而最终确定了珠峰峰顶岩层的年龄。这不是神话，而是科学，但这科学所揭示出来的地质事实又是多么的神奇啊！

征服地球"第三极"

地球有南极、北极，而珠峰号称地球"第三极"。近代以来，人类总是试图征服这三大"极点"，其中有科学考察的成分，有揭示自然奥秘的动机，但也不乏对荣誉的追求。短暂的登顶可以让人类自豪地宣布，地球上的任何高度都只能踏在人的脚下。但高山地带氧气稀薄，根本不适合人类生存，爬一爬小山可以说是体育运动，攀登珠峰这样的雪山，则是挑战人类自身的极限。这份豪情实在让人赞叹，但跃跃欲试者务必谨慎从事，每年都有十数条鲜活的生命魂断珠峰，那是非常严重的警示。

要想成功地攀登珠峰，首先要了解这里的气候特点。每年3月初至5月末是风季过渡到雨季的春季，而9月初至10月末是雨季过渡到风季的秋季。在此期间，高空风速会小于每秒20米，而且不会降雪，是登山的最佳季节。尤其是5月份，珠峰会出现一年中最好的天气，所以被称为登山的"黄金月"。

要想成功地攀登珠峰，还要知道登山的路线。攀登珠峰的基本路线只有南北两条，一条是从中国境内的北坡攀登，一条是从尼泊尔境内的南坡攀登。相比之下，南坡要比北坡容易得多，1953年5月29日，新西兰的登山家埃德蒙·希拉里作为英国登山队队员与尼泊尔向导腾辛·诺尔基由南坡登上珠穆朗玛峰，成为有史以来第一支登顶成功的登山队伍。在此之前，曾有三支英国登山队攀登过珠穆朗玛峰，其中第三支登山队的安德鲁·欧文在登顶过程中失踪。他的遗体于1999年在海拔8150米处被发现，而他随身携带的照相机不见了，所以无法确定他是否为珠峰登顶成功的世界第一人。

从北坡攀登珠穆朗玛峰，除了要克服严寒、缺氧外，还必须越过两个最艰险的地带——"北坳"和"第二台阶"。"北坳"是珠峰与北峰之间的鞍部，海拔7007米，坡度平均在70度，好似一堵高耸的城墙屹立在珠峰的腰部。在"北坳"险陡的坡壁上，常年堆积着深不可测的冰雪，冰川裂缝纵横交错，冰崩、雪崩和暴风雪随时会发生，被称为"连飞鸟也难以穿过的天险"。"第二台阶"位于珠峰8570米至8600米之间，相对高度约30米，岩壁陡峭光滑，平均坡度在60度~70度之间，它的顶部还有一座约3米高的垂直峭壁。从1921年到1939年，英国人连续派出8支登山队从北坡攀登珠峰，都遭到了失败，有人还丧失了生命。因此，他们把北坡称作是"不可攀援的路线""死亡的路线"。

另外，不管从哪个方向登顶，最后一关依旧充满危险。珠峰顶部是一条西北一东南走向的山梁，长10余米，宽不过1米，好似鱼脊，一旦刮起风来，这上边根本站不住人。如果赶上坏天气，即便顶峰近在咫尺，也不容你接近半步。

从中国一侧攀登珠穆朗玛峰的桂冠应该戴在中国人的头上，新中国登山队于1955年组建以来，一直都把从北坡登顶珠峰当作最大的梦想。1960年5月25日凌晨4时20分,中国登山队的三名运动员王富洲、贡布(藏族)、屈银华,在严重缺氧的情况下,以惊人的毅力和出色的技巧,连跨险关,从北坡成功登顶,首次完成了人类从北坡征服珠峰的夙愿,也在世界登山史上书写出属于中国人的灿烂一页。

巧合的是,就在中国登山队在北坡向珠峰发起冲击时,一支印度登山队正在从尼泊尔一侧攀登珠峰。中国登山队借着星光创造了人类登山史上首次夜登珠峰的奇迹,而印度登山队由于行动缓慢,没有抓住有利时机,结果因天气变坏而被迫宣告失败。

自中国登山队攀登珠峰成功后,中国人的登山史就不断续写出新的篇章。1975年5月27日,中国登山队第二次从北坡攀登珠穆朗玛峰成功,藏族队员潘多成为第一个从北坡登顶珠峰的女性。1988年中国与日本、尼泊尔登山运动员联合组队,首次实现了珠峰南北坡双跨。1990年5月7日至10日,由中、俄、英三国登山运动员组成的和平登山队,分四批计20人相继登上这座世界顶峰,创造出了一次征服珠峰人数最多的世界纪录。

傲然挺立的珠峰已经彻底被人类踏在脚下了!珠峰只有一座,而目前已经开发出了36条攀登珠峰的路线,也就是说人类可以从36个角度征服珠峰。过去说登上世界第一峰能振奋民族精神,唤起民族的自豪感,而如今登顶已是习以为常。1978年,两位西方人首次未带氧气瓶登顶成功。1980年,一位波兰登山家第一次在冬天攀登珠峰成功。1998年,美国的一位残疾人成功登顶。相信在今后的岁月里,肯定还会有人变着花样攀登珠峰,但不会再重新证明什么,或许这里最终只会成为检验人类攀登能力和意志品质最好的试验场。

行走在珠穆朗玛

尽管已有上千人分享了成功登顶珠峰的荣誉,但对于常人来说,想站到珠峰顶上那还是终身无法实现的梦想(很难想象能在这里建一条登山缆车),就连接近它的路程也是艰辛和漫长。能够在珠穆朗玛峰脚下走一走,尽可能在最近处瞻仰它的真容,就已经是最大地满足了。

对于只是想到珠穆朗玛观光的游人来说,到它的南坡是一个不错的选择。这里是尼泊尔的萨加玛塔国家公园,终年阳光灿烂,四季如春,远比寒风呼啸的北坡舒服多了。因为从这里登顶要比北坡容易得多,所以这里也比北坡热闹得名,各国登山队的旗帜迎风招展。若论自然景色,南坡也胜过北坡,低处的河谷一带鲜花怒放,杜鹃花漫山遍野,和山上的皑皑白雪交相辉映。这里还给游人提供了很多便利条件,旅店的数量多达82个,位于海拔3962米处的香波其还建有一所现代化的旅馆,是世界上海拔最高的旅馆。香波其又建有一座高山机场,每天都有班机与加德满都往来,游人要想从空中俯瞰山景,可以乘专门的旅游客机。

进入萨加玛塔国家公园,首先进入眼帘的就是耸立在群峰之中的珠穆朗玛峰,深蓝的苍穹下,银白色的雪峰一尘不染,使人崇敬之情油然而生,即使力所不逮,也想最大限度地接近它。一般来说,能够登到海拔5545米的卡拉帕德观景台就可以让人心满意足了,在这里可以看到世界上海拔最高的日出。当群峰还在黎明中沉睡,绚丽夺目的彩霞就给珠峰披上了一件鲜艳的华服,那粉红的颜色一点点扩大,渐渐铺满了蜿蜒千里的喜马拉雅山脉。珠峰夕照同样举世无双。当夜幕慢慢地笼罩住了群山,唯有珠峰之巅还是一片金光灿烂,就好像女神的金色皇冠在夜空中闪烁。

说来也有趣,当你距离珠峰越来越近的时候,珠穆朗玛反倒显得不那么雄伟了,这大概就是诗人说的"只缘身在此山中"。它的南面有洛子峰(海拔8516米,为世界第四高峰)和卓穷峰(海拔7589米),东南面有马卡鲁峰(海拔8463米,世界第五高峰),北面有章子峰(海拔7543米),西面有努子峰(海拔7855米)和普莫里峰(海拔7161米)。这些世界顶级雪峰聚首一处,争辉比洁,在云海中时隐时现,好似以整个天幕为画布画出了一幅凝固的图画,气势无比壮观,置身其间的珠穆朗玛峰实在不大突出,给人以温婉的感觉,怪不得它在传说中被称为"第三女神"。

除了朝晖夕阳,珠穆朗玛峰还有两大奇景,其中之一就是"旗云"。旗云是旗帜云或旗状云的简称,它飘浮在峰顶,远望似旗,迎风摆动,形状姿态万千,时而像波涛汹涌的海浪,忽而变成袅袅上升的炊烟;一会儿如同高原雄鹰在凌空翱翔,一会儿好似古战场上万马奔腾。

旗云是珠穆朗玛峰特有的景观。它是由对流性积云形成的,往往自日出后产生,中午前后最为明显。下午三四点钟以后,由于对流强烈,积云迅猛发展,致使山顶常被云朵遮蔽,也就看不到旗云了。有经验的气象工作者和登山队员,可以根据旗云飘动的位置和高度,来推断峰顶风力的大小。比如,旗云拖得很长,顶部很低,这就说明山顶上正刮着强劲的西风;旗云的方向由峰顶东南一侧往西北移动,这就说明峰顶改吹东南风了,天气可能转阴,甚至降雪;如果旗云与峰顶平齐,那就说明峰顶正刮着九级大风。正因为珠峰旗云有着这样的作用,所以它被称为"世界上最高的风向标"。

珠穆朗玛峰的另一大奇景是冰塔林。在珠峰北坡海拔5300米到6300米的广阔地带,有着世界上发育最充分、保存最完好的冰川,这里举目所及,一片洁白,悬崖峭壁宛如古代的城堡,风化岩石形成的石柱、石笋、石剑、石塔成群结队,景色冠绝天下,被登山探险者们誉为世界上最大的"高山公园"。这一带最大的冰川叫绒布冰川,冰川上有一大片世间罕见的景致,由无数上尖下宽的冰塔组成,密如森林,形态各异,绵延数千米,所以得名冰塔林。

冰塔林是珠峰冰雪世界的代表。在低纬度气候干燥的海拔高度地区,由于太阳入射角度高,太阳光从冰川上面直射进冰川裂隙,引起从上到下的消融,这才形成了一个个高耸陡峭的冰塔。如果太阳入射角偏小,冰川从侧面开始融化,形成的冰塔就不会高而陡峭了。只有珠峰北侧才具备上面提到的各种条件,所以这里才会出现高峻秀美的冰塔林景观。

"大山之子"——夏尔巴人

　　1953 年,新西兰登山家埃德蒙·希拉里所在的英国远征小队来到珠峰脚下,出发前他们信心百倍,可到了珠峰跟前,才发现实际情况远比想象的困难得多。如果没有当地人做向导,他们即使能登顶,却不能保证活着下山。就在他们一筹莫展的时候,一个身强力壮的小伙子赶着一群牦牛从他们身边经过。希拉里走上前去,连说加比划,费了半天劲儿,才让他明白了自己的意思。这位小伙子名叫腾辛·诺尔基,他最终帮助希拉里登上了珠峰,一举改写了珠峰没有人类足迹的纪录。

　　腾辛·诺尔基成功登上珠峰后,当地居民送给他一个"雪山之虎"的美称,而印度人和尼泊尔人则为他的国籍打起了笔墨官司,都说他是本国的夏尔巴人。实际上,腾辛出生在西藏,他童年时代的大部分时光也是在西藏度过的。说腾辛·诺尔基是夏尔巴人也不错,"夏尔巴"的意思是"东方人",传说这个民族的祖先是由中国西藏的东部迁徙到中尼边界的。他们主要聚居在喜马拉雅山海拔 4700 米的地区。长期的高山生活塑造了夏尔巴人特有的体魄,血液中血红蛋白浓度高于常人,肺活量大得惊人,血压很低,肌肉伸缩有力。所以,自从人类试图征服珠峰以来,夏尔巴人一直充当着向导和挑夫的角色,几乎每支登山队伍中都少不了夏尔巴人。他们不仅负责探路、开凿阶梯和铺设绳索,还要为登山者运送物资装备,提供后勤保障。而当各国登山队员在峰顶激动地展开国旗时,夏尔巴人只是平静地站在一旁,对他们来说,登山就是"上班",是一种谋生的手段。

　　夏尔巴人与生俱来的登山天赋让来自平原地区的人感叹不已,英国登山家亚瑟·韦克菲尔德这样写道:"这是老人、妇女、男孩和女孩组成的花花绿绿的搬运队伍,在海拔 6000 米的高度上,他们背着 80 磅的器材设备却能攀登自如,一些妇女甚至还背着孩子。晚上,这些'高山搬运工'睡在帐篷外边,只找一块大岩石挡风,他们似乎并不在乎夜里零摄氏度以下的低温。"

　　自腾辛·诺尔基以后,夏尔巴人中陆续涌现出了许多登山奇才。一个人能登上珠峰一次就已经是毕生的荣耀了,而有个名叫阿帕的夏尔巴人登山向导却先后16 次征服了珠峰。西方的登山者通常需要三四天才能登上珠峰,而有个叫巴布的夏尔巴人只用了 16 小时 56 秒。1995 年,巴布还创造了在两个星期内两次登顶的纪录。2001 年 4 月,巴布在帐篷外拍摄落日余晖在雪山中形成的奇幻景象时,不慎滑入冰缝,献出了 35 岁的生命。

　　在人类攀登珠峰的历史上,夏尔巴人功不可没,他们创造出成功攀登珠峰人数最多、无氧登顶珠峰人数最多这两项世界纪录。还有个世界之最是他们用生命为代价创下的,那就是遇难人数最多。自 1953 年以来,已有 170 人死在登山途中,而夏尔巴人就占了 60 多人。夏尔巴人素来享有"大山之子"的美誉,他们善于攀登,却无法预测气候的变化,而每次大风雪过后,山脊和峭壁间无数的冰川裂缝都会变成"虎口"。早在 1922 年,就曾有 6 名夏尔巴人在雪崩中遭活埋,这是攀登珠峰最早的死亡记录。然而,夏尔巴人不会因为风险而轻易放弃这份职业,因为它的回报也相当高,登一次雪山可挣到三四千美元。

可观的收入极大地改变了夏尔巴人的生活方式。1953 年以前,在夏尔巴人的聚居地没有一所学校、医院,如今这里已经有了十几所学校,也有了医生和卫星电视,甚至还有了高山网吧。令人惋惜的是,夏尔巴人在摆脱贫困的同时,民族文化特色也在迅速丧失,方言、庆典、民歌和民族舞蹈等都快被新一代夏尔巴人忘光了。在尼泊尔的萨加玛塔国家公园里,很多地方都能看到碎石堆砌的玛尼堆,上边飘扬着五色经幡,夏尔巴人路过这里,总会口中念念有词,祈求上苍的恩赐与神灵的保佑。夏尔巴人还没有丢掉这个传统,但祈求的内容却改为顺利登上珠峰。夏尔巴人信奉佛教,每次攀登珠峰前,他们都要从腾布齐藏传佛教寺庙请来高僧喇嘛作法念经,保佑他们平安归来。这个时候,夏尔巴人真诚地相信佛法无边,这信仰的力量大概会让他们独特的文明传承不绝。

富士山

中国有句名言,叫作"不到长城非好汉";日本也有句名言,叫作"登上富士山顶峰的才是英雄",还有一句名言叫作"未登过富士山的人是无知者"。所谓无知就是没有见识,富士山被日本人奉为圣岳,是平安吉祥的象征,称它为"不二山",又有"玉扇倒悬东海天"的壮观景色,因而成为日本文学家、艺术家讴歌的主题。身为日本人却没有到过富士山,那实在是无知无识。既不甘心当不成好汉,又不想失去大开眼界的机会,于是富士山每年都吸引了数百万人前去攀登,每天都有成千上万的人登上峰顶。

富士山

日本人攀登富士山的历史十分悠久,据说始于平安时代(794~1192)中期。相传第一个冒险登上富士山顶的人是缘之和尚,下山时眉毛都被烤焦了。据他说,山顶处正流淌着炽热的岩浆。在他之后,一代代僧人接踵而来,并在山上建起了第一批木屋。如今生活在富士山地区的居民,据说都是缘之和尚的后代。到了江户时代,日本人把登富士山视为男人一生中必定要完成的一件大事,有的人甚至为此献出了生命。明治维新年间,攀登富士山之前要举行隆重的宗教仪式。古时候登富士山有很多清规戒律,其中有一条是不准女子登山。直到 1867 年,一位名叫巴尔克斯夫人的英国女子放胆登山,这才开创了女性涉足富士山的先河。如今每年大约有 200 多万人攀登富士山,真正能到山顶的只有 40 多万人,其中女性占一半。

攀登富士山的起点在山脚下的和平公园,这里有一座山门,门上挂着一双巨大的草鞋,门口还放着一双铁鞋。游人来到这里,都要上去穿穿铁鞋,摸摸草鞋,据说这样就会求得山神的保佑,一路平安。

富士山从山脚至山巅共有 10 个停歇点,如果步行,能走到第五个停歇点就不错了。如果坐汽车,可以直接到达第五个停歇点,从这里步行 4 个小时就可以攀到峰顶。如果你要只想观赏风光,那么爬到 2000 米处就完全可以了,这一带树木葱茏,一片青翠,景色非常秀丽。山北麓有五个小湖,从东往西围绕着富士山,好像镶嵌在山体上的一串明珠,统称"富士五湖"。五湖中最大的是山中湖,它在日本的高山湖泊中位列第三。湖水晶莹清澈,环境优美宁静,夏日可垂钓,严冬能滑冰。山中湖畔有座高 1140 米的大山,山顶有座"富士旅馆"。这家旅馆有一条特殊规定:入住旅馆后如果超过 1 分钟看不见富士山,立即退回住房费。五湖中最深的是本栖湖,水深 133 米,为日本第八深湖,它已被国际上正式列为"世界最美湖"之一。五湖中最小的是精进湖,站在它的北岸一览富士山的近貌以及湖中的倒影,是富士山北部景色的点睛之笔。

山西麓的白丝瀑布分成十余束细流涓涓流淌,形成一道宽 130 多米的水帘。旁边的音止瀑布则是另外一番景色,它好似一匹巨布从高处展开,声如雷鸣。南山麓的莽莽草原上牛羊满坡,别有一番情趣。这里还开辟了一个游猎公园,园中有 40 多种野生动物,游人可以驾驶汽车在园中观赏野生动物。富士山的整个山麓都能见到由火山熔岩凝结而成的山洞,最美的富岳风穴内的洞壁上结满了钟乳石似的冰柱,终年不化,称为"万年雪",在光照下还会产生奇妙的折光,十分罕见。

如果你有足够的体力和兴趣,那就一定要攀到富士山顶峰。富士山不算太高,但要想登顶也不是一件容易的事情。自海拔 2900 米直到山顶,这一带覆盖着黑褐色的火山熔岩、火山砂,满目荒凉,没有一棵可扶的树,没有一株可抓的草,只有一条登山者踩出来的弯弯曲曲的小道,人们要用脚尖顶住砂土中的岩石,一步一步往上挪。过了海拔 3000 米的雪线后,不仅路越走越险,气温也骤然下降许多,人们要戴上手套,穿上棉衣,才能抵御山上的寒冷。

尽管攀登富士山很艰难,还有受伤的危险,但每个登到山顶的人都认为不虚此行。站在富士山顶,只是站在了富士群峰最高的剑峰上,它的周围还簇拥着白山峰、药师峰、大白峰、伊豆峰、成就峰、驹峰和三岛兵峰。这八座山峰就像八片莲花瓣,赢得了"八瓣芙蓉"的美称。只有登上富士山顶极目远眺,你才能真正体会到日本诗人安积艮斋"万古天风吹不断,青空一朵玉芙蓉"这名句的真实意境。

只有登上富士山顶,你才能看到一块两米高的大石碑,上刻"富士顶峰 3776 米"的字样。还有一块大石上刻着"镇山之石"四个刚劲有力的大字,那是一位 72 岁的老人登上富士山后书写的。山顶上有一个很大的火山口,像一只大钵盂,日本人称之为"御体"。它的直径有 800 米,深 220 米,富士山就是以这个火山口为中心均匀地堆积起来的。

富士山是一座年轻的休眠火山,从 8 世纪到 11 世纪,它先后爆发过 11 次,其中以公元 864 年那一次最为严重，"轰然一声，山麓崩裂，飞沙走石，如海潮决裂"。它最近一次爆发是在 1707 年，喷射出来的黑色岩砂直达 100 千米以外的东京城，砂土远扬到 400 千米以外的地带。最早生活在富士山脚下的是日本的少数民族阿伊努人，他们肯定见到过富士山爆发的骇人景象，于是就流传出这样的传说：富士山中居住着一位司火女神，名叫 FUJI，她一生气就会喷发火焰。汉字输入日本后，FUJI 就被音译成了"富士"。

对于古代的日本人来说，攀登富士山具有朝圣的意义。富士山从下而上自古以来建有若干大大小小的神社，而坐落在顶峰的久须众神社和战间神社最为有名，不到峰顶，就不能在这里顶礼膜拜。而对于今天的日本人来说，攀登富士山最大的诱惑是观看日出，称为"御来光"。

凡是想观看日出的人，都要在海拔 3250 米处的"八合目"过夜，这里有很多木造小屋，专供登山客住宿。第二天凌晨 4 时左右，登山客们就纷纷起床，有的戴着头灯，有的挂着腰灯，有的拿着手电筒，成群结队地向山顶进发。

清晨，富士山顶染墨施黛，放眼望去，波涛翻滚的云层，一会儿如重峦叠嶂，一会儿像万马奔腾。忽然，淡灰色的云层上方露出一道金光，随着金色的光芒越射越多，白云被抹上了淡黄、橙色、浅紫的颜色。就在那颜色越来越亮的时候，一轮红日从五彩缤纷的东方一跃而出。红日驱赶着薄薄的云雾，漫山遍野朝晖尽染，刹那间异彩纷呈。这美妙而绚丽的景色，陶醉了富士山顶的登山客们，也引来一阵阵热烈的掌声和欢呼声。

要想登顶观日出，最好选择夏季去那里，而如果想观赏富士山的美景，那么一年四季都可去得。春天，满山樱花竞相开放，把富士山装点得格外妖娆。秋季，红叶满山，别有一番醉人的情趣。冬季，"富士白雪映朝阳"，一片北国风光。

富士山既可远观，又可近看，远观"巍巍一秀峰，举目趣无穷"，近看"云雾萦峦时，须臾绘百景"。不管是远观还是近看，富士山总是不肯轻易将它姣好的面目示人，而"青云一缕，横亘山腰"，总是用神秘的面纱将它打扮成羞涩的少女。一会儿碧空白云，一会儿烟雨弥漫，使得富士山面孔多变，也就非常耐看。

凡天下名山大川都连着神话传说或民间故事，更显其超凡脱俗，富士山也是一样。在有关富士山的传说中，有一则与中国人很有关系。相传当年秦始皇委派徐福率五百童男童女跨海寻找长生不老药，就来到了日本的富士山。在山中他发现了一种依靠山雾生长的"浜梨"（即玫瑰），结着红色的果实，吃了可以延年益寿。徐福大喜，赶紧报告国内，无奈此时秦始皇已经去世，徐福就自己吃了"浜梨"，并在富士山中居住下来。若干年后，徐福死了，变成了三只鹤，天天盘旋在富士山的原野上空。后来一只鹤落在福源寺中死去了，当地人便在寺中修建了"鹤冢"，纪念徐福的神灵。这座鹤冢就在日本的山梨县吉田市，位于富士山东北麓，不知道徐福的子孙有没有到那里去过，献上一束玫瑰花，慰藉一下那无可依漂泊着的灵魂。

金刚山

"愿生高丽国,一见金刚山。"不论是在朝鲜人写的有关旅游的文章中,还是在韩国人发放的旅游手册中,只要一提到金刚山,总是要引用了这样两句诗,据说它出自中国宋代大文豪苏东坡的笔下,也有人说是李白写的。然而,遍查全唐诗和全宋诗,都找不到这无头无尾的两句诗,姑且算作朝鲜人巧妙的自夸。"不到金刚山,不算到朝鲜。"这才是朝鲜人自己的说法,但显然不如借用外国人之口说出来更有力度。

金刚山

苏轼和李白没有见过金刚山,但很有可能听说过这座山的名字。《华严经》中就有关于金刚山的记载,说它有一万二千座山峰。唐代有个澄观和尚,他说离东海不远处有一座金刚山,上下左右四方山间的流水和砂子中都有金子,从远处看去就像金山。那个时候没有影像资料,仅凭口耳相传,苏轼和李白还不至于因为一座山而生出移居他国的念头,但如果他们真的见到了金刚山的奇峰怪岩、飞瀑流泉、密林奇洞、松林云海,那一定会给后人留下更精美的诗篇。

朝鲜半岛多山,金刚山、白头山、妙香山、七宝山和九月山合称五大名山,而金刚山能够名列首位,自有其不凡之处。先说金刚山的别名。盛夏时分,天上彩云朵朵,地上绿树芳草,人们宛如置身仙境,便叫它蓬莱山。初秋来临,满山枫叶好似铺上艳丽的锦绣,人们便叫它枫岳山。深秋以后,树叶凋零,凸显出满山的奇岩怪石,瘦骨伶仃,人们便叫它皆骨山。严冬季节,白雪皑皑,一片银装素裹,人们便叫它雪峰山。

一山多名那是因为人们实在一言难尽它应季变化的美景,而它的正名则体现出朝鲜人对它的热爱和尊崇。关于金刚山正名的来历有好多种说法:一说山上的石峰在阳光照耀下,犹如金刚石璀璨生辉;一说古时候朝鲜人认为这座山集中了人间所有最美丽的自然景致,便把它比做宝石之冠的金刚石;还有一说金刚是用来表示菩萨的牢固而不朽,也用来表示这座山的万世不朽。

登山要从山脚始,观山要从山顶瞰,金刚山更是如此。金刚山的主脊线从虎龙峰到毗卢峰再到五峰山,东部的山势雄壮奇特,富有男性之美,被划定为外金刚区;西部的山势温柔秀丽,富有女性美,被划定为内金刚区;高城的南江河和通川的丛石亭、侍中湖一带的海边绝景统称为海金刚,以波涛石林美景而著称。三大"金刚"各有其绝佳之处,而且都附丽着美好的传说。

位于金刚山主脊线上的毗卢峰是金刚山的主峰,这里常年大风不断,所以山顶上的树木长得不高,而且全都半躺或全躺着,俗称偏躺树。站在毗卢峰上,就等于站到了金刚山最高的天然展望台上,东南面的将军峰、月出峰、次日峰、白马峰,北面的玉女峰、上登峰、五峰山等尽收眼底。黎明时分,一轮红日从东海上冉冉升起,日暮黄昏,一缕晚霞五彩缤纷,每天都是毗卢峰与太阳最早约会,又最晚作别,这成了金刚山亘古不变的两道最辉煌的景观。

与毗卢峰相邻的集仙峰云雾缭绕,给人一种朦朦胧胧、飘飘欲仙之感,难怪古人称它是神秘的灵山。相传古时候曾有五十三佛和九条龙在这一带争斗,九龙寡不敌众,落荒而逃,由于云雾遮掩,看不清前边有山,一头撞了过去,结果撞出了好几个奇异的山洞,于是得名"九龙洞"。

站在金刚山主脊线向东望去,便是外金刚区,这里的美景主要集中在万物相区和九龙渊区。万物相区由一系列奇峰组成,北有绵延的五峰山和水晶峰,南有以观音峰为主峰的观音山脉,代表了金刚山的山岳之美。这里有亭亭玉立如仙女的天女峰,有形似恶鬼令人生畏的鬼面岩,还有直插云霄的三仙岩,相传由三位神仙所化。位于万物相区正中央的天仙台海拔936米,相传天上的仙女为金刚山的景色所迷,便来到这里玩耍,由此得名"仙女台"。站在台上可以将万物相区的景色一览无余,尤其是那如枪尖或锯齿一般尖锐的石林,形状千奇百怪,真是万物之相俱全,万物相的名字便由此而来。

九龙渊区的主要名胜是九龙瀑布和九龙渊。九龙瀑布为朝鲜三大瀑布之一,从70多米高的崖壁上飞流直下,分成九岔,宛如九龙戏水。在九龙瀑布几万年如一日的冲击下,下边形成了一个深潭,相传有九条龙栖息在那里,所以称为九龙渊,深13米。九龙瀑水注入九龙渊里,声若雷鸣,震撼山谷。崖壁上"千文白练,万斛真珠"的诗句,为1200多年前的古人所写。

九龙瀑上面有个平台叫"九龙台",站在台上,可以看见林立的绝壁之间,有一串清澈透明的大小池潭,如绿珠相连,层层泛银。其中最大的八个合称"八潭",因位于九龙洞上面,所以得名"上八潭"。上八潭景色秀丽,自古以来又流传着仙女和樵夫的神话传说,给这里的景色蒙上一层似真似幻的色彩。

很久很久以前,有一个年轻樵夫住在金刚山下面的小村子里。有一天,他到深山里砍柴,突然跑来一头小鹿,后边猎人在紧紧追赶。樵夫觉得小鹿非常可怜,就把它藏在柴里,把猎人支开了。为了感谢他的救命之恩,小鹿就告诉了他一个秘密。

这一天,樵夫到山上砍了一担柴后,就在上八潭附近躲了起来。过了一会儿,天空中出现了七色彩虹,八位仙女穿着带翅膀的衣服飞了下来。她们脱下衣服挂在树枝上,便下水嬉戏。樵夫悄悄地走过去,从树枝上取下一件衣服藏在石缝里。

天快黑了,仙女们才想起来该回去了,就匆匆穿上衣服飞上天去。有一个仙女找不到衣服,只得留了下来。樵夫走出来,把无处可去的仙女带回家。仙女被樵夫的憨厚淳朴所吸引,就与他结成夫妻,生儿育女,在人间过上了幸福生活。

有一天,樵夫把当年藏衣服的事情跟仙女讲了,又取出仙衣还给她。仙女看到衣服,对天宫的思念油然而生,便带着儿女飞走了。

仙女走后,樵夫非常悲伤,这时候那头小鹿又出现在他的面前,又告诉了他一个秘密。自从丢了衣服后,天上的仙女们再也不到上八潭来了,她们想沐浴的时候,便丢下一只大水桶舀水上去。樵夫按照小鹿的指点,来到上八潭藏好,等仙女们把水桶放下来的时候,就钻了进去。

樵夫就这样进了天宫,见到了妻子儿女,合家团聚,过上了快乐的生活。可是没过多久,他就看腻了天宫里的风光,怀念起金刚山那千变万化的美景。于是,他和仙女就毅然带着儿女重返金刚山。

仙女和樵夫的传说非常有名,因而金刚山中很多景观都与之附会。三仙岩对面有座"切斧岩",酷似一柄大斧子砍在岩石上,相传当年樵夫为了能见到山顶上的仙女一眼,就发力将斧头砍在岩石上,攀着它才爬了上来。

站在金刚山主脊线向西望去,便是内金刚区。内金刚区以峡谷、瀑布、深潭为主要景观,过去说游金刚山,就是游内金刚区。万瀑洞集中了金刚山最美丽的溪谷,这个名字就是瀑布相当多的意思。内金刚九城洞区的朝阳瀑布又叫玉永瀑布,号称金刚山四大瀑布之一。这里树丛茂盛,只有早晨时很短暂的时间阳光才能照到它,所以得名朝阳瀑布。朝阳瀑布高 31 米,宽 3 米,由两段组成。从上边落下来的瀑水笔直地落进下面的瀑壶里,然后溢出来,再倾进最下面的椭圆形的池沼里,规模宏大,景色美丽。

内金刚区有很多潭沼,以黑龙潭、琵琶潭、碧波潭、喷雪潭、珍珠潭、龟潭、船潭、火龙潭最为有名,合称"万瀑八潭"。为了与外金刚的外八潭相区别,又叫内八潭。珍珠潭的上边是高 13 米的珍珠瀑布,潭水像水晶一样清澈,旁边的岩石上刻着"水簾"两个汉字。龟潭右边的石崖底下有一块状如乌龟的石头,仰头伸颈,惟妙惟肖,龟潭便由此得名。这里山深林密,溪水散流,溪水对面刻在石块上的"天下第一名山"五个汉字格外引人注目。

金刚山连绵不断的群峰号称一万二千座,相传古时候有个担武葛菩萨(有时翻译成法气菩萨),他和他的一万二千个眷属经常在这里讲经说法。正因为有这样的传说,金刚山就成了朝鲜佛教的一块圣地。金刚山上遍布佛教遗迹,石塔、石灯、磨崖佛(岩壁上造成的佛像)、佛像、石碑等比比皆是,还有很多佛教寺院,最盛时有 8 万多座,其中表训寺、长安寺、榆岾寺、定阳寺合称朝鲜四大名寺。这四大名寺在历代战乱中全都遭到不同程度的破坏,如今保存比较完好的只有位于内金刚区的表训寺。内金刚区的长安寺大雄宝殿里保存着毗卢遮那佛,这就是金刚山主峰得名毗卢峰的由来。表训寺被奇峰异石、青鹤台、金刚台、法起峰等围绕其中,现在已经成为游人最好的歇脚之处。在通往表训寺的路上,有一带地势开阔而广大,得名花开洞。这里有一面高达 40 米的峭壁,上边雕刻着弥勒坐佛像,高 15 米,膝盖宽 9.4 米,脸长 3.1 米,眼长 1 米,耳朵长 1.5 米,手长 3 米,脚长 3.2 米,左边刻有"妙吉祥"三个大字。它是朝鲜最大的石佛,已经被朝鲜政府指定为第 45 号国宝级文化遗产。被指定为第 41 号国宝级文化遗产的三佛岩也在这里,天然巨石上刻着弥勒佛、释迦佛、阿弥陀佛三位菩陀的大立像,散发出佛教文化的神韵。

内金刚区还有一处著名的遗址,它就是坐落在万瀑洞峡谷中的普德庵。高句丽时代,有个普德和尚为了潜心修道,就在 20 多米高的断崖绝壁上建起了一个小庵堂,与后边的一个山洞相连。这个山洞名叫普德洞。相传古时候有个普德姑娘,心地十分善良,与她的父亲住在这个洞中,父女俩相依为命。后人为了纪念她,就把这个洞取名普德洞,还在里边供奉着普德姑娘的玉像。普德庵本殿观音殿只有一间平房,两边靠着 7.3 米高的青铜柱支撑起来,周围用铁丝固定下来。每当山风吹过,殿中的地板就会发出吱吱的响声,有摇摇欲坠之感,却抵抗住了数百年的风雨侵袭,堪称神奇。

海金刚区由三日浦区、海金刚小区和丛石亭组成。三日浦自古就号称朝鲜八大景观之一,相传古代一位国王因贪恋这儿的美景而三日忘返,所以得名三日浦。这里有一个波平如镜的淡水湖,西侧有 36 座山峰环绕湖面,松林苍翠,阁亭遍布,湖边草绿花香,湖内碧波粼粼,着实令人流连忘返。海金刚小区是一道绝妙的海岸风景线,屹立在海水中的石林,岸上的松树和沙滩,还有蔚蓝色的大海上的连天碧浪,彼此融为一体,形成了极为壮美的景观。丛石亭的景色更是世间奇绝。海面上的石柱有四角、五角、六角、八角,形状各异,有立有卧,或相连或相对,还有根植于石柱上的千姿百态的松树,处处皆可入画。这里最有代表性的景观是四仙峰,四根高达几十米的石柱相向而立,宛如四位仙人聚首倾谈。他们在说些什么呢?那一定是神接千载的造化大秘密。

妙香山

"三千里江山皆名胜,未见妙香山莫谈景。"作为朝鲜最著名的旅游胜地之一,妙香山山高谷深,峰顶白云缭绕,满山古木参天,遍谷郁郁苍苍,每年都能引来大量的国内外游人。而一年之中,春花烂漫的季节最为迷人,漫山遍野姹紫嫣红,馨香飘溢,那香味既来自山花,又来自松柏,加上山势神秘奇妙,所以得名妙香山。

妙香山又称沸流山、太白山,早年曾探明这里的地下有一座金矿,但四季四景的妙香山要比金子贵重得多,于是人们就放弃了开采。妙香山地下贵过金子的地方,就是举世罕见的地

妙香山

下名胜"龙门大窟"。它是一个石灰岩洞窟,由两大主窟和 30 多个支窟组成,总长 6 千米,最高处达 40 米,最宽处达 60 米。洞窟里的钟乳石奇诡万态,俯仰百状,万物洞、石花洞、铁壁洞、百花洞、金刚宫等景如其名,一一游去,会不断给人带来

惊喜。

妙香山地面贵过金子的首先是这里逶迤的群峰,如卓旗峰、圆满峰、千台峰、千塔峰、香炉峰、五仙峰、法王峰、七星峰、元万峰等,一座座山中处处可见悬崖陡峭,峡谷深邃,流水清澈,瀑布倒挂,宛如一幅幅天然的水墨画。

妙香山美水更美,山水交融,把妙香山装点成了一位清丽出尘的美女。山中多见溪瀑相连,水流如精灵一般辗转腾挪,跌宕出一道道山中美景。上元洞附近的金刚瀑布自 32 米高处奔流直下,气势非凡。武陵瀑布从斜插在山中几十米的大岩石上飞流下来,撞击在大盆似的石槽内,激起 10 多米高的水柱,然后画出一个巨大的半圆,直泻千丈悬崖之下,蔚为壮观。170 米高的散珠瀑布飞珠溅玉,俨如白雪纷飞。落差 84 米的龙渊瀑布是一个别具特色的卧式瀑布,它的顶端有一个直径 3 米、水深 1.5 米的"龙潭"。从海拔 1388 米的法王峰流下的条条溪水汇聚龙潭之中,再沿着岩壁飞流转下,远远望去,既似一条矫健的白龙欲上云端,又如一条舞动的白练自天而下。

在散珠和龙渊两大瀑布飞泻的岩盘上,矗立着一座名为上元的庵堂。此庵建于高句丽时代,后遭毁坏,现存的建筑是 1580 年重修的。上元庵的楼台殿阁古朴幽雅,庵内还有一棵盘根错节的老菩提树,与周围不加雕饰的自然景色十分和谐。

妙香山的自然风景如此奇绝,有些游客居然不为所动,一到妙香山就直奔国际友谊展览馆而去,这只能说明后者有着非凡的吸引力。国际友谊展览馆是一座绿瓦白墙的宏大建筑,重檐歇山屋顶是传统的朝式风格,内部却是非常现代化的布局和装修,混凝土电动大门重达数吨,两侧有军人守卫。馆内所展出的全是各国政要及民间友人向朝鲜两代领导人金日成和金正日父子赠送的珍贵礼品,多达 10 万件以上。展厅的墙上悬挂着一幅巨大的世界地图,上面布满了指示灯,亮灯的就表示该国送过礼物,而不同的颜色则表示礼物来自政要或来自民间。这里展示的礼品堪称琳琅满目,大者如汽车、火车包厢,小者如领花、袖扣;高贵者如铂金、钻石,低廉者如竹笠、草编,简直是应有尽有。这繁多的礼品中也不乏令人大开眼界的稀世珍品,如重达 55 千克的巨型象牙、堪称东方之最的精美地毯、如洗面盆大小的纯银大碗(柬埔寨人送的)、栩栩如生的非洲狮子标本。金日成去世后,中国政府送来的金日成蜡像也摆在这里,其逼真程度可以达到百分之百。这里还有一幅用蝴蝶翅膀粘贴而成的金日成画像,其构思之巧妙,令人叹服。因为展品太多,这座展览馆光本馆就辟有 120 间展室,如迷宫一般,一天根本走不完。

既来妙香山,必谒普贤寺。普贤寺落成于公元 1042 年,由 24 座殿阁(243 间)组成,初期为汉传佛教华严宗的一座寺院,后改为曹溪宗(禅宗)的一处福地。寺内的主要建筑物有大雄殿、万岁楼、解脱门、天王门等。朝鲜祖国解放战争期间,普贤寺的中心建筑大雄殿等 14 幢建筑和 7400 多件文物曾被美国飞机炸毁,现在的寺院是战后重新修建的,但那些文物却从此绝迹。

普贤寺是朝鲜历史上佛、法、僧三宝地位很高的古刹。壬辰卫国战争(1592~

1598)时,从庆尚南道梁山的通度寺移来部分释迦舍利,在这里建立起了释迦佛祖舍利塔,后来又从庆尚南道陕川的海印寺移来了《八万大藏经》全套刻本。这套佛教经典刻于13世纪,多达6780卷,雕工细腻,印刷精美,墨色鲜明,加之保存完整,不愧为朝鲜的"国宝"。如今这套珍贵的佛经被严格保护了起来,游人只能隔着玻璃柜一瞻其风采。万岁楼上保存有李朝时期500多年的政府日志《李朝实录》,是朝鲜的宝贵史料。普贤寺还是一个名僧辈出的地方。16世纪的著名高僧、朝鲜爱国僧人兵将西山大师在这里度过了后半生,17世纪反后金侵略期间,这里又涌现出了许多爱国僧人兵将。

普贤寺中有两座塔,一座是四角9层塔,一座是八角13层塔。那座八角塔用花岗石雕琢建造而成,在每个八角形飞檐上端都悬挂着风铃,一共有104个,微风吹来,就会发出一阵阵轻快悦耳的响声,如果游人能够入境随缘,或许能沾染到这座千年古刹的些许灵气。来普贤寺游览,最好能有所赠予。朝鲜的寺庙都由政府出资进行修缮,僧侣们的衣食则依靠信徒们的施舍。佛门净土,暮鼓晨钟,却与人间烟火断不得联系呀!

亚当峰

亚当峰又名圣足山,指的是山顶那座建在平坦岩石上的小庙内,有一个长1.5米、宽0.8米的凹陷大坑,好似一个巨人的足迹。如果说这真是人的足迹,那么人有两足,为什么偏偏留下一个脚印呢?按照基督教的说法,当年人类的始祖亚当偷吃了伊甸园里的生命之果,被上帝贬下凡来,他生出懊悔之心,就在这里来了个"金鸡独立",一站就是1000年,硬生生地在高山之巅留下了一个脚印。

佛教徒却不买基督教的账,他们认为这个足迹是佛祖留下的。在僧伽罗语中,亚当峰被称为"斯里·帕达斯塔纳雅"或"萨马纳利雅",它的保护神是斯里兰卡的名神沙摩。相传佛陀曾三次降临斯里兰卡,第三次降临时,在亚当峰顶遇到了沙摩。佛陀站在峰顶向他宣讲佛法,沙摩从此皈依佛教,而亚当峰顶就留下了这个大脚印。

伊斯兰教对这个大脚印另有说法,他们声称先知穆罕默德曾在这座山上停留过,于是就留下了这个脚印。印度教徒称这是大神湿婆的足迹,他在跳创造世界的舞蹈中,留下了这个脚印。天主教徒则认为这是圣托玛斯的足迹,公元前50年,圣托玛斯带着耶稣去南印度,途经亚当峰,就在山顶留下这个脚印。

这类虚无缥缈的事情从来都是各说各有理,无法评判是非,于是亚当峰就成了世界上独一无二的被佛教、印度教、伊斯兰教、天主教、基督教徒们共同顶礼膜拜的圣山。每年从12月中旬到来年2月,前来进香朝圣的各派信徒络绎不绝。

通往亚当峰的小路有三条,位于西南坡上的那条山道距离最近,两旁还有铁链,人们可以扶着铁链拾级而上,所以大部分游客都选择这条路登山。而那些登山朝圣的信徒则更多地关注于沿途能敲多少次钟。每逢高处的山洞里都挂着一口钟，信徒们见钟就敲，一路敲上山。山顶的小庙门口也挂有一口钟，信徒们要把这所有的钟都敲响，才能心满意足。佛教徒每走到一定的地方，还要停下来向路边的灌木丛中扔一根针。相传释迦牟尼曾在这些地方停下来过，缝补自己衣服上的破洞。

来到半山腰，这里有一条小河，信徒们都在这里停下来，用冰冷的河水沐浴手脚，有人甚至全身沐浴，以便精力充沛地向峰顶攀登，但更重大的意义是洗涤尘世的污秽，再去瞻仰圣迹，不然恐怕亵渎神灵。岁末年尾，虽然山下温度尚可，这里却是寒风刺骨，而许多朝圣者只穿着薄纱般的衣服，有的还穿着凉鞋，唯一可以抵挡寒风的只有戴在头上和肩膀上的白布或毛巾。这些人当中不乏年长的老者和体弱的病人，但他们依然能够顶着寒风，一步步走完5000多级水泥修筑的台阶，直上峰顶，所凭着的全是一种精神呀！

经过四五个小时的攀登，峰顶遥遥在望。这里的台阶几乎呈90度垂直状，走在这里要格外小心，速度便慢了许多。在人多的季节里，朝圣者们往往要在这里排成队，等上半个多小时才能登到顶部的小平台上。到了这里，最重要的事情自然是朝拜那个神圣的足迹。那个大脚印里终年积水，清澈见底，朝拜者用手蘸水拂面，据说可以避邪消灾。如果真能如此，爬亚当峰就太值得了。

不光每年信徒们来这里朝圣，还有一群群黄色的小蝴蝶也好像被一股神圣的力量所吸引，每年都在朝圣季节里，舞动着绢纱般的翅膀，飞过奔腾呼啸的瀑布，薄雾环绕的山谷，飞过成千上万在山路上艰难跋涉的朝圣者的头顶，来到了如尖刀般陡峭的亚当峰顶。到了这里，它们就悄无声息地死去了。

科学家们至今仍搞不懂这些蝴蝶为什么每年都要来此"朝圣"，如果是迁徙的习惯使然，那么有什么理由让它们把这么高的山顶当成种群的最后归宿呢？佛教徒则一脸庄严地说，这并没有什么奇怪，生命不过是轮回，这些蝴蝶并没有死，而是转世投胎去了。以亚当峰顶作为生命的起点，那是极为睿智的选择。

上得山来，很多人并不急于下山，他们宁肯忍受一夜的阴冷潮湿，也要等待第二天一早观看日出。如果能赶上晴天，人们就会皆大欢喜，当绚丽的阳光照亮了墨蓝浩瀚的远山近壑，山顶上就会发出阵阵欢呼声。如果赶上阴云密布，或是阴雨霏霏，人们就不免会有些沮丧，再在山上等一夜那是不可能，只有往山下走。回首望去，云雾中亚当峰似乎更加神秘了，不禁让人联想起那些神秘的蝴蝶，莫非冥冥之中真有一种力量在掌握着生命的韵律吗？大自然是一部无字天书，人类要想彻底读懂它，绝不是一朝一夕的事情。

非洲名山

乞力马扎罗山

乞力马扎罗本来是个很拗口的名字,但自从 1936 年大名鼎鼎的美国作家厄内斯特·海明威发表了短篇小说《乞力马扎罗的雪》以后,这个名字却在文学爱好者中变得朗朗上口。1952 年,美国的 20 世纪福克斯公司出品了同名电影,乞力马扎罗山孤傲的形象又给人们留下了难以磨灭的印象。

乞力马扎罗确实有着震撼人心的力量。当年海明威来到它的脚下,曾满怀激情地发出这样的赞叹:"广袤无垠,嵯峨雄伟,在阳光下闪着白光,白得令人难以置信。"作为世界上最大的独立式山脉,又位于辽阔的东非大草原上,乞力马扎罗山拔地而起,高耸入云,俨然是一位守护着非洲大陆威武雄壮的勇士,那份气势远非他山可比。它那雄伟的蓝灰色的山体戴着白雪皑皑的山顶,在赤道的骄阳下闪闪发光,更是壮丽的自然奇观。在斯瓦希里语中,"乞力马扎罗"就是"光明之山"的意思。由于从印度洋吹

乞力马扎罗山

来的海风在这里受到阻挡,乞力马扎罗山顶和山腰经常云雾缭绕,就好像给它罩上了一层面纱。只有在黎明时分或黄昏时刻,偶尔云消雾散,它才会显露"真身"。这个时候,人们即使站在 200 千米以外的地方,也能看见它那被太阳照得五彩缤纷的雪冠。

说起来还有个笑话。早在 2000 多年前,古希腊人托勒密就在地图上标上了这座火山,可是后来却被不明真相的欧洲人抹去了。他们没有机会目睹这种赤道奇景,竟然不敢相信它的存在。

土生土长的非洲人不会对乞力马扎罗山视而不见,在非洲人的心目中,这座气象万千的大雪山骚动着的原始的生命力,和粗犷剽悍的非洲人具有同样的性格,因此把它看成有着灵性的神山,很多部族每年都要在山脚下举行传统的祭祀活动,拜山神,求平安。散居在乞力马扎罗山脚下的瓦查戛族更是把这座山奉若神明,认为它就是一切生命的源泉。瓦查戛族人给死者下葬时,一定要让死着面对着基博峰的方向。

关于这座神山,非洲民间还流传着这样的传说:很久很久以前,天神恩盖想搬到乞力马扎罗山上来住,以便在高山之巅俯视和赐福他的子民们。盘踞在山中的

妖魔鬼怪不愿意天神在这里定居,就在山腹里点起了一把大火,滚烫的熔岩随着熊熊烈火喷涌而出。妖魔的举动激怒了天神,他呼来了雷鸣闪电瓢泼大雨把大火扑灭,又召来了飞雪冰雹把冒着烟的山口填满。从此,乞力马扎罗山就变成了一个冰雪世界,被暴雨冷却的熔岩变成了肥田沃土,让人民耕耘收获,过上了美好的日子。

千百年来,乞力马扎罗地区人民的生活并不十分富足,但日子过得平静而安宁,直到19世纪,德国殖民者首先侵入了这片美丽多娇的土地,他们竟然以主人自居,把早有定名的乞力马扎罗山说成是他们的"新发现",还把这当作"功绩"铭刻在石头上。如今这方"功德碑"仍竖立在坦桑尼亚莫希市一所老式洋房的大门前,不过那"功绩"连德国人也不当真了。

20世纪初,英国殖民者也插足到这块土地上来,肯尼亚成了英国的殖民地。有一年德国皇帝威廉过生日,伊丽莎白女王竟别出心裁地把乞力马扎罗山的基博峰当成"寿礼"送了出去,将它命名为"威廉皇帝峰",演出了一幕充满殖民主义色彩的滑稽剧。乞力马扎罗山原在肯尼亚境内,英国女王这么一慷慨,它就并入了德国的殖民地坦桑尼亚。1962年坦桑尼亚共和国成立后,将基博峰正式命名为"鸣呼鲁峰",取"自由"之意。

乞力马扎罗山有两个主峰,基博峰是其中之一,在查加语中,"基博"的意思就是"黑白相间"。所谓白,指的是这里常年白雪皑皑,山顶有一个直径2400米、深200米的火山口,口内四壁是晶莹无瑕的巨大冰层,底部耸立着巨大的冰柱,从高空往下俯视,就像群山环抱着一只晶莹的大玉盆;所谓黑,指的是这里有不少黑色的岩石,裸露在冰雪的外边。从远处望去,山坡冰川悬垂,雪线冰瀑盘旋曲折,好像一条条蜿蜒的玉蟒在阳光下熠熠闪烁。

在这样一个高寒地带,本来不应该有生命存在,但根据记录,这里最高的开花植物蜡菊就生活在5670米处。更让人惊奇的是,1926年当地的传教士理查德·鲁易施博士竟在山顶发现了一具冻僵的美洲豹,这件事还被海明威写进了《乞力马扎罗的雪》。鲁易施很有勇气,设法割下它的一只耳朵。不久,不知它被什么人搬走了,从此再也没人看到过。1962年,威尔弗雷德·泰斯格等人在海拔5000米处遇到了5条野狗,他们攀到基博峰顶的时候,它们就待在距离他们300米左右的地方。然而,每年有数千人登上基博峰,却极少有人在峰顶一带看见过动物的踪迹。

与基博峰并肩而立的是乞力马扎罗山的另一主峰马文济峰,顺着一条马鞍形的山脊,可以从基博峰一直走到马文济峰,但要走一个多小时。在查加语中,"马文济"的意思就是"破碎",指的是它的山顶有一个破火山口。和基博峰一样,这里也是覆盖着冰雪,经常被滚滚蒸腾的白色雾气遮盖得严严实实,而一旦见到它挺拔俊秀的真面目,没有人不感叹于它的大度雄浑。

乞力马扎罗山一直以"赤道雪山"而闻名天下,它的顶峰以前曾完全被冰雪覆盖,其厚度超过100米,冰川一直向下延伸,直至海拔4000米以下,而现在乞力马扎罗山顶的冰川只剩下了一小块。这里的原因科学家们众说纷纭,有的说是火山正在增温加速了融冰过程,有的是说这是全球变暖的结果。但不管怎么说,山顶200毫米的年降水量,不足以与融化而失去的水量保持平衡,这里的冰川只能是越来越小。据保守的估计,乞力马扎罗山的冰帽将在2200年后全部消失。假如有一天,这赤道雪峰的奇观永远保留在影像资料中,真不知该如何形容那份巨大的遗憾。

乞力马扎罗山虽然山势高耸,但与世界上其他的高峰相比,攀登起来并不十分困难。一个名叫莫扎特·卡陶的巴西人曾创下了在17小时30分钟内上下山的世界纪录。但对于普通的登山者来说,还是要拿出几天时间,从山脚慢慢游起。离开山麓一望无边的热带森林,穿越北坡低矮的灌木丛,再踏上高山地带的苔藓地衣,依次领略从热带到寒带的不同气候,会让每一位登山者都终生难忘。

乞力马扎罗山以它的雄奇之美赢得了各国游客的赞叹,有人把它形容为"武士头上的银盔",有人把它比为"绿叶托扶着的翻心白莲",有人把它赞叹为"赤道天上的冰湖",而非洲人则把它称作"草原之帆"。生活在如海一般辽阔的东非大草原上,每天都凝视着壮丽深邃的大雪山,不动的乞力马扎罗山似乎有了动感,恍惚中幻化成无风自动的船帆,从远古向未来缓缓地驶去。

肯尼亚山

肯尼亚的国名就得自于肯尼亚山,而"肯尼亚"在当地吉库尤族人的语言中意为"白山"。它地处赤道,平时烟雾缭绕,峰顶若隐若现,在晴朗的日子里,远远地就能望见它连绵的山峰上覆盖着皑皑白雪,与山坡上绿色的森林形成了鲜明的对比。每当黎明时分,清晨的曙光首先映红了它白色的峰顶,它的影子则笼罩住了周边的大草原,明与暗的交界不停地变幻,不断地描画出崭新的图景。

祖祖辈辈生活在肯尼亚山麓的吉库尤族人叹服于它的神奇,历来把它视为"祖山",相传天神恩盖就居住在山上,那里有一个永恒的光明王国。吉库尤族人每当举行祭祀祈祷仪式时,都要面朝肯尼亚山顶礼膜拜。所有吉库尤族人建的房子都面向着它,使得每个吉库尤族人早晨一睁开眼睛,就能让这座神圣的高峰进入自己的眼帘。

白与绿相映的肯尼亚山曾是赤道上一道令人叹为观止的风景。但令人忧虑的是,这千万年来为雪白头的肯尼亚山竟面临着"谢顶"的危险。根据肯尼亚著名环保组织"绿带运动"发出的警告,在过去的100年里,肯尼亚山的冰雪已经消失了九成,如果不能有效地遏制破坏森林和工业污染的状况,肯尼亚山将在25年到50年内变成顶部没有冰雪覆盖的"秃山"。这样的结果吉库尤族人当然不愿意看到,但是他们在山上伐木、割柴、烧炭、采蜜,一年年地蚕食着这里的森林。他们以肯尼亚山为神,却不懂得"神山"是要人来保护的。

肯尼亚山的主峰基里尼亚加峰突兀险峻,只有专业登山者或当地人才敢尝试攀登。在过去的近20年中，共有45名登山者在这
里殒命，这个记录足以让一般的旅游者望而却步。
但这并不妨碍到肯尼亚山游览，那瑰丽的山区景
色依然对人有着强烈的吸引力。巨大冰河形成的
山谷紧靠着群山，景象蔚为大观；海拔较低的山坡
上遍植咖啡、剑麻和香蕉，满目热带风情；山脚下
水晶般清澈的山涧溪水里游弋着许多鳟鱼，让人
恍惚间到了水乡泽国。

肯尼亚山

　　见山而不登在别处是个遗憾，在肯尼亚山却
未必如此。如果你能遍观这里特有的野生动植物，那绝对是不虚此行。

　　肯尼亚山中珍禽异兽特别多，出现在乌干达国旗上的国鸟皇冠鹤就生活在这
里。皇冠鹤又叫"皇冠鸟"，头顶长着金色的羽毛，好像戴着一顶皇冠。它歌喉婉
转，体态优雅，行走起来颇有皇家的威仪。两鹤结为终生之后，一方遇难，另一方总
是舍生相救。一方死去，另一方总是长时间哀鸣不已，且绝不另寻新欢。皇冠鹤对
爱情的专一和忠贞，可谓世所罕见。

　　非洲的野生动物曾经滥遭捕杀，而皇冠鹤这样珍贵的禽鸟却能过着平静无忧
的生活，跟长期流传在东非各部落中间的大量传奇故事有关。一则故事说，一只皇
冠鹤惨遭捕杀后，无数同类飞来泣别、送葬，那景象真是感天动地。捕杀者见状，悔
愧终生。另一则故事说，有人偷吃了一只鹤蛋，天神发现后便告诉了鹤群。于是，
千万只皇冠鹤一齐飞来，将偷食者团团围困，啄瞎了他的两只眼睛，使他永远见不
到光明。

　　皇冠鹤与秃鹳是一美一丑两个极端。秃鹳头顶上的毛非常稀疏，脖子裸露在
外，专食腐肉。以肉为食的鸟儿应该有坚牙利爪才行，比如秃鹫，它的嘴像锋利的
钩子，可以撕开动物尸体的厚皮，秃鹳只是嘴巴粗壮有力一些。秃鹳的生存智慧在
于巧妙地借用强者的力量，它们经常尾随在狮群之后，拾取狮子留下的残肉；它们
还常跟秃鹫为伍，秃鹫爱吃动物的内脏，秃鹳就取食腐尸的肌肉，彼此各得所需。

　　与皇冠鹤相比，同样生活在肯尼亚山中的非洲大羚羊就不那么幸运了。由于
毛色美丽，肉质鲜美，它们遭到了人类大量捕杀。1994年，最后一只野生的非洲大
羚羊在肯尼亚山死去。如今肯尼亚山国家公园中人工喂养了近40只非洲大羚羊，
还有400只生活在美国的动物园中。肯尼亚山曾经是非洲大羚羊最快乐的家园，
而如今这家园虽在，它们却被关在栅栏中，成了可怜的囚徒。

　　在肯尼亚山中的森林里，还生活着十分珍贵的非洲金猫。它属于猫科动物，人
们对它的生存情况所知不多，只知道它们似乎喜欢吃各种啮齿类动物、爬行动物、
鸟以及小型哺乳动物，有时候也会袭击家禽家畜。它们的个头差不多是家猫的两
倍，平均身长约75厘米~140厘米，站立高度足足有50厘米；长着绿色或棕色的漂
亮眼睛，鼻子和嘴在那圆圆的小脑袋上显得宽大而突出；耳朵后面的毛色是黑的，

耳尖上还有一小簇黑毛；尾巴有身体和头部的一半长，尾巴上方有时候会有明显的暗色环线。尽管它被称为"金猫"，实际上并非全身都是金棕色的，也有银灰色或石板灰色的，这种毛色的金猫又被称为"银猫"。金猫的四肢和腹部内侧往往点缀着美丽的斑点，有的金猫甚至全身都有斑点。

在肯尼亚山北部斜坡和深达4000米的峡谷中，生活着这里特有的瞎鼠。它是一种在地下穴居的鼠类，眼睛已经完全退化了，没有外耳，尾巴也消失了。它的头很大，门齿发达，它在地下挖洞的时候，更多的时候是用头去顶，用门齿去啃，可能这样要比用前肢去挖掘更为方便一些。

肯尼亚山区不仅有很多珍稀动物，也有很多珍稀植物，其中最为著名的一种兰花，就是被肯尼亚人奉为国花的肯山兰。肯山兰的叶片又宽又厚，好像一条条碧玉雕成的带子。娇小洁白的花朵由六片椭圆形花瓣组成，花朵中心有一个娇媚的小红点，几十朵小花连成长长的一串，整整齐齐排列在两侧的红心小白花悠然下垂，无风自动，别具魅力。肯山兰是肯尼亚人的最爱，他们专门成立了肯尼亚兰花会，共同分享美丽高雅的肯山兰带给他们的生活乐趣。

鲁文佐里山

鲁文佐里山是一座奇特的山，它还有一个奇特的别名——"月亮山"。这个名字最早是由一位希腊商人传到外界，但无从知道他是否到过这座大山。公元150年，著名的希腊地理学家托勒密经过考察，绘制出世界上最早的一张非洲地图。地图上标明，在赤道附近有好几座雪山，其中一座就是"月亮山"。他还推测，尼罗河的水就来自这座山融化的雪水。没有人知道为什么要用这样一个名字来称呼鲁文佐里山，也许它终年戴着银白色的雪冠让人联想到天上银白色的月亮。

长期以来，托勒密的说法一直受到质疑，甚至被当成好事者编造出来的神话。在烈日炎炎的赤道附近，竟然会有一座终年积雪的大雪山，这显然与人类的常识不合。直到过了1700多年，托勒密的"神话"才得到证实。1888年，英国探险家亨利·斯坦利来到这里，当一座白雪封顶的高山映入他的眼帘时，他最初的感觉是难以置信，甚至认为这也许是"上天在跟自己的眼睛开玩笑"。随后他仔细地询问了当地人，才知道这确实是一座雪山。

鲁文佐里山

斯坦利的这个发现，引起了欧洲各国探险家和地理学家的极大兴趣。1906年，西班牙著名探险家杜克·阿布鲁齐来到东非，在当地山民的帮助下，成为第一个登上月亮山最高峰的欧洲人。他根据自己获得的第一手资料，绘制成图，并为这一带的主要山峰、要隘和冰川定名。从这以后,鲁文佐里山的真正面貌才第一次被世人所认识。

在当地土语中,"鲁文佐里"的意思是"浓云密雨"。阿布鲁齐当初登山时,正是雨水和云雾给他留下了极为深刻的印象。由于来自西部大西洋和东部印度洋上的潮湿气流经常在这里交汇,使得山上每年有三分之二的日子或大雨滂沱,或细雨霏霏,一座座山峰总是被浓云密雾缠绕着,很不容易看到它们的真容,常常是几天中只露面十几分钟,又躲到云雾后边。雨水的过度淤积又在山坡上形成了几米厚的烂泥浆,行走起来十分不易。

鲁文佐里山偶露峥嵘的时候,会让远道而来的探险者格外惊喜,赤道上竟有终年不化的白雪,这本身就是自然界的奇观。而鲁文佐里山更为奇异的地方,还在于它所散射出来的光芒并不完全来自积雪,它本身也能发光。鲁文佐里山最初形成时,地壳运动产生出的炽热和高压造就出大片覆盖在花岗岩上的云母片岩,它们能放射出荧光来,入夜后会看得格外清楚,甚至会照亮脚下的道路。

丰富的降水和雾气的包裹,使得这里的气候非常湿润,再加上饱含腐殖质的酸性土壤,催生出漫山遍野茂盛的植物。它们简直是在疯长啊!山脚一带的雪松、樟树和罗汉松最高的能生长到 49 米。在热带雨林消失的地方,竹子长到了 15 米高,而且生长得极为密集,野兽钻不进,就连无孔不入的阳光也穿不透。当年阿布鲁齐攀爬鲁文佐里山时,沿途经常见到一种名叫半边莲的植物,它们长到 9 米多高,所开出的烛形花穗竟有 2 米多高。在海拔 3000 多米以上的地带,苔藓、蕨类以及长长的彩带般的地衣恣意生长,没有树木与之竞争,它们不仅长得出奇地高大,而且形状奇特,给这一带平添了阴森、虚幻的气氛。山上的巨型石南树更是会给欧洲人留下深刻的印象。干燥的石南树枝可以扎绑成束,做成扫把,自古以来就深受欧洲人的喜爱,而传说中女巫就是骑着石南树枝做的扫帚在空中飞来飞去。如果用这里的石南树做成扫帚,恐怕能把一群女巫载到天上。

鲁文佐里山脉奇特的环境还维持着一个复杂奇特的动物群落。在高大的林木间,人们常常会看见一条彩色的光带一飘而过,赶快睁大眼睛看吧,它不是红头鹦鹉就是蓝冠蕉鹃。在沼泽地边缘和开阔的林间空地上,成群的大象、黑犀牛、小羚羊、肯尼亚林羚等在自由自在地觅食。这里最有名的栖息动物要数山地大猩猩了,它们和黑猩猩是近亲,长得又高又壮,但彼此性情截然不同,黑猩猩性情暴躁,而山地大猩猩性情非常安详,不吃肉食,除了植物的嫩芽和木髓外不吃其他东西,自然也就不会攻击其他动物。山地大猩猩过着群居生活,大约 10 只为一群,由一头雌性或雄性的"银背"大猩猩当"家长",带着"一家人"到处游荡。它们吃起东西来非常贪婪,一吃就是一大片,它们离开后,那个地区便像遭了劫掠一般,满目疮痍。要过好几个月,那里的植物才会恢复生机。由于遭受到人类直接迫害和丧失生态环境的双重灾难,山地大猩猩已经处于高度濒危状态,目前尚存的野生山地大猩猩还不足 400 只。

生活在鲁文佐里山中的霍加披也是一种十分奇特的动物。它是世界上仅存的与长颈鹿有亲缘关系的动物，属长颈鹿科古麟亚科，但它的脖子短得多，身体很矮，四条腿也很短，让人很难与高傲的长颈鹿联系到一起。霍加披是科学家20世纪初期在刚果境内发现的，它的发现填补了生物进化史上从普通动物到长颈鹿之间的空白，同时也让人们对进化论再次产生怀疑。优胜劣汰是进化论的动力，脖子短的鹿淘汰了，脖子长的鹿生存下来，霍加披无疑属于应该被淘汰的劣者，可它为什么能生存至今呢？顺便说一句，霍加披被发现以后，人类在地球上就没有再发现大型陆生动物物种了。

鲁文佐里山有"三奇"，一奇是人们熟悉的赤道映雪，另两奇就鲜为人知了，一是山中居住着身材矮小的布孔乔人，二是布孔乔人曾建立起一个难以降服的小王国。赤道映雪虽然难得一见，但耐心等待总有机会，布孔乔人和他们的王国却几乎与外界隔绝。不知有多少人试图进山探奇，要么被恶劣的气候阻遏，要么遭到山民的拦截，几乎没有人如愿以偿。

鲁文佐里山朝向刚果的西坡非常陡峭，而朝向乌干达的东坡则比较平缓。山坡上和山脚下居住着属于班图语系的布安巴人和布孔乔人，其中布孔乔族人数较多，现在约有30万人，大部分住在山脚下的平原上，以农耕为业。另有6万多人住在半山腰，一边种田一边狩猎。布孔乔人的最大特征就是身材敦实矮小，大多在1.60米以下。"布孔乔"是外族人对他们的称呼，意为"山地矮子"。而他们自称"布伊拉"或"鲁文佐鲁鲁"，意思是"雪山山民"。

布孔乔人为什么长得如此矮小呢？当地流传的神话说，很久很久以前，月亮山发生了大断裂，从断裂的罅缝中蹦出一对身材矮小的男女。他们就是布孔乔人的祖爷爷祖奶奶，共同繁衍出成千上万的"小矮人"。而根据科学家实地考察，布孔乔人矮小的身材是后天形成的。布孔乔人最初生活在乌干达东部的埃尔冈山区，大约在13世纪前后，他们迁移到了鲁文佐里山区。这里生活着一些土著居民，就是现今仍聚居在中非地区的俾格米人，身高一般在1.40米。布孔乔人与俾格米人相互通婚后，俾格米人的遗传基因在混血后代的身上得到显现，这就造成了现今的布孔乔人普遍身材矮小。

别看布孔乔人长得矮，但他们膂力过人，善使弓箭，猎杀野兽是他们的拿手好戏，而当遭到民族歧视与民族压迫时，他们又能用这些简陋的武器维护民族的尊严。20世纪50年代，布孔乔人联合布安巴人开展"鲁文佐里运动"，要求自治。乌干达摆脱英国殖民统治获得独立后，鲁文佐里运动的领导人要求将这两个部族的聚居地定为一个单独行政区，但遭到拒绝。于是，穆基拉内在一些酋长的支持下，率领一批人啸聚山林，宣布成立独立的"鲁文佐鲁鲁联合王国"，并自任国王。1966年9月，穆基拉内去世，传位给他的儿子查理士·基森博，继续占山为王。

鲁文佐鲁鲁联合王国的疆土蜿蜒在鲁文佐里山海拔2000米左右的山坡上，国民有七八万人，首都是设在一个名叫布希基拉的小山庄里。王宫是几间棚屋，以木为桩,以竹为墙,以草为顶。这个王国中没有任何通讯设施,国王的谕旨全靠击鼓、唱歌和吹口哨来传递。王国有一支 500 人的军队,由国王兼任总司令,自授陆军元帅衔。这支军队中的士兵大多打着赤脚,手持长矛、弓箭、棍棒、石块,"尖端武器"不过是第一次世界大战前后制造的 50 支步枪。尽管他们的武器极其原始,但依仗着山势险峻,林木茂密,还有布孔乔战士的机警和勇敢,让乌干达政府军的每次征讨都无功而返回。

1980 年 12 月,密尔顿·奥博特总统重新执政,宣布奉行和解与不报复的民族政策,呼吁全国各部族人民团结起来重建国家。他多次派人到月亮山,希望和平解决历史遗留下来的问题。经过多次谈判,双方终于达成协议,生在深山中的基森博国王平生第一次走下月亮山,正式把鲁文佐鲁鲁联合王国的权力移交给中央政府。

延续 20 年的鲁文佐鲁鲁王国的问题圆满解决了,鲁文佐里山恢复了往日的宁静,布孔乔人又过了安稳的生活。按照协议,肯尼亚政府将优先考虑发展布孔乔人聚居地区的经济、文化和教育事业。经过几十年的努力,布孔乔人在生活方式和观念上都与时代接近了许多。男人们穿上了西装,女人们穿上了连衣裙,遇到正式场合,还会穿上足有七八厘米厚的特制高底皮鞋,看来他们挺在意自己的身高,也许是恐怕被高个子们瞧不起。

阿特拉斯山脉

地理位置:位于非洲大陆西北角,西南起于摩洛哥大西洋岸,东北经阿尔及利亚到突尼斯的舍里克半岛。全长约 1800 千米,南北最宽处约 450 千米。

地质特征:阿尔卑斯造山运动中褶皱成山,由中生代和第三纪沉积岩褶皱组成。拥有非洲最广大的褶皱断裂山地。因为造成褶皱的压力是由北向南推挤的,所以整个山脉呈东北东—西南西走向。

基本地貌:由一系列平行山脉组成,分为南北两支。北支摩洛哥境内称里夫阿特拉斯,海拔 2000 米左右;阿尔及利亚和突尼斯境内称泰勒阿特拉斯,西窄东宽,最高峰朱尔朱拉山海拔 2308 米。南支西部称摩洛哥阿特拉斯山,由大阿特拉斯、中阿特拉斯、外阿特拉斯等山组成,海拔多在 2000 米以上,多陡峭高峰,最高峰图卜卡勒山海拔 4165 米;东部阿尔及利亚境内称撒哈拉阿特拉斯,其高度稍低。

气候特点:大部分地区属地中海型气候,夏季炎热干燥、冬季温和多雨,但区内气候差异很明显。山脉西南部年平均气温约 25℃,山脉东北部年平均气温约 21℃。降雨量自西向东减少。

动植物分布:山区森林面积约 800 万公顷,分布在湿润的北坡,特产树种有栓皮栎、雪松等。

游览须知:阿特拉斯山脉海拔 2000 米以上的地带,一年之中降雪时间长达 5 个月。夏季时山下骄阳似火,山上白雪皑皑。

世界百科全书·旅游篇

阿特拉斯山脉在摩洛哥

阿特拉斯山脉地处非洲,而它的名称却来自古希腊神话。阿特拉斯在古希腊神话中是泰坦神的名字,他力大无穷,与普罗米修斯是兄弟。普罗米修斯因为盗取天火给予人间而违反了天条,使得阿特拉斯受到株连,被宙斯惩罚去支撑天和地。在希腊语中,"阿特拉斯"的原意就是"忍耐"和"支持"。相传阿特拉斯站立的地方就是阿特拉斯山脉的所在,于是人们就以阿特拉斯命名了非洲西北的这条山脉。

后来又传说阿特拉斯居住在一望无垠的大西洋,人们又用阿特拉斯给大西洋命名。

作为神话人物,阿特拉斯已经成为世人心目中顶天立地的形象。他并非没有可能摆脱那日复一日地惩罚,只可惜机会来了他没有抓住。古希腊英雄赫拉克勒斯想盗取圣园中的金苹果,但那里有巨龙看守,无法得手,他便去找普罗米修斯指点迷津。普罗米修斯建议他去找阿特拉

阿特拉斯山脉

斯帮忙,阿特拉斯欣然允诺,便把背上的重负暂时卸给赫拉克勒斯,自己来到圣园,杀死巨龙,摘取了金苹果。阿特拉斯尝到了自由轻松的滋味,哪里还肯背负青天,就把金苹果丢在赫拉克勒斯脚边的草地上。赫拉克勒斯假装愁眉苦脸地表示,这么沉重的苍天他恐怕背不了多久,需要去找一副垫肩来。阿特拉斯信以为真,就把苍天接过来,让赫拉克勒斯去找垫肩。赫拉克勒斯脱身后,捡起金苹果就走了。可以想象得出阿特拉斯当时会气成什么模样,不气歪鼻子那就奇怪了。

作为一条山脉,阿特拉斯也有巨人的气概,它犹如一条绿色的长龙,拦住了撒哈拉大沙漠的滚滚黄沙,维护住大西洋沿岸平原的一片葱绿。

阿特拉斯山脉的西南起点在摩洛哥境内。假如说如今的阿特拉斯山脉确实是大力士阿特拉斯所化,那么受益最大的便是摩洛哥。斜贯全境的阿特拉斯山挡住了来自南部撒哈拉沙漠的热浪,加之濒临大西洋和地中海的地理位置,使得摩洛哥气候温和宜人,四季花木繁茂,赢得"烈日下的清凉国土"的美誉,还有"北非花园"的美称。

非洲国家大多干旱,与摩洛哥毗邻的阿尔及利亚大部分国土都被世界最大的沙漠撒哈拉沙漠所覆盖,深受缺水之苦,而摩洛哥却是地面水和地下水都十分丰富,而这全靠着有"天然水塔"之称的阿特拉斯山的恩赐。摩洛哥有三条大河,分别是乌姆赖比阿河、木卢亚河、塞布河,它们都是从阿特拉斯山发源的。摩洛哥又是北非少有的"雪之王国",阿特拉斯山海拔 2000 米以上的地方,一年之中降雪的

时间长达 5 个月。冬季,山下温暖如春,山上积雪覆盖;夏季,山下骄阳似火,融化的雪水从山上淙淙流下。摩洛哥人从古代起就在山下建起了一个个水塘,拦截雪水灌溉农田。

摩洛哥境内的阿特拉斯山上森林茂密,除了松林等成材林外,还有大量的经济林。从阿特拉斯山脚到海拔 2000 多米的地方,一片片栎树漫山遍野,粗大的树干要两三个人才能抱得过来。栎树是一种落叶乔木,又称栓皮栎,其树干从里到外分为木质层、软木再生层和软木层,割下来的软木可以用来加工软木制品。人们所熟悉的红酒瓶塞,就是软木做成的。软木的生长极为缓慢,一次割取后要经过 10 年左右才能再次生长成熟,因此十分珍贵,被誉为"木中黄金"。而摩洛哥盛产软木,产量仅次于葡萄牙居世界第二位。

如果你想知道阿特拉斯山如何造福于摩洛哥,可以到摩洛哥的历史名都非斯看一看。非斯坐落在中阿特拉斯山北麓海拔 410 米处,这里有一条不大的山谷,郊外丘陵环绕,山坡上橄榄树郁郁葱葱,越过丘陵便是一望天际的大平原,小河沟渠纵横,流水潺潺,物产丰富,有"肥美的土地"之称。

非斯城始建于公元前 808 年,据说是伊德里斯二世在汪达尔人毁坏的城址上重新修建起来的,这位伊德里斯是伊斯兰教创始人穆罕默德的曾孙,摩洛哥第一个伊斯兰王朝(伊德里斯王朝)就是他开创的。"非斯"这个名字是由"法斯"演变而来的,"法斯"意为"金色的斧子"。相传当年这座城市破土奠基时,有人在面向圣城麦加的方向发现了一把金色的巨斧,伊德里斯二世认为这是吉兆,就把这座城市命名为"法斯",后来"法斯"变成了"非斯",并一直沿用到今天。

在阿拉伯语里,"法斯"还有"鹤嘴锄"的意思。这个名字也是有来历的。有一天,伊德里斯二世拿出一把锄头,让手下的人传看。当地人从未见过这种形似鹤嘴的锄头,觉得很惊奇。伊德里斯二世命人用这把锄头翻地,想试试它是否管用。手下人一试,发现用它翻地又快又好,连声称赞。后来,这种锄头传到民间,很快就被人们采用。为了纪念这一有意义的发明,人们便将伊德里斯二世居住的城市称为"法斯",即今天的"非斯"。

走进非斯城内,仍然是泉水遍地,当地人称之为"圣泉"。在拥有 270 根圆柱的卡拉万纳清真寺里,在摩洛哥最古老的寺院昂达吕西昂清真寺里,在著名的卡鲁因大学院内,都能看到常年流水的喷水池。掬一捧冰凉的泉水拂在脸上,若你是虔诚的信徒,心中就会荡起一丝颤音,回转在洁净的天地之间。

非斯城中有一条非斯河穿城而过,这在阿拉伯城市中也是比较少见的。河上那一座座石桥玲珑别致,连接着右岸的安达卢区和左岸的凯鲁万区两岸的城区。公元 818 年,700 名穆斯林教徒被罗马人从安达卢驱逐到这里,他们就在非斯河右岸定居下来。7 年后,300 名凯鲁万人在非斯河的左岸建造了自己的家园。如今的安达卢区和凯鲁万区依然保持着中世纪的风貌,街道狭窄曲折,有时两个人相互让道,一个人竟要站到街旁的店铺门里。这里的街道两旁挤满了店铺、作坊,很多店铺都把商品直接摆到店外。

非斯城的代表颜色也泛着水的特质。人们都知道,摩洛哥名城卡萨布兰卡以白色闻名,而非斯则以蓝色著称。蓝色很容易让人联想起蓝天大海,联想起水流。非斯的蓝色由何而来呢？漫步在非斯旧城,你自己就能找到答案。非斯一向盛产马赛克,而马赛克以蓝色为主。房子的外面贴着蓝色的马赛克,清真寺的地面上铺着蓝色的马赛克,商店中陈列的马赛克工艺品更是蓝得可爱,仿佛闪动着水的润泽。

摩洛哥境内的阿特拉斯山脉西段南支通常被称为小阿特拉斯山脉,全长400多千米,起于大西洋岸边的白色海滩,如同一条绿色长带伸向撒哈拉大沙漠。这条山脉海拔不过2000米左右,但风景如画,沿着它走一趟,历来是最受欢迎的旅游线路。

通向小阿特斯拉山脉的天然入口在大西洋边上的阿加迪尔,这儿一年之中至少有300个阳光灿烂的日子,是冬天进行日光浴的理想场所。离开阿加迪尔出发,沿着苏斯河一直往前走,就会来到被一道漂亮的赭红色围墙围起来的塔鲁丹特市。它的四周全是肥沃富饶的平原,北面是冰雪覆盖的阿特拉斯山脉,南面有撒哈拉沙漠。来到这里,不少游客已经迫不及待地去攀登阿特拉斯山了。

越过苏斯河岸上的那片地势平缓的耕地,就来到了小阿特拉斯山区的绿洲提乌特。它掩映在一片墨绿色的棕榈林中,一座坚固的石塔高高地矗立陡峭的山坡上,好似明信片上的风景画。当你听说电影《阿里巴巴和四十大盗》曾经在这里取过外景时,一定不会感到惊讶。

从提乌特开始,山路越来越陡峭,与路边的峡谷与峭壁一同弯弯曲曲地向前延伸,一座座锯齿状的山峰不断地变幻着色彩,有紫色、绿色,也有黄色、粉色,抑或深红,光怪陆离,令人目不暇接。等你走到近前,才会恍然大悟,这些缤纷的色彩并不是阿特拉斯山的本来面目,而是点缀在山坡上的零落村庄、孤立的房舍和小巧的清真寺,它们大多搭建在巨石上,还精心地涂上了各种颜色。

小阿特拉斯山脉的无数峰峦绘就了一片气象万千的自然景观,而它的真正中心在南面的泰夫劳特城。周围的塔状群山宛若一道雄伟的防御城墙,将泰夫劳特小镇拱卫起来。城中的房舍都是用深红色砖块砌成的,四周栽满无花果、棕榈、仙人掌、巴旦杏树,一到春天,便成了花的海洋。日暮时分,粉红色的群山间闪耀着如火的霞光,仿佛红透了半边天。倘若你还有兴致,不妨去镇外登山。那里的悬崖峭壁线条分明,岩石奇形怪状,蔚为奇观。

阿特拉斯山脉在阿尔及利亚

小阿特拉斯山区之旅的终点在比提兹尼特,这里有一条与大西洋平行的归途直达阿加迪尔,而喜欢猎奇的人或许会一时心血来潮,继续向南一路走下去,进入撒哈拉大沙漠,也就进入了阿尔及利亚的境内。阿尔及利亚得益于阿特拉斯山的要逊于摩洛哥,它的大部分都位于阿特拉斯山主山系的东侧,这里气候干燥,树木稀少,与西侧的满坡森林形成鲜明的对比,但这里的山坡和沙丘上长满了阿尔法草。这种草富有韧性,用它做原料可以生产出各种夹板和包装材料,还可以用它编织出各种工艺品,它又是优质的造纸原料。阿尔及利亚的阿尔法草产量居世界第一位,为它赢得一个"阿尔法草原王国"的别号。

阿特拉斯山脉向东进入阿尔及利亚国境后,宽度和高度大减,而最后到了突尼斯境内,山的特征更是大大减弱,变成了碎浪余波。所以,当人们说起阿特拉斯山脉时,常常会把突尼斯一笔带过。然而,阿特拉斯山脉与阿尔及利亚的关系就不那么简单了。它的境内有一条撒哈拉阿特拉斯山脉,与阿特拉斯山主山系相平行,紧靠着撒哈拉大沙漠。撒哈拉阿特拉斯山脉虽然高度略低,但对于撒哈拉大沙漠上随风移动的沙丘起有很大的抑制作用。再加上它的背后又是一道比它还高的山脉,这样就彻底断绝了风沙北上的可能。在这样两条山脉的保护下,阿尔及利亚沿地中海一带的很多城市便繁荣了起来。

阿尔及利亚的首都阿尔及尔是地中海南岸最大的海港城市之一,它背靠着阿特拉斯山脉的布拉查利亚群山,整个城市依山而建,旧城建在山上,新城建在山下。这里终年绿草如茵,林木茂盛,花开不断,站在高处俯视全城,近处郁郁葱葱,远处水天相接,景色优美迷人,素有"花园城市"的美称。由此联想起"北非花园"摩洛哥,这二者所要感谢的都应该是阿特拉斯山。

"阿尔及尔"是法文译名,最早是西班牙人转译自阿拉伯语。在阿拉伯语里,"阿尔及尔"意为"白色的岛屿"。关于这个名称的来历,当地还有一段美丽的传说。那是很早很早以前,一批阿拉伯先驱者不畏艰险,长途跋涉来到这儿,但不知到了什么地方,只见海面上有星星点点的一些岛屿,海水随风扬起,冲击着岛边的岩石,激起一层层白色的浪花。其中有个人脱口而出:"阿尔及尔!阿尔及尔!"其意为"快瞧呀!那些白色的群岛"。从此,这个名称便一直沿用到今天。

阿尔及利亚人最喜欢白颜色,他们认为白色象征着洁白无瑕的心灵和安居乐业的环境。阿尔及利亚人最喜欢穿白色的阿拉伯长袍,而城中的建筑也一律都是白颜色的。从海面上望去,只见山坡上高低起伏的白色建筑物在终年常绿的树丛中时隐时现,就像一片片白色的贝壳漂在蔚蓝的地中海上。

阿尔及尔还是一座历史悠久的古城,早在公元前7世纪,腓尼基人就在这里建起了港口。最能体现这座城市古老风韵的地方是它的旧城区,而旧城区中最富有阿拉伯民族特色的是位于东北一带的卡斯巴区。"卡斯巴"这个名称来源于一座古堡,它至今还遗留在山顶上。卡斯巴区的房屋多为二至三层楼房,用稍加雕琢的石头依着山坡砌成,密密麻麻地排列在一起。这里的街道多半为台阶式,从早到晚拥挤着熙熙攘攘的人群,两旁的店铺连成一片,橱窗里摆满了各种手工艺品。清晨或傍晚漫步在这里,那一家家清真小吃店里散发出阵阵诱人的香味,宏伟高大的宣礼塔上传来响亮而有节奏的呼唤祈祷的声音,使人们好像走进了一个神奇的世界。

早在 1992 年 12 月,这里就被联合国教科文组织列进世界人类文化遗产名单。

欧洲名山

阿尔卑斯山脉

西阿尔卑斯山——勃朗峰

亿万年前,一场惊心动魄的造山运动席卷南欧大陆,上帝用他的魔手造出了千峰万壑,这就是今天人们看到的阿尔卑斯山。它处在欧洲各大山脉的汇合点上,笼而统之,整个欧洲的所有山脉都处在它的统治之下。在它的率领下,欧洲大陆才得以骄傲地挺起了宏伟的身躯。

从狭义上来说,阿尔卑斯山脉要远远小于阿尔卑斯造山运动所取得的成果,通常只指从地中海的热内亚湾到奥地利的维也纳之间的山脊和谷地。这一区域又常常被细分为三个部分,一部分是从地中海到瑞士边境的大圣纳德山口附近的西阿尔卑斯山,一部分是从大圣伯纳德山口到博登湖之间的中阿尔卑斯山,第三部分是从博登湖到斯洛文尼亚的东阿尔卑斯山。

勃朗峰

西阿尔卑斯山是整个阿尔卑斯山主山系中最狭窄的一段,也是高峰最集中的山段,其中首屈一指的就是位于法国和意大利边境上的勃朗峰。如果不算处于欧亚大陆接壤处的厄尔布鲁士等山峰,勃朗峰就是欧洲第一高峰。它不是一座孤立的山峰,还包括塔古尔勃朗、莫迪、艾吉耶、多伦、韦尔特等 9 座海拔超过 4000 米的山峰。远远望去,群峰鳞次栉比,重重叠叠,云雾缭绕,奇形怪状,悬崖峭壁随处可见。有的山峰宛如利刃直插云霄,有的山峰仿佛通天宝塔没入云端,而山顶终年积雪的勃朗峰则像一位顶盔披甲的将军,大有领袖群雄的风采。"勃朗"在法语中是"白"的意思,概括的就是它作为雪峰的显著特征。当年英国诗人拜伦面对着雄伟而瑰丽的勃朗峰,抑制不住内心的喜悦和惊奇,挥笔作诗,称它为"群山之王"。

勃朗峰以其险峻闻名欧洲,令无数的登山者和游客心仪神往,现代登山运动诞生在这里,在某种程度上来说属于必然。在勃朗峰海拔 3000 米~4000 米的雪线附近,生长着一种野花——"高山玫瑰",要想采摘到这种野花,那是相当困难,却能给人带来幸福。很久很久以前,阿尔卑斯山区的居民中就流行着这样的风俗:当小伙子向姑娘求爱时,为了表示他对爱情的忠诚,就要不畏艰险,攀登勃朗峰,采来"高山玫瑰",献给自己心爱的姑娘。长此以往,这种风俗就演变成了一种广大群众喜闻乐见的登山运动。

把登山运动和动人的民间传说联系到一起,会增加些浪漫色彩,但根据比较可靠的史料,事情是这样的:1760年,日内瓦一位名叫奥拉斯—贝内迪克·德索绪尔的年轻科学家,在考察阿尔卑斯山区时,对勃朗峰的巨大冰川发生了浓厚的兴趣,然而他没有攀上去,就在山脚下的沙莫尼村口贴上一张告示:"为了探明勃朗峰顶上的情况,谁要是能够登上它的顶峰,或找到登上顶峰的道路,将以重金奖赏。"布告贴出后,并没有人响应,一直到了1786年,才由沙莫尼村的医生帕卡尔邀上石匠巴尔玛,结伴登上了勃朗峰。一年后,德索绪尔请巴尔玛当向导,带着一支20多人的队伍登上了勃朗峰。现代登山运动便由此而兴起,并得名"阿尔卑斯运动"。

登山运动有两大流派,一种是金字塔式,另一种是阿尔卑斯式。金字塔式也叫喜马拉雅式或者亚洲式,由大量民工和向导帮助登山者将物资搬运上山,沿途扎营、修路绳,当攀登者快要接近山顶的时候,要将多余的装备留在营地,再做最后的冲顶。阿尔卑斯式攀登没有后援,不进行前期运输和修路,也不携带氧气,完全依靠自身能力登顶。这后一种攀登方式形成于阿尔卑斯山脉,所以得名。它对攀登者个人的综合能力有极高的要求,历来是世界一流登山家追求的境界。换句话说,在真正的登山家的心目中,单枪匹马登上勃朗峰,要比花费大量人力物力登上珠穆朗玛峰荣耀得多。

德索绪尔当年攀登勃朗峰时,对这里的交通不便有深切的感受,便提出了一个宏伟的设想,在法国和意大利之间修一条隧道,横穿西阿尔卑斯山。由于各种因素的制约,这一设想始终未能付诸实施。直到1958年,法意两国才达成协议,各自从本国境内动工开凿隧道。1962年8月双方会合,1965年公路隧道建成通车,全长11.6千米,路面宽7米,四季畅通无阻。这条公路隧道的建成使法意两国的交通面貌大为改观,巴黎到罗马的路程缩短了约220千米。如今人们在勃朗峰前会看到一尊铜像,他手臂高举直指峰顶,他就是那位有"阿尔卑斯画家"美称的奥拉斯—贝内迪克·德索绪尔。

中阿尔卑斯山——少女峰

中阿尔卑斯山的南麓是瑞士,北麓是法国和德国,大部分在瑞士境内,这里山体幅度变宽,地势有所降低,却是整个阿尔卑斯山系中景色最美的一段。

在中阿尔卑斯山众多高耸的山峰中,以号称阿尔卑斯山"皇后"的少女峰最为秀美。少女峰位于瑞士因特拉肯市正南方,海拔4158米,差不多是珠穆朗玛峰的一半。在瑞士的民间传说中,这座山曾让天使为之心醉。有一次天使来到凡间,看到了美丽的少女峰,便被它迷住了,就在山谷中居住下来,为它铺上了无尽的鲜花和森林,镶嵌上了银光闪烁的珠链,还为它许愿说:"从现在起,人们都会来亲近你,赞美你,并爱上你。"

让天使为之倾倒的山峰该是怎样的姿容曼妙呀!它映在晨光中的剪影亭亭玉立,好似一个脉脉含情的少女翘首远望。雪线以下绿树郁郁葱葱,青草漫山遍地,好像少女穿着绿色的百褶裙;雪线以上一片洁白,亮晶晶的冰川光彩夺目,缭绕的云雾好像半掩着那娇怯的女郎。

少女峰

少女峰的主要山峰有三座,呈东西向排列,由东而西分别为老人峰、僧侣峰和少女峰。"老人"出自德语,意思是"我在这里";"僧侣"出自奥地利的一种马的名字;"少女"的原意则是"修女"。僧侣峰横在老人峰和少女峰之间,使它们无法挨到一起,因此产生出种种美好的传说,也为艺术家提供了创作素材。

少女峰看似温婉,却难于攀登,为了让游人能够轻松上山,瑞士人从 1896 年开始,花了 16 年的时间,在山上修了一条铁路。为了躲开滑坡和积雪,这条铁路有相当长的部分建在山腹内的隧道里,曾被誉为 20 世纪初期的一大工程奇迹。直到科技高度发达的今天,人们乘坐着火车向峰顶进发,仍然要感叹当年开拓者们的无比勇气和毅力。

接送游人上下少女峰的火车,是一种特殊的齿轨火车,行驶时发出吱吱嘎嘎的声音,速度缓慢,却像瑞士手表一样给人以精准有力的感觉。齿轨火车的特点就是在每节车厢底盘上安有两个巨大的齿轮,路轨正中加了一条齿槽,列车行驶时,齿轮紧卡齿槽,只能前进,不会下滑,保证了行车安全。上山途中,齿轨火车会在两个位于隧洞中的小站停 5 分钟左右,乘客可以下车,通过隧洞中凿石开出的几扇大玻璃观景窗,欣赏隧洞外面阳光灿烂的冰雪世界。少女峰的齿轨火车又叫云霄火车,它最终抵达的地方少女峰站海拔 3454 米,是全欧洲海拔最高的火车站。

1996 年,瑞士人发扬先人建设少女峰登山铁路的勇气和智慧,在少女峰海拔 3571 米的地方,建起了欧洲最高的观景台——斯芬克斯观景台,还架设了瑞士最快速的升降机(垂直高度 110 米,25 秒钟可抵达)。站在这里,长达 23.6 千米、覆盖面积达 117 平方千米的阿来奇冰川可以尽收眼底,它是阿尔卑斯山中最长的冰川,也是山中最让人惊心动魄的景色。遇到天气晴朗的日子,甚至能看到远在法国境内的浮日山脉和远在德国境内的黑林山。

从少女峰顶往山下走,一过山半腰,就好似一下子从冬天来到了春天,翠绿的青草铺满山坡,灿烂的山花随风摇摆,牛群像散步一样在悠闲地吃草,清脆的牛铃声在山谷中回荡。一位上了年纪的山民吹起那长长的山笛,笛子的一头弯曲向上,如同一只巨型烟斗,悠扬的笛声随风飘荡开来,与这里安详恬淡的生活相得益彰。

除了少女峰外,中阿尔卑斯山还有不少高峰,如富尔峰、马特峰、艾格尔峰、明希峰等。富尔峰又名罗莎峰,位于瑞意边境,海拔 4634 米,为瑞士最高峰,也是仅次于勃朗峰的阿尔卑斯山第二高峰。马特峰海拔 4478 米,形似金字塔,被当地人称为"角"。而对于一般的游人来说,那些海拔 4000 米以上的高峰更适合远观,而海拔只有 3200 米的铁力士峰更具有吸引力。铁力士峰是瑞士中部的最高峰,峰顶上积雪终年不化,山间有千年不化的冰川,能够体现阿尔卑斯山的多面风貌。登山的路比较好走,只要你有勇气就可一试,而如果你懒得动弹,可以乘坐缆车直接登顶。登山的缆车需要换乘三次,第一段缆车是有座位的密封型小缆车,一次可以坐 6 个人,只能上升到海拔 1000 米处。从海拔 1000 米到 1800 米的缆车是无座位的密封缆车,最多能容纳 50 人,没有窗,但缆车四周是透明的,可以四下观景。第三段缆车最为独特,它是世界首创的旋转缆车,车厢能做 360 度的旋转,游人在环顾四望中便登上了铁力士令人眩晕的峰巅。

瑞士拥有 200 多个滑雪场,号称"情雪天堂",而这正是沾了阿尔卑斯山的光。铁力士峰的滑雪场排不进瑞士著名的滑雪场之列,但它那长达 82 千米的专业雪道足以让人享受雪上飞驰的乐趣。对于那些胆小的人,可以去坐用橡胶圈制成的欢乐滑雪座,载着你在斜坡道上冲滑而下,势如奔马,既安全又刺激。然而,最让人羡慕的还是那些身上穿着色彩鲜艳的滑雪服,在雪地上画出各种优美弧线的高手们,他们好像雄鹰一样在高坡上自由翱翔,使得这冰天雪地的世界一下子变得生动活泼起来。

号称高山滑雪"麦加圣地"的圣莫里茨高山滑雪场也位于阿尔卑斯山脉的中心地带,这里曾经成功地举办过两届冬奥会。这里的高山滑道在海拔超过 3000 米的地方,银白色的山坡陡斜雄伟,初学者绝对不敢问津,但可以欣赏专业运动员的精彩表演。从陡峭而崎岖不平的雪坡上向下滑降,同时做出后跳、踢腿、翻跟头等动作,那属于自由式滑雪,其实就是一种特技表演。越野滑雪和像空中飞人一样在雪坡上跳跃,那属于北欧式滑雪。阿尔卑斯山式的滑雪是指沿雪坡滑降,基本动作有直降、横渡和转弯。这种滑降方式和阿尔卑斯式攀登一样,都是最早兴起于阿尔卑斯山区,于是就得到了与阿尔卑斯山相同的名字。

东阿尔卑斯山——大格洛克纳山

东阿尔卑斯山的余脉一直绵延到多瑙河谷,占据了奥地利的大部分国土,所以人们常常把奥地利说成是东阿尔卑斯国,又称它为"山地之国"。"阿尔卑斯"是"草地"的意思,当地人把介于树线与雪线之间的高山草地叫作"阿尔卑斯",而奥地利山地的旖旎风光恰恰体现出了阿尔卑斯山恬静优美的田园风景。山谷里森林茂密,条条小溪和山泉汇集成小河,顺着山势流淌,山间草地上鲜花盛开,肥壮的牛羊在山坡上吃草,牧羊人高唱着悠扬的牧羊曲,美妙的歌声回荡在山谷之间,犹如一幅美丽的画卷。

东阿尔卑斯山要比西、中阿尔卑斯山海拔低得多,高峰不多,往东逐渐变成了小山丘,这一带的最高峰要数大格洛克纳山了。它是阿尔卑斯山在奥地利境内的最高峰,海拔 3797 米,有"奥地利屋脊"之称。山上海拔 2418 米处建有瞭望台,可供游人环望这一带绮丽的风光。

大格洛克纳山属于奥地利最大的上陶安国家公园的一部分,园中的盘山公路被联合国教科文组织定为世界文化与自然双重遗产。一条公路为什么会赢得这样的殊荣呢?只有身临其境,你才会频频对此首肯。从世界自然遗产的角度看,它的沿途穿越了阿尔卑斯山脉的许多自然奇观,每跨过一个高度,就会出现一段独特的植物景观,宛如一个自然生物博物馆。从世界文化遗产的角度看,它修建于 1930 年~1935 年间,长达 50 千米,宽只有 7 米,最高处达海拔 2500 米。这条路质量很好,路面平坦,绕山而上,状如飘带,其建造之艰辛和维修的难度体现了人类的知识与力量,所以被称为"阿尔卑斯山梦之路"。在奥地利旅行从来都是一路畅通,唯有这条公路上设有收费站,从这个侧面可以看出这条公路的珍贵程度。

大格洛克纳山中最壮丽的景色应数帕斯特泽冰川,它长 8 千米,宽 3 千米。游人们拾阶而下,来到宛若石头的冰川上,温度陡降,狭长而深邃的冰缝令人生畏,无不小心翼翼地挪动着脚步,谨慎地与这世界奇观接触。在冰川边上设有一个 1960 年留下的标记,它说明在过去的 40 多年间,这条冰川下降了 40 多米。照这样的速度,用不了多久,这条冰川就很可能在这个地方消失。

横亘在欧洲中部的阿尔卑斯山曾给欧洲南北交通造成了极大的障碍,19 世纪中叶以前,还没有建起隧道,高大陡峭的西阿尔卑斯山和东阿尔卑斯山很难横跨,人们只有到东阿尔卑斯山去,那里有不少低矮的山隘通道可以穿越。在这一带,德国通往意大利的最短路线有两条,一条是走埃伦贝格山峡、费恩山口和雷申沙伊德克山口,另一条是走沙尔尼茨和勃伦纳山口。经过萨尔茨堡山口和克恩滕山口的路线比较长,走的人也少。还有一条路线是经普勒肯山口和塔利亚门托河谷,可以直接到达意大利的"冰城"威尼斯。如今,随着一条条隧道的相继建成,昔日的天堑变成通途,穿越阿尔卑斯山不再是什么难事了。

亚平宁山脉

不同人眼里的亚平宁山脉

亚平宁山脉属于阿尔卑斯山向南延伸的分支,虽然血缘关系如此之近,但亚平宁山脉的景色远比阿尔卑斯山逊色。阿尔卑斯山奇峰纷呈,而亚平宁山脉的景观却很单调,大部分山峰呈圆形,彼此差异不大。

然而,在历史学家的眼里,亚平宁山脉见证过历史上许多著名的战事,这里的满山松涛似乎永远吟唱着英雄的史诗。公元前 217 年春天,迦太基名将汉尼拔从阿尔卑斯山南麓的高卢拔营南下,向罗马进军。自负的罗马人以为他肯定会走大路,便将重兵囤积在大路上,但汉尼拔却出乎意料地翻过亚平宁山脉中部,沿着山前的沼泽地艰难地跋涉了整整四天三夜,犹如神兵天降,突然出现在科托纳城下。这次行军被史学界公认为是世界战争史上第一次伟大的迂回作战,汉尼拔本人为此付出的代价,便是因眼疾和劳累导致一目失明。汉尼拔率领的迦太基非洲军团攻破科托纳城后,又在靠近特拉西梅诺湖的峡谷中设下伏击圈,一仗下来,罗马两个军团共计 2.5 万余人全军覆没,而汉尼拔这一方只损失了 1500

亚平宁山脉

人。从公元前 218 年 5 月出征以来,汉尼拔率领一支缺衣少食的军队,在亚平宁半岛上纵横驰骋,所向披靡整整 16 年,将当时世界上最精锐的罗马军团打得丢盔卸甲。如今斯人早已作古,但他的战绩却与亚平宁山脉一道彪炳千秋。

在文学家的眼里,亚平宁山脉也有它的动人之处。英国著名诗人雪莱曾经写过一首《过亚平宁》,其中有这样的诗句:"白天,亚平宁是灰暗、雄伟的崇山峻岭,绵亘在天地之间,而到了夜晚,映着朦胧星光,展开一派混沌,展开风暴,亚平宁四出巡行。……"

而亚平宁山脉摆到地理学家的面前,却成了一道难题。尽管它的岩层种类多变,却缺乏明显的地理特征,长期以来,居然没有人能准确地为它划分出区域范围来。19 世纪以后,大多数地理学家倾向于把它分为北、中、南三段。亚平宁山脉北段起于与阿尔卑斯山脉交界的卡迪蓬纳山口,一直持续到梅陶罗河发源地附近。亚平宁山脉中段从梅陶罗河发源地一直延伸到桑格洛河。从桑格洛河向南,亚平宁山脉转向了第勒尼安海,这就是亚平宁山脉南段。

亚平宁山脉三段还是有些差异的。亚平宁山脉北段开始处的圣则阿科莫山是一个山脉结束,另一个山脉开始的地方,这里是阿尔卑斯山脉和亚平宁山脉的最低点,也是从法国进入意大利唯一不会碰到高山峻岭的地方,当年拿破仑的大军就准备从这里进攻意大利。这一带山脉的高度一般低于海拔 2000 米,冬季相当寒冷,很多地段被开辟为滑雪场。这里还是许多河流的发源地,雷诺河和梅陶罗河由此出发流入亚德里亚海,塞尔奇欧河、亚诺河及台伯河也发源于此,最终注入第勒尼安海。

亚平宁山脉中段是整个亚平宁山系中最高、最曲折的部分,这里冬季比较漫长,降雪量非常大,厚厚的积雪覆盖着群山,在阳光的照射下金光闪闪,煞是耀眼。亚平宁山脉的最高峰科尔诺山就坐落在中段,这里森林茂密,以野生动物而著名,有一种熊是意大利特有的。由于人们长期向北部迁移或向当地城市迁移,这一带留下了许多被遗弃的古代高地村落。

亚平宁山脉南段景观多样而美丽,有为森林所覆盖的山地和高原,有喀斯特景观的陡坡山体,还有近期曾活动过的火山,著名的维苏威火山就在这里。

在城市学家看来,亚平宁山脉给世界著名城市的演进提供了最好的舞台。比如意大利名城佛罗伦萨,就坐落在亚平宁山脉中段西麓的盆地中。按照意大利语的发音,我国著名诗人徐志摩把它译成"翡冷翠",虽然这个名字现在不通用了,但却成为对这座古城最诗意的诠释。那雕像林立的广场,各色大理石砌成的钟楼,巍峨的宫墙,石头铺成的街道,铃声叮叮的马车,仿佛这里的一切还都停留在中世纪。时间无情地褪去了它华贵的色彩,却抹不掉它优雅的气质。

意大利人提起佛罗伦萨来,总是一脸的骄傲。早在15世纪时,这里就成了欧洲最著名的艺术中心,无论是诗歌、绘画,还是雕刻、建筑,哪个方面都走在整个欧洲的最前面。如果说意大利是文艺复兴的发源地,那么它最初的曙光就是从佛罗伦萨升起的。有人说,佛罗伦萨城内的每一个角落里,都隐藏过一个绝世的天才,这话并不是夸张。文艺复兴的伟大先驱诗人但丁、科学家伽利略、政治理论家马基雅弗利、天才的艺术家达·芬奇和米开朗基罗等,都是这座城市上空最明亮的恒星。

"燃烧"的索尔法塔拉火山

亚平宁山脉不是一条火山带,但由于它处在年轻的褶皱带和古老的地块的接触地带,地壳很不稳定,尤其是在亚平宁山脉南段靠近第勒尼安海的地段,经常发生火山喷发,意大利著名的火山都集中在这一带。

活火山喷发时的情景自然是很恐怖的,不喷发时的火山是不是就会很安静了呢?那就让我们来看一看位于那不勒斯市西面的索尔法塔拉火山。它的火山口呈椭圆形,长约800米,宽约600米,周长约为2000米。这个火山口是1198年火山喷发时形成的,从那以后,它就一直没有停止过喷发,但喷发出来的不是火山熔岩,而是泥浆,每次喷发时都伴有频繁的地震,因此有人叫它"地狱之门",又叫它"燃烧的大地",都是形容它的可怕和不安分。

在意大利语中,"索尔法塔拉"意为"硫磺坑",由此不难想出它平日里烟雾弥漫,硫磺味四起的景象。实际情形确实如此。离索尔法塔拉火山口很远的地方,就能看到火山口上升起的袅袅白烟,既像云雾,又像炊烟,终日笼罩在火山上空。这些烟雾是有毒的,人若是吸入太多,就会被熏倒。

索尔法塔拉火山的入口处有一座古香古色的拱门,门两侧古树参天,碧草铺地,彩蝶起舞,蜜蜂嗡鸣,一幅生机盎然的景象。可是走出没多远,便情形大变,根本见不到一丝绿意,只剩下一片白茫茫的大地,不断地升腾着白烟,像是在一堆生石灰上浇了水一样。空气中烟尘飞溅,散发着呛人的硫磺味。

索尔法塔拉火山口三面都是怪石林立,只有正面还比较平坦,路面也松软一些。走在通往火山口的小路上向两侧望去,四周的灌木早已干枯,地上一片黄白泥浆四处弥漫,有的地方已被烤得漆黑焦枯。地面上到处布满了小洞,每个洞口里都冒出一股股白烟,并发出"滋滋"的响声。有的洞口直径达十几米,洞内深不可测,不时发出咕咚咕咚的声音,好像咆哮的洪水,又像一锅沸腾的滚水,随着那断断续续的响声,冒出的烟气也越来越多。有一个洞口名叫"大口",它的响声格外沉闷,烟气也格外浓密,据说那里边的温度高达摄氏160℃。由于温度太高,细小的沙粒在高温蒸气中来回跳动,就像被煮在开水中一般。

这些空洞是地下的蒸气和瓦斯气不断地侵蚀岩层而形成的。从火山口随意扔进去一块石头,石块落地的响声顺缝隙传入地下的空洞,就会发出如擂鼓似的沉闷回声。

索尔法塔拉火山北侧山坡下,有一个小小的建筑,它是利用火山爆发后形成的洞穴修建起来的,当地人称它为"火炉"。里面的温度特别高,人进去后不要几分钟后就会大汗淋漓,据说用这种方法可以医治关节炎等疾病,疗效相当不错。索尔法塔拉火山上有很多这样的天然洞穴,都被当地人开发出来用于同样的目的。

蠢蠢欲动的维苏威火山

维苏威火山与索尔法塔拉火山同在亚平宁山脉的南段,后者位于那不勒斯市的西面,前者位于那不勒斯的东南,海拔1277米,是世界著名的活火山,也是欧洲大陆上唯一的活火山。

维苏威火山原是那不勒斯湾中的一座岛屿,由于火山爆发喷出的物质不断堆积,渐渐地使它和陆地连成一片。这座火山在历史上曾多次喷发,最有趣的一次发生在1944年,维苏威火山再次喷发,从火山顶部的中心部位流出熔岩,喷出的火山砾和火山渣高出山顶约200米~500米。当时,同盟国军队正与纳粹士兵在山下激战,火山爆发的奇妙景象使得他们停止了战斗,成千上万的士兵都跑去观看这一大自然的奇观。

在20世纪里,维苏威火山喷发过4次,而在过去的上千年中,它多次喷发,熔岩、火山灰、碎屑流、泥石流和致命气体夺去的生命不计其数,而公元79年那场大规模的喷发,更是毁灭了两座城市一座小镇,造成了一次人间惨剧。

到了公元79年时,维苏威火山已经沉寂了近千年,山上长满了茂密的树木,山下建起了庞贝和赫库兰尼姆这两座比较大的城市。其中庞贝城建于公元前8世纪,曾是古罗马帝国的重要行政中心,当时城中的居民有2万人,他们与身后的维苏威火山朝夕相处,根本不知道它是一头在黑暗中磨砺爪牙的猛兽。

公元79年8月24日上午7点,维苏威火山顶上突然冒出一块云团,好像一棵虬干四射的巨松,接着就是一道闪电般的火光划过天空,整个天空顿时被一片漆黑笼罩住了,无数黑石头、泥灰像冰雹一般落下。维苏威火山喷发了!一根巨大的火柱腾空而起,熔岩流从火山口喷射出来,借着山势往下冲。水蒸气在高空遇冷凝结,化作倾盆大雨,雨水冲刷着山坡上的火山灰,形成巨大的泥流,转眼间就把庞贝城吞没了。与它一起被吞没的还有赫库兰尼姆城和史达比镇。它们比庞贝城距离火山口更近,命运也就更为悲惨,赫库兰尼姆城头上的火山灰足有21米厚,个别地方达到了 34 米。

对于这一幕大自然自编自演的悲剧,古罗马的文献中有着非常详细的记载,其中最有名的是罗马帝国前期的作家小普林尼的几封信,它们真实地记录了维苏威火山爆发前前后后的情况。小普林尼的信是写给塔西陀的,后者是古罗马著名的历史学家。公元 79 年,小普林尼当时已经 18 岁了,还受过良好的教育,他在致塔西陀的信里特别强调说:"我所叙述的都是我亲眼所见或是事后人们记忆犹新时听人述说的。"他所提供的材料应该是十分可靠的。

小普林尼在信中仔细地描述了维苏威火山喷发时从远处看到的景象:"那块云是从哪座山升起来的,远处观看的人分辨不清楚——它是从维苏威山升起的,那是后来才知道的——论形状,与橙树的树冠最相像。它像是被一株无比高大的树干举向天空,无数的枝条向四方伸展,我想那是因为它被新聚集的气流托起,在空气力乏之后无此依赖,或者甚至是因为自身的重量所制服,因而向四面消散。有时呈白色,有时乌黑混浊,好像是把泥土和尘埃一起裹挟而上。"

小普林尼又描述了维苏威火山爆发的那可怕的场面:"在海岸的那一面,浓云密布,乌黑可怕,蜿蜒的火舌不停地晃动着,火的热浪冲击着云层,把云层撕裂,状如火焰本身,缝隙处亮如闪电,又远非闪电可比。""没过一会儿,云霭降到了地上,盖住了海面,卡普雷埃岛被包起来了,弥塞努姆很快从视野里消失了。""天上降下灰烬,不过还不算稠密,我回头望去,身后雾气滚滚,席卷而来,追袭着我们。"

小普林尼还把他见到的一些奇怪现象记录了下来,他不知道这些现象产生的原因,却给后来的地质学家研究地壳运动留下了十分宝贵的资料:"我们曾经吩咐大车与我们随行,它们尽管停在非常平坦的地方,但却向不同的方向滚动,即使塞住轮子,也不能使它们在原地停住不动。""我们同时还看到,大海在向后退缩,好像是被大地的震动推了回去;海岸则明显地向前延伸,许多海生动物搁浅在沙滩上。"

虽然说小普林尼的描述极其逼真,但随后维苏威火山又喷发了 5 次,厚厚的火山灰把山下的城市埋得严严实实,就好像做贼心虚的强盗,迫不及待地消除掉犯罪现场的一切痕迹。天长日久,这些地方成了荒无人烟的旷野。从高空俯瞰维苏威火山的全貌,看到的是一个漂亮的近乎圆形的火山口,只有它还在默默地提示公元 79 年这里有过一场大喷发。

1713 年,当地农民在维苏威火山脚下打井时,意外地掘出了一些石碑和大理石雕成的希腊神像,这引起了考古学家的注意。1738 年,开始了大规模的发掘工作。先是发现了赫库兰尼姆古城,10 年后,又发现了附近的庞贝城和史达比镇。

从火山灰里扒出的庞贝城躺在维苏威火山脚下不到 2000 米的地方。它的街道还在,却没有了车水马龙;它的竞技场还在,却没有了欢声雷动;它的商店柜台还在,却没有了琳琅满目的商品;它的民居住宅还在,却没有人居住。这是一座在突发的灾难中猝死的城市,也许就在一眨眼的工夫便变成了一具"木乃伊"。据资料记载,火山喷发后,空气的温度急剧上升,达到300℃,火山口中又喷出了大量二氧化硫和硫化氢气体,造成空气中严重缺氧,使城里的居民在短时间内窒息致死。

从挖掘出的古迹中可以看出,维苏威火山爆发时,庞贝城中居民还没有停止正常的生活,炉内还烤着面包,橱内放着熟鸡蛋,瓦缸里放着蚕豆、小麦。但是全城只发现了2000具骨骼,只占了城中人口总数的一成,而且没有发现多少贵重物品。这种情况说明,火山大爆发前,频繁的地震有可能使城中的居民有了警觉,大部分都带着细软逃往别处。在城中的兵营里,考古人员发现了两名被锁在木桩上的士兵,他们大概是犯了军法,被锁在这里,所以没有机会逃脱。在郊区一座房屋的地下室里,发现了被埋在火山灰和泥流中的17具骨骼。他们可能错误地估计了维苏威火山的能量,以为逃得够远了,结果未能躲过灾难。从城中发现的那些被火山砾烧焦的人体骨骼的形态上,人们可以想象出当时恐怖的场面:有的人双手掩鼻蹲在地上,有的人横卧在地拼命挣扎,有的人头顶枕头仓皇逃命。他们当然不会知道,当时的整个庞贝城都被死神的阴影笼罩住了,逃到哪里都难免一死。

对于那些葬身火山灰中的生灵来说,维苏威火山的冲天一怒就是造孽,如果说它还有一点能让后人原谅的,那便是把1900多年前的庞贝城原封不动地保留了下来,给人们提供了极其珍贵而翔实可靠的文物资料,从中可以了解到当时的社会生活和风俗民情。

当年的庞贝城建在一个椭圆形的台地上,面积约63公顷,四周有长达3000米的城墙,共有8个拱形的城门。城中有两条纵横相交的大街,宽约4米左右,旁边有人行道,用巨石垒边。街道都是用巨石镶嵌的,呈不规则的几何图案。据说当时还没有下水道,下雨时街道便成了泄水通道,所以每隔不多远的路口上就放着一些大石头,作为行人过街的垫脚石。巨石两边留有空隙,那是为了不妨碍车辆通过,人们由此可以判断出当时车轮之间的宽度。

城西南有一个长方形的广场,是全城宗教、政治、经济的活动中心。广场四周立着一排排雕刻精美的大理石柱,或巍然独耸,或连为一体,显得异常壮美。广场一侧有个演讲台,那是官员们向市民发表演说的地方。广场的回廊上当年摆满了商贩的摊位,一大早便商贾云集,不仅买卖小麦、大米等商品,奴隶买卖也很兴旺。

庞贝城区不大,却具备了现代城市的雏形,为市民服务的公共设施应有尽有。在城东南有一个圆形露天竞技场,可以容纳5000名观众,上有顶篷,外连方形大院,供观众入场前休息之用。城内还有一座可容纳2万名观众的露天剧场,设计合理,几万名观众入场、退场都不会发生拥挤。庞贝人不仅喜欢体育和戏剧,还喜欢洗澡。这里的浴池冷热浴蒸汽浴俱全,还为每个浴客准备了一个单独的存衣柜。最让人感兴趣的是,在一间商店的外墙上写着一些文字,那是当年留下的竞选口号和支持竞选者的留言。早在公元初年,罗马人就开始搞竞选拉选票了,这让来自东方的游人简直不敢相信。

如今的庞贝城已经成了旅游胜地,每年都有200多万游客来到这里,亲眼目睹这座罕见的天然博物馆。到了庞贝城,很多人都想登上维苏威火山看一看。徒手攀登维苏威火山是一件极其困难的事,因为它经过多次喷发,山坡上很多地方都覆盖着状似炉渣的火山灰,厚达半米,稍有振动,就会哗啦啦地滑下一大片,很容易发生危险。这里暂时还没有缆车,但修有盘山公路,游人最好沿着公路游玩。

维苏威火山顶上的火山口是一个深达千余米的大凹坑,坑底不少地方还冒着热气,让人不寒而栗。望着这阴森森的火山口,人们的心中禁不住生出不安的感觉,它什么时候又会爆发呢? 维苏威火山最近一次喷发是在 1944 年,其规模远远不及公元 79 年那次喷发,但还是把庞贝古城遗址埋上了厚达 30 厘米的火山灰。在此之后,维苏威火山平静了 60 多年,意大利人似乎忘记了它的骇人威力,火山周围住上了上百万的人口。难道他们就不怕火山再度爆发吗?

如果你有这样的疑问,那就到附近的维苏威火山观测站看一看。它建于 1845 年,是世界上最早建立的火山观测站。这里的一楼大厅里有展板介绍有关火山的知识,三台触摸式电脑可模拟显示火山的喷发过程。观测站的一楼和地下一层还建有火山博物馆,陈列着各种形状的火山弹、火山灰等火山喷发物。玻璃柜中展示着从庞贝古城挖掘出来的"石化人",尽管面貌不清,但都保持着死时的姿势。

维苏威火山观测站每逢周末时免费对公众开放,每年光接待学校师生就达 10 万人次。原来,意大利人不是"瞎大胆",而是他们加强了对火山的监测和研究,从而掌握了火山活动的规律,这样就能防患于未然。与火山尚且能够共存,那么人类与大自然和睦相处还有什么困难吗?

"高度危险"的埃特纳火山

亚平宁山脉南段到了第勒尼安海边并没有结束,又越过墨西拿海峡在西西里岛上冒出头来。其实,西西里岛与亚平宁半岛本来是连在一起的,在第三纪地质时期,墨西拿海峡一带发生断裂和断层,地盘下沉,两者才分离开来。西西里岛的大部分地区都是亚平宁褶皱带的延续,这里的地质情况很不稳定,经常发生地震。著名的埃特纳火山就坐落在西西里岛的东部。

埃特纳火山是全欧洲最高、最大、最活跃的活火山,海拔 3520 米,周长 129 千米,火山锥体积至少有 350 立方千米。主火山口海拔 3323 米,直径 500 米,周围还有 200 多个较小的火山锥。

埃特纳火山还是世界上喷发次数最多的火山。据文献记载,它已经喷发过 500 多次,第一次已知的爆发时间在公元前 475 年,距今已有 2400 多年。若论对人类造成的危害,埃特纳火山要比维苏威火山厉害得多。据不完全统计,自埃特纳火山喷发以来,累计造成的死亡人数已达 100 万。最猛烈的喷发出现在 1669 年,持续了 4 个月之久,上百斤的巨石轻而易举地被抛入几千米的高空,炽热的火山灰纷落如雨。接着,埃特纳火山的侧面裂开了一条宽约 2 米、长约 16 千米的狭长口子,炽热的熔岩流从裂缝中涌出,朝着山坡下的卡拉布里亚城流去,整个城市顿时变成一片火海,有 2 万人丧生,而据有关方面估计,死亡总人数应在 10 万左右。近几十年来,埃特纳火山一直在不停地喷发,其中以 1981 年 3 月 17 日的那次喷发最为猛烈。从火山口中喷出的熔岩夹杂着岩块、砂石、火山灰等,以每小时约 1000 米的速度向下倾泻,掩埋了数十公顷的树林和众多的葡萄园,数百间房屋被摧毁。

在神话传说中,埃特纳火山是独眼巨人的家。他们是天神乌拉诺斯和地母该亚所生的三个儿子,力大无比。乌拉诺斯害怕他们造反,就把他们囚禁在塔塔罗斯。宙斯为了战胜泰坦神克洛诺斯,就向这三位巨人求援,他们把雷电送给了宙斯。靠着独眼巨人提供的武器,宙斯战胜了克洛诺斯,成了奥林匹斯山上的众神之王。但他在战争中不慎用雷电打死了太阳神阿波罗的儿子,阿波罗怀恨在心,就迁怒于独眼巨人,把他们杀死了,并把他们的魂魄送到埃特纳火山口,让他们备受火山熔岩的煎熬。从此,他们的呼吸就是火山的喷发,他们的挣扎就引起了周围的地震。

在古希腊神话中,埃特纳火山还是火和铁匠之神赫淮斯托斯的铁匠铺。他在这里为天神们打造非凡的武器,独眼巨人则给他帮忙。风箱煽旺了熔铁炉,就变成了火山产生的烟火;铁锤击打铁砧发出的声音,就变成了隆隆的轰鸣;而铁砧的震动,就变成了大地的震颤。

到了古罗马神话中,火神的名字变成了武尔坎,他住在离西西里岛不远的武尔卡诺斯岛上。古罗马人认为,武尔坎一发怒,埃特纳火山就会发出隆隆的巨响和喷发。英语的"火山"一词(volcano),就是由火神武尔坎(Vulcan)的名字演变而来的。

荷马史诗《奥德赛》中没有提到埃特纳火山,但提到了神奇的独眼巨人,他住在西西里岛上,向奥德修斯乘坐的船只猛投石块,奥德修斯和他的船员都成了独眼巨人的俘虏。独眼巨人每天都要吃掉奥德修斯的同伴,幸好奥德修斯绝顶聪明,用酒灌醉了独眼巨人,又用橄榄枝刺瞎了他的眼睛,这才逃得活命。在西西里岛的近海地区,横陈着一些参差不齐的巨石,相传它们就是独眼巨人抛在那儿的。根据神话学家的研究,独眼巨人就是埃特纳火山的化身。从古希腊文直译过来,独眼巨人就是"圆眼睛"巨人。埃特纳火山喷发时,它那孤独的火山锥在黑夜的背景下活像一只怪眼在闪闪发光,而地震把巨石从悬崖峭壁上震到海里的情景,很有可能被文学家变化成抛石入海的细节。

现实中的埃特纳火山直到今天仍然在印证着神话中的某些风貌。作为一座活火山,它即使是在休眠期间,内部也处在持续的沸腾状态,火山口中常年喷烟吐火,蔚为奇观,人送外号"西西里的烟囱"。意大利政府将它列为"高度危险区",禁止游人登山游览参观。但活火山的喷射奇景加上积雪的山峰、山坡的林带和山麓的果园,都使它充满魅力,每年都有难以计数的游人来这里游览。为了便于游览,早在上个世纪 60 年代就在火山上建起了盘山公路和缆车,长达 4200 米的缆车终点站距离主山口不远。火山上还有一处古迹,它与罗马皇帝哈德良有关,当年他曾经登上过埃特纳火山。看来,这座火山老早就大有名气了。

尽管埃特纳火山随时都可能爆发,但对于一走一过的游人来说,他们遭遇凶险的可能性要比当地居民小得多。而生活在埃特纳火山脚下的居民并没有因为凶险而离开故土,远走他乡。这里的原因一方面是故土难离,另一方面是这样一个好地方实在让人舍不得。埃特纳火山喷吐出来的火山灰铺积成了肥沃的土壤,为农业生产提供了极为有利的条件。海拔900米以下的地区,广布着葡萄园、橄榄林、柑橘种植园和栽培樱桃、苹果、榛树的果园。每到春季,果园里百花盛开,空气中弥漫着醉人的花香,可爱的小蜜蜂在花丛中游来荡去。秋天到了,一派丰收景象,累累果实压弯了枝头,红红的苹果、墨绿的葡萄、黄澄澄的柑橘,静静地等待着人们去采摘。早在中世纪时,这里的水果就十分有名,大量被运到岛外。

西西里岛上的第二大城市卡塔尼亚就坐落在埃特纳火山南面的斜坡上。这是一座历史悠久的城市,始建于公元前729年的古希腊时期,后来被并入古罗马的版图,又相继被拜占庭人、阿拉伯人、诺曼人占据过。在外族入侵的同时,卡塔尼亚城又屡遭埃特纳火山的浩劫,曾先后9次被火山灰掩埋,但它总是顽强地从灰烬中重获新生。卡塔尼亚城中大时钟上刻着这样的铭文:"我从我自己的灰烬中再生。"这便是卡塔尼亚人的心声。他们祖祖辈辈靠山吃山,世世代代不离不弃。在与火山长期打交道中,他们逐渐摸清了埃特纳火山的脾气。它一般都是从顶端的火山口喷发,个别时候从山坡上的喷口喷发。喷发前总有先兆,如释放出气体、蒸汽,地震频繁等。只要注意观察,就可以及时走避。由于少有爆炸只是流出熔岩,而熔岩的流动速度终究有限,筑墙阻挡就可以改变熔岩的流向;向熔岩喷水,又可以使它加快凝固,从而减轻对人类生命和财产的损害。在整个20世纪里,尽管埃特纳火山活动频繁,被夺去的生命不过10余条。

走过卡塔尼亚繁华的埃特纳大街,走过城中恢宏的多默广场,你很快就会理解卡塔尼亚人为什么对埃特纳火山难以割舍。这座城市各类建筑物的基石,用的都是埃特纳火山熔岩形成的岩石,颜色黝黑,异常坚固。上边的白色岩石产自附近的古希腊名城西拉库萨,最适合用于巴洛克艺术建筑物的装饰雕刻。在卡塔尼亚古城区里,装饰华丽的宫殿和教堂栉比鳞次,宛如一座巨大的巴洛克艺术露天博物馆,令人流连忘返。

著名的歌剧作曲家贝里尼是卡塔尼亚人最引为自豪的人物。他于1801年出生在贝里尼,虽然只活了34岁,却创作出许多不朽的音乐杰作,被后人称为"歌剧音乐的肖邦"。他写的许多咏叹调至今仍被奉为"美声唱法"的经典教材。

坐在卡塔尼亚洋溢着巴洛克风格的殿堂内,欣赏着贝里尼纤巧细腻的音乐,望着窗外埃特纳火山巨大的圆锥,你不难明白这里为什么一年四季都有大量游客慕名而来,更不难明白卡塔尼亚人经常爱说的那句话:"埃特纳火山是上帝赐予我们的一件礼物。"

奥林匹斯山

历史悠久的古希腊文化植根于古希腊神话的肥沃土壤里,而奥林匹斯山则是希腊神话的载体。中国人认为神仙都住在天上,而古希腊人认为统治世界的诸神就住在奥林匹斯山上,因此把它尊为"神山"。

给人安家不容易,给神安家更不容易,寻常地方恐怕亵渎了神灵,中国人一下子把神仙请到虚无缥缈的云里雾里,不失为一个聪明的法子。古希腊人可能觉得神仙住得太远会失去对人间的控制,而在当时的条件下,巍然耸立在希腊群山之中的奥林匹斯山没有人能攀爬上去,只能在风和日丽的时候,望得见它的山顶洒满太阳的光辉,冬天的奥林匹斯山更是壮观无比,白雪皑皑的峰顶在阳光照耀下熠熠生辉。在这样一个人类可望而不可即的地方,建上几座金碧辉煌的宫殿,请诸神就位,自己的活动土地十分广阔,又能俯视人间的芸芸众生,应该是一个极其绝妙的主意。

有了奥林匹斯山,古希腊人便尽情展示他们想象的才华。在云雾环绕的山顶,有一座时光女神把守的云门。诸神们来到时,云门就会自动开合(颇似今天的自动门)。奥林匹斯山上住着12位大神,后来又来了酒神狄俄尼索斯。每位大神都拥有自己的宫殿,都有自己众多的随从。每当曙光女神用她那玫瑰色的手指打开天门放出阳光时,大神们就聚集到众神之父宙斯的宫殿里;每当黑夜女神点亮天上的繁星时,众神们才会各自回到自己的神殿。奥林匹斯山上似乎有一道永远不散的筵席,众神们永远在享受着人间难以想象的幸福。满面红光的阿波罗(古希腊神话中的太阳神)弹奏着竖琴,九位缪斯(主管文艺和科学的女神)翩翩起舞,唱着清脆悦耳的歌儿,婀娜苗条的赫柏(青春女神,宙斯的女儿)给大家送上精美的食品和仙酒,让众神心花怒放,而且永葆青春活力。

奥林匹斯山上的众神是一大家人,宙斯是父亲,天后赫拉是宙斯的妻子,正义女神得墨忒耳是宙斯的姐姐,海神波塞冬是宙斯的哥哥,剩下的全是小辈,彼此间都是同父异母的兄弟姐妹。阿瑞斯虽为战神,却败绩累累,屡次为智慧女神雅典娜所胜。阿瑞斯生性野蛮,常让宙斯以及众神厌恶;雅典娜聪明伶俐,多才多艺,后来成为雅典的保护神。火神赫淮斯托斯是长得最丑陋的天神,而且是个瘸腿,却娶了爱与美的女神阿芙罗狄特。赫耳墨斯在诸神中跑得最快,于是就成了宙斯最忠实的信使。赫斯提被封为家室女神,奥林匹斯山上的众神数她最辛苦,别人都回去睡觉了,她还得负责各座宫殿的照明。阿耳忒弥斯是太阳神阿波罗的孪生姐妹,只不过她掌管的是月亮。

奥林匹斯山上的众神似乎无所事事,但古希腊人却对他们倍加崇敬,尤其是那位站在奥林匹斯山的悬崖上向人间施放雷霆的宙斯,更是敬畏有加,经常以他的名义举行各种盛大的祭奠,同时进行各种游乐和竞技活动。这项活动分散在各地,也不定期,但以奥林匹亚的集会最为盛大。需要说明的是,奥林匹亚并不在奥林匹斯山脚下,而是远在伯罗奔尼撒半岛上。公元前884年,古希腊爆发战争,战火连年不断。深受战争之苦的希腊人十分怀念当年的庆典,于是奥林匹亚所在的伊利斯城邦国王就联络其他几个城邦的国王,达成了一项定期在奥林匹亚举行运动会的协议,并规定在举办运动会那一年实行"神圣休战月",即3个月内任何人都不得动用刀兵,即使是正在交战的双方,也要放下武器,派人去奥林匹亚参加运动会。

到了公元前776年,第一次用文字记录下奥林匹克运动会获奖者的姓名,这就是第一届古希腊奥林匹克运动会,以后每四年举行一次。最早的竞赛项目只有200码短跑(大约是182米)。后来逐渐增加了摔跤、掷铁饼、投标枪、赛马和赛车等项目。每一个竞赛优胜者都要戴上桂冠,人们把他们当作神一般来崇拜,最著名的诗人向他们奉献赞美诗,第一流的艺术家为他们建造纪念雕像。优胜者的家乡还把他们当作出征凯旋的英雄来欢迎,有的城市故意把城墙打开一个缺口,让他们像征服者那样进城。

奥林匹克运动会的出现,使奥林匹斯山的神话掀开了最令人心旌荡漾的一章。尽管奥林匹亚离奥林匹斯山远了一些,但宙斯还是应该满意的。每届奥运会举行之前,人们都要在城中的赫拉神庙前举行庄严肃穆的仪式,从祭坛点燃火炬,然后奔赴希腊各个城邦,传递停战的神谕和奥运会召开的消息。赫拉性情暴躁,连宙斯都怕她三分,用赫拉神庙祭坛圣火点燃的火炬有着至高无上的威严,火炬所到之处,人们纷纷听命,希腊全境出现了和平生活。

古希腊的奥林匹克运动会举办了293届,直到公元394年才由罗马皇帝狄奥多西下令禁止。1896年,在法国人顾拜旦的努力下,恢复了现代奥运会,并于1896年在雅典举行了第一届奥林匹克运动会。以后,运动会虽改为轮流在其他国家举行,但仍用奥林匹克的名称,也继承了古希腊奥林匹克运动会的某些传统。众所周知的是,在奥运会期间,从开幕到闭幕,主会场都要燃烧奥林匹克圣火,而火种必须采自奥林匹亚的赫拉神庙。奥运圣火不是采自奥林匹斯山,其历史渊源就在这里。

古希腊人把诸神请到奥林匹斯山上,不光因为这里人迹罕至,主要在于他们认为希腊处在地球的中心,奥林匹斯山又处在希腊的中心,这中心的中心只有诸神才有资格居住。至于后来,随着航海的发达,拓宽了眼界的希腊人渐渐修正了自己的观念,不再认为希腊就是地球的中心,奥林匹斯山头上的灵光渐渐褪色。再说,让神祇们近在眼前,也未必是件好事,人类也有隐私不想让神仙知道。于是,希腊人开始想象诸神居住在更加遥远的天边(最终跟中国人一样了),奥林匹斯山的神话也就戛然而止了。当人们登上奥林匹斯山顶,连一丝属于神的遗迹都没有发现的时候,它的神秘就彻底不在了,但它的奇妙和美丽依然吸引了众多前来"朝圣"的游客。这里很少有强风光顾,也很少有暴风骤雨,阳光明媚的日子居多,如果说神仙要找一块人间乐土,这里确实应该列为首选之地。还有那直穿云天的古树,那郁郁葱葱的山坡,还有那似乎缥缈在云雾和星河之间的米蒂卡斯峰顶,未必有神灵来往,但未必不呼吸着神的气息,未必不幻化着神的灵性。

比利牛斯山脉

地理位置:西起大西洋比斯开湾畔,东止地中海岸,长约 435 千米。一般宽 80 千米~140 千米,东端宽仅 10 千米,中部最宽处达 160 千米。

地质特征:为阿尔卑斯山脉主山系的西南分支,具有阿尔卑斯山脉的特征,山体中轴由强烈错动的花岗岩和古生代页岩及石英岩构成,两侧为中生代和第三纪地层,北坡为砾岩、砂岩、页岩等岩层交错沉积所组成的复理层。基本地貌:山脉呈东西走向,按地理环境可分为西、中、东三段,西段和东段海拔较低,中段群峰竞立,山势最高,3000 米以上高峰有 5 座,是欧洲大陆与伊比利亚半岛的天然屏障,最高点阿内托峰海拔 3404 米。现代冰川仅存在于海拔近 3000 米的冰斗和悬谷内,北坡多于南坡,总面积约 40 平方千米。

气候特点:南坡属亚热带夏干型气候,年降水量为 500 毫米~750 毫米,海拔 400 米以下及山麓地带冬季气温为-6℃~2℃,海拔 1700 米~2300 米之间冬季气温为-16℃~20℃。北坡属温带海洋性气候,年降水量达 1500 毫米-2000 毫米,气温普遍低于南坡。

动植物分布:植被垂直变化明显,从山脚到雪线附近依次覆盖着亚地中海植被、麻类植被、山区植被、亚高山植被和高山植被。哺乳类动物多达 800 多种,有稀有的黑山羊、比利牛斯山羊、髯秃鹰等,还有狐狸、水獭、野猪和棕熊等。

游览须知:山区自然风光绚丽,是重要的旅游胜地,又是开展登山、滑雪等冬季体育活动的好场地。

比利牛斯山脉横亘在法国南部和西班牙北部的边境线上,面向法国的北坡好像一道高高的护城墙,守护着法国的南大门;面向西班牙的南坡,则向外延伸成数座平行的山脊,东部在鲁永山区形成巍然耸立的群峰,而在西部则消失在巴斯克乡村起伏不平的山地之间。

虽然有高山阻隔,两国之间来往并不困难。按照自然特征,比利牛斯山脉可以分成三段,其中中段从松波特山口往东至加龙河上游河谷,这一带群峰竞立,山势最高,海拔 3000 米以上的山峰多达 5 座。这一带是显示比利牛斯山脉威风和壮美的地方,显然不利于交通。而比利牛斯山脉的西段平均海拔不到 1800 米,在河流的侵蚀切割下,形成山口,成为法国和西班牙之间易于往来的通道。比利牛斯山的东段也称地中海比利牛斯山,这一带地势更低,距离地中海岸约 48 千米处的山口海拔只有 300 米,历来都是南北交通要道。

对于商旅来说,山平路坦是最受欢迎的,但到了烽烟四起的年代,势弱的一方就恨不得比利牛斯山脉变成参天绝壁。古时候,这里的山区谷地曾被汪达尔人、西哥特人用来作为入侵的天然通道,后来阿拉伯人又越过比利牛斯山脉低矮的隘口侵入法兰西,直到公元 8 世纪这种入侵才告停止。17 世纪,欧洲爆发三十年战争,法国于 1635 年向支持奥地利的西班牙宣战,比利牛斯山脉两边的邻国变成了生死冤家。虽说后来两国签署了和平条约,但争夺地盘的战争一直没有停止。在这个过程中,西班牙的国力渐渐衰落,欧洲霸权转到了法国人手里。1659 年,西班牙国王腓力四世被迫向法国人求和,以割让土地为代价,换来了一纸和约。腓力四世还把女儿玛丽·泰瑞莎嫁给了法国国王路易十四,陪嫁 50 万克朗。从此,法国和西班牙的边界再也没变过,比利牛斯山区再也没有发生过战事。

西班牙和法国如今成了友好邻邦,但在历史上却有相当一段时间关系不睦,佛朗哥及其长枪党在西班牙实行独裁统治期间,两国还断绝了外交关系。不过,几个世纪以来,生活在比利牛斯山脉两侧的人民却能和平相处。他们互通有无,自然灾害来临时互相帮助,共渡难关。他们甚至在 1961 年 11 月初共同创办了比利牛斯国际艺术节,而当时法国和西班牙还没有恢复正常的外交关系。

西班牙人和法国人都非常珍惜他们共同拥有的比利牛斯山脉,而体现这种感情最直接的地方,就是位于比利牛斯山脉中段的珀杜山(又译为佩尔杜山)。这一带表现出了比利牛斯山脉典型的地质特征。在西班牙一侧是两个又大又深的峡谷,法国一侧更由陡峭的山峰形成三大片环形的屏障。除了自然景色外,这里的人们还保持着传统的农业生活方式,欧洲高地上曾经有过的田园风光依然如故。为了保护这里的环境,西班牙和法国都在这个地区的己方一侧建立起了国家公园。1988 年 9 月,法、西两国又签订了合作保护这一地区的协议。1997 年和 1999 年,珀杜山所在地区先后被评为世界自然遗产和世界文化遗产,这又是两个国家人民的共同骄傲。

珀杜山海拔 3352 米,以它的顶峰为中心,方圆 30639 公顷的地方都属于保护区的范围。这里的珀杜峰、锡利德罗峰和拉蒙特峰合称三姊妹山,阿拉扎斯河、加龙河、阿杜尔河、埃布罗河都从这里发源,它们从峭壁上倾泻而下,形成一连串的瀑布,然后跌进两边长满山毛榉、落叶松和高耸的针叶树的河谷中。游人们来到这里,都想去看一看阿拉扎斯河的源头,那便是瑰丽无比的索阿索冰斗。这个冰斗是一个巨大的天然圆形洼地,由珀杜峰山坡上的冰川侵蚀而成,已有上万年的历史。从这里往上走,山路更加险峻,登山者需要借助打进岩石里的铁钉,才能攀登上去。

阿拉扎斯河所流经的奥尔德萨峡谷绵延约 16 千米,石灰岩峭壁巍然矗立,高逾 600 米,上面布满槽沟,气势雄伟。清爽的山风吹过,长在山间的薄雪草、龙胆、银莲和兰花摇曳生姿。登到高处,一条条山谷好似绿色的飘带,从嶙峋的山中穿过。在这一带还能看到很多稀有的野生动物,比如在狭窄的山脊上蹿上蹦下的黑山羊,雄山羊向后弯曲的羊角足有一米长。这里还生活着一种善于攀登的攀壁鸟,身体只有麻雀般大小,却能在陡峭的山谷岩壁上猎取昆虫。这种鸟浑身灰褐色,与岩壁的颜色非常相近,只有当它们振翅向上攀爬时,翅膀上鲜红的羽毛才会把自己暴露出来。

珀杜山地区自然景色绚丽,历来都是旅游胜地,每年还吸引了许多登山、滑雪爱好者来这里一试身手。南坡西班牙的托尔拉和北坡法国的加瓦尔尼这两个村庄是两处最吸引游人的景点,尤其是加瓦尔尼,这里有古罗马圆形剧场的遗址,还有壮观的瀑布,都能给人留下美好的记忆。

巴尔干山脉

希普卡隘口与玫瑰谷

在保加利亚语中,巴尔干山脉意为"老山山脉",而在古希腊时期,当时的历史学家称它为"珂埃蒙",罗马人又称之为"赫穆斯"。"赫穆斯"在希腊文中是"血"的意思,因而巴尔干山得名"血山"。相传曾有一位风火神非常想到天上开开眼界,就沿着巴尔干山脉向上攀登。他的这个举动激怒了天神宙斯,他凌空劈下雷电,击死了这位勇士。勇士倒在血泊之中,他的鲜血染红了漫山遍野。

巴尔干半岛最早居住的是色雷斯人,在他们中间也流传着一个与巴尔干山有关的故事。相传有一位歌手名叫奥菲士,他的妻子不慎被毒蛇咬死了,他悲怆欲绝,发疯似的爬上巴尔干山,对着天空放声歌唱。他那凄惨的歌声令风雨山川为之动容,大海开始咆哮,河水倒逆而流。

巴尔干山脉

一个是不畏强暴的勇气,一个是忠贞不渝的爱情,让古老的巴尔干山脉给人以常读常新的感觉,而这种感觉在巴尔干山脉两处最著名的景点会变得格外强烈。

首先让我们来到位于巴尔干山脉中段的希普卡隘口。这里地处加布洛沃和卡赞勒克之间,陡峭巍峨,地势险要,隘口的后边是有名的鹰窝山,山石陡峭,悬崖百丈,最高处海拔 1440 米。

19 世纪中叶,遭受土耳其人长达 500 多年压迫的保加利亚人民举行起义,被残酷地镇压了下去。1877 年 4 月 12 日,沙皇亚历山大二世对土耳其宣战,俄军越过多瑙河进入保加利亚境内,与土军作战。保加利亚人民再次揭竿而起,纷纷组织义军,为了民族的独立而战。当时,土军主力被包围在巴尔干山北的普列文城。土军自山南赶来增援,保加利亚的起义军与俄军分遣队把守住希普卡隘口,阻击敌人。他们在山上浴血奋战了几个星期后,弹尽粮绝,战士伤亡大半,而敌方的兵力十倍于我,还在轮流地发起冲锋。在此紧要关头,附近的农民纷纷前来参战,妇女们送来饮水和军粮。俄将领斯托列托夫在鹰窝山上振臂高呼,命令士兵用石头、巨木乃至将士们的尸体阻击敌人。血战了三天三夜后,剩下的士兵不足 200 人,却始终未让敌人越过希普卡隘口一步。普列文的土军见援军迟迟未到,被迫投降。如今在希普卡隘口立有一座 34 米高的石碑,上写"这里是保加利亚自由的起点",碑旁还陈列着两尊当年用过的大炮。

和希普卡隘口一样,整个巴尔干山脉都记载着保加利亚人民勇于反抗外来侵略的英雄诗篇。完全可以这样说,在反抗奥斯曼帝国奴役的斗争中,保加利亚人所举行的历次起义,几乎都是在巴尔干山中组织起来的。保加利亚的民族英雄拉科夫斯基、鲍特夫、列夫斯基、迪米特尔等人,为了民族的解放,都不止一次地翻越过巴尔干山,有的就在山上献出了生命。1868 年 8 月,迪米特尔率领的武装支队在多瑙河边与土耳其的军队血战后,退进巴尔干山中,最后被围困在希普卡隘口所在的布兹鲁查峰。面对比自己强大数十倍的敌人,勇士们高举着"宁为自由死"的绿色旗帜,全部壮烈牺牲。1942 年,保加利亚反法西斯战士也是站在布兹鲁查峰上,对着敌人高喊:"有胆量就开枪吧,这是我们的胸膛!"布兹鲁查峰上现在建起了一座人民公园,立着一座高达 78 米的纪念碑,以纪念那些视死如归的保加利亚前辈先烈。

再让我们来到位于巴尔干山南麓两条支脉老林山和中部森林山之间的"玫瑰谷",这里因整个山谷种满了玫瑰花而得名。它全长 94 千米,宽约 10 千米,海拔 350 米。它的北面以巴尔干山高峰为屏障,挡住了北来的寒风,而地中海暖流从南部沿河而过,吹进了湿润的空气,给玫瑰的生长提供了理想的条件。每年 6 月份的第一个星期,正是玫瑰花争相吐艳的时候,保加利亚人民都要举行盛大的民族节日——玫瑰节,庆祝活动依次在"玫瑰谷"内的各个村镇举行,这些举行庆祝活动的地方被称为"玫瑰的首都"。如果你这个时候来到玫瑰谷,就会融入花的海洋。由美少女装扮成的"玫瑰仙女",站在彩车上大把大把地向众人抛洒玫瑰花瓣,那散发着浓郁芳香的花瓣飘飘洒洒地飞落下来,空气中到处充满了玫瑰的馨香。姑娘们还会用玫瑰花编成花环,献给远道而来的游客,让你永生难忘这风也甜蜜花也醉的地方。

玫瑰花不仅好看,还有经济价值,大约 3100 千克左右的玫瑰花便能提炼出 1 千克的玫瑰油来,与 1.52 千克的黄金等值。玫瑰谷中的玫瑰花有 7000 多个品种,能炼出玫瑰油的只有 4 种,其中以粉红色和白色的两种玫瑰花含油量最大。相传数百年前,玫瑰谷中住着一位美若天仙的少女,最喜爱玫瑰花的香味,每次洗澡时都要把玫瑰花瓣撒入池内。有一次,她撒进了一些含油的玫瑰花瓣,水上漂出了油滴,浓香经久不散,从此,人们这才发现了从玫瑰花瓣中可以提炼出玫瑰油的秘密。

保加利亚风景秀丽的小城克里苏拉就坐落在前往玫瑰谷的必经之路上,绿树葱茏,依山傍水,更有一股幽香弥漫全城。在奥斯曼帝国时代,克里苏拉被称为"奥登克里拉",意为"两山夹峙中的黄金路"。据说当时玫瑰谷出产的玫瑰油全都拿到这里来交易,每天都能用玫瑰油换来一匹骡子驮的黄金。

保加利亚号称"玫瑰之国",保加利亚人民酷爱玫瑰花,这不仅因为它的芳香与色彩,更因为它遍身芒刺象征着保加利亚民族的英勇不屈和坚韧不拔。每当玫瑰花开遍保加利亚的时候,人们都要采集来最美的玫瑰花,敬献给那些为国捐躯的民族英雄们。

贝洛格拉齐克石林及其他

从地理形态的特征上来说,巴尔干山主脉可以分成西、中、东三段。这三段各有千变万化的风姿,又共同体现出了巴尔干山的特征,就好像一段旋律的三段变奏。

巴尔干山主脉西段从贝洛格拉奇克隘口到兹拉蒂查隘口,全长约 200 千米。这段山脉曲折蜿蜒,西北一东南走向,西段较窄较低,东面较宽且高,最高峰海拔2000 余米。这一段最美丽、最生动的景观要数伊斯克隘口。它的主体部分长 67 千米,将巴尔干山脉拦腰截断。清澈透明的伊斯克河水缓缓地通过隘口,波光粼粼,一座座青山倒映在水中。这里的岩石非常奇异,有红色的砂岩,有透明的浅灰色灰岩,还有绿色的页岩和粒状辉绿岩,它们共同组成了五光十色的岩层,看上去让人眼花缭乱。岩石映入伊斯克河中,河水变成了一条五颜六色的彩带,又像一道美丽的山间彩虹。在隘口的留蒂勃罗德一侧出口处,那是著名的岩石帷,这里的岩石构造别具一格,在河水长年累月的切割下,形成了两道陡壁,耸立在河岸两边。

巴尔干山主脉中段从兹拉蒂查隘口到弗拉特尼克隘口,全长 185 千米。这段山脉较为完整,是巴尔干山脉地势最高的部分,最高峰博特夫峰就在这里,海拔2376 米,十分巍峨壮丽。

博特夫峰原名尤姆鲁克恰尔峰(1950 年前),后来以保加利亚诗人赫里斯托·博特夫的名字来命名。它的顶部宽广平缓,有很多草地,不少河流就发源于此,山上还有保加利亚最高的普雷斯卡瀑布。这条瀑布从峭壁间奔泻而下,隆隆的水声好似奔驰的火车呼啸而来,透明的水柱撞向潭底,激起雪白的水花,景色十分壮丽。

巴尔干山主脉中段东部的特罗扬—卡洛费尔部分,是整个巴尔干山脉最为高峻的地方。它以科齐亚墙的石灰岩地垩为起点,其北坡几乎是垂直的,只有山羊才能攀登上去,所以得名"山羊墙"。

巴尔干山主脉东段从弗拉特尼克隘口到黑海,全长约 155 千米。这段山脉地势较缓,山幅渐宽,高度逐渐降到海拔 200 米~300 米以下,也逐渐消失了山地的特色。

在巴尔干山主脉西段起点处,坐落着一座山区小城,与贝洛格拉奇克隘口同名,又称"小白城"。早在公元 1 世纪时,这里就建有罗马城堡,以保护具有战略价值的贝洛格拉奇克隘口。这座城堡至今仍完整无损。这一带的洞穴中还发现了不少史前遗迹。然而,这些古迹还不足以吸引游人来到这个偏僻的地方,而它之所以能成为保加利亚著名的游览区,主要依靠城北闻名遐迩的石林奇观。贝洛格拉齐克石林分布在一个长 30 千米、宽 3 千米的狭长地带里,这里的三叠纪砂岩和数万年前沉积的砾石经受长期的风化和侵蚀，形成了一片千奇百怪的红色石头"森林"。来到这里，人们就好像进入了一个童话中的"魔法谷"。有的石柱像身穿法衣的修道士，有的像骑士策马疾驰，有的像牧童驱羊而奔，有的像少女亭亭玉立，还有的石柱紧紧挨在一起，就像是一对依依惜别的夫妻。它们全都惟妙惟肖，令人啧啧称奇，甚至会产生这样的幻觉：莫非它们真的有生命，却让可恶的巫师施展巫术牢牢地定在了这里？

每当朝阳东升的时候，贝洛格拉齐克石林就披上了一层薄薄的红纱，七色光线如同细细的小针，织出一片片迷离的光影。深夜，月光如水，石林又披上了银纱，月移影动，似乎到处都隐藏着奥秘。面对如此神奇的自然奇景，就连平日里最缺乏想象力的人也会即兴编造起"神话"来：这两块是亚当和夏娃，他们是不是正在为失去伊甸园而懊恼？这一块是圣母玛利亚，她的儿子到哪里去了？这块是狮身人面像，它是什么时候从埃及跑到这里来了？

贝洛格拉齐克石林还有一个奇妙的现象，那就是石峰间经常会发出"咕咕"的叫声，酷似布谷鸟在啼叫，由此得名"布谷鸟"石林。其实，这不过是风儿捣的鬼。风从万千石柱组成的"巷道"中穿过，就会像人吹口琴那样发出美妙的声音来。

喀尔巴阡山

喀尔巴阡山在罗马尼亚

从地理特征上来划分，喀尔巴阡山脉可以分为东、西、中、南喀尔巴阡山及特兰西瓦尼亚高原五部分，如同一只巨掌伸开五个指头，在欧洲中部"一手遮天"。其中南喀尔巴阡山、特兰西瓦尼亚高原以及东喀尔巴阡山的一部分都在罗马尼亚境内。因此，到罗马尼亚去看喀尔巴阡山，虽说不能窥见全豹，却足以领略它的名山风采。

罗马尼亚有三大国宝，一是蓝色的多瑙河，一是绚丽多姿的黑海，再一个就是雄奇的喀尔巴阡山。罗马尼亚大部分的河流都发源于喀尔巴阡山，它的雨水和雪水则为多瑙河源源不断地提供了活力。喀尔巴阡山占据了罗马尼亚境内三分之一的国土，难怪罗马尼亚人亲切地把它称为"罗马尼亚的脊梁"。

喀尔巴阡山

南喀尔巴阡山又称特兰西瓦尼亚山脉，盘亘在罗马尼亚中部，东西走向。东起普拉霍瓦河谷，西至多瑙河的铁门峡谷，全长约 300 千米，一般宽度在 100 千米~120 千米，有多座海拔 2200 米以上的山峰，最高点摩尔多韦亚努峰海拔 2542 米，是罗马尼亚全国的最高峰。东喀尔巴阡山西起斯洛伐克的拉博雷茨河谷,向东南经乌克兰西南部至罗马尼亚的普拉霍瓦河谷,全长约 600 千米,有多座海拔 2000 米左右的山峰,最高峰为罗马尼亚境内的罗德纳山的彼得罗斯峰,海拔 2305 米。特兰西瓦尼亚高原就处在东、南喀尔巴阡山和阿普塞尼山之间,海拔一般在 300 米~800 米,浑圆的丘陵和宽广的河谷相间,少有耕地而多见牧场,天然草坡像绿色的地毯顺着柔顺的山势起伏,任凭白色的羊群、黑色的奶牛群、杂色的马群随意悠游。就在峰回路转的地方,一座东正教教堂的钟楼高高耸起,那便意味着前方是一个山间村镇。牧民们的小木楼一幢幢散落在草坡上,造型各异,色彩也不同,或纯白,或朱红,或湖蓝,或草绿,好像童话中小矮人住的地方。

与阿尔卑斯山相比,罗马尼亚境内的喀尔巴阡山山势平缓多了,植被朗润多了,土层也肥厚多了,几乎看不到一寸裸露的泥土,举目皆是森林和草地。全罗马尼亚最富庶的牧区就在喀尔巴阡山,这里也是全欧洲最富庶的牧区。

南喀尔巴阡山的东端,山上杂树丛生,怪石嶙峋,群山环抱之中有一座名叫肯皮纳的小城。据史书记载,这里原本只有一些简陋的小木屋,是特兰西瓦尼亚地区的牧羊人路过此地歇脚用的,如今已经发展成为一个美丽的城镇。游人们来到这里,可以见识到当地的传统婚礼。新娘候在家中,要等着新郎上门迎娶。迎亲的队伍排成长长的一列,走在最前面的那个人手里高举着一根木棒,上边装饰着鲜花和松枝。迎到新娘后,把她扶上一匹涂成彩色的马,就骑着来到新郎家。婚宴上,应邀而来的亲友们开怀畅饮,喝到兴高采烈的时候,悠扬的音乐声就响了起来,大家便都跑到空地上跳起舞来。

喀尔巴阡山最好看的季节是秋天。山顶上戴着晶莹洁白的雪帽,山腰的云杉林好似一串蓝宝石项链,草地依然是绿茸茸的一片,山谷中的树叶却是一处金黄,一处酡红,五彩斑斓。还有那清清亮亮的山泉和小溪在淙淙流淌,几片红叶在溪水中打旋,不由得使人联想起山间盛产的透亮的葡萄酒。

喀尔巴阡山最好玩的季节是冬天。这里众多的滑雪场向游客提供不同等级的雪道,而且昼夜开放,让那些滑雪发烧友们过足了瘾。不爱滑雪的人可以坐马拉雪橇,在冰雪世界中来一次轻轻松松的"走马观花"。位于南喀尔巴阡山北麓的古城布拉索夫是罗马尼亚人冬天里最爱去的地方,距离城区只有 12 千米的滑雪场,已有 100 多年的历史。布拉索夫城中的"黑教堂"是闻名全罗马尼亚的古建筑,它是特兰西瓦尼亚地区最大的天主教堂,建于 14 世纪~15 世纪,具有晚期哥特式建筑的风格,1689 年着了一把大火,石墙被烟熏黑了。重建后,外墙仍呈黑色,"黑教堂"之名便由此而来。

南喀尔巴阡山脉的最高峰摩尔多韦亚努峰所在的一带称弗格拉什山,这里也是一处滑雪胜地。来到这里滑雪的人,还可以到比莱亚湖畔的东欧首家冰造旅馆看个新鲜。客人进入这家旅馆后不能脱掉外衣,因为室内温度只有零上 2℃~3℃。家具全是用冰块制作的,包括床,杯子也是用冰制成的。冰床上铺有厚厚的羊皮褥子,上边盖着羊绒被。这里没有厨房,饭菜都是从附近饭店里做好后送来的。客人住在这里有一个最大的不便,那就是不能洗热水澡。

南喀尔巴阡山脉的矿泉久负盛名,罗马尼亚有 160 多个矿泉点,都在南喀尔巴阡山中,其中位于南喀尔巴阡山西端切尔纳河谷中的海尔库拉内矿泉最为有名。这里气候温和,绿树成荫,景色幽雅,淙淙的泉水随处可见。这里的泉水温度在45℃~50℃之间,水中含有硫、盐、钙等矿物质,对关节炎、皮肤病、妇女病及胃病等都有很好的疗效。

据史料记载,当年古罗马帝国的军队进入达契亚(罗马尼亚的古称)国境后,在切尔纳河谷中安营扎寨。一些患有风湿病或皮肤病的士兵偶然用这里的温泉水洗浴,病状居然大为减轻。不久,这件事就传到罗马帝国的一些达官显贵耳朵中,他们便闻讯而来,并用古希腊神话中大力士神海克力斯的名字给这里的温泉区命名(海尔库拉内是海克力斯的罗马尼亚语译名),又给各个矿泉起了海王星、太阳神等美名。海王星泉是这里最有名的泉眼,泉眼上竖着一尊狮子石雕,泉水就从石狮嘴里喷出来。在海尔库拉内矿泉博物馆里,至今还珍藏着当年罗马人使用过的浴盆、水管管道等。

位于普拉霍瓦河上游谷地的西纳亚也是一处有名的矿泉区。这里的泉水清澈透明,还冒着一股股热气。相传在公元 1695 年,一个名叫米哈伊·肯塔库兹鲁的罗马尼亚军官在这里建造起一座修道院,以纪念被基督教徒尊为圣山的西奈山上的修道院,取名西纳亚,以后人们就把这个地区都叫成西纳亚了。1837 年,罗马尼亚皇帝相中了西纳亚地区的山清水秀,便在这里兴建起了一座气魄雄伟的古式宫殿,这是罗马尼亚第一个皇帝夏宫,现称佩乐什皇宫,堪称罗马尼亚建筑艺术中的瑰宝。

喀尔巴阡山在斯洛伐克

斯洛伐克的国徽中有三座蓝色的山峰组成的山链和一个白色的双十字架,双十字架是信奉天主教的象征,而那蓝色的山峰代表着斯洛伐克的最高峰,也是喀尔巴阡山脉的最高峰格尔拉赫峰。斯洛伐克人把喀尔巴阡山称为本民族的摇篮和象征,斯洛伐克的历史、文化以至每天的生活,都与这条山脉密不可分,它甚至被称为喀尔巴阡山下的国度。

西喀尔巴阡山是喀尔巴阡山脉中最高的一段,同时也是最宽的一段。从斯洛伐克的布拉迪斯拉发的附近起,向东北形成广阔的弧形,直到波兰的杜克拉山口,全长 400 千米,宽 200 千米,最高峰格尔拉赫峰海拔 2655 米。

塔特拉山脉是整个喀尔巴阡山系中最高的山脉,又是最短的一组山脉。它又被河谷分成东西两部分,西边要比东边普遍低 400 米,所以东边的塔特拉山被称为高塔特拉山,西边的塔特拉山被称为低塔特拉山。高塔特拉山在斯洛伐克与波兰交界的地方,已经被联合国教科文组织宣布为生物圈保护区,在西喀尔巴阡山中只有这里真正有资格称得上高山地形。相比世界其他地方的山脉，塔特拉山规模比较小，却拥有变化多姿的地貌，高耸的山峰、险峻的峭壁、壮阔的冰川、闪烁的湖水、汹涌的河流，种类繁多的植物和独特的野生动物，使得这里成为许多诗人和画家笔下的素材。这里的土壤也非常特别，红的、紫的、黄的，各种颜色混杂到一处，五颜六色，多姿多彩。这一带还有许多石林，高低错落的石峰形状各异，只是比巴尔干山脉的贝洛格拉齐克石林略有逊色。

对于游人来说，要想欣赏塔特拉山的风光，可以前往塔特拉山国家公园。它于1948年由斯洛伐克和波兰共同建造，公园的一大半在斯洛伐克境内，一小半在波兰境内，而波兰境内的最高峰雷西峰（海拔2499米）就坐落在这座公园里。

塔特拉山最为迷人的部分尽在这座公园之内。雪山、峡谷、森林、草地、温泉、湖泊一一展现开来，美不胜收。公园中最美丽的地方要数半山腰上的施德勒波斯戈泊勒湖，碧蓝的湖面非常宽阔，倒映着远处白雪皑皑的山峰，忽然游来几只野鸭子，这才打碎了湖面的平静。湖边一小簇一小簇的灌木丛中，蛙声、蟋蟀声响成一片，洋溢着僻静和安详的野趣。

塔特拉山国家公园珍藏的瑰宝是多布希娜冰洞，它是全世界最重要的冰洞遗迹。洞穴外边地面上由结冰而形成了很多石笋和圆形的冰柱，它们接连到一处，好像一道银白色的瀑布向洞穴中倾泻而去。冰洞中最大的冰瀑体积达到10万立方米，最厚处达26.5米，其壮观的景致可见一斑。

喀尔巴阡山和阿尔卑斯山紧紧相连，都拥有难度不同的天然登山路径，可谓登山爱好者的天堂。但是来塔特拉山国家公园的人，很少是来登山的，大多是来做徒步旅行。公园提供从易到难的各种徒步以及自行车游玩路线，其中一些难度较大的路线，只在每年的6月15日至10月30日开放。塔特拉山公园也有缆车，乘坐缆车可以到达海拔2600多米的高度，这里与格尔拉赫峰已经非常靠近了。即使是盛夏季节，格尔拉赫峰顶的周围也是一片白雪。在这里的小餐厅里要杯咖啡，来到木头晒台上找个座位，享受着在雪地上晒太阳的滋味，那是很奇妙的感受。

离开高塔特拉山，游人们都会顺便到低塔特拉山一游，那里的山势明显不如高塔特拉山那样陡峻，但在这片山地的北部，却有一个被列入世界文化遗产名录的小村庄，它就是弗尔科里涅斯。在当地语言中，"弗尔科里涅斯"意为"设圈套捕捉狼的猎人"。最初，这个村庄里居住的就是捕狼的猎人。这个小村庄中只住着几十名村民，却有45幢木屋。房屋的房顶为山形结构，两侧的斜面铺着木板。房子的墙基部分被刷成茶色，木墙和窗户的边缘分别被涂成白色和浅蓝色。这是欧洲中部地区传统的民居样式，而以弗尔科里涅斯保存得最完好。直到今天，留驻在村庄里的居民依然不肯接纳现代的生活设施，厨房中满眼都是老式的锅碗瓢盆，当然也没有自来水。居民用水时，便去位于村庄中部马路边上的水井中打水。有趣的是，水井也同样被装在一个传统的小木屋里。

弗尔科里涅斯村中最独特的建筑就是那座建于1770年的钟楼，上边的大钟每天三次准时响起,而一听到钟声,无论村里多么喧闹,马上就会归于平静,因为祈祷的时间到了。弗尔科里涅斯人的生活就这样日复一日继续着,似乎很是单调,但隐藏在大山中的这份淳朴与宁静,却让来自繁华世界中的人羡慕不已。

喀尔巴阡山在乌克兰

东喀尔巴阡山的西端起于斯洛伐克境内,另一端在罗马尼亚境内,中间在乌克兰西南部绕了个弯,这一段就被命名为乌克兰喀尔巴阡山。这里的喀尔巴阡山看不到什么高峰峻岭,一般海拔在 800 米~1500 米,山坡都比较平缓,许多纵谷和横谷把山脉分割成一个个独立的山群。这一地区气候湿润,阳光充沛,森林郁郁葱葱,素有"森林公园"的美誉。伟大的俄国作家契诃夫曾用夸张的语言对这片土地发出过赞叹:"伟大的土地啊,今天你把一根车杆插进去,明天它就会长出一驾马车来!"

世界上最肥沃的黑土地就位于乌克兰喀尔巴阡山的东端,这里现在已经被辟为科索沃国家森林公园。张艺谋执导的电影《十面埋伏》中出现的那片白桦林,还有那一望无际的灿烂花海,就是在科索沃国家森林公园中取的景。这里的原始森林中长满了伟岸的巨树,树冠相互紧挨在一起,犹如一把把大绿伞遮住了直射的阳光,只能从斜上方穿进来。林中荫翳却不阴暗,空气仿佛透明一般。长年累月的积叶在地上铺了厚厚的一层,踩上去就像踩在地毯上。到了夏天,这里绝对是避暑的胜地。

春、夏两节,来乌克兰喀尔巴阡山的游客主要以疗养为主,而到了冬天,世界各地的人们则纷纷慕名前来这里滑雪。位于乌克兰利沃夫州境内的喀尔巴阡山脉冬季积雪深厚,地形优越,历来是滑雪爱好者的首选之地,这里还多次举办过冬季奥运会。漫天飞雪把这里变成了一个银装素裹的世界,而像流星一般在滑雪道上飞驰而下的雪上健儿们,则让这原本冷冰冰的地方生机盎然。

高加索山

"高加索的美人"——厄尔布鲁士峰

一提到高加索山,人们不由得就会联想起那位人类的保护神——普罗米修斯。在希腊神话中,人类是普罗米修斯创造出来的,他还充当人类的老师,帮助人类追求幸福。而宙斯却对人类全无好感,认为人类既孱弱又狡猾,既愚蠢又残暴,总想把人类毁灭掉。

普罗米修斯看到人类住在阴暗潮湿的山洞里,过着衣食不周的悲惨生活,就想了个办法,用一根长长的茴香枝,在烈焰熊熊的太阳车经过时,偷到火种并带给了人类。

人类有了火种,生活面貌立刻改观,这让宙斯大为恼火,他命令神使赫尔墨斯用一条永远也挣不断的铁链把普罗米修斯绑在高加索山的悬崖上,让他永远不能入睡,疲惫的双膝也不能弯曲,在他起伏的胸脯上还钉着一根金刚石的钉子。宙斯又派一只神鹰每天去啄食普罗米修斯的肝脏,但被吃掉的肝脏随即又会长出来,第二天又被神鹰啄食掉。就这样,普罗米修斯在高加索山忍受了3万年的反复折磨,直到有一天一位名叫赫剌克勒斯的英雄来到高加索山,射死了那只恶鹰,才把这位人类的大恩人解救出来。

如果说宙斯真的把普罗米修斯绑到高加索山上来,势必会选择这里的最险峰和最高峰。高加索山绵延千里,但高山峻岭不多,海拔5000米以上的山峰都集中在大高加索山的中段。这一带位处高纬度地带,积雪和冰川对地形的侵蚀强烈,巨大的冰斗耸立于山腰,成为薄如刀刃的山脊,颇有"倚天宝剑"的神韵。群山顶上积雪堆压,形成波澜壮阔的起伏地带,在阳光韵照耀下颇为壮观。而在古冰川的底部,细流常常汇集成碧波荡漾的圆形湖泊,景色绮丽迷人。

高加索山的最高峰厄尔布鲁士峰就在大高加索山的中段,这里有不少山峰的绝对高度都超过了阿尔卑斯山的勃朗峰,只是这里处在欧亚大陆的天然界线上,在谈到世界各大洲的名山大川时,它们往往既不被算进亚洲,又不被算进欧洲,倒是可惜了它们的高度。阿尔卑斯山的一座勃朗峰就让人凉叹不已,而这里有那么多"勃朗峰",还有一座超过勃朗峰800米的厄尔布鲁士峰充当"龙头老大",在众多奇峰秀岭的环伺下,它显得卓尔不群,大有顶天立地的气魄。

厄尔布鲁士峰由东西两座相邻的雪峰组成,西边那座略高于东边的那座。这两座山峰虽然那么高大,顶部却像一个光滑的圆顶山丘,从远方望去宛如一位刚刚出浴的少女,仰卧在高加索的群山之上。从飞机上鸟瞰,这位少女长着披肩的长发,伸直的两臂和稍弯的两条健美的腿,东西两座姐妹峰正好构成这位少女两个丰满的乳房。

自古以来,当地的格鲁吉亚人就把它称为"高加索的美人",还流传着一个有趣的传说。相传"厄尔布鲁士"原来是一位仙女的名字,很早以前,她来到高加索山中的一个小山村里,村后并排列着五座高山,人们都叫它"五山村"。村庄的周围有着流不尽的泉水,漫山遍野都生长着各种颜色的玫瑰花和樱桃树,还有叫不出名字来的五颜六色的野花,活泼的小鸟一年四季在枝头上歌唱。仙女被这人间的美景所陶醉,她漫步山间,跳在清澈的泉水之中洗了个澡,出浴后就仰卧在那里睡着了,这一睡就是千年万年,直到今天还没有醒过来。人们还说,从厄尔布鲁士雪峰上流下来的雪水,就是仙女的乳汁,有了它的灌溉,才有了高加索山区的千里沃野,有了高加索人的幸福生活。

在厄尔布鲁士峰上还发生过一个真实的故事,说起来就不像民间传说那样让人愉快了。第二次世界大战爆发前夕,德国人派出一支登山代表团,与苏联的登山运动员们一起攀登厄尔布鲁士峰。1942年8月末,德国法西斯为了夺取苏联的石油基地巴库,专门派出高山部队占领了通往巴库油田的制高点——厄尔布鲁士峰,并在峰顶附近设置了高倍望远镜,监视苏军向巴库方向的增援部队的调动情况。只要苏军一有动静,德军马上就调动空军及炮兵进行袭击,苏军因此而遭受了重大牺牲。这时的厄尔布鲁士峰,成了德军一架永远不需要降落也不需要加油的"高空侦察机"。

为了夺取这个制高点,苏军几次攻山,但由于部队没有受过山地作战的专门训练,也没有配备必要的装备,还没等和敌人接火就出现了大批严重冻伤。于是,苏军征集过去攀登过这座山峰的登山运动员、教练员参战,组成了阿尔卑斯营(即山地营),这才从德国人手里夺回了厄尔布鲁士峰。在战后打扫战场时,苏联人在德军尸体中发现了三张熟悉的面孔,原来这三个人曾经参加过那次所谓友好的登山活动。

在第二次世界大战中,德军的山地部队的确战功赫赫,其中以德国国防军第一山地师最为强悍,他们曾在高加索山地艰苦作战,甚至赢得了对手苏联人的尊重,送给它一个"高加索雄鹰"的绰号,还对它做出这样的评价:给它一座山,就休想从它身上爬过去。德国山地部队的官兵在军帽左侧都佩戴着金属雪绒花帽章。雪绒花生长在阿尔卑斯山脉(亚洲也有)海拔 1700 米上的冰雪地带,德国人就用这种不畏严寒的植物来代表山地部队这个兵种的特点。

"生命的乐土"——西高加索山

大高加索山通常分为东、中、西三段,其中中段山体较窄,山势高峻,东高加索山次之,西高加索山最低,海拔一般在 4000 米以下。东高加索山有格鲁吉亚境内的最高峰什哈拉峰,海拔为 5068 米。西高加索山的最西端是著名的西高加索山保护区,已经被遴选列入世界自然遗产目录,还被列入联合国教科文组织的"人与生物圈计划"。

早在 50 万年前,这一带就有了古人类的活动,考古学家在这里发现了 150 余处古代人类的遗迹。与司空见惯的人类破坏自然资源的现实相比,西高加索山可以称得上是一片"生命的乐土"。部分地区与世隔绝,只有乘直升机才可到达,是欧洲尚未受到人类干扰的少有的几座大山之一。近几个世纪以来,这里只是外围地区受到了伐木、放牧以及打猎的些许不利影响,并未对它的绝大部分地区构成威胁。由于人迹罕至,这里成了野生动物的天堂。据统计,这里的脊椎动物多达 384 种,哺乳动物也有几十种,包括狼、棕熊、山猫、高加索鹿、狍、欧洲野牛、岩羚羊、水獭、豹等;鸟类已达到 126 种,其中黑鹳、鱼鹰、茶色鹰、王鹰、金鹰、短趾鹰都是国家级保

西高加索山

护动物。这里还有一个光怪陆离的昆虫世界,有记录可查的昆虫多达 2500 种,而实际上的数目比记录的两倍还要多。

西高加索山的地质构造颇具特色,寒武纪到古生代的沉积岩、变质岩和火成岩在这里都有出露。北部以石灰石山丘居多,其间有许多洞穴,尤为引人注目的是一个深达 1600 米、长达 1.5 万米的洞穴,其深度、长度都称得上俄罗斯之最。这里的高山湖泊以及宽广的山谷都是由于冰河作用所致,迄今为止这里还有 60 余处冰河留下的遗迹。

距离西高加索山保护区最近的城市是俄罗斯的索契。它位于黑海沿岸,气候湿润,四季如春,夏季不超过 30℃,是地球最北端唯一一块属于亚热带气候的地区。从斯大林开始,苏联和俄罗斯的历届国家领导人都喜欢来这里度假,使得它赢得了俄罗斯"夏都"的称号。索契的冬天也不寒冷,高加索山脉几乎完全挡住了来自北方的冷空气,而被太阳晒了整整一个夏季的海水则慢慢地释放出热量,使得这里的气温维持在 8℃左右。

索契还以矿泉闻名。这里马采斯塔矿泉(意为"烫水")自然涌出的泉水温度达 22℃,人工钻探而涌出的泉水温度高达 38℃。马采斯塔矿泉富含氢硫化物,对人体有独特的疗效,早在古罗马时代就远近知名。

如果你想欣赏大高加索山白雪皑皑的全景,可以登上市郊大阿洪山上顶的瞭望塔,索契一年中平均有 240 天是晴天,给登高望远提供了方便条件。站在这里还能欣赏到索契风景如画的海岸。索契的海岸绵延着大片天然海水浴场,从每年的 5 月中旬到 10 月底都可以下海游泳。你只要不嫌麻烦,就可以在一天之内既上山滑雪,又下海畅游,感觉爽快无比。

以一部《钢铁是怎样炼成的》而让中国读者熟知的作家尼古拉·奥斯特洛夫斯基,他的大部分创作生涯就是在索契度过的,他能以重病之身写成那么厚的一本长篇小说,还构思出了《暴风雨所诞生的》的初稿,着实应该感谢索契宜人的气候。现在他的故居已被辟为博物馆。

与索契同在黑海沿岸的苏呼米也是一个旅游和疗养胜地。这里背靠大高加索山,市内林木茂密,花草遍地,在青山碧海之间建有许多休养所、疗养院和宾馆。在苏呼米近郊有一座名叫巴格塔拉第三的城堡,它是以统一格鲁吉亚各公国第一代皇帝的名字命名的。离城 4 千米处有一道著名的克拉苏里墙,类似中国的长城,它跨越山谷,蜿蜒绵亘,颇为壮观。此外,在奥恰姆奇列区还有一处洞窟群,其中最著名的是契娄洞,又称阿勃拉斯山洞,长达 2 千米。

寻找金羊毛——小高加索山

小高加索山由一系列低矮且多褶曲的山岭组成,就其高峻程度来说,与大高加索山不可同日而语。但这一带自古以来就流传着一个美妙动人的传说,被后世不少作家用做创作素材,给小高加索山区蒙上了一层神秘的色彩。

黑海岸边有一块名叫科尔喀斯的沼泽地,由它开始连着一块谷地,把大高加索山和小高加索山分隔开来。相传就在科尔喀斯沼泽地上有一件稀世之宝——金羊毛。

金羊毛来自一只长着双翼的公羊,它是神使赫尔墨斯送给玻俄提亚国王后涅斐勒的礼物。她的一儿一女受到国王宠妾的百般虐待,涅斐勒便让他们骑上公羊从空中逃跑。半路上,姐姐从空中跌落,葬身大海,而弟弟佛里克索斯顺利地来到了黑海边上的科尔喀斯。国王埃厄忒斯热情地接待了他,还把自己的女儿许给他为妻。佛里克索斯宰了公羊向保护他逃跑的宙斯献祭,把公羊身上纯金的羊毛赠给了国王埃厄忒斯。埃厄忒斯把金羊毛献给了战神阿瑞斯,并把它钉在敬奉战神的小树林里。按照神谕所示,埃厄忒斯的身家性命完全取决于他是否拥有金羊毛,所以他下令让一条毒龙日夜守卫着金羊毛。

当时,全世界都把金羊毛视为无价之宝,多少英雄豪杰为了得到它而踏上了艰险的路程,却没有一个人获得成功,很多人甚至连金羊毛的影子都没看到,就倒在漫长的征途中。伊俄尔科斯王国的国王原是埃宋,后来他的王位被弟弟珀利阿斯篡夺去了。珀利阿斯想把埃宋的儿子伊阿宋也除掉,就怂恿他去夺取金羊毛。伊阿宋没有看破叔叔的险恶用心,就邀请来许多希腊有名的英雄,乘上一艘豪华大船"阿耳戈斯"号(意为"轻快的船"),跨海远征。据说,这是希腊人驶向大海的第一艘大船。

一路上的磨难难以尽述,如同《西游记》中的唐僧师徒取经一般,历尽千难万险,终于到达了高加索山下的科尔喀斯。伊阿宋向国王埃厄忒斯说明了来意,埃厄忒斯表面上没有拒绝,暗地里却想用毒汁害死伊阿宋一行。幸好埃厄忒斯国王的小女儿美狄亚爱上了浑身充满英雄气概的伊阿宋,她决定不惜一切代价帮助心上人。

在美狄亚的帮助下,伊阿宋战胜了鼻孔中喷射烈焰的两头神牛,穿过如同迷宫的灌木丛,来到一棵高高的橡树下。橡树顶上金光闪闪,上边挂着的就是令无数人为之心动的金羊毛。树下,那条巨大的毒龙睁着一双永不闭合的眼睛在警惕地巡视着。美狄亚用神奇的歌声让毒龙迷迷糊糊地有了睡意,又用魔液的芳香迷得毒龙酣睡起来,伊阿宋趁机从橡树上拉下金羊毛。借着金羊毛发出的光亮,他俩飞快地穿过树林,来到"阿耳戈斯"号船上。众英雄立刻扬起风帆,一起用力划桨,大船如同离弦之箭离开黑海,返回故乡。

记住这样一段神话传说,会给来小高加索山这一带游览的人增添不少信心。沿着透露出原始韵味的峰间林带择路而上,一步一步地朝着目标坚定地前进,不敢说每个人从此都会变成英雄,但坚韧不屈的英雄精神却会在人们的心中遥相传承。

美洲名山

安第斯山脉

北段安第斯山——科托帕希火山

作为世界上最长的山脉，安第斯山脉的长度几乎是喜马拉雅山脉的三倍半，而它又属于世界上最长的科迪勒拉山系，从北美洲的南端一直绵延到最北端，好似一条将要腾飞的巨龙蹲伏在太平洋的东岸，成为世界上最壮观的自然景观之一。但由于跨度太大，同是一条山脉，各区域间的差异非常大，因此地理学家通常把它划分成北段、中段、南段三个部分。

北段安第斯山脉主要位于委内瑞拉和哥伦比亚境内，朝北向东延伸，与加勒比岛的岛弧相连。在委内瑞拉境内，安第斯山脉分成三个不同的山脉，其东北分支称为梅里达山脉，这一带甘蔗园和咖啡园连绵不断，浓郁的热带风情与高山积雪所代表的不同季节与地域特征，完美地融进一个画面，蔚为奇观。梅里达山脉中有五座高峰，山尖一律被白雪覆盖，那白色的雪冠就像落在山尖上的白色雄鹰，所以人们把这五座山峰称为五只鹰。其中玉柱峰最高，海拔5500米，是委内瑞拉全国的最高点。为了纪念拉丁美洲的民族英雄西蒙·玻利瓦尔，玉柱峰被命名为玻利瓦尔峰。

科托帕希火山

安第斯山脉进入哥伦比亚境内，分成相互平行的东、中、西科迪勒拉山脉，三条山脉之间有宽大的山间盆地，首都圣菲波哥大就坐落在一个山间盆地里。这三条山脉平均海拔都在3660米以上，许多山峰常年积雪，组成了一道绵延千里的热带雪山奇景。

安第斯山脉坐落在环太平洋火山地震带上，地壳活动频繁，因而形成许多火山。北段安第斯山脉火山不多，其中最有名的是位于东科迪勒拉山西坡厄瓜多尔境内的科托帕希火山。它是世界上最活跃的活火山之一，海拔5896米。山体呈圆锥形，火山口直径约700米，深约360米。这座活火山有一个特点，那就是不爆发则已，一爆发起来破坏力非常巨大。1742年它喷发了一次，竟将厄瓜多尔首都基多城和拉塔昆加城一起毁掉了。它又是世界上喷发最为频繁的活火山之一，从1533年到1904年，它发生了14次大喷发，最近一次喷发发生在1975年。攀登这座山十分危险，脚下的岩石看上去很结实，可是使劲一踩就会有岩浆涌出来。至今它的火山口中还经常会溢出熔岩流,融化了山坡上的冰雪,造成巨大的泥石流,使得满山都布满了致命的陷阱。

哥伦比亚境内比较有名的火山是处于三条科迪勒拉山脉会合处的普拉塞火山(海拔4646米)和接近厄瓜多尔边境的加莱拉斯火山(海拔4276米)。加莱拉斯火山是一座活火山,据记载,它已经爆发了20多次,最早的一次是1535年,最近一次在2006年7月,喷出的火山灰和浓烟高达8000米,并不时伴有地震,当地政府宣布进入最高警戒状态,并紧急转移走了近万名居民。2004年8月,加莱拉斯火山曾有过一次强烈的爆发,喷出的烟柱高达1000米,灼热的火山灰四处飘散,还引燃了山坡上的杂草和森林,致使周围9个城镇的近40万居民的生命财产受到严重威胁。这座火山喷发得如此频繁,看来需要谨慎对待才行。

安第斯山脉上有一条千年古道,全长2.3万千米,它的起点就在哥伦比亚的南端,终点在阿根廷北部,沿途繁衍生息着许多印第安人部落。由于南美洲曾经存在过一个庞大的印加帝国,所以有人就将它称为"印加之路"但当地的印第安人一直称它为"上苍之路"。

"上苍之路"大都由沙石和石料铺成,路宽3米左右,有些路段以石条锁边,外有泄水道。它随着安第斯山脉的起伏回转绵延而去,旁边还分出不少岔道,向东连接着亚马逊河流域,向西通向太平洋沿岸。由于年深日久,丛生的杂草和灌木丛把这条古道掩埋起来,某些路段还成了现代公路的路基,但仍有一些路段能够展现出古道的原貌,让人联想到曾在这条石路上蹒跚来往的队队商旅。

中段安第斯山——纳兹卡地画与瓦斯卡兰山

中段安第斯山脉从厄瓜多尔的瓜亚基尔湾到智利中部,中间穿过秘鲁,走向由西北转为东北,成为安第斯山脉中宽度最大的一段,也是火山活动遗迹最多的一段,已知的火山超过900座,高度由5000米到7000米不等。

地球上最高的休眠火山尤耶亚科火山就位于安第斯山中段,坐落在智利北部同阿根廷接壤的边界处,海拔约6723米,山顶终年积雪。早在公元1550年以前,就曾有人登上过这座山峰。根据记载,这座火山有过三次喷发活动,最近一次喷发是在1877年,此后它就一直处于休眠状态,从未发现过重新活动的迹象。还有一种说法,认为位于阿根廷境内的奥霍斯—德萨拉多火山是世界上最高的休眠火山。以海拔而论,奥霍斯—德萨拉多火山6885米,比尤耶亚科火山高一些,问题是奥霍斯——德萨拉多火山顶峰下方6499.9米处有个小火山口,不断地向外冒着热气,使得人们对它的休眠火山的身份发生了怀疑。

位于厄瓜多尔中部的钦博拉索山也是一座休眠火山,有许多火山口,但都不再喷火冒烟了。在很长一段时间里,它都被误认为是安第斯山脉的最高峰。实际上它的海拔只有6262米,而安第斯山脉中超过6500米的山峰就不止一座。1802年,德国著名地理学家洪德堡到厄瓜多尔考察,曾经登到距离钦博拉索山顶只有150

米的高度。他被这座壮丽的雪山震撼了,把它称为"世界上最巍峨的山峰"。

洪德堡并非没有见过比钦博拉索山更高的雪山,他给钦博拉索山的定性并非没有道理。通过人造地球卫星测定,地球既不是标准的球形,也不是标准的椭圆球形,而是一个南大北小中间鼓的"梨形"。如果从地心算起,赤道地区相对其他地区要厚一点。钦博拉索山正好位于赤道附近,从它圆锥形的山体顶点到地心的距离大约为 6384.10 千米,而珠穆朗玛峰距地心的距离仅为 6381.95 千米,比钦博拉索山少了 2.05 千米。如此说来,把钦博拉索山称作世界第一高峰实不为过。

中段安第斯山脉在玻利维亚和秘鲁边境处出现中断,形成了科亚奥高原,在这片高原上有一个世界上最高的可通行大船的大湖,也是南美洲第二大湖,它就是的的喀喀湖,被称为"高原明珠"。的的喀喀湖海拔 3810 米,面积 8300 平方千米,湖盆从西北向东南方向延伸 190 千米,最宽处 80 千米。湖岸蜿蜒曲折,西北部分较大,东北部分较小,中间还有一个狭窄的峡谷。秘鲁境内有 45 条河注入的的喀喀湖,仅有东南角的德萨瓜德罗河为出口。湖周围群山环抱,锯齿一般的雪峰在阳光的照耀下璀璨夺目;辽阔的湖水映着湖岸上的片片苍翠,如同蓝宝石一般。

世界上很多高山、高原上都有湖泊,但它们都是咸水湖,唯有的的喀喀湖是个淡水湖。说起来这就是安第斯山的功劳,它的高山冰雪融水不断地流进湖里,于是它就成了一个淡水湖。的的喀喀湖畔水草丰美,湖中鱼虾众多,这也是安第斯山的功劳。高大的安第斯山脉阻挡了冷气流的侵袭,所以湖水得以终年不冻,给动植物的生长创造了极为优越的条件。

到了安第斯山脉中段,就没有任何理由不去看一看纳兹卡地画。1926 年,一支考古队远赴秘鲁首都利马以南的纳兹卡高原,打算去探索纳兹卡文化发展的始末。纳兹卡高原是一个十分荒凉的地方,自古以来这一带就人烟稀少。一天下午,考古队中的秘鲁籍成员特斯培和美国籍成员柯洛柏出外散步,随便登到一座山上,不经意地往山下望去,发现在这片贫瘠的土地上似乎"画"着什么图案,有的看上去像老鹰,有的看上去像蜘蛛。但由于山顶不够高,他们看不清这一带的地面上都画着什么。不久,有人租用一架小飞机在纳兹卡荒原上来回飞行,终于看清了在这片绵延 46 千米土地上,画满了巨大的动物图案:一只鸟长约 50 米,一个蜘蛛的身长有 45 米,一只兀鹰从嘴巴到尾羽有 120 米,而一只蜥蜴的身长则达到了 188 米。另外,地面上还画着各种几何图形,有直线的、交叉线的、长方形的,还有三角形的。

这个发现一经传开,纳兹卡高原就变成了一块具有魔力的磁石,吸引了无数的历史学家和科学家来到这里,从空中和地面对这些巨画进行研究。他们发现,画在这片土地上的动物图案中,只有秃鹰这一种动物是当地的土产,其他动物如蜘蛛、猴子、鲸鱼等,都与这里寸草不生的环境格格不入。尤其是让人费解的是,纳兹卡地画中有一副蜘蛛图,画的是一种学名叫节腹目的蜘蛛,它十分罕见,只生活在亚马逊河地区最为偏远的地方。难道说数千年前地画的创作者为了画这种蜘蛛,居然不辞辛苦翻越巍峨险峻的安第斯山,来到亚马逊雨林中?再说,即便他们见到了这种蜘蛛,当时又没有显微镜,他们怎么能精确地描绘出蜘蛛的身体结构,特别是位于右脚末端的生殖器官的呢?

在印第安人的传说中,这些画是一个叫维拉科查的人画出来的。他身材高大,满脸胡须,似乎是位白人。他具有无边的智慧和法力,在一个动荡不安的时代里降临人间,他教导印第安人开梯田,凿沟渠,建房子,还教他们写字、看病、养家畜。当他帮助印第安人进入文明社会后,就来到海边,举起斗篷走进波浪之中,不再回来。印第安人看见他消失在大海中,就给他取了个称号"维拉科查",意为"大海的浪花"。

这位维拉科查究竟存在与否,后人已经无法考证了,假如真有这样一个人,那么他所拥有的能力简直令人不敢相信。要知道,我们今天是在上千米的高空中才能看清这些巨画的真正面目,在地面上所能看到的只不过是一条条刻在沙土上的杂乱无章的线条。以这样一副图案为例:一只蜂鸟拍打着翅膀,伸出细长的嘴,去啄食花蜜。在纸上把它画下来很容易,若把它放大几千倍几万倍,即便是想象力极为丰富的人,恐怕也做不到。那位维拉科查总不至于发明了飞行器吧!再者,刮去覆盖在纲兹卡高原沙土上成吨的黑色火山灰,露出了大地原来的淡黄色,这又是人力所能做到的吗?

正因为这些疑问很难得到合理的解释,于是有人便猜测它是已经消失的史前文明的遗迹,有人甚至猜测它是外星人所为。至于这些地画的用途,专门从事纳兹卡地画研究的德国科学家玛利亚·赖赫认为,它们应该是巨大的天文日历,那些线条所对准的是天上的主要星座或太阳,而那些动物图案则代表着某些星座。这种推测使得纳兹卡地画变得更加神奇,却很难形成定论。有一位名叫霍金斯的天体物理学教授,曾把这里的图案和几何线条全部输进电脑,结果发现除了一个叫"大方形"的图案外,其他的图案或线条都没有与天文星图吻合的历史。

安第斯山脉在秘鲁境内有一条支脉叫瓦伊瓦斯山脉,它的最高峰瓦斯卡兰山也是秘鲁的第一高峰,海拔6768米,山体坡度较大,峭壁陡峻,山上常年积雪。它的顶峰由南北两座山峰组成,其中南峰较北峰高出大约110米,受到登山爱好者们的更多青睐。然而,攀登瓦斯卡兰山并不是一件容易的事情,200多年来,前后有数百名登山者在这里丢了性命,因此它被列为世界上危险度最高的山峰之一。

死了几百人已经让人痛心不已,而这里的一场大雪崩竟然一下子夺走了2.3万条性命,那又是何等样的灾难呀!

1970年5月31日晚上8时30分,虽然时间还早,但寒冷地区的人睡得早,瓦斯卡兰山脚下的不少人都已沉进入梦乡。突然,从远处传来了雷鸣般的响声,随即大地好像波涛中的航船一样猛烈地颤抖起来。地震了! 这是一场7.8级的强烈地震,登时房倒屋塌,那些来不及逃离屋子的人,都被压在乱砖碎石之中。就在侥幸逃生的人惊魂未定的时候,又从瓦斯卡兰山方向传来一阵惊雷似的响声,好像山崩地裂了一般。原来,由大地震诱发的一次大规模的雪崩爆发了。地震把山上的岩石震裂、震松、震碎,地震波又将山上的冰雪击得粉碎,冰雪混着碎石,犹如巨大的瀑布,紧贴着悬崖峭壁倾泻而下,以每小时 100 千米的速度冲向山下的村庄和城市。300 多万吨的"白色魔鬼"在短短几秒钟内就吞噬了 8 个村庄,狂野地涌进刚刚遭受地震袭击的容加依城,所经之处大多数人都被压死在冰雪之下,而快速行进中的冰雪巨龙又使许多人窒息而死。迄今为止世界上最大最悲惨的雪崩灾祸就这样完成了它的全过程。

这样的悲剧在瓦斯卡兰山不止上演过一次。1962 年 1 月 10 日,瓦斯卡兰山北侧的冰川断裂后发生雪崩,造成 5000 人死亡。人们都知道火山爆发威力巨大,殊不知高山雪崩竟也这般恐怖。在神话或传说中,魔鬼总是躲藏在深山老林之中,这样的想象看来是很有些根据的。

南段安第斯山——阿空加瓜山

南段安第斯山脉起于智利中部,一直到巴塔哥尼亚海岸,隐没于德累克海峡。这一段是安第斯山脉起伏最大的地方,起到最高处便是整座山脉的最高峰阿空加瓜山,伏到最低处就是整座山脉的最低点火地岛。

阿空加瓜山位于阿根廷境内,海拔 6959 米,是世界上最高的死火山,被公认为西半球的最高峰,号称"美洲巨人"。在瓦皮族语中,"阿空加瓜"就是"巨人瞭望台"的意思。阿空加瓜山的山峰呈圆锥形,经常隐没在白云深处,偶尔在云雾消散之后才会一显它巨人的雄姿。

在世界有名的高峰中,阿空加瓜山算是容易爬的,四面皆可攀登,而从北坡攀登比较容易,不需氧气瓶就能登顶,1991 年有人创造出了 5 小时 45 分登顶的最快纪录。较为艰难的攀登路线是由南面登顶,通常只有持登山许可证的登山运动员才被允许从这里登山。1897 年,瑞士人马蒂阿斯·朱布里金成为登上阿空加瓜顶峰的第一人,此后登山爱好者纷至沓来,试图征服这位"巨人"。有人凯旋归来,有人功败垂成,也有人付出了生命的代价。阿空加瓜山脚下有 60 座墓碑,就是为那些遇难者修建的。

为了给登山者提供方便,阿空加瓜山上沿途建有不少木棚屋,当登山者爬累了或是遇到暴风雪的时候,就可以钻进去养精蓄锐或躲避一时。在海拔 6500 米处也有一个木棚屋,这里是登山者的最后营地,距离顶峰只剩下 459 米,却是最难征服的一段路程,常常要走七八个小时。这里不光疾风强劲,让人难以立足,更可怕的是山坡上布满了风化极为严重的碎石,人们走在上边就像走在沙地上一样,往往是进两步滑退一步,体力消耗极大。许多人未能登顶,就是因为在这一地段耗尽了体力。曾有一位美国登山家在登顶后,因为无力返回而死在顶峰上,可以说他就是被这里的碎石活活累死的。

登上阿空加瓜顶峰,站在这里向四周远眺,那奇丽的风光顿时会让你陶醉。雪峰冰川林立,起伏绵延,如果赶上晴朗的日子里,甚至可以看到太平洋与蓝天融为一体。在顶峰中央树立着一个铅质十字架,由钢丝围绕,它是为了纪念林库夫妇而设立的。林库夫妇是安第斯山脉的杰出研究者,在攀登阿空加瓜山时不幸遇难。如果他们死后有知,这个竖立在西半球第一高峰上的十字架,应该是他们最好的慰藉。

如今的阿空加瓜山区已经成为阿根廷著名的游览胜地,很多普通游客来这里不是为了登山,而是为了观光。从门多萨城乘旅游汽车沿七号国家公路前往阿空加瓜山,游人所见到的第一处重要的历史遗迹就是卡诺塔纪念墙,当年阿根廷的民族英雄何塞·德·圣马丁就是从这里出发,率领安第斯山军雄赳赳地越过安第斯山脉,去完成解放智利和秘鲁的宏图大业。

跨过卡诺塔纪念墙往西走,经过一段被称为"一年路程"的大弯道,便来到了海拔 2000 米的乌斯帕亚塔村。村子附近有一座拱形的皮苏塔桥,它是当年安第斯山军砌成的,他们浩浩荡荡地跨过这座桥,奔向民族解放的战场。乌斯帕亚塔村中还留有兵工厂、冶炼厂等遗址,当年为安第斯山军生产武器的机器早已锈迹斑斑,但它们所见证的历史却永远成为阿根廷人的鲜活记忆。

再往前行就来到了海拔 3000 米左右的乌斯帕亚塔镇,这里有一座天然的石桥——印加桥,决意攀登阿空加瓜山的人通常都把它作为出发点。印加桥附近有一组高大的岩石峰,它们经年累月静悄悄地站立在那里,仿佛是一群正在忏悔的人,当地的印第安人称其为"忏悔的人们"。

过了印加桥西行不远,就来到了海拔 3855 米的拉库姆布里隘口。这里矗立着一座耶稣铸像,高 7 米,重 4 吨,铸像面朝阿根廷方向。它建于 1902 年,为的是纪念阿根廷和智利两国和平解决了南部巴塔哥尼亚边界的争端,签订了《五月公约》。在这尊铸像的基座上铭刻着这样一段耐人寻味的话:此山将于阿根廷和智利和平破裂时崩溃在大地上。人们相信高峻的阿空加瓜山永远不会崩溃,但愿和平会同它一样长久。

在阿空加瓜山的南面耸立着另一座高山——图鼓加托火山,它高达 6800 米,是世界上最高的活火山。图鼓加托火山与阿空加瓜山相差无几,也是经常云雾缭绕,秀丽的山体在云海中时隐时现,充满了神秘的美感。世界上最高的活火山和世界上最高的死火山并肩而立,静动相映,虽然只是巧合,却也充满了情趣。

麦金利山

在美国阿拉斯加州南部,有一条与阿拉斯加湾相平行的山脉将它的曲线清晰地勾勒出来,它就是阿拉斯加山脉。这条山脉大部终年为冰雪覆盖,以多而大的山谷冰川闻名。它的主峰麦金利山是北美洲的第一高峰,也是美国的第一高峰,因此有"美国屋脊"之称。不过,这个"屋脊"与美国本土有好长一段距离,给人以名不副实的感觉。

阿拉斯加的原住民有爱斯基摩人、阿留申人和印第安人，他们将这个地方称为"大地"。1741年6月，丹麦探险家维他斯·白令率领一批俄国水手从西伯利亚出发向东寻找新大陆，最终发现了阿拉斯加大陆，如今的白令海峡就是以他的名字命名的。紧随俄国人之后，英国、西班牙和美国的探险家也纷纷踏上阿拉斯加的土地，但只有俄国人留了下来，阿拉斯加的主权也就由俄国人所拥有。19世纪20年代欧洲战争爆发，俄国疲于应战，无暇旁顾，对阿拉斯加也感到索然无味，便以每公亩2分钱、总价720万美元的价格将它卖给了美国。这桩买卖当时被许多美国人所诟病，但当这里发现了黄金后，人们才发现这是美国历史上最划算的一桩土地买卖。

阿拉斯加的黄金大多储藏在阿拉斯加山脉一带，随着淘金者队伍的扩大，人们对这条山脉有了更多的了解和更为直观的认识。它的第二高峰名叫福拉克山，却是阿拉斯加地区最难攀登的山峰，被称为"世界最优秀登山家的终极战场"。它的南壁"恶名"远扬，风化破碎的岩壁，雪崩频发的陡坡，冰川上遍布裂缝，一条3000多米长的陡峭刀脊从底部冰川一直延伸至顶峰，将整个南壁一切为二，号称"无限山脊"。自1979年以来，有19个人把性命丢在这条北美最难攀登的路线上。

在福拉克山东北方20千米处就是麦金利山，它原名德纳利山，这是当地印第安人的称呼，意思是"太阳之家"。在印第安人的传说中，这座山是太阳休息的地方。每天清晨，太阳从德纳利峰顶一跃而起，显得要比落日更加精力充沛，转瞬间就把积雪的群山映照得熠熠发光，令人赞叹不已。印第安人正是被这样的奇观所慑服，才把德纳利山想象成"太阳之家"。

至于麦金利山这个名字直到1896年才出现，当时美国政坛上发生了一场是否实行金本位制的辩论，共和党总统候选人俄亥俄州州长麦金利主张坚持金本位，而民主党总统候选人威廉·布莱恩主张银本位制，他俩在选战中打得如火如荼。在阿拉斯加德纳利山脚下，一帮淘金者也参与到这场争论中，有人倾向于金本位，有人则倾向于银本位。有个淘金者名叫威廉·迪凯，他是铁杆的金本位支持者，为坚持己见，他跟同伴们争得脸红脖子粗。从阿拉斯加回来后，他在报纸上撰文介绍阿拉斯加淘金探险之旅，当描述到他见到的德纳利山时，特意把它称作"麦金利山"，以表示他对麦金利的支持。当年年底，麦金利战胜布莱恩，当选为美国第25届总统。不久，德纳利山就被政府正式命名为"麦金利山"了。但是，阿拉斯加人始终坚持称其为德纳利山，为此曾在国会多次提出议案，要求恢复德纳利山的原名，但屡遭来自俄亥俄州议员的反对，于是麦金利山的名字就一直沿用下来。

麦金利山拥有北美洲最高峰的头衔，有志征服世界各地最高峰的登山爱好者自然不会放过它。再者，它所在之处交通便利，从最近的城市开车只需两个小时就可到达，从最近的机场只需45分钟就可抵达海拔2160米的登山营地，所以它每年都吸引了众多的登山者。不过，它虽然比不上福拉克山那样险峻，但冰川纵横交错，其攀登难度不容低估，尤其是它的西壁，历史上只有23人沿着西壁路线登顶成功,却有 8 人在下山途中搭上了性命。麦金利山靠近高纬度的北极圈,气候特别寒冷而恶劣,冬季最冷时低于摄氏零下 50 度,因为天气突变以及雪崩的原因,每年都会造成登山者遇难的悲剧。自 1903 年以来,共有 3 万多名登山者尝试攀登麦金利山,只有半数到达了山顶,有 95 人在山上遇难。日本著名的探险家植村知己就是在 1984 年冬季攀登这座山时遇难身亡的,成为麦金利山攀登史上的第 44 位殉难者。

攀登麦金利山只有一个便利条件,那就是这里从春末开始,太阳就开始显示它那可爱的缠绵,凌晨 3 时就向山上爬来,晚上 11 时以后才恋恋不舍地隐没在西面的地平线下,天空却没有因此黑下来,群山的轮廓清晰可见。只要你体力支撑得住,一天到晚都可以爬山。

来麦金利山的人不仅有登山爱好者,还有不少普通游客,他们要想登山,就得规规矩矩地沿着一条曲曲折折的小路往上爬。这条小路直通山顶,全长 58 千米,大部分路面经常被积雪覆盖,非常难走,普通人大概需要一个月的时间才能爬上顶峰。

从麦金利峰顶部向下望去,景色极为壮美。高远的天空蓝得有些发黑,一望无垠的雪山白得有些刺眼。向西面望去,浩瀚的太平洋一片蔚蓝,天水相接,不知界线在哪里,这阔大的画面让人心醉不已。

未能登顶的人当然就欣赏不到如此美景,但只要来到麦金利山就是不枉此行了。早在 1917 年,这里就被辟为国家公园,面积达 6800 多平方千米,横跨怀俄明、蒙他拿和爱得荷三州,差不多是美国最有名的黄石公园的三倍,麦金利山整个被划在公园的范围之内。进入到麦金利国家公园(当地人称德纳利国家公园),覆盖着皑皑白雪的峻峭山峰连绵不断,山上遍布苍松翠柏,一片郁郁葱葱,简直就是一幅绝美的立体画,又像一章凝固的交响乐。在群峰的拱卫下,麦金利山拔地而起,似利剑直刺天穹,很多时候它又像位娇羞的少女,在白云缭绕中若隐若现,仿佛在故意掩饰着诱人的风情。

站在麦金利山脚下抬头仰望,那巍峨的山峰大有泰山压顶之势,看得人眼晕,就是站在珠穆朗玛峰脚下,也不会产生这样的感觉。这是怎么回事呢?原来,珠峰屹立在平均海拔 4000 米以上的青藏高原上,底盘很高,在海拔高度上就占了便宜。而麦金利山的底座海拔才 600 多米,若论相对高度,它要比珠峰还高出一截,这就难怪阿拉斯加人称它为"世界第一高峰"。这并非阿拉斯加人罔顾事实,而是麦金利山的确给人以格外高峻之感。

你要想进一步见识麦金利山的真面目,可以登上它的南坡,这里降水量较多,所以形成了规模较大的冰川。这里的谷地状如英文字母 U,冰斗状如围椅,角峰呈金字塔形,山脊薄如刀刃,伏在地面上的羊背石形如其名,真的好像一群群白色的羊儿露着脊背,只是不动而已。

麦金利山区有着独特的自然风光,除了雪白的山峰和旷阔的冰川,最让人陶醉的就是进入夏季后这里浓郁的绿色。青青的山坡上鲜花盛开,紫色的杜鹃和精巧的铃状石南花随处可见,高大挺拔的松树、桦树一棵挨着一棵,巨大的树冠犹如一把把绿色的大伞,遮挡着直泻而下的阳光。山间的清泉喷涌而出,绕过树丛,汇成了一条条清澈见底的小河,缓缓地流向远方。秋冬季节,山间经常浓雾不断,雾气在雪原上缭绕弥漫,天幕低垂的旷野中,远处山岚被一片雾霭笼罩起来,给人以仙境之感。

麦金利国家公园地处边陲,人烟稀少,往北走 400 千米就是北极圈。在这里人们既可以感受到冬季的暗无天日,也能享受到夏季的漫长白夜,还能欣赏到奇妙的极光。极光是地球极区周围高空大气中经常出现的一种发光现象。它奇景迭出,光彩夺目,五颜六色,在天穹上构成了一幅巨大的帷幕,仿佛是大自然在向人类炫耀它那无与伦比的风采。

麦金利山区又是野生动物的保护区,这里常见的动物有驯鹿、灰熊和麋等。每年 6 月底到 7 月初,就到了驯鹿的迁徙季节。成百上千的驯鹿结队而行,朝一个方向行进,它们你追我赶,广阔的原野上尘土飞扬,场面十分壮观。冬天过后,它们又循原路返回,寻找丰盛的水草。

在麦金利山区旅游,人们还可以到爱斯基摩人的小屋里住一住,体会一下他们原始的渔猎生活。爱斯基摩人忙时去打猎,乘坐狭小的兽皮独木舟去猎捕鲸鱼、海象,闲暇时以歌舞自娱。爱斯基摩人的歌舞比较单调,动作以手势为主,跳舞的人几乎不移动位置,演奏者用柳条拍打海豹皮或驯鹿皮,节奏变化很小。外人看着听着都会觉得无甚趣味,但他们却能自得其乐。在外人的眼里,爱斯基摩人几乎没有什么烦恼,除了蚊子。阿拉斯加的蚊子多得惊人,最多时每平方千米竟达数百万只,一旦飞腾起来,黑压压地如一阵旋风,赶得成群的北美驯鹿像没头的苍蝇一样四处逃窜,更不用说人了。世代居住在阿拉斯加的爱斯基摩人自有一套对付蚊子的招数,那就是"惹不起躲得起"。当河里冰雪全部融化时,他们就将所有的家当搬到停在河边的木船上,然后驶往寒冷而多风的海边去度过夏季,那种地方阿拉斯加蚊子是不敢去的,而爱斯基摩人正好利用这段迁徙时间在海边捕鱼、捉海豹,待其风干后贮藏起来作为过冬的食品。

内华达山脉

内华达山脉东坡——惠特尼峰与死谷

说起内华达这个名字,倒是很有些意思。人们都知道,美国西部有个内华达州,但内华达山脉却不在它的境内,而是在相邻的加利福尼亚州境内。美国有条内华达山脉,西班牙也有与之同名的山脉,在西班牙语中,"内华达"即"雪山"之意。1518 年,一支西班牙探险队来到美洲大陆,发现了这条山脉,就借用本国的内华达山脉为它命名。美国开国后,美国人对此也不计较,就把它保留了下来。

说起内华达山脉的地形来,也很有些意思。山势自东向西倾斜,东坡断崖陡峻,拔起于东邻的大盆地之上,高差达 1500 米~3000 米,许多山峰常年冰雪覆盖,银装素裹。西坡平缓,河流湖泊众多,切割出一条条深邃的峡谷。美国本土的最高峰惠特尼峰就坐落在内华达山脉的东坡,而著名的优胜美地山谷则深深地藏在它的西坡。

内华达山脉

惠特尼峰位于加利福尼亚州中部茵佑国家森林内的红杉树国家公园内,山势也是东险西缓,锯齿状的灰色山棱全是裸露的花岗岩。由东侧登山口处算起,距离山顶 17 千米,垂直高度 1870 米,很适合普通人攀登,因此每年来这里登山和徒步旅行的人很多。为了保护这里的野生动物和植被,有关管理部门做出硬性规定,从每年 5 月到 10 月的开放季节里,每天只准 50 人进山并可在山内露营,同时每天还准许 150 人进山,但必须于当日出山。如果你只申请到了后一种证件而又想登顶,那就得在凌晨时分上路,这样才有可能在天黑之前出山。

幸好惠特尼峰很好爬,只是顶峰下边有一段碎石坡比较难走,这里找不到明显的路,只能凭着感觉往高处走。让登山者感到安慰的是这一带风景很美,山峰的一侧是葱绿的山谷,显露出几分秀气,另一侧则是黄土秃崖,一幅广阔而苍凉的景色。惠特尼峰的顶部仍是一片碎石,但很是平缓,只是来到尽头的悬崖边,才会意识到自己的脚下踏着美国的制高点。山顶上有一块平坦的花岗石,上边钉着一块金属牌,标明它的海拔高度。山上还有一间石屋,以前是气象观测站,石屋门前的铁盒子中有签名簿,供登顶者们签字留念。

说来也巧,在惠特尼峰东面 120 千米处就是美国的最低点——低于海平面 86 米的死谷。美国大陆最低和最高两个极点并排标在地图上,看着就让人觉得有趣。

死谷位于加利福尼亚州与内华达州的交界处,它是一条狭长的洼地,南北走向,长 225 千米,宽 6 千米~26 千米,洼地的西面就是内华达山脉,东面是一个大盆地。顾名思义,死谷就是"死亡之谷"。1848 年 10 月,数百名拓荒者从犹他州盐湖城附近启程,前往西部淘金,因为贪走捷径,误入这块洼地。由于饥饿、干渴和烈日的炙烤,再加上迷失了方向,最后只有 15 个人活着走出了这片洼地。当这些幸存者逃离绝境后,其中一个人回过头来脱口叫道:"再见了,死亡之谷!"从此,"死谷"的名字就叫开了。

死谷是世界上自然条件最为严酷的地区之一,完全配得上它的"死谷"之名。盛夏时烈日直射,平均气温达到摄氏 52 度,1913 年这里记录到的最高气温达到摄氏 57 度,地表温度达到摄氏 88 度,完全煎得熟鸡蛋。死谷的降水非常稀少,平均年降水量仅有 42 毫米，最多的年份也只有 114 毫米，有时候甚至终年滴雨不下。然而，死谷的平均年蒸发量却高达 3810 毫米，几乎是平均年降雨量的百倍以上。由于强烈的蒸发作用，谷中曾经有过的湖泊全都变成了盐盆或盐沼，其边缘生长着少数耐盐碱的盐渍草、灯芯草等。

死谷腹地虽然荒凉，沙丘遍地，但它的周围景色却别具一格，不失为"美国一景"。内华达山脉东麓与谷地相接处沟壑纵横，怪石林立，月色朦胧中显得阴森恐怖。谷地边缘山峰林立，白天在阳光照射下，岩石中的矿物质像彩虹一般闪烁，五光十色，非常美丽，被人们比做"画家的调色盘"。荒凉与斑斓同时呈现在人们眼前，使得死谷有了特殊的审美价值。

死谷中的自然奇观很多，但最吸引人的要算"会走路的石头"。这些石头大小不一，外表平凡，奇怪的是它们身后的地面上都拖着一条长长的凹痕，有的笔直，有的弯曲，最长的凹痕有近百米，好像这是它们自行移动时留下的脚印。

这些凹痕是怎样形成的呢？有人说这是超自然力量在作怪，有人说这与飞碟有关，而美国加利福尼亚州理工学院的夏普教授对这一奇特现象进行了长达 7 年的观察研究，自信找到了个中奥妙。他认为，死谷中石头的移动是风吹动的结果。死谷中极少下雨，即使下一点儿雨，也会在板结的盐地上形成潮湿的薄膜，使得坚硬的黏土变得很滑溜。这时候只要从附近山间吹来一阵强风，就足以使石头滑动起来，最快时速度可达每秒 0.9 米。

夏普教授的解释很有道理，算是基本上揭开了谜底，但"会走路的石头"仍然成为死谷中的一大奇景，不断让人产生丰富的联想。

内华达山脉西坡——优胜美地国家公园

内华达山脉西坡面迎来自太平洋的湿润气流，因而降水量较多，非常有利于绿色植物的生长，高树低草郁郁葱葱，织就了一块巨大的绿色地毯，把整个西坡严严实实地遮盖起来。雪山融水，林间山泉，又汇集成一条条河流，轻快地绕过山林，奔向加利福尼亚中央谷地，流进萨克拉门托河和圣华金河。丰富的水资源又孕育出众多的山中湖泊，其中数海拔 1897 米的塔霍湖面积最大，约 501 平方千米，最深处达 490 米，是美国第二深湖，附近的国立塔霍森林曾在 1960 年用来作为冬季奥林匹克运动会的比赛场地。

就在这一片山光水色中，闪亮着一颗熠熠发光的高山明珠，它就是号称美国西部景色最美的国家公园，名字叫优胜美地。按照音译，这座公园常被称作"约塞米蒂"，它源自印第安语，意为"灰熊"（当地印第安土著的图腾），但译成"优胜美地"更能让亲眼见过它美丽容颜的人接受。

优胜美地国家公园位于加利福尼亚州中部内华达山脉西麓，离旧金山只有数小时车程，占地面积达 290 平方千米。这里确实是一块天赐"美地"，正像 19 世纪著名的旅行家约翰·穆尔所说的那样："内华达的宝藏不是黄金，而是优胜美地的天然风景。"但由于范围太大,要想充分领略这里所有的美景,除非你能在这里住上一两周时间。而对于绝大部分游客来说,只能选择重要的景点观赏。

优胜美地公园中最美丽的景色主要集中在优胜美地山谷中。这条近 12 千米长的山谷不过是整个公园的一小部分,面积仅仅只有 18 平方千米,却集中了美不胜收的景致:令人屏息的瀑布,险峻的花岗岩石,壮观的山崖,蜿蜒的莫赛德河。完全可以这样说,世界上几乎没有几个地方能像优胜美地山谷这样,能在如此之小的天地里就出现这么多壮丽的景象,难怪约翰·穆尔感叹道:"上帝似乎总是在这里下功夫装扮美景。"

优胜美地山谷宽约 300 米,深达 900 米,谷壁实际上是一座花岗岩高山,是冰川和河流把它切割得如此之深。由三条支流汇成的默塞德河向谷中流来,从突出的峡谷边缘泻下,成为总长度为 739 米的悬瀑,它就是优胜美地大瀑布,跻身世界十大最高瀑布之一,居北美瀑布高度之冠。

优胜美地瀑布分成三段俯冲而下,分别是直落 436 米的上瀑布、下坠 97 米的下瀑布,上下瀑布的中间有一个 206 米的分段瀑布。从瀑布的落差来说,它排名世界瀑布第六。春季是观赏优胜美地瀑布的最好季节,因为这个时候水量最充沛,一水如带,白光闪闪,呼啸着跌进谷底,宛如高山雪崩,极为壮观。到了夏末,默塞德河进入枯水期,变成了细小的涓流,甚至干涸露出岩石苔痕,优胜美地瀑布也随之薄如蝉翼,曾经的喧腾变成了清脆的轻响。

优胜美地山谷中还有很多瀑布,如内华达瀑布、弗纳尔瀑布等,虽然都不是全年有水流,但到了盛水期都很壮观。如果以富有诗情画意而论,谷中最美的瀑布要数"新娘面纱"和"丝带"。"新娘面纱"落差 189 米,湍急的水流从绝壁上自由地跳跃下来,经由阳光滤过的浪花,一半是坠落,一半是漂浮,仿佛裹着新娘面庞的一袭轻纱。几乎就在"新娘面纱"的对面,当冰雪快速融化时,一道更宽的瀑布从悬崖顶上跌到坍塌的岩石上,飞快地被分成众多参差不齐的小瀑布,它就是"丝带",也有人叫它"处女的眼泪"。在春天的洪水时期,它的浪花轰然作响,而到了秋天,微弱的水流就像阵雨一般落下,好像为山谷那边与它同病相怜的"新娘面纱"流下伤心的泪水。

在优胜美地山谷中,与瀑布交相辉映的是巨大奇特的花岗岩。岩石是山的本质,岩石又坚硬无比,但总是敌不过过亿年的风侵雨蚀,最终只得违心地改变模样,只是大多不能尽遂人意。优胜美地山谷中的岩石却独得造化的钟爱,经过冰川运动的磨洗,竟被雕琢出恢宏壮美的形象,再加上一个个民间故事的附会,使得那些凝固的岩石有了灵动的光辉。

"酋长石"——世界上最高大的独立花岗岩,从马赛河畔拔地而起,自底部到顶端延展达 1095 米,果然有领袖群伦的派头。它分明就是一座山峰,叫作"石头"实在有些委屈它了。对于追求刺激的攀岩者来说,它就是一座珠穆朗玛峰。

"岗哨石"——高达 900 米,从冰川时期起就屹立在山顶,仿佛是那个地质时代留下的一座纪念碑,也好像一位忠诚的哨兵,永远地守卫着这片美丽的土地。

"半圆穹"——优胜美地国家公园的标志,从绚丽的林区和草地中拔地而起,高出谷底 1500 米,犹如一个巨大的头盔立在谷中,其华贵庄严的气势无与伦比。

"三兄弟"——巨大的山体集合,形成面向山谷的三堵山形墙,一块压着另一块,顶端的山形墙将近 1200 米高。

"教堂石"——高达 810 米,表面遍布冰川侵蚀的痕迹,仿佛教堂墙上雕刻的花纹,显得高贵而宏伟。

"落箭岩"——高为 853 米,好像一只展翅欲飞的雄鹰,扶摇直上,冲向云霄。

"船长岩"——世界上最高的不间断陡崖之一,由谷底垂直向上高达 1099 米。优胜美地公园中的岩石让人真正认识到了什么是大自然的鬼斧神工,而这里的溪流则让人们感受到大自然的趣味横生,每年都吸引了一批又一批旅游者,乐此不疲地穿行在溪涧之间。园中溪流全都源自吐勒姆河与默塞德河的河水,高山冰川融水为它们提供了丰沛清澈的水源。当溪流流淌在平缓的坡地上,随处都会泛起美丽的漩涡,四处弥漫的水雾在阳光中幻出美丽的彩虹;当溪流绕过挡在河道中的巨石,水石相激的轰鸣声在山间久久回荡;当溪流穿过绿荫掩映的草地,如银的水光唱起了美妙的小夜曲,让万物充满了生机。春天来了,溪水晶莹碧透,深而不浊,满而不溢,时或显示一下桀骜不驯的性格。秋天来了,溪水下降到最低水位,失去了往日的喧嚣与欢腾,好似即将出嫁的少女一样沉静而安详。

岩美水秀是优胜美地公园的两大特色,另两大特色是花艳林苍。说起花艳,这里一年三季都有野花飘香,1300 多种植物把大片的山坡变成刺绣织锦一般。每到春天,一大片一大片的杜鹃花恣意绽放;而到了冬天,好似一只鲜红拳头模样的赤雪藻则在冰雪之中传递着阵阵暖意。

说起林苍,指的不是这里有 30 多种树木,而是世界上最高大的树种都生长在这里,如红杉树、针叶树、红冷杉、白松、黄松、雪松、山桧等。位于优胜美地山谷南部 60 千米处的马里帕沙巨杉区,向来最能招徕游人。这里有大约 500 棵巨大的红木,其中许多树木的树龄已超过 2000 年,其中一棵叫"大灰熊"的红木,树冠如伞,树围巨大,树皮爆裂,树根裸露,已经在这里矗立了 3000 年,至今依然"张牙舞爪"。"岗哨石"上耸立着一棵被称为"杰弗莱"的孤松,古拙苍劲,虬枝盘环,舒展着巨臂,仿佛在向远道而来的客人招手致意。

早些年,优胜美地公园中有过一棵红杉树,其树根部空了一部分,形成一个可容汽车穿过的大洞,走人更是绰绰有余,号称"加州隧道"。这棵大树已在 1969 年被大风雪击倒在地,但倒地的树干依然不失"树王"的威风,顽强地抗拒着腐朽。

优胜美地公园中有着数量众多的浣熊和野鹿,最大的哺乳动物是美洲黑熊,大约有 500 多头。它们大多在夜间觅食,主要吃鱼、蜂蜜和浆果。每到秋季,你就会看到它们到处寻找吃的东西,那是尽力为漫长的冬天多积攒些脂肪。如果你准备在这里露营,那么一定要把食物收藏好,不然晚上黑熊就可能光顾,把好吃的东西劫掠一空。白天，你所要注意的是松鼠，它们的胆子很大，会瞅准你打瞌睡的时机，翻开你的包裹寻找零食。这样的遭遇固然让人有些懊恼，却不会败兴，这是动物朋友跟你开的玩笑，也是山区旅游趣味独特的经历。

阿巴拉契亚山脉

北段阿巴拉契亚山——白山山脉

阿巴拉契亚山脉实际上是几条平行的山脉的统称，它们都在大西洋沿岸平原西侧，由东北向西南延伸。这几条山脉全都山势柔缓，海拔一般只有几百米，只有南部部分地段海拔超过了 1000 米，所以它又常常被称为"阿巴拉契亚高地"。据地理学家的研究，阿巴拉契亚山脉的地质年代非常古老，大约在 4.8 亿年前就已经崛起在美洲大陆上了，那时候美洲大陆和非洲大陆还连在一起，它和非洲阿特拉斯山脉也连成一体，后来这两块大陆分离开来，这两条

阿巴拉契亚山脉

山脉也跟着分家了。当初的阿巴拉契亚山脉应该比现在高峻得多，但由于地质年代过于久远，风霜雨雪的侵蚀力量磨平了它的诸多棱角，变成了一个个平缓的高原、丘陵和谷地。

阿巴拉契亚山脉的地貌特征十分明显，北窄南宽，北低南高，于是地理学家通常把它分为南北两段。阿巴拉契亚山脉的北段位于康涅狄格河河谷上游东岸地区，延伸到康涅狄格州、马萨诸塞州、新罕布什尔州和佛蒙特州等州境内。这一带山势平缓，从高原表面缓慢升起的山峰海拔只有几百米。相比之下，横亘在新罕布什尔州北部和缅因州中西部的白山山脉就算是崇山峻岭了。它是阿巴拉契亚山脉向北延伸的部分，较高的山峰有 86 座，大都在海拔 900 米以上。这些山峰有一些冠以美国早期总统的名字，如华盛顿山（海拔 1916 米）、亚当斯山（海拔 1739 米）、杰斐逊山（海拔 1715 米）、麦迪逊山（海拔 1668 米）等。这些山峰的顶部都覆盖着白雪，当朝阳初升时，灿烂的阳光照亮了起伏的群山，放射出夺目的光辉，犹如一座座神奇的白色圣殿，白山的名字也许就是由此而来。

白山山脉的主峰是华盛顿山，它也是东北美的最高峰，唯其高所以才成为美国人工播云降雨的试验场。华盛顿山历来就以夏季登山和冬季滑雪而著称，早在 19 世纪的时候，从美国各地前来攀登这座山的人就络绎不绝。华盛顿山虽然不太高，但比较险峻，普通人要想徒步登上它的峰顶，那是要冒一定风险的。有一次，冒险

家马申在攀登这座山时遭遇了恶劣的暴风雨,险些丧命。这段经历让马申产生出一个想法,那就是修建一条特殊的铁路,让齿轨火车把人们送到山顶。经过一段时间的筹划,马申的想法获得了新罕布什尔州立法机构的批准,并于 1866 年开工。1869 年,华盛顿山上的铁路正式开通,一辆老式的蒸汽车头,拖着一节车厢,从海拔 900 米的地方把游人带到海拔 1900 米的山顶,全程大约有 5 千米,要行驶 1 小时 15 分钟。

迄今为止,在华盛顿山上爬上爬下的还是当年最初启用的车头和车厢,无论刮风下雨还是下雪,它们都忠于职守,每年把 7 万多游人运送到山顶。冒着缕缕白烟的火车在嵌齿的铁轨上踽踽而行,已经成为这里的一道亮丽的风景线。不过,在高速飞机和互联网时代里,乘坐这种老牛一般的蒸汽式火车,实在是太缓慢了。但很多人就是喜欢这种慢吞吞的节奏,据说能找到一种历史感觉,还能改善自己的心情。有些开发商不止一次地打过主意,想在山上建缆车,那样就会招揽更的多人来华盛顿山游览,这个主意却遭到当地人的强烈反对,他们把华盛顿山上的齿轨火车当成这个地区一个历史遗产。要知道,它是世界上最早的齿轨铁路,只比美国建国晚不到百年,当地人完全有理由以它为自豪。

华盛顿山区一年四季游人不断。春可踏青,夏可登山,那浩瀚的森林,嶙峋的山石,还有 1000 多个小湖星罗棋布,给游人提供了赏玩大自然的广阔天地。秋天来华盛顿山则可欣赏到色彩绚烂的秋叶。远远望去,满山秋叶如落英缤纷,以红色为主色调,好像印象派大师的画作;走到近前仔细看,树上的叶子并非都是红色,这一带都是黄色的,那一片又是橘黄色的,层层叠叠,煞是好看,仿佛画家的彩笔即兴涂抹而成。沿着这里的山间小路走去,踏着满地落叶,颇有“花径不曾缘客扫”的意境。

冬天到华盛顿山来滑雪,会让人感觉格外开心。这里的雪有两个特点,一是特厚,二是特洁净。雪厚对于初学滑雪者的最大好处,那就是摔了不疼,就好像摔在厚厚的垫子上。由于雪厚,雪道的旁边到处都是大雪堆,若是躲闪不及,就会一头钻进去,半天也爬不出来。从雪堆里往外爬的时候,你会意外地发现这里的雪不是白色的,而是淡蓝色的。人们总是用“白”来形容雪的清洁,而到了华盛顿山你才会知道,雪白到了顶点竟变成了淡蓝色。

在漫长的地质时代里,白山山脉经历过强烈的冰蚀作用,从而留下了极为显著的地貌特征,悬崖峭壁林立,好似刀削斧砍出来的一般。嶙峋的石头千奇百怪,有的像兔子伏在地面上,有的像硕大的椅子等待着什么人去就座,还有的好像缩小的金字塔。白山地区还分布着许多呈 V 字形切痕的深谷,如卡特谷、克劳福德谷、弗兰科尼亚谷、金斯曼谷、平克哈谷、迪克斯维尔谷等。其中弗兰科尼亚谷最为有名,来这里的游人最多。

弗兰科尼亚谷的一侧有一座普罗辉尔(意为“侧面人像”)山,山上的悬崖间有一个天然的侧面人像,深目浓眉,高鼻长颈,俨如雕塑家的杰作,实际上是漫长岁月的风刀雨箭刻蚀出来的"作品"。这就是闻名遐迩的"山中老人"。像这样的景观在很多山中都能找到，而它的名气之所以格外响亮，主要得益于美国著名作家霍桑，他在短篇小说《巨石面像》中曾描述过这一天然奇景，让它的神奇随着他的作品越传越远，于是便吸引来了无数的游人。

"这块人面巨石乃威力无边的自然母亲一时兴起，在一座陡峻的山坡上，用许多巨大的岩石堆积而成。这些石头乱七八糟堆在一起，远远看去，酷似一张人脸，仿佛一位巨人或泰坦（希腊神话中的巨人族）把自己的相貌刻上了悬崖峭壁。有宽阔的大额头，足有100尺；有挺拔修长的大鼻子和巨大的嘴唇。这张嘴倘张开说话，发出的声音肯定如雷贯耳，响彻山谷。不错，要是观者距离太近，就辨不出这张大脸的轮廓，但见一堆巨大笨重的石头胡乱堆在一处。不过，后退一截，又能看到一副奇妙的面容。退得愈远，愈觉它像一张人脸，完整无缺。待到它在远处变得模模糊糊，被山中的云层雾气所包围，人面巨石竟实实在在活了一般。"

白山山脉中的高山不止一座，美景不止一处。山中处处溪水清澈，瀑布直泻而下，宁静的湖水泛着宝石一般的蓝光。雪线以下郁郁葱葱，重重的森林一眼望不到边际。1911年后，白山大部分地区都被划归国家重点森林保护区，山区状况得到了改善，交通日趋便利，目前已经发展成为旅游避暑的胜地。

南段阿巴拉契亚山——大雾山与阿巴拉契亚山道

南段阿巴拉契亚山脉从美国的宾西法尼亚洲、马里兰州、田纳西州等州境内一直延伸到加拿大境内。这段山脉还可以细分为两部分，以洛亚诺克河为界，北边很多地方都是由一条主要山脉及附属山脉组成，南边从宾西法尼亚洲南部到佐治亚州北部就是著名的蓝岭陡坡。在这段山脉上有两个闻名全美的国家公园，一个是弗吉尼亚州境内的雪兰多国家公园，另一个就是位于北卡罗来纳州与田纳西州交界处的大雾山（又译成"大烟山"）国家公园。

雪兰多国家公园在蓝岭陡坡上，是春秋赏景的最佳去处。春天，目力所及之处都是葱葱茏茏的群山，无边无际，路边的杉树枝叶浓密，几乎把整条路都遮蔽在树荫之下，路旁铺满了五颜六色的野花，令人心旷神怡。秋天，满山遍野的树木展示出各种各样的颜色，绚丽多姿，连绵百里，那是成千上万的秋叶集合起最后的生命力，创造出无与伦比的辉煌。

来到雪兰多国家公园，还会给人一种回归自然的美妙感觉。夕阳西下的时候，穿行在窄窄的小径上，路边的野草长得齐膝高，已经开始泛黄，三五成群的野鹿在不远处吃草、闲逛，即使你走到触手可及的距离内，它们也不会跑开。它们不仅不怕人，似乎还把人类当成了好朋友。如果你打算在这里露营，刚刚支好帐篷，野鹿们就会尾随而至，显然它们早就知道在这里能找到吃的。正像一本旅游指南中说的那样："如果在这里你看不到鹿，那就是你的问题了。"

大雾山国家公园在雪兰多国家公园的南边，它是美国东部（密西西比河以东）

最大的自然保护区和国家公园，几乎北美东部的所有高峰都位于它的范围之内，有16座山的海拔高度超过1800米。

早在19世纪初，就有一批拓荒者来到这里从事农耕。在大雾山西部有一个山凹，那就是早期拓荒者们居住的地方。这一带依山傍水，土地肥沃，至今还完整地保存着水车、小木屋、教堂等遗址，让游人想象着当年有如世外桃源的生活。到了20世纪初，伐木商人曾在这里修起了运送木材的铁道，一度打破了这里的寂静。幸好这里很快就变成了国家公园，才使得它像一块未经雕凿的美玉，持久地展示着原始的美貌。

由于阿巴拉契亚山脉拦住了来自大西洋的湿润暖流，这里的降雨量十分丰富，从而滋生出美国最大的处女林，几乎覆盖了整个大雾山。山顶一带长满了以加拿大冷杉和云杉为主的针叶林，山腰处长满了阔叶林，山脚下长满了高大的栎树、松树、铁杉，原生树超过100种，而植物的种类甚至比整个欧洲还要多。

大雾山的名字也与这里的森林有关。山林的上空总是笼罩着一层淡淡的薄雾，几乎天天不散，于是人们就给它取名大雾山。当地土著则把它称为"冒出蓝色烟雾的地方"。这雾气是从哪里来的呢？原来，这是针叶林捣的鬼。这种树能释放出碳化氢，经太阳光的反射，就会产生雾气升腾的样子。雾气中的大雾山有着朦胧之美，而它的变化多端又给它增加了梦幻色彩。清晨，大雾弥漫，高处的山峰在雾气中变得影影绰绰；中午，山雾变成了缕缕轻烟，缓缓地滑过山腰；日落时分，山雾又成了玫瑰色的云帘，映衬着夕阳下紫色的山岭。一天之中，不同的时刻就有不同的景色。

大雾山中拥有着北美大陆上最肥沃的土壤，使得这里植物繁茂，每到夏天，整个大雾山就成了野花的王国，北美杜鹃、山茱萸和月桂树把一面面山坡都变成了天然大花坛。大雾山中流淌着上百条溪流，它们从山上一路奔流而下，流进山前如水晶般透明的湖中，滋润着山中无数活泼的生命。尖嘴的狐狸，敏捷的美洲野猫，胆小的土拨鼠，笨拙的浣熊，在溪水中愉快游动的成群的鲟鱼，都在这里安下了家园。还有那些美丽的小鸟，越高的树枝上站得越多，歌声也越发响亮。这里最有名的动物之一是黑熊，据说整个大雾山中有600多只，是全美密度最大的区域。游人们经常能看见它们大摇大摆地在路旁漫步，旁若无人地寻找着黑莓、覆盆子和橡树子。另外，这里的两栖动物种类最为繁多，光蝾螈就有27种，数量之多称得上世界之最。

从雪兰多国家公园到大雾山国家公园，有一条公路相通，它蜿蜒盘旋在山脊之上，可谓名副其实的"天路"。沿途青山连绵，绿色不断，景色非常优美，称得上世界上最美的一条公路。这条公路长达800千米，却只是阿巴拉契亚山道的一部分。阿巴拉契亚山道是世界上最长的步行山道，起自美国东北部缅因州的卡塔丁山，向西穿过阿巴拉契亚山脉，一直伸展到佐治亚州的斯普林格山。沿途穿过美国14个州，通过8个国家森林、6个国家公园、60个州立公园和野生动物保护区，全长3360

多千米。山道共有 500 多处出入口,每隔一二十千米就备有三面有墙的掩蔽棚供行人休息野营。一般来说,需要 6 个月的时间才能步行走完全程。

阿巴拉契亚山道是 1922 年至 1937 年间由一群志愿者修筑的,专门用于休闲旅行。山道及其附近的一些土地大部分被阿巴拉契亚山俱乐部买下,任何人不准开发,因此山道沿途基本上保持了天然的风貌。阿巴拉契亚山俱乐部的总部设在波士顿,目前有 9 万多名会员,下面有一连串分支。每到春末夏初,就到了俱乐部的会员们出力流汗的时候了,由他们负责管理和维修"领地"范围内的山道,不过这些都是义务劳动。

行走在阿巴拉契亚山道上,根本不用担心迷路,沿途都有白色的路标,或者嵌在岩石里,或者涂在树干上。如果你走累了,想下山休整一番,就找蓝色路标。按照蓝色路标指示的山道,你就可以来到附近的小城,吃顿像样的饭,好好洗个澡,再精力充沛地重返山道。

据说每年都有 2000 多人从山道的一端向另一端进发,起初都是雄心勃勃。但到头来能坚持走到终点的只有 400 多人。对于大多数人来说,利用周末或假期选择一段山道走上一两天或更长的时间,信马由缰地观赏一路上的好风光,轻松一下筋骨,调理一下心情,简直就像度假一般。"走山道,就像是在逛公园。"这样的美好感觉不属于那些试图征服沿途所有山峰的登山者,只属于所有在阿巴拉契亚山道上不紧不慢走来的人们。

拉什莫尔山

说起美国的人造奇观,人们不约而同地就会想起拉什莫尔山。在这座山东南坡靠近山顶的峭壁上,刻着四位美国总统的头部巨型雕像。每个雕像从下颌到头顶部,分别从 18 米到 21 米不等,鼻子长 6 米,比埃及的狮身人面像的面部还要大一倍。如果按正常人面部与身体的比例,他们的身长应该高达 141 米。对于本民族的杰出人物,别的国家或是建纪念碑,或是铸塑像,而美国人却别出心裁,把他们敬仰的总统雕到了山上,让他们与高山永久地浑然一体,山即是像,像即是山,令人肃然起敬。

拉什莫尔山

拉什莫尔山原为一座寂寂无闻的小山,它的旁边是一座矿山,归纽约著名律师查尔斯·拉什莫尔所拥有。1885 年,拉什莫尔以自己的姓氏将它命名为"拉什莫尔山",这就是拉什莫尔山名字的来由。拉什莫尔当时一定有借山扬名的心思,却万万不会想到会名存后世。

1923 年,南达科他州的历史学家多恩·鲁滨逊首先萌发出在黑山山脉上雕刻巨像的念头,但他所设想的是雕刻出一些西部片中的英雄好汉，以此吸引人们来游览美丽的黑山地区。鲁滨孙的这个想法引起了雕塑家格桑·波格隆的巨大兴趣。1924 年秋天，他接受鲁滨孙的邀请一起去观看地形。波格隆一眼望见了卓然屹立在群山之上的拉什莫尔山，它沐浴在秋日的阳光之中，闪动着异样的神采，立刻认定这里是他实现自己的夙愿最理想的地方。

波格隆出生在美国的爱达荷州，后来去法国的巴黎学习绘画，曾拜在著名雕塑大师罗丹的门下学习雕塑。他的胸中早就涌动着一个酝酿已久的念头，那就是把美国历史上四位功勋卓著的总统的形象雕刻出来，创建一个"民主圣地"，供国人瞻仰。波格隆的这个想法一提出来，就得到了鲁滨孙的热烈赞同。这个非凡的想法公之于众后，引起了很多人的关注，时任美国总统卡尔文·柯立芝持支持态度，而美国国会却大唱反调，双方展开了旷日持久的争论。直到 1927 年，这个建造计划才获得了国会的批准。得知这个消息后，有一个美国人特别兴奋，他就是那位名叫拉什莫尔的律师，一下子就捐出了 5000 美元。

1927 年 8 月，以拉什莫尔山国家纪念碑为名的工程正式开工，柯立芝亲自前来主持开工仪式。波格隆当时已经 60 岁了，头发都掉光了，但这项具有历史意义的工程焕发出了他的青春活力，使他下定决心把余下的全部精力都倾注在这个作品中。开工之前，波格隆首先制作了一幅 1∶10 的设计图，然后按图塑造出每个头像的石膏模型，大小相当于真实作品的十二分之一。有了满意的石膏模型后，再用水平棒做垂直测量，定出基准点，放大标定在山岩的相对位置上，用白色的石灰浆画出雕像的轮廓线。根据这些线条，工人们按照面积大小、深浅不同的要求，在一片片工作面上，用风钻以及不同规格的钻头，打出成千上万个大小不同、深浅各异的小洞眼，然后填上不同分量的炸药。这一切都经过了精心的测算，爆炸后的岩石距离成品要求只有 2.5 厘米。据资料显示，单是四位总统的头像，炸去的花岗岩废石就多达 100 多万吨。所以有人说，拉什莫尔山的巨型雕像是用炸药炸出来的。更准确地说，它是定向爆破技术与 20 世纪雕刻艺术的完美结合。

爆炸造型后，只是显现出粗糙的人物雕像毛坯，还需要精细加工。据史料记载，当时参加这项恢宏工程的雕塑家多达 360 人。他们坐在由钢索牵引的钢质平台上，凌空移动，用手中的电铲一点一点地进行打磨修饰，以达到最理想的效果。经过众多工程技术人员和艺术家的 14 个寒暑的忘我拼搏，波格隆的创意终于变成了现实。1930 年华盛顿头像揭幕，1936 年杰弗逊头像揭幕，1937 年林肯头像揭幕，1939 年罗斯福头像揭幕。

在这 14 年间，工程曾经几次中断，实际用于工作的时间加起来才六年半左右。开工伊始，资金全靠私人捐助，后来联邦政府才给予财政支持。资金不足的难题解决后，又遇到了岩层厚度不足、出现裂缝或瑕疵等难题，而这些问题往往在外表看不出来，刻到内层发现后，只好临时改变构图。在整个工程中，大的修改就做过 9次，清走的石头在 10 万吨以上。

四座头像完成后，波格隆又投入到整体处理中，以加强四座雕像间的联系，使它们更加协调。1941 年 3 月 6 日,在工程未完全结束时,波格隆带着他未遂的遗愿离开了人世。他的儿子林肯·波格隆也是一位雕塑家,他继承了父亲的遗志,投入到紧张的工作中,终于在同年底完成了这一举世瞩目的伟大工程。遗憾的是,小波格隆只完成了纪念碑的头像部分,而按照格桑·波格隆原来的设想,人物应该雕刻到腰部。

尽管有着这样的缺憾,拉什莫尔山的巨像依然称得上 20 世纪人类雕刻艺术的杰作。当然,它的成就首先不在艺术上,而在于它是一部用雕像写成的美国早期历史,在众人仰望的高山上镌刻出了"美国精神"。

华盛顿代表着民主自由的精神。他是美国的第一任总统,又是第一位连任两届的总统。在其第二任期将满时,他决意不再接受要他担任第三届总统的要求。美国总统不能连任三届的惯例就是他开创的,当然更不能终身。在拉什莫尔山的巨像中,他的位置在最右边,其他三人只雕出了头部形象,唯有华盛顿是一座胸像。他的头部是圆雕,从衣领部分开始向浮雕过渡,右边的衣领转成浮雕线刻,保留了原来的山形,左边衣领刻成浮雕,肩部和胸部因山形而粗刻,因此整个雕像头部五官形象突出,清晰而集中。他嘴巴紧闭着,眉宇略锁,似乎在思索着什么;浓黑的眉毛下一双大眼睛射出睿智的光芒,安详地望向远方,仿佛对未来充满了信心。

杰斐逊代表着爱国的精神,他在华盛顿雕像的左边。杰斐逊是著名的《独立宣言》的起草人之一,还写出了大量振奋人心的文章,激发了美国人民的爱国激情。他的雕像突出了他作为美国民族和民主革命先驱者的风采和智慧,头发弯曲,前额突出,双眼炯炯有神,头部微仰,嘴角微抿,悠闲中透露出一份果敢和坚强。

罗斯福代表着积极向上的精神。他在位时最爱引用这样一句西非谚语:说话温柔,大棒在手,定能成功。卸任后,他不想去过安静平凡的日子,而是领着一支探险队到非洲探险去了。他的雕像与林肯的雕像只刻了脸部,脑后与石山连在一起,颈与胸部都没有刻出来。罗斯福的头像下颌略收,唇上短髭粗而浓,双目深陷,两眉紧锁,面部棱角分明。与其他三人不同的是,他戴着一副秀丽的眼镜。老波格隆对罗斯福头像投入了最多的热情,他认为罗斯福的眼镜对自己的技艺是一个挑战,而最终他用作品向世人证明了他高超的技艺。林肯代表着奋发图强的精神。这位深受美国黑人和下层人民爱戴的伟人,常见的形象是一脸浓黑的络腮胡子,脸很长,而雕像所展示的是一副严肃认真的表情,双眉紧紧地锁着,前额上的皱纹非常刺眼,目光注视着远方,好像有些怒气未消的样子。

如果按照年代排列,罗斯福应该排在林肯之后,但是出于艺术上的考虑,老波格隆把罗斯福放在林肯的右边,使他与两旁的雕像形成了更为鲜明的对比。四座雕像的面部虽然不朝向一个焦点,但是他们都看着远方,而且排列在相同的高度上,左边三座雕像颈项以下的横线都是连贯的,隐去了他们的胸肩,加强了雕像之间形与神的联系。这组巨型雕像既彼此呼应,融为一体,又显示出不同的性格和特征,可谓栩栩如生,音容宛在。

自从巨像雕刻完工后，拉什莫尔山就成了著名的旅游胜地，每年有 200 多万来自世界各地的观光者到此来领略巨像的风采。特别是每年的 2 月，这里更是人山人海。华盛顿和林肯的诞辰分别是 2 月 22 日和 2 月 12 日，美国人把这两个日子称为"华盛顿节"和"林肯节"，也叫"总统节"。在"总统节"里到拉什莫尔山来缅怀人们心目中崇敬的领袖，要比平时更有意义，拉什莫尔山俗称"总统山"，其由来就是如此。

为了表示对四位总统的崇敬之情，也为了防止雕像受到损害，拉什莫尔山国家纪念公园的管理部门禁止游人攀登这座山，前来观瞻的人可以在山脚下的观瞻台上一睹石像的风采。每天上午，当阳光洒满山峰的时候，那是瞻仰巨像的最好时机。每年 6 月至 9 月间，为了使游人在晚上也能真切地欣赏这一艺术杰作，这里备有照明设备。在灯光下观赏雕像，能产生不同寻常的艺术

名水游

亚洲名水

恒河

恒河圣水的传说与圣洁之谜

人类的生存与水息息相关,依河而居就成了最明智的选择,于是河流便成了孕育人类文明的母亲,比如黄河就成了华夏民族的母亲河。印度人也把恒河尊称为"印度的母亲",但对这位母亲的感情,印度人的表白要比中国人独特得多。黄河过于湍急,让人敬畏,而恒河流水平缓,便于亲近,再加上众多的神话传说,使得这条河成了一个天然大澡盆,印度人全都得而洗之。

以恒河水为圣洁,这在印度由来已久,有着好多神话以及宗教传说的支持。

在印度神话中,恒河原是一位女神,是"雪王"希马华特的公主,为了滋润大地,解救民众,这位公主自愿下凡,化身为一条大河。女神既是雪王之女,她的家乡就应该在云雾缥缈的冰雪王

恒河

国,而恒河的源头恰好就在喜马拉雅山脉南坡加姆尔的甘戈特里冰川。在印度语中,"加姆尔"是"牛嘴"之意,而牛在印度是被视为神灵的。恒河水从神灵——牛的嘴里吐出来,那必然是圣洁无比了。

而根据宗教传说,恒河成为"圣水河"的原因,在于恒河之水来源于"神山圣湖"。恒河的上游在中国西藏阿里地区的冈底斯山,冈底斯山的东南坡有一个阔大而幽静的淡水湖,名叫玛法木错湖,湖水来源于高山融化的冰雪,湖水清澈见底,平如明镜。相传这里的山中就是"神中之神"湿婆修行的地方,所以印度教教徒尊它为"神山"。湿婆的妻子乌玛女神是喜马拉雅山的女儿,她和丈夫湿婆把玛法木错

湖当作洁身沐浴的地方,这个湖就被印度的教徒尊为"圣湖"。既然恒河水是从"神山圣湖"而来,那么整条恒河就都是"圣水"了。千百年来,虔诚的印度的教徒们长途跋涉,甚至赤足翻越喜马拉雅山,到中国境内的"神山圣湖"来朝圣,以求得到湿婆大神的启示;还要到"圣湖"中洗澡,以祛病消灾,益寿延年。

印度还有一个古老的传说,讲的是有位名叫巴格拉莎的国王,为了洗刷自己祖先的罪孽,修得来世,便请求天上的女神下凡帮忙。掌管恒河的女神甘格德芙应邀而来,用恒河水为他洗涤罪恶。无奈恒河之水来势汹汹,大地难以承受,湿婆大神见状,便站在喜马拉雅山附近的恒河上游,让水从他的头发上缓缓流下,从而减弱了水势,既可以洗刷掉国王祖先的罪孽,又能造福于人类。由此,印度的教徒就认为恒河是"赎罪之源",敬奉湿婆神和洗圣水澡就成为印度教徒的两大宗教活动。

印度人普遍信仰宗教,以上种种神话与传说都能让他们深信不疑,于是印度教徒们便笃信"入河沐浴,可消罪过",心中的邪恶和晦气也会被洗刷干净。相传在恒河里沐浴后,小孩能长命百岁,老人能安然进入天国,要是在圣河岸边寿终正寝,来世将无比幸福。

正是在这种宗教信念的支配下,每年前往恒河沐浴的教徒难以计数。朝圣者的队伍里有富翁有穷人,有农民有学者,而且不乏老弱病残,他们忍受着酷暑和喧闹,蚊虫的叮咬,难以下咽的食物,甚至小偷的扒窃,为的就是去完成自己一生中的夙愿。一来到恒河岸边,他们就像孩子一样扑进母亲的怀抱,双手捧起河水,一边沐浴一边喝,同时虔诚地对着他们称之为"恒妈"的恒河祈祷。相传只要将三滴恒河水洒在人的头上,人们就会从以往的罪孽中解脱出来。如果人们能够记住恒河这个名字,死后就可以很容易地在天堂中得到一个位置。

更有甚者,每到恒河圣水沐浴节时,有的教徒干脆跳河自杀,以便让圣洁的河水彻底洗净自己的灵魂和肉体。与此同时,河岸上许许多多的火堆在昼夜不熄地焚烧尸体,烧完后就把骨灰撒进河中,以满足死者生前的夙愿。有些人担心自己死后骨灰撒入恒河,会与别人的骨灰相混,那样一进了天堂就很难恢复原形,于是便在临终前嘱咐家人将其全尸推入恒河,任其漂流。恒河流域气候炎热,尸体在河上腐烂,使得河水变得又脏又臭。

在这种情况下,恒河不能不受到严重的污染。1980年,甘地和平基金会指出,恒河已经成为全印度污染最严重的河流,正威胁着各种水生生物的生存,也威胁到了饮用者的身体健康。世界卫生组织派人从恒河中取来一份水样,检测结果表明,每100毫升水中含有大肠杆菌150万个,远远超过了每100毫升低于500个的安全沐浴标准。然而,虔诚的印度教徒们根本不听这一套,他们依然把污水当成圣水,非但天天下河洗澡,甚至还用来刷牙和饮用,最后还要用罐子把河水盛回去,恭恭敬敬地保存起来,平日喝水吃饭时滴入一点,当自己或亲友得病的时候,才会舀出一勺或两勺给他喝下。令人奇怪的是,很少有人因此而得病,也没有听说过爆发特大瘟疫的消息。

19世纪时,有一位英国医生从印度回国,临行前装了一壶恒河水。他是坐船离开的,因为在海上遇上风浪,过了好几个月才回到英国。他以为过了这么长时间,壶里的水一定变味了。可是他打开壶盖一看,里面装的水竟然像刚装进时一样新鲜。

难道恒河真的成了圣河了吗? 这种异常情况引起了科学家们的注意,他们对恒河河水进行检验,发现水质很好,其中的细菌也不危险。他们有意将可怕的霍乱病菌投入水中观察,却发现它们在极短时间内就被消灭了。据科学家研究,恒河水有着极强的自我净化能力,能够将杂物聚集起来沉入河底,还有一定的排毒除害功能。另据推测,恒河河床里含有某种放射性元素,能够对致病细菌产生抑制和杀伤作用,但这种推测尚未得到证实。

四大圣地与恒河畔四大浴场

在整个恒河流域,不管是上游、中游,还是下游,也不管是春夏还是秋冬,一天到晚总是有教徒在河中洗浴,但最为壮观的场面出现在圣水沐浴节,每次参加洗浴的人数竟以千万计。

这个节日在印度已有2000多年的历史,每次持续42天之久。圣水沐浴节又称大壶节,其来历是古时候众神和群魔达成临时协议,双方合力取得银河系中的长生不老仙露后平分。仙露取来了,装在一个大壶里,为了把这个大壶占为己有,神魔双方展开一场大战,整整打了12天12夜,这就相当于人间12年。结果壶中的仙露洒了,落到赫尔德瓦尔、乌贾因、纳西克和安拉阿巴德这四个地方。从此以后,印度人每隔12年就在四个圣地轮流举行庆祝活动。

在这四个圣地中,赫尔德瓦尔和安拉阿巴德都在恒河的干流上,乌贾因和纳西克在恒河的支流上。乌贾因位于锡布拉河边,这里曾是阿育王副王的都城,这位副王曾经从乌贾因向亚洲各国传播过佛教。后来乌贾国又成了健日王的首府,健日王统治时期所推行的维格拉姆历法今天还在这里使用。锡布拉河的缓缓流水把这座圣城洗刷得既净洁又美丽,傍晚时分闪烁在渡口上的灯光,庙宇里传来的晚钟声以及僧侣们念经的声音,使得全城显得格外庄严肃穆。到了盛大的圣水沐浴节期间,全国各地会有几十万甚至上百万宗教信徒涌向这里。即使在平时,锡布拉河边也充满了宗教气氛,妇女们穿着五颜六色的纱丽,来到河边烧香,敬献椰子和鲜花,给浮游在河边的一群群乌龟喂食。她们认为这样做可以积下功德,换来福荫。

另一座圣城纳西克坐落在戈达瓦里河畔,河两边几乎全是庙宇神殿,鳞次栉比,据说有200座之多。一排排石阶一直延伸到河水之中,上面站满了祈祷的信徒,不时往河里抛洒着橘红色的鲜花。在河水中沐浴的人更多,他们有的将河水轻轻地点向额头,有的手捧河水一饮而尽,有的双手合十把全身慢慢浸入河里,脸上全是幸福的表情。戈达瓦里河上还有一段用低坝拦成的宽阔水面,称作罗摩康德,相传印度著名史诗《罗摩衍那》中的主人公罗摩和他的妻子悉多曾在这里沐浴过。

恒河穿过西瓦利克山脉后,在赫尔德瓦尔附近进入平原,逐渐向东南弯曲,流至安拉阿巴德,这一段为上游。古城哈特瓦就坐落在恒河从高山泻入平原的交界处,它是一个有着数百年历史的宗教朝圣圣地。每到圣水沐浴节期间,数以百万的印度教教徒就会赶到这里的恒河中沐浴,超度灵魂。沐浴后,到水边的一座大庙祈祷,然后将鲜花或牛奶洒到河里,并向河心投下面粉做的鱼饵,引游鱼竞食。黄昏时,妇女们将鲜花撒在宽大的树叶上。花瓣间置放燃亮着的小灯,将树叶送到河中,目送其消失在恒河的波涛之间。

另外两大圣地赫尔德瓦尔和安拉阿巴德也位于恒河上游河段上。赫尔德瓦尔又译成哈尔德瓦,它是印度北方邦西北部的城市,坐落在恒河右岸,是上恒河运河的起点。它还是印度三座最有名的印度教圣城之一,教徒们朝圣时的沐浴之地。

安拉阿巴德位于恒河与亚穆纳河(旧译朱穆纳河)交汇处。恒河流到古城哈特瓦时,就与它的著名支流亚穆纳河结伴并排而行,流至阿拉哈巴德时两河聚会一堂。恒河沙多水浊,亚穆纳河水深且清,汇流后便形成了一条十分明显的水线,流了好远才混合到一起。

亚穆纳河与恒河一样,都被印度人视为圣河,坐落在两条圣河汇合处的安拉阿巴德,也就成了理所当然的圣城。早在中世纪时,这里就是一座佛教圣地,现在成了印度教的圣地之一。除了每 12 年举行一次圣水沐浴节外,它每年还要举行一次历时两个星期的庙会,每隔 6 年举行一次大庙会。一年一度的庙会在 1 月 25 日这一天达到高潮,相传湿婆大神在这一天战胜了恶魔,夺得甘露,撒在这个地方的恒河里。于是,这一天就成了印度教教徒们欢呼胜利的日子,也是到恒河中沐浴的最吉祥的日子。

亚穆纳河是恒河最长的支流,全长约 1380 千米,印度首都德里就坐落在它的岸边。1948 年 1 月 30 日,圣雄甘地遇刺身亡,印度人民按照习俗,将他的尸体在亚穆河畔烧成灰烬。12 天后,有几百万人沿着铁路线排成了长长的队伍,跟随着一列载着甘地骨灰罐慢速行驶的火车,沿着亚穆纳河边,步行至 584 千米外的安拉阿巴德,在这里观看一代伟人的骨灰缓缓地倒入褐色的江水中,随波逐流汇入大海。1964 年,印度前总理尼赫鲁逝世,同样有成千上万的人在这里观看他的骨灰被撒进恒河。

在恒河、亚穆纳河与斯尔斯瓦蒂河汇流的地方,还有一个印度教徒、佛教徒和耆那教徒共同尊崇的圣地,它就是蒂利维尼。每当轮到安拉阿巴德举办圣水沐浴节时,朝圣者在沐浴结束后必须划船到达三河的交汇点。古时候这里有许多庙宇,早晚钟声回荡,整日旗幡飘扬。13 世纪末叶,伊斯兰教徒扎法尔·汗·卡吉用长矛和宝剑征服了这个地区,将蒂利维尼的庙宇摧毁,并用印度教寺庙的砖瓦修建起了一座卡吉清真寺。这座清真寺屹立至今，不过它很奇特，外形既像清真寺又像印度教庙宇，寺内有毗湿奴、罗摩、哈奴曼、夜叉等无数印度教男女神像，进入这座清真寺里敬神的既有伊斯兰教徒，也有印度教的教徒。

恒河岸边供教徒们净身或祷告的浴场有 100 多处，大多位于恒河西岸。最为著名的恒河浴场有四处，除了位于上游的哈特瓦、赫尔德瓦尔和安拉阿巴德，另一个是位于中游的瓦拉纳西，合称恒河四大浴场。

从安拉阿巴德到西孟加拉邦为恒河的中游。这个河段由于亚穆纳河的加入，水量大增，河面变宽，河身弯曲，地势平坦。有印度"圣城中的圣城"之称的瓦拉纳西，就坐落在恒河中游的西岸上。

瓦拉纳西是一座文化名城，有"印地文学策源地"之称，著名的印地语作家哈利西金德拉和普列姆昌德就诞生在这里。不过，它巨大的名气在于它是恒河岸边最大的圣城，这一段恒河也就成了整个河流中最神圣的一段。

瓦拉纳西古名迦尸，意为"神光照耀之地"，传说是湿婆大神于 6000 年前创建的。据说从前迦尸城里庙宇林立，让人目不暇接，就连每户平民百姓家中也都供有湿婆的神像。后来由于王朝的变更和战乱的频繁，这里的许多建筑物遭到焚毁。尽管如此，至今瓦拉纳西城中庙宇的数目仍然相当可观，有近 2000 座。据说外地香客到这里来朝圣，想把主要庙宇走完，就得花上一个星期的时间。印度教信徒有四大人生乐趣，除了敬仰湿婆神、到恒河洗圣水澡并饮用恒河圣水，另两个就是结交圣人朋友和居住在瓦拉纳西城。对于他们来说，一生中能到瓦拉纳西来一趟，那就是莫大的幸福。如果能在这里归天，那简直就是天大的造化了。

瓦拉纳西城北的鹿野苑是释迦牟尼初转法轮的地方，耆那教的两个教长也都诞生在这里。因此，对印度教徒、佛教徒和耆那教徒来说，这里都是一个极为神圣的地方。

瓦拉纳西这一段恒河岸长 6.7 千米，沿岸排列着 64 个"伽特"。在梵语中，"伽特"意为"通向山顶或水边的台阶"。这些"伽特"大多都是历代国王、贵族和名人捐建的，据说捐建得越多，积善也就越多。在这些"伽特"背后，一般都有一个传说。比如建于 1830 年的森蒂亚"伽特"，相传动工后不久就挖出了一座坟墓。打开后，发现一个僧人正坐在里面闭目静修。他睁开眼睛，看见了一位麻风病人，以为恒河干涸了，不然的话，用恒河水一洗麻风病就可痊愈。他再抬头一看，恒河水照样缓缓流动，于是他叹了一口气，说道："唉，由于世道黑暗，恒河水已经失去了它的纯洁。"说完，他把身边的一壶水拿出来给人看，壶里的恒河水晶莹透亮。然后他叫大家接着修建"伽特"，自己又重新入定修炼。可是这个"伽特"怎么也修不直，工程师绞尽脑汁，也未能纠正过来。

还有个叫莫里格里迦的"伽特"，它是因多尔的王后阿海雅巴德于公元 1795 年让人修建的。这个"伽特"还未竣工，王后突然逝世了，因此剩下的部分至今还未完工。这个"伽特"上面有个名叫莫里格里迦的水池,池里有个天然泉眼,日夜往外流水。当地传说毗湿奴神的一个耳环掉在这里,耳环是用宝石做的,因此这个"伽特"便取名为"莫里格里迦","莫里"意为"宝石","格里迦"意为"耳环",合起来就是"宝石耳环"的意思。

达萨斯瓦麦德是瓦拉纳西最大的也是最出名的"伽特",每天傍晚,都要在这里举行祭祀恒河的仪式。鼓声中,印度教祭司们用火、清水和鲜花表达对母亲恒河的崇敬。自瓦拉纳西诞生之日起,这个祭祀就从来没有间断过一天。"达萨斯瓦麦德"意为"10匹马的祭祀",这个名字要追溯到公元前,那时候印度北方各王国的君主们通常用跑马圈地的方式,来确认自己的霸权地位。

每天早晨东方刚刚破晓,瓦拉纳西的大小"伽特"就挤满了来自四面八方的教徒,还有一些异乡游人,他们来这里是为了一饱恒河晨沐的眼福。晨沐从祈祷开始,祭司们口诵祷词,岸上的庙宇里高奏教乐,教徒们扶老携幼,顺着"伽特"的石阶一级级地走进恒河,浸泡在圣水中,一面沐浴,一面顶礼膜拜,恒河上下顿时沉浸在一片喃喃地诵经祈祷声中。

随着淡淡的晨雾慢慢散去,一轮红日喷薄而出,恒河水面上泛起一片金光。这时候,在河水中洗浴的男女老少们进入了忘我的境界,有的双手合十,面向太阳默祷,还有的潜入水中,唯恐这圣水不能把自己的罪孽洗涤一清。那些站在齐腰深的水中尽情搓洗的人应该是地道的印度教教徒,按照印度教教义标准的沐浴方式,在恒河中沐浴的教徒应该将水撩过头顶三次,然后全身完全没入水中三次,方能达到净化的目的。而对于那些因为种种原因不能按传统的方式沐浴的人,印度教教义则网开一面,只要把十个手指和十个脚趾浸入恒河水中,就算完成了一次净化。有些小孩不敢下河,父母就提起水罐,把恒河水浇到浑身打哆嗦的孩子头上。

到了傍晚,恒河河面上见不到沐浴的人了,但河边却没有冷清下来,焚烧尸体的火堆熊熊燃烧,照亮了河面和大半个天空。瓦拉纳西的哈瑞希昌得拉"伽特"和玛尼卡尼卡"伽特"是专门举行火葬的地方。前者是恒河边上最古老的"伽特"之一,如今专为贫穷者和非印度教教徒服务,后者的规模则大很多,中间的一个高台是专为王族和重要人物服务的。

印度教教徒的亲人过世后,不论男女,遗体清洗后都要用五米半长的白布缠裹,外层再裹一层三米长红黄加金银丝的织物,然后由男性亲属用抬尸架抬到火葬"伽特"。在那里,先将遗体浸入河水中三次代表三次净化,然后放到柴堆上,洒上印度酥油、染色大米和香料,众人绕行柴堆三次后,便点火焚烧。据说那火是千年不熄的圣火,有烧净罪孽帮助死者脱离轮回之苦的功效。火烧起来后,人们只能闻到木柴燃烧的味道,却闻不到尸体烧焦的味道,印度人解释说这就是恒河之所以为圣河,瓦拉纳西之所以为圣城的原因。

进行火葬时,禁止女性到现场,据说是害怕女性忍不住哭泣起来。印度教教徒是从来不用眼泪送别亲人的,因为他们认为人生是一种痛苦,而死亡是一种解脱。火葬后的第七天,人们就会高高兴兴地在一起聚餐,然后快乐地将亲人的骨灰撒入恒河,然后将其彻底忘掉。

在瓦拉纳西恒河段,经常会看到不少年迈的老人或重病患者在河边等死。这些人有的住在专门的简易旅馆里,有的横七竖八地栖宿在河岸上,身边放着一堆堆破烂的行李。按照这里的规矩,不管是什么人,只要死在恒河岸边,就能免费火化,把骨灰撒入恒河。如果死在半道上,就会与恒河无缘,也就无法清洗终身的过失,让肉体的灰烬随恒河女神升天。

"莲花河"冲积出的三角洲

恒河从印度的西孟加拉邦流出,进入孟加拉国境内,改称帕德玛河,意为"莲花"。印度近代著名诗人泰戈尔曾经定居在帕德玛河的一条屋形船上。他经常泛舟河上,到处漂流,熟悉农村水乡的景色,广泛接触乡村社会,由此写出了很多反映帕德玛河沿岸人民生活的作品。雨季来临时,他所看到的帕德玛河"在云影下呈现出一副十分沉静而可怕的表情。它冲毁大部分农田,逼近了民房。在被冲毁的河堤上,有三四棵芒果树和木棉树的树根袒露着,就像是在绝望中伸出来的手指,企图在空中抓到最后的某种依托。"夜晚到来时,他躺在甲板上,则思绪万千:"帕德玛河在印度神话中久负盛名,天界的恒河在她的脉管里流淌。她脾性古怪。她容忍她绕过的城镇、村落,但不予承认。她纯正、高雅的韵律中交织着冷寂的雪山的回忆和无伴的海浪的呼唤。"

帕德玛河流到瓜伦多卡德附近,又汇进了一条圣水,它就是贾木纳河。这条河的上中游位于西藏境内,称雅鲁藏布江,南流进入印度境内后改称迪汉河、布拉马普特拉河,流入孟加拉国后改称贾木纳河。

贾木纳河的流量相当于帕德玛河的一半,但它的脾气与帕德玛河一样,一到雨季就会暴涨,冲堤改道,泛滥成灾。这样两条河流汇聚到一起,就冲积出了世界上最大的三角洲——恒河三角洲。在三角洲地区,恒河分成许多支叉,游移不定,主要水道就有 8 条之多。它宽达 320 千米,起始点距海 500 千米,面积达 7 万多平方千米。这里土壤肥沃,农业发达,还是世界上黄麻的最大产区。印度的加尔各答,孟加拉国的达卡、吉大港等城市都坐落在恒河三角洲上。

恒河三角洲上有一个非常有名的保护区,它就是位于三角洲西南部的孙德尔本斯国家公园,早在 1997 年就被联合国教科文组织列进世界自然遗产名录。"孙德尔本斯"意为"最美的森林",这里有世界上最大的红树林地带,面积达 100 万公顷。红树林是地球上最奇妙的生物群落,它生长在泥泞的潮间带,树身下半部泡在水中,只露出上半部,看起来像是长在水面上的森林,日复一日地经受着潮起潮落的冲刷,因此有"潮汐林"的别称。为了适应这个特殊的环境,它的支持根从主干上长出,悬垂向下深入软泥中,再分支成更多的支持根,有点像蜘蛛的长脚,牢牢地支撑住了植物本身,也保护了海岸免受风浪的侵蚀。

红树林最奇妙的特征是所谓的"胎生现象"。红树林的种子常常是还没有离开母体,就已经在果实中萌发了,长成棒状的胚轴。胚轴发育到一定程度后就脱离母树,像一个小锥子似的扎进海滩的淤泥中,几小时后就能扎根生长,并成为新的植株。如果运气差一点,未能扎进淤泥里,它们就会随着海流在大海上漂流数个月,在几千里外的海岸扎根生长。

孙德尔本斯国家公园中的动物特别多,而且大都会泅水。树林里栖息着孟加拉虎、梅花鹿、野猪、蜥蜴、恒河猴、印度大蟒等;天上飞着海雕、海鹰、燕鸥、鹗、翠鸟、鱼鹰等;水中游着河龟、鳄鱼、恒河海豚、伊洛瓦底江海豚等。这里最珍贵的动物要数孟加拉虎,现有 264 只,是现存孟加拉虎最多的地区。

恒河河口附近海岸线呈漏斗形,海水常常形成强烈的潮水,铺天盖地地涌向恒河三角洲平原。这生生不息的潮汐应该是生命的原动力,涌动着三角洲上的河湖池塘,滋润着这里种类繁多的动植物,还不禁让人联想起印度人对生命的理解。滚滚恒河水把今世生命的灰烬送进大海,那么大海又把它们送到来世的何处呢? 想来印度人是清楚这样的循环,才能坦然地面对生命的大轮回。

湄公河

湄公河上游——"金三角"与万象

欧洲有一条多瑙河,流经 9 个国家;亚洲有条湄公河,流经 6 个国家。于是,人们就把湄公河美称为"东方多瑙河"。

其实,除了都是国际性的河流外,这两条河并没有什么可比性。湄公河沿岸是热带风光,多瑙河沿岸却是温带气候;湄公河沿岸的人文景观折射着东方文明和佛教文化的光辉,多瑙河畔的人文景观却烙上了西方文明的痕迹。然而,从来都是一方水土养育着一方人,千百年来,湄公河和多瑙河都按照自身一如既往的规律缓慢而沉着地流动着,各自浇灌着传统的文明之花,培养着河流两岸人民朴素勤劳的美德。

湄公河

湄公河的源头在中国境内,称为澜沧江,流入中南半岛后始称湄公河。在傣语中,澜沧江被称为"南兰章",汉译为"百万大象河"。而澜沧江摇身一变为湄公河后,其名称又因地而异,有石头河、龙游河、急湍河、大江河等。在老挝语里,"湄公"是"母亲"的意思。而在泰语中,"湄公"源自"迈公",意思是"众水汇聚之河"或"众水之母",又可引申出"希望之母"或"幸福之母"的含义。老挝境内的所有河流以及泰国东半部的所有河流,全都从不同方向注入湄公河。从这个角度来说,称它为"众水之母"很是贴切。

从流程上来说,湄公河可以分为上游、中游、下游和三角洲。湄公河上游从中、缅、老边界到老挝的万象,全长 1053 千米,流经之处地形起伏较大,沿途都是茫茫山林,几乎未经开垦。由于屡受山脉阻挡,湄公河上游的河道几经弯曲,河谷宽窄反复交替,河床坡降较陡,多急流和浅滩,不便航运。

湄公河上游首先沿老、缅边境流淌,然后向东折入老挝境内,又向南直奔,向东折回,由此成为老挝和泰国之间长达近 4 千米的边境线。这一带泰国一侧是其最北部的府城清莱,从这里往湄公河上游方向走大约 9 千米,就进入了"金三角"的核心区。放眼望去,妩媚平缓的湄公河在这里分割着三个国家,河左岸是泰缅分界线,右岸则是泰老分界线。"金三角"曾是一个臭名昭著的地方,当年这一带罂粟遍野,全世界大部分鸦片都从这里运出。如今,这里成了度假观光区。当清晨的薄雾如轻纱一般笼罩在"金三角"上方时,人们仿佛置身在一幅淡淡的山水画中。

湄公河上游的终点是老挝的首都万象,与它一河之隔的是泰国的廊开,形成一对渡口城市。每到枯水季节,湄公河大半个河床的浅滩就会显露出来,中间只剩下一条窄窄的溪流,万象人涉水就能走到泰国去。从一个国家首都的市区,如此方便地就能进入邻国,这种情况在世界上也是非常少见的。

1994 年,由澳大利亚投资 4200 万澳元援建的老泰友谊大桥把万象和廊开连接起来。它是湄公河上第一座连接老、泰两国的大桥,全长 1174 米,桥的中央便是老泰两国的分界线,但没有士兵看守。平时桥上少有行人,一到周末,万象的有钱人家就开着车,从友谊大桥进入泰国观光购物,而河另一边的泰国人,也喜欢到万象来逛逛。大桥建成后,河上的轮渡依然保留,但只有码头附近的居民还习惯于乘渡船往来于两岸之间。

一桥飞架,往来便利,坐落在湄公河南岸的边陲小镇廊开迅速旧貌换新颜,一跃成为繁忙的商业中心,而坐落在湄公河北岸的万象却变化不大,起码从外表上看不大出来。整个万象没有高楼,唯有湄公河边畔由马来西亚人投资的"东沧酒店"高逾 15 层,成为万象最高的建筑物。万象市区中的街道并不十分宽阔,街道上往来最多的就是摩托车,无论男女老少都骑着它风驰电掣,就连身穿白衬衫黑裙子的女学生,也是疾驰不误。更为有趣的是,在万象的街道上偶尔还能看到牛车悠闲地穿越市区,它的木轮子差不多跟人一般高,让人恍惚间有时光倒流的感觉。

万象是一座历史悠久的城市,始建于公元前 4 世纪。从公元 14 世纪以来,万象一直是老挝的首都和经济中心。老挝境内多大象,向来就有"万象之邦"的称号,但"万象"这个名称的含义却与大象没有什么联系。在当地语中,"万象"意为"檀木之堡"。万象华侨很多,他们按照当地人的发音,把这座城市名称音译为"万象"，由于说起来顺口，听起来悦耳，这个名称便渐渐沿用下来。据说，万象这个地方曾经生长着许多珍贵的檀木，却早在外国统治时期被砍伐殆尽。

万象还有一些古名，如"月亮之城"，这是因为古代的万象是一座半圆形城市，建筑物多呈白色或黄色，周围是翠竹林，远望如一弯新月。再如"永珍"，"永"意为"城市"，"珍"意为"庙宇"，合起来就是"庙宇林立的城市"。老挝大部分居民都信奉佛教，万象市区不仅多庙宇，而且多宝塔，据说在老挝佛教鼎盛时期，市内有149座佛寺，如今保留下来的有34座。老挝佛塔的代表就是坐落在万象市区北面5千米处的塔銮。这座塔是老挝国家的象征，也是全国最大的佛塔。它始建于1565年，主塔高45米，四周有30个小塔环抱，塔身镀金，镶嵌着228片莲花。据说塔銮下面埋有佛祖释迦牟尼的一根头发（另说是一块佛骨），老挝民间每年都要举行"塔銮节"，热闹非凡，类似中国的庙会。

湄公河中游——琅勃拉邦古城与巴色

从万象到巴色为湄公河中游，全长724千米，流经呵叻高原和富良山脉的山脚丘陵，地形起伏不大。其中上段河谷宽广，水流平静，从沙湾拿吉至巴色，河床坡降较陡，多岩礁、浅滩和急流。

湄公河中游大部分河段沿着老、泰边境流淌。虔诚向佛的泰国人对湄公河敬畏有加，据说这条大河既能带来吉祥，又能带走灾祸。夜幕降临后，河岸边经常会聚集起许多男女老少，他们身着漂亮的衣衫，手持五彩缤纷的水灯，纷纷跪倒合十，然后将水灯放进湄公河，全神贯注地目送着各自的水灯渐漂渐远。

每年10月份的第一个满月之夜，泰国人传统的斋戒刚刚结束，湄公河上就会出现神秘的"火球"，大小如同鸡蛋，颜色有红色、粉色和橙色不等。有人猜测，这些火球与月亮转动产生的引力作用有关，在其作用下，藏在河床里的天然气就会上升到河面，继而燃烧形成"火球"。但是根据当地的传说，这些火球是盘踞在湄公河里的大蛇吐出来的。不管传说是否可信，这个奇特的景观都为湄公河笼上了一层神秘的面纱，也招徕了很多游客。

湄公河离开万象，经过千里奔流，与南乌江汇合，这里坐落着老挝现存的最古老的一个城镇，它就是琅勃拉邦古城。1353年澜桑国国王范甘统一了老挝，首都就设在琅勃拉邦。1694年澜桑国分裂成三个小国，琅勃拉邦成为其中一个小国的首都。1893年以后，老挝逐步沦为法国的保护国，琅勃拉邦还是老挝国王王宫的所在地。

琅勃拉邦这座美丽的小城虽然历史悠久，却洋溢着一派浪漫气息，这与小城被一望无际的大森林包裹起来有关。这座小城的另一个特色是和尚很多，5万多人口中就有2000多名和尚。每天清晨，化缘的和尚排成长长的队列，而等待布施的信徒也沿街排列，成为小城的一大景观。

佛教兴盛自然带来了众多佛寺,城中光宝塔就有 20 多座。有的寺院古榕蔽天,有的寺院花木繁茂,有的寺院佛塔耸立。有的寺院以红色为主,华贵雍容;有的寺院以金色为主,灿烂辉煌;有的寺院以黑色为主,庄严沉贵。

琅勃拉邦城中有两座东南亚名寺,分别是玄通寺和维崇寺。玄通寺是琅勃拉邦最宏伟的一座寺院。主庙正面的墙和梁柱黑底金饰,精致美观;背后的墙面是整幅"生命之树"的彩石镶嵌画。寺院内有一座王家灵车庙,珍藏着用金色龙头装饰的灵车和王室的骨灰金瓶。建于 1513 年的维崇寺是琅勃拉邦最古老的寺院,著名的普拉邦佛像曾经两度存放在这座古寺中。"琅勃拉邦"意为"圣邦首都",而这个名字就来源自这尊佛像。它高达 83 厘米,重约 50 千克,据说是基督纪年的第一个世纪里在锡兰(今斯里兰卡)制造出来的。直到 11 世纪,它一直保存在柬埔寨的古都吴哥,后来作为陪嫁品跟随高棉公主一起来到老挝,从此就成为老挝佛教最重要的圣物。如今,这尊佛像保存在琅勃拉邦城中老挝的前皇宫里,此地现已辟为老挝国家博物馆。

湄公河中游的终点在老挝最南部的边境城市巴色。这是一个非常宁静的小城,街区整齐划一,法式建筑居多,没有高楼,也没有嘈杂,时或在街道的拐角处会冒出一座全木质的酒吧,给人的感觉是少有的宁静和祥和。走在巴色街头,只要你说一声"撒拜迪"(老挝语"您好"的意思),总会有人欢快而响亮地回应一声"撒拜迪"。老挝人生活贫穷,却没有因贫穷而滋生出不良的欲望来,从他们脸上灿烂而单纯的笑容看,仿佛他们的生活中从来没有过苦恼和忧愁。

湄公河下游——孔瀑布与金边

湄公河下游从巴色到金边,全长 559 千米,流经地区为平坦而略为起伏的准平原,海拔不到 100 米,河床宽阔,多岔流,但部分河段有小丘紧束或横亘河中,形成急流险滩,湄公河上最大的孔瀑布就在这一段。

孔瀑布坐落在老挝境内,靠近柬埔寨边境,游人要想观赏这座东南亚第一瀑布的风采,需从巴色南行 160 千米。孔瀑布很宽,达 10 千米,洪汛季节落差 15 米,枯水季节落差 24 米。整座瀑布被石碛分成两部分,西边称桑帕尼瀑布,地势较高,枯水期断流;东边称帕平瀑布。站在一个专门为观景修的小亭子里,只见瀑水飞流直下,似万马奔腾,回旋呼啸,场面极为壮观。如果恰巧赶上晚霞初现,在落日的余晖中,孔瀑布的色彩更加迷人。这里不仅水美,环境也美,瀑布周围的原始森林遮天蔽日,苍翠欲滴,令人陶醉。

湄公河水流过孔瀑布后,便进入柬埔寨境内,而孔瀑布为老挝境内的湄公河画上了一个完美的句号。

湄公河在柬埔寨境内流程约为 509 千米,流到金边附近与柬埔寨的第二大河洞里萨河相汇。这条河连着东南亚最大的淡水湖洞里萨湖,它好像一块巨大的碧玉镶嵌在柬埔寨的中心,所以被称为"柬埔寨的心脏"。而洞里萨湖又与湄公河唇齿相依,这种连带关系造成了每年洞里萨湖湖水和湄公河河水的此消彼长,犹如脉搏和心跳。正是这种大自然的律动,使得这一水一湖成为柬埔寨财富和幸运的源泉。

柬埔寨的首都金边位于上湄公河、下湄公河、洞里萨河和巴沙河的汇合处,这四条河流在金边城东汇聚成一片宽广的水面,好像四只巨大的手臂伸向远方。柬埔寨人称这片水面为"四面河",当地华侨给它起了一个形象的名字——四臂湾,而金边便有了"四臂湾美丽的宝石"的美称。

金边于1434年成为柬埔寨的国都,此前这个地方称为"札多木",意为"四面临河"。后来改称"法百囊丹那奔",在柬埔寨语里,"法"意为庙宇,"百囊"是山,"丹那"是对老婆婆的尊称,"奔"是名字,合到一起就是"奔老婆婆的山庙"。关于这个名称的来历,当地还流传着这样一个动人的故事。

很早很早以前,在四臂湾畔住着一位老婆婆,她是一位虔诚的佛教徒,人们都叫她"敦奔",就是"奔大妈"。1372年的一天清晨,奔大妈到河边打水,看见河里漂来一根大树,树杈中有四尊铜佛像和一尊石佛像。奔大妈一见,认为是佛祖遇难,就急忙请来邻居,用隆重的仪式将佛像迎进自己家中。后来,奔大妈又和邻居一道运来土石,在自家门前筑起一座小山,并在山上用砖木修筑起一座佛寺,将佛像供奉在佛寺里。为了纪念这位奔大妈,人们便把这个地方称为"法百囊丹那奔"。如今的金边就是在奔大妈所居住的村庄的基础上发展起来的。

在柬埔寨语中,"金边"称为"普农奔","普农"意为"山"。按潮州话的发音,它就被音译成"金边"。而奔大妈当年垒土所成的小山,则被华侨称为"塔山"。它坐落在金边市中心大街北端,上山的入口处有两个石刻的七头蛇神及怪鸟、狮子、佛像等,沿着一条铺设整齐的石阶路可以登上山顶,那里有一座高约30米的佛塔,佛塔旁有一座保存完好的古式庙宇,上面装饰着富有柬埔寨民族风格的浮雕。站在山上,极目眺望,可以尽情饱览金边全城景色。塔山脚下有一个圆形公园,公园里花木繁茂,空气清新,是金边人休憩的好场所。

金边人的另一个休憩场所就是湄公河。柬埔寨的泥土是红色的,湄公河在这样的红色里蜿蜒前行,也渐渐变成红艳艳的颜色。每到傍晚,总有一些金边的年轻人来到河边谈情说爱,或许那红色的河水能给人的心中注入激情。没有了白天的烈日,夜幕中的湄公河变得更加可爱,赤道吹过来的风轻柔而清爽,顿时让人从黏黏的酷热中解脱出来。成群结队来游玩的人则合租一条船,到湄公河上美美地兜上一圈,顺便踩着竹子铺成的小道,去探访两岸的水上人家。

湄公河三角洲——前江后江入越南

湄公河经金边南下后,分成南北干流流进越南,北干流称前江,南干流称后江。

在临近入海口处,辗转而来的湄公河再次放缓步伐,温柔地衍生出千万条涓细绵长的支流,以漫灌的形式向两岸铺撒开来,形成了一个面积达4.4万平方千米的三角洲。在这个三角洲上,前江和后江又分成9条主要支流,就像是9条长龙一起把腹中的水喷向大海,所以越南人形象地把湄公河称为"九龙江",湄公河三角洲也被称为九龙江平原。

湄公河在越南境内长220千米,年平均流量可达4750亿立方米,是越南境内另一条大河红河的4倍,可以灌溉240万公顷的农田,由此造就出一个世界著名的稻米产区,使得越南成为仅次于泰国的世界稻米出口国。

湄公河三角洲是越南最富饶的地方,也是越南人口最密集的地方。这里地势低平,土壤肥沃,平均海拔不足2米。乘一条小舟,在纵横交错的河渠中徜徉,那茂密的热带丛林,一望无际的稻田,四季飘香的果园,河湖上穿梭往来的渔船,套着游泳圈在河里戏水的孩子,蹲在河边洗衣服的妇女,都能让人感受到越南南部真挚的风土人情。

这个地区最具风情的水上市场在芹苴市。每到果菜丰收的季节,祖祖辈辈生活在湄公河上的人们就会驾着大船、小船、手划船、机帆船,拉着整船的火龙果、芒果、香蕉、菠萝、木瓜等,在河上游来转去,热闹非凡。

湄公河三角洲的名气比不上意大利的威尼斯,但这里的美景却是有过之而无不及,但美是需要发现的。正像香格里拉,如果不是詹姆斯·希尔顿在小说《消失的地平线》中,用瑰丽的文字描绘出一个飘荡着田野牧歌的理想国度,人们就不会知道在遥远的中国藏区,有那么一个充满诗意和梦幻的地方。和香格里拉一样,湄公河三角洲也是因为一个人的作品而名传天下。这个人就是法国女作家玛格丽特·杜拉斯。1984年,她已70高龄,却写出了一部轰动世界文坛的小说《情人》,并由此获得法国著名的龚古尔文学奖。

《情人》是一部自传体小说,讲述的是一段发生在一个15岁的法国少女和一个27岁的中国阔少之间的爱情故事。杜拉斯把这个故事的背景安排在西贡(今名胡志明市),安排在绕着西贡城流过的西贡河边,而它正是湄公河的一条支流,飘荡在湄公河上的柔软气息正是滋生爱情的温床。那个穿着白色短裙和金色高跟鞋的白人女孩,如同轻盈的蝴蝶站在轮渡上,一个衣着光鲜的中国北方男子上前搭讪道:"我是中国人,你愿意搭我的车回西贡吗?"于是,一段深沉而无望的西贡式的爱情便模糊地种下了情愫。

在玛格丽特·杜拉斯的记忆中,情窦初开时的那段爱情并没有被尘封,而伴随着这鲜活记忆的便是那条令人心驰神往的湄公河。在小说中她借母亲之口这样说道:"在我的一生中,永远也不会再见到这么美、这么大,如此撒野的河流了。""河水湍急,就像是大地倾斜,指导它不停地向大海倾倒一样。"年近古稀的杜拉斯在回忆录中又无比向往地写道:"湄公河想必还在以不变的姿态流淌……"的确,源远流长的湄公河一直没有改变，就连河上的渡船依旧慢悠悠地划破夕阳下的水面，所改变的只是人自己的感觉。可以说每个人的心中都有一条属于自己的湄公河，它暗暗地漂流着属于你自己珍贵的初恋。

伊洛瓦底江

伊江上游——三大峡谷

缅甸人对于伊洛瓦底江有着深厚的感情，洗涤饮用，它如同甘露，南北往来，它又提供舟楫之便。虔诚信奉佛教的缅甸人相信这条大江中一定住着无数的神灵，那滔滔不绝的江水一定来自神的恩赐，于是自古以来它就被缅甸人民称为"天惠之河"，对它十分崇敬。至于这条大江的由来，在缅甸古代传说中它是雨神伊洛瓦底那头最钟爱的白象喷水形成的，所以就用雨神的名字为它命了名。

伊洛瓦底江

对于一般的缅甸人来说，不大可能知道伊洛瓦底江的源头之一就在中国境内，那段河流中国人叫它独龙江。另外，从中国云南境内流入缅甸的瑞丽江，也成为伊洛瓦底江上游左岸的重要支流。独龙江全长不过170余千米，瑞丽江更短，只有53千米，与整个伊洛瓦底江相比实在算不了什么，但这样的渊源关系却触发了诗人的才情。陈毅元帅巧妙地化用一首描写男女爱情的古词，写出了《赠缅甸友人》："我住江之头，君住江之尾。彼此情无限，共饮一江水。我汲川上流，君喝川下水。川流永不息，彼此共甘美……"

早在公元前2世纪，中国商人就利用伊洛瓦底江进行商业贸易活动，两国人民互相亲切地称呼为"胞波"。这条江水成了中缅两国人民的友谊之河。

伊洛瓦底江和大部分河流一样，都可以分为上游、中游和下游三段。伊洛瓦底江的上游共有三个峡谷，第一峡谷长60千米，第二峡谷长23千米，第三峡谷长27千米。峡谷中水深流急，而三个峡谷之间又都有一片开阔的平原，这种平原和峡谷交错分布的有趣现象在世界上是少见的，也形成了伊洛瓦底江的一大奇观。

伊江中游——曼德勒和蒲甘

伊洛瓦底江的中游从曼德勒到第悦茂，这里西有阿拉干山脉，东有勃固山脉，滔滔江水在两山之间的谷地上流过。由于阿拉干山脉的阻挡作用，这一带成为全缅甸降水最少的地区，加上天气酷热，水分蒸发量很大，河水有近一半在中游被蒸发掉。而一旦有雨，往往就是急风暴雨，使得中游的河水泥沙含量大增，平均每年有 2 亿多吨的泥沙被带入下游地区,于是伊洛瓦底江沿岸成了世界上水土流失最严重的地区之一。

伊洛瓦底江中游谷地是缅甸历史最悠久的地区,沿河名城林立,其中最著名的就是曼德勒和蒲甘。

曼德勒是缅甸古都和民族文化中心,全国第二大城市。它的地理位置适中,正好位于上下缅甸的枢纽,称它为缅甸的心脏并不过分,而从它身边蜿蜒而过的伊洛瓦底江便是一条延续民族生命的动脉。1857 年,缅甸最后一个王朝"雍笈牙王朝"在这里建都,敏东国王给它赐名为"亚得那崩",巴利语意为"万宝之城"。1885 年,英国占领缅甸后,将都城迁往仰光,于是曼德勒就成了缅甸最后一个王朝的都城。它的近郊有缅甸历史上的著名古都阿瓦,所以旅缅华侨便称它为"瓦城"。

曼德勒古城中最引人入胜的古迹,就是位于市中心的皇城和皇宫遗址。皇城呈正方形,边长 3.2 千米,有四道主门,八道边门,城墙由红砖砌成,高约 8 米,四周共有 4 座角楼。城门和角楼都是用柚木建造的,塔形的尖顶上贴敷金箔。皇城外有宽阔的护城河,河面上开满了莲花,清澈的水中映出城墙的倒影。

曼德勒皇城中原有一座规模宏伟的皇宫,金銮殿金碧辉煌,内有很多根 15 米高的金漆柱子。宫里还有一座典雅幽静的御花园,来自中国的工匠参加过它的设计和修建。可惜的是,这座雄伟壮丽的皇宫在第二次世界大战期间毁于战火,只剩下一片断壁残垣。如今的皇宫是在原址上重建的。

你要想了解一下缅甸的历史,可以到皇宫中的博物馆看一看。这里展出有缅甸王用过的物品、少量家私、相片等。皇宫中还有一座高达 33 米的瞭望塔,有 121 级楼梯直通塔顶。夕阳西下时,站在塔上望去,远天彩云飘动,近处树影婆娑,合成出一幅宁静致远的美景。

在敏东国王的统治下,曼德勒曾有过 30 年的辉煌,在缅甸历史上写下了不朽的一页。而根据佛教传说,这一切早在佛祖释迦牟尼的意料之中。曼德勒城北有一座曼德勒山,面对宽阔的伊洛瓦底江,高约 300 米。它旧称罗刹女山,相传 2000 多年前,佛祖宣扬佛法时曾路过此地。站在曼德勒山上,释迦牟尼指着山下广袤的土地,对弟子阿难预言道,2400 年后,这里将会出现一座繁华的大城。

因为佛祖的登临,曼德勒山就成了圣山。山脚下菩提树林附近有一个大门,一对雪白的石猊(传说中的猛兽)威武地蹲踞在大门两侧,经过这里顺着一条用山石铺成笔直山路,走过 3000 多级台阶,便可登上山顶。沿路全是长廊,有 1000 多座,长廊上布满了描写佛祖故事的彩绘壁画,让游人既有歇脚的地方,又得观赏的乐趣。

曼德勒山上有 8 座大寺院,寺中佛像众多。大佛寺内藏有一尊用整块大理石雕刻成的释迦牟尼像,佛像周围肃立着佛祖的八十弟子,每边各有 20 尊。这尊大佛像完成于 1865 年,相传当年为了运输雕刻佛像的大理石,曾经动用了 10 万人,花了 13 天的时间才把它从运河中运来,搬到佛塔里去。

　　曼德勒山麓东南面有一座驰名于世的石经院,院内白塔如林,又被称为"千塔寺"。千塔寺是敏东王仿照蒲甘城瑞紫光塔的模型建造的,1857 年建成,共建白塔729 座,每一座塔内镶置着一块石碑。1871 年,敏东王遍邀东南亚各国 2000 多名高僧,来到这里论证经典。事后,缅甸人花了 5 年时间,把这次佛经集结大会所总结出来的经文刻在碑上保存下来。这些石碑的正反面上都镌刻着密密麻麻的缅文及古老的经文,号称"世界最大书本"。当年,敏东国王召来 2400 名和尚以接力的方式诵读经文,足足耗费了 6 个月的时间,才将这本浩瀚的大书念完。

　　缅甸是柚木的故乡,它号称"树木之王",被誉为"缅甸之宝",过去被缅甸封建王朝定为皇家木料,曼德勒皇宫所使用的全是柚木。你要想亲眼目睹柚木的坚韧细密,不妨到曼德勒市区南方约 11 千米处,那里有一座建于 1851 年的大桥,全长1200 米,用 1086 根实心柚木搭成,以"之"字形跨越陶塔曼湖。这样的设计可以减缓雨季时大水对桥的强力冲击。如今已是百年时光悠然而过,这座柚木大桥依然巍然挺立,湖两岸的百姓仍然靠着这座桥生生息息。

　　伊洛瓦底江上最大的桥梁实皆大桥在曼德勒西南 21 千米处,那里佛塔星罗棋布,金碧辉煌,佛教气息十分浓厚。实皆小镇附近的实皆山上古木参天,怪石嶙峋,山径蜿蜒。近百座佛塔散布各处,或藏于石窟,或耸立于山崖。缅甸最大的寺院就坐落在这里。

　　从曼德勒沿伊洛瓦底江顺流而下,不到 100 千米就来到了缅甸第一个王朝的古都蒲甘。蒲甘城筑于公元 849 年,那时候这一带出现了最早的蒲甘王国,它延续数百年,在缅甸历史上被称为"黄金时代","蒲甘"的意思就是"胜利者的都城"。自公元 11 世纪开始,小乘佛教传入缅甸,建寺造塔蔚然成风,在 200 多年的时间里,方圆不到百里的蒲甘地区,竟出现了万余座佛塔,据说最盛时期达到 4446733座,因此号称"四百万座宝塔城"。后来政治中心向南迁移,年久失修,大部分宝塔都倒塌了,仍剩下近 5000 座,所以蒲甘还是无愧于"万塔之城"的美称。

　　在蒲甘城中观塔,你绝不会感觉厌倦,因为它们姿态万千,变幻无穷,没有雷同。有的方形,有的圆形,有的扁形,有的条形;有的像宫殿,有的似城堡,有的如石窟;有的洁白素雅,朴素大方,有的红里透蓝,色彩奇异;有的金光闪闪,雍容华贵。塔内的佛像或坐或立,或躺或卧,形象各异。这些佛像有的顶天立地,高约数丈;有的精巧纤纤,高不盈尺。

　　蒲甘城中现存比较著名的佛塔有瑞喜宫塔、瑞山陀塔、罗伽难陀塔、摩奴诃塔、摩耶塔、阿难达塔、额那那当塔、藏经楼等,其中以达比纽塔最为壮观,它高达 200多米,登上塔顶,整个蒲甘和从它西边流过的伊洛瓦底江尽收眼底。蒲甘有不少佛塔都能攀爬,历来都是观看日出和日落的好地方。当太阳从东方冉冉升起的时候,蒲甘城仿佛从梦境中苏醒过来,满地的佛塔和寺庙,就像散落的棋子布成了一个下了一大半的棋局,令人不由得发出惊叹。难怪缅甸人常说:"没有到过蒲甘城,就等于没有到过缅甸。"

其实,不光是蒲甘,整个缅甸都是一个"佛塔之国"。有的耸立在都市中心,有的镶嵌在乡间旷野,有的建筑于山岭之上,有的点缀在江河岸边。据说目前缅甸全国有佛塔330多万座,绝对是世界上佛塔最多的国家。

需要指出的是,缅甸的佛塔大多是平民百姓建造的。他们笃信小乘佛教,把建塔当成最大的功德,据说可以造福终生,宁肯节衣缩食,宁肯自己住草棚,也要让佛住进高大的庙堂。缅甸人将礼佛当成生命中最重大的事情,男人一生中至少要出家一次。每年春季,一些宁静的缅甸村庄就会突然变得热闹起来,父母们牵着孩子,捧着供品,一路敲敲打打地走出村庄,把孩子送进寺庙,让他们穿上袈裟,接受佛教的启蒙教育。缅甸的女人也可以出家,但与男人不同的是,男人出家后可以还俗,女人一旦出家,则终生不能还俗,必须伺候佛祖一辈子。

伊江下游——富饶的三角洲

伊洛瓦底江从第悦茂以下为下游。从第悦茂至苗旺这一段,由于受到阿拉干山脉与勃固山脉的紧束,河床宽度锐减,河流变得湍急起来,景色颇似上游的高山峡谷。

到了苗旺以南48千米处的娘交附近,伊洛瓦底江开始分散成许多支流,成扇面状分别流入安达曼海,形成了河道交织如网的伊洛瓦底江三角洲。从地图上看,三角洲上的水系好像一把伞骨,又似一只低垂的手,根根手指都伸向安达曼海。这个三角洲东西宽约242千米,南北长约90千米,面积3万多平方千米,属现代冲积平原。这一带地势低下平坦,一般与海潮线相等,部分则在海潮线之下。千里奔腾而来的伊洛瓦底每年带来约3亿吨的泥沙,使得三角洲向外伸延的速度非常惊人。据测量,伊洛瓦底江三角洲的天然造地速度为每年66米,这在世界上实属罕见。

天下事无不有利有弊,伊洛瓦底江中游严重的水土流失,到了下游的三角洲来了个彻底补偿,换来一个缅甸人口最稠密、经济最发达的地区。缅甸全国有240多万公顷耕地,其中水稻种植面积为230多万公顷,而三角洲上的水稻种植面积就占了一半。缅甸人以大米为主要食品,它也是缅甸的主要出口商品,换来了大量外汇。1980年时,三角洲上水稻的产量高达428.7万多吨。当时缅甸全国的水稻平均产量每英亩(约合40.5公亩)只有52.9箩,而三角洲上的平均每英亩产量竟高达60箩。第二次世界大战以前,缅甸一直是世界上稻米出口最多的国家,所以有"稻米国"之称,而伊洛瓦底江三角洲是缅甸的稻米第一中心,享有"缅甸谷仓"的盛誉。

缅甸原首都仰光就坐落在伊洛瓦底江三角洲的东侧,背依勃固山脉,面临水深浪静的仰光河,通过运河与伊洛瓦底江相通。这里有全国最大的吞吐海港,万吨海轮可以直抵码头。缅甸是世界柚木的主要输出国，素有"柚木之国"的美称。缅甸人在伊洛瓦底江上游的森林中砍伐柚木，先用大象运送到附近的河边，等到雨季到来时，就结筏流放，直至仰光，而后运往世界各地。

仰光建于 1756 年，不像曼德勒和蒲甘那样古迹众多，但有一座著名的大金塔，人称"瑞大光塔"。在缅语里，"瑞"是金的意思，"大光"是仰光古时的名称。大金塔的塔身好像一口扣在地面上的巨钟，整体贴满纯金箔 1000 多张，所用黄金达 7 吨多重，在阳光的照耀下，一片金碧辉煌。

如果说仰光大金塔以其雄伟壮观而闻名遐迩，那么位于仰光东北 130 千米处的吉谛瑜佛塔便以神奇绝妙而令人向往。它建在 1000 米高的龙顶山巅，这里有一块 8 米多高的圆形巨石，形状近似苹果，紧贴着断崖绝壁，仿佛随时会滚落下去。据说几个人合力可以摇晃这块巨石，在摇摆中绳子可以从岩石下一拉而过。就在这块巨石上，建有一座小巧玲珑的金塔，只有 5 米多高，风起石动，它也跟着摇晃。相传塔中藏有三根佛发，所以它才能千百年来一直摇而不倒。

这神奇的景观和佛教传说深深地吸引着佛教徒，由此成为缅甸朝圣人数最多的圣地。据说如果一个人一年中能三次来到这里朝拜，就能成为有钱人。这个"据说"很是诱人，许多人不顾路途艰辛，爬到龙顶山顶，无钱的顶礼膜拜，有钱的将一块块金箔贴到巨石上，日积月累，这块岩石就成了金的了，阳光一照，金光夺目。

"晚霞映红伊洛瓦底江，这是多么美好的时光……"这首缅甸民歌唱出了伊洛瓦底江的黄昏美景。每当傍晚，西天边那轮夕阳就由银白色变成淡黄色、橘黄色，瞬间又化为红色，染出了满天鲜红的彩霞，连江水也成了橙红色。在落日的余晖中，稻田像一块块明镜，倒映着中世纪的废墟。两头翘起的帆船灵巧地划过水面，轻轻地唤醒了沉醉的游人。远处的佛塔反射着落日的光辉，仿佛沉浸在乌托邦的理想中。啊！这就是浇灌着佛的国度的伊洛瓦底江，这就是伊洛瓦底江所催生出的古代文明的魂魄，它见证着沉重的历史，承载着美好的希望，浩浩荡荡地向着天边流去……

底格里斯河与幼发拉底河

水是生命之源，人类的文明更与河流息息相关。世界古代历史上最早进入文明社会的四个国家文明被我们称为四大文明古国，它们是古巴比伦、古埃及、古中国、古印度。无独有偶，这四大文明古国都建立在河川台地附近。有人把四大文明古国又称为四大河流文明，这是很有道理的。古埃及与尼罗河，古中国与黄河，古印度与恒河，文明的最初繁盛都离不开这些大河的功劳，于是这些河流都被所在流域的人民亲切地称为"母亲河"。古巴比伦的文明稍有不同，它是由两条大河共同孕育出来的，一条是底格里斯河，一条是幼发拉底河。它们冲积出了一片新月形的平原,它就是美索不达米亚平原。"美索不达米亚"源于希腊文,意思是"两条河之间的地区",简称"两河流域",古巴比伦文明也常常被称为"两河文明"。

底格里斯河

底格里斯河和幼发拉底河如今是最终汇流一处,以至于有时候人们把它们当成一条河来看待,但最初的时候,它们本来是各流各的,在不同的地点流进波斯湾。不过,这两条河有着同样的特性,河水中都携带着大量泥沙和悬浮物质,这一点和黄河很相像。到了下游,流速减缓,波斯湾沿岸低地就渐渐变成了大平原,它们也在这个过程中逐渐靠拢到一起。这两条河还有着同样的脾气,那就是喜欢泛滥,洪水退后,河岸上留下大量淤泥,成为天然的肥料,为当地人从事农业生产提供了得天独厚的条件。大约在公元 3000 年前,美索不达米亚平原就成了有名的"谷仓"。

今天的两河流域大部分呈荒野状态,土壤干裂、坚硬,盐碱地遍布数百里,气候酷热。但在 5000 年前,人类最初的文明曙光就是在这里升起的。这两条大河经常泛滥,却不同于尼罗河的定期泛滥,而是不定期的,这就需要很好的水利灌溉系统。水利灌溉系统的庞大复杂,使得两河流域的人民在与自然搏斗的过程中形成了严密的社会组织和新型技术。早在公元前 19 世纪,阿莫利人就在这一带建立起了古巴比伦王国,这个王国第六王朝的统治者汉谟拉比在位期间,帝国的疆域扩大到了整个两河流域,而他本人制定的《汉谟拉比法典》则使他名垂史册。这部法典被刻在一块黑色玄武岩上,共有法律条文 282 则,被认为是现存人类历史上最早的有条理的法律文集。

公元前 7 世纪,迦勒底人建立起了新巴比伦王国,这个王国在尼布甲尼撒二世统治时进入全盛时期,版图扩张至叙利亚和巴勒斯坦。这一时期两河流域的文化得到了很大发展,主要体现在天文学和数学方面,出现了太阴历、星期制、"十二进制"的计时法、"六十进制"的计时法等。两河流域文明最重要的成就还体现在文字上,生活在这里的苏美尔人在公元前 3000 年就创造出了"楔形文字"系统,这种文字后来成为两河流域几乎所有民族的书写工具。楔形文字对腓尼基的字母文字也产生了一定影响。

被称为古代七大奇迹之一的空中花园,也是新巴比伦王国所建,坐落在古巴比伦城中。它建在一座 110 米高的假山上,两边修着城墙,山上层层种植花草树木;靠水车把幼发拉底河水引到山上,既浇灌了花木,又制造出人造溪流和瀑布奇景。远远望去,那些花草树木就好像长在天上一般,所以得名"空中花园"。

底格里斯河与幼发拉底河都发源于土耳其境内,自然有不少相似之处,但不同处也有很多。从流程和流域面积上来说,底格里斯河都不如幼发拉底河,但底格里斯河的流量很大,比幼发拉底河高出 42 亿立方米。于是,底格里斯河就成为西亚地区水量最大的河流,而幼发拉底河则成为西亚地区最长的河流。

底格里斯河在进入伊拉克境内之前,向东南流经土耳其东南部的城市迪亚巴克尔,与叙利亚形成约 32 千米长的界河;流入伊拉克境内后,基本沿扎格罗斯山脉西南侧山麓流动,先是穿越伊拉克北部的重要油田基尔库克油田,然后流经重要的石油化工中心摩苏尔,此后在左岸接纳了大扎卜河、小扎卜河、迪亚拉河等支流。这些支流都来自山地,流程短,流速快,常使河水暴涨,造成洪水泛滥,形成了沿岸广阔肥沃的冲积平原。伊拉克人在这一带的河上建有各种水利工程,其中以巴格达西北部的巴迪塔塔水库最为有名。

底格里斯河畔最著名的城市就是伊拉克首都巴格达。波光粼粼的底格里斯河好似一条银链,从东北向西南横穿市区而过。作为国际会议中心的不结盟大厦、豪华的巴比伦饭店、气派的曼苏尔饭店等建筑,都高高地耸立在大河两岸,与上百座清真寺的金色塔尖交相辉映,显示出现代化古都的独特风采。

"巴格达"一词来源于古波斯语,意为"神赐的地方"。在成为都城以前,它只是底格里斯河畔的一个小村落。公元 762 年,阿拉伯帝国阿拔斯王朝哈里发曼苏尔亲自主持仪式,并亲手立下了巴格达的第一块奠基石。此后历时四年,花费了1800 万块金币,汇集了来自叙利亚、埃及、波斯等地无数能工巧匠的心血,最终在底格里斯河边屹立起了一代名城。据史书记载,当时的巴格达城呈圆形,所以又称"团城"。城的中央是曼苏尔的"金宫",金宫四周是皇家及显赫人物的殿台楼阁。相传,城内建有地道直通城外。

从公元 8 世纪开始,随着巴格达的不断扩建与发展,其市区逐渐形成了横跨底格里斯河东西两岸的格局,先后建起了 5 座大桥。如今在底格里斯河流经巴格达地区的一段上共有 13 座桥梁,它们不仅成为贯穿巴格达东西部交通的命脉,而且造型各异,把底格里斯河装点得分外妖娆。

沿底格里斯河顺流而下,自南向北出现的第三座大桥是阿德米亚大桥。它是底格里斯河在巴格达城中第一道亮丽的风景线,据说是由日本一家公司在 20 世纪70 年代为伊拉克修建的,俗你"日本桥",主桥是一座单塔,桥身由钢索斜拉,桥的东岸曾是萨达姆的官邸之———阿兹米亚宫。

第四座桥是萨拉法大桥。这是一座公路和铁路两用的连续钢构桥,在巴格达的桥梁中属于长辈。这座桥的南岸集中着十几家颇负盛名的烤鱼店。随便走进一家,找一张面向河水的餐桌,吹拂着徐徐而过的河风,品尝正宗的巴格达烤鱼,那真是美景就美味,感觉极美妙。巴格达人都喜欢吃烤鲜鱼。每到黄昏,人们便来到底格里斯河畔,燃起一堆篝火,把鲜鱼放在火上烤。当鱼烤到金黄色时,再放在热灰上,鱼香四散,引人垂涎。吃烤鱼时,往往还要调以西红柿沙拉和洋葱拌辣椒,其味道美不可言。

第九座桥就是著名的共和国桥,这是一座双向公路桥。桥的西岸分布着萨达姆时代的总理府、计划部等,东端的解放广场上巍然屹立着伊拉克民族独立解放的象征——自由纪念碑。在伊拉克人的心目中,这座青铜制成的丰碑不亚于纽约的自由女神像。

第十座桥是7月14日大桥。这是一座高架大跨径悬索桥,在巴格达众多的桥梁中,它的样式最漂亮。1958年7月14日,伊拉克"自由军官组织"发动政变,推翻了费萨尔国王,这座大桥的名字就是为了纪念这次事件而起的。7月14日大桥两侧的河岸区是巴格达景色最优美的地区,东南岸阿布·努瓦斯大街的河滨花园里有一尊青铜雕像,那是《一千零一夜》中的山鲁佐德在给国王讲故事,西北岸浓密的丛林中隐约露出昔日萨达姆的共和国宫的一角。

第十一座桥是杰得里耶大桥。它从乌姆·海纳济尔河心岛上飞越而过,一根根高大的桥墩有如擎天巨柱,两边都是枝繁叶茂的椰枣林,桥南端紧邻着郁郁葱葱的巴格达大学主校园。这一带环境优美,空气清新,历来都是巴格达市民夏日避暑纳凉的好去处。夜幕降临后,桥面靠近两侧护栏的紧急停车道上便停满了各式各样的私家车,市民们几乎都是全家出动,在桥面宽阔的人行道上围坐在一起,或饮茶聊天,或吸着水烟享受着河风带来的清爽,年轻人则敞开录音机的音量,随着节奏明快的阿拉伯音乐翩翩起舞。

底格里斯河流到巴格达一带,距离幼发拉底河仅有30千米,但这两条大河并没有就此流到一处,又各自流远了。幼发拉底河的源头称卡拉苏河,与木拉特河汇合后曲折南流,先进入叙利亚境内,又进入伊拉克境内。流到欣迪耶附近时分为两支,东支称希拉河,西支称欣迪耶河。在两河分流处筑有欣迪耶大坝,控制两河水量,在这一带形成了伊拉克重要的灌溉农业区。

底格里斯河和幼发拉底河流过巴格达后,都呈现出一派水乡泽国的风貌,两岸湖泊成群,沼泽密布。草地上大片的绵羊如同天上的云朵在缓缓地移动,微风中不时地送来羊群温柔的叫声。也许是留恋于这里的景色,两条大河都不约而同地放慢了脚步,极尽迂回,终于在伊拉克南部的库尔纳汇流到一处,始称阿拉伯河。

阿拉伯河是伊拉克和伊朗两国的界河,伊拉克最大的河港城市巴士拉就坐落在阿拉伯河的右岸,位于哈马尔湖的出口处。除了炼油厂、钢铁厂等,巴士拉人还就地取材,利用底格里斯河和幼发拉底河下游沼泽地带的芦苇和丰富的椰枣树叶为原料,生产出各种精美的纸张。阿拉伯河流过巴士拉后,接纳了最后一个重要支流卡仑河。这条河是伊朗境内最大的河流,流域内分布着伊朗四大油田。在卡仑河口附近坐落着伊朗最大的港口阿巴丹,它也是世界上规模最大的炼油中心之一。

与两河相比,阿拉伯河的名气要小了许多,但围绕这条河引发的争端,却酿成了第二次世界大战以来最为惨烈的两伊战争。阿拉伯河是伊拉克通向波斯湾的唯一水路,而伊拉克的经济又几乎全靠出口石油支撑着,只有通过波斯湾,石油才能源源不断地对外出口,因此,伊拉克一直声称阿拉伯河的整个航道都是它的领土。伊朗则针锋相对地坚持以阿拉伯河中央的塔尔维格线为两国正式的边界线。对这两个国家而言,短短的阿拉伯河称得上一条不可或缺的黄金水道,就像《红楼梦》中贾宝玉挂在脖子上通灵宝玉,如同命根子一般。

1980 年 9 月 22 日,两国间的旧怨风恨猛烈爆发,伊拉克率先发难,出动飞机轰炸伊朗,伊朗人仓促应战,于是拉开了长达 8 年之久的两伊战争的帷幕。在这场战争中,双方死亡约 100 万人,伤约 170 万人,动用了包括化学武器在内的几乎所有的现代化武器,直接经济损失高达 9000 亿美元。在这场战争中,还出现了极其原始极其残酷的人海战术。1982 年 3 月 23 日凌晨,1 万多名 10 多岁的伊朗少年,一边喊着“真主伟大”,一边赤手空拳地冲进雷区,为后面的坦克开路。这场面不禁让伊拉克人为之胆寒,结果全线溃败。

在这场战争中,阿拉伯河畔的重镇巴士拉遭受的磨难最大。1987 年 1 月,伊朗军队对巴士拉形成包围之势,如果能攻下巴士拉,伊朗人就会大获全胜;而若是丢失了巴士拉,伊拉克就会失去通往海湾的出口。当时,巴士拉城中几乎每分钟都有炮弹落下来,城郊的战场上重重叠叠地铺满了尸体,土都被染成了殷红色。经过半个多月的激战,伊朗方面付出了死伤近 10 万人的代价,却未能攻占梦寐以求的巴士拉,而伊拉克方面在这场防守战中共有 5 万多人被打死打伤。

弯弯曲曲的阿拉伯河带着无数伤心的往事,最终流进了波斯湾。在靠近阿拉伯河口的地方,有一座法奥城,它是伊拉克南部最大的油港。两伊战争的无情炮火曾把这座城市变成一片废墟,劫后重生的法奥城蹒跚起步,一度发展很快。但人们对于它的期望就像对阿拉伯河一样,不企求何等壮丽,只盼望平静与安宁。

约旦河

在世界著名大河的名单中,根本见不到约旦河的影子,300 多千米的流程使它全无气势可言,在比例尺稍大一点的世界地图上,你甚至见不到它的痕迹。但作为《圣经》所描述的这块土地上最引人注目的一个标志,约旦河已经深深地渗透到这里的历史和文化之中。19 世纪末,一位名叫约翰·麦克雷哥的人曾这样说过:“世上没有一条河像约旦河那样,它的名字在如此长久的时间内、在如此宽广的地域上,停留在如此多人的嘴边。”

在《圣经》中,约旦河最早是与犹太人的圣祖亚伯拉罕联系在一起的。后来,先知以利亚和他的学生艾利沙来到约旦河边,以利亚就是在这里升入了天堂。古时的约旦河一直被认为具有避邪和治愈疾病的奇效,相传亚兰(叙利亚)的将军乃缦·阿拉曼身患麻风病,四处求医无效,最后找到了艾利沙。艾利沙让他在约旦河里沐浴了 7 次,便使他痊愈了。

在犹太人引以为豪的历史上,约旦河还见证了这个民族的一次重大的转危为安。大约在公元前 1220 年左右,犹太人在民族领袖摩西的率领下,摆脱了埃及法老的残酷剥削和奴役,返回从前的家园迦南(今巴勒斯坦地区)。走到约旦河边时,享年 120 岁的摩西溘然长逝,他生前指定的继承人约书亚接过了这副重担,召集众人做好横渡约旦河的准备。

约旦河

然而,约旦河水宽流急,涛声如雷,怎样才能渡得过去呢? 一连两天,约书亚都一筹莫展。这时,福至心灵的约书亚得到上帝耶和华的启示,命令手下的祭司把约柜(存放约书的柜子)抬到约旦河里。他们刚一踏入约旦河,河水就在很远的上游停止了流动,河床刹那间变成了干地。约书亚命令祭司们抬着约柜不动,所有的人赶紧过河。就在最后一个祭司刚一上岸的时候,汹涌的约旦河水又奔流而来。

当年犹太人渡河的地方就在如今以色列的杰里科地区,这里有连接约旦河东西两岸的重要纽带侯赛因大桥。站在桥上俯瞰,约旦河水已经不复《圣经》中所描绘的波涛澎湃的样子,但仍不时有犹太人来到这里闭目沉思,追忆自己民族的辉煌的过去。

幽幽圣河流淌不息,流走了无数岁月,却把那一个个家喻户晓的宗教文化故事沉淀下来。即使你不是宗教信徒,约旦河两岸丰厚渊源的历史、宗教、文化遗迹,优美旖旎的风光,都会像磁石一般地吸引着人们前去探访和游历。

约旦河发源于戈兰高地的赫尔蒙山,它海拔高达 1860 米,冬天常常白雪皑皑,人们站在很远的地方就能看到冰雪凝就的"白帽"在阳光下熠熠生辉。戈兰高地是以色列降雨量最多的地方,从这里流出了以色列、巴勒斯坦境内流量最大、流程最长的河,一路上为干旱的大地送去甘霖般的清泉,滋润着肥美丰沃的农田。在中东这块淡水极为匮乏的土地上,这样一条河该会引来怎样的羡慕目光啊!

约旦河的主要源头之一班尼亚斯河因发源地位于班尼亚斯村而得名。这个村子坐落在通往大马士革的古代商道上,这一带山清水秀,芳草萋萋,树木郁郁葱葱,风景奇秀,已经被辟为自然保护区。徜徉在班尼亚斯自然保护区中,仿佛置身于冰清玉洁的世外桃源。随风摇曳的杨柳,高大的梧桐,挺拔的枣椰树、胡桃树和无花果树到处可见,灌木丛生,青藤缠绕,巨大的伞形树冠和稠密的树叶投下大片阴凉,清澈的泉水汀汀淙淙,好似演奏着美妙的音乐。

班尼亚斯村地处赫尔蒙山南麓,在希伯来语中,"赫尔蒙"的意思是"禁地",只有上帝才能涉足。在班尼亚斯北边,有一堵灰红色的悬崖,悬崖西端是一个高 15 米、宽 20 米的洞穴。据《圣经》记载,耶稣当年曾来到这个山洞附近,把通往天国的钥匙交给了他的大门徒彼得(意为"磐石")。由于这个原因,班尼亚斯源头就成了基督教古迹,每年都能引来大量朝觐的人们。

班尼亚斯自然保护区中不仅有着古老动人的传说,还有着优雅迷人的自然景观,构成了赫尔蒙山麓一道独特的风景线。这里自然景观的精华莫过于瀑布。在短短的 3.5 千米的距离内,班尼亚斯河水流落差竟达 190 米,因而造就出数量众多的瀑布,层层叠叠,蔚为壮观。沿着班尼亚斯河一路走来,只见一条条湍急的水流从几米几十米高的峭壁上飞流直下,幻化出一片片白茫茫的水雾,飞溅起一簇簇珠光四射的浪花,在嶙峋的山石间相互冲荡着、撞击着,带给游人阵阵凉意和阵阵兴奋的心情。

班尼亚斯河在胡拉盆地与中源但河、西源哈兹巴尼河汇合后,始称约旦河,很快就流进了戈兰高地南麓的加利利湖。它是以色列最大的淡水湖,这里的淡水资源占以色列国内用水量的一半以上,由此不难想见以色列为什么急于控制戈兰高地。

加利利湖是通用的英语称呼,阿拉伯人管它叫"太巴列湖",因为湖的西侧坐落着著名的旅游城市太巴列;犹太人则称它为"肯纳瑞特",意为"竖琴",指的是这个湖形状酷似竖琴。加利利湖不大,长 21 千米,宽 12 千米,总面积不过 170 平方千米,湖水晶莹澄澈,风和日丽时波光潋滟,水中群山的倒影俊朗而舒缓,似乎惊动了几尾游弋的鱼儿。湖边的太巴列城与耶路撒冷、希伯伦、查法特并称为犹太四大圣城。它是一座山城,老城区与加利利湖同高,低于海平面 210 米,新城区则高出许多,落差较大。人们站在城中的不同地方,可以捕捉到加利利湖的不同风光。还有一个有趣的现象,那就是犹太教的拉比(犹太教的教师)到了暮年,往往选择在太巴列落脚,度过他们生命的最后时光后葬身于此。

还值得一提的是,加利利湖附近的达加尼亚基布兹被犹太人誉为"基布兹之母"。1909 年,一批东欧的犹太青年远道而来,在这当时还是一片贫瘠的沼泽地上,建立起第一个类似集体农庄的生产组织,希伯来语称为"基布兹"。如今,以色列国内基布兹的总数已近 300 个,成为农业发展的主要模式。

和整个约旦河一样,加利利湖也盛产宗教传说。这里素有耶稣"第二故乡"之称,宗教故事不胜枚举,诸如"传道收徒迦百农""五饼二鱼救众生""八福山上巧论道"等等。加利利湖畔有很多餐馆,随便步入哪一家,都能尝到鲜嫩可口的彼得鱼,而这种鱼就是以耶稣的门徒彼得的名字命名的。据《圣经》记载,有一次耶稣让彼得将加利利湖中的每种鱼各捉一条,彼得竟捉到了 153 条。从这个传说可以看出,加利利湖自古以来就有着颇为可观的水产资源。

约旦河流出加利利湖后,沿着约旦和以色列边境逶迤而行,最后流入死海。就在约旦河注入死海之前,有两座以色列和约旦的界桥横跨河上,它们是阿伦比桥和阿卜杜拉桥,相传当年耶稣曾在两桥之间的地方接受过洗礼。

公元 27 年左右,一个名叫约翰的人开始沿着约旦河传道。在他的召唤下,许多人前来接受他的洗礼,甚至相信这个约翰就是他们日盼夜望的救世主。这时,耶稣业已长大成人,他也从家乡拿撒勒来到约旦河边找到约翰,要求接受洗礼。此后,耶稣就走上了一条宣传"天国福音"的布道之路。

作为耶稣接受洗礼的河,约旦河自然成为基督教徒心目中的圣河,耶稣接受洗礼的地方也就成了圣地。河边建起了一溜高高的石阶,一直铺入水中,河中间还架设着几道弧形的白色栏杆,供人手扶。这里的河水很平静,几乎看不见流动,只有一些小鱼在水里游来游去;这里的氛围很庄严,前来朝圣的基督徒们一个个身着白色长袍,伫立在岸边,跟随着牧师念诵经文,而后将身子整个浸泡在约旦河水里。约旦河水清凉无比,一洗之下,身心受到荡涤,好似真的脱胎换骨了一般。

洗礼这个仪式对于基督教徒来说意义非常重大,而能用上约旦河水洗礼,相当于印度人在恒河水中洗浴,那是接受圣水的洗涤,关乎一生命运。1948 年冬天,英国教会用专机将约旦河的水空运到英国,为查尔斯王子施洗。1982 年夏天,英国教会又用专机空运约旦河水,为查尔斯王子的儿子施洗。

正像恒河水一样,约旦河水的污染也在日益严重起来。以色列、约旦以及叙利亚三国从河中大量抽水,又把废水排回到这里,下游污染严重的河段已经无人敢饮用河水了。进入死海之前的这一段约旦河,常常变成一股蜿蜒曲折的细流,有时还会出现断流。环境学家声称,约旦河的生态系统正在被彻底毁掉。为了争夺水资源,以色列和阿拉伯国家不断发生冲突,甚至不惜兵戎相见。而假如这条河不再清水涟涟,完全变成了一条臭气熏天的下水道,那么这种争夺还会有什么意义呢?

死海

相传在公元前 70 年,罗马统帅狄杜进兵耶路撒冷,大军攻到一个大湖边时,他下令把俘虏的奴隶们带上镣铐,投入湖中,处以死刑。奇异的事情就在这个时候发生了。那些奴隶并没有沉到水里被淹死,却被波浪送回岸边。狄杜十分气恼,再次下令将俘虏扔进湖中,但是奴隶们依旧安然无恙地被冲回岸边。狄杜大惊失色,以为这些奴隶受到神灵保佑,这才屡淹不死,只好下令将他们全部释放了。

这是一片怎样的湖水呢?它的名字就叫死海,名以为海,其实不过是一个咸水湖,它不大,谈不上壮阔,也未见波澜,只是那湛蓝剔透的湖水、迷蒙轻灵的水面,依稀有几分海的模样。莫非这片湖水真有什么魔力吗?当然不是,不过是因为这里的湖水咸度很高罢了。死海湖水的比重为 1.172~1.227,而人体比重只有 1.021~1.097,比死海湖水比重小,无怪乎人一到海里就自然漂起来,沉不下去。即使不会游泳的人,也能轻轻松松地躺在水面上看报纸。如果你有兴趣的话,还可以露一下"水上漂"的绝顶"功夫"。

死海虽然好玩，却不能畅游，如果你随意挥臂伸腿，就有可能一个跟头栽进海里，水进到眼睛里会引起刺痛。在死海中漂浮了一阵子，就得赶快回到岸上，因为海水太"浓"，杀得人皮肤生疼。如果你下海前忘记摘掉身上的金银首饰，那可就倒霉了，死海的水能将首饰的表层腐蚀掉。有了这么多顾忌，很多人便选择留在水边，抓起一把黝黑的死海泥涂抹到身上，据说这样做会使皮肤如婴儿般细腻。

死海

死海的水为什么会这么咸呢？在阿拉伯语中，死海还被称为"巴哈尔·罗得"，意为"罗得之海"。罗得是犹太人的始祖亚伯拉罕的外甥，住在死海附近的所多玛城。所多玛和它旁边的蛾摩拉城中的人罪孽深重，耶和华就派了两个天使去毁灭这两座城市。阿伯拉罕得知这一消息后，大惊失色，再三为城中众人向上帝求情。再说那两个天使晚上到了所多玛，罗得将他们迎到家中。城里的人听说了这件事情，就围住罗得的房子，要他把天使们交出来。罗得苦苦劝阻，众人不但不听，反而寻衅闹事。天亮了，天使催促罗得带着妻子和两个女儿赶快逃走，免得受牵连，还叮嘱他们，不管发生了什么事情，千万不要回头看。可是罗得的妻子有些好奇，忍不住偷偷地回过头去望了一眼。哎哟，转瞬之间，好端端的城市就塌陷了，变成了汪洋大海。就在这一刹那间，她变成了一根盐柱。

如今在所多玛山上的一个盐洞上仍然僵立着一根酷似人形的盐柱，据说它就是罗得妻子的化身，人们叫它"命运之妻"。几千年来，她一直就这样凝视着曾经的家园，似乎在为那些被上帝惩罚的乡亲们担心，他们既没有淡水喝，也没有淡水种庄稼，这日子该怎么过呀？这份担心当然全无必要，数千年前的所多玛古城早已荡然无存了，据专家们考证，这座传说中的古城可能湮没在死海的水底。

神话毕竟是神话，只能说它反映了古代人对这样一个咸海形成原因的猜测，与事实真相相距甚远。从科学的角度来分析，死海的形成主要有两条原因：其一是死海一带气温很高，气温越高，蒸发量就越大，进水量大致与蒸发量相等；其二是这里干燥少雨，年均降雨量只有 50 毫米，而蒸发量却达 140 毫米左右。晴天多，日照强，雨水少，补充的水量微乎其微，死海的水就变得越来越"稠"，沉淀在湖底的矿物质越来越多，咸度也就越来越大。经年累月，这里便形成了世界上最咸的咸水湖。浩荡的水中没有鱼游虾戏，更没有水草随波摇曳，洪水涌来时，也有鱼虾随着约旦河或其他溪流进到死海中，但由于这里的水太咸，水中又严重缺少氧气，所以很快就死掉了，这就是为什么没有鱼的死海有时会散发出死鱼的腥气。水中没有生物，水鸟自然就不会在这里栖息，于是给人以天上不过飞鸟的印象。死海岸边的岩石上披着一层盐壳，白中泛青，在强烈的阳光照射下，闪动着刺眼的光芒。除了几棵零星的树木,断断续续的喜盐植物,再也找不到一点生机,"死海"真是名不虚传啊!

"山峦高傲地起伏,溪涧淙淙流向死海。蔚蓝的海水微波荡漾,白云像小船轻轻划过,怪柳也温柔地摇曳。雕刻般的线条在沙漠上蜿蜒,大地被阳光灼烧成了黄色,干燥的尘土在空气中飞扬……"这首以色列歌曲所描述的死海的景色,让没有见过它的人也能体会到它的荒芜。

如果说这一切都源于上帝的惩罚,那么这为时久远的惩罚实在太惨烈了一些。死海中的水是苦涩的,味道应该像人的眼泪,莫非卧在地球最低点的死海就是一汪泪水吗?勉强让人得到慰藉的是,死海对于世人并非全是苦涩,这里的海水、阳光、海泥、空气,治愈了无数人的病痛。古希腊的哲学家亚里士多德曾在他的著作中提到过死海的功用,相传公元前1世纪时统治埃及的女王克丽奥佩特拉也曾用死海水疗过伤。

先来说这里的空气和阳光。死海是地球上气压最高的地方(800毫米汞柱)。这里有世界上最干燥、最纯净的空气,氧气浓度也是世界上最高的,每立方米空气中的氧分子要比一般海平面上空气中的氧分子还要多8%,所以人们一到死海,就会感到呼吸格外自在,对于那些患有肺部疾病的人非常有益。死海地区阳光中紫外线长波的浓度比世界上其他地区都高,而紫外线长波是治疗牛皮癣的良药,每年都有大量牛皮癣患者来到这里晒太阳。

再说这里的海水和海泥。死海的海水和海泥中含有大量的镁、钾、钙、氯化物和溴,用这里的水洗浴其功能绝不逊于洗温泉,对关节炎患者很有好处。把死海泥加热后,涂到患者的身上,也能收到很好的效果。死海附近建有50家化妆品工厂,它们都是以死海黑泥为原料。在约旦和以色列两国的商店里,黑泥化妆品琳琅满目,虽然价格不菲,但颇受女士们的青睐。

从自然风景的角度,死海无疑是一个举世无双的地方,而着眼于悠久的历史,这里又是一个充满传奇色彩的地方。当年以色列人的民族领袖摩西带领族人逃出埃及后,就到过死海边的山丘上。这些传说都记载在《圣经》之中,虔诚的教徒当然认为都是千真万确,但考古学者却以查无实据为理由,对《圣经》中的许多记载提出质疑。如今已经没有人怀疑《圣经》出自编造,而这个转机竟然就发生在死海岸边。

1947年春天,两个贝都因族的牧羊少年在死海西北岸边库姆兰地区的一个山崖下放羊,不小心羊走失了,他们到处找羊,结果误打误撞找到一个小山洞,那洞里有很多细长的罐子。罐内有9轴羊皮纸古卷,卷上写着一些古怪的文字。牧羊少年当然不知道这些东西的真正价值,把它们拿到伯利恒随便几个钱就卖掉了。他们也许永远不会知道,到了1954年时,这些卷轴中的4卷就卖到了25万美元。

1947年以后,考古学家对库姆兰地区进行了大规模的挖掘和搜索,在不到10

年的时间里,总共发现了 40 多个山洞,在其中的 11 个山洞中找到了 600 多卷古卷,还有数以万计的文物残片。同时,在这里的一个荒弃的石灰岩平台上,还发掘出一个大型的建筑群,被考古界命名为"库姆兰社团遗址"。经过考古学家、古文字学家、历史学家的再三审慎考证,还动用了放射性同位素碳 14 测定,这些出土的古卷和库姆兰社团遗址属于公元前 3 世纪至公元 68 年之间,那正是耶稣生活的时代。那些古卷是弥赛亚教派藏起来的,这个教派很可能就是基督教的前身。

在这些新出土的古卷中,有现存于世最古老的《圣经》手抄本,比以前所发现的任何《旧约全书》的抄本都要早至少 1000 年,而且是极具价值的古希伯莱语和阿拉米语文字手写体的范本。因为这些珍贵的古籍都是在死海附近发现的,所以便以地为名,统称为"死海古卷"。这些古卷如今已经成了耶路撒冷博物馆的镇馆之宝,单独拿出一间展室专门陈列。

"死海古卷"的发现让基督教徒们欣喜若狂,因为这些古卷没有一卷写在耶稣之后,这证明《圣经》中的很多记载都是真实的,而不是基督徒后来编造的。近百年来质疑《圣经》的声浪,让"死海古卷"一下子轰哑了火。而死海也因为"死海古卷"的重见天日而增添了许多神采,那一幕幕传奇故事确实在这一带上演过,那一个个传说中的人物确实在这一带留下过足迹。死海周围从此也多了一个让人发思古之幽情的地方,那就是弥赛亚教派留下的筑有防御工事的大门、宏大的供水系统、餐厅和书房。游人来到附近的基布兹阿尔莫格,还能看到"死海古卷"的复制品以及配有灯光与音响的演出,名为"死海北部地区定居 9000 年"。

在死海西南岸的沙漠地带,还有一个著名的景点,它就是马撒达城堡。它屹立在一座光秃秃的绛红色石山上,居高临下地俯视着寂静的死海和周围荒凉的旷野。公元前 2 世纪,大祭司约拿单·麦卡比率领犹太人反对叙利亚希腊王朝的外族统治,下令在地势险峻的马撒达山顶上修建起了一座城堡,这便是马撒达城堡的最初来历。公元前 36 年,耶路撒冷的希律王担心国内发生叛乱,又要提防埃及女王克丽奥佩特拉前来谋夺王位,就拿出 4 年时间,把马撒达山上原来的城堡扩建成全王国规模最大的堡垒,城堡外围筑起 1500 米长的双层高墙,上面建有 38 个 10 米高的碉堡,还盖起了一排排巨大的仓库,粮食和武器储备充足,不仅固若金汤,而且兼有皇家宫苑的豪华气派,让希律王在避难中还能满足穷奢极欲的享受。

公元 70 年,罗马将军提多攻陷耶路撒冷,整个国土笼罩在血雨腥风之中,幸存的犹太起义者纷纷携带家人,投奔到马撒达城堡中来,在埃利泽·本雅埃尔的领导下,继续抗击罗马人的统治。当时,马撒达城堡中的起义者包括妇女和儿童在内,才不过 967 人,而围困城堡的罗马大军却有上万人,还驱赶着数千名犹太奴隶,在山脚下扎下了 8 座军营。

尽管敌我力量相差悬殊,但起义者凭着大无畏的牺牲精神,竟奇迹般地坚守了 3 年时间。公元 73 年 4 月 15 日晚上,就是犹太人逾越节的第一天,罗马人用抛石机投射火球,烧毁了城墙内侧的木栅栏,攻破了起义者的最后一道防线。本雅埃尔意识到失败已经无法挽回,便召集部下,发表了一篇气贯长虹的演说:"勇敢忠诚的朋友们! 我们是最先起来反抗罗马,坚持到最后一刻的人。感谢上帝给了我们这个机会,当我们从容就义时,我们是自由人! ……让我们的妻子不受蹂躏而死,让我们的孩子不做奴隶吧! ……我们选择死亡不是由于缺粮,而是自始至终,我们宁愿为自由而死,不愿做奴隶而生!"

第二天早晨,全副武装的罗马人开始攻城,他们以为会遇到抵抗,没想到整个城堡像死一样寂静。他们进到城堡中,惊愕地看到了960具尸体,静静地躺在被鲜血染红的土地上……

如今,游人来到马撒达城堡西门附近,还会看到一处断裂,那便是当年罗马军队最后攻破城池的地方,旁边有一大堆圆形石块,那是罗马人用抛石机投进来的。从缺口处往外看,一面巨大的斜坡向远处伸展开去,山脚下罗马军营遗址历历在目。据说,以色列有一支精锐的装甲部队,每当新兵入伍时,都要来到马撒达城堡进行集体宣誓,誓词中有这样一句话:"马撒达将永不再陷落!"以色列士兵一向勇猛善战,应该与这种宣扬不畏强暴的教育方式有些关系。

死海的过去已经书写完毕,它的未来却充满变数。在过去的几十年间,死海的面积已经减少了近百平方千米。由于约旦和以色列两国改造上游的约旦河河道引水灌田,致使每年流进死海的水减少了很多。自1960年以来,死海的水位已经降低了10米。至今死海还有一些谜没有解开,比如其众多的矿物质来自何处,一直没有定论。而面对它的前途命运,又是一个解不开的谜团摆了出来。有人悲观地认为,死海面临着水源枯竭的危险,在不久的将来,死海将真的"死"掉。而有人则乐观地认为,从地质构造的角度考虑,死海位于著名的叙利亚—非洲大断裂带的最低处,而这个大断裂带还正处于幼年时期,终有一天,死海底部会产生裂缝,从地壳深处冒出海水,随着裂缝的不断扩大,将生长出一个新的海洋来。死海的未来究竟会让人欢喜还是让人担忧,恐怕在相当一段时间内都不会有人给出准确的答案。

贝加尔湖

像大海一样的湖

中国人对于贝加尔湖不应该陌生,当年汉武帝派苏武出使匈奴,结果被单于扣留,流放到"北海"边去牧羊。苏武爬冰卧雪,苦熬了19年,最终回到汉都长安,已是须发皆白,手中仍捧着那根象征使节身份的节杖。这样一段体现民族大义的故事在中国已是家喻户晓,但并不是所有的人都知道苏武牧羊的"北海"并非大海,而是今天的贝加尔湖。我国汉代时称之为"柏海",元代时称之为"菊海",蒙古人称之为"达赖诺尔",意为"圣海",早期的沙俄殖民者也称它为"圣海"。最早栖居在这里的通古斯人叫它"拉姆",就是"海"的意思。当地的布里亚特人称它为"贝加尔—达拉伊",意思是"天然之海"。也有人说,"贝加尔"之名来自大约1300年前住在这里的库里堪人,意思是"大量的水",与"海"也差不多。

贝加尔湖

就面积而言,贝加尔湖在世界大湖中只能排到第九位,若论形状,应该叫它"月亮湖"才更贴切,但古往今来人们都不约而同地称它为"海",并非没有道理。对于生活在这一带的古人来说,目光所及之处,没有比贝加尔湖更大的湖了(它确实是亚欧大陆最大的淡水湖)。当他们骑着马赶着牛羊,穿过起伏的丘陵,突然会发现前边出现了一大片银白色,一直铺展到遥远的地平线,仿佛一大片天空落到了地面上。这就是贝加尔湖,难道你不觉得它更像大海吗?

如果说水多就是海,那么称贝加尔湖为海一点也不错,它的蓄水总量要比整个波罗的海还要多。假设贝加尔湖突然变空了,全球所有大小河溪的水都向它流进来,大约需要一年的时间才能灌满。假设有办法堵塞住它的300多条进水河道,只留一条安加拉河向外排水,那么需要流淌400年,才能把它的蓄水完全排干。假设单由贝加尔湖向全世界供水,它的蓄水足够50亿人喝上半个世纪了。

如果说水深就是海,那么称贝加尔湖为海一点也不错。我国的渤海平均水深只有25米,沿岸河流注入的地方仅有几米深,最深处不过86米。而贝加尔湖平均水深730米,很多地方超过1000米。全湖最深的地方一度测定为1741米,20世纪50年代末期,苏联科学院贝加尔湖站的科学家在距离奥利洪岛1.5米~3米的地方,测得深度为1940米。不管是平均深度还是绝对深度,贝加尔湖都可以当之无愧地戴上世界最深湖泊的桂冠。

贝加尔湖还具有很多海的特质。比如,它的湖底有许多洞穴和裂缝,地底热气从其中不断泄出,以致附近的水温增到10℃,而这种"水底温泉"往往只是海洋中才有。贝加尔湖中湖水的"循环"周期(即从湖面至湖底之间的循环)非常缓慢,耗时约8年,这也是大海具有的特征。

大海的水是咸的,而贝加尔湖中的水却是淡的,这一点不像海,但偏偏在湖中的淡水里生长着很多海洋生物,如海绵、海螺、虾等。找遍全世界所有的湖,都找不到像贝加尔湖中那样的海绵。它们足有一米多高,在湖底长成浓密的"丛林",外形奇特的贝加尔龙虾就躲在这密密的"丛林"中生存繁衍。这是海底世界才会有的景象啊!

最为奇特的是,贝加尔湖中竟生存着地道的海洋动物海豹。贝加尔海豹的个头比较小,雌雄性都是大约 120 厘米长,体色为暗银灰色。根据生物学家得出的结论,这里的海豹与生活在北冰洋的海豹在血缘关系上最为接近,也在冬天产仔,在冰上的雪穴中喂乳,体形肥胖而圆,在水中颇为灵巧,游泳速度达到每小时 20 千米。

北冰洋的海豹怎么跑到贝加尔湖里来了呢?海豹的四肢为鳍状,后肢与尾部相连,永远向后,不能步行,所以它们在陆地上显然非常笨拙,这就排除了它们是从陆地上走来的可能性。在当地的渔民中间有过这样一种传说,贝加尔湖的湖底有一条水道与北冰洋相连,海豹正是通过这个水道"游"到这里来的。这种说法根本经不起推敲。地质学家肯定地回答,不管是过去还是现在,都不存在着这样一条地下通道。而生物学家告诉我们,海豹是哺乳动物,只能依靠肺部呼吸,它们一次潜水的最长时间不会超过半个小时。即使有一条地下通道,它们也游不过来。

部分科学家推测,贝加尔湖海豹的祖先是在地球上的冰河期来到贝加尔湖的。当时,叶尼塞河和安加拉河流域长期被冰雪覆盖,河床变深,生活在北冰洋地区的海豹经过长途旅行进入了叶尼塞河。冰期结束后,河水流量大减,河床变浅,这些来自远方的客人只好滞留下来,游进了贝加尔湖,并逐渐演变成为世界上独一无二的淡水海豹。从地理学的角度来看,这个解释最有道理,假如贝加尔湖海豹的祖先就是北冰洋海豹,而贝加尔湖只有一个出口通向海洋,那么它们只有逆河而上,才能到达这里。

像谜语一样的湖

浩瀚如海的贝加尔湖又是一个神秘之湖,至今它的出身还笼罩在一片迷雾之中。一部分科学家认为,这里原本没有湖,大约在 2.5 万年前,中西伯利亚高原南部出现强烈的地壳断裂活动,形成了一条狭长深陷的弯月形谷盆,谷盆积水就成了湖泊。也就是说,贝加尔湖和非洲的坦噶尼喀湖都属于典型的裂谷型湖泊。另一部分科学家认为,中生代侏罗纪时,在如今的贝加尔湖以东地区曾有过一个外贝加尔海,后来由于湖周的地壳隆升,把这一带封闭起来,就形成了一个内陆湖泊。随着雨水、河水的不断加入,咸咸的海水变淡了。也就是说,现在的贝加尔湖原为古海的一个遗迹,属于"海迹湖"。

按照后一种说法,贝加尔湖中的海洋生物的来历就得到了解决,本来这就是个海嘛!海退走了,它们却留了下来。遗憾的是,这后一种说法一直得不到证实。20世纪 50 年代初期,人们在贝加尔湖附近打了几口很深的钻井,从取上来的岩芯样品中,没有发现任何关于中生代的东西。既然如此,那就说明贝加尔湖地区长时间以来一直是陆地。

贝加尔湖的寿命也充满了神秘。通常来说,一个湖泊的寿命只有 1 万年~1.5 万年。由于风吹日晒,水汽蒸发,泥沙淤积,湖水会逐年缩减,逐渐变成浅水湖、沼泽,最终彻底干涸。世界上所有著名的湖泊都是逐年减少水量,唯有贝加尔湖的储水量不但不见减少,而且逐年增加。贝加尔湖再深,水源补给再充足,2.5万年的高寿仍然让人觉得有些不可思议。科学家对此给出的解释是,贝加尔湖长期处于低温状态,不易蒸发氧化,也就不易缩小了。难道说世界上唯有贝加尔湖能逃脱湖的宿命吗?

贝加尔湖的天气也是个谜。本来是风平浪静,无缘无故地突然狂风四起,湖面上恶浪翻滚。1903年8月9日,湖面上刮起了剧烈的龙卷风,一天之内就有40余艘驳船沉入湖中。当地人说,贝加尔湖是湖神布尔汗的王国,他住在奥利洪岛上,脾气很不好,所以人们叫他"怒神"。贝加尔湖由此也得到了两个别名:"凶险之湖"和"死亡之湖"。而根据科学家的解释,贝加尔湖秋天多强风,那是因为这个时候湖畔的气温在零摄氏度左右,而周围山峰和盆地的气温降到了约零下30摄氏度~40摄氏度,巨大的气压差形成强大的风暴,这就叫贝加尔季风。一刮起来,顿时天地变色,湖面上巨浪滔天。至于夏季,湖面上忽然会大雾弥漫,迫使船只停航,这是由于贝加尔湖海拔很低的原因。

到了冬天,贝加尔湖面上结了很厚的冰,有些地方厚达一米,但还是不断有人或车辆掉进冰窟窿里。这些意外事故看上去似乎很神秘,明明是一片冰雪,为什么会掉进去呢?科学家给出的解释是,贝加尔湖面结的冰并不是一个均匀的整体,有厚有薄,冰块间还有缝隙,有的缝隙整个冬季都不结冰。这些缝隙常常是海豹为了呼吸,在冰面上凿出来的洞。据推测,贝加尔湖底涌出的热泉有可能升到水面上,融化掉一部分冰,使冰层变薄,于是冬天看似安全的贝加尔湖面就成了"隐形杀手"。

贝加尔湖"怪兽"历来都是人们津津乐道的话题,据说它体积庞大,若隐若现,行踪不定。科学家经过实地考察后,基本认定贝加尔湖中不大可能生存着"怪兽"。按照生物学的常识,在相对独立的环境中没有形成种群的动物难以繁衍。也就是说,即使湖中有过几只大型哺乳动物,由于数量太少,也早就灭绝了。据有人推测,贝加尔湖"怪兽"传说的原型很可能是生活在这里的海豹。在自然科学极不发达的古代,当地渔民对湖中盛产的各种鱼类已经熟视无睹,而当他们平生第一次在湖中见到海豹时,就会发出惊呼:"啊!我真的看到了可怕的怪物!"

像神话一样的湖

贝加尔湖是造物主的宠儿,这里阳光充足,冬暖夏凉,有矿泉300多处,成为俄罗斯最大的疗养中心。俄国大作家契诃夫曾这样描写道:"贝加尔湖异常美丽,难怪西伯利亚人不称它为湖,而称之为海。湖水清澈透明,透过水面就像透过空气一样,一切都历历在目,温柔碧绿的水色令人赏心悦目。岸上群山连绵,森林覆盖。"

贝加尔湖的清澈确实令人为之惊叹,最大透明度达到40.2米,这个数值在全世界仅略低于日本的一个湖泊而位居第二,"西伯利亚明眸"和"世界之井"的美誉就是由此而来。这样清的水应该属于神说中的瑶池,如今却现身人间,怎么能不让大作家赞不绝口。贝加尔湖水如此清澈的原因,据说是湖底时常发生地震,地震产生的化学物质沉淀湖底,使湖水得到净化。另外,贝加尔湖属于贫营养湖,水中氮、磷等营养元素含量低,藻类等浮游动植物总量相对较少,而大量的钩虾等端足类动物能够分解水藻,分解动物尸体,每天都把湖面以下 50 米深的湖水过滤七八次,使得贝加尔湖具有"自体净化"功能,这些也都是维持湖水清澈的主要原因。

中国有句俗话,叫作"水至清则无鱼"。清澈的贝加尔湖却是个渔业资源丰富的大聚宝盆,这便是它的神奇之处。人们每年能从贝加尔湖中捕捞到 1 万多吨各种鱼类,其中最有名的是"贝加尔鲱鱼"和"贝加尔鲟鱼"。贝加尔鲱鱼一到天气转冷的时候,就躲到湖水深处取暖去了。聪明的贝加尔渔民就在冰上凿个洞,将薄如蛛丝的渔网沉到水下。当鲱鱼游进网口,在网中东碰西撞的时候,渔民便收紧网口,一网白花花的鲱鱼就被提出了水面。鲟鱼本是海鱼,到了贝加尔湖就变成了淡水鱼。它们每年都到江里去产卵,再游回冰冷的贝加尔湖中,从来不回到它们的故乡大海中去。

贝加尔湖另一个神奇之处,那就是湖中盛产举世难寻的生物物种。最值得一提的是,湖中生长着一种周身半透明的小鱼,最大的个体也不到 20 厘米,通称杜父鱼。鱼儿一般都是卵生的,而这种鱼却是直接生出小鱼来,于是人们就叫它胎生贝湖鱼。

在贝加尔湖畔辽阔的林地中,生长着一种高跷树,它也是贝加尔湖的自然奇观之一。所谓高跷树,指的是它们的根部离开地面很高,树根下成年人可以自由通过。造成这种自然奇观的是这里的大风,树根下的土壤被大风刮走了,而那些长在沙土山坡上的松树和落叶松为了生存下去,就把根越来越深地扎入贫瘠的土壤中。

古老而神奇的贝加尔湖自然会孕育出无数的神话,其中一则神话在贝加尔地区广为流传。那是很久很久以前,贝加尔湖畔住着一个力大无比的勇士,他的名字就叫贝加尔。他一共有 336 个女儿,其中一个叫安加拉的最为美丽动人。很多年轻男子慕名前来求婚,但贝加尔都不应允,他一心想把安加拉嫁给同村的青年伊尔库特。有一天,从北方飞来一只海鸥,伫立在悬崖边,歌颂着英俊勇敢的青年叶尼塞。海鸥的歌声拨动了少女的心弦,她梦想着能与叶尼塞成为终身伴侣。无奈贝加尔坚决不允许,安加拉便乘父亲熟睡之机,偷偷地逃出家门。贝加尔醒来后,大发雷霆,从湖边抓起一块巨石就扔了出去,想拦住女儿的去路,可是女儿已经跑远了。安加拉跑呀跑呀,终于在一个阳光明媚的早晨,投入了叶尼塞的怀抱。安加拉河是贝加尔湖唯一的出水口,它永远脚步匆匆,向着叶尼塞河奔流不息,原来那是天地之间最炽热的爱情力量使然啊!

在安加拉河口有一块名叫谢曼斯基的巨大圆石,兀立中流,离两岸各约 500

米。当河水泛滥淹没圆石时,它宛如滚动之状。相传它就是贝加尔投出的那块巨石,人们又叫它"魔法石""反叛石"。

贝加尔湖中有 27 个岛屿,其中奥利洪岛最大,位于湖中部偏北部。相传很久以前,这里一个岛也没有,后来这一地区刮起了大风,整个湖面好像一大锅烧开的水,大浪一直打到湖底,把沙石赶向湖边,一些沙石被湖底礁石挂住了。年复一年,这些礁石逐渐长成高山,后来被波浪慢慢抚平,就变成了奥利洪岛。布里亚特人刚来到这个岛上时,发现它有时升有时降,还以为是邪物作祟,就赶紧祭拜布尔汗神。岛上的布尔汗角也叫萨满悬崖,它是萨满教亚洲九大圣地之一。在布里亚特人的神话中,布尔汗神就住在悬崖上的洞穴里。实际上,奥利洪岛是不会自动升降的,只是给人这样的错觉。整个岛下全是礁石,若礁石下的水清,岛就显得有些下沉;若水有些浑浊,岛就似乎在轻微上升。

非洲名水

尼罗河

白尼罗河与青尼罗河

"尼罗,尼罗,长比天河。"这是苏丹人民赞美尼罗河的谚语。"尼罗河水自天降。"这是埃及诗圣艾哈迈德·肖基写下的不朽诗句,让人不由得联想起我国大诗人李白写下的"黄河之水天上来"的千古绝句。凡名河大川都会受到非凡的赞美,这是意料之中的事情,但面对着滔滔而来滚滚而去的河水,相距千里之遥的诗人竟能涌出同样类型的想象,这就不应该是巧合。千万里长河不知道所由何来,想象成银河要比实地探察它的源头容易多了,更何况以古人的条件,根本没有能力去做这样的探察,所以不管是中国的黄河还是埃及的尼罗河,在相当长的一段时间里,其源头都处在云锁雾裹之中。

从公元前 6 世纪希腊科学家泰勒斯起,人们就不停地对尼罗河的源头提出种种猜想,先后有地下水、海洋流、季风雨、高山融雪等,但这些解释多属猜想,都没有实地考察依据为证。罗马帝国的皇帝

尼罗河

尼禄曾派出两名百夫长带队远征非洲内陆,想寻找尼罗河的源头,却没有获得成功。

尼罗河这条河的名字也与它的源头有些关系。据说"尼罗"一词源于拉丁语,意为"不可能"。由于瀑布的阻隔,生活在尼罗河中下游地区的人们认为要想了解河源简直比登天还难,所以给它取名"尼罗"。大约公元前 460 年,古希腊著名历史学家希罗多德斯到达了尼罗河上的第一个大瀑布,但他即刻止步折返,并报告说发现尼罗河源头是不可能的。还有一种说法,认为"尼罗"一词是由古埃及法老尼罗斯的名字演化而来的。

到了 19 世纪 50 年代末,尼罗河的源头还是个谜,喜欢探险的西方人对此争论不休,英国探险家约翰·汉宁甚至不惜抛弃声望、财富乃至性命,去探寻尼罗河的源头。然而,巨大的沼泽地、无数的急流漩涡,还有充满敌意的土著,使得探险家逆尼罗河而上直达其源头的企图无从实现。1856 年,两位英国人约翰·斯皮克和理查德·伯赖另辟蹊径,从非洲东海岸向内地进发,终于取得了探险史上的一次重大突破。1858 年 2 月,他们成为第一个发现坦噶尼喀湖的欧洲人。再往前走,这两位闹起了矛盾,只好分手,斯皮克独自前行,于 1858 年 8 月 3 日又发现了一个比坦噶尼喀湖还要大的湖泊,激动万分的斯皮克为它取名为"维多利亚湖",并认定这里就是尼罗河的源头。此后,又有多名探险家对斯皮克的"成果"进行佐证,于是维多利亚湖作为尼罗河源头的结论得到了公认。

其实,这个结论并非百分之百正确。现在人们都知道,尼罗河的源头包括脾气迥异的两条河流,一条是白尼罗河,另一条是青尼罗河。白尼罗河是尼罗河最长的支流,它发源于热带中非山区,这一带有个庞大的湖区,维多利亚湖、基奥加湖、艾伯特湖等湖泊共同养育并丰盈了白尼罗河。

从乌干达坎帕拉出发前往这个国家的第二大城市金贾,在城外开阔的草坡上,一块黑底白字的石碑掩映在蓝天和椰树下,那上边的文字标明白尼罗河从此地一路经过乌干达的中部、北部以及苏丹和埃及,完成着它通往地中海的漫长旅程。

白尼罗河的源头处草地葱绿,河岸边长满了紫薇树,微风吹过,仿佛下了一场花瓣雨。当年斯皮克也许只走到这里,就以为大功告成了。实际上,要想穷尽白尼罗河的源头,还要向上走。尼罗河最上游是卡盖拉河,它发源于布隆迪境内,下游注入维多利亚湖。湖水经欧文瀑布流入基奥加湖,出湖后名叫维多利亚尼罗河,又经卡巴雷加瀑布流入阿伯特湖。湖水自北端流出,名叫阿伯特尼罗河,它流到苏丹和乌干达接壤处的尼木累,从它以下才正式称白尼罗河。

白尼罗河穿越乌干达的丛林进入苏丹南部盆地后,极其平坦的地势使得水流变得异常缓慢,水中繁生着大量以纸莎草为主的水生植物,也延滞了水流的前进速度,泛滥成一片面积约 10000 平方千米的纸莎草沼泽。阿拉伯人给它起了个名字叫"萨德",意为"无法通过的地方"。这里处于低纬度地区,气候干燥而炎热,在火辣辣太阳的照射下，"萨德"变成了一个硕大无朋的"蒸发皿"，三分之二的水量被蒸发掉了，能流到下游的水很少。白尼罗河发源于赤道多雨地区，水量本来丰富而稳定，但流过"萨德"后，它顿时清瘦了许多。

和白尼罗河相比，尼罗河的另一条支流青尼罗河就显得粗野多了。它发源于号称"非洲屋脊"的埃塞俄比亚高原。在那里，来自大西洋的云朵化成如注的雨水，顺着山坡上冲刷出来的一道道沟壑，流进非洲最高的湖泊塔纳湖。在当地语中，"塔纳"就是"蓄水不干"的意思。这一带四周都是崇山峻岭，千百条溪涧汇合成湖。青色的湖水从南端200多米宽的湖口涌出，形成了阿巴伊河，也就是青尼罗河的上源。在青尼罗河河口处栖息着许多河马，在这样一个其他河马无法企及的海拔高度，他们自由嬉戏，怡然自得，享受着属于自己的平静生活。

塔纳湖中有两座非常有趣的小岛，一座叫男人岛，一座叫女人岛。竖立在男人岛上的牌子明确标明：拒绝女士上岛。男人岛上的修道院里清一色都是男修士，据说岛上连动物也全都是公的。修道院里的壁画精美绝伦，令人叫绝。岛上还野生着许多咖啡树，红色的浆果非常漂亮。

青尼罗河流出塔纳湖后，在浅滩和礁石中蜿蜒前进了30多千米的路程，突然飞流直下，声如雷霆，形成了非洲第二大瀑布青尼罗河瀑布。这条瀑布在当地被称为梯赛斯特瀑布，意为"冒烟的水"，高55米，喷珠激玉，水幕如帘，常有美丽的彩虹横跨在瀑布上方。

闯过这道瀑布后，青尼罗河奔腾650千米，转了一个马蹄形的大弯，最后冲出山谷，一头扎进苏丹南部大平原上。在这里，青白尼罗河越流越近，有人形象地把它们比作两个有情人。白尼罗河由于水量消耗巨大，流势渐趋平缓，仿佛一位逐渐成熟的美丽女子，正脚步款款地走向与情人约会的地点。而青尼罗河则像一个刚烈不羁的草莽英雄，如脱缰的野马般前去猎取美人的芳心。

在苏丹首都喀土穆城外，这两位"情人"终于相遇了。在两条尼罗河交汇前，青尼罗河的河床中央出现了一小岛叫"土堤"，将青尼罗河一分为二，南边一股水流经小岛南侧同白尼罗河相会，又在小岛北端同另一股水汇合，青白尼罗河由此合二为一，称为尼罗河。河右岸的青尼罗河枯水期呈青色，洪水季节因为挟带着大量泥土及有机物质而呈现红褐色，左岸的白尼罗河呈白带绿色。汇合之初泾渭分明，水色不相混，平行奔流，犹如两条玉带，真的像两位情人依偎低语，挽手而行。渐渐地它们融为一体，不分彼此，好似两位情人走进了婚姻的殿堂。

位于青白尼罗河交汇处的喀土穆地形与我国的武汉很相像，也由三镇组成，三镇之间有桥相连。在阿拉伯语中，"喀土穆"的意思是"象鼻子"，指的是青、白尼罗河交汇处之间夹着一条狭长的黄土地带，形状好像大象鼻子。连接喀土穆三镇的桥梁是俯瞰两河汇流奇景的最好地方。入夜后，桥上的灯一部分放青光，一部分放白光，与桥下青白交汇的河流相映成趣。

阿斯旺高坝与卢克索

青、白尼罗河会合后,水量大增,而这主要是青尼罗河的功劳,它提供给整个尼罗河七分之六的水量。当尼罗河经过喀土穆向北流时,又在达迈尔以北接纳了它的最后一条主要支流阿特巴拉河,气势更加恢宏,尽管前边出现了酷热无比的努比亚大沙漠,雨水稀少,它只是降低了流速,没有被两岸不断逼近的沙漠所吞没,却慷慨地灌溉着极目无垠的棉田。苏丹的长绒棉产量仅次于埃及,居世界第二位,为这个靠农业吃饭的非洲国家赚取了宝贵的外汇。

尼罗河有很长的河段流经沙漠,西面有利比亚沙漠,东面有阿拉伯沙漠,南面有努比亚沙漠,还要跨越世界上面积最大的撒哈拉沙漠,在这些地方河水水量只有蒸发、渗漏而无补给,但它仍然能维持一条长年流水的河道,这不能不感谢上游的热带多雨区域。像尼罗河这种不是由当地的径流汇聚而成,只是单纯流过的河,称为"客河"。虽然只是匆匆的过客,尼罗河却给当地的主人们送上一份大礼。在尼罗河上经常可以看到这样的景色,不远处的沙漠泛滥着毫无生命痕迹的土黄色,尼罗河边却是一片葱绿,高大的油枣树或单棵独立,或几株十几株密集地聚在一起,挺拔地伸向没有一丝云彩的天空,还有大片的甘蔗和不知名的野草蓬蓬勃勃地蔓延着。

尼罗河进入埃及境内后,由于狭窄谷地的约束,一度恢复了它的野性,形成了一连串的急流险滩,还有著名的"尼河六瀑",尼罗河好似一位无畏的勇士,大踏步地穿越艰难险阻,然后纵身一跃,倾入了蓝色飘带一般的纳赛尔水库。这个水库又名纳赛尔湖,是以埃及前总统纳赛尔的名字命名的。它长达 500 千米,一端连着埃及的阿斯旺大坝,另一端甩到了苏丹境内约 70 千米。以 6500 平方千米的面积而论,它是世界第二大人工湖,而以 210 米的深度和 1820 亿立方米的蓄水量而言,则居世界第一。

纳赛尔水库是阿斯旺高坝的姐妹,当大坝将尼罗河拦腰斩断后,尼罗河水被迫向上回流,于是形成了一个巨大的人工湖。

阿斯旺是埃及阿斯旺省的省会,埃及的南大门,世界七大水坝之一的阿斯旺高坝,就筑在城外的尼罗河上。1902 年,为了控制尼罗河的泛滥,提高农业产量,英国人曾在这一带的尼罗河上建成了一座堤坝,长 1900 米,高 54 米。但由于设计有缺陷,这座坝不得不两次加高,到了 1946 年仍然发生了洪水几乎漫坝的险情。1952 年,埃及爆发"七月革命",法鲁克王朝被推翻,加麦尔·阿卜杜勒·纳赛尔先任总理,后任总统。纳赛尔总统执政后,决定在阿斯旺水坝上游再建一座阿斯旺大坝,为了与原先的阿斯旺水坝相区别,新建的称高坝,原先建的称低坝。埃及是个穷国,缺少资金,而修建阿斯旺高坝需要巨额投资,纳赛尔总统毅然从英国殖民者手里夺回了苏伊士运河,征用苏伊士运河的通行费来解决建造大坝的经费。此举引起了紧张的国际纷争,酿成了第二次中东战争,如果不是苏联加以干预,这场战争不会轻易了结。

阿斯旺高坝从 1960 年开始施工,1970 年 7 月 21 日竣工。高坝主体长 3600 米,高 110 米,宽 40 米,耗资约 10 亿美元,使用建筑材料 4300 万立方米,相当于大金字塔的 17 倍。阿斯旺大坝呈弧形,像铺在水面上的一条宽广的公路,又如横跨在尼罗河上的巨大彩虹。这座大坝在建设期间,得到了苏联政府的援助,为了表示感激之情,埃及人在大坝附近建起了一座埃苏友好纪念塔。

阿斯旺高坝东端有观景台,站在这里遥望尼罗河水在翡翠长廊般的河谷夹峙中奔涌而来,带着惊天动地的轰鸣声冲下阿斯旺高坝,不由得使人浮想联翩。当年埃及政府决定在阿斯旺建造新水坝时,尼罗河两岸努比亚地区的所有古代遗址和文物立即面临没顶之灾。联合国教科文组织发起了国际性的救援大行动,40 个考古团体一起上阵,赶在水坝完工之前挽救了 20 多座古代建筑。在这次救援行动中,最为壮观的工程是迁移阿布辛比勒的两座神庙。人们把它们分割成重达 20 吨的巨块,移到比原址高 200 米的地方。当相当于 6 层楼高的大巨像安然无恙地重新矗立起来时,全世界热爱古埃及文明的人们都大大地松了一口气。然而,库区内的 10 万人可以搬迁干净,古代努比亚人的文化遗迹却无法一一迁走。在这茫茫水下,不知道有多少遗迹将永无出头之日。

阿斯旺高坝建成后,每年发电 80 亿千瓦,4000 个村庄从此有了光明;尼罗河的洪水受到控制后,从根本上消除了干旱,40 万公顷的沙漠化为良田,另有 100 万公顷土地从一年一熟转为两熟甚至三熟,埃及的农业产值因此翻了一番。大坝合龙之时,尼罗河两岸站满了成千上万的埃及人,当埃及总统纳赛尔和苏联总理赫鲁晓夫等外国贵宾乘船经过时,人们三呼万岁。纳赛尔总统发表讲话说:"阿斯旺大坝将把埃及带入天堂!"

阿斯旺高坝的确给埃及人民谋取了巨大的福祉,然而光明的背面总会有阴影。大坝修建后,上游大量的含有腐殖质的泥沙冲不到下游,下游的农田因缺乏肥料而逐渐变得贫瘠,当地盛产的优质棉花大量减产。又因为土地肥力的下降,迫使下游农民大量使用化肥,而化肥的残留随灌溉水又流回尼罗河,使河水富营养化,植物性浮游生物的平均密度从每升 160 毫克上升至 250 毫克。此外,从前传播血吸虫病的水蛇会在旱季死去,而现在全年供水使得水蛇得以成活并迅速繁衍,血吸虫病的发病率由此节节攀升。如今阿斯旺高坝已经建成几十年了,但埃及并没有被带进天堂,仍然是世界上最贫穷的国家之一。高坝建成的时候,埃及国内外一片赞扬声,而现在人们却对它进行了深刻的反思,西方的中小学环境教科书已经把阿斯旺大坝当作破坏生态环境、破坏文化遗产的范本。

从阿斯旺沿尼罗河北上约 200 千米,就来到了有"古埃及的珍珠"之称的卢克索。当年它叫底比斯,在古埃及中王朝和新王朝时代(约公元前 2040~1085),曾两度成为埃及首都,法老们在这里发号施令了近700年,使古埃及的政治和经济达到了辉煌的巅峰,成为东北非和东地中海的第一强国。

如今的卢克索已经成为一座现代旅游城市,坐落在尼罗河的东岸,号称"世界上最大的露天博物馆",有着"宫殿之城"的美誉。当年的底比斯城跨尼罗河两岸,不过河两岸却是不同的世界,东岸是活人居住的地方,有壮丽的神庙和充满活力的居民区,西岸则是不折不扣的死人之家,布满了法老、王后和贵族们的陵墓,中间的尼罗河成了阴阳两界的界河。"生者之城"与"死者之城"隔河相望,形成了两个世界的永恒循环的圆圈。至于为什么要把活人和死人分开,那是因为古埃及人把人的生命与作为生命之源的太阳相类比,太阳从东方诞生,然后穿过天空,到西面的天边死去。人也应该是这样,下生后就住在东边,死后便葬在西边。

底比斯城中最引人注目的古迹就是保存最完整、规模最大的卡纳克神庙。它的殿堂占地达5000平方米,有134根圆柱高耸入天,其中最中间的12根高21米,5人不能合抱,通体遍布精美浮雕。400余年前,第一个走入这个"多柱大厅"的欧洲人在烈日下惊呆了:"我走进去,一眼看到整行整列的巨大圆柱,还以为自己在做梦!"

尼罗河西的底比斯城最有名的地方是帝王谷。它是一条偏僻的山谷,两边全是悬崖峭壁,而在古埃及新王国时期,这里却被法老们相中,当成了他们死后的家园。与此同时,他们在山谷的南边又给王后、王妃和公主们准备好了墓穴,后人称为王后谷。以前的法老都给自己造金字塔,这些金字塔都建在尼罗河沿岸,有70多座。但金字塔毕竟矗立在明处,最终逃脱不掉被盗的厄运,且不说随葬的珠宝被洗劫一空,尸骨也被人胡扔乱抛。为了让自己死后能安生一些,法老们就把墓地建到人烟稀少的地方,而且从地上转移到地下,尽管委屈了自己,但安全系数却大大增加了。据考证,自从第十八王朝的埃及开国国王在帝王谷中建造了第一座陵墓以后,500多年间这里先后埋葬了62位法老,据说这里还应该有11座王陵,只是还没有被发现。

虽然法老们煞费苦心,但他们死后还是无法安息。没有人关心已经变成木乃伊的法老,但随同他们一起埋葬的无数财宝却让盗墓者和冒险家们睡不着觉,他们挖空心思,将这些墓穴逐一掘开,带着惊人的收获扬长而去。到了18世纪,帝王谷早已变成了一片破败不堪的荒漠,许多墓穴的入口都敞开着,成为野狐、沙隼和蝙蝠的巢穴。

洪水泛滥出的富裕与文明

尼罗河流到埃及首都开罗附近时,景色越来越优美。在它徐缓宽阔的怀抱里,往来穿梭着古老的三角帆船和长笛起伏的豪华邮轮。芊草绵长,椰风清影,还有那些藏在金字塔下的小村庄,让泛舟尼罗河上的游人每每产生人在画中游的感觉。

这一带河面上的游船非常多,有一种"尼罗河法老"特别有名,已经成为开罗的一个标志性景观,给埃及的旅游业增色不少。凡是到过开罗的外国游客,都会在月明星稀之夜登上法老船观赏尼罗河夜景。法老船诞生于 20 世纪 80 年代初,当时有个名叫侯赛因·阿奎兹的人,有一天他坐在尼罗河边,望着河上过往的船只,突发奇想:如果能在尼罗河上建造一艘游船,船上同时备有美食和动人的歌舞,游人在夜色中一边欣赏尼罗河两岸的夜景,一边聆听美妙的音乐,同时享用美味佳肴,那是一件多么惬意的事啊! 于是,阿奎兹很快就筹集起资金,仿照当年法老出游时坐的船只,建造起尼罗河上的第一艘大型游船,给它取名叫"尼罗河法老"。法老船一开张就吸引了大批游客,阿奎兹又着手建造了第二艘游船,命名为"金色法老"。现在,每天乘坐法老船游览尼罗河旖旎风光的游客有 1000 多人。

在开罗以北,亘古不变奔流的尼罗河冲积出了面积达 2.5 万平方千米的巨大三角洲平原,平原上地势平坦,河渠纵横,土地十分肥沃,据说是地球上最肥沃的土壤,也是埃及最富饶的地方,号称"鱼米之乡"。大河两岸,绿油油的麦田和棉田星罗棋布,柑橘林和香蕉林齐刷刷地一片连着一片,甘蔗田和玉米地长成了青纱帐。论面积尼罗河三角洲仅占埃及全国总面积的 24%,但这里的人口却占到全国人口的 90% 以上,埃及的主要城市、村落以及久享盛名的历史古迹,绝大部分都分布在这一带。古希腊的历史学家希罗多德曾造访过埃及金字塔,又溯尼罗河而上,到过卢克索、阿斯旺,最后他得出这样的结论:"埃及是天赐的国家,是尼罗河的赠礼。"

尼罗河赐给埃及最大的一份厚礼就是尼罗河三角洲,而这要归功于尼罗河周而复始有规律的泛滥。在苏丹北部通常是 5 月份尼罗河就开始涨水,8 月份达到最高水位,以后水位逐渐下降。每到雨季,没有下水道的苏丹首都喀土穆便到处积水,成为"水乡泽国"。产生这种现象的原因在青尼罗河和阿特巴拉河这两条河流身上,它们的源头地处埃塞俄比亚高原,这里的暴雨是季节性的,青尼罗河和阿特巴拉河也就季节性地发洪水,带动着尼罗河发生季节性的泛滥。每当尼罗河水排山倒海般地漫过河床时,就会洗去土壤中的盐分,并把从上游带来的大量矿物质和有机质沉积在中下游两岸的田野里,给埃及的耕地广施上一层天然的细肥。据估计,埃及古代用尼罗河水灌溉的田地大约有 270 多万公顷,远远超过两河流域、印度河流域和黄河流域的灌溉面积,使埃及成为"地中海沿岸的粮仓"。

埃及人由衷地感谢定期泛滥的尼罗河,便在河畔的岩石上镌刻上这样的赞语:"尼罗河赋予两岸土地以生命。只有尼罗河泛滥以后,才能够有粮食和生命。大家都依靠它生存。"千百年来,埃及人民年年盼望着尼罗河泛滥。每到涨水的头几天,人们都要排起长长的队伍,敲锣打鼓,载歌载舞,簇拥着尼罗河之神"哈伯"的木雕像来到河边,举行祭河大典。在河水溢出河岸的那天晚上,人们还要高举火把,泛舟尼罗河上,尽情欢唱,怀着无比喜悦的心情欢迎尼罗河赐予他们的恩典。

关于尼罗河的泛滥,在埃及人民中间还流传着许多神话传说。相传有位女神名叫伊兹斯,她的丈夫遇难身亡,伊兹斯悲痛欲绝,泪如雨下,泪水落入尼罗河中,河水顿时暴涨,于是就引起了尼罗河的泛滥。根据这个传说,每年的 6 月 17 日或 18 日,当尼罗河水开始变绿,预示河水即将泛滥时,埃及人就要举行一次欢庆活动,称为"落泪夜"。

古埃及人对于尼罗河的泛滥不光全是欢喜,也有忧虑,因为每次泛滥都会带来灾难,冲垮房舍,毁坏田地。当时的人们认识不到这里边的自然奥秘,以为河水汹涌那是尼罗河神发怒的结果。于是,每年他们都要挑选出一名美女,将她抛入河中,送给河神当新娘。新娘送了成百上千,尼罗河依然不肯息怒,还是照常泛滥。直到进入文明社会,这个陋习才被废除,改为向河中投送鲜花和假人,以表达对尼罗河恩德的感激之情。

尼罗河不仅用水和土为埃及人提供了生命的保障,又成为支撑埃及文明的重要基石。早在 6000 年前,古埃及人就依据尼罗河的涨落创造出了闻名世界的"太阳历"。他们发现,每当天狼星在日出前出现时,尼罗河就开始泛滥,于是埃及人把这一天定为一年的第一天。等到第二年天狼星出现在同一位置时,恰好是 365 天,就是一年。一年分为三个季节,分别是泛滥季、播种季、收割季,每一季又分为 4 个月,每月 30 天,年终另加 5 天作为祭祀神灵的节日。

古埃及人通过长期观察和研究尼罗河泛滥与星象之间的规律,创立了天文学,在兴修水利和灌溉农田中孕育出了水利学和建筑学,而在尼罗河畔丈量土地的活动中发展起了几何学。尼罗河水每次泛滥后,都会冲毁了田亩地界。尼罗河水退去之后,人们就必须设法重新测量,再次勘定田地的界线。在这个实际需要中,古埃及人逐渐掌握了计算矩形、三角形和梯形面积的方法。西方的几何学就是起源于这种测地术。"几何学"这个名词的原意无论在拉丁文还是希腊文中,都含有"测地术"的意思。

早在公元前 4000 年,埃及人就会使用象形文字了,他们将生长在尼罗河岸边的纸莎草茎切成薄薄的长条,压平晒干,当作纸来用,又将芦苇秆削尖,蘸着颜色在纸莎草上书写。这种纸草文书有少数流传至今。

早在法老时期,埃及就流传着"埃及就是尼罗河""尼罗河是埃及的母亲"等谚语。古埃及人还为尼罗河编出这样的赞歌:"光荣归于你,发源于大地的尼罗河,你不息地流,为的使埃及苏生。"直到今天,埃及人对于尼罗河的感情一如既往,仍把它比喻为哺育、滋养自己的伟大母亲。

尼罗河流过开罗后,在三角洲上分散成很多汊河,最终归入地中海的怀抱。在这个三角洲上有一座古老的城市叫塞伊斯,城中有一尊女神像,基座上刻着这样一句震撼人心的话:"我就是一切——过去、现在、未来。"只有尼罗河才有资格这样豪迈地发言,它从古至今风采不变,性情不变,泛滥时豪放粗野,平静时滋润万物,宽容地与人类共存,却骄傲地与高山大海一样永恒。

苏伊士运河

苏伊士运河的古今兴衰

一提到埃及，人们马上就会联想到在这个文明古国里有着闻名世界的金字塔。作为最伟大的古代文化遗产，金字塔已经成为埃及人民的骄傲和象征。不过，在埃及还有一条与之相齐名的苏伊士运河，也同样值得埃及人民骄傲与自豪。

苏伊士运河纵穿狭窄的苏伊士地峡，这里是亚洲和非洲的连接处。远古时代这里曾有一片浅水，后来由于地壳变化，地峡隆起于地面，阻断了地中海与红海之间的联系，地峡成为平坦的陆地，它的北部因靠近海岸，形成了一连串的咸水湖、洼地与沼泽。

苏伊士运河

如果能在苏伊士地峡上开出一条运河，不就可以把通往欧洲和亚洲的航路连接起来了吗？这样美妙的理想早就萌发在埃及人的心中。公元前 1880 多年，埃及第十二王朝法老苏努力尔特三世在位期间，兴师动众地挖掘出了一条"东西方向"的运河，将红海与尼罗河连接起来。这条运河起自扎加洛济附近的尼罗河支流，利用白鲁济河的天然河道一直向东，经由大小苦湖南下，到今天的苏伊士港进入红海。后人称它为"法老运河"。公元前 5 世纪，埃及历史上第一位女王哈特谢普苏特，曾派出 5 艘船只通过这条"法老运河"进入红海，最远到达了今天的索马里。

有证据显示，"法老运河"至少持续到公元前 13 世纪的拉美西斯二世时期，当时用人力、骆驼、马匹在岸边拉着货船在运河中航行，随后运河被荒废。此后，法老尼科、波斯的大流士一世、托勒密帝国的托勒密二世都曾对这条运河进行过疏通。因为有四位帝王治理并使用过这条运河，所以它又被称为"四王运河"。罗马帝国和入侵埃及的阿拉伯人也都开凿过这条运河，但都未能使它全线贯通。公元 8 世纪时，它被阿拉伯帝国阿拔斯王朝的哈里发曼苏尔所废弃，并逐渐被沙漠风沙所堵塞湮没，但遗迹至今依稀可辨。考古学家曾在沙层下找到过古运河的堤坝，据此确定它深 2 米~3 米，宽 60 米，用来行驶驳船问题不大。

辛辛苦苦挖掘出来的运河为什么会遭到废弃呢？这里的原因很多，比如沙漠流沙的不断蚕食，轻易就会填平浅浅的河道，但其中还有一个重要原因，那就是很多埃及人反对开挖运河。在古埃及的传说中，众神曾警告过埃及法老，修建运河会带来很可怕的后果，埃及人付出的全部努力，到头来只会给蛮族带来好处。虽然这仅仅是个传说，却从古到今在现实中一次又一次得到验证。

近代以来重建苏伊士运河的想法是普鲁士的科学家莱布尼兹第一个提出来的。1672 年,他上书法王路易十四,建议打通苏伊士地峡,这样欧洲的商船就不必再绕道非洲的好望角前往亚洲了。路易十四把莱布尼兹的建议当成胡思乱想,谬论连篇,一笑置之。100 多年后,另一位法国领袖非常认真地想实现莱布尼兹的设想,此人就是拿破仑。1798 年,拿破仑的远征军占领了埃及,拿破仑到达开罗后,亲自带领专家对苏伊士地区进行了实地考察,打算开凿一条运河连接地中海与红海。但由于法国人的勘探结果有误,计算出红海的海平面比地中海要高,这就意味着建立一条没有船闸的运河是不可能的,于是拿破仑就放弃了他的计划。不久,拿破仑的军队在埃及被英国的海军击败,他仓皇逃归法国,开凿苏伊士运河也就成了南柯一梦。

然而,法国人始终没有放弃过在苏伊士地峡上开凿运河的想法。17 世纪以来,大英帝国成为世界上最强大的海上帝国,把持着好望角,垄断了从大西洋到印度洋的远洋航道。法兰西帝国处心积虑地谋划重新开凿苏伊士运河,为的就是挑战英国的海上霸权,使好望角航道失去战略价值。以恩藩廷为首的一批法国科学家曾组团来到开罗,游说埃及总督穆罕默德·阿里开凿运河。阿里牢记着古埃及的那个传说,也清楚无论谁来开凿运河,都会成为入侵埃及的孔道,就拒绝了他们的建议。当时负责接待这些法国科学家的是法国驻开罗副总领事菲迪南德·勒赛普,他非常赞同恩藩廷的建议,却爱莫能助。

勒赛普出身外交世家,他的父亲是拿破仑逃离埃及后法国的留守官员。穆罕默德·阿里夺权成为埃及总督后,老勒赛普协助他处理了许多国际法律问题,深获信任。小勒赛普因此有机会出入总督府,与总督一家人混得很熟,其中与他最谈得来的就是总督 13 岁的儿子塞得。

勒赛普成为外交官后,对埃及文明更感兴趣。有一次他乘邮轮前往亚历山大,翻到了一本法国作家勒伯尔写的《苏伊士运河启示录》,激起了他的雄心壮志,决心实现法国人开凿苏伊士运河这个梦寐以求的计划。可惜的是,1849 年他因不满法国政府的外交政策赋闲在家,空有抱负却无从实现。

1854 年,穆罕默德·阿里的继承人阿拔斯帕夏(总督称号)遭到谋杀,32 岁的塞得成为新一任埃及总督。消息传来,勒赛普立即致函祝贺,塞得不忘旧交,邀请他来家中做客。见到塞得后,勒赛普趁机向他提出了开凿运河的计划。据说勒赛普临行前去拜访了恩藩廷,从他手里得到了一份开凿运河的蓝图。

塞得受过良好的西方教育,能说一口流利的法语。他的理想是继续父亲的改革事业,把埃及建成一个既现代化又拥有古老光辉的文明国家。勒赛普投其所好,对塞得说,一旦苏伊士运河开通,不仅会给埃及带来极其可观的经济效益,还能完成一项自法老以来到拿破仑都无法实现的巨大工程,让建筑金字塔的法老们不堪一比,让塞得总督的名声在历史上永垂不朽。

勒赛普的这番话让塞得怦然心动,就颁发给他一个"优惠状",特许他组织一个环球苏伊士海洋运河公司,全权负责开挖运河。这个公司有权租借运河99年,之后运河归埃及所有;埃及无偿提供开凿运河的一切土地、石块和劳动力。在法国政府的极力推动下,土耳其政府(当时埃及是土耳其的属国)也批准了运河开凿计划和使用、租让运河的合同。

　　1859年4月25日清晨,由勒赛普率领的一支包括150位工程师、外交官、投资者在内的队伍,穿越埃及南部酷热干旱的沙漠和曼扎拉湖,到达了地中海岸。勒赛普举起鹤嘴锄,大声说道:"为了塞得帕夏的荣耀,我以环球苏伊士海洋运河公司的名义,即将凿下第一锄,启动挖掘这条将东方带往西方文化与商业的运河。"众人与他一起举起鹤嘴锄,向地面上凿下去。号称欧、亚、非三大洲交叉口的苏伊士运河,就在这样简单的破土仪式中动工了。

　　苏伊士地峡地处茫茫的热带沙漠上,骄阳似火,卷过地面的风中只有扬起的灰沙,嗅不到一丝潮气。在法国监工的呵斥声中,数万名埃及劳工抵挡着烈日的暴晒,吃力地挥动手中的铁镐、锄头,一步又一步地拽动着沉重的拖车,稍有停顿。监工的皮鞭就会抽上身来。一个劳工倒了下去,随即会走来两个人,一个拖头,一人提脚,将死尸运到工地的一边,草草掩埋了事。

　　那时的埃及人口不满400万,每个月却要向运河工地派遣6万名服役的劳工。按人口比例推算,每一个成年男子每年最起码有一个月要在工地上服苦役。由于气候恶劣,劳动条件糟糕,再加上疾病、饥饿和不时地塌方,运河修了10年,竟有12万名埃及劳工永远地倒在了运河的工地上。筑成运河的不是沙子和石块,而是埃及劳工累累的白骨;运河里流淌的不是蔚蓝的海水,而是埃及劳工的血与汗。已故的埃及总统纳赛尔曾这样说过:"这条运河是用我们的生命、我们的血汗、我们的尸骨换来的。"

　　1869年11月17日,运河正式竣工通航。它北起塞得港,南抵苏伊士城陶菲克港,连同延伸至红海、地中海的部分,全长173千米。船舶以每小时14千米的航速行驶,约需15个小时就可以通过运河。运河最初通航时水深8米,宽22米~60米。以前从欧洲进入印度洋和太平洋,要绕道非洲大陆南端的好望角,而苏伊士运河开通后,大大缩短了欧亚非之间的远洋航运。从西欧经地中海通过苏伊士运河和红海进入印度洋、太平洋,航程可缩短6000千米以上,从黑海沿岸到印度洋的航程可缩短1万多千米,从北美到印度洋的航程也缩短了6000千米左右。从前海上船只绕道好望角,一年内只能在亚欧之间往返5次,而现在从波斯湾经苏伊士运河前往欧洲,一年可往返9次。早在100多年前,马克思就曾对苏伊士运河做过高度评价,称它为"东方伟大的航道"。

沿着苏伊士运河款款驶来

乘船沿苏伊士运河款款行驶,你会发现运河的航道没有取直,这是因为设计者沿途利用了曼扎拉湖、巴拉湖、提姆萨湖、大苦湖、小苦湖等湖沼和洼地,这样就拉长了运河的距离,却大大地节省了劳动力。

从长度上来说,苏伊士运河只相当于我国京杭大运河的十分之一,景色更是截然不同。京杭大运河两岸沃野千里,一马平川,而苏伊士运河沿岸景色异常单调,大多是连绵的沙丘和干旱的戈壁。不过,正是因为那茫茫无际的沙漠的衬托,反倒显得绿带一般的苏伊士运河更加生气勃勃。东岸地势较高的西奈半岛上一片荒凉,偶尔可以见到骑着骆驼的警卫兵沿河巡逻。西岸经甜水运河引来尼罗河水灌溉的地段,满眼郁郁葱葱。塞得港、伊斯梅利亚和苏伊士城这三个运河沿岸的主要城市,别致的建筑林立,车辆奔驰如织,好似三颗晶莹的珍珠垂悬在运河这条绿带上,一片生机盎然,被人们称为"运河三城"。

苏伊士运河在地中海一侧的起点就是位于地峡北端的塞得港,它是运河的北大门,随苏伊士运河的开凿而兴建起来,如今已经成为埃及的第二大商港和重要的海军基地,既是世界上最大的煤炭石油贮藏港之一,也是澳洲、南亚与地中海各港间商货的转口港。由于运河是单线行驶,南行的船舶每天都要在这里进行两次编队,一般是按军舰、客轮、油轮、集装箱船、货船、操纵性能差或试航船舶的顺序进行编队。每天约有六七十艘船只通过这里。它又是一个优良的人工港,由三条防波堤防护的港池,面积有 300 多公顷。

塞得港是以埃及总督塞得的名字命名的,但这座港口城市建成后,总督的权力已经传到他的儿子伊斯梅尔手里。当时有个法国的雕塑家巴特尔迪参观完塞得港后,大受震撼,就向勒赛普建议在苏伊士港口竖立起一个高 30 米的女神灯塔,永远守护着苏伊士运河,这个女神将穿着埃及农家女的长袍。手握火炬,"替亚洲带来光明"。勒赛普和伊斯梅尔都认为巴特尔迪的这个想法不切实际,就婉言谢绝了。巴特尔迪并没有因此而放弃这个想法,最终在美国把他的理想变成现实,就是如今矗立在纽约自由岛上的自由女神像。

塞得港分为新旧两个城区,新城区整洁美观,老城区则保留着浓厚的阿拉伯传统风情。为了开掘苏伊士运河,埃及人民付出了血和汗的代价,为了纪念这些开拓者的历史功勋,埃及人民在塞得港建起了一座运河开掘者塑像。运河河口处原先立着一座勒赛普的铜像,1956 年被推倒,如今仅存一个孤零零的底座。

在塞得港政府大楼对面宽广的烈士广场上,绿草如茵,鲜花盛开,风景幽雅,空气清新。广场的正中央耸立着一座模仿古法老时代方尖碑的高大纪念碑,它是为了纪念在三次中东战争中为保卫塞得港而英勇牺牲的烈士们建造的。它像一柄利剑直刺苍穹,象征着塞得港人民不屈不挠地捍卫着国家自由与独立的精神。

广场上的纳赛尔（胜利）博物馆内，展出各种实物和图片，其中有血衣、炮弹和其他物件，向人们述说着当年英法联军围攻塞得港所发生的一幕幕惊心动魄的场面，城中军民用简陋的武器英勇地抗击着拥有现代化武器装备的侵略军，进行逐街、逐屋的巷战，侵略军无奈使出诡计，用飞机空投假人，耗尽了城中军民的弹药，这才抢占城市得手。

从塞得港向南驶出不远，就来到了湖水很浅的曼扎拉湖，湖中的运河航道是经人工浚深而成的。用这一带挖出的沙土填平沼泽，就垫成了塞得港城的根基。从塞得港南下 76 千米，又出现了一个提姆萨赫湖，湖的西侧是运河公司的行政中心和控制中心伊斯梅利亚。从塞得港到伊斯梅利亚这段运河几乎是笔直的，因此得名"箭河"。

伊斯梅利亚始建于 1863 年，以当时埃及总督伊斯梅尔的名字命名，前身是苏伊士运河开凿者们的宿营地。这座城市的兴衰与苏伊士运河大有关系，运河开通就繁荣，运河关闭就衰落。如今的伊斯梅利亚犹如一座小巧玲珑的花园，树木葱茏，绿草如茵。一幢幢精美的别墅掩映在绿树丛中，河边草坪茵茵，还建有沙滩浴场，被誉为"运河的新娘"。

从伊斯梅利亚南航 97 千米，就进入了大苦湖和小苦湖。大苦湖因水味咸苦而得名，这一带水域辽阔，是一个天然的停泊场。它的形状像一只芒果，中部长约 17 千米，宽约 9 千米。因为湖水很深，船只可以畅行无阻，因而这里没有人工开拓的航道。运河上南下北上的船只在这里相会后，要重新编队，相错而行，分别进入各自后半段的航程。大苦湖上经常可以看到很多国家的船舶，仿佛这里在开一个世界航海博览会。有人这样说，只要有远洋轮船在世界上航行的国家，它的国旗迟早会升起在大苦湖上。小苦湖同大苦湖不同，这里湖水很浅，它是人工浚深而成的。小苦湖中有双航道和待避区。

苏伊士运河穿出小苦湖后呈直线形直达运河南端的陶菲克港和苏伊士港，注入苏伊士湾。苏伊士港曾是连接尼罗河和红海的运河航运终点，有两道长达 3 千米的防波堤，是过往船只避风的良港，吞吐量在埃及仅次于亚历山大港。苏伊士城规模不大，但整洁而繁华。运河岸边一排排公寓住宅造型优美，色彩鲜艳，掩映在绿色的椰枣树丛中，显得格外醒目。

据说苏伊士运河的名字就是由苏伊士城而来的。在阿拉伯语里，"苏伊士"意为"含咸水的井"，后来葡萄牙人把它的语音转化为"苏伊士"。也有人认为，苏伊士有"河口""开端"的意思。还有人认为，"苏伊士"这个名字最早来自"科尔松"，它是埃及人对聚居在这里的人数稀少的居民点的称呼。这一称谓后来变为阿拉伯人所称的"苏威斯"，再后来在法文中转为"苏伊士"。

沿着苏伊士运河一路走来，不由得想起第二次世界大战中发生在河上的一段传奇故事。当时英国有位著名的魔术大师名叫贾斯帕，二战爆发后，他决定放弃魔术表演,加入英国皇家部队,打算运用魔术的力量去和希特勒对抗。一开始,贾斯帕并未受到重用,直至 1941 年,他利用灯光把马约特湾伪装成亚历山大港,躲开了德军的大规模轰炸,才让人对他刮目相看。大受鼓舞的英军指挥官让贾斯帕再表演一次魔术——将苏伊士运河"消失"。

于是,贾斯帕制造了 24 个巨大的排风扇,安装在运河沿岸的探照灯上。风扇的扇叶都是用玻璃镜制成的,扇叶一转动,就会制造出强烈的光影效果,足以让飞行员们眼花缭乱。就这样,苏伊士运河奇迹般地"消失"了,德军的飞行员找不到运河在哪儿,也就无法进行有效的攻击了。

苏伊士运河与中东战争

苏伊士运河开凿之初,英国人极力反对。运河通航后的前几年,由于过往船只太少,环球苏伊士海洋运河公司亏损很多,埃及分得的纯利润寥寥无几,英国人幸灾乐祸。几年过后,法国人开始赢利了,英国人也眼红了,千方百计寻找插足的机会。1875 年,英国人趁埃及政府陷入支付巨额外债利息的危机,买进了埃及所持有的全部运河公司的股票,使得英国所拥有的运河股票占到 44%。尽管这个比例不及法国所拥有的运河股票,但法国的股票分散在一些大小资本家手里,而英国的股票集中在政府手里,在运河事务上可以用一个声音发言,逐渐就成了运河公司的重要决策人。

1882 年,英国出兵侵入埃及,强占了苏伊士运河地区,又在这里驻扎军队,从此俨然以运河的全权主人自居。1922 年,英国虽然承认埃及独立,但承认的条件就是埃及要保证英国对运河的绝对控制。1936 年签订的《英埃同盟条约》,又规定英国对运河的占领期限为 20 年,保有运河区驻军 1 万人,飞机 400 架,英军营房的建筑费用还要埃及政府承担。

二战结束后,苏伊士运河变得更加繁忙,每年的收入高达 1 亿美元,而埃及仅分得 300 万美元。作为埃及国土一部分的苏伊士运河并没有给埃及人民带来多少利益,反而使得埃及成为"附属于运河的一宗财产"。正如当时的埃及总统纳赛尔所说的那样:"埃及是属于运河的,而不是运河属于埃及。"

埃及人民对英国霸占苏伊士运河的行径越来越不满,对英军的袭击几乎频繁到每天都有发生。1954 年,伤亡惨重的英国终于妥协,答应于 1956 年 6 月 25 日前把英军全部撤出埃及。虽然英军撤出了埃及,但苏伊士运河仍属于万国苏伊士运河公司的财产,而这家公司的两大股东是英国和法国,埃及人收回运河的目的仍未达到。这时候尼罗河上的阿斯旺高坝已经动工,手头拮据的埃及政府等米下锅,总不能捧着金碗要饭吃。

1976 年 7 月 26 日下午,在埃及亚历山大港的解放广场上,人们载歌载舞,欢庆埃及革命胜利四周年。傍晚时分,纳赛尔总统神采飞扬地走上主席台,向全国人民发表演说。这时,远在苏伊士运河中部伊斯梅利亚市的运河公司门前,一个名叫尤尼斯的工程师正坐在一辆汽车内,通过收音机聚精会神地收听总统的演说。他可不是普通的工程师,而是纳赛尔总统特别委任的指挥官。由于事关重大,纳赛尔与尤尼斯事先约定,当纳赛尔在演说中一提到"勒赛普"这个名字时,尤尼斯就立刻展开一项重大行动。

当"勒赛普"这几个字从收音机里传来时,尤尼斯知道一个伟大的时刻到来了。他关掉收音机,跳下车,带领全副武装的特种兵和接管运河的埃及员工,冲进运河公司。正在公司里工作的英法殖民者面对着乌黑的枪口,只得乖乖地撤走了。埃及员工迅速各司其职,保证了运河航运的正常进行,接管苏伊士运河的行动一举成功。

收复苏伊士运河是一个壮举,同时也是一个冒险,因为它势必惹恼英国和法国这两个大国。果然不出预料,英法两国恼羞成怒,不仅冻结了埃及在英法的存款,实行经济制裁,而且调兵遣将,准备通过战争使埃及屈服。1956 年 10 月 29 日,在英法两国的怂恿下,以色列军队对埃及发动了突然袭击,直逼苏伊士运河,打响了第二次中东战争,即苏伊士运河战争。

纳赛尔毫不示弱,下令全国总动员,反击以军的入侵。就在这时候,英法两国悍然出兵,企图和以军呼应,两面夹击埃及。埃及腹背受敌,危在旦夕,有些官员害怕了,劝纳赛尔放弃抵抗,纳赛尔怒斥道:"我宁愿在战斗中牺牲,也不会去投降!"纳赛尔的气魄和勇气极大地鼓舞了埃及军民的斗志,就连十三四岁的孩子也拿起武器参加战斗,埃及士兵则化整为零,变成一支支神出鬼没的游击队,打得敌人晕头转向。为了阻挡英法联军南下,埃及人还把 5 艘货船凿沉在苏伊士运河的水道上。苏伊士运河只有 1 00 多米宽,5 艘货船就把河道全堵死了。

苏伊士运河一封闭,西方很快就发生了石油恐慌,加油站门前的汽车排成了长队,西方国家一时怨声载道,连伦敦人也走上街头,抗议政府的战争行径。埃及政府又对外宣布,塞得港被炸死和打死的平民有 1200 人。平民的伤亡引起了国际社会的谴责,10 月 31 日,联合国安理会通过了英法和以色列立即停火的决议。苏联趁西方和埃及交恶之际,想扩大自己在中东的影响,就向英国发出照会,英国如不停火,伦敦将遭受导弹袭击。在来自各方面的压力下,英法两国只好接受联合国的停火决议。

第二次中东战争总共打了 9 天,最大的赢家是埃及,国际社会承认了埃及将苏伊士运河收回国有的既成事实,纳赛尔从此被埃及人誉为"尼罗河雄狮"。

战争平息了,但苏伊士运河从此就被火药味笼罩住了。1967 年 6 月 5 日,以色列对埃及发起突然袭击,第三次中东战争打响。到了 6 月 8 日,以军就打到了苏伊士运河东岸,埃及败局已定。第三次中东战争只打了 6 天,埃及十几年来装备起来的空军就全部被摧毁,埃及的整个西奈半岛都被以色列人占领,埃及、约旦、叙利亚伤亡和被俘的军人多达 6 万余人,而以色列仅死亡了 983 人。

1973 年 10 月 6 日 14 时,苏伊士运河东岸以军防御工事的沙垒中,突然发生两声巨响,那是埃及蛙人在前一天晚间埋入水下的两个炸药包爆炸了,原来定时向苏伊士河面喷油的水下油嘴也被埃军蛙人塞住了,这样以军就不能在敌军过河时点燃大火。紧接着,埃及、叙利亚两国军队从西、北两线同时向以色列发起突然袭击,第四次中东战争由此打响。

战斗开始后,埃军地面部队进展顺利,埃及工兵用高压水龙头冲刷以军沿河岸修建的沙堤,仅用了 9 个小时就在沙堤上打开了 60 多个缺口,架设起 10 座浮桥,以军经营 8 年之久的巴列夫防线变成了废物烂铁。在战斗打响后的 24 小时里,埃军 10 万人、1020 辆坦克通过了运河。不到三天工夫,埃军就控制了运河东岸 10～15 千米的地区。

自第三次中东战争遭遇惨败后,埃及人太渴望用胜利洗刷耻辱了。如今战场上捷报频传,埃及人急不可耐地在首都开罗召开大规模的群众集会,萨达特总统发表讲话,他要求前线将士一定要再打一场胜仗告慰父老乡亲。就在这时候,一位横空出世的"战神",彻底打碎了埃及人胜利的梦想。

1973 年 7 月,以色列南部军区司令陆军少将沙龙届满离任,结束了他 25 年的军队生涯。三个月后,由于风云突变,以军紧急召回能征惯战的沙龙,让他担任装甲师师长。与沙龙的资历相比,这一级别实在太低了,但他毫无怨言,立即投入了战斗。沙龙打仗向来是不按常理出牌,虽然屡受上级叱责,依然我行我素。这一次他又提出一个极其大胆的方案,横渡苏伊士运河,打到埃及后方去。以色列南部军区司令戈南等高级指挥官指责他这是异想天开,沙龙却执意而行,亲率 200 多人开上缴获的苏制坦克,乔装成埃军,大摇大摆地渡过运河,到达西岸。他组织部队在苏伊士运河上搭建浮桥,掩护大部队过河,接着指挥部队勇猛挺进,截断了埃军与后方的联系,并打开了通往埃及首都开罗的大门,一举扭转了以色列在战场上的不利形势。以色列几乎全部摧毁了运河以西的埃及萨姆防空导弹阵地,为袭击运河西岸开辟了空中通道。他们甚至用卡车把缴获的完好无损的苏制萨姆 6 型防空导弹,连同雷达设备一起运回到苏伊士运河的东岸。

10 月 21 日,美苏经过激烈讨价还价后,敦促联合国安理会通过了 338 号决议,要求交战双方在 12 小时内实现停火。以色列总理梅厄夫人迫于政治压力,宣布停火,但沙龙置若罔闻,依然率领他的坦克部队沿着运河大肆挺进。在埃及境内战区活动,他竟然连钢盔都不戴,他的妻子听说了这件事,急告夫君务必戴上钢盔。沙龙大笑道:"我的钢盔另有用处,我要用它砸烂总参谋部那些人的脑壳!"

第三次中东战争后,由于苏伊士运河在战争期间受到了严重损害,被迫关闭,而且一关就是 8 年。直到 1975 年 6 月,苏伊士运河才重新通航。埃及总统萨达特表示,重新开放苏伊士运河是一个和平的姿态,同时对通航费用做出调整,其中最高调幅达 260%。

从 1976 年开始,埃及政府就开始着手进行运河的扩建工程。第一阶段工程于 1980 年完成,运河的航行水域由 1800 平方米扩大到 3600 平方米,通航船只吃水深度由 12.47 米增加到 17.9 米,可通行 15 万吨满载的货轮。第二阶段工程于 1983 年完成,航行水域进一步扩大到 5000 平方米,通航船只的吃水深度增至 21.98 米,可通行 25 万吨的货轮,通过运河的时间缩短至 11 个小时。近年来,通过苏伊士运河的船只日平均约 60 艘,运河年收入近 20 亿美元,占埃及外汇收入的第三位。埃及人民还在继续加深加宽运河,要让 30 万吨的巨轮通过。

1980 年 10 月 5 日,苏伊士运河上的第一条海底隧道建成通车。这条位于苏伊士港以北 17 千米处的隧道,加上两边进口,共长 5.9 千米,隧道本身长 1640 米,隧道内公路宽 7.5 米,来往车辆往返并行,每小时可以通过 2000 辆汽车。作为经过苏伊士运河海底连接亚洲和非洲的第一条陆地通道,它还有一个耐人寻味的名字——艾哈迈德·哈姆迪。第四次中东战争时,这位哈姆迪是埃及的工兵司令,在指挥部队架桥强渡运河中牺牲。如果哈姆迪能活到今天,看到滚滚车流从隧道这头钻进去,转瞬之间就到了苏伊士运河的那一边,不知会生出怎样的感慨来。

坦噶尼喀湖

东非大裂谷是东非高原上最壮观的景色,犹如地球上一道巨大的伤疤,同时它又是一座巨型的天然蓄水池,非洲的大部分湖泊都集中在这里,大大小小约有 20 多个。它们呈长条状展开,犹如一串串晶莹的蓝宝石散落在谷地,水色湛蓝,波光云影,构成了美丽的"裂谷湖珠"的仙境。裂谷内最高的湖是海拔 1900 米的纳瓦沙湖,它和中部的纳库鲁湖都是鸟类等动物的栖息之地。南部的马加迪湖盛产天然碱,是肯尼亚重要的矿产资源。北部的图尔卡纳湖是人类的发祥地之一,曾在这里发现过 260 万年前古人类头盖骨化石。

坦噶尼喀湖

东非大裂谷内最大的湖就是坦噶尼喀湖了,它像一条绿色的带子飘落在裂谷的南端。从形状和深度上来说,它都和大裂谷十分匹配。一方面它以南北 670 千米的长度,成为世界上最长的淡水湖;另一方面,它又以 1470 米的深度,成为全非洲最深的湖泊,也是仅次于贝加尔湖的世界第二深湖。由于它是典型的断层湖泊,湖岸地区形成了许多笔直的悬崖峭壁,它们直插湖水,在湖边出现了一道道深渊。

既深又长的坦噶尼喀湖还是非洲第二大湖,它如同大海一样,气势磅礴,变幻无穷。风和日丽的时候,湖面上波光云影,白帆点点;极目远眺,湖对岸群山连绵起伏,还可以依稀看到缕缕上升的炊烟,风光格外绮丽。而到了阴霾的天气,湖上又会出现另一番景色,烟雾蒙蒙,怒浪滔天,一个个小岛忽隐忽现。朝阳升起时,落日西坠处,水静波平的湖面上浮光闪烁,好似抖动着一幅巨大的彩缎。如此优美的自然景色吸引了世界各地的游人,每到节假日,椰树婆娑的沙滩上就会支起无数颜色各异的遮阳伞,人们在湖边游泳、钓鱼、晒太阳,还可以乘上摩托快艇,在宽阔的湖面掀起一道道白色的浪花。

第一个发现坦噶尼喀湖的欧洲人是约翰·斯皮克和理查德·伯赖。1868年,他们前往东非探察尼罗河的源头,无意中发现了一个大湖。斯皮克和伯赖也许因为正在闹矛盾,就没顾得上按照当时的习惯给它取新名,仍沿用原来的名字。坦噶尼喀湖名源于班图语,在班图语中,"坦噶尼喀"意为"汇合"或"聚集",指的是无数溪流在此"汇合"或许多部落"群居"在沿湖之滨。

然而,这只是坦噶尼喀湖名的来历的说法之一,还有一种说法认为,这个湖名来源于斯瓦希里语。在斯瓦希里语中,"坦噶尼喀"意为"岛屿"和"平原",指的是这个湖"由岛屿和平原组成"。实际上也是如此,坦噶尼喀湖中岛屿密布,湖岸平原辽阔,与湖名的这个意义倒是十分相符。

此外又有第三种说法,认为"坦噶尼喀"是湖中生长的一种荸荠的名称。这种荸荠漂浮在湖面上,大片大片地聚集在一起,颜色鲜嫩翠绿,果实可供食用,用作其名是指"荸荠汇聚的地方"。

也许还有很多种说法,它们其实说明的都是这个湖早已有人居住,欧洲人的功劳只是将它宣扬到世人的面前。自斯皮克和伯赖发现这个大湖以来,已经是100多年过去了,它不仅美丽依旧,而且富饶依旧,这在饱受殖民掠夺的非洲是非常少见的。

说起坦噶尼喀湖的富饶,应该先从它的周围说起。湖周地区森林茂盛,各种热带林木竞相生长,最引人注目的是香蕉林连绵不断。当地居民以香蕉为主食,还用香蕉酿制出香甜可口的香蕉酒,一口气喝上几大碗也不会醉。这里还有一种形状奇特的树,它没有枝丫,没有碎叶,在树干顶端长着翠绿欲滴的阔叶。它就是有名的"旅行家树",又名"旅人蕉",也有人叫它"孔雀树""扇子树"。这种树最初生长在茫茫的沙漠上,当商旅和行人在烈日的曝晒下干渴难熬时,一眼望见"旅行家树",就等于见到了救星一般。人们既可以借它的浓荫纳凉,还可以用刀在树干上划出一条口子,转眼间就会流出清凉可口的汁液,可以用来解渴。在花红柳绿的坦噶尼喀湖畔,有了落落大方的旅行家树,给这里的湖光山影增添了不少清幽高雅的情趣。

坦噶尼喀湖东的坦桑尼亚号称"世界剑麻之乡"。剑麻又称西沙尔麻,最初产于墨西哥,从1845年开始传入东非地区,坦桑尼亚于1892年开始移植。用坦桑尼亚生长的剑麻制作的纤维纯白无疵,一直在国际市场上享有很有声誉,使得坦噶尼喀专区成为世界上优质剑麻的主要产地,年产量最高时曾达到 20 多万吨,占当时世界产量的六成以上,居世界首位。现在坦桑尼亚仍然是世界上最大的剑麻出口国之一。

坦噶尼喀湖上的资源更是丰富。先说鱼类。湖中光慈鲷科的鱼就有 300 多种,还有 150 多种非慈鲷科的鱼。这些鱼形态多样,大的特别大,小的特别小,它们共同繁荣着湖边约 4.5 万个渔场。有一种小鱼名叫恩达加拉,长仅 8 厘米,重约 8克,但肉质细嫩,味道鲜美,沿湖居民非常爱吃。坦噶尼喀湖中的鱼不仅足够湖边的 100 多万居民食用,还能出口到别的国家去。

坦噶尼喀湖中的鱼大多集中在卢库加河流出的河口处,每到晚上,这里的湖面上就会闪烁起一簇簇光亮,随着湖中的波浪在轻轻摆动。那光亮是渔民们装在一条条小渔船头的油灯,用灯光诱引鱼群往网里钻。到了清晨,渔民们才动手收网,大鱼小鱼装满了鱼筐,交给渔妇顶在头上,走到市场去出售。

坦噶尼喀湖上鸟类众多,被人们称为"水鸟的天堂"。它们成群结队地贴着水面滑翔,好似一幅色彩斑斓的锦缎铺在湖面上。一受惊吓,它们又会飞入空中,如同片片飘浮的彩霞。这里最有名的鸟儿要数红鹤,即火烈鸟。它们全身的羽毛都是白色的,却闪着一层淡淡的粉色光泽。每天晨曦微露时,成群的红鹤便在湖上放声歌唱,奏起了一首快乐的晨曲。白天,成百成千的红鹤飞翔在蓝天上,首尾一字排开,蔚为壮观;傍晚,当它们成片成片地歇落在水面上时,仿佛天上降下的粉红云霞在湖面上浮动。

坦噶尼喀湖作为一个分属非洲四国的大湖,对于沟通非洲内陆国家的经济发展起到了重大作用,中非国家的许多进出口物资都是从坦桑尼亚经坦噶尼喀湖运往各地。除了坦赞铁路外,中非许多国家至今尚无铁路,而靠公路运输往往要跨越崇山峻岭,时间长达两三个月,有了坦噶尼喀湖,这种情形就会大为改观。了解了这样的背景,你就会明白坦噶尼喀湖沿岸为什么会有 800 多个小港口,还有那么多因港口而兴隆起来的城市。

坦噶尼喀湖区重要的港口城市有卡莱米、基戈马和布琼布拉等,其中布琼布拉是布隆迪共和国的首都。它的东边矗立着埃吉皮拉山,在当地基隆迪语中,"埃吉皮拉"意为"森林",满山茂密的森林正好与这个名字相配。坦噶尼喀湖好像一条银带,从西边和南边环绕着这个美丽的湖滨山城。

布琼布拉在殖民统治时期称乌松布拉,19 世纪末时曾是德国殖民者侵略非洲中部的基地,后来又成为德国和比利时统治卢安达(今卢旺达)-乌隆迪(今布隆迪)的据点。1962 年布隆迪独立后,才恢复了这座城市的原名。

"没有坦噶尼喀湖,就没有布琼布拉。"布琼布拉人总是这样对来访者说,而这个说法恰好道出了布琼布拉在短短几十年间成为一个新兴都市的全部秘密。布隆迪的首都原先在基加特,那里四周群山阻塞,交通非常不便。而布琼布拉地处湖滨,阔大的湖面成了一条方便的水上通道,把布隆迪的出口物资运往坦桑尼亚,再通过铁路运到印度洋边的港口。

布琼布拉虽然发展的步伐很快,但人口并不多,城市也不大,只是景致很好,绿树浓荫,鲜花处处。一座座排列整齐的别墅掩映在繁茂的热带花木中,围墙大多是花树组成的,宛如花园一般。即使走在城市中心,也能听到鸟儿欢快的鸣叫。

从布琼布拉来到坦噶尼喀湖上,你不妨寻找那条名叫"列姆巴"号的客货船坐一坐。它原名"戈岑伯爵"号,以德属东非前任总督的名字命名,本来是德国人的一艘武装炮舰。第一次世界大战初期,德国人靠着包括"戈岑伯爵"号在内的三艘炮艇,成了坦噶尼喀湖上唯一的主宰。为了扭转协约国在东非大湖地区的不利局面,伦敦海军部决定采取一项史无前例的冒险行动,派遣辛普森中校率领一支远征队,深入到东非内陆,用出其不意的方式歼灭德军在坦噶尼喀湖上的小舰队。

这是一项不可思议的任务,且不说能否最终击败德国人,无路可走的非洲热带森林就是难以逾越的障碍,更何况还要随队带着两艘用高速赛艇改造成的奇特"军舰"。然而,辛普森中校硬是把不可能变成了可能。他率领的远征队经过4个多月的艰苦行军,长途跋涉1.4万多千米,手下无一伤亡,最终带着两艘"军舰"来到了坦噶尼喀湖上。

在德国人毫无防备的情况下,英国人利用赛艇的轻巧灵活,猝然发难,先是俘获了德军的一艘炮舰,接着又击沉一艘,只剩下那艘"戈岑伯爵"号孤然孑立。德国人把它拖到基戈马港附近的马拉加拉西河口,自己动手将其凿沉,以免落入敌手,成为对方的胜利象征。

就这样,德意志帝国的中非之梦被一名英国中校和他的远征队打个粉碎,坦噶尼喀湖的控制权落入英国人的手中。1921年,"戈岑伯爵"号被打捞出水,经过多次翻新和重新装修,最后改名为"列姆巴"号,成为一艘能载客600人的客货船,在坦噶尼喀湖上航行,为当地人民造福。游坦噶尼喀湖可以任意选船,但要想回味那段传奇般的故事,"列姆巴"号的甲板便是一个最能引人遐思的地方。

欧洲名水

泰晤士河

倘若只论长度、宽度和流量,泰晤士河恐怕在地球上大江大河的名单中连前100名都排不进去,它的名气与一切地理数据无关,只与文化有关。泰晤士河流经之处,涵盖了英国文化精华所在的地区,也可以这样说,泰晤士河哺育了灿烂的英格兰文明,所以英国人才骄傲地把它称为"母亲河"。

泰晤士河流程不长,人们通常只把它分成上游和下游两段,分界点在伦敦。这两段在地理面貌上没有太大的差别,水流都非常平缓。相比之下,上游更为宁静,富有静态之美,而下游因为伦敦的关系,增加了很多喧闹与繁华的元素。

"泰晤士"在赛尔特语中意为"宽河",但只有从牛津城开始,它才逐渐变宽,河床也逐渐加深。泰晤士河流到牛津城外时分为两支,从城东城西两侧而过,牛津城就坐落在两河之间的河谷地带。世人都知道这里有个牛津大学,其

泰晤士河

实这里还是英国的一座文化名城,素有"英伦雅典"之称。城中的建筑古色古香,尤多塔状建筑,于是便得到一个"尖塔之城"的别名。

说起牛津,就不能不提到剑桥,两座城市中有两座比肩而立的世界名校。牛津大学和剑桥大学之间有一项传统赛事,那就是从1829年开始的校际赛艇比赛,比赛地点就在泰晤士河畔的亨利城。如今,这项赛事已经发展成为一系列赛艇杯赛,除英国外,还有30多个国家派队参加。

泰晤士河在流到伦敦之前,又途经两个非常有名的小镇,一个是位于泰晤士河南岸的温莎,一个是位于泰晤士河北岸的伊顿。温莎镇最早建造于罗马人统治时期,如今成了一个典型的英国小镇,英式风格的屋舍布满全镇,大街小巷上终年游客不断。游客们对温莎镇的青睐,源于这里有一座英国至今为止仍有人居住的最大的城堡,它就是温莎堡。公元1070年,诺曼底公爵(即后来的威廉一世)为了巩固伦敦以西的防御,便选择这个扼制通往伦敦水道的高地,营建了一座木构城堡。此后经过亨利二世和爱德华三世的不断改造,城堡变得越来越坚固。到了19世纪上半叶,经过乔治四世的大规模改造,温莎堡成为一座拥有众多精美建筑的古堡式王家行宫。当今的英国王朝称为温莎王朝,就是取名于这座古堡。

1936年,温莎堡中发生了一件轰动一时的风流韵事,英王爱德华八世降尊纡贵,向两度离婚的美国平民辛普森夫人求婚。这种行为自然不为保守的英国王室所容,爱德华八世竟毅然放弃王冠,由一国之君降为温莎公爵,与辛普森夫人携手出走英伦三岛,直到1972年其灵柩才重返温莎。这段"不爱江山爱美人"的浪漫史话,不但使温莎堡声名远播,也给这个中世纪的古堡平添了几分缠绵浪漫的色彩。

温莎城堡内收藏着英国王室数不清的珍宝,传自中世纪的家具和装饰品比比皆是,大大小小的房间有上千个,而一座年代并不久远的微型宫殿却成为备受珍视的国宝,足见它的不凡。它的名字叫玩偶宫,是1920年前后由1500位艺术家和工

匠参加装饰和布置而成,献给当时的玛丽王后。玩偶宫高 4 米,宽 2 米多,其中的王室人物和仆役身高都不超过 15 厘米,全都按照 1:12 的比例设计而成。虽然是仿制品,但每个细部都精确而逼真,且不说每座塑像都栩栩如生,就连酒窖里的小酒瓶里也确实封装着陈年佳酿,客厅里的小钢琴真能奏出优美的乐曲,御膳房里通过比麦秆还细的管道流入洗涤槽的是真的冷热水,安设在四层楼间的两部电梯也真的能上下开动。最为妙趣横生的是大公主的卧室,床垫下放着一颗在显微镜下才看得见的豌豆,使人不由得联想格林童话中那位娇嫩的"豌豆公主"。这座独具匠心的微型宫殿,每年都能吸引来几十万参观者。

在温莎镇的对面就是伊顿镇,这里因著名的伊顿公学而名扬天下。伊顿公学是英国声誉最高的私立中学,1440 年由英王亨利六世创办,至今在校园里还竖立着亨利六世的青铜塑像。亨利六世创立伊顿公学的时候,其初衷是让 70 位穷人男孩免费读中学,然后直升剑桥大学的国王学院。一直到今天,伊顿公学仍然每年有 70 个男孩会得到英国王室的资助,并且可以住在校园里,他们被称作"Scholar",其他 1200 多个学生不能住在校园里。

如今的伊顿公学早已失去了"公"的味道,成了精英的贵族男校,费用高达每年 2.6 万英镑,但很多富贵之家都千方百计把儿子送来这里就读。有幸进入伊顿公学读书的学生一般都在 13 岁入学,5 年后毕业,可直接进入牛津或剑桥大学继续深造。英国有史以来的 50 多位首相中,出自伊顿校门的就有 20 位,其中包括威灵顿、皮特父子、格莱斯顿、麦克米伦、霍姆等人。大科学家玻意耳、著名作家菲尔丁和大诗人雪莱也都在这里读过书。其实,如果考虑到这些名人的出身背景,伊顿公学出多少精英也不值得大惊小怪。

在温莎镇和伊顿镇之间架着一座桥,横跨在泰晤士河上,桥下聚集着许多天鹅和野鸭。关于泰晤士河上的天鹅,还有这样一个小故事。自从 12 世纪起,泰晤士河上的天鹅就一律归英国王室所有。15 世纪时,英国王室由于挥霍无度,常常向一些大公司借钱,借了钱却还不上,这可怎么办呢?于是有人就想出了一个办法,出卖泰晤士河上天鹅的所有权。能够拥有这样的所有权,对于民间的公司来说是件很荣耀的事情,葡萄酒协会和染色商协会捷足先登,得到了与皇家共有天鹅的荣耀。从此,泰晤士河上天鹅就归这三家共同拥有。每年 7 月的第三个星期,由英国王室、染色商协会和葡萄酒协会同时在泰晤士河上捕捉天鹅,染色商协会抓到的天鹅在一只脚上套环,葡萄酒协会抓到的天鹅两只脚上都套环,王室的天鹅没有脚环。很明显,王室的天鹅主要靠新出生的天鹅来补充,体现了天赋王权,而染色商协会和葡萄酒协会如果抓到的天鹅已经戴了脚环,那就是白辛苦了。

泰晤士河从温莎镇和伊顿镇之间穿过后,很快就进入了伦敦,从市区中央流过。对于伦敦这座历史名城的诞生、成长和繁荣,泰晤士河都起到了不可替代的作用。"伦敦"这个词最早源于居尔特语的"林登",意思就是"滨水之城"。英国人的老祖先能够选它为英国的建都之地,首先就是相中了它占有的河流之便。正因为有了泰晤士河,伦敦才能成为世界上不可多得的一大良港,为英伦三岛打开了一条通向全世界的航道。假如没有泰晤士河,这里就永远不会成为世界海运保险业的中心,历史上也不大可能出现东印度公司和哈得逊湾公司,而如果它们不把大量财富掠回英国本土,甚至就有可能不会出现强大的大英帝国。

假如没有泰晤士河,最起码那座埃及的方尖碑就没有可能立在伦敦维多利亚河堤区的岸边。这座方尖碑名叫克丽奥佩特拉方尖碑,高约 21 米,重 186 吨,是古埃及建筑工匠于公元前 15 世纪用一块巨型红色花岗石雕刻而成,原为一对,立于开罗以北的赫利奥波利斯神庙(即太阳神庙)前。19 世纪时,英国人发现了这个珍贵的方尖碑,便决定把它运回英国。

运送如此巨大的方尖碑可不是一件容易的事情,英国人为此专门设计了一个装有操纵舵的大型钢浮筒,把它与方尖碑固定在一起,派出一艘轮船拖往英国。当运输船驶至西班牙比斯开湾时,海上风暴突起,巨浪滔天,拖船沉没,英国人立即派出一艘更大马力的轮船前去接应。1878 年 11 月 20 日这一天,方尖碑在泰晤士河中逆流而上,来到伦敦港口,维多利亚女王不敢怠慢,亲自前去迎接,从此这座古埃及的方尖碑便成为点缀伦敦市容的一景。

不光是方尖碑,伦敦这座古城最美丽的景观都集中在泰晤士河两岸。所以,游览伦敦的一个最好方式,就是泛舟于泰晤士河上。伦敦城中的建筑群鳞次栉比,据说仅列入政府保护范围的古建筑就达 1.7 万多座。如果你深入到城市中杂乱的高楼群之间,眼前会一片灰蒙蒙,似乎一无所见,而从宽阔的泰晤士河中央望过去,那感觉就大不一样了。在流水形成的动感的映衬下,伦敦立刻露出了美丽的轮廓曲线,各种建筑物顿时凸现出婀娜的身姿,皇家宫殿的气派,教堂尖顶的高耸,现代建筑的新奇,园林花圃的锦绣,还有摇曳在泰晤士河面上的倒影,展示出英国首都的万般气象。

乘船游泰晤士河通常有两条路线,一条是"乡间逆流之旅",另一条是"市区顺流之旅"。选择前一条路线,那就从威斯敏斯特码头逆流而上,去看一看伦敦的农村与乡间花园别墅,如贝特西公园、基尤花园、里士满花园、灌木公园等,这些公园都建在泰晤士河畔,都喂养了不少水禽和鸽子,为花园增添了不少活力。

"乡间逆流之旅"的终点在汉普顿宫。它是一座王家园林,坐落在伦敦西南郊泰晤士河北岸。它原是一座修道院,16 世纪初落到红衣主教沃尔西手中,改建为府第。沃尔西曾是亨利八世的亲信,权倾一时,后来失宠,他便把整座府第献给国王,期望借此讨回国王的欢心,结果却是徒劳无功,反倒让国王砍了脑袋。亨利八世把它收为已有后,大力扩建,使之成为英国最豪华最美丽的王宫之一,号称"英国的凡尔赛宫"。汉普顿宫中的花园占地极广,配以水池、喷泉、塑像,确实有些凡尔赛宫花园的影子,但更为自然朴实一些。汉普顿宫园艺展是世界上最大的园艺盛会,由英国皇家园艺协会组织,集中展示 600 多名世界各国园艺师的作品。

汉普顿宫对世人最具吸引力的地方不仅是这里的园林,还有这里的传说。很多人都相信,亨利五世的第五任妻子凯瑟琳皇后的冤魂在汉普顿宫至今未散。1540 年,19 岁的凯瑟琳嫁给了亨利五世,岂料第二年她就遭到通奸的指控,被囚禁在汉普顿宫中。虽然凯瑟琳最终是在伦敦塔中丢了性命,但因为她是皇宫中被辱含恨,所以她的灵魂便逗留在宫中徘徊不去。据说很多游客来到汉普顿宫中,都会产生些许异样的感觉,比如突然全身冒大汗。曾有两名在不同时间来汉普顿宫参观的游客,竟在同一个位置晕厥过去。有人证实,这个位置恰好就是凯瑟琳皇后生前起居饮食的地方。

选择"市区顺流之旅"也要从威斯敏斯特码头下水,但方向是顺水而下,一直到出海口,主要是观看伦敦市区的景色。伦敦的主要建筑物大多分布在泰晤士河两旁,其中那些古老的建筑大多集中在河北岸,如葬有众多伟人的威斯敏斯特大教堂、具有文艺复兴风格的圣保罗大教堂、曾经见证过英国历史上黑暗时期的伦敦塔等。这些建筑全都历经沧桑,第二次世界大战中还经受了战争的洗礼,但仍然保持着本来面目。伦敦的现代建筑大多集中在河南岸,如办公楼、艺术中心、歌舞剧院等,它们的绚丽与北岸的古老典雅正好相映成趣。

沿着泰晤士河而下,还有很多跨河大桥值得一观。泰晤士河上有 28 座桥梁,它们形状各异,把泰晤士河两岸连成一片。这些桥梁每一座都飞扬着自己的花絮,每一座都在伦敦的历史中留下过精彩的笔触。

先让我们来见识一下著名的滑铁卢大桥。它始建于 1817 年,是一座 9 孔石桥。它建成通车时,正值英国的威灵顿公爵在滑铁卢战役中大胜拿破仑两周年,于是此桥便得名滑铁卢。现在的滑铁卢大桥桥身由五个拱形衔接起来,恰似五道彩虹首尾相连,优美而典雅。新一代的滑铁卢大桥是在 20 世纪 40 年代建成的。当时战事正酣,男丁奇缺,粗重的建筑工作不得不交给妇女们去完成。她们不仅用柔弱的肩膀扛起了沉重的使命,还要顶着德国法西斯的狂轰滥炸,到底让这座大桥跨越于泰晤士河上。

中国人对于滑铁卢大桥的认识,大多起于一部名叫《魂断蓝桥》的电影。片中的"蓝桥"就是滑铁卢大桥,但它本身无"蓝"可言,只是翻译者取自中国古代"守信约于蓝桥,尾生抱柱"的典故,来表示这座桥上发生过一段爱情故事。男女主人公从桥上浪漫相识,到火车站悲欢离合,再到桥上万念俱灰,滑铁卢桥成了凄美爱情的见证。如果没有那场该死的战争,滑铁卢桥就会成为一对情侣美满生活的起点。

泰晤士河上资格最老的桥要数伦敦桥,它始建于公元 963 年,原是一座木桥,两个世纪后改为石桥,成为当时沟通南北两岸的唯一通衢。石桥几经火焚,伦敦人又在 19 世纪初期把它重建成五拱的花岗岩桥。再后来有了更坚固的桥,伦敦桥应付不了日益繁忙的交通压力,便搁置不用了。这样一座废桥竟被老谋深算的英国绅士变成了无价之宝,当作古董卖给了美国亚利桑那州哈瓦苏湖城的地产商。美国人把这座桥的构件逐一编号拆卸,用巨轮运至美国,再按原样在哈瓦苏湖上把它重新砌筑起来,周围点缀以英式房舍,成为一个别开生面的旅游点,名曰"伦敦"。

泰晤士河上最漂亮的大桥便是伦敦塔桥。这座桥风格独特,气势磅礴,在两个巨大的桥墩上建有 5 层楼的高塔,塔桥因此而得名。塔桥的设计十分合理,上层支撑着两侧的桥塔,下层桥面可以开合,合起来时桥上可通车,打开时河面上可行船,堪称世界桥梁建筑史上的奇迹。全盛时期塔桥一天开合 50 次,如今随着码头的关闭,吊桥一年之中开合只有 500 次左右。塔桥被誉为"伦敦正门",是伦敦的标志性建筑之一,"雾锁塔桥"又是伦敦的胜景之一。

过了塔桥后,泰晤士河面豁然开朗,水面漫无边际,波澜不兴,娴静得如同淑女。然而,这只是泰晤士河的一面,每逢海潮上涨,泰晤士河就露出它野性十足的一面。潮水顺着漏斗形的河口咆哮涌进,犹如万马奔腾,一直狂奔到伦敦甚至更远的地方。倘若遭逢风暴,强大的低气压突然南下,汹涌的海潮会把伦敦变为泽国。历史上,伦敦曾几次被巨大的海潮所淹没。为了防止涌潮淹没伦敦,英国人在伦敦塔桥下游 13 千米处,兴建了构思巧妙的"旋起式扇形拦潮闸"。拦潮闸由 9 座 50 米高的桥墩和 10 座闸门组成,整齐地排列在河口处。平日里,它们伏在河床中,河水从闸门上畅流;而当海潮到来时,巨大的闸门就会突兀而起,如同一道钢铁高墙,把潮水拦在闸门之外,景象极为壮观。它是迄今为止世界上最大的移动式拦潮闸,也是英国近代最大规模的建设之一。英国人为此深感自豪,把它称为"世界第八大奇迹"。

泰晤士河称不上世界大河,也难称世界上最优美的河流,然而它却在英格兰乃至人类历史山占据一席之地。美洲大陆的第一批欧洲移民者,就是于 1620 年由泰晤士河岸登上"五月花"号帆船,开始了漫长的新大陆之行。英国的政治家约翰·伯恩斯说得好,泰晤士河之美在于它是"一部流动的历史"。千百年来,奔流不息的泰晤士河忠实地记录着英国的昨天和今天,记录着昔日的光荣与耻辱,混响着时代的回音向着未来流去……

塞纳河

法国有四大河流,分别是卢瓦尔河、加龙河、塞纳河和罗纳河,其中最长的是卢瓦尔河,最短的是塞纳河。卢瓦尔河发源于中央高原南部的塞文山脉,横贯法国中部,穿越莽莽丛林,一路上古迹众多,流溢着传奇的光芒奔向比斯开湾。塞纳河从法国北部逶迤而来,平平淡淡,不见奇处,只是在一头扎进巴黎怀抱的时候突然大放异彩,顿时成为全法国名气最大的河流。

关于塞纳河名字的由来,自古以来就有两种不同的说法,而这两种说法都能在它的源头处找到证明。塞纳河的源头有一条奔腾在狭窄山谷中的小溪,沿溪而上有一个山洞。洞里有一尊女神雕像,她白衣素裹,半躺半卧,手里捧着水瓶,嘴角挂着微笑,神色安详,姿态优美,那条小溪就是从这位女神的背后汩汩地流淌出来。据当地高卢人世代相传,这位女神名字叫塞纳,是一位降水女神,塞纳河就是以她的名字命名的。

塞纳河

距离河源不远的地方有个小镇,镇中有一座小巧的教堂,教堂中的墙壁上图文并茂地记载着这样一段故事:有一年大旱,镇中有位神父向上帝求雨,上帝为神父的虔诚所感动,便给这一带创造出一条河流,以保永无旱灾。这位神父是布尔高尼人,他的名字在布尔高尼语中为"塞涅",于是这个小镇和教堂都得名"圣·塞涅"。"塞涅"翻译成法文就是"塞纳",所以有人认为,塞纳河的名字其实就是那位神父的名字。

其实,塞纳河的名字是怎样来的并不重要,重要的是这里的一滴滴晶莹剔透的水珠汇成一条条湍急的山间小溪,一往情深地冲进法兰西大地绿色的怀抱,用起伏曲折的旋律谱写出了一首令人迷醉的长歌。这首长歌可以分成三个乐章,其中最华彩的部分就是第二乐章,也就是塞纳河流经巴黎的一段。无法想象没有巴黎的法国,更无法想象没有塞纳河的巴黎,巴黎的艺术光华只有经过塞纳河的折射,才变得无比璀璨。若没有塞纳河的风情万种,就没有巴黎的满目绿色,更没有巴黎的兴旺繁荣。

塞纳河第一乐章是它的上游,水流平缓,有"安详的姑娘"之称。选一个春风轻拂的黄昏,来到塞纳河畔,掬一捧略带春寒的河水,你会体会到它的清凉,心境也会随之平和多了。而当你随着塞纳河一起从东南方向进入巴黎,经过市中心,再从西南出城,你的心情就无法平静下来。河两岸种着不少梧桐树,从船上看过去,一片葱葱郁郁。树林的掩映中,一座座世界闻名的古建筑矗立在河两岸。河北岸(右岸)气象华贵,这里有法国古老的皇宫;河南岸(左岸)文化氛围浓厚,这里有大学区。就连巴黎段塞纳河两岸人工石砌的河堤,也被联合国教科文组织列入世界遗产名录。沿着塞纳河游去,巴黎最重要的景点会一览无余,而巴黎的历史与文化,巴黎的繁华与浪漫,也全都酣畅淋漓地在河水两岸洋洋洒洒。

巴黎人把塞纳河称为"慈爱的母亲",又把巴黎称作"塞纳河的女儿",这并不仅仅是溢美之词。巴黎段的塞纳河中有两座小岛,一座是西岱岛,另一座是圣路易岛。如果把巴黎比做一位美妇,那么塞纳河就是她粉颈上的一串项链,而那两个小岛就是这条项链上的玉坠。西岱岛和圣路易岛相距只有 50 米,由一座小小的圣路易桥相连,非常精巧地镶嵌在塞纳河中。圣路易岛是令人向往的高级住宅,又是散步的最佳地点,悠闲的气氛让人向往,而西岱岛则是法兰西民族的发祥地。

2000多年前,西岱岛上有个小渔村,人们住在村里,到塞纳河中打鱼、捕虾、捉蟹。公元1世纪时,罗马人占领了西岱岛,将它逐渐发展成为一个小市镇。到了4世纪时,它和毗邻的圣路易岛结成了一个叫巴黎希的部落,人们在岛上建立起了原始的首府,所以西岱岛又被称为西岱城。今天巴黎城市的格局就是以西岱岛为中心,如同一个大漩涡般向外转出。在岛上巴黎圣母院前广场的地面上镶嵌着一块小铜牌,上面写着这样的字样:这里是巴黎的零公里处。也就是说,无论你从巴黎前往法国的哪个地方,所谓的"里程"都是从西岱岛算起的。

西岱岛长不过1000米,宽仅500米,形状如同一条在碧波中晃动的小船,这条船上的风帆就是著名的巴黎圣母院。它始建于1163年,直到1320年才建成,此后历遭天灾人祸,差点儿被拆毁,也险些被烧毁。作为一座巨大的石头建筑,它看上去给人以阴暗而滞重的感觉,但那两座巍峨的塔楼却着实壮观,让读过《巴黎圣母院》这部小说的人,不由得联想起那个丑陋的卡西莫多,还有他敲打的大钟。

巴黎圣母院不仅是一处宗教场所,还是法国许多重大历史事件的默默的见证者。1804年,趾高气扬的拿破仑在这里加冕称帝,教皇不得不屈尊移贵,从梵蒂冈赶来听他驱使。1970年,法兰西第五共和国的缔造者戴高乐在这里举行葬礼。1996年,法国现代史上另一位伟人密特朗总统的灵魂也在这里升入天堂。

西岱岛的西部有一些古老得发黑的建筑,曾是皇宫中主管的住处。而在法国大革命期间,这里成了恐怖的代名词。仅是1793年至1794年这一年间,就有2600多人被临时关押在这里,后来一一被送上断头台,其中包括皇后玛丽,还有当时的风云人物丹东、罗伯斯庇尔。当年的玛丽皇后被关在一间小小的暗室中,身穿黑衣,心情绝望。据传有一位游历过英美诸国的法国贵族想把她救出去,就托看守将一束石竹花献给她,花中藏有一份潜逃计划。可惜这个计划因为败露未能实现,倒是提醒狱方加强了看管措施。如今游人在西岱岛上可以看到玛丽皇后的蜡像,路易家族似乎赢得了许多同情与尊敬,而发动大革命的丹东、罗伯斯庇尔等人也被推崇为法兰西的民族英雄。也许后人对前人总是这样宽容,于是便模糊了分明的泾渭,也把轰轰烈烈的成败全都化成历史的尘埃,有如塞纳河面上的一丝波痕。

说起巴黎段的塞纳河,就不能不说这段塞纳河上的桥。桥与河珠联璧合,共同诉说着巴黎的历史,炫耀着巴黎的辉煌,展示着巴黎的文明与艺术。游人乘船在河中穿桥而过,脸上会一次次地现出惊讶,心中会一次次地发生震撼。

巴黎段塞纳河上一共有36座桥,建造年代不同,建筑式样各异,凡是石构的都是古桥,而钢筋水泥桥、钢梁桥的历史一般都不超过200年。塞纳河上第一座金属桥便是卢浮宫博物馆正门口的"艺术桥",它建于1804年。最古老的是西岱岛连结左岸的"小桥",历时2000多年,最后一次修于1852年。西岱岛联结右岸的"大桥"又名"兑换桥",那是因为法兰西国王于 1141 年下令将城中各处金银铺、钱庄都集中到桥畔。西岱岛西端另有一座"新桥",建于 1613 年,桥头立着亨利四世策马驱驰的塑像,历来都是画家们写生的对象,想必当年莫奈、塞尚、毕加索等人,也来过这里寻找艺术灵感。

新桥据说是巴黎的第一座现代化意义的桥梁,但它的历史并不短,建桥工程始于亨利三世,1603 年时亨利四世为它举行了落成仪式。法国人常常用它来比喻老古董:像新桥一样旧。新桥附近的堤岸上,摆着一排排黑色的"箱子",里边存放的是旧书刊、画作和艺术品。小商贩和街头画家们在这里摆上地摊,成为塞纳河边的一景,人们在这里看画、淘书,只要肯花上时间和金钱,就能有所收获。

从新桥桥下可以乘游船游览塞纳河。塞纳河上的游船有个很奇特的名字——"苍蝇船"。据说当初塞纳河中货运繁忙,有不少渔船在这里贩卖鱼货,引来了许多苍蝇。今天的塞纳河相当干净,看不到讨厌的苍蝇,但"苍蝇船"这个词汇却一直沿用下来。

塞纳河上最壮观的桥要数亚历山大三世桥,那富丽堂皇的气质是别的桥梁所不具备的,而恰好与崇尚奢华的巴黎相得益彰。桥的左右两边入口处,各竖立着两根巨大的桥塔,每个塔顶上都托举着一尊漆成金黄色的青铜飞马雕像,显得威风凛凛,那是俄国皇帝亚历山大送给法国人的礼品。桥梁的钢铁骨架外面金色的栏杆上是华美的花形雕饰,花环丛中的美丽仕女若隐若现。桥上的灯都安装在铜锈色的雕塑灯架上,灯旁有蜡台相拥,永远像过节一样。桥上的花朵华饰、灯具,都由带翅膀的小爱神托着,寓意性的海妖形象构成了大桥装饰的主题。桥面的下边是拱形的桥洞,在桥面与桥洞的连接处的每根石柱上面,都雕刻着金黄色的花纹。在拱形桥洞的正中央,又镶嵌着一个很大的金黄色的雕饰,雕饰的四周围绕着绿色的花环,花环中间点缀有红色的和黄色的花朵。

亚历山大三世桥为单拱桥,全长 107 米,宽 40 米,大桥将两岸的香榭丽舍大街与巴黎荣军院广场连结起来。它始建于 1896 年,落成于 1900 年,是为了庆祝俄国和法国建立同盟关系而建,所以用它的奠基人沙皇尼古拉二世的父亲亚历山大三世的名字来命名。曾几何时,拿破仑率领大军远征到莫斯科城下,杀得腥风血雨,两国视若仇雠,转眼间便是觥筹交错,举杯交欢,真不知道拿破仑若是在冥冥之中看到这座法俄友谊金桥会生出何样感想来。

入夜后,塞纳河上所有桥梁的高压光带就会闪闪发光,与沿河两岸的华灯交相辉映,仿佛天上的银河落到人间。这时候的塞纳河就变成了一条水晶之河,一派珠光宝气,把巴黎装扮成一位十足的贵夫人。

塞纳河流过巴黎城后,就奏响了它的第三乐章。从巴黎城外开始,特别是从上诺曼第塞纳河上的鲁昂港开始,塞纳河上就出现了一片繁忙的运输景象,船来船往,十分热闹。塞纳河流过上诺曼底进入下诺曼底不远,就来到了入海处。这里一左一右有两座城市,位于右岸的是勒阿弗尔,位于左岸的是翁弗勒。勒阿弗尔是法国第二大海港,洛朗索瓦一世在位时,为防备敌人进入塞纳河,就于1517年建起了这座城市。法国历史上有不少著名航海家都是从这里开始,远航到非洲、美洲。翁弗勒比勒阿弗尔小得多,是一座古老而美丽的诺曼底渔港。

稍有美术常识的人都知道,法国画坛上有个印象派,着重表现物体所反映的光色变化,而印象派的画家与作品同勒阿弗尔和翁弗勒这两座城市密不可分,也可以说是与塞纳河密不可分。法国印象派运动的领袖人物名叫克劳德·莫奈,他出生在巴黎,5岁时随父母搬到了勒阿弗尔。那是1872年前后的一个薄雾弥漫的早晨,勒阿弗尔港外的海水在晨曦里呈现出奇异的色彩,莫奈的灵感受到触发,创作出了一幅名为《印象·日出》的油画。画面上表现的是透过晨雾观看日出时的瞬间感觉,微红的天空被各种色块所渲染,水波则由厚薄不一、长短相间的轻快笔触组成,表现出了水光的反射与颤动,几只小船在薄薄的色点组成的雾气中显得模模糊糊,依稀能感觉到小船在摇曳缓进。1874年,这幅画在展出时引起舆论的哗然,"印象派"这个名称便由此而来。如今,莫奈所开创这种画法已经被公认为是19世纪自然主义倾向的巅峰,也被视为现代绘画的起点。

莫奈有一位良师益友,名叫欧仁·布丹,可以说是印象派的先驱人物,他的家乡就在翁弗勒。对于印象派的画家来说,这里是他们最为钟情的地方,莫奈、雷诺阿、毕沙罗、塞尚等印象派画家经常在这里的咖啡厅里聚会倾谈。翁弗勒城中的狭窄街道古色古香,一排排红砖建筑在水面上留下倒影,黑色的石板屋顶古旧却不呆板,远处的渔港中安静地停泊着一艘艘小渔船,这些富于光色变幻的景物,曾不厌其烦地被印象派大师们描绘到画布上。

客观地说,印象派的产生有其艺术上的原因,但如果没有塞纳河明丽的风光,印象派画家所钻研并推崇的光色变化,就会失去生动的素材。这就难怪有些印象派画家终身居住在塞纳河畔,而毕沙罗到了晚年,则热衷于在塞纳河两岸的旅馆交替投宿,从不同角度来描绘塞纳河的绝妙美景。

莱茵河

莱茵上游——列支敦士登与莱茵瀑布

莱茵河是一条真正意义上的欧洲之河,它自南向北缓缓地流过六个欧洲国家,养育着两岸四个使用不同语言的民族,对欧洲文明可谓居功至伟。莱茵河又是一条景色秀丽的大河,在很早以前居住在这里的克尔特人的语言中,"莱茵"意为"清澈明亮"。莱茵河不仅河水清澈,风光绮丽,更有众多的名胜古迹,古往今来不知倾倒了多少作家、诗人、音乐家和艺术家。

莱茵河通常被分为三段,从河源到瑞士西北边境城市巴塞尔为上游。它先向北流入博登湖,再向西流出,与阿勒河相汇,一直流到巴塞尔。

莱茵河上游以自然风光取胜,沿途穿行在山地高原之间,地形崎岖,坡陡谷深,水流湍急,瀑布众多,雪峰雄伟多姿,草地碧绿如茵,森林郁郁葱葱,还有一座座古堡,历来是瑞士的旅游胜地。为了更好地开发这一带的水利资源,使之能用于

莱茵河

航运,瑞士人正在实施一个庞大的运河开凿计划,准备把莱茵河与苏黎士湖、纳沙泰尔湖、日内瓦湖以及洛桑一带的莱蒙湖连成一片,构成一个内河航运网。待到这一工程完工后,莱茵河上的风光必将更加绮丽。

莱茵河从河源处流出不远,就来到瑞士和列支敦士登之间,形成两国的界河。从瑞士边境乘车,跨越莱茵河上一条几十米长的公路小桥,就来到了袖珍之国列支敦士登。它的国土面积仅有 160 平方千米,相当于北京市面积的百分之一。如果开车沿着它的国境线跑一圈,只需半个多小时。有人做过统计,这个小国总共只有 7 个警察、1 个卫士和 1 只警犬。

列支敦士登的首都瓦杜兹只有南北一条街,背面是阿尔卑斯山的巍峨群峰,南面就是莱茵河,高山大河交响出这里富有立体感的自然景色。站在瓦杜兹大街上抬头仰望,只见半山腰上矗立着一座有着 700 多年历史的古老城堡,它由数座塔楼组成,高低错落,紧挨着树木苍翠的悬崖峭壁,给人以奇伟神秘之感。它是列支敦士登亲王和皇室人员的住地,也是这个小国家的象征。这座古城堡有一条盘山道与瓦杜兹相通,专供亲王和皇室成员上下山使用,写着"游人止步"四个大字的告示牌把观光客拦在外边。

莱茵河上游最著名的自然景观是位于瑞士小镇沙夫豪森附近的莱茵瀑布。它是欧洲最大的瀑布,宽 150 米,落差 23 米,平均水流量达 700 立方米/秒。在世界名瀑中,它的排名在 22 位,但对于自然风光属于"小家碧玉"的欧洲来说,这样的瀑布就已经称得上气势磅礴,鬼斧神工了,大诗人歌德也曾撰文称赞过它的优美。

为了便于游人观赏这欧洲第一瀑,这里搭建了不少观景平台,有的平台上枝繁叶茂,只闻瀑布低沉的咆哮却不见其影,有的平台距瀑布只有咫尺之遥,一伸手就摸得着。不过,最好的观瀑地点是瀑布中宛如小岛般的两块岩石。它们有几十米高,宛如两座大门拱卫着莱茵瀑布,逼迫着汹涌的河水从中间直泻而下,颇有"壮士一去不复返"的气势。登上这两块岩石近观瀑布,全身处在水雾蒸腾中,白色的水花漫天飞舞,耳鼓中充塞着巨大的轰鸣声,其感受除了惊心动魄,还另有一番惬意。

莱茵河流到瑞士和德国边境处,它的两岸出现了一座港口城市,名叫巴塞尔。

河左岸称为大巴塞尔,消闲场所及购物中心大多集中在这里;右岸称为小巴塞尔,这里多见花店、画室、工艺坊以及精致的咖啡厅。对于瑞士来说,巴塞尔是个非常重要的城市,它是瑞士这个内陆国家唯一的对外联系港口,瑞士对外贸易的大部分都经过这里。这里还是连接法国、德国和瑞士的最重要的交通枢纽,三个国家的高速公路在此交汇。巴塞尔市内有三个火车站,分别属于法、德、瑞三国。

巴塞尔还是一座以化工和医药工业为经济命脉的城市,这里每年都要举行一次瑞士工业博览会,来自世界各地的参观者多达百万。巴塞尔市中有一家证券交易所,规模之大在瑞士仅次于苏黎世。巴塞尔还设有国际结算银行,它所在的那座高 19 层的圆筒形现代大楼,成为巴塞尔的一大景观。

巴塞尔虽然是一座工业城市,林立的吊车和烟囱呈现出早已过时的"工业化面孔",但穿城区而过的莱茵河却给它增添了许多妩媚。这里位于莱茵河谷,地中海的湿润空气穿过罗纳河谷越过勃艮第之门,为这里带来了温和的气候,使巴塞尔成为中欧"天气最好"的城市。巴塞尔城中至今还完好地保存着有着数百年历史的古城堡、古教堂,还有那些小旅舍、小酒店也都古香古色,在城市深处营造着一派幽静和安宁。只有在这里,你才能感觉到它算得上一座旅游城市。

莱茵中游——斯特拉斯堡与罗累莱

从巴塞尔到德国的波恩为莱茵河的中游。根据水文特点和流域状况,这一带又可以分为上莱茵低地和莱茵峡谷两段。上莱茵低地位于巴塞尔到德国的宾根之间,南北长 300 千米,东西宽 40 千米,东侧有德国的黑林山,西侧有法国的孚日山脉,中间夹着一块宽广的阶状谷地。莱茵峡谷位于宾根到波恩之间,两岸山峦重叠,河道曲折蜿蜒,河床狭窄,流速加快,左岸有莱茵河最大的支流摩泽尔河汇入。莱茵河中游贯穿德国南北,被德国人称为"命运之河",沿着这一段莱茵河旅行,不仅可以观赏到两岸的自然风光,还能体味到德意志民族的丰富感情和浪漫,感知到他们富有哲理的沉思默想。

莱茵河进入中游后,仿佛一个走了不少山路的行人,身体有些疲惫,于是放缓了脚步,安静而舒适地向前流淌。从巴塞尔开始,莱茵河两岸的工厂骤然多起来,展现出一幅现代工业画卷。从这里开始,人们可以在莱茵河上乘船而行。巨大的货轮,豪华的游船,还有漂亮小巧的游览船,在莱茵河面上往来穿梭,形成了一道独特的风景线。

上莱茵低地的莱茵河构成了德法两国的边界,两岸布满了如画的村庄和城市,其中最大而且最美丽的城市要属位于莱茵河左岸的斯特拉斯堡。由于地处德法两国交界,历史上这两个国家经常为它大打出手,使得它忽而属于德国,忽而属于法国,最终虽然归了法国,却有着一个德国名字,这里的居民使用的方言也是一种变异的德语。斯特拉斯堡是欧洲议会总部的所在地,与纽约、日内瓦一道成为世界上非国家首都却有资格接待国际机构的城市。欧洲人选择斯特拉斯堡作为"欧洲之都"显然不是随意之举,作为一座被双重文化浸染的历史文化名城,又有着独特的地理位置,恰好适合用来作为二战以后欧洲各民族间和解的象征。

斯特拉斯堡又是一座水城,古老的运河贯穿全城,整个斯特拉斯堡的人都沿河而居。中古时期的石桥随处可见,颇有水城威尼斯的味道,配上布满青苔的石板路,又依稀见到中国的江南水乡。坐上白色的游艇绕着老城环游,游一圈只要一个小时多一点的时间,但这段时间对于游人来说绝对是"超值"享受。两岸的垂柳,古老的房子,阳台上怒放的鲜花,还有河岸边的露天咖啡座,一切都是那样温馨而和谐。

斯特拉斯堡最有情调的地方是老城中的"小法兰西区"。这里有宽宽的小运河,14世纪遗留至今的桥头堡,巴伐利亚式的河上小屋,颜色对比强烈的北欧风情房子,还有一座河上长廊,完全称得上欧洲小城美景的微缩版。

位于斯特拉斯堡老城中心的大教堂,是一座十分有名的建筑,它全部用阿尔萨斯地区的红色石料砌成,顶部却是绿色的,颜色如同青铜一般。它的另一个独特之处在于它只有一个塔楼,不知是当初就是这样设计的,还是后来毁于战火。这座教堂始建于1190年,前前后后用了近400年的时间才建成。它的塔楼高达142米,直到19世纪还是欧洲最高的基督教建筑。这座教堂从里到外都是一个美轮美奂的精品。外墙上布满了繁复的精美雕花,内部的彩绘玻璃窗,精雕细琢的小礼拜堂,既华丽又典雅,难怪法国大作家雨果曾以"集巨大与纤细于一身令人惊异的建筑",来形容它的宏伟与精美。

莱茵河中游风光最美的河段位于美因兹与科布伦茨之间。1817年,英国著名的画家、印象派先锋特耐尔为莱茵河的优美景色所吸引,一个人带着素描本,从科隆一直画到美因兹。美因兹坐落在莱茵河左岸的平川上,与黑森州首府威斯巴登隔河相望,北纬50度线正好从城中穿过,在市中心的古登堡广场上嵌有金铜色的纬度线标记,游客们都喜欢踩在这个标记上留下一张旅游照。

莱茵河中游最出名的景观就是位于威斯巴登西北的罗累莱。它是一座富有神话色彩的陡峭山崖,高132米。此处莱茵河段宽仅90米,水位低时名为"七少女"的暗礁就会露出水面。相传罗累莱岩上住着一位美丽的女妖,名字就叫罗累莱,她经常坐在岩边梳理金黄色的头发,一边唱着动听的歌曲。她的歌声低回婉转,如泣如诉,有着迷人的魔力,河上的船夫被歌声所迷,全然忘记了这里弯多水急,水里还有暗礁,只顾着往高处仰望,结果船只触礁沉没,葬身水底。德国著名诗人海涅曾经写过一首题为《罗累莱》的叙事诗,至今仍在流传,开头这样写道:"不知道什么缘故,我是这样的悲哀,一个古代的童话,我总是不能忘怀。"

罗累莱的传说有很多版本,在海涅的笔下,罗累莱是一个妖媚而神秘的女妖,而在当地人的传说中,她不过是个红颜薄命的邻家少女,家里很穷,却和一个富家子弟相爱了。悬殊的社会地位,使得他俩不可能在一起,罗累莱只得每天清晨和黄昏,登上山崖的最高处,坐在那里唱歌,希望有一天爱人的游船能从山崖下经过,看到她的身影,听到她的歌声。这一天终于被她等来了,爱人乘坐的游船从山崖下驶过,罗累莱从山崖上一跃而下,将美丽的青春和无望的爱情一同埋进了莱茵河。罗累莱崖下有一尊少女的雕像,应该是按照这个传说创作的,而不应该是那个女妖。当地还出产一种名为"罗累莱的眼泪"的葡萄酒,所采用的葡萄距罗累莱山崖只有几百米远。

从小城宾根开始,莱茵河中游就进入了莱茵峡谷。这一带气候温和,土壤肥沃,尤以葡萄种植业闻名,摩泽尔河谷沿岸绵延 100 多千米都是葡萄园,被称为德国的"葡萄之路"。这一带最美丽的小城是以"酒城"著称的吕德斯海姆,特产是雷司令白葡萄酒。它的一切都是小巧而精致的,小酒巷、小博物馆、小火车站、小日耳曼尼娅女神像,只有葡萄园是大片大片的,整个城市都掩映在葡萄园中,随着季节的变幻而改变着色彩,只有重重叠叠的红色屋顶从不改变。

从吕德斯海姆到科布伦茨,全长只有 50 多千米,却最能代表莱茵河中游独特的自然和人文景观,被联合国教科文组织列为世界自然文化遗产。为了保护这段风景的原貌,这一段莱茵河上没有架设桥梁,往来两岸都靠轮渡。

这一段的自然风光并非异乎寻常,但两岸山上布满了旧时的堡垒,高高下下,错错落落,斑斑驳驳,各种各样,有的峭拔,有的凝重,全都在阳光下显示着历史的沧桑,不由得让人联想起从恺撒到拿破仑这些声名远播的人物来,追忆起那些远逝的金戈铁马的岁月。

这一带的古堡大都建于公元 11 世纪~13 世纪,当时德国处于中世纪,贵族豪强、教会主教群雄割据。他们之间互相防范,于是便纷纷筑起城堡,据险自守。正是出于这样的目的,所以这些城堡全都建在峻岭和陡壁上,顶部设有瞭望塔,四周有垛口。很多城堡还是为了向河上的船只征收巨额税金而建,当年莱茵河上的过往船只不得不一路交税。而如今这些曾经显赫一时的古堡早已失去了往日的功能,只是给莱茵河平添了壮丽的风景。

莱茵河中游沿途有 200 多座大小城堡,其中比较有名的如墙上开有炮台洞的莱茵岩城堡、最古老的兰施泰因城堡、颜色对比鲜明的普法尔兹石堡、现已成为酒店的钢角城堡、仍保存着中世纪外貌的马克城堡等。如果说最漂亮最有趣的,还要数猫堡与鼠堡。

猫堡耸立在圣高阿的对岸山崖上,距离罗累莱不远。它是卡策奈伦伯格伯爵为保护莱茵岩城堡和圣高阿豪森城所建,远远望去,还真的很像一只卧在山冈上的猫,但猫堡这个名字的由来与它的外貌也许没有多大关系。相传卡策奈伦伯格伯爵别号"猫手伯爵",他所建造的城堡自然就得名猫堡。还有一种说法,当年的卡策奈伦伯格家族拥有 138 个村庄,势力非常雄厚,他们见有人在不远处的山头上建起了一座城堡,就针锋相对地造起一座更大的城堡,以显示自家的权力和财富。他们嘲讽对方的城堡为"老鼠",而自家的城堡也就成了"猫"。猫堡后来为黑森—卡塞尔侯爵继承,又几经转手,逐渐改建成可以居住的城堡。但由于维修保护费用过于昂贵,德国人于1989年把它卖给一个日本人,后者把它改建成一家日本宾馆。

猫堡下游不远处就是鼠堡,它建在莱茵河心的莱茵岛上,最早是罗马元帅德路威斯在公元前8年修建的关税塔。相传公元10世纪时,美茵茨主教哈托二世为人贪婪残暴,他不顾百姓疾苦,把大量粮食藏在塔中。百姓忍无可忍,将他禁锢在塔中,主教最终成了成群老鼠的美餐,鼠堡的名字就由此而来。今天的鼠堡已经成为莱茵河上的信号塔,为来往船只提供帮助。

莱茵下游——波恩与科隆

从德国的波恩到荷兰境内的入海口为莱茵河的下游。这一带由于没有任何高山的阻挡,河面变得很宽,有的河段宽达700米。莱茵河在埃默里希流入荷兰境内,不久又分成多条支流,又和源自法国的马斯河一起,形成了一个巨大的水路网,最终在鹿特丹和阿姆斯特丹之间成扇面流入北海。

莱茵河下游人口众多,城市密集,工业和农业都非常现代化。莱茵河进入荷兰境内之前,与右岸支流鲁尔河汇合,而地跨鲁尔河两岸的鲁尔区是西欧重要的工业区之一,号称"欧洲的引擎"。莱茵河进入荷兰境内之后,与马斯河、斯凯尔河共同形成了广阔的三角洲。这一带集中了荷兰近一半的人口,平坦的大地上花田连绵,奶牛成群,风车林立,运河纵横,洋溢着一派田园牧歌式的情调。在莱茵河入海口附近坐落着世界第一大港鹿特丹,它外连北海,通向大西洋,内连欧洲的黄金水道莱茵河,号称"莱茵河上的明珠"和"欧洲的门户"。如果说莱茵河是欧洲之河,那么鹿特丹就不仅仅是荷兰的港口,更是整个欧洲的港口。经过扩建后的鹿特丹港,就被称为"欧洲港"。

莱茵河下游沿岸有两座文化名城,都在德国境内,一座是波恩,另一座是科隆。

波恩处在莱茵河中游与下游的分界点上。"波恩"意为"兵营",公元1世纪初,罗马军团曾在这里设立兵营。13世纪至18世纪这500年间,它一直是科隆选帝侯国的首府。二战结束后,它又成为德意志联邦共和国首都。在漫长的历史岁月里,波恩城中的一些古老建筑曾经多次毁于战火,但事后都得到了很好的修复,而且许多古老建筑重新修缮后都被辟为博物馆或文化机构。

两德统一后,德国的首都从波恩迁往柏林,波恩的地位陡然下降,但它作为一座文化名城,自有其非凡的神韵。最让波恩傲然于世的是伟大的音乐家贝多芬就诞生在这里。贝多芬的故居坐落在莱茵河西岸大桥脚下——波恩小巷20号。这是一座三层的木结构建筑,推开虚掩的木门,屋内是老旧的木质地板,踩在上面即使再小心也会发出吱呀吱呀的声音,因为屋子里很安静,所以这种声音就变得特别明显。三楼有个房间高不到两米，游人一伸手就能摸到天花板，1770 年 12 月 16 日（或 17 日），一代乐圣就在这里来到人间。

1792 年，22 岁的贝多芬离开波恩来到维也纳，从此就一直住在这座对音乐家特别有吸引力的城市里，但是故乡的莱茵河却始终在他的梦境中萦绕，也在他作品的旋律中扬波兴浪。同样，热爱贝多芬音乐的人，也把这种感情延伸到他的家乡，早在 1898 年就把他青少年时代生活过的楼房辟为博物馆。这里的展品非常丰富，有贝多芬的家史、教堂洗礼证书，有他 30 岁第一次出版的乐曲、他使用过的各种乐器、亲笔书写的各种信件，还有他耳聋后用过的助听器。在离波恩主火车站不远的明斯特广场上，还矗立着贝多芬的铜像，他手里拿着五线谱和笔，表情严肃，好像正在凝神构思着一段激昂的慢板。每隔 4 年，波恩都要举行一次以贝多芬命名的音乐节，来自世界各地的音乐家欢聚一堂，演奏他的作品。每到这个时候，莱茵河上空就会响彻贝多芬那狂飙疾飞的经典乐曲。

波恩还有一处文化圣地，它就是坐落在明斯特大教堂后面的波恩大学。这所建于 1786 年的大学是欧洲最古老的高等学府之一，校舍主楼是普鲁士时期的宫殿式建筑，马克思和著名诗人海涅都曾在这里学习过。

在距离波恩不远的地方有一个叫作龙岩山的地方，莱茵河就从它的南面缓缓流过。德国中世纪的叙事诗《尼伯龙根之歌》中的英雄西格弗里就是在这里与恶龙大战一场，沾上了龙血，这才变成了不死之身。《尼伯龙根之歌》是日耳曼的民族史诗，它的形成与传播都在莱茵河流域，看来德国人把莱茵河尊敬地称为"父亲河"，还是很有道理的。

莱茵河流过波恩后只走了 21 千米，就来到了德国的第四大城市科隆。科隆是一座以罗马式教堂和哥特式大教堂闻名于世的城市。屹立在莱茵河边的科隆大教堂高 157.31 米，它有两座哥特式尖塔，北塔高 157.38 米，南塔高 157.31 米，是世界上目前最高的双塔教堂。站在高高的塔顶极目远望，莱茵河犹如一条白色的缎带从城边飘过。

说起科隆，很多人的脑海里就会出现"科隆香水"这样几个字。的确，科隆香水就是产自科隆。它的原配方据说是 1695 年由一位名叫费米尼斯的意大利人带到科隆来的，但当时他只是把它当成一种奇特的药水。后来他的侄子法里纳把它当成包治百病的药水出售，号称"魔水"，帮他赚了不少钱。大概在 1792 年时，一位名叫威廉·米伦的科隆人新婚宴尔，收到了一位僧侣的贺礼，竟是"魔水"的配方。米伦就在科隆成立了一家手工作坊，按方生产"魔水"，但被他改名为"科隆水"，其功能不再是治病，而是化妆香水。1794 年，拿破仑的军队攻占了科隆，法国人被这里好多同名的街道搞得晕头转向，就由一位法国将军下令，将城中所有的房屋都编上号码，米伦的房子被编为 4711 号，米伦索性就用这个门牌号 4711 作为"科隆水"的牌子。在拿破仑时代，驻科隆的法国士兵都非常喜欢这种"科隆水"，回故乡时都要买一些送给家里的妻子和恋人,科隆香水的名声就这样传了开来。如今在科隆大教堂前广场的一侧有一家 4711 的店铺,它就是最早出售"科隆水"的店铺,游人们可以在里面买一瓶 4711 作为纪念。200 多年来,科隆香水一直装在蓝色和金色的瓶子里,保持着贵族味极强的外包装。不过,现在的科隆香水已经逐渐被认定为男士专用香水,送给女士不太合适了。

在欧洲的河流中,莱茵河不算最长,却最为清澈,保持着从雪山而来的冰肌玉骨,但它并非一直如此。随着工业化的进程,工业废水大量涌入,污染日重,它曾一度变黑发臭,鱼虾绝迹,水鸟飞尽,人们厌恶地称它为"欧洲下水道""欧洲公共厕所"。直到 20 世纪中期,莱茵河沿岸各国才幡然醒悟,成立了莱茵河保护委员会,委员会主席轮流由各成员国的部长担任,对这条如诗如画的大河进行坚持不懈的治理,终于使它恢复了碧澄的本来面目。完全可以这样说,莱茵河是世界上管理得最好的一条河,也是世界上人与河流关系处理得最成功的一条河。回过头来再看看我们的长江黄河,差距实在太多,应该吸收的经验教训也实在太多了。

多瑙河

多瑙河的蓝色与黄色

说起多瑙河,人们的脑海里就会涌出"蓝色"这个形容词。用蓝色来形容多瑙河,这要归功于奥地利作曲家约翰·施特劳斯的《蓝色的多瑙河》,它那动人的旋律把人带入如诗如梦的境界,仿佛多瑙河水在人们眼前铺展出如海如天的蓝色,那轻柔的蓝色波浪奏出春天的交响。不过,把多瑙河说成蓝色并不是施特劳斯的发明,他是受了匈牙利诗人贝克普的影响。贝克普在他的诗中这样写道:"这是多瑙河两岸的幸福吗? ……在美丽的蓝色多瑙河畔有宁静的故乡。"正是受到这优美诗句的启发,施特劳斯才为他的一首华尔兹舞曲取名为《蓝色的多瑙河》。

多瑙河

事实上,多瑙河并不是纯粹的蓝色。法国著名的科幻小说家儒勒·凡尔纳曾写过一部名叫《美丽的黄色多瑙河》的作品。他在和出版商赫泽尔父子的一次谈话中说道:"我也愿意将多瑙河描绘成是蓝色的,可是河水卷带了两岸冲积平原的泥土,因此它不可能是蓝色的。"

奥地利指挥家马克·舍赫尔做过长期而仔细地观察,发现多瑙河经常是无色的,而在清晨阳光斜射时,河水才会反射出天空的颜色。他还注意到,多瑙河在一年之中会发生多次颜色的变化,其中包括棕色、浊黄色、浊绿色、鲜绿色、草绿色、深绿色等。

多瑙河怎么成了一条"变色龙"了呢?这个神奇的现象引起了地理学家的关注,他们对多瑙河水进行了认真的科学考察,发现河水中混杂着大量的矿物质,随着水深的差异,在一定的大气和光线折射条件下,就会引起河水颜色的多变。另外,多瑙河本身的曲折也是它颜色多变的原因。

在民间古老的传说中,多瑙河还有一种颜色,那就是如鲜血般的红色。相传在很久很久以前,基辅公国有个名叫多瑙·伊万的英雄,他娶了女英雄娜塔莎为妻。在结婚筵席上,多瑙·伊万夸耀说:"在基辅,再也没有比我更勇敢、更有本领的人了!"当场没有人反驳他,多瑙·伊万更加盛气凌人,他乘着酒兴,邀请娜塔莎到野外去比赛射箭,以显示他那高超的射技。结果,娜塔莎获得了胜利。多瑙·伊万觉得非常没有面子,竟鬼迷心窍,一箭射死了自己心爱的妻子。当他清醒过来后,痛不欲生,伏倒在妻子冰冷的尸体旁自杀了。他的血缓缓流淌,就变成了如今的多瑙河。

古往今来,多瑙河中不仅融进了一个多瑙·伊万的鲜血,两次世界大战中,多瑙河水一再被战火染得通红,还有工业废水曾把它浸成黑色,混杂的泥沙又带给它浑浊的黄色,而那蓝色的涟漪常常只能到梦里去寻找。

如果你想知道多瑙河的本色,还是到它的源头看一看吧。关于多瑙河的发源地,在很长一段时间里都是模糊不清的。有人说它发于北,有人说它起于南,还有人说它发源于阿尔卑斯山,古希腊学者亚里士多德则认为它发源于法国和西班牙之间的比利牛斯山。后来多亏了严谨的罗马人,他们经过一番详细的实地勘察,确定多瑙河发源于德国境内黑林山上那两条清澈的小溪,一条叫布里加赫,一条叫布雷克。这两条小溪流到黑森林山地边缘的多瑙辛根附近汇合,以下河段才被正式称为多瑙河。

游人来到多瑙辛根,大多是慕多瑙河源头之名而去。这座城市中有一个城堡公园,公园中的城堡原是符腾堡大公的宫殿,城堡的旁边有一个花岗岩砌成的圆形池子,一池泉水清澈见底,据说这里就是多瑙河开始的地方。其实,这是当年城堡的主人做的一个巧妙的手脚,他将城堡里的泉水引入多瑙河,制造出一个人工的多瑙河源头,以提高城堡的身价,没想到却吸引来不少后世游人。

若要寻根溯源,人们就要离开多瑙辛根,沿着流域较长的布雷克河向西北方向进发。走了30多千米,来到一个名叫富特旺根的小城。爬到城外海拔1200米的山上,这里有一段用几块石头大致围出的小小河道,最上边一块椭圆形石头的下部开有一个泉眼,细细的清泉无声地从中流出。旁边的一块石头上刻着字,说明这里才是真正的多瑙河源头。

在多瑙河的源头掬一捧清泉入口,泉水甘甜冰凉,应该与它入海口处的河水味道完全不同。仔细看这里泉水的颜色，清亮而透明，没有丝毫的蓝色或黄色。原来，多瑙河的本色就是朴素的，既不高雅也不低俗，以后的轰轰烈烈，一泻千里，并非它最初的追求。把河流比拟成人生，也许二者也有相通之处。

乌尔姆与瓦豪河谷

多瑙河是一条奇怪的河流，它从发源地到黑海入海口，直线距离不过1700千米，而实际上它却多走了1300多千米。这里的原因在于它不断改变流向，迂回曲折。多瑙河的上游从河源到"匈牙利门"（西喀尔巴阡山脉和奥地利阿尔卑斯山脉之间的峡谷），全长约966千米。这一段河道狭窄，河谷幽深，两岸多峭壁，水中多急流险滩，沿途接纳了几条源自阿尔卑斯山融雪的支流，水量大增，属于典型的山地河流。这一段的自然景色也是山清水秀，风光绮丽。

多瑙河上游有一座小城叫乌尔姆，多瑙河在这里只是窄窄的一道流水，正在静静地等待着长大，去激起千里外蓝色的浪花。城中有一座蒙斯特塔，高达161米，它是德国现存最别致的哥特式尖塔，也是欧洲最高的单塔教堂，被誉为"法国人的杰作"。然而，蒙斯特塔再高，也敌不过两位巨人在这里留下的些微痕迹。1879年3月14日，阿尔伯特·爱因斯坦就诞生在乌尔姆镇的一个商人家里。在他出生后一年多，他们一家人就离开乌尔姆，搬到德国南部城市慕尼黑去了。尽管爱因斯坦只在这座城市中生活了15个月，但乌尔姆人依然以他为骄傲，城中有一个以爱因斯坦的名字命名的喷泉，就连这里卖的巧克力包装上也印着爱因斯坦的头像，只是不知道吃后会不会使人变得更聪明。

1620年深秋，一位年轻的士兵在乌尔姆城中做了一个梦。他就是日后闻名于世的大哲学家、数学家笛卡儿，当时正在服兵役。笛卡儿喜欢睡懒觉，这一天他正想着最近研究的几何与代数的结合问题，不知不觉就睡着了。在睡梦中，排长对他说："你这么聪明，怎么这层窗户纸就没有捅破呢？你看，多瑙河上游是正，下游是负，右岸是正，左岸是负，乌尔姆镇处在交叉点上。"醒来后，他急忙从枕头下抽出本子和半截铅笔，先画了一条竖线，标明为y，又画了一条横线，标明为x，在这两条轴上又标出许多正负刻度。笛卡儿的坐标系就是这样得到的，至于多瑙河是否给了他灵感，那就不得而知了。

多瑙河上游最大的城市是德国的累根斯堡，浪漫的多瑙河水上之旅通常就是从这里开始的。"累根"的原意为"雨"，可以直译成"雨丝堡"。累根斯堡是一座鲜花盛开的绿色城市，它的美景曾让许多名人留下无数的感叹。大文豪歌德这样写道："在这里，我感到我是一个普通的人，请允许我在这里留下来。"德国诗人维尔奈尔·贝尔根格林在累根斯堡生活过，他留下了这样的诗句："一年，十年甚至一生，我愿生活在这里。"

累根斯堡不仅景色优美，还被公认为德国中世纪的奇迹，见证了德国2000年来丰富多彩的历史,城中有一座苍苔斑驳的拱形石桥,800年来它一直伴随着桥下的多瑙河水。累根斯堡建于古罗马时期,中世纪时,城中罗马贵族、商贾富翁云集,是当时著名的商贸之城。由于没有受到战火的殃及,城中罗马式的城堡大门、加洛林王族的行宫、神秘的教堂大门、典型的哥特式雕塑,以及众多金碧辉煌的巴洛克式、洛可可式等各具特色的古代建筑,全都完好地保存下来。此外,城中还有大天文学家开普勒的故居。

多瑙河流经累根斯堡、帕绍进入奥地利境内,出现了整个多瑙河上最美丽的一段,它就是瓦豪河谷。这条河谷从克雷姆斯到梅尔克,全长不过30千米,却拥有世界上最美丽的沿河风光。多瑙河由西向东在蜿蜒曲折的峡谷中缓缓地向前流去,充满神奇色彩的古堡和废墟俯瞰着河边古老小镇和如画的村落,郁郁葱葱的丘陵间一片片葡萄园连绵起伏。大自然恩赐的迷人景色和众多的历史遗迹,为瓦豪河谷赢得了世界文化遗产的桂冠。

逆流游览瓦豪河谷的第一站就是梅尔克。无论是乘车还是乘船,远远地就能看到一座鲜黄色的雄伟建筑,它就是梅尔克修道院,建在一块50米高的岩石之上。站在修道院的露天回廊上,可以俯瞰多瑙河的壮观景色。这座修道院堪称巴洛克式建筑的杰作,称得上多瑙河谷中最美的建筑,而它那气派非凡的格局,金碧辉煌的装饰,又流露出几分帝王贵族所特有的气派。自古以来,梅尔克修道院就和奥地利统治者保持着良好的关系。每次皇家出行,总是选择梅尔克作为行宫。修道院内有一条长达196米的皇家走廊,那里悬挂着奥地利历代皇帝的肖像。在修道院的陈列室里,游人们还能看到皇室用过的器具、穿戴过的服饰以及使用过的兵器等。这座修道院还有一个藏书9万余册的图书馆,据说曾经是世界上藏书最多的图书馆。

游览瓦豪河谷的第二站是迪伦施坦。这座宁静的小镇由古老的城墙包围着,城中心有一座奥古斯汀修道院,它那白蓝两色的尖顶塔楼,号称是奥地利最美丽的巴洛克塔式建筑。瓦豪河谷中古堡的断壁残垣比比皆是,而以这里山顶上的城堡废墟最有名气。相传英国的狮心国王理查德在十字军东进时触怒了奥地利公爵,公爵就把他囚禁在这个城堡里。狮心国王有个忠心耿耿的仆人,他不知道国王去了哪里,就沿着多瑙河一边吟咏歌唱一边赶路寻找,最终在这里找到了国王。狮心国王甘愿支付一大笔赎金,奥地利公爵才把他释放了。

游览瓦豪河谷的第三站是小镇施皮茨。它坐落在多瑙河的北岸,城中的圣毛里求斯教堂中收藏着中世纪大名鼎鼎的教堂壁画大师克雷姆斯·施密特的原作,还有各种基督雕像以及1380年雕刻的门徒像,都非常值得一看。

游览瓦豪河谷的终点站是克雷姆斯,它位于瓦豪河谷的东北端,坐落在克雷姆斯河流入多瑙河的入口处,掩映在大片的葡萄园中。在市政厅的西面有一座别致的葡萄酒博物馆,它是由原来的修道院改建而成的,这里的展品形象地叙述出了瓦豪地区葡萄酒的酿造史。

瓦豪河谷葡萄种植的历史源远流长,可以追溯到凯尔特人居住的时代。文艺复兴时期,瓦豪地区的 31 座修道院都有自己的葡萄园,许多修道院还有自己的酿酒作坊。每当春夏季节,来自世界各地的游客从维也纳出发,坐上游船沿着多瑙河逆流而上,前往瓦豪河谷游览,都会要上一杯用瓦豪河谷的斜坡梯田上生长的葡萄酿造出的干白葡萄酒,配上当地特产咸肉、火腿、香肠,那才是地道的奥地利风味。

多瑙河上的一串明珠

从"匈牙利门"到罗马尼亚的"铁门",为多瑙河中游,长约 900 千米。它首先流经多瑙河中游平原,这里是重要的农业区,素有"谷仓"之称。多瑙河的这一段河谷较宽,河道曲折,有许多河汊和牛轭湖点缀其间,还先后接纳了德拉瓦河、蒂萨河、萨瓦河和摩拉瓦河等支流,水量猛增。

流过平原地带后,多瑙河切穿喀尔巴阡山脉,形成壮丽险峻的卡特拉克塔峡谷。这个峡谷从西端的腊姆到东端的克拉多伏,包括卡桑峡、铁门峡等一系列峡谷,全长 144 千米,首尾水位差近 30 米。入峡前,多瑙河宽达 600 多米,而入峡后河床紧缩,最窄处仅约 100 米,而深度却由平均 4 米增至 50 米。这一带陡崖壁立,河水湍急,成为多瑙河上著名的天险。

为了驯服这条美丽而又任性的大河,利用峡谷急流所蕴藏的巨大的水力资源,罗马尼亚和前南斯拉夫两国合作,于 1972 年在铁门峡建成了水利枢纽工程,装机容量为 210 万千瓦。1976 年,罗、南两国又在下游 80 千米地方携手建设第二座铁门水电站,并于 1985 年开始发电。

在多瑙河中游斯洛伐克境内这一段,由于地势低洼而形成了内陆三角洲,河道宽而浅,有些地段涉水可过,而到了汛期,河水又会左奔右突,好似野性的劣马,严重地威胁到两岸居民的生命财产。1977 年,捷克斯洛伐克和匈牙利签订了合作兴建水利工程的条约。从那时起,捷克和斯洛伐克人民在匈牙利的协助下,经过艰苦努力,费时 14 年,耗资 8 亿美元,终于在 1992 年建成了加布奇科沃大型水利工程。这项工程在防洪、发电、航运、供水、灌溉等诸方面发挥了显著效益,并且成了旅游热点。

在多瑙河中游旅游,除了自然景色,最引人注目的是沿岸那些美丽的城市,它们好像一颗颗亮丽的珍珠,点缀着蓝色缎带一般的多瑙河。

多瑙河中游的城市之旅,应该从位于多瑙河上游终点处的维也纳开始。如果说维也纳是一座备受音乐家宠爱的城市,那么备受音乐家宠爱的就是多瑙河。约翰·施特劳斯把多瑙河的浪花变成了圆舞曲里的音符,流向这座城市的每个角落。站在城市西北的卡伦山上眺望,淡淡的薄雾为维也纳披上了一层轻纱,古老的皇宫、议会、府第的圆顶和圣斯丹芬教堂的尖顶,在阳光下闪闪发光。多瑙河缓缓穿过市区流去,恰如束在美人腰间的玉带,苍翠欲滴的森林在西郊绵延伸展,分明跳跃着施特劳斯的名曲《维也纳森林的故事》的节拍。

维也纳是一座古老的城市,古时候这里只是多瑙河畔的一个小村落,后来罗马殖民者在这里建起了文多波纳城堡,成为今天维也纳城市的雏形。文多波纳城堡并未建在多瑙河的岸边,但多瑙河有着无比的魔力,好像磁铁吸引着铁钉一样,终于把维也纳拉进了水的蓝色怀抱。

多瑙河从奥地利流进斯洛伐克境内,在摩拉瓦河与多瑙河的汇合处出现了一座城市,它就是斯洛伐克的首都布拉迪斯拉发。这一带的多瑙河上有两座大桥,将河的两岸连在一起。布拉迪斯拉发分为新旧两个城区,旧城坐落在多瑙河的北岸,城中满是风格各异的古老建筑,如主教宫、圣马丁大教堂、格拉苏尔科维奇宫、大主教夏宫等。老城中最古老的建筑是高高耸立在多瑙河畔山丘上的布拉迪斯拉发城堡。它最初是古罗马城堡,公元13世纪时重建,四四方方,四个角上分别建有一座塔楼,看上去就像一张倒置的方桌。由于城堡所在的地势较高,游客站在建筑主体外围的丘陵上可以俯瞰多瑙河以及整座城市。城堡内设有历史博物馆、音乐博物馆,可供游人参观。

多瑙河进入匈牙利境内后,很快就流到了"多瑙河上的明珠",它就是匈牙利的首都布达佩斯。如果说维也纳所在的多瑙河流淌着音乐,那么布达佩斯所在的多瑙河就流淌着诗意。布达佩斯是由西岸的布达和东岸的佩斯两座城市组成的,中间流淌着美丽的多瑙河,靠着九座巍峨壮丽的大桥连接到了一起,其中比较有名的是链子桥和伊丽莎白桥。

链子桥于1839年开始兴建,1849年完成,是连接布达与佩斯间九座大桥中最古老最壮美的桥梁。这座桥落成后,布达和佩斯第一次连接了起来,从此就成为布达佩斯的标志性建筑。链子桥长达380米,整个桥身悬挂在两条铁链子上,它们经过两个拱门和立在多瑙河里的石柱,在河岸上固定下来。

伊丽莎白桥建于1897~1903年,它是一座悬索式吊桥,长度为290米。从建成到1926年,它一直是世界上跨度最大的悬索式吊桥,同时也是布达佩斯多瑙河段最短的一座桥。这座大桥的名字取自当时奥匈帝国的伊丽莎白皇后,即人们熟悉的希茜公主。伊丽莎白桥的桥顶原来有皇家标志,第二次世界大战中被炸坏。比伊丽莎白桥稍早一些出现的是自由桥,它最初是以奥匈帝国皇帝弗朗西斯·约瑟夫的名字命名的,与伊丽莎白桥正好是一对"夫妇桥"。伊丽莎白桥又叫白桥,自由桥又叫绿桥,还是奇妙的一对。

布达佩斯城中的许多古迹都建于城堡山上。城堡山是一片海拔160米的高岗,面临多瑙河,山上有一座具有古罗马风格的别致的建筑,它就是渔人堡。这座位于昔日布达王宫北侧的城堡并不宏伟,也没有华丽的装潢,却代表着平民的力量。中世纪时,这里居住着多瑙河上的渔民。19世纪时,一群勇敢的渔民拼命保护过布达王宫,死伤累累,此后这一带就交给渔民来守卫。如今的这座渔人堡是由著名建筑师舒勒克设计的,建成于 1903 年。渔人堡四周环境优美,于是便成了布达佩斯市民晚饭后悠闲散步的重要场所,尤其是一对对情侣最喜欢到这里谈情说爱。有人曾做过这样一项调查,结论是布达佩斯的年轻人在这里进行初吻的比例最高。

布达佩斯的很多建筑都矗立在多瑙河畔,其中最宏伟的要数匈牙利国会大厦,它也是匈牙利的国家象征。这座巨型建筑建于 1885 年,两旁有两座白石镂空的大圆塔,高达 96 米,挺拔俏丽。内部装饰富丽堂皇,四壁上嵌满了匈牙利历代皇帝的雕像,千姿百态,巧夺天工,充分显示了匈牙利人民的才智。

多瑙河中游流经的第三个首都是贝尔格莱德,它以前是南斯拉夫联盟的首都,如今成了塞尔维亚的首都。贝尔格莱德坐落在多瑙河与萨瓦河交汇处,碧波粼粼的萨瓦河从市区穿过,将贝尔格莱德一分为二,一边是古香古色的老城区,一边是现代化建筑群集中的新城区,对比生动而有趣。越过多瑙河与萨瓦河的汇合处,就进入了贝尔格莱德老城区。这里街道大都比较狭窄,街道两旁那一幢幢红瓦平房和式样别致的临街小楼都有上百年的历史。在老城区萨瓦河口处有一座土耳其统治时期建造的古城堡,高大的城墙和角楼虽然经历了几百年的风雨,但迄今保存好,为贝尔格莱德增添了强烈的古老韵味。

贝尔格莱德是一座拥有 2000 多年历史的古城。公元前 4 世纪,凯尔特人最早在这里建立市镇,后来遭到罗马人的占领,又被入侵的匈奴人破坏。公元 8 世纪时,一座崭新的城市在南斯拉夫人手中建设起来。关于"贝尔格莱德"这个名称的来历,当地还有这样一个传说。很久很久以前,一群商人和游客乘船游玩,来到萨瓦河与多瑙河汇合的地方,眼前突然出现了一大片白色的房屋,大家纷纷喊叫起来:"贝尔格莱德!""贝尔格莱德!""贝尔"意为"白色","格莱德"意为"城堡",加在一起就是"白色的城堡"或"白色之城"。

贝尔格莱德还是一座英雄的城市。城市南郊的阿瓦拉山上有一座无名英雄墓,墓上耸立着 8 座身着民族服装的灰色石雕人像,相对而立,庄严肃穆,象征着南斯拉夫民族不屈不挠的精神。1999 年,以美国为首的北约组织对南联盟进行武装干涉,这一带多瑙河上的七座桥梁,仅剩下贝尔格莱德城边的潘采沃大桥还能连接两岸。贝尔格莱德人胸前佩戴着自制的靶标,意为"向我开炮",勇敢地涌上了潘采沃大桥,用他们的血肉之躯护卫着民族的尊严。

站在贝尔格莱德卡列梅格丹公园的古城堡上眺望,远道而来的多瑙河微呈浅黄色,而碧波清澈萨瓦河似乎不愿意与它为伍,尽管交汇到一处,还是长久地保持着自己原来的颜色。多瑙河和沿途接纳的 300 多条大小支流总是这样纠缠到一起,流出了一幅幅自然风景画来。

多瑙河三角洲的蓝色之梦

从"匈牙利铁门"以下至入海口为多瑙河下游。这里河谷宽阔，水流平稳，左岸是罗马尼亚的瓦拉几亚平原，右岸是保加利亚的多瑙河平原。接近河口时，多瑙河的宽度扩展到15~20千米，有的地段达到28千米。当多瑙河流到土耳恰城附近时，分成了基利亚河、苏利纳河、格奥尔基也夫三条支流，迎着黑海的涛声而去。

大约6万年前，多瑙河三角洲地区还是碧波万顷的海湾。多瑙河每年挟来的泥沙约有2亿吨，年复一年地堆积下来，渐渐地冲积出一个扇形的三角洲来，面积约5500平方千米。直到现在，它每年仍在不断扩大。

多瑙河三角洲大部分在罗马尼亚境内，一小部分属乌克兰，它最早的主人却是罗马人，而"罗马尼亚"这个国度的名称恰恰是罗马人赋予的。公元2世纪时，现在的罗马尼亚是古罗马帝国属下的达契亚行省。罗马帝国的皇帝图拉真曾率领罗马军队前往征讨生活在多瑙河平原和喀尔巴阡山区的达契亚人，建筑师阿波洛多鲁斯在多瑙河上建起了一座石桥，而图拉真成为第一个踏着这座石桥渡过多瑙河的人。后来，多瑙河下游发现了黄金，罗马市民掀起了一股向这个地区移民的热潮，他们在这里定居下来，并与达契亚人通婚，渐渐地就形成了一个种族——"罗马尼亚人"。

在一代代罗马尼亚人的辛勤努力下，多瑙河三角洲变成了一个鱼米之乡。几千条运河把一个个村庄、渔场、农田、菜园联结起来，犹如大自然中的一座水陆迷宫。水面上打鱼的小船随处可见，每当清晨或傍晚时，远远近近炊烟缭绕，一派田园风光。如今生活在这里的绝大部分是利波瓦人，他们本来是信仰东正教的俄罗斯人，由于受到官方规定的宗教和沙皇的迫害，便逃到这里来避难，当起了渔夫。

在多瑙河三角洲打鱼是一件比较容易的事情，因为这里的鱼格外多，现已发现鲟鱼、鲈鱼、鲢鱼、鲤鱼、梭子鱼等60多种，其中45种是在多瑙河及其支流中土生土长的鱼，另外15种为海鱼，年产量占罗马尼亚全国总产量的70%，所以被称作"永不枯竭的渔场"。利波瓦人打鱼一靠撒网，二靠鱼鹰，鱼鹰让利波瓦人训练得非常乖巧，一声吆喝，便一头扎进水中，转眼工夫就衔上来一条活蹦乱跳的大鱼。而游人来到这里，大多喜欢静坐垂钓，任凭小舟随波荡漾，意趣自在其中。

多瑙河三角洲不仅鱼的种类繁多，野生动植物资源也非常丰富，很多动植物还是别处所没有的，因此被誉为"欧洲最大的地质、生物实验室""欧洲最大的自然博物馆""鸟兽的天堂"。

先说鸟，这里是欧、亚、非三大洲五条道路候鸟的会合地，也是欧洲飞禽和水鸟最多的地方。这里经常聚集着300多种鸟类，有176种在多瑙河三角洲繁殖，其中有4种是世界上残存的鸟。在茂密的森林里和波光点点的湖面上，中国的白鹭、西伯利亚的长尾猫头鹰、热带的红鹤、北极的白顶鹅以及许多野鸭、苍鹭、黑雁、秃头雁各自成群，相安无事。到了春末孵卵期间，芦苇丛中，灌木枝头，鸟窝密密麻麻，鸟蛋随处可见，大的胜过鹅蛋，小的如同手指尖。初夏季节，雏鸟们纷纷问世，三角洲上顿时热闹非凡，欢乐的鸣啭响彻每一个角落。

在人迹罕至的芦苇荡中，那是鹈鹕的藏身之所。这种奇特的海鸟早在4000万年就出现在地球上了，尽管相貌丑陋，却是杰出的捕鱼能手。一只鹈鹕一次能吃下10千克活鱼，还能把多余的鱼存放在嘴下的皮囊里。罗马尼亚人十分喜爱鹈鹕，常常把它看成是"多瑙河三角洲的代表"。许多罗马尼亚鱼类产品的广告上都绘有鹈鹕的图案。

再说兽。这里生长着匈牙利大草原的狼、喀尔巴阡山的野猪、巴拉干平原的狐狸和野猪，还有北美的麝香鼠，以及狸、鼬、貂、野猫、水獭、海狗等动物，数不胜数，喜欢打猎的人会在这里不断地收获惊喜。

还有植物。多瑙河三角洲有1150种植物，红白相间的水百合花和水蜈蚣随波起舞，高大的橡树、白杨伟岸挺直，如同列队的士兵守卫着河堤，婆娑的柳树轻枝曼舞，摇曳出一片柔情蜜意，漂浮在水面上的睡莲编织出大片的浓绿，在炎热的季节里送去丝丝清凉。三角洲上最多的植物要数芦苇了，这里三分之二的地区被茂密的芦苇所覆盖。芦苇全身是宝，如果把三角洲上的芦苇充分利用起来，罗马尼亚全国每人每年可得到约30千克的人造纤维和10千克以上的纸，所以罗马尼亚人亲切地称其为"沙沙作响的黄金"。多瑙河三角洲上的芦苇荡又是一景，芦花开放时节，一片洁白，飘扬的花絮漫天飞舞，好似冬日飞雪。

"浮岛"是多瑙河三角洲最为著名的自然景观之一。"浮岛"上面长着茂盛的植物，与陆地无异，下面却是一片湖水。它随着风浪缓缓漂动，就像一座活动着的美丽花园。每到春天多瑙河泛滥时，"浮岛"就成了各类飞禽走兽的避难所。多瑙河三角洲的"浮岛"总共占地10万公顷左右，厚约1米，它们时时改变着三角洲的自然面貌，漂到哪里就给哪里带去一片诗情画意。

多瑙河步履舒缓地流过三角洲，甩下一片泛着光亮的湖泊和沼泽，向着它的归宿前进。它要去拥抱蓝色的大海，尽管那海叫作黑海，但多瑙河有信心用它的蓝色把黑海变成明亮的蓝天。

伏尔加河

很多中国人对于伏尔加河这个名字最早是从一首名叫《三套车》的俄罗斯歌曲中听来的："冰雪覆盖着伏尔加河，冰河上跑着三套车。有人在唱着忧郁的歌，唱歌的是那赶车的人……"

无独有偶，很多俄罗斯人对于伏尔加河的印象也是来自一首流传很广的俄罗斯民歌，它就是《伏尔加船夫曲》："嘿哟嗬，嘿哟嗬，齐心合力把纤拉，拉完一把又一把。穿过茂密的白桦林，踏着世界的不平路。我们沿着伏尔加河，对着太阳唱起歌。伏尔加，伏尔加，母亲河，河水滔滔深又阔……"被誉为"低音歌王"的俄罗斯著名男低音歌唱家夏里亚宾最擅长演唱这首歌，曾把它深沉而雄壮的劳动号子旋律演绎得回肠荡气，颇具震撼力。

伏尔加河

对俄罗斯文化有所了解的人，不仅知道这首《伏尔加船夫曲》，还一定会知道列宾的名画《伏尔加河上的纤夫》。1869 年的一天，27 岁的彼得堡美术学院学生列宾正在涅瓦河上写生，突然发现河对岸有一队人在缓缓蠕动，走近后才看清那是一群套着绳索在拉平底货船的纤夫，这情景仿佛一团乌云笼罩在他的心头，把人当牲口使的人间不平顿时令伏尔加河美丽的风光黯然失色，促使列宾心中萌发出一个极其强烈的冲动，一定要把纤夫们的生活表现出来。第二年夏天，列宾沿着伏尔加河考察民情和写生，画了很多真实的纤夫形象和素材。此后他经过三年时间的反复思索和修改，最终才完成了这幅不朽的杰作，列宾由此也跻身于世界一流大画家之列。

列宾的这幅画以狭长的横幅展现出了俄罗斯劳动者的群像典型。在宽广的伏尔加河上，阳光酷烈，闷热笼罩着大地，一群拉着重载货船的纤夫正在河岸上艰难地行进着。他们之中有破产的农民、退伍军人、失去信任的神父、流浪汉等，每个纤夫都有着各自不同的经历。走在最前面的纤夫是一个刚强的汉子，他长着一张饱经风霜的面孔，从他的眉宇间不难看出他的人生道路非常坎坷。在他旁边弯腰拉纤的红头发男子非常卖力气，一看就是个敦厚的破产农民。还有个头戴小帽嘴上叼着烟斗的高个子纤夫，只是装出拉纤绳的样子，他身后的纤绳是弯的，也许他是在万般无奈的情况下，才混进这个队伍中来。画面上给人印象最深的是那个青年纤夫的形象，他用愤怒的手势调整了一下摩擦他肩膀的纤绳，好像要挣脱这痛苦的重荷。

当你出神地凝视着这幅油画，进入了它所表现的意境，你的耳边不禁会回响起那首浑厚的《伏尔加船夫曲》："伏尔加，伏尔加，母亲河，河水滔滔深又阔……"

伏尔加河古代被称作"拉"，中世纪时人们改称它为"伊基尔"，至于什么时候叫它"伏尔加"，已经无从查考。千百年来，这条母亲河用它甘甜的乳汁滋润着沿岸数百万公顷肥沃的土地，它的中北部还是俄罗斯民族和文化的发祥地，孕育了古代俄罗斯的灿烂文化，使千千万万勤劳的俄罗斯各族儿女，在它的怀抱里休养生息。

尽管从沙俄时代起，伏尔加河并不曾给俄罗斯人带来美好的生活，但它宽广而温和，两岸没有险峻的高山，接纳它的是大片平坦广阔的土地，有如母亲的博大胸怀，从而赢得了普希金、马雅可夫斯基等许多俄罗斯著名诗人的赞美。在俄罗斯文学家的笔下,以伏尔加河为背景的故事永远吸引着本国和世界各国的读者们,尤其是那些发生在伏尔加河轮船上的故事,更是深深地打动着人们。俄国最杰出的抒情诗意画家列维坦曾连续三个夏天到伏尔加河畔写生。在他的《雨后》《伏尔加河上的黄昏》《清风》等多幅绘画中,生动地呈现出了伏尔加河多姿多彩的华丽美景,用色彩和笔触谱写出一首首河流、白云、彩霞和阳光组成的交响曲。如果你有机会到伏尔加河去,不妨拍几张照片装入相框拿给朋友看,他们很可能会惊呼道:"这不是列维坦的画吗!"

从地理特征上,伏尔加河通常被分为上游、中游和下游。从源头到位于伏尔加河和科托罗斯尔会合处的雅罗斯拉夫尔为上游,这一带湖泊沼泽众多,伏尔加河在其间蜿蜒流淌。离伏尔加河源头几千米外有一个谢利格尔湖,它是俄罗斯中部最有名的旅游中心,这里是一片由无数支流和水湾交织而成的湖泊世界,自北至南绵延百余里。伏尔加河从特维尔开始通行轮船,这座城市是特维尔州的首府,曾以苏联早期国家领导人加里宁的名字命名,现已恢复原名。

从雅罗斯拉夫尔到萨拉夫托为伏尔加河的中游,这一带河面宽阔,土地肥沃,是俄罗斯重要的小麦产区。这段流域的重要城市有下诺夫哥罗德和喀山。下诺夫哥罗德是俄罗斯的第三大城市,伟大的文学家高尔基就诞生在这座城市里,因此一度改名为高尔基市。伏尔加河右侧最大的支流奥卡河在这里与伏尔加河交汇,使得伏尔加河的流量大增,河面也拓展到 2000 米左右。下诺夫哥罗德是一座古城,主要古迹有 17 世纪的报喜修道院、圣母升天教堂、基督教升天大教堂,建于 18 世纪的圣诞教堂等,在伏尔加河陡峭的右岸边,还耸立着建于 16 世纪的城堡。由于历史文化遗迹众多,联合国教科文组织把它列入了代表世界文化珍贵遗产的 100 座城市的大名单。

喀山曾是喀山汗国的首都,后来成为俄罗斯鞑靼斯坦共和国的首都。它坐落在伏尔加河左岸,青山环抱,江水如带,绿树成荫,名胜古迹甚多。建于 16 世纪的喀山"克里姆林宫",形似莫斯科的克里姆林宫,只是规模略小。宫外有被称为"苏尤姆卡别"的 7 层红色尖塔,它是以鞑靼族的喀山汗国末代王后的名字命名的。

伏尔加河最大的支流卡马河在喀山以南与伏尔加河会合,这条流程达 2000 多千米的大河水量充沛,它的加盟使伏尔加河的水量猛增了一倍,河面拓展到 3000 米,成为一条名副其实的巨川大河。1873 年,夏里亚宾就出生在喀山的一个普通人家里,他从小就听惯了伏尔加河岸上的纤夫们那低沉浑厚的歌声。成年后,他把自己从民间搜集来的乐曲重新整理成了一首名为《伏尔加船夫曲》的歌,并用自己无与伦比的男低音对它进行了天才的艺术处理。从此,这首俄罗斯民歌便享誉世界,直到今天仍频频出现在世界各国的音乐会上。

从萨拉夫托开始伏尔加河进入下游,顺流而下 320 千米就来到了伏尔加格勒。它旧名察里津,后来改名为斯大林格勒,第二次世界大战中著名的斯大林格勒保卫战就是在这里进行的。现在的伏尔加格勒是战后重建的,整洁而漂亮。全长 100 多千米的列宁运河(即伏尔加河—顿河)流过南郊,城北环绕着绿色的防护林带。列宁大街两侧高楼鳞次栉比,伏尔加河沿河街和朱可夫元帅街之间处处都是草坪,英雄林荫道两旁整齐地排列着高大的白杨、松柏、桦树,鲜艳的郁金香随风飘香。面对着生机勃勃的景色,人们很难想到这里曾被战争化为一片废墟。

不过,伏尔加格勒全城近百座纪念碑和雕像却在时刻提醒着人们不要忘记过去。来到斯大林格勒大会战全景画纪念馆,当年的激战场景形象而逼真,壮烈而动人。走过雕像林立的英雄广场,来到哀悼广场,边上有一幢碑石环绕的圆形建筑,那是阵亡将士纪念大厅。大厅正中有一只巨手,手中高举着一支长明火炬,周围墙壁上的数十面红旗上刻着 7000 多名阵亡官兵的名字。伏尔加格勒的马马耶夫山岗是当年斯大林格勒保卫战中的主战场,这里的入口处左右两边各有一尊巨大的浮雕,名为"世代永记"。山岗上耸立着一尊象征"祖国—母亲"的高大的妇女塑像,高 85 米,连底座重达 8000 吨。这尊塑像好似一位顶天立地的女神,被视为伏尔加格勒市乃至整个俄罗斯的象征。

伏尔加河流过伏尔加格勒后,因受地形影响,没有向南流入黑海,而是向东南流入里海。伏尔加河所裹挟的大量泥沙,在河口地区沉积下来,形成了水道港汊交叉纵横,沙岛潟湖星罗棋布的巨大三角洲。在三角洲上坐落着伏尔加河下游最古老的城市阿斯特拉罕,它是伏尔加河及里海的渔业捕捞中心。城外的阿斯特拉罕自然保护区是世界上重要的鸟类科研中心,这里水网稠密,芦苇茂盛,几百种水鸟活泼地拍打着翅膀,

白天鹅和黑天鹅在水面上翩然漂游,五色斑斓的野鸡在灌木丛中高声啼啭,灰白色的苍鹭小心地迈着长腿,准确地啄食着鱼虾,鹈鹕则忙着筑巢。鹈鹕用芦苇、蓑衣草茎和柳枝筑的巢既大又美,远远望去,宛如白色、红色的花朵在悄然怒放。

离伏尔加河三角洲不远的里海海湾里,盛开着古代残留下来的奇特而美丽的植物——荷花。这里是这种带有传奇色彩的花朵能够生长的最北界线,每到夏季,它便在宁静的水面上展开了冷艳的花瓣,随着微风的吹拂在轻轻摆动,景致美不可言,让人觉得如幻景一般。

乘船游伏尔加河是俄罗斯人首选的度假方式之一,也是不少外国游客选定的游览项目。对于游人来说,游览长达数千里的伏尔加河全程显然不大现实,而从莫斯科或彼得堡出发游览伏尔加河的一段,历来都是最受欢迎的旅游路线。

乘船从莫斯科出发,经过全长 128 千米的莫斯科运河,跨过 10 个船闸,才能通到伏尔加河。运河两岸一座座小巧玲珑的木屋,点缀在绿色的树丛中,漂亮得仿佛发生过美妙的童话故事。正是由于有了这条运河,莫斯科才成为五海之港,来自里海、亚速海、黑海、白海及波罗的海的船只都能直接驶到这里。

通过莫斯科运河上的 1 号闸门,游船就进入了伏尔加河,开始了令人陶醉的伏

尔加河之旅。静静的河水,轻轻的河风,平静的游船,灿烂的阳光,还有沿岸的基姆雷、德米特罗夫、雅罗斯拉夫尔、科斯特罗马、梅什基诺、乌格里奇、雷宾斯克等城市,无不洋溢着浓郁的俄罗斯风情,如同一粒粒夺目的珍珠镶嵌在伏尔加河畔,组成了一幅长长的风景画,令人目不暇接,难怪有人把伏尔加河比喻成俄罗斯最重要的一条"大街"。

先让我们到小城乌格里奇看一看,它是俄罗斯最古老的城市之一,建于公元937年。城市不大,却有着一个非常精美的金色教堂建筑群,大小不等的数十个绿色的葱头状圆顶此呼彼应,蔚为壮观。这里最有名的教堂是建于17世纪的德米特里亚滴血教堂,为纪念1591年谜一般遭到暗杀的8岁的小王子德米特里。教堂顶部的红色代表鲜血,白色表示纯洁无瑕,蓝色的顶上画着星星则表示天堂。德米特里王子的死使得留里克王朝后继无人,也开启了俄罗斯历史上的一个混乱时代,从这个意义上说,德米特里亚滴血教堂就是俄罗斯古老历史的见证。乌格里奇城中还有一处让游客心情放松的地方,那就是伏特加酒博物馆。俄国人嗜酒之风举世闻名,平均每人每年要喝掉烈性酒15升,能折合成23瓶伏特加。于是伏特加酒成了俄国的"国粹",为它建一座博物馆也算是理所当然。

位于伏尔加河中游起点的雅罗斯拉尔是个中等城市,坐落在伏尔加河右岸。沿河岸修着一条绿树成荫的马路,每到夏日的傍晚,人们或步行,或骑自行车,或驾私家车来这里散步、去露天咖啡厅听音乐、在河湾处泛舟与钓鱼,享受着悠闲自得的生活。

雅罗斯拉夫尔号称"俄罗斯金环"上的一颗明珠,城中名胜古迹很多,式样各异的教堂把整座城市打扮得异常美丽。雅罗斯拉夫尔又被称作"熊城",生活在伏尔加河沿岸地区的原始民族信仰林神,熊被认为是部落、氏族的始祖。还值得书写一笔的是,1612年,波兰人占领了莫斯科城,俄罗斯的民族英雄米宁和巴扎尔斯基率领民兵来到雅罗斯拉夫尔,建立起了临时政府,使它成为俄罗斯国家的临时首都。雅罗斯拉夫尔城中立有一块纪念碑,就是为了铭记这段历史。

雷宾斯科是伏尔加河沿岸最北边的城市,从这里开始伏尔加河水向东南方向流去。这座城中以前聚集了许多纤夫,所以得名"纤夫之都"。这里还立着一座伏尔加河大理石纪念碑,高高的大理石基座上,一位身穿长裙的俄罗斯妇女表情凝重地望着远处的雷宾斯科湖,她一只手伸向前方,脚下飞舞着一只海鸥。这座塑像恰到好处地表达出了俄罗斯人对伏尔加河的崇拜和敬仰。

雷宾斯克城外的伏尔加河面非常开阔,有时似乎看不到岸边,这里有伏尔加河上游最大的雷宾斯克水库。过去伏尔加河完全处于自然状态,河水深度仅有2米左右,通航不畅。从20世纪30年代起,人们对伏尔加河进行了大规模的整治开发,雷宾斯克水库就是在那个时候建起来的。随着水位的升高,一个叫嘎里奇的小城被淹到水中,但城中教堂高高的钟楼仍然矗立在水面上,从河上看去非常漂亮,成为伏尔加河上游有名的标记。

游览伏尔加河有多种方式,乘船只是其中的一种,而目前最新颖的方式是到伏尔加河边去当"纤夫"。兴办这种"纤夫旅行团"的灵感来自列宾的名画《伏尔加河上的纤夫》。参加"纤夫旅行团"的人都要穿上粗麻布制成的衣服,上路前也要按惯例喝光一大碗"酒",实际上是一种酒精含量很低的饮料。累到筋疲力尽的时候,每位"纤夫"可以来一碗当年真正的纤夫所喝的稀粥。这种稀粥是由面包、少许盐和麻油,再混以伏尔加河的河水制成,味道不会好到哪里去,但"纤夫"们却一个个喝得津津有味。

19世纪时,俄罗斯诗人涅克拉索夫曾为伏尔加河边纤夫们的悲惨生活发出过哀叹,列宾那幅油画中的纤夫也是苦难生活的典型代表。他们当时一定不会想到,100多年后,会有人主动去拉纤拖船,而且那漫漫的拉纤路上竟然一片欢歌笑语。

美洲名水

亚马孙河

亚马孙河的诸多神秘

拉丁美洲有两大足以让当地人自豪的景观,一个是安第斯山,一个是亚马孙河。亚马孙河从安第斯山间发源,先是一股涓涓细流,逐渐接纳了成千上万条支流,形成了浩浩荡荡的滚滚洪流,滋润着800万平方千米的广袤土地,孕育出世界上最大的热带雨林,也使亚马孙河流域成为世界上公认的最神秘的"生命王国"。拉丁美洲人说得好:"安第斯山是我们的矛,亚马孙河是我们的盾。"

亚马孙河流过的许多地区,至今还是人迹未至的处女地,那阴暗朦胧的茂密丛林,更增加了它神秘莫测的气氛。然而,亚马孙河的谜中之谜,却是它那扑朔迷离的源头。几个世纪以来,无数科学家、探险家历尽千难万险,先后找到了几个不同的源头,但结论都不十分令人信服。这也难怪,亚马孙河从秘鲁的安第斯山

亚马孙河

脉奔腾而出后,便在丛林里"东躲西藏",偶露峥嵘,即便是在飞机上鸟瞰,也是时隐时现,难辨来由。究竟它的源头藏在安第斯山脉的哪个旮旯儿,一直没有人说得

清楚。

为了彻底解开亚马孙河源头之谜,1996 年 1 月初,秘鲁、俄罗斯、波兰、意大利四国科学家组成了有史以来一支最大的探险队,他们从亚马孙河的入海口出发,逆流而上。当探险队沿河进入安第斯山脉南段时,一个过去从未有人描述过的景象出现在他们的眼前:在高山的最底部,有一条奇冷无比的冰河,它奔流在阿巴查特大裂谷下,奔腾的水啸声震耳欲聋——这里就是亚马孙河的源头。

亚马孙河的流域和流量都位居世界第一,这已经有了定论,因而被誉为"河流之王",但关于它的长度却说法不一。1964 年葡萄牙出版的《实用辞典》说它长约6000 千米,法国 1983 年版的《基础辞典》说它长约 7025 千米,我国出版的《地理课本》称它全长 6751 千米,巴西的专家则认为,如果从乌卡亚利河源头算起,亚马孙河的长度只有 6448 千米。近几十年来有人经过实地勘察,并按照溯源取远的方法计算,亚马孙河的源头一直延伸到秘鲁的瓦格罗峰脚下,其总长度应为 7025 千米。而据美国地质学家在 1980 年进行的实地测量,亚马孙河全长为 6751 千米。之所以出现这么多不同的数据,就因为它的源头没有真正确定下来,四国探险队于 1996年做出的结论,还没有得到国际上的确认。如果换了别的河流,说它长点短点倒也无关紧要,问题是这里关系到天下第一长河的名头。只要超过了 6600 千米的长度,亚马孙河就会跃居尼罗河之上,现在已经有不少人称它为世界第一大河了。在没有获得更准确的数据之前,还不能说他们是错误的。

亚马孙河这个名字本身也充满了浓厚的神秘色彩。一种说法认为,"亚马孙"这个名字是西班牙人弗朗西斯科·奥莱亚纳起的。1542 年,为了寻找传说中的黄金屋,西班牙人坎萨罗·皮萨罗率领一支探险队从基多出发,历尽艰辛才到达纳波河的支流可可河。为了寻找给养,皮萨罗让奥莱亚纳带领一小队人马继续前行,同时命令他在 10 日内返回。奥莱亚纳何尝不想在规定日期内返回,可是河水因大雨而猛涨,他们只能向前,无法退后,于是他便有幸成为第一个对亚马孙河进行全程考察的欧洲人。途中,他率领的船队遇到了一群勇猛的女印第安人的攻击,她们强悍骁勇,善于弯弓射箭,一个人能敌得过几十个男子汉。奥莱亚纳一行所乘的船只被射成了"刺猬",他们只得仓皇逃跑,才算保住性命。后来,奥莱亚纳从一名男性俘房的口中得知,这些女战士住在一个女儿国里,只有在一年一度的交配庆典时,才邀请来附近印第安部落的男性进入自己的村落。奥莱亚纳不由得联想起一则古希腊神话,说的是在古代的黑海和高加索一带,有一个"女人国",名叫"亚马孙",那里的妇女们勇敢善战,打猎种地,样样能干。奥莱亚纳把这些女人同传说中好战的亚马孙女儿国联系到一起,又觉得她们那英勇顽强的形象恰好与这条河水难以驯服的特点相印证,于是就借用"亚马孙"给这条河流命了名。

另一种说法认为,"亚马孙"这个名字所描述的是亚马孙河本身的特点。当河上波涛汹涌时,小船常常会被打翻,在当地土语中,"亚马孙"就是"毁舟者"的意思。另外,亚马孙河口河面宽阔,涨潮时巨浪汹涌澎湃,当地印第安人称这种大潮为"亚马孙奴",意思是"湍急的巨浪"。据说亚马孙河就是由此得名的。

与亚马孙河一样神秘的还有生活在河流两岸原始森林中的土著居民,至今还有相当一部分人处于刀耕火种阶段,还保留着许多令人难以置信的奇特风俗。亚马孙河流域最早的主人是印第安人,据考古学家估计,至少这里就留下了印第安人活动的足迹。目前,亚马孙地区居住着 70 万~90 万印第安人,分属 241 个土著部族,这些部族共拥有 100 多种语言。每个土著部族的人数都不多,其中一半以上的部族人口不超过 500 人。在这些土著部族中,比较大一些的有马约鲁纳、雅马马迪、穆拉、蒙杜鲁克、马瑙、阿鲁亚夸等。

虽然亚马孙河流域的印第安人的生活方式远远落后于现代文明,但他们活得悠闲自在。他们每天起床后的第一件事就是去沐浴,然后绘身,先在身上涂上植物油脂,然后用郁金香或茜草果汁等调好的染料,根据自己的形体特征画上所喜欢的图案。有的画着斑豹,有的画着鹭鹰,有的画着椰树,还有的男人在脸上画支箭。无论男人女人,脸上的皮肤都很粗糙,看上去略黑带点红,但眼睛特别有神。印第安人还喜欢跳舞,而且跳舞时喜欢模仿各种动物,在身上插满花花绿绿的鸟羽,臀部不停地抖动,像只花公鸡。

印第安人的很多风俗都体现在女人身上。比如有些部落建有专门的小屋,当少女初潮时,就要一个人关在里面住上 15 天,不得与他人接触。等到这种考验结束后,她才会成为公认的大姑娘。所谓的大姑娘也不过十二三岁,却到了结婚的年龄。这里的男女关系非常自由,只要两个人在一起度过一个夜晚,婚姻关系便告成立。而女人一旦怀孕,苦日子就开始了,身上的饰物要摘个精光,也不许打扮自己,丈夫还必须立刻与之疏远。孕妇不准吃大鱼,若是吃了就会得罪神灵,生下的孩子就会被抢走,母亲也会被杀死。分娩时,孕妇必须远离部落,躲到大森林中。婴儿呱呱坠地时,产妇自己用牙齿或指甲将脐带弄断,再用新鲜的树叶擦洗婴儿全身。母亲抱着婴儿回到村子里时,全村上下包括她的丈夫都对她态度冷淡,好像她是个罪人。

印第安妇女的遭遇确实让人同情,但她们也有让人羡慕的地方。小孩子哭闹惹人烦,但印第安母亲却没这份烦恼。印第安人有一种用小灌木的枝叶编铺而成的床,只要你把大哭大闹的孩子往床上一放,孩子顿时就不哭了,乖乖地在那上面玩耍起来。原来,这种床能放出类似薄荷的清香气味,孩子们躺在上面就会被扑鼻的清香所吸引,忘记了哭闹。到了夜间,它会发出一种特有的气味,对人有快速催眠作用,虫类猛兽闻了则难受无比,不敢近前。

多少年来,亚马孙河流域的印第安人傍水而居,有的干脆就搬到水上去住。建在水边的住房可以水涨船高,水落房低,就是到了雨季的时候,门前的小船也永远和房子处于同一水平线上。而真正的"水上人家"是那些把家安在船上的印第安人,就连集会、婚礼和葬仪也都在船上举行。以船为家的最大的好处就是迁居方便。在一个地方住腻了,也不用收拾家当,用带动力的船一拖,就可以将水上房屋顺利地拖到想去的地方。近些年来在亚马孙河上又出现了水上商店,出售印第安人的主食木薯粉以及一些日常生活必需品,有了这种活动商店,他们也就用不着辛辛苦苦地跑到大老远的地方采购了。

天然的动植物王国

亚马孙河流域地处赤道附近,这里雨水充沛,气候湿热,加上日照强烈,适宜各种热带植物生长,因此出现了世界上最大的热带雨林区。整个亚马孙地区,植物种类之多居全球之冠。据统计,这一地区的植物品种不下 5 万种,已经做出分类的就有 2.5 万多种。从空中鸟瞰,整个亚马孙河流域就是一个被绿色垄断的浩瀚世界,犹如一张巨幅地毯,平展展,绿茸茸,无边无际,莽莽苍苍,蔚为壮观。

走进亚马孙地区的热带雨林,就等于进到一座天然的热带植物园。这里的大树长得又高又粗,那是拼命争夺阳光的结果,树冠层层叠叠密密地连到一起,遮天蔽日。在树身和枝丫上,攀缘植物们大显身手,争相扯出一条条长长的藤蔓,在上方织出或疏或密的"窗帘",把整个丛林填充得密不透风。在这个茂密的大森林里,很难发现花朵的踪影,却有各种奇形怪状、千姿百态的树叶。地面上,自然枯烂的粗大树干横七竖八,用木棍轻轻一捅就可以穿透。这里的空气质量无疑是最好的,带有最原始的芬芳,只是有着潮湿的腐叶味道。要知道,亚马孙雨林所产生的氧气竟占到全球氧气总量的三分之一,所以这里又被称为"地球之肺"。

热带雨林看上去似乎土地肥沃,实际上却是"外强中干"。这里的土层很薄,经过几百万年的风吹雨淋,表层中的矿物质已完全被滤去,幸好这里的树木已经"学会"了自己解决营养问题,树叶子落得比温带的树叶快,落到地上以后,腐烂分解得更快,这些营养物质迅速地被树木重新吸收进去,一点都不浪费。

亚马孙地区热带雨林中不乏奇草异木。比如有一种"水树",用刀砍断一截粗树枝,就会有清澈的水流出,清凉爽口,比矿泉水还好喝。"牛奶树"更为神奇,用刀在树皮上割个口,就会有牛奶一样的白色液体流出,味道有点甜味,像是椰汁。还有一种被印第安人称为"大板根"的树,它的根部呈片状,用木棍敲击它就能发出嘭嘭的巨响,能传出很远,聪明的土著人就用这种树来"打电话",传递各种信息。有一种叫"阿莎菇"的大树,树皮上面布满了密密麻麻的小刺,刺中能分泌出一种毒液,印第安人将这种树加工成板材,用于建造水上房屋的底座,因为这种木头泡在水里 40 年也不会腐烂。"望天树"高达 80 米,仰头也难以望到树顶。此外,木豆树、捕蝇草、瓶子草等,也都是在其他地方难得一见的。

在亚马孙河雨林深处,还可以看到蚁巢木和王莲。所谓蚁巢木,就是蚂蚁做巢的大树。别的地方蚂蚁都是在陆地上筑窝,亚马孙的蚂蚁却喜欢"高空作业",这是因为亚马孙地区常年多雨，为了躲避洪水，蚂蚁们就相中了盘根错节的参天大树，把窝建在了洪水淹不到的半空中。所谓王莲就是世界上最大的莲，直径2米多，最大的可达4米，一个体重60斤的孩子站在王莲上也不会沉没。王莲的花朵很美丽，直径可达25厘米~40厘米，呈紫红色，开放在一个个如巨大的箩筐漂浮在水面上的莲叶间，映着阳光闪烁着奇异的光影。

踏进亚马孙河流域的原始森林，又等于进入了一个奇妙的动物世界，这里已发现的动物就有上万种，叫不上来名字的动物则不计其数。先说鸟类，就有1500多种，其数量几乎占了全世界鸟类种类总数的一半。而据科学家估计，亚马孙河热带雨林中的鸟类有一半至今仍然无法辨别其生物属性。有一种犀鸟嘴尖体粗，飞行速度极快，名叫"VARIG"，巴西规模最大的航空公司就是以它的名字来命名的。在亚马孙河河口一带，栖息着相貌奇特的巨嘴鸟，它的最大体长不过70厘米，而嘴长却达24厘米，又粗又壮。巨嘴鸟的嘴巴这么大，会不会连累着把脖子折断了呢？你用不着为此而担心，因为巨嘴鸟的嘴巴构造很特殊，外边是一层薄壳，中间是多孔的海绵状组织，充满了空气，看上去沉甸甸的，实际上重量还不足30克。

亚马孙河流域河网密布，交错纵横，盛产鱼类，其品种之多为世界河流之冠。据统计，在亚马孙河中生存着2000多种鱼类，占世界淡水鱼种类的一半以上，单单是鲇鱼就有500种，其中不少是亚马孙河特有的鱼种。每年亚马孙河都有好几个月的涨水季节，这时候大量的鱼群就迁居到被水淹没的森林中来。它们就像一群群小鸟，在水下的树林间"飞"来"飞"去，尽情地享用热带雨林中的果子、树叶、花儿和小昆虫。

亚马孙河中还有很多"怪"鱼。比如电鳗，身长2米多，能发出800伏电压，可以击昏一头牲口。牛鱼是一种珍贵的哺乳类水生动物，其头部酷似水牛，胸部长着一对如拳头大小的乳房，胃也有四室，肉兼有鱼、牛两种味道，所以被称为牛鱼。在当地，牛鱼被视为"送子观音"。据说一个女子要是看到一条牛鱼连续跃起三次，就是喜兆，所以一些久婚不孕的女子常常偷偷地来到河边，痴心地望着河水，盼望喜兆降临。亚马孙河里还有一种名叫皮拉尼奥的小鱼，俗称"食人鱼"，凶猛异常。有人曾用铁丝拴住一只小山羊，把它轻轻放入河水中，不大工夫，从四面八方"闻讯"而来的食人鱼蜂拥而上，轮番向小山羊发起"进攻"。大约10分钟后，小山羊只剩下一副片肉不留的骨架。虽然很多专家认为食人鱼不那么可怕，但在1981年奥比多斯的翻船事故中，有300多人丧生在食人鱼之口。"卡迪鲁"也是一种怪鱼，它长得又细又小，据说能钻进人的肛门和尿道中，所以人们见到它们就会胆战心惊。

亚马孙河流域的珍禽异兽还有很多，比如大得能捕捉飞鸟的蜘蛛，会爬树的美洲豹，像松鼠那么大的猿猴，体态轻盈的虎猫，倒挂在树上几小时不动的三趾树熊，靠长爪和鼻子挖穿坚硬的蚁巢以蚂蚁为食的犬食蚁兽，有吸盘能爬树的树蛙等等。

有一种名叫"萨查阿楚"的野狗,它们成群活动,即使肚子不饿,见了猎物也是决不放过,就连狮子也对它们畏惧三分。这里还生有一种极为凶猛的蚂蚁,有一寸多长。相传有一年,赶上大旱,这种蚂蚁成群搬家,路过一个小村庄。三天过后,全村的人和牲畜全都变成了一具具枯骨。

由于得天独厚的自然环境,再加上人迹罕至,亚马孙河流域的动物往往都能发挥出最大的生长能力。亚马孙河海豚是世界上体形最大的淡水海豚,成体可达 2.6 米。亚马孙热带雨林中的有些蝴蝶展翅可达 20 厘米~30 厘米,为世界之最,双翼展开好像飞机模型。这里的吸血蝙蝠十分巨大,翅膀展开达 71 厘米。林中的巨型蜘蛛大如人的手掌。在亚马孙河浅水中生活的森蚺是世界上最大的蛇,最长可达 10 米,重达 225 千克以上。森蚺生性喜水,大部分时间呆在水中,只把鼻孔露出水面。它们以水鸟、龟、水豚、貘等为食,有时还能吞吃长达 2 米多的凯门鳄。不过,幼蚺出生后有很多都丧命于凯门鳄之口,原来动物界中也有"冤冤相报"。

亚马孙河流域自然资源极其丰富,但这里的人民却过着贫瘠的生活。这不是捧着金碗要饭吃吗?从 20 世纪 60 年代开始,巴西政府就制定出开发亚马孙河流域的宏伟计划,以帮助这个地区摆脱贫困,走向繁荣昌盛。巴西政府的动机是好的,却没有想到热带森林中的生物链是极端脆弱的,如果一个环节遭到破坏,就可能引起灾难性的后果。用一句形象的话来说,一只蝴蝶在亚马孙河上扇动翅膀,就有可能在美国的得克萨斯州掀起一场龙卷风。1970 年,为了解决巴西东北部的干旱所造成的饥荒问题,巴西政府试图把亚马孙河流域改造成移民区,结果大片森林被砍光后,不但没有变成农田和牧场,反倒成了不毛之地。

20 世纪 60 年代,美国资本家路德维格拿出 300 万美元在亚马孙河流域买下一片相当于美国康涅狄克州那么大的森林。他又投资 10 亿美元,雇来了 3 万名工人和专家,铺设了 4000 多千米长的铁路,砍掉了 25 万公顷的森林,专门种植松树可以造纸的树木,建起了木材加工联合企业、造纸厂和农场。不久,大自然就开始报复了:新树苗很快枯死,洪水冲毁了公路,蚂蚁毁掉了所有的粮食,工人患上了疟疾和脑膜炎。路德维格疲于应付,最后只得告饶,宣告自己的企业破产,以 2.8 亿美元的价格把它卖给了巴西的 20 多家公司。

路德维格的破产再次说明,人类只能顺乎自然规律而不能违背自然规律。然而,亚马孙河流域广袤的森林,还有森林下面埋藏着的 180 亿吨铁矿以及其他矿床,对于人类的诱惑力实在太大了。怎么才能既保护住生态环境,又能把人类需要的资源开发出来,这已经成为摆在人类面前的一个颇为棘手的课题。

沿着亚马孙河一路向前

亚马孙河具有极其优越的航运条件,这是世界上任何一条河流都望尘莫及的。它不仅水量丰富,河宽水深,主要河段上没有险滩瀑布,更无冰期,干流和各大支流之间可以直接通航,构成了一个庞大而便利的水上航运网。万吨海轮可达中游的马瑙斯,载重 3000 吨的海轮沿干流可以直达秘鲁境内的伊基托斯,小一点的船可以继续航行到阿库阿尔角,再小一点的船只还可以继续上行。整个水系可通航里程达 2.5 万千米。

亚马孙上游山高谷深,坡陡流急,形成很多急流瀑布,进入东西长 3200 千米的亚马孙平原后,流速逐渐变缓。亚马孙河上游的主要城市有伊基托斯,它位于秘鲁东部热带森林的腹地,建城已有 130 多年的历史,为世界上海轮抵达最远的内陆港之一。上个世纪初兴起了一股橡胶种植热,这里便成了种植园主和巨商大贾挥霍和娱乐的地方,城中那些雕栏画壁的欧式建筑,就是那个时候留下的产物。秘鲁政府从 20 世纪 60 年代起,在这里实行特殊政策,现在已有 4000 多种商品可以免税进口,使它成为一个半自由港。伊基托斯是除了秘鲁首都利马以外唯一有国际航线的城市,来这里既能游览亚马孙河,又能买到廉价商品,可谓一举两得,每年都能引来不少国外游客。

亚马孙河中游流经秘鲁、哥伦比亚、巴西,全长约为 2200 千米。这一带河中岛洲错列,河流两侧支流众多,到了中游末端,河水进一步变缓,河宽至 11 千米,河深达 99 米。

亚马孙河中游的终点在巴西的马瑙斯市。它始建于 1669 年,最初是葡萄牙人为掠夺亚马孙流域财富设立的一个据点,以印第安土著部落的名字命名。19 世纪末,有人在附近的亚马孙森林中发现了野生橡胶树,消息一传开,成千上万的巴西人和外国人蜂拥而至,大发橡胶财,马瑙斯也跟着发展了起来,很快就远离了蛮荒、落后与贫穷。在茫茫苍苍的亚马孙大森林心脏地带,矗立起一座高楼林立的繁华都市。城中的房屋既有亚马孙式的木结构,又有欧洲风格的建筑,彼此交相辉映,韵味悠长。马瑙斯城中最宏伟的亚马孙大剧院是典型的欧洲式建筑,墙身蓝砖贴面,顶部有白色浮雕,蓝白相间,庄严巍峨,剧院前面广场上立着巨大的石雕像,造型逼真。望着这不甚古老的建筑,不由得让人联想到这座城市不甚长的历史。

马瑙斯的繁荣没有持续多久,就像泡沫一样破灭了。有个英国人从这里设法偷运走了数千株橡胶树苗,将其种植在马来西亚。新建的橡胶园规划整齐,割胶效率高,物美而价廉,而马瑙斯的野生橡胶树操作不易,产量不高,很快就没了市场,连累着马瑙斯一蹶不振,迅速冷清了下来。直到 1967 年,巴西政府把这里辟为自由港,实行各种优惠政策,外资大量涌入,它才重新兴旺发达起来。

马瑙斯并非紧靠着亚马孙河干流,而是坐落在亚马孙河的支流内格罗河左岸,距离亚马孙河还有 17 千米。这里河面宽阔,交通便利,世界上最大的浮动码头就设在这里。乘船游河是马瑙斯的特色旅游项目。游船刚一驶离市区,就淹没在一片绿色的海洋中,两岸森林密布,古树幼苗交错生长,绿油油的树叶遮天盖地,闪着绿色的光芒。森林中攀缘植物和寄生植物相互依托,在空中缠绕伸展,好似园艺师的巧手所为,所以被称为"热带雨林中的空中花园"。

马瑙斯城中有一座印第安人民俗馆,里边陈列着亚马孙河流域几百个印第安人部落的生活用品和手工艺品。这些展品固然丰富多彩,却无法生动起来。你要想亲眼见识一下印第安人的生活,那就舍船登岸,来到印第安人的村落中。远方的客人来了,热情好客的印第安人会为你跳起传统的舞蹈,表演他们擅长的各种拿手好戏。游人们最感兴趣的是吹箭筒表演,只见表演者双手拿着一根吹筒,对准树上的鸟儿用力一吹,鸟儿便大头朝下栽下树来。这里的奥秘一方面在吹箭的力度和准确性,那是印第安人苦练出来的功夫,另一方面是锐利的箭头上涂有剧毒,猎物中箭即使未中要害,也会立即全身瘫软,成了猎者的囊中之物。

内格罗河上还有一景,那就是每隔一段距离就能看到一个几米见方的浮动小屋,它是为来往船只提供动力补给的加油站。据说这样的水上加油站在整个内格罗河上共有 22 个。

内格罗河从马瑙斯城流出不远,就铺开了巨大的潟湖,两岸的森林不再是河流的护墙,河水漫入林中,好似在无边的绿色中嵌入面面明镜。潟湖中岛屿密布,组成了世界上最大的因河流冲刷而形成的群岛,称为安娜威罕纳斯群岛。内格罗河流到萨尔瓦多湖附近,就来到了内格罗河和亚马孙河的汇流点。远远望去,两条大河如同两条黑白色的带子,泾渭分明地向前奔流。那黑色的带子是内格罗河,它流经沼泽,冲出大量矿物质和腐枝败叶,因此水色较深,好似茶水的颜色,所以人们称之为"黑河";而亚马孙河的主干道含有大量沙泥,犹如加了大量牛奶的咖啡,当地的印第安人称它为"白水"。黑白两水因为流速不同,所以一直携手并流 10 多千米,始终不肯合二为一,形成了一幅壮观而奇特的画面。

亚马孙河中游地区还有个小镇值得一提,它就是派廷斯,巴西黄麻的产地,同时也是巴西黄麻工业中心。早在 20 世纪 20 年代,这里就开始种植黄麻,如今派廷斯地区方圆 300 千米以内的农户,都以种植黄麻为业,成为他们的主要生活来源。

亚马孙河中下游地区地势低平坦荡,一到洪水季节,河水排泄不畅,水位要比平时高出 10~15 米,两岸数十千米乃至数百千米的平原、谷地变成一片汪洋,亚马孙河因此获得了"河海"的称号。当年西班牙人初次来到这里时,还以为发现了一个大淡水湖,那位弗朗西斯科·奥莱亚纳则发出这样的惊叹:"这是海吗?"

亚马孙河当然不是海,但下游的洪水泛滥却与海大有关系。每当大海涨潮时,大西洋海水便会溯亚马孙河而上,有时甚至能深入内地 1000 余千米。洪水与潮水两下一夹攻,就使得亚马孙河下游像海一样有了"潮汐"。亚马孙河水的水位升降按三个阶段循环,周而复始。当河面开始露出涨水迹象时,叫"初汛";接着水位迅速上涨,叫"大汛";当水位下降时,叫"汛退"。生活在亚马孙河边的人们熟悉了它的这个禀性,"初汛"时就牵上牲畜把家搬到高地上去,"汛退"时就开始播种和捕鱼。

亚马孙河下游最大的城市是巴西帕拉州的首府贝伦市,它是亚马孙河上最大的港口城市。19世纪中叶之前,这里一直是人类进入神奇的亚马孙原始森林的"门户",也是巴西人守卫亚马孙广阔领土最重要的军事要塞。1616年,葡萄牙王室派遣弗朗西斯科·布兰科率领一支军队前往这一带设防,以抵御外国海盗的入侵并防范西班牙、法国、荷兰殖民者对亚马孙流域的入侵和占领。布拉科一行来到亚马孙河入海口附近的一处河湾地带驻扎下来,并在河湾前的高地上修建了一座堡垒,作为军队的营地。后来,住在附近密林中的印第安人陆续迁到军营附近,把自己的出产兜售给葡萄牙人,换些零用钱。就这样,贝伦逐渐变成了一个由堡垒组成的军营,又逐渐发展成为亚马孙地区最重要的城市。

弗朗西斯科·布兰科当年在贝伦修建的堡垒曾遭火灾被烧毁,现在游人所看到的是在原址上重新修建的一座城堡,名叫卡斯特洛城堡,建于1721年。它是贝伦城历史最悠久的建筑,也是贝伦城的"根",因此博得了"贝伦建城纪念碑"的美称。走进城堡,可以看到一门门铁锈斑斑的古炮,沿着圆形的城池高台一字排开,乌黑的炮口对着宽阔的河湾,似乎还在履行着自己的使命。临河的城堡平台摆上了方桌和藤椅可供游人小憩,人们坐在这里可以欣赏亚马孙河上的风光,也可以凭吊逝去的岁月。

贝伦城中用大理石砌成的纳扎莱教堂是当地久负盛名的宗教活动中心。每年10月的第二个星期日,贝伦人就会倾城出动,参加当地最盛大的宗教朝圣活动,游行队伍长达数千米。上百个贝伦人簇拥着纳扎莱女神像,拉着一条粗大的绳索,在全城进行巡游。据说只要抚摸一下这条粗绳索,就会得到好运。纳扎莱教堂前边有一座纪念碑,上面记载着这样一段传说:在这一带的密林中,有一张纳扎莱女神的画像总是像幽灵一样到处游荡,刚刚在人们眼前出现,转眼间就消失得无影无踪,不知何年何月又会突然在另外一个地方冒出来。1799年的一天,猎人帕西多在一片森林中发现了纳扎莱女神的画像,于是人们就在这里盖起了一座祠堂,将画像供奉在这里。从此,纳扎莱女神就走出了大森林,来到了人间。1881年,人们将这个小祠堂扩建为一座大教堂。

贝伦城中还有个地方那是一定要去参观的,它就是坐落在任蒂尔大街上的埃米利奥·戈尔迪博物馆。这里常年展出1.2万多件亚马孙河流域出土文物和印第安人使用的各种物件,如埋葬死者骨骸的陶瓮、捕鱼和打猎用的石斧和石矛等,还有3.6万多种亚马孙地区采集到的动植物标本。在博物馆的花园里,游人可以看到1500多种珍奇的亚马孙原产动植物,其中有世界上最大的淡水鱼——皮拉鲁库鱼、濒临灭绝的儒艮和鲍多鱼、水獭以及橡胶树、坚果树等等。

亚马孙河涌潮与"河海"

亚马孙河在千里奔腾后,似乎也有了倦意,当它流到入海口附近时,已经是水面宽阔，波澜不惊了。这一带地势低平，河漫滩上水网如织，湖泊星罗棋布，形成了巨大的河汊网，并与南面的托坎廷斯河和帕拉河汇合，浩浩荡荡地流入大西洋。

在帕拉河和亚马孙主河道之间有一个马拉若岛，它的面积约有 5 万平方千米，差不多跟瑞士一般大，是世界上最大的冲积岛，也是赤道线上最大的岛屿。岛上广种水稻，一望无垠的稻田里到处是一群群毛色乌黑的大水牛。这里是巴西"水牛的家园"，游人们在这里可以买到用水牛角、牛骨和牛皮制成的各种手工艺品。

亚马孙河水绕过马拉若岛，就进入入海口了。很多河流都在河口处形成了三角洲，那是因为河水裹携的泥沙往往会在河流的终点沉积下来。亚马孙河携带的泥沙也不少，却没有出现三角洲，这是有一定原因的。从河口向北这一带都是沙滩和暗礁，水深不足 7 米。这里的潮汐叫激浪潮，浪高达 1.5 米到 4 米，速度也很快，达到每小时 15 千米到 25 千米。当激浪潮咆哮着冲击海岸时，大海就会迅速地将亚马孙河所携带的泥沙卷走，于是这里就无法像其他河流那样形成三角洲了。

亚马孙河入海口处没有形成三角洲，却出现了一个喇叭状的三角港，这就为海潮的入侵提供了莫大的方便。亚马孙河口处的涌潮堪称世界自然奇观，完全可以和我国的钱塘江大潮相媲美。每次涨潮时，潮头通常高度为 1～2 米，大潮时则形成 5 米高的水墙，逆流呼啸而上，涛声震耳，声传数里，气势磅礴。当涌潮翻腾而来时，河上的船只不分大小，只要躲避不及，就会通通被打沉。亚马孙河口北运河的潮汐最为壮观，这里的海潮高达 3 米，宽达 16 千米。

大家都知道，潮汐是一种极为常见的自然现象，它是在月球、太阳等天体引力作用下所产生的。然而，亚马孙河如此壮观的涌潮非别处可比，自然另有原因。

亚马孙河在上游马瑙斯城附近，河宽只有 5 千米，而到了入海口处河宽竟达 80 千米，形状好似一个大喇叭，而且河床比较浅。每当大西洋海潮入侵时，大量海水逆流而上，堵截了顺流而下的河水。潮水涌到喇叭口处，河床陡然变窄，受到约束的潮水迅速涌积，形成了前波壁立的水墙，以排山倒海之势咆哮进流叠进，这就是蔚为壮观的亚马孙河涌潮。

除受地形的影响外，亚马孙河涌潮还受到了其他因素的影响。首先是信风。亚马孙河的入海口地处赤道，向大西洋敞开。由于常年受东北信风的影响，风向又刚好与潮水推进的方向一致，于是风助潮势，从而使得亚马孙河的涌潮更为澎湃汹涌。其次是气压。由于亚马孙河的河口地区位于赤道附近，常年受赤道低气压带的控制。气压低，水位就高，这也在一定程度上抬高了潮位，助长了潮势。

大海潮起又潮落，涨潮时亚马孙河水只得放慢脚步，而退潮时，棕黄色的亚马孙河水便波澜壮阔地奔涌向前，蓝色的海水只能退避三舍。由于水势太大，海水竟被河水冲淡了，甚至在远离河口 320 千米的大西洋上，还可以看到亚马孙河水带来的黄浊颜色，因此人们把这一带称为"淡水海"。

不光不明真相的人类有时候会把亚马孙河当成大海，海豚、鲨鱼和大海鲢们也会误将大河当成海洋,随潮水而至,在河中安居。这些"入侵者"中最知名的是粉海豚。在亚马孙河口附近,人们常常会看见粉色的海豚在船舷旁的浪花中翻滚腾跃,仿佛在快乐地玩耍。印第安人对粉海豚很有好感,在他们的传说中,海豚以鲶鱼做鞋子,水蛇当腰带,鳜鱼为帽,睡在水蟒做的吊床上。印第安人认为它们原先就是人类,只要愿意,随时都会变回为人,所以他们从不捕杀海豚。粉海豚只有一点让人放心不下,据说它们也喜欢人类的小孩,有时会把孩子们带到水下的海豚村庄和城镇去。而那些孩子一旦进入海豚世界,就会立即变成快乐的海豚,再也不思家人故乡了。亚马孙河流域和沿岸的丛林里常常有人失踪,按印第安人的解释,这些人都是被海豚诱拐走的。

拉普拉塔河

巴拉那河与塞特凯达斯瀑布

在西班牙语中,"拉普拉塔"是"银子"的意思。1526 年,西班牙航海家塞巴斯蒂安·卡波特率领一支西班牙远征队到达南美大陆,从一个宽阔的河口溯流而上,深入到内地。他们发现当地印第安人佩戴着很多银制的饰物,误以为当地盛产白银,便将这条河命名为拉普拉塔河,意为"银河",并把这一地区称为拉普拉塔区。后来,西班牙殖民统治者又将拉普拉塔区改为省。1916 年 7 月 9 日,拉普拉塔省宣布独立,国名正式定为阿根廷。

拉普拉塔河

"阿根廷"一词源于拉丁文,与"拉普拉塔"同意,它不仅是指具体意义上的白银,同时还有"货币""财富"的寓意。拉普拉塔河岸边的潘帕斯草原是阿根廷的经济心脏地区,这一带虽不产白银,却有着肥沃的土壤,良好的气候,牛羊遍地,农作物茂盛,使得阿根廷成为"世界的粮仓和肉库"。把这个国家称之为"阿根廷",应该是恰如其分。

严格地讲,只有从阿根廷首都布宜诺斯艾利斯以北流进大西洋的那段河流才叫拉普拉塔河,它的起点是巴拉那河和乌拉圭河交汇一带,终点是大西洋。拉普拉塔河全长不过 370 千米,入海口处却宽达 230 千米,实际上它等于是一个巨大无比的河口,把巴西、玻利维亚南部、乌拉圭的部分领土和巴拉圭的大部分领土上的全部河流所形成的巨大水流宣泄进大西洋中。人们通常把这些河流所流经的地域统称为拉普拉塔河流域。在计算拉普拉塔河的长度时,有时候也从巴拉那河的源头算起。

巴拉那河的两个源头都发源于巴西高原东南边,两河汇合后始称巴拉那河。这条河可以分为上、下两段。上段自两河汇合点至阿根廷的科连特斯,全长 2800 千米;下段自北向南流贯拉普拉塔平原,与拉普拉塔河汇合,全长 1200 千米。

巴拉那河的上段在巴西高原上流淌,水势湍急,形成了不少急流和瀑布,蕴藏着丰富的水利资源。1974 年,先后经历过两次电力能源危机的巴西痛定思痛,毅然决定同巴拉圭合作,在巴拉那河上建造世界上最大的水电站。这个水电站选址在一个名叫伊泰普的河中小岛上,于是得名伊泰普水电站,在印第安语中,"伊泰普"的意思是"会唱歌的石头"。1982 年 11 月 5 日,伊泰普水电站主坝正式建成,巴西总统菲格雷多和巴拉圭总统斯特罗斯纳一起按动特别装置,将大坝上的 14 个闸门一起打开,滚滚而来的巴拉那河水以每秒 8000 立方米的速度迅猛冲出闸门,进入溢洪道,激起层层巨浪,也激起了一阵阵热烈的掌声。伊泰普水电站大坝全长 7 千米,坝高 190 米。坝内蓄满水后,蓄水量达到 290 亿立方米。

伊泰普水电站还没有完全投入使用,就引来一片叫好声,因为它的装机容量为 1260 千瓦,是埃及阿斯旺水电站的 5.9 倍,预计它所发出的电不仅能满足巴拉圭全国的用电需求,还能供应巴西全国 30% 以上的用电量。在能源危机日益严重的当代,这可是一件天大的好事啊!"会唱歌的石头"唱出了最动听的歌。然而,就在 1986 年 9 月,在伊泰普水电站上游的巴拉那河上,却由身穿黑色葬礼服巴西总统菲格雷特亲自主持了一个葬礼仪式。这是一个特殊的葬礼,因为被埋葬的不是一个人,而是一条瀑布。

巴拉那河上有过一条世界上流量最大的瀑布,它就是塞特凯达斯瀑布(又名瓜伊拉瀑布),幅宽 3200 米,被岩石分割成 18 股飞流,年平均流量达每秒 1.33 万立方米。而到了汛期,塞特凯达斯大瀑布的流量竟达到每秒 5.2 万立方米,汹涌的河水从悬崖上咆哮而下,在下面撞开了万朵莲花,溅起的水雾飘飘洒洒,有时高达近百米。更有那震耳欲聋的水声为雄伟壮观的景象助威,据说在 30 千米开外,瀑布的巨响还清晰可闻。在这从天而降的巨大水帘面前,置身于细细的水雾中,来自世界各地的游客无不发出赞美和惊叹。

可惜的是,由于瀑布周围的许多工厂用水毫无节制,浪费了大量的水资源。沿河两岸的森林被乱砍滥伐,又造成了水土大量流失,使得大瀑布的水量逐年减少。尤其是伊泰普水库的建成和蓄水,使得水位大幅度提高,落差小了,塞特凯达斯瀑布自然就失去了昔日的壮观气势。它在群山之中无奈地低下了头,像生命垂危的老人奄奄一息,等待着最后的消亡。许多慕名而来的游客见到这样的情景,都失望地离去。

眼看着塞特凯达斯瀑布即将彻底消失,许多人都感到十分震惊和痛心。1986 年 8 月下旬,几十名专家学者以及大批热爱大自然的人集合在大瀑布脚下,他们模仿当地印第安人为其酋长举行葬礼的仪式,一起为塞特凯达斯瀑布送行。这个行动很快就在社会上引起巨大的反响,连巴西总统菲格雷特也亲自投身到这一行动中来。他在为塞特凯达斯瀑布举行的特别葬礼上,用饱含深情的语调,回忆了塞特凯达斯大瀑布曾经给巴西和世界人民带来的骄傲与欢乐,并在最后发出呼吁:"为了不让这样的悲剧重演,让我们携起手来,从现在做起,保护自然环境,爱护我们赖以生存的地球! 塞特凯达斯瀑布,你安息吧! 你那惊心动魄的身姿将永远铭记在我们心中!"

塞特凯达斯瀑布的萎缩虽然不全是伊泰普水电站的错,但它的确要负一定责任。不过,就在塞特凯达斯瀑布枯萎的地方,却诞生了一处更宏伟的景观,它就是伊泰普水电站。塞特凯达斯瀑布的落差为 114 米,而电站拦河大坝全长 7744 米,主坝长 1234 米,高 196 米,相当于 75 层楼高,水位落差为 118.4 米。即使在丰水季节,塞特凯达斯瀑布的流量才有每秒 5.2 万立方米;而伊泰普水电站的溢洪闸长 483 米,最大泄洪量为每秒 6.22 万立方米。整个工程用去水泥 1250 万立方米,挖掘土石方 6300 万立方米,使用钢材 49 万吨,足足可以造出 150 座巴黎的埃菲尔铁塔。

塞特凯达斯瀑布是大自然赐予的奇景,而伊泰普水电站却是人类自己创造出来的一个人间奇迹,被誉为"世纪工程",与巴拿马运河和英法海底隧道同载史册。隔河望去,只见溢洪道前湍急的巨流飞泻而下,声如惊雷轰鸣,溅起的水花形成一大片水雾,好似一团白色的轻烟,这景色与天下名瀑相比绝不逊色。登上电站大坝望去,大坝以北的河上出现了一个总面积达 1350 平方千米的巨大人工湖,湖的大半在巴西,小半在巴拉圭境内,烟波浩渺,无边无际。两条宽阔的护湖大堤一直延伸到水天相接之处,大堤上新栽的近 2000 万棵树木,郁郁葱葱,与河岸上的原始林带连成一片。面对这人力所造就的景色,人们还是会发出赞叹,但一联想到塞特凯达斯瀑布,心中总是觉得不是滋味。

巴拉圭河与食人鱼

巴拉那河流到阿根廷的科连特斯附近,接纳了它最重要的支流巴拉圭河。这条大河发源于巴西南部巴雷昔斯山脉的东南坡,全长 2200 千米,流过潘塔纳尔沼泽地和科伦巴市后,成为巴西与玻利维亚的一小段边界河,然后又成为巴拉圭和巴西的边界河。巴拉圭整个国土被巴拉圭河分为两个非常不同的部分:西部的大查科地区人烟稀少,比较干旱,东部则是森林地区,绝大部分巴拉圭人都住在这里。因此,巴拉圭河成为巴拉圭最重要的一个地理现象。

巴拉圭河与当地其他河流不同,河上没有用于水力发电的大坝,给航运和乘船游览带来了很大便利。河上景色壮观的瀑布,两岸美丽的礁湖,青翠的丛林地带和绿色的草原,向来为旅游者们所神往。不过,巴拉圭河最让津津乐道的却是河中的食人鱼。它们长着锋利的牙齿和有力的下颌，一口咬下去甚至能咬穿人的手腕。曾有一位印第安酋长把一只杀好的鸡拿到河边去洗，突然他感到水下有东西向上一冲，结果在钻心的疼痛之后，他发现自己失去了一个食指——被食人鱼咬掉了。这位酋长纯属大意，巴拉圭河流域的土著居民都了解食人鱼的习性，血腥的味道会让这种凶猛的小鱼兴奋起来，所以他们敢在食人鱼出没的地方游泳，但从不涉足屠场附近的水域，因为在充满血污、弃肉、骨头的水底，食人鱼会变得极有攻击性。

由于传说和过分的渲染，食人鱼变成了吃人的水中恶魔，而根据研究食人鱼的科学家的意见，这种小鱼并不见得十分危险，至少目前还没有确凿的证据说明有人被食人鱼活活咬死。实际上，许多食人鱼的攻击行为发生在它们被捕捞出水面或者它们的去路被挡住的时候，许多渔夫就是这样失去了手指或脚趾。更重要的一点是，食人鱼是腐食者，它们的主要食物是水中死去的鱼和动物的尸体。当食人鱼群赶到时，其他腐食性动物就会退后三尺。而当人们看到溺死在水中的动物，转眼间就成了白花花的骨架，就觉得这种小鱼十分可怕，大概它的恶名便是这样传扬开来的。

从某种意义上说，食人鱼还是人类的朋友。作为腐食者，它们担负起河流水体"清道夫"的角色。一般来说，它们只能捕捉到老弱病残的其他鱼类，剩下的肥美的鱼儿会让渔民格外开心。食人鱼的味道非常鲜美，印第安人用毒藤的汁液毒死食人鱼后，拿到炭火上烧烤，味道奇香无比。吃剩的鱼齿涂上毒汁后，被他们当成天然的箭镞，而颚骨则成为切割东西的剪刀。

作为一条通航长度仅次于亚马孙河的水道，巴拉圭河将内陆的巴拉圭与大西洋连接起来。它的流域上有许多重要的城市，其中最有名的当然是巴拉圭的首都亚松森。亚松森位于巴拉圭河的东岸，坐落在皮科马约河和巴拉圭河的汇合处。这里原来生活着印第安人。1537年8月15日西班牙人到达此地，正值天主教的圣母玛丽亚升天节，他们就用升天节给这座城市命了名。在西班牙语中，"升天节"的发音就是"亚松森"。

亚松森是一座美丽如画的内河港口城市，这里河流纵横，森林覆盖率极高，人称"森林与水之都"。城外的山坡高丘上橘园遍布，收获季节到来时，鲜红的橘子挂满枝头，宛如一盏盏明亮的小灯笼，因而人们又常常把它称为"橘城"。在殖民地时期，这座城市曾经是西班牙总督的驻地，一些古西班牙风格的建筑物至今犹存。庄严肃穆的西班牙式教堂，古朴典雅的住宅，还有那些铁铸的窗户栏杆，无一不在提示着这座城市有过怎样的经历。

距离亚松森45千米的地方，有一个驰名世界的伊帕卡拉伊湖。湖长24千米，宽4千米。湖面宽阔，湖水湛蓝，巴拉圭人称它为"蓝色的湖"。伊帕卡拉伊湖一带环境十分幽静，环湖生长着柠檬树、面包树、兰科树等等，林间空地上开满了鲜花，有玫瑰色的，有红色的，有黄色的，有蓝色的，异彩纷呈，灿烂似锦，一派绚丽的亚热带情调。离城不远处坐落着著名的亚松森植物园,它是美洲规模最大的植物园之一,园内奇花异草荟萃一堂。倘若没有亚松森城的万水竞秀,也就不会有这里的千枝吐艳。

拉普拉塔河与拉普拉塔平原

巴拉那河与巴拉圭河汇合后,自北向南流贯拉普拉塔平原。这一段的巴拉那河流经的阿根廷重要城市有圣菲、巴拉那、罗萨里奥等。圣菲是阿根廷圣菲省的首府,位于萨拉多河同巴拉那河的汇合处。巴拉那是阿根廷恩特雷里奥斯省首府,位于巴拉那河左岸,与圣菲城隔河遥遥相望,有一条水下隧道将这两座城市连接起来。罗萨里奥在圣菲和巴拉那下游不远处,它是世界上重要的谷物港口,拉普拉塔平原上丰盛的出产借助巴拉那河运送到世界各地。

拉普拉塔平原是南美洲第二大平原,东临大西洋,面积约150万平方千米。流淌在这条大平原上的萨拉多河把它分成两部分,北部称大查科平原,地面平展低洼,雨季排水不良,在沿河地带形成了大片的沼泽和湿地;南部称潘帕斯平原,地势坦荡平展,略向东倾斜,海拔多在150米以下。

潘帕斯平原又称潘帕斯草原,它平坦辽阔,一望无际。在印第安语中,"潘帕斯"意为"平坦地面"。用阿根廷人的说法,即使从大西洋沿岸一犁头犁到安第斯山下,你也碰不到一块石头。这显然有些夸张,却道出了潘帕斯草原得天独厚的自然条件。潘帕斯草原不仅土地肥沃,而且一年四季温煦和暖,降水充足,只是西部降雨少一些,却有丰富的地下水可资利用。阿根廷人民充分利用这一有利条件,把它变成了全国最大的小麦、玉米、大豆、油料作物和牛肉产区。这里的小麦和玉米产量的一半可供出口,分居世界第五和第四位。大豆的出口量仅次于美国,居世界第二位。工业用的油料作物亚麻、食用油料作物向日葵和花生的产量和出口量也位居世界前列。

潘帕斯草原适合牧草的生长,从而带动了养牛业的迅猛发展。阿根廷每年大约要宰杀1000万头牛,牛肉大量出口,英国烤牛肉世界闻名,而所用的牛肉大多来自潘帕斯。而到了潘帕斯草原上,餐桌上少不了正宗的潘帕斯牛肉,这里的传统食品是烤全牛,常常用来招待最尊贵的客人。

就在巴拉那河注入拉普拉塔河的地方,发源于巴西南部海岸马尔山脉西坡的乌拉圭河也流进了这条大河。它的源头处称佩洛塔斯河,与卡诺阿斯河相汇后始称乌拉圭河。从两河相汇处算起,乌拉圭河全长2200千米,流域面积为36.5万平方千米。

乌拉圭河是一条国际性河流,它的上游在巴西境内,中游是巴西与阿根廷的界河,下游是阿根廷与乌拉圭的界河。乌拉圭河及其支流水量充沛,水力资源特别丰富,早在1979年,巴西人就在乌拉圭河上进行了大规模的水电资源勘查。乌拉圭和阿根廷两国下手更早,它们在 1938 年就决定在大萨尔托共同兴建大型水电站。这座水电站于 1983 年 5 月竣工,成为目前乌拉圭全国最大的水电站。

巴拉那河与乌拉圭河交汇成拉普拉塔河后,河畔出现了两座大城市,一座是坐落在拉普拉塔河南岸的布宜诺斯艾利斯,一座是坐落在拉普拉塔河北岸的蒙得维的亚。布宜诺斯艾利斯是南半球的最大城市,也是大西洋岸具有世界意义的港口,有"南美巴黎"的美誉,还有"美洲文化之都"的美称。全城有 1100 多处雕塑,周围或是翠绿的草坪,或是争艳的鲜花,或是宽阔的广场,越发显得典雅大方。这些雕塑不仅美化了环境,给人以美的享受,还能从各个侧面再现阿根廷的历史。民族英雄的业绩永留人间,让青年一代学到很多历史文化知识。

阿根廷的国花名叫赛波花。每年春满人间时,盛开的赛波花灿若红霞,把布宜诺斯艾利斯染得一片绚丽。赛波树属木本豆荚科植物,主要分布在中南美地区。在西班牙殖民统治时期,拉普拉塔地区的印第安人不断奋起反抗。相传在一次战斗中,一位印第安部落酋长不幸阵亡,她的女儿阿娜依挺身而出,继续指挥印第安战士与西班牙殖民者浴血死战。最后,印第安人战败了,阿娜依不幸被俘。西班牙殖民者将她绑在一棵赛波树上,点起一把大火,印第安人的女英雄就这样在熊熊大火中慷慨就义。此时,赛波树本来花期未到,却突然盛开出满枝如火如血的红花。以后,阿根廷人就把赛波花视为自由和尊严的象征。

蒙得维的亚是乌拉圭首都,这里气候温和,常年绿树成荫,鲜花盛开,素有"南美瑞士"的美称。普拉多公园是城中最为古老的公园,园中种植有 800 多种玫瑰,因此又为蒙得维的亚赢得了"玫瑰之城"的雅称。作为南美洲最美丽的城市之一,蒙得维的亚市内树繁花茂,风景确实优美,但最吸引游人的还是拉普拉塔河岸,平静的河水缓缓流淌,一条河滨大道把十几处宽广而洁白的沙滩串连到一起,加上宜人的气候,使得这里成为世界上最有名的避暑胜地之一。每年的 12 月 8 日是乌拉圭的"沙滩日",到了这一天,天主教的大主教要亲临现场为河水举行祈祷仪式,而大众游泳季节也是从这一天开始的。拉普拉塔河岸上到处都支起了色彩斑斓的遮阳伞,五颜六色的游泳衣则把水面和沙滩都装点得绚丽多姿。

蒙得维的亚这个名字不是当地人的叫法,而是葡萄牙语的音译,因为一个葡萄牙水手的一声呼叫而名垂后世。1519 年,著名航海家麦哲伦率领一支船队驶进拉普拉塔河,一个名叫罗萨斯的葡萄牙水手在桅杆上担任瞭望任务。突然间,他看见了一片陆地,于是大声叫起来:"蒙得维的亚!"翻译过来就是"我看到一座山"。其实,罗萨斯所看到的只是一个海拔 50 米高的山岗,乌拉圭人叫它塞罗山。18 世纪初,西班牙殖民者为了防御葡萄牙人和英国人的入侵,在塞罗山上建起了一座要塞,这就是最初的蒙得维的亚城,如今成了蒙得维的亚旧城。旧城的中心在宪法广场,广场上有一座 18 世纪末建造的天主教堂,它是南美洲最著名的教堂之一。

拉普拉塔河流域还有一个世人尽知的特色,那就是生活在这里的人们酷爱足球,足球水平也属于世界一流,巴西、阿根廷和乌拉圭号称南美足球"三强",出过很多赫赫有名的球星。1929 年,南美小国乌拉圭获得了第一届世界杯的主办权。狂热的球迷们募捐 40 万美元,并且以神奇的速度建成了当时世界上规模最大的圣特纳里奥体育场,可以容纳 10 万名观众。当时有 13 支队伍参加角逐,而最后冲进决赛的恰巧是阿根廷队和乌拉圭队。这两支队伍在 1928 年第 9 届奥运会足球决赛中相遇过,气势极盛的乌拉圭队以 2:1 战胜了阿根廷队,夺得金牌。如今两支队伍再次狭路相逢,真是冤家路窄,分外眼红。阿根廷人决心报两年前的一箭之仇,而乌拉圭人则想利用主场之利,把金光闪闪的女神杯揽在怀里。

7 月 30 日清晨,薄雾刚刚从拉普拉塔河面上消失,金色的阳光把滔滔河水照得金光粼粼,拉普拉塔河的入海口处突然人声鼎沸。原来,4 万多名阿根廷球迷从全国各地涌到这里,打算横渡拉普拉塔河,取一条最近的路程前往蒙得维的亚,为本国球队呐喊助威。球迷们有的高举横幅,有的手执彩旗,有的吹吹打打,高唱着"不战胜则死亡"的歌曲,一群群地乘上船只,向着河对岸驶去。歌声、鼓声、汽笛声、口号声,在拉普拉塔河上空响成一片,大有气吞河山的声势。还有的球迷竟然奋不顾身地跳进河中,向着蒙得维的亚的方向游去。乌拉圭人哪里见过这样的场面,急忙出动海军战舰前去接应,以防不测。

这场比赛上半时阿根廷以 2 比 1 领先,下半时乌拉圭连进 3 球,反败为胜。乌拉圭人欣喜若狂,蒙得维的亚市万人空巷,全国都像过节一样。而阿根廷人则垂头丧气,回头再过拉普拉塔河时,一片鸦雀无声。此刻,不知道有多少泪水洒进河中。不过,阿根廷球迷要比中国球迷幸运多了,不会让自己悲哀的泪水流成河,人家可是夺取过世界杯的世界强队,给阿根廷球迷带去的快乐总是多于悲伤的。

伊瓜苏瀑布

在当地瓜拉尼人的语言中,"伊瓜苏"意为"大水"。几百年前,瓜拉尼人就已经生活在伊瓜苏河两岸,他们惊叹于伊瓜苏瀑布的宏伟壮观,便以"大"名之。1541 年,西班牙探险家德维卡来到这里,成为最早发现这座瀑布的欧洲人。但德维卡并不觉得伊瓜苏瀑布多么壮观,只形容为"可观",说它"溅起的水花比瀑布高,高出不止掷矛两次之遥"。也许他觉得它的名字过于土气,就将它重新命名为"桑塔玛利亚"。可惜的是,瓜拉尼人并不领情,坚持使用原来的称谓,"桑塔玛利亚"这个名字便没有能流传下来。

瓜拉尼人不仅钟爱于"伊瓜苏"这个名字,还给它赋予了种种美好的传说。一个传说讲的是有位部族首领的儿子,深深地爱上了一位公主,但公主双目失明了。他便站在伊瓜苏河岸上。虔诚地祈求诸神赐给公主光明。诸神果真给予了回应,大地裂为峡谷,狂涌而入的河水把他卷进谷里,而公主却重见光明,于是成为世界上第一个看到伊瓜苏瀑布的人。

另一个传说讲的是当地一位酋长的女儿爱上了一个出身贫寒的青年,酋长不同意这门婚事,女儿百般抗争,却说服不了执拗的父亲,绝望中她殉情投河,那哀伤的泪水便化作了终年飞流的瀑布。

还有一个传说讲的是古代有一位叫作奈比的女子,与一个叫作塔罗巴的青年战士相爱。奈比美丽异常,被当地的水神相中了,就派一条叫作恩波宜的大蛇来抢亲。塔罗巴带上奈比,跳上小船逃跑。大蛇随后追赶,一怒之下化作大瀑布,使小船从高处跌下,摔个粉碎。塔罗巴化身成悬崖上的一棵树,奈比则化身为悬崖下的一块石头。从此,他们俩遥遥相望,只有瀑布上现出彩虹,二人才能相聚。

实际上,伊瓜苏瀑布的形成有其特定的地理原因。伊瓜苏河发源于巴西南部山区,沿途汇集了众多细流,水势不断增大。当它穿过维多利亚山口,正以磅礴之势向巴西和阿根廷交界的平原奔腾时,突然受到阿古斯丁岛的阻滞,水流顿时变缓,河道顿时变宽,达 4 千米左右,形成一个水深仅 1 米左右的大湖。在这段河面上有一条 3000 米长的栈道,栈道宽约 2 米,两边有绿色的栏杆。行人走到栈道的终点,宽阔而平静的伊瓜苏河也流到了一道百尺高崖前,突然像一头被激怒的猛兽,发出雷鸣般的咆哮声,顺着悬崖翻腾而下,直泻谷底,于是成就了一条世界上最宽的瀑布,并以南美洲最大的瀑布赫然列进世界三大名瀑之中。

伊瓜苏瀑布不仅宽,而且"碎",这是它与常见的瀑布的最大不同。由于断层处岩石和树木阻隔,一条流水被分成大大小小 275 股,竞相翻滚直下。水流在飞落峡谷底部之前,先冲到高崖半腰的石台上,轰然作响,数十里外清晰可闻。瀑布跌落处飞花溅玉,形成 150 米高的水帘。当阳光照射到水雾上时,四周就会映现出一条条五彩缤纷的彩虹,把整个山谷变成了一个仙国梦境。

每当雨季到来时,伊瓜苏河水位猛涨,巨大的水量使得伊瓜苏瀑布的众多小瀑布浑然一体,狂泻而下,声势浩大,如同万马奔腾。而在平时,这些小瀑布可以分成三大瀑布群,北翼的瀑布群在巴西境内,由两层平台分成两组瀑布群,一大一小;南翼的瀑布群在阿根廷境内,是两组双层的瀑布群。位于中部的联合瀑布群最高,高 85 米,宽 4000 米,其高度相当于北美尼亚加拉瀑布的一半,宽度则大了三倍,泻进峡谷后激起的水花比瀑布顶端还高。日光穿透一帘水雾,幻化成数十道彩虹,与水花流霞共舞。联合瀑布的水流最大最猛,群水集聚,转弯抹角地从一段狭窄的山谷喷涌而出,由此得到一个"魔鬼喉"的怪名。经过"魔鬼喉"后,瀑水迅速散开,形成许多小瀑布泻进深渊,发出震耳欲聋的轰鸣声,再加上极大的回声,令人惊心动魄。

伊瓜苏瀑布群中的各条瀑布都有名字,如"情侣""亚当和夏娃""圣马丁"等,五花八门,形状也千姿百态。有的宽达数百米,气势磅礴;有的涓细小巧,如淑女起舞。有一处是两条瀑布比肩而下,人们便给它起名叫"亚当和夏娃"。有趣的是,这里的瀑布全都相对而泻,若要正面欣赏某一条瀑布,必须过河出国到另一方。巴西境内的主要瀑布有费洛里亚诺等五条，阿根廷境内的主要瀑布有米特莱、贝尔格拉诺等四条。这九条大瀑布如同九条张牙舞爪的巨龙直奔绝涧，激起的水雾像雨水一般打湿游人的衣裳。峡谷中雾气腾腾，好像开了锅一样。

伊瓜苏瀑布所在的峡谷是阿根廷与巴西的国界，从两个国家的一侧都能观赏到瀑布，但见到的景色截然不同。瀑布的主要部分在阿根廷境内，这里有上下两条游览路。下路是一条红土小径，蜿蜒在峡谷底部的密林中，从这里可以自下而上地欣赏瀑布；上路就是沿峡谷顶部游览，这里视野开阔。在阿根廷一侧适合从近距离观赏瀑布，比如看得见圣马丁瀑布一连两次下泻30余米，还可以沿着一条狭长通道到达"魔鬼喉"的下边，目睹飞瀑自天而降和向上蒸腾的水珠雾气。如果你想亲身感受一下瀑布的力量，可以搭乘小艇来到"魔鬼喉"喷口附近，当小艇从瀑水中冲过时，那份惊险刺激的感觉绝对让人终生难忘。

如果你想欣赏伊瓜苏瀑布的全貌，则需要到巴西那面去。这里离瀑布水流较远，更适合对宽阔的瀑布群做一个概貌的浏览。顺着巴西这一侧的羊肠小道或是坐直升飞机，也能从近处看到伊瓜苏瀑布的景观。

伊瓜苏瀑布还有一个特殊的自然景观，那就是成千上万的雨燕整天都在瀑布上空盘旋俯冲，追逐昆虫，还不时穿过水幕，飞到瀑布后的岩壁上。这种深褐色的精灵把巢筑在瀑布后边的岩壁上，从安全的角度来讲，这个地点那是无可挑剔，只是雌燕要辛苦一些，需要不停地飞越水幕，把捕捉到的昆虫喂给嗷嗷待哺的雏鸟。

早在1934年，阿根廷就在伊瓜苏瀑布区建立起了一个国家公园，由一个492平方千米的公园和一个63平方千米的保护区组成。巴西的伊瓜苏国家公园建得晚一些，但面积达1700平方千米，比阿根廷的伊瓜苏国家公园大好几倍，还是巴西最大的森林保护区。巴西这一侧的伊瓜苏国家公园设有瀑布旅馆，游客住在旅馆中不用出门，就可观览伊瓜苏瀑布。相比之下，阿根廷的伊瓜苏国家公园各类设备比较先进，而巴西的伊瓜苏国家公园没有太多人为的刻意装饰，显得更为自然质朴一些。

1984年，联合国教科文组织首先把阿根廷伊瓜苏国家公园作为自然遗产列入世界遗产名录，到1986年，才将巴西伊瓜苏国家公园也列入这份名录。这是一个明智的决定。伊瓜苏瀑布虽然分属两个国家，但它是全人类的共同财富，合为一个整体显然更为恰当。

的的喀喀湖

在南美洲安第斯山区海拔3812米的地方，有一汪依偎在高原深处的湖水，它有着沁人肺腑的蓝色，与蓝天的颜色融为一体，让人第一眼看上去就无法忘怀。它就是世界上最高的淡水湖，名叫的的喀喀。

的的喀喀湖是大自然创造出来的一个奇迹。世界上许多高山、高原上都有湖泊，但大多是咸水湖。的的喀喀湖地处高原，却是一个淡水湖。这是因为湖的四周雪峰环抱，高山冰雪融水的不断补充，大大超过了它的蒸发量，所以使得这个内陆湖的湖水不咸而淡。高原气候寒冷，所以高原湖泊一到冬天就会结上厚厚的冰，可是的的喀喀湖却终年不冻，

的的喀喀湖

这是因为高大的安第斯山脉阻挡住了冷气流的侵袭，保住了温和的气候。诸多得天独厚的地理条件造福于的的喀喀湖，使得它水草丰美，湖中鱼虾众多，更造福于生活在的的喀喀湖畔的人民，让他们过上了富足的生活。

的的喀喀湖畔生活着乌鲁斯人，他们是印第安阿依马拉族的一支，属于世界上最原始的民族之一。从远古起，印第安人就在这里捕鱼捉虾，他们对的的喀喀湖极为尊崇，将它称为"圣湖"。相传水神的女儿伊卡卡爱上了青年水手蒂托，水神发现后大怒，将蒂托淹死了。蒂托死后化为山丘，伊卡卡则变成浩瀚的湖水。印第安人将他俩的名字结合一起，称为"的的喀喀"，这就是湖名的由来。

根据另一则古老的传说，的的喀喀这个湖名另有来由。有一次，太阳神的儿子外出游玩，被山神所养的一群豹子吃掉了。太阳神思念儿子，放声痛哭，泪流成湖。印第安人同情太阳神的不幸遭遇，就纷纷上山猎杀豹子，并建起一座太阳神庙，将一块象征豹子的大石头放在太阳神庙里，作为祭祀之用。在印第安克丘亚语中，"的的喀喀"就是"石豹"的意思。

作为南美洲印第安人文化的发源地之一，的的喀喀湖区有着丰富的印第安人遗迹。的的喀喀湖上有41座岛屿，其中位于玻利维亚境内的太阳岛和月亮岛都是岩石岛，分别呈棕色和紫色，交相辉映，格外美丽。根据印第安人的传说，最伟大的神派他的孩子们去寻找一个可以建国立业的最佳地点，他们所选中就是太阳岛和月亮岛。至今在月亮岛上还保存着被印第安人视为圣物的宫殿、庙宇、金字塔等古建筑。龙舌兰岛上有很多印加时期留下来的拱门，整座石头建筑不用任何黏合剂，临湖而立，显得十分神奇。在科阿岛和帕利亚拉岛之间的湖底还发现了一座水下古城遗迹，包括隧道、洞穴以及经过雕刻的墙壁等，反映了当年这一地区的印第安人在雕刻、建筑等方面都达到了很高水平。此外，环湖的许多城镇中都有古印第安文化遗址。

的的喀喀湖上还有一些"岛屿"不是天然形成的，而是用当地特产香蒲草和芦苇捆扎而成的，称为漂流岛。香蒲草是一种暗青色的水草，沿着湖边生长，仿佛给湖岸镶上了一条素雅的滚边。它既柔软又坚韧，可以用来编织各种日用品和手工艺品，还是编制蒲席、建围墙和盖屋的上好材料。香蒲的芽很好吃，是湖上居民的

重要食品。浮岛的下部一般都是用芦苇根捆扎起来，上边铺上一层层香蒲草，就像一只大草船。通常一座漂流岛的寿命有 10 多年，但由于底部浸在湖中，朽烂得快，所以每隔一个多月，岛上的居民就需要找来香蒲草，厚厚的铺上一层，而且还要把原来的房子抬起来垫高，借此延续它的使用年限。

漂流岛上面一般住有四五户人家，每户都用香蒲草盖起茅屋，屋顶呈圆锥状，远远望去，好似一个个蘑菇。有一个漂流岛比较大，上面有学校、邮局和商店。阿依马拉人世世代代生活在漂流岛这狭小的天地里，却能知足常乐，他们还不会忘记将蒲草编织的手艺口口相授，免得失传，失去了生存的根基。最早的漂流岛是名副其实漂浮在湖面上的，与常见的筏子差不多，每当遇到危险，岛上居民们就会撑岛而行。现在的漂流岛已经抛锚固定在一个地方，但是仍然有些岛上的居民终生不曾离开过小岛，不曾看过的的喀喀湖外面的世界。

阿伊马拉人为什么要离开陆地，来到这湖上择水草而栖呢？这个问题就连他们自己也很难说清楚。相传他们的祖先来自亚马孙地区的热带雨林，为了躲避战乱而逃到高原湖边。但是由于习俗不同，他们不能见容于本地的原住民，只得离开岸边，来到湖中选一片水草茂盛的地方搭建房屋。

生活在漂流岛上的阿伊马拉人有一种奇特的交通工具，它就是用香蒲草捆扎起来的小船，名叫"托托拉"，约有 2 米多长，可载四五个人。"托托拉"轻便灵活，阿伊马拉男人从四五岁起就开始练习驾驭它，长大后就可以熟练着驾着它在湖上往来捕鱼了。湖中盛产鳟鱼，还有一种罕见的大青蛙，有灰色、绿色和黑色等多种，但由于捕捞过度，鳟鱼和巨蛙越来越少了，目前秘鲁和玻利维亚政府都已经制订出严格的法令，禁止滥捕鳟鱼和巨蛙。这样一来，阿伊马拉人的日子就不大好过了。

的的喀喀湖风光秀丽，景色宜人，而让历史学者和人类学家着迷的却是这草船和漂流岛。挪威著名的探险家和科学家托尔·海尔达尔注意到，"托托拉"两头高高翘起，很像古代埃及人使用过的船，由此他的脑海里涌现出一个念头：古代的北非人和中东人会不会利用类似的航海工具，早在欧洲人之前就已到达了美洲呢？为了证实这一推断，他制造了一艘草船，尝试穿越大西洋，可惜结构并不精良，未能成功。他没有灰心，索性来到的的喀喀湖，请当地的阿伊马拉人为他扎了一艘草船，取名"拉·二代"。他驾着这艘草船，于 1970 年成功地横跨大西洋，证实了他的假设是相当可行的。

乘船在大海一般的的的喀喀湖上游览，可以到那些聚集水鸟的岛屿上看一看。据估计，这里栖息的水鸟有几千万只。每当游船经过，受到惊吓的水鸟就会成群地飞起来，遮天蔽日，好不壮观。有一种名叫"波科"的野鸭格外讨人喜欢，它的头顶是墨绿色的，面颊雪白如银，两翅五彩缤纷，像是一个顽皮淘气的小孩给自己的脸上涂了厚厚的一层白粉。

乘船在湛蓝清澈的的的喀喀湖上游览，最好看的还是用香蒲草编成的"托托拉"和漂浮岛,在耀眼的阳光下,它们闪烁着金色的光芒,和蓝色的湖水形成强烈的对比色。这时候最应该做的是让关闭船上的马达,让船自由漂荡,你会感觉到时光倒流,仿佛回到了几百年前。

实际上,这样感觉不过是错觉而已,生活在漂浮岛上的阿伊马拉人也在与时俱进。过去阿伊马拉青年成亲后,就会离开父母家人,再建一座浮岛。如今阿伊马拉人发现了社区生活的优越性,再小的岛上也有五六家居民共同生活。站在漂浮岛上高高耸立的观景台上四处张望,你只能感受到这里的水色山光,而走进阿伊马拉人的家中,你会看到草屋顶上装有太阳能集电板,据说电力完全足够用来看电视了。曾经有人担心新一代阿伊马拉人会因为向往现代文明而弃舟登陆,的的喀喀湖上的漂浮岛也就荒芜了。现在看来这个担心有些多余,阿伊马拉人用不了多久就会把更多的现代生活用品搬上浮岛,创造属于他们自己的美好生活。

巴拿马运河

在美洲中部有一块狭窄而弯曲的地段,犹如西半球的蜂腰,这就是巴拿马地峡,巴拿马共和国就位于这条地峡上。早在公元 16 世纪前,印第安人就在这一带居住,"巴拿马"这个词就来自印第安语,意思是"蝴蝶之国"。16 世纪初,哥伦布在巴拿马沿海登陆以后,发现加通湖畔到处都是成群飞舞的彩色蝴蝶,于是他就借用当地印第安人的叫法,把这个地方命名为"巴拿马"。

巴拿马运河

1513 年,西班牙探险家巴尔博亚抱着发现黄金的梦想,沿着哥伦布走过的路线来到巴拿马。他深入进巴拿马地峡,攀上陡峻的高坡,穿越荒凉的原始森林,就在"山重水复疑无路"的时候,他奋力登到山顶,在他的眼前现出一望无际的蔚蓝色的海洋,这就是太平洋。就这样,巴尔博亚成为从大西洋岸穿越巴拿马地峡来到太平洋岸的第一个欧洲人,他还被人们视为太平洋的发现者,如今巴拿马运河东岸的巴尔博亚城就是以这位探险家的名字命名的。

继巴尔博亚之后,许多冒险家接踵而来,殖民主义的"文明"给当地的印第安人带来了巨大的浩劫,他们的财富遭到抢掠,大批印第安人被杀或被当成牲口一样赤身裸体地牵到市场上出售。从那时开始,巴拿马就成了冒险家的乐园,往来人口增多,商业的兴盛也对航运提出了更高要求,于是有人就设想能开辟一条捷径,把大西洋和太平洋沟通起来。1523 年,西班牙国王查理一世明确提出开凿一条中美洲运河的主张,并列出四个可供开凿运河的备选地点:墨西哥南部的特万特佩克地峡、哥伦比亚西北部的阿特拉托河附近的某个地点、尼加拉瓜地峡、巴拿马地峡。在这四个备选地点中,巴拿马地峡最窄(61千米),显然最有优势。1534年,西班牙国王卡洛斯一世下令对巴拿马地峡进行勘查,西班牙人沿着山脊用鹅卵石铺出了一条穿越地峡的驿道,算是为开凿做了准备。菲利普二世即位后,曾派技师调查过巴拿马地峡北部的尼加拉瓜地峡,想在那里修一条联系两大洋的运河,可是有位僧侣告诉国王,这样做"违反神的意志",菲利普二世信以为真,修建运河的倡议便化为泡影。

到18世纪末,西班牙人老调重弹,先后勘查了特万特佩克地峡和尼加拉瓜地峡,并在1814年最终下决心在巴拿马地峡开凿运河。偏偏就在这时候,拉美独立战争爆发了,西班牙人从美洲大陆上仓皇撤退,也就没有心思去挖什么运河了。然而,建造一条沟通两大洋的人工运河的想法毕竟太诱人了,可以使大西洋和太平洋的沿岸航程缩短了1万多千米,谁能控制这条航路,就等于控制住了南北美洲的命脉,于是还没等运河开凿,美、英、法等国就已经为了争夺开凿权打得不亦乐乎。最终还是法国人捷足先登,1879年,法国洋际运河公司从当时统辖巴拿马的大哥伦比亚联邦那里取得了运河开凿权,并于1880年1月1日正式动工。

法国人对于这条运河志在必得,特地请来了法国著名工程师菲迪南德·勒赛普主持大局。这位勒赛普曾经负责修建过苏伊士运河,获得了巨大的成功,由此声誉鹊起。他骄傲地接手巴拿马运河工程,以为不过是复制一条苏伊士运河而已。但他没有想到,巴拿马地峡的自然条件与苏伊士地峡完全不同,这里交通闭塞,地形复杂,参天的密林中毒虫遍布,炎热而潮湿的天气加剧了疫病的蔓延,夺走了大批工人和技术人员的生命。在加通水闸的附近有一座希望之山,运河工地上死的人都埋葬在山上,那里林立的墓碑令人不寒而栗。

比恶劣的环境更可怕的是人为的失误。勒赛普原以为巴拿马地峡湖泊众多,将它们利用起来,就可以修建出一条海平式运河。谁知施工4年之后,傲慢的法国人才发现,巴拿马地峡濒临太平洋一端的海平面,要比加勒比海这一端高出五六米,原来的设计根本无法实现。

最令勒赛普烦心的还有美国人的拆台。巴拿马运河的设计走向与美国人经营的巴拿马铁路相平行,这主要是为了便于运输物资,但美国人根本不予以配合,对运河物资的配送百般刁难,最后逼得法国洋际运河公司不得不以2550万美元的天价买下这条仅值750万美元的铁路。但留用的美国员工继续捣乱,致使铁路根本无法正常运营。

美国人这样做不仅仅是眼红于巴拿马运河的租让权,而是倍加看重这条运河的战略意义。美国西海岸的加利福尼亚发现金矿后,大批美国人从东部涌向西部,但由于高山峻岭和河流的阻挡,人们往往要经由海路转道巴拿马地峡,再经海路前往假想的黄金国。1898年美西战争期间,美国新式战列舰"俄勒冈"号为了从西雅图赶往古巴参战,居然要绕道合恩角。如果巴拿马运河通航,将给美国人带来多大的方便呀!时任美国总统的拉瑟福德·伯查德·海斯指出:美国必须把巴拿马运河控制在自己手中,它决不能放弃这种控制而将运河交给任何一个欧洲国家!

1889年,法国洋际运河公司山穷水尽,不得不宣告破产。为了收拾这个烂摊子,法国政府牵头另组了一家公司,接手运河工程,但按原来规定的日期竣工已经没有可能。尽管大哥伦比亚联邦同意延期,但法国人已经是黔驴技穷,巴拿马运河成了他们的"滑铁卢"。

美国人见有机可乘,便趁英国政府深陷于布尔战争的泥潭,迫使英国人放弃原来对巴拿马运河的分权要求,以换取美国的外交支持。排除了英国的干扰后,美国人就可以专心对付法国人了。他们使了一个声东击西之计,开始在美国国会中讨论拨款建造尼加拉瓜运河的问题。这一招果然见效,一向态度强硬的法国运河公司总经理被迫辞职,新任总经理无意与美国人叫板,便在征得公司董事会同意的情况下,于1902年1月4日电告美国政府,愿以4000万美元的价格转让其财产和租让权。只要大哥伦比亚联邦批准,这个转让就可能生效。然而,美国人却向哥伦比亚政府狮子大开口,提出永久租借运河两岸各3英里(约5千米)土地的要求。哥伦比亚政府想答应美国人的要求,甚至将运河年租金降至25万美元,同意签订《海约翰—埃尔兰条约》,但哥伦比亚媒体一致认为这是一个丧权辱国的不平等条约,号召人民起来反对,还提出了"寸权不能失,寸土不可丢"的口号。慑于公众的压力,大哥伦比亚联邦国会只得否决了这项条约。

面对这种情况,一部分美国人主张在尼加拉瓜地峡开凿运河,与巴拿马运河展开竞争,那里更容易施工,也便于管理。运河挖在哪里,哪里就会凭空得到巨额的收入,尼加拉瓜政府自然不会放过这大好时机,就开出优厚的条件,引诱美国人到他们那里去。这个想法很快就得到响应,1902年,美国国会已经准备为开凿尼加拉瓜运河拨款了。如果真的开挖尼加拉瓜运河,那么深陷危机的法国运河公司就无法自拔。法国运河公司的董事和股东们急了,连忙派公司董事兼总工程师菲利普·比诺·瓦里亚赶到华盛顿,试图说服美国参议员们改变意见。说来也巧,加勒比海的一座活火山就在这时候喷发了,轰动世界,而尼加拉瓜政府曾向美国人信誓旦旦地保证过,他们国内的火山都是死火山。瓦里亚忽然想起来,前几年前尼加拉瓜曾发行过一枚邮票,上面印的是摩通博火山,这座火山坐落在拟议中的运河路线附近,山顶上围绕着一缕轻烟,而这正是活火山的特征。瓦里亚设法搞到了90多枚这样的邮票,把它们分别寄给美国国会的参议员,邮票背后有瓦里亚的亲笔附言:"尼加拉瓜火山活动的官方见证。"这一做法很快奏效,美国参议员们看到邮票后,果然否决了在尼加拉瓜挖运河的议案。

为了能让法国运河公司卖个好价钱,瓦里亚又游说美国人支持巴拿马独立运动,摆脱讨厌的大哥伦比亚联邦。巴拿马人的独立倾向由来已久,尤其是美国与哥伦比亚为运河租让权的问题闹得不可开交时,巴拿马的精英阶层大为忧虑。自从巴拿马地峡上建了铁路又开凿了运河,巴拿马人口激增,受益多多,如果因为哥伦比亚国内的爱国情绪而导致运河开凿不成功,就会使巴拿马光明的前景变得黯淡无光。所以,当美国的情报人员到巴拿马地峡协助亲美分子闹独立时,立刻就得到了巴拿马独立运动的主要首领大庄园主何塞·奥古斯丁·阿兰戈父子的鼎力支持,很快就成立起了"巴拿马爱国者小组"。不久,曾长期在美国巴拿马铁路公司任职的曼纽埃尔·阿马多·格雷罗加入了"爱国者小组",并成为其首领。瓦里亚预支了 50 万法郎给阿马多,作为起义经费。1903 年 11 月 3 日,依仗着美国巡洋舰"纳什维尔"号撑腰,阿兰戈父子在巴拿马城的大教堂广场上当众宣布成立巴拿马临时执政委员会。第二天,巴拿马举行群众集会,宣布独立,推选阿马多为共和国首任总统。阿马多在会上致辞时高呼口号:"巴拿马共和国万岁!罗斯福万岁!美国万岁!"这成了世界外交史上的一件趣闻。

巴拿马独立后,美国立即催促新政府签订运河条约,巴拿马政府任命驻美国公使全权负责运河条约的签订,而这个人不是别人,就是那位瓦里亚。

1903 年 11 月 18 日,美国与巴拿马共和国签订了《美国与巴拿马共和国关于修建一条连接大西洋和太平洋的通航运河的专约》,简称"美马条约"或"海约翰—布诺·瓦里亚条约"。条约规定:巴拿马把宽 16.1 千米、面积 1432 平方千米的运河区交给美国永久占领、控制;巴拿马湾中的一些岛屿也交给美国使用;美国一次性付给巴拿马 1000 万美元,自 1913 年起,每年支付 25 万美元。

这是一个典型的不平等条约,得益的只有美国人。所以,条约签订后,美国总统西奥多·罗斯福就喜形于色地说:"我拿到了地峡!"而巴拿马人民为了废除这个不平等条约,进行了几十年的努力和斗争,那就是后话了。

1904 年,巴拿马运河工程全面恢复。美国人接受了法国公司失败的教训,决定修建一条水闸式运河。此前法国人已经开凿出了一段运河,但剩下的部分却是最为艰难的地段。以现在巴拿马运河中的盖拉特航道为例,需要在海拔 201.8 米的戈尔德山和海拔 125 米的康特拉克特斯山之间的盖拉特沟上,硬生生地开出一段宽 91.4 米、长近 14.5 千米的河床。工程量如此巨大,自然需要大量劳动力,但当时巴拿马全国只有 30 万人口,巴拿马城只有 2 万多人,根本不够用。于是,美国人就从西印度群岛、南欧、东南亚和中国雇来数万工人,并从非洲购买黑人来当劳工。据统计,从 1880 年开工到 1914 年 8 月 15 日完工,耗资 3.87 亿美元,共挖土方 2.1 亿立方米,总共死了 7 万多人,差不多每挖 1 米就夺去一条生命。如果加上筑铁路中死去的 2 万多人,在这两项工程中共死去了 10 多万劳工。人们称这条运河两岸为"死亡的河岸",它记载了巴拿马人民以及来自其他国家的劳动者的苦难和辛酸,更记载了帝国主义的掠夺和侵略。

巴拿马运河完工这一天,万吨蒸汽货轮"埃朗贡"号首次通过运河。从这以后,太平洋和大西洋之间的航程大为缩短,也方便了拉丁美洲东海岸与西海岸以及与亚洲、大洋洲的联系。例如从纽约到旧金山,经巴拿马运河比绕道南美洲南端麦哲伦海峡,缩短了航程 12579 千米;从纽约到日本横滨,缩短了航程 5354 千米。从纽约到夏威夷的火奴鲁鲁,缩短了近 1 个月的航程,从纽约到关岛也缩短了 20 余天。据统计,仅算缩短航程这一项,美国人每年就节约运费开支 9 亿多美元。1920 年 7 月,美国宣布巴拿马运河供国际使用,但那是要收费的。据美国巴拿马运河公司发布的统计数字,在这条运河供国际使用的 60 年中,美国从运河过往船只收取的费用高达 450 亿美元,平均每年达 7.5 亿美元左右。以 1975 年为例,这一年中有 1.4 万多艘轮船通过巴拿马运河,其中大部分来往于美国东西海岸港口,美国的煤、焦炭和石油产品许多都是通过这条运河运转的。

巴拿马运河对美国来说,不仅有着巨大的经济利益,还有着重要的军事价值,说它是美国的地峡生命线毫不为过。如果说拉美是美国的后院,那么巴拿马就是后院的大门。美国在运河区常驻重兵,先后建立了 14 座军事基地或要塞,并成立了加勒比海司令部,后来又扩大为南方司令部,负责美国本土以外西半球的三军行动。冷战时期,有 6.5 万名美军官兵和数千名文职人员被部署在运河区内,密度之高可谓全球第一。美国的大西洋舰队、太平洋舰队可以通过运河迅速调动。1962 年发生"加勒比海危机"时,美国就曾利用巴拿马运河从西海岸加利福尼亚一带迅速调动军舰前去加勒比海地区增援。

运河修成后,美国就把运河区变成了一个"国中之国",这里的最高长官是由美国总统任命的总督,升起的是美国国旗,施行的是美国法律,讲的话是英语,巴拿马政府不得在运河区执行国家主权。在运河区中居住的美国人叫"运河区人",他们有着种种特权和优厚的待遇,所以这里又被称为美国人的"天堂"。运河区的美国员工列入"金名册",按美国标准发给"金"薪工资,而印第安人、巴拿马人和其他拉美员工则列入"银名册",发给"银"薪工资,只相当于"金"薪工资标准的 1/4 左右,其他生活待遇也都按"金…银"制严格区别。

这些不公平引起了巴拿马人的不满,美国人迫于压力,不断对运河管理机构进行调整,巴拿马人员的比例逐年上升。1951 年,新的巴拿马运河公司成立,"金""银"制也被废止。由于巴拿马人民不断进行斗争,又迫使美国在 1936 年和 1955 年两次修改运河条约,偿付额在 1936 年到 1945 年增至每年 43 万美元,从 1955 年起又增至每年 193 万美元。1977 年,美国和巴拿马又签署了《巴拿马运河地位和永久中立条约》,规定在 1999 年 12 月 31 日之前的过渡期中,美方每年从通行税中支付给巴拿马 5300 万美元,再支付 1000 万美元为使用费,当运河收入允许时,另支付 1000 万美元作为年金。按照这个条约,巴拿马几乎不需要任何付出,就能获得了巨大的收益。

当吉米·卡特政府准备与巴拿马签订交还运河的条约时,美国舆论一片哗然。

对于大多数美国人来说,巴拿马运河应该永远是星条旗下的财产。罗纳德·里根在 1976 年总统竞选中喊出过这样一句口号:"我们买下了它,我们付了钱,它(巴拿马运河)是我们的!"当有人问到将来巴拿马政府如果以"维修"为理由关闭运河时,美国会如何应对,卡特总统的国家安全事务助理布热津斯基强硬地回答:"如果那样,美国军队就会进去关闭并维修巴拿马政府。"

不管美国人如何不情愿,巴拿马运河最终还是回到了巴拿马人民的怀抱。1999 年 12 月,在运河区中飘扬了 96 年的星条旗悄然落地,最后一批美军撤离,巴拿马国旗高高飘扬。巴拿马人有理由为此而欢欣鼓舞,但如果认为收回了运河就等于收回了一个聚宝盆,那就大错特错了。由于采取水闸提升式而非海平式方法开凿,巴拿马运河通行能力有限,通过时间较长,从 1972 年开始,运河的经营就已经出现亏损,技术老化的倾向日益明显,它已经不再是财富的代表,而是一份正在缩水的资产。它的使用情况已经达到饱和,面对着日益繁忙的世界海运,有着近百年历史的巴拿马运河已经不堪重负了。

巴拿马政府要想不打破这个聚宝盆,就得对它进行扩建。目前,巴拿马政府已经做好了修建第二条运河的计划。设计中的新运河将采用水平式方案,建在现运河西侧约 16 千米处。它北起加勒比海岸的拉加尔托河河口,经加通湖至巴拿马湾的凯米托河河口,长 58 千米,加上向太平洋和大西洋方向分别疏浚 35 千米和 5 千米,全长 98 千米,宽 200 米~400 米,水深 30 多米。一般情况下可通航 30 万吨级海轮,高潮时则可通行 50 万吨级巨轮。预计新运河将耗资 83 亿美元~200 亿美元,耗时 10 年,被称为"20 世纪的最后一项巨大工程"。以巴拿马这样小国,能以如此巨资投到巴拿马运河上来,其气魄令世人钦敬,而巴拿马运河的前景必然是一片光明灿烂。

密西西比河

密西西比河源头与"双子城"

"我们这样的痛苦、疲倦,既害怕死亡,又厌倦生活。但老人河啊,却总是不停地流过。"

1928 年,英国伦敦的一家歌剧院里,正在举行音乐剧《游览船》的首场演出。一位在剧中饰演黑人搬运工的保罗·罗伯逊唱起了这首歌。他那深厚的男低音充满了感人肺腑的力量,激发了阵阵如雷般的掌声,演唱者一举成名,这首名叫《老人河》的反映美国黑人悲惨生活的歌曲,也不胫而走,迅速传遍了全世界,至今仍时常在音乐会上演出。

歌中的"老人河"指的就是密西西比河。"密西西比"是英文 mississippi 的音译,来源于印第安人阿尔冈金族语言,"密西"和"西比"分别是"老(大)"和"水"的意思,合在一起就是"大河"或"河流之父"。由于密西西比河滔滔不绝的河水像乳汁一样抚育着整个流域的人们,美国人民感恩于它的慷慨,又将它尊称为"老人河"。

关于密西西比河的源头,在19世纪30年代以前一直有争议。很多人都估计它的源头应该在北美五大湖一带,但那里归法国人拥有,美国人很难去那里探险。1803年,拿破仑痛快地以1500万美元的价格将法属路易斯安那(面积相当于4个法国)卖给美国,1英亩(相当于6亩)只合4美分。美国人兵不血刃地就获得了面积达210多万平方千米的大片土地,使得当时美国的领土面积几乎翻了一倍。拿破仑得钱后甚为高兴,可是后来的法国人却懊悔不迭,因为如今单单一个新奥尔良港就值几千亿美元。

路易斯安那纳入美国的版图后,美国人帕埃克才有可能深入到北美五大湖一带探求密西西比河的源头。经过一番努力,他发现密西西比河的源头就在里奇湖。然而,他的发现最后被证明是错的。帕埃克其实很不幸,他只要再多走几里路,就会来到它的真正源头。这个大便宜在20多年后被亨利·斯古科拉夫特拣去了。1832年,他发现了密西西比河真正的源头在伊塔斯克湖,它位于苏必利尔湖的西侧。

说来很是有趣,伊塔斯克湖很小,它的北边有一条小溪。湖和小溪之间有一条石头堆起来的水坝,小溪的两边有两片小沙滩。溪水清澈见底,踩着河中的石头就能跨过河去。来到这里,人们完全可以大言不惭地说:"我今天用脚跨过了密西西比河!"

查明了密西西比河的源头,科学家也就能够解释清楚它与五大湖之间的关系了。数百万年前,密西西比河的源头只在美国的中部,上游河水流向北部,注入一个大湖。进入冰川时期后,从北边大湖一直到现在的俄亥俄河的位置全是冰川。大约1万年前,冰川开始融化,在这个过程中,大量随着冰川移动的土块、岩石在途中沉积下来,从而形成了五大湖。这些变化也迫使密西西比河向南寻找河道,最终流入海中。

从伊塔斯克湖那汩汩流淌的小溪起步,密西西比河开始了它的漫长旅行。一路上广收博取,渐渐壮大,终于成了一条雄伟壮观的大河,贯通美国南北,也是北美洲流程最长、流域面积最广、水量最大的河流。

密西西比河上游从源头到"双子城",全长1010千米,地势低平,水流缓慢,蜿蜒于森林和沼泽之中,两岸多冰川、湖泊和沼泽,湖水多形成急流瀑布后注入干流。在明尼阿波利斯附近,密西西比河流经一段长1200米的峡谷,落差达19.5米,形成了著名的圣安东尼瀑布。它是密西西比河上唯一的天然瀑布,高度算不了什么,但在河床平坦的密西西比河上,就是了不起的景观了。

"双子城"之一的明尼阿波利斯于 1872 年由原圣安东尼和明尼阿波利斯两城合并而成,最初就是利用河上的瀑布建起了锯木场,直到今天传统的锯木业也很发达。到了 19 世纪末,这里又成为农畜产品加工中心,用一句不算夸张的说法,这里一天加工出来的面粉,完全可以养活半个美洲大陆。如今,明尼阿波利斯的谷物交易所仍然是全美最大的谷物市场之一,许多大型谷物仓库都坐落在密西西比河沿岸。

"双子城"的另一半是明尼苏达州的首府圣保罗市,这座城市的一部分建在密西西比河东北向大回湾的北岸峭壁之上,另一部分建在密西西比河河湾的南岸,俯临弯弯曲曲向南流去的密西西比河水。离城不远的地方就是明尼苏达河汇入密西西比河的地方,密西西比河的千里航道就是从这里顺流而下,因此被称作美国"西北的门户"。

圣保罗是美国中西部地区最年轻的城市,工业很发达,既有新兴的计算机业,又有传统的服装、日用品业。这里最有名的传统企业是 3M(明尼苏达矿业)公司,很多家喻户晓的小商品都出自这家公司,如人们普遍使用的透明胶带,就是这家公司的发明,现在已经风行世界。正当所谓新技术革命红红火火的时候,这家公司曾被视为"老牛拉破车"的典型,而如今人们发现传统产业大有可为,它的前景再次被看好。

密苏里河与圣路易斯

密西西比河的中游从"双子城"到位于俄亥俄河口的开罗城,全长 1373 千米,两岸先后汇入众多支流,西侧支流大多发源于洛基山脉,著名的有密苏里河、阿肯色河、雷德河等;东侧支流大多发源于阿巴拉契亚山地,著名的有俄亥俄河、田纳西河、康伯河等。

密西西比河的最长支流就是密苏里河,它发源于蒙大拿州黄石公园附近的落基山脉东坡,全长 4300 多千米,流到密苏里州圣路易斯城北面 24 千米处汇入密西西比河。和密西西比河一样,密苏里河的名称也来源于印第安人阿尔冈金族语言,意为"大独木舟之河"。

美国建国之初,国土只有东部靠近大西洋的那条狭窄地区,西部以密西西比河为界,东起密西西比河,西到落基山脉的整个路易斯安那地区都属于法国。1803年,美国总统杰斐逊从正和英国打仗缺钱花的拿破仑手中买下了路易斯安那地区,却对那片处于原始蛮荒状态的土地所知甚少。同年,杰斐逊委派青年军官威廉·克拉克和梅里韦瑟·刘易斯,率领一支由 44 人组成的"发现军团"远征探险队,从圣路易斯城出发,乘船溯密苏里河而上,去摸清西部的底细,寻找传说中的西北通道。

刘易斯和克拉克从来没有去过西部,完全凭着一股热情踏上了充满凶险的旅程。出发没几天,他们就与后方失去了联系,但他们没有退缩,一路逆水行舟,披荆斩棘,涉过水量充沛的黄石河,穿越奔腾咆哮的密苏里大瀑布,挺进落基山脉,勇敢地挑战北美地区流速最快的斯内克河和清水河,最终到达他们梦想的终点——太平洋。他们在太平洋岸边建造了一座名为科拉特索普堡的堡垒,使它成为美国在太平洋边的第一座哨卡,也是美国在西部的地标。这一路上他们绘制出了一幅密苏里河盆地的精确地图,发现了 120 种新的动物以及 178 种新的植物。

蒙大拿州东部的白崖峡是密苏里河上最险峻的一段,当年刘易斯和克拉克曾在这里宿过营。如今,常常有游客乘坐独木舟或筏子在河中漂流,一方面是体会激流勇进的乐趣,另一方面是在这个具有美国历史纪念碑意义的地方,缅怀那段美国有史以来最不可思议的旅程。刘易斯和克拉克一行往返行程共 1.2 万千米,费时两年零四个月。成功地完成了美国大陆的第一次横越,成为欧洲人中第一个穿越北美大陆分水岭的人,也是遇见原始部落最多的白种人。

1806 年 9 月 23 日中午,刘易斯和克拉克等人回到了圣路易斯,受到全城人的热烈欢迎。杰斐逊总统对这两位英雄褒奖有加,将克拉克任命为密苏里州的州长,刘易斯则成为路易斯安那州的州长。

如今的圣路易斯已经成为美国最大的内河港城,也是美国通往西海岸的大门,高高地耸立在密西西比河西岸上的大拱门,就是为了纪念圣路易斯作为美国西部开发的大门户而于 1965 年建成的。远远望去,这个用不锈钢制成的大拱门好像一道银光闪闪的长虹,从一边拔地而起,在半空中高高地画出一个大大的圆弧,在另一边落入地下。大拱门的顶端距地面达 191.9 米,相当于一座 60 层大楼的高度,就纪念性建筑物而论,它无疑称得上世界冠军。

圣路易斯大拱门的设计者是芬兰裔的美国人爱罗·沙里宁,他和他的父亲都是美国有名的建筑大师。拱体的外壳是用两层不锈钢板夹钢筋混凝土拼砌而成的,拱体内部却是空心的,里面有电梯能直达拱顶。所谓电梯,其实是一列由 8 节小车厢组成的小电车,顺着固定在拱体内部的轨道,用钢缆缓缓地拉动。来到拱门绝顶上的瞭望室中俯瞰,但见绿中带蓝的密西西比河宛如一条玉带从拱门脚下流过,宽阔的河面上横跨着几座姿态各异的大桥。那座名叫伊兹的大桥建于 1874 年,是世界上第一座钢桁架桥。当年为了建成这座桥,曾有不少人丢了性命。

圣路易斯城中有一座圆环形的高大建筑十分显眼,它是啤酒大王布希的纪念体育场,有 5.4 万个座位,经常被用来举办棒球和美式足球比赛。1904 年,圣路易斯人就是在这里承办了第三届奥运会,这也是美国第一次承办奥运会。

密西西比河中游还有不少各具风情的小城。如哈伯斯菲雷,这里因发现史前人类的土墓而出名。比如达文波特,密西西比河上第一座铁路桥就是在这里兴建的。比如马斯卡腾,曾被称为世界"珍珠"纽扣之都。密西西比河上的河蚌品种有 37 种之多,这里的人们就地取材,用蚌类贝壳做成各式各样的纽扣。比如新波士顿,亚伯列罕·林肯担任总统前,曾干过测绘师,新波士顿的全城平面图就是林肯绘制的。比如卡普吉拉多,它的北部有一个著名的历史古迹——"泪水小径"。1838～1839年,美国联邦政府及州政府逼迫原住民部族切诺基人离开乔治亚州和田纳西州东部的家园,迁移至俄克拉荷马州东部的印第安人保留区。他们流着眼泪跨过密西西比河,沿途死了4万多人,"泪水小径"之名就是这样来的。

密西西比河中游沿岸最有名的小城当数汉尼拔,它是美国大作家马克·吐温的家乡。马克·吐温是在密西西比河边长大的,成年后在密西西比河上谋生,当过水手,还考取过领航执照。他本名塞缪尔·克雷门斯,马克·吐温这个笔名的本意是"两浔",即12英尺,是当时公认的汽船吃水安全深度。对于密西西比河,马克·吐温有着深厚的感情,他在《密西西比河上》一书中动情地写道:"……有时,那水面,仿佛是一本书,把它的思想毫无保留地教给我,把它最珍贵的秘密告诉我。那绝不是一部读一遍就能弃之一边的书。因为它每天都有新故事告诉我。"

马克·吐温的代表作品是《汤姆索亚历险记》,这部长篇小说就是以汉尼拔小镇的生活为原型的。在小说中,马克·吐温详细地描绘了密西西比河流域的自然生活,充满了少年的梦想,纯真的惊奇,浪漫的喜悦,还有孩子们的冒险故事,对少年读者具有非凡的魔力。小镇的南边有一个马克·吐温洞,它是一个天然洞穴,里边四通八达,好似迷宫一般,据说汤姆的洞穴冒险就是在这里进行的。

汉尼拔是个只有万把人的小镇,镇上最大的资产就是马克·吐温儿时的故居,这一带的房子和街道都保留着原样,禁止车辆通行。镇上还有马克·吐温博物馆、汤姆铜像等,每年都能吸引来大批的旅游者。

蒸汽船与孟菲斯

密西西比河的下游地段从俄亥俄河河口算起,一直到密西西比河三角洲的河口,全长1570千米。这段河流弯度不大,地势也比较平坦。亚热带湿润的季风给这里带来了温和的气候和充沛的雨量,尤其是俄亥俄河流域地区,土壤肥沃,已被开发成为美国最大的玉米产地。

密西西比下游的第一座城市是地处伊利诺伊州、肯塔基州和密苏里州三州交界处的开罗城。开罗城往南有一大片土地被称作密西西比三角区,这里土地特别肥沃。从15世纪开始,数以万计的黑人从非洲像动物一样被抓来,带上镣铐,任白人驱使,在棉花种植园里洒下无数的汗水和泪水。如今那些作为黑奴制象征的种植主的庄园依然存在,只是残暴的庄园主换成了和蔼的管理员,不厌其烦地为一批批游人讲述着这里发生过的故事。

把这里的故事讲出名的人是美国女作家斯托夫人。她14岁那年,随父母迁居位于俄亥俄河畔的辛辛那提,郊外便是星罗棋布的大农奴主种植场。当时,辛辛那提是北美废奴运动的中心之一,还是各地逃奴的避难地。斯托夫人一家对黑奴深表同情,家中还安置过逃奴,这使得斯托夫人有机会亲耳听到逃奴诉说他们悲惨的遭遇。后来,斯托夫人又得到一次机会,与朋友一起访问了肯塔基州梅斯维尔的几个种植场,耳闻目睹了黑奴劳动和生活的惨状。有一次,斯托夫人在密西西比河的一艘商船上邂逅了一个凶残的奴隶主,亲眼看到了他的劣迹,使得斯托夫人大为震惊,此人后来成为斯托夫人小说中的反面人物的原型。

1851年6月,斯托夫人创作的小说《汤姆叔叔的小屋》在华盛顿的一家刊物上连载,很快就赢得了成千上万的热情读者。第二年,《汤姆叔叔的小屋》结集出书,一年内美国八家出版社日夜赶印出30万册,仍然不能满足读者的需要,当时几乎每个识字的美国人都争先恐后地阅读这部"扣人心弦"的小说。这部小说还对美国的废奴运动和南北战争产生了巨大的推动作用。1862年,林肯总统在白宫接见斯托夫人,盛赞道:"这位小妇人写了一部导致一场伟大战争的书。"

斯托夫人的这部小说后来由联邦德国、意大利、前南斯拉夫联合摄制成同名电影,影片从头至尾都贯穿着一首歌,名字就叫《密西西比河》:"古老的密西西比河啊,饱经沧桑……古老的密西西比河啊,滚滚向海洋……"那深沉的男低音,轻轻地哼唱出黑人的哀愁,伴随着密西西比河的涛声传向远方。

斯托夫人在《汤姆叔叔的小屋》中还提到了密西西比河上盛极一时的蒸汽轮船:"夕阳的余晖,照耀着密西西比河那宽阔的河面,一圈圈乌黑的苔藓,挂在两岸随风摇曳的甘蔗和黑藤萝树上,在晚霞的映照下,闪闪发光。此时,'美丽河'号蒸汽轮船载着沉重的负荷向前行进着。"

蒸汽船依靠蒸汽引擎输出气压,带动船尾很大的轮桨,从而推船前行,因为吃水较浅,很适合在河上航行。1817年,密西西比河上出现了第一艘蒸汽船,名叫"新奥尔良"号,从此蒸汽船就成了密西西比河上最常见的交通工具。1870年在密西西比河上还进行了一次著名的蒸汽船航行比赛,对阵双方是以南北战争时南军统帅李将军命名的"罗伯特·李"号和"纳彻斯"号,结果"罗伯特·李"号以3天零18小时的时间,从新奥尔良抵达圣路易斯,领先"纳彻斯"号6小时多。如今人们在密西西比河上还可以乘坐"纳彻斯"号游览,它是按照当年的"纳彻斯"号原样复制的。

从19世纪中叶到20世纪初,密西西比河上风光一时的蒸汽船是那种"演出船",也被称为"游动剧院",全盛时期有26艘之多,船上演出当时人们热衷观看的马戏、杂耍和小型歌舞,给旅客带去一路欢乐。到了20世纪30年代,由于来自电影、收音机的竞争,还有汽车的逐渐兴起,乘船旅行不再是唯一的选择,"游动剧院"才逐渐衰落。20世纪红极一时的百老汇音乐剧《游览船》,表现的就是密西西比河上"演出船"的生活。就在剧情即将结束的时候,华丽的蒸汽船在河上慢慢远去,黑人歌手保罗·罗伯逊站在河岸边,唱起那首动人的《老人河》,观众无不为之动容。

密西西比河流过开罗城后,沿途出现的第一大城市就是位于河东岸的孟菲斯。孟菲斯本是埃及古都的名字,怎么用到了一座美国城市的头上来了呢? 原来,1541年西班牙探险家德索托到达这里,随手就从《圣经》中找来一些中东的地名,给这片荒地上的一些地方命了名。

此孟菲斯非彼孟菲斯,但二者还是有些相像之处的。埃及的孟菲斯有尼罗河的哺育,美国的孟菲斯有密西西比河作为命脉。靠着这条大河,孟菲斯才能发展成为美国第二大河港,每年在这里装卸的货物多达 1300 万吨。完全可以这样说,如果没有密西西比河,就不会有孟菲斯的兴起。怀着对"老人河"的无限深情,孟菲斯人在河中的淤泥岛上建立了一座密西西比河博物馆。岛上建有微缩的"老人河",有几个街区那么长,密西西比河上有什么景观,这里就有什么景观,密西西比河上有什么桥,这里就照样造一座桥。游人在这里沿"河"走一趟,就如同沿密西西比河航行过一趟一样。

此孟菲斯与彼孟菲斯还有一个共同之处,那就是都以大量种植棉花而出名。这里不仅有很多棉花仓库和榨棉籽油的工厂,还有大名鼎鼎的棉花交易所。孟菲斯每年都要举办盛大的"棉花狂欢节"和中南部交易会,热闹非凡。

说起棉花种植来,就不能不想起《汤姆叔叔的小屋》,孟菲斯的兴旺和繁荣得益于密西西比河盛产的棉花,而这些白花花的棉花却浸透了黑人的鲜血。19 世纪时,孟菲斯曾以奴隶市场闻名于世,今天生活在孟菲斯的居民中,黑人大约占到一半。他们虽然摆脱了棉田奴隶的地位,但不少人仍然干着挣钱很少的粗活重活,仍然受到种种不平等的待遇。由于历史的原因,孟菲斯的民族矛盾非常尖锐,1866年这里曾发生过严重的种族暴乱,1968 年黑人运动领袖马丁·路德·金来到孟菲斯支持黑人罢工,不幸被暗杀。马丁·路德·金之死激怒了全美国的黑人,10 天之内,黑人的抗暴怒潮就席卷了美国 29 个州的 125 座城市。为了纪念这位黑人领袖,马丁·路德·金当年遇刺的汽车旅馆已被改建为国立民权博物馆。

孟菲斯还是美国最著名的音乐制作中心,也是全世界流行音乐的发祥地,而这主要是黑人的功劳。长期以来,生活在社会最底层的黑人们看不到希望和亮色,心情压抑,便用歌曲来表达他们心中的痛苦和哀怨。黑人作曲家汉迪就诞生在孟菲斯,他被称为"蓝调之父",而"蓝调"音乐脱胎于黑奴抒发心情时所吟唱的 12 小节曲式,给人一种紧张、哭诉、无助的感觉,恰恰反映出黑人的生存状态。孟菲斯还是摇滚歌星"猫王"艾维斯·艾伦·普里斯利的成名之地和最终的归宿,每年都有大批"猫迷"来到"猫王"的豪宅和墓地凭吊这位摇滚歌星,入夜则到"蓝调"酒吧享受节奏强烈的黑人音乐。

密西西比河流过孟菲斯,并没有加快脚步,似乎眷恋着这块富饶的土地,迟迟不肯汇入大海的波涛。就在密西西比河入海口的地方,出现了美国最大的海港城市新奥尔良。它是目前仅次于荷兰鹿特丹的世界第二大海港,主要承担大宗货物以及中转到世界各地的物资,每天有近百艘来自世界各地的船只进出。

新奥尔良一带原为印第安人的居住地,17世纪末,法国探险家抵达密西西比河河口,旋即宣称整个流域为法王路易十四所有。1718年,法国人在河口的沼泽地上建起一个居民点,以法国名城奥尔良命名,称为新奥尔良。1803年,它随同整个路易斯安那地区一起被美国人买了下来。由于这样一段历史渊源,新奥尔良城中出现了一个美国本土上最具有异国情调的城中城,它就是著名的"法国区",即法国移民初来时开辟的地方。新奥尔良城中的"法国区"以杰克逊广场为中心,周围矗立着许多早期法国和西班牙式样的建筑,如广场对面灰色塔尖的圣路易斯教堂等。"法国区"内有70多个街区都是法国式建筑,街区笔直但街道较为狭窄,街道两旁种植着香蕉和热带林木,一派热带城市风光。这里的居民大多说法语,吃法国菜,保留着法国和西班牙的风俗和习惯,所以人称这里为"美国的巴黎"。

密西西比河从新奥尔良市区流过,它的北边紧靠着庞恰特雷恩湖,这个大湖与大洋相通,水面宽阔,湖周围树木苍翠,草绿花香。湖上建有一座38千米长的双道桥梁,据说是世界上第一长的高速公路桥。站在这座雄伟壮观的大桥上,但见湖光万顷,水天一色,美丽的景色令人叫绝。

新奥尔良作为密西西比河三角洲上最有代表性的城市,受益于这条大河,也受害于这条大河。密西西比河的泥沙含量很大,随着河水径直冲下来,于是形成了世界上最大的三角洲,这里油黑的土壤毫不费力地孕育出丰收的果实。但密西西比河上游地区水土流失特别严重,泥沙沿途下沉,增高了河床,一到春夏时上游冰雪融化,水量激增,很容易造成洪水泛滥,而每次发洪水受灾最严重的都是三角洲地区。据统计,密西西比河每隔7年就泛滥一次,河堤决口,良田被淹,屋倒房塌,溺死人畜,损失惊人。1927年,密西西比河发生了美国历史上最具灾难性的洪水,一时间洪水铺天盖地而来,大约7万平方千米的土地变成泽国,60多万人无家可归,所造成的直接经济损失达10~15亿美元。

为了有效地控制密西西比河水患,早在1717年,美国政府就在新奥尔良筑起了第一条堤坝,后来又指定陆军的机械部队专职长期治河。到目前为止,密西西比河的主流和支流两岸的防洪堤坝已超过3500千米,堤岸平均高达9米。为了解决令人头痛的泥沙淤积问题,美国政府在密西西比河上投入了大量的清淤船只。如果你从密西西比河上经过,就会发现每隔一段河道,就有一艘清淤船在作业,这也成了密西西比河上的一道风景。

靠着堤坝的保护,即使在河水水位上升的时候,新奥尔良市区低于密西西比河面的地方也能安然无恙,游艇在人们头顶上驶过的景象,或许还会被当成奇景来欣赏。然而,"水城"这个别号对于新奥尔良来说并不是什么荣耀。密西西比河平时总是好脾气,在开阔的河道中静静地流淌,但那略显浑浊的河水还是会让人心中难以安然。它会不会突发雷霆之怒呢?如果你去请教长年生活在密西西比河上的渔夫和船员,他们会给你这样的忠告:尊敬它,不然它会把你弄下水!

尼亚加拉瀑布

北美的尼亚加拉瀑布和非洲的维多利亚大瀑布(莫西奥图尼亚瀑布)、南美的伊瓜苏瀑布并称为世界三大著名瀑布,而尼亚加拉瀑布又以宏伟磅礴的气势、丰沛浩瀚的水量跻身七大奇景之列,更是北美最壮丽的自然景观。

在印第安语中,"尼亚加拉"原意为"雷神之水"。人们在离尼亚加拉瀑布数十里之外,就能听到一阵阵酷似闷雷般的炸响,带着高山峡谷的共鸣滚滚而来,而在印第安人看来,除非雷神说话,不然就发不出如此巨大的轰鸣,于是就称它为"On-guia—ahra"。在新大陆被发现之前,北美洲以外的人对这条大瀑布一无所知。1625 年,欧洲探险者雷勒门特第一个写下了这个瀑布的名字,简称为"Niag-ara(尼亚加拉)"。1678 年,一位名叫路易斯·亨尼平的法国传教士来这里传教,深深地为

尼亚加拉瀑布

它的奇景所震撼,便详细地记下了自己的见闻,这才使得尼亚加拉瀑布扬名于世。

尼亚加拉瀑布是尼亚加拉河跌入河谷断层的产物。尼亚加拉河是连接伊利湖和安大略湖的一条水道,只有 56 千米长,却从海拔 174 米突降至海拔 75 米。当尼亚加拉河水以每秒 5300 立方米的流量冲到流程一半处,河道上横亘着一道石灰岩断崖,滔滔河水骤然陡落,便形成了声震如雷的大瀑布。

尼亚加拉河在下坠成瀑前,河床绝壁上出现了一座小岛,名叫山羊岛,它如同中流砥柱一般,将汹涌而来的河水一分为二,形成大小两个瀑布,分别流入美国和加拿大境内。大瀑布称加拿大瀑布,因为它形状有如马蹄,又称马蹄瀑布。小瀑布又被一座名为鲁那的小石岛分流为二,靠近东边的那一股较宽,被称为美国瀑布,靠近河心的那一股较窄,被称为新娘面纱瀑布。这三股瀑布的水源都来自同一处,可是只有 6% 的水从美国那边的瀑布流下去,其他 94% 的水都从加拿大这边的瀑布流下去。由于加拿大瀑布水量大,水冲到河里呈青色,美国瀑布的水量小,冲到河里呈蓝色。另外,这两个瀑布虽然一个在加拿大,一个在美国,可是它们都面朝着加拿大这一边,如果你想把瀑布看个清楚,或者到加拿大这一边来,或者坐船到瀑布底下的尼亚加拉河上来。

说起那座山羊岛来,还有一段悲惨的故事。岛上绿树成荫,环境幽雅,曾被印第安人奉为圣地,只有部落首领死后,才有资格葬到这座岛上,据说埋骨在此有望

升进天堂。后来，白人殖民者来到这里，他们将当地的印第安人驱赶一空，岛上只剩下一群山羊。严冬来了，这群山羊都被冻死了，仅有一只公山羊幸存下来，从此这个岛就得名山羊岛。

为了便于游人观看尼亚加拉瀑布的全景，加拿大境内离瀑布不远处建起了几座高塔，其中一座是施格林塔，意为"天塔"，它高达 160 米。塔里设有"自由戏院"、游戏场所、餐厅等，最上层是旋转餐厅。通往塔顶瞭望台的电梯一半镶着玻璃，可以在电梯升降的同时欣赏它所面对的美国瀑布。从正面望去，美国瀑布如白色的纱幔倒挂在蓝天白云之下，层层叠叠倾注到河底，泛起阵阵水浪。在它旁边的新娘面纱瀑布由于贴着凹凸不平的岩石流下来，因此水流呈漩涡状，与垂直而下的美国瀑布大异其趣，于是这里就成了情侣幽会和新婚夫妇度蜜月的胜地。相传 19 世纪时，拿破仑的弟弟耶洛姆·波拿巴曾带着新娘来这里度过蜜月，从而引发出欧洲人来这里旅行结婚的时尚。

一座塔靠近马蹄瀑布，名叫海瑞忒奇塔，意为"传统之塔"。它自身高 100 米，加上山高 60 米，因此要比马蹄瀑布还高出许多。这座塔有 31 层，顶上三层供游客远眺，在这里往远处望去，尼亚加拉河好像一条飘忽不定的白练，从地平线那端奔腾而来；往近处看，河水突然一泻千丈地跌进山崖之下，恰似一幅巨大的弧形银幕，轰鸣之声震耳欲聋，其势如雷霆万钧。瀑布落差 50 米，而瀑布溅起的浪花和水汽有时竟能高达 100 多米，使人无法看清河底。阳光灿烂时，瀑布上空就会凌空架起一道七色彩虹。

欣赏尼亚加拉瀑布还有一处极佳的观景点，它位于加拿大境内。在他的入口处，游人先领一件黄色的斗篷，然后搭乘电梯降到地下，沿着两条很长的隧道来到加拿大瀑布的后面。这里有一个突出的平台，距离瀑水只有咫尺之遥，游人伸手即可触摸得到。只见那飞流的瀑水如白银碎玉般倒泻下来，又如千万匹野马奔腾而去，不由得令人目乱神迷。

尼亚加拉瀑布白天看波澜壮阔，入夜后则是另一番景象。在加拿大这一边，特地用五颜六色的灯光来映照尼亚加拉瀑布，使得瀑布的景象比白天更加多姿多彩。到了晚上，马蹄瀑布水流变小，浪花和水汽也都小了一些，借着灯光望去，要比白天看得更清晰。每过一段时间，灯光就变一种颜色，瀑布景象也随着千变万化。白色的灯光照去，瀑布有如乳浆倾盆而下；青色的灯光照去，瀑布好似绿色波涛从天而降；红色的灯光照去，又好像天宫里打翻了葡萄酒缸，醉人的美酒顿时化成漫天红雨。

尼亚加拉瀑布下方的尼亚加拉河上有一条游船，名叫"雾中少女"。游人凭票领取一件雨衣披上，可乘船到瀑布底下仰望它的风采。"雾中少女"这个名字不仅很有诗意，也大有来历。相传 300 多年前，每年到了收获季节，居住在当地的印第安人都要选出一位少女，把她敬献给尼亚加拉水神。至于这个倒霉的名额会落到谁头上,那就全凭天意了。由酋长把全村的少女都集中到一起,酋长站在中间,朝天上射出一支箭,箭落回到地面上,离哪位少女最近,就把她送上独木舟,舟中装满谷物水果,从上游顺着激湍冲下,坠入飞瀑中。这个可怕的风俗不知延续了多少年,也就不知有多少无辜的少女葬身深渊,还不知道这个北美洲版的"河伯娶妇"是否终结于一个像西门豹那样的铁腕人物。很多人都说,尼亚加拉瀑布上的浓密雾气,就是那些少女化身而成的,这也许是怨气太重的缘故。

"雾中少女"首先经过美国瀑布,它的水量较小,溅起的水花不大,人们可以从容地观赏景物。而当游船来到加拿大那一侧的马蹄瀑布下时,瀑布狂泻直下而产生的巨大水汽与浪花,叫人睁不开眼睛,除了水与雾气什么都看不清了。当游船略略靠近瀑布时,船体便剧烈地颠簸不止,弥漫的水雾则像下大雨一般卷过来,如果不是穿着雨具,一个个游人全都得变成"落汤鸡",而那惊心动魄的感觉常常会引起满船一片用不同语言发出的喊叫。

尼亚加拉瀑布历来都是游览胜地,如今每年来这里旅游的游客约 400 多万人。在亲眼见识过尼亚加拉瀑布真面貌的人中,不乏文人雅士,而他们对于这人间胜景全都不吝赞誉之辞。在英国大文豪狄更斯的心目中,尼亚加拉瀑布是一幅世界上最好的"冰彩画",他在游记中这样写道:"我们走过瀑布地区的每个角落,从不同角度观赏瀑布……即使特纳在其全盛时期创作的最好的水彩画,也未能表现出我所能看到的如此清灵,如此虚幻,而又如此辉煌的色彩。我感到我自己像是腾空飞起,进入天堂。"

18 世纪末,后来成为法国浪漫主义文学先驱的夏多布里昂乘船去美洲探险,见到了这"十万急流"的"汹涌大海","闪烁着千道彩虹",不禁心血来潮,突发从谷底观瀑的奇想。他攀附崖畔藤梯而下,结果跌落在裸岩上,摔断了左臂。幸亏印第安人及时将他救回,把他抬回村中养伤。这次美洲之行为他后来的创作提供了丰富的素材,他所创作的开一代浪漫主义新风的《阿塔拉》,就是以尼亚加拉瀑布为背景,小说也是在尼亚加拉瀑布的回响中走向尾声。

1824 年,因反抗西班牙殖民暴政而被迫流亡的古巴诗人玛丽·何塞·埃雷迪亚来到尼亚加拉瀑布前,望着这气势澎湃的瀑水,诗人热血沸腾,写出了著名的《尼亚加拉瀑布颂》,"呼唤对自由永恒的热望":"哦,狂潮!令人心悸地奔腾,一如命运不可抗拒的怒涛……尼亚加拉,可敬的瀑布呀,且听诗人最终的呼声,我名誉的返照……"尼亚加拉瀑布边上有一座浮雕,它的下端就刻着埃雷迪亚的这首诗。

尼亚加拉瀑布还是很多电影拍摄外景的地方。1952 年,好莱坞影星玛丽莲·梦露在影片《尼亚加拉瀑布》里扮演少妇罗丝,当时 36 岁的梦露正处在最诱人的年华。暮色中,她穿着鲜红的紧身衣裙姗姗而来,忽然不慎失足,碰掉了高跟鞋底,走起路来身子不由得一摇一摆,显得格外妖娆。此后,这竟成了她独领银幕风骚的"摇摆步"。在瀑布边上的华克斯蜡人馆里,至今还展示着玛丽莲·梦露的全身塑像。

尼亚加拉瀑布跨越加拿大与美国两国，19世纪初，这两个国家为了争夺这块风水宝地大动干戈，结果两败俱伤。随后，双方签约，规定尼亚加拉瀑布为两国所有，以中心线为界。从那时起近200年来，加美两国牢记"和为贵"的箴言，共同利用瀑布的巨大水力资源，分别建起了规模巨大的发电厂。安大略政府在这里建起的那座水力发电厂，据说是世界最大的水力发电厂。瀑布不远处斜坡上有一个巨大的"花钟"，直径12米，面积达345平方米。钟面用2.4万种花卉植物"植"成，粗大的钢条制成的时针、分针和秒针通过水力发电厂传送的电力来推动，每一刻钟报时一次，声如八音和鸣，悠扬悦耳。钟面上的花卉随时令更换，一年四季花团锦簇。据说这个花钟是世界第二大花钟。

为了更好地开发尼亚加拉瀑布这一宝贵的自然资源，美国和加拿大双方都在各自一侧建起了尼亚加拉瀑布城。这两座瀑布城都有四多：餐馆多、旅馆多、博物馆多、售卖纪念品的商店多。这两座瀑布城还都有"蜜月首都"的雅称，城中为结婚、婚后蜜月、家庭度假提供的各种服务一应俱全。这两座城市之间架有一座边境桥，又称"彩虹桥"。桥旁两国各自设立了海关，游人可自由往返，无须繁杂的过境手续。桥的中间画了一道线，那里有三杆旗在迎风飘扬，中间为联合国旗，西边为加拿大国旗，东边为美国国旗。游客站在这里，可以得意地说："我同时踏在两国的国土上了！"

尼亚加拉瀑布最早有可能是在2.5万年前形成的，至少也有7000年的历史。千百年来，由于激流的冲刷，瀑布自身发生了明显的变化，马蹄瀑布后退了900米。按照这个状况发展下去，河水将渐渐聚流到加拿大一侧。再过一二百年，美国一方的瀑布甚至有可能会干涸。另外，美国在瀑布上游修造了几座大型水电站，截走了巨大的水量，减弱了尼亚加拉河水的冲力，这也加速了美方瀑布蜕化为激流的趋向，又危及马蹄瀑布的存在。尼亚加拉瀑布彻底不存在的日子似乎还很遥远，但它的壮观景象很有可能会在不远的将来消失。真心盼望人类有一天能拥有回天之力，永葆这人间胜景的青春活力。

名岛游

亚洲名岛

普吉岛

"普吉"一词源于马来西亚语,意思是"山丘"。普吉岛上山丘绵延起伏,间或点缀着一块块小盆地,青翠的丛林片片相接,不愧"普吉"之名。但是最令普吉岛人感到自豪的不是山林之美,而是海滩胜地。

普吉岛有着漫长的海岸线,遍布着一片片呈弯月形的沙滩,那纯净的白色接着椰林、橡胶林的绿色,愉悦着人们的视野。在岛的西边,印度洋安达曼海温暖的波浪轻柔地拍打着海岸,造就出 10 多个美丽的海滩,其中的卡塔海滩、卡隆海滩、耐哈恩海滩、巴通海滩、拉瓦伊海滩被称为普吉岛必去五大海滩。一到旅游季节,这些海滩上就交错出光与影的灿烂,那色彩缤纷的太阳伞好像一株株向日葵,整日里与阳光捉着迷藏,而伞影里总是躲藏着兴奋的心情。喜静的游人只需拿本书歪斜在躺椅上听潮看浪,看海湾中游艇飞驰;或者租个钓鱼竿钓钓螃蟹,享尽闲适。喜动的游人难免不被花样繁多的水上活动弄花了眼,滑

普吉岛

水、划独木舟、玩风浪板、香蕉船,那一样都诱惑着人们去一试身手。如果想与大海来个更亲密的接触,那就索性潜进五彩斑斓的海底去。海边还有一些淡水游泳池,那是给不敢下到大海中的游人预备的,既然不能与鱼儿共舞,那就把自己变成一条淡水人鱼吧。

太阳亲吻了一天沙滩,也许有些厌倦,便渐渐西下,这时候位于普吉岛最南端的蓬贴海角就成了最吸引游人的地方。这里又称为神仙半岛,向来都是欣赏落日的绝佳地点,也是一个最有浪漫情调的地方。一对对情侣携手并肩凭堤而立,满怀

憧憬地向远方眺望。近处斜阳映照着遍地野草和高挑的棕榈树,远处三面大海深蓝,依稀几座孤岛,晚霞将天空晕染成一片橘红,海面泛着层层金光。很多人都说,如果你没有在蓬贴海角看过日落,就等于没有见到真正的普吉岛。只有身临其境,你才会知道此言不虚。

看完日落,如果你还有兴致,不妨到普吉岛西面的芭东转一转。这里是一个富有浓郁泰国色彩的地方,最具特色的是酒吧街。在不足千米的小街上,分布着几十家风格各异的咖啡厅、酒吧。要上一瓶啤酒,与素不相识的欧美游客混坐在一起,在闪烁的灯光中见识一下著名的"芭东之夜",也让人生多了些浪漫。

若论惊险刺激,"芭东之夜"远远比不上考帕泰奥国家公园中的骑象之旅。这个公园里保存着普吉岛上仅存的原始森林,但游人来到这里很少为了看森林,而是为了骑象穿越热带密林。在驯象员的保护下,两人一组骑到大象背上,沿着林间小道走进原始森林的深处。这里非常幽暗,几丝阳光从树叶的缝隙中艰难地漏下来,将相互纠缠在一起的藤蔓照得半明半暗,巨大的蕨叶像怪兽一样张牙舞爪,冷不丁蹿出一只丑陋的蜥蜴。幸好坐在高高的大象上,让游人感觉有惊无险。大象也很听话,只是不停地左摇右摆,把人弄得晕头转向。

如果你没有胆量到野外去,又想过一把骑大象的瘾,那就请到距离普吉市中心只有 3 千米之遥的兰花园。这里种植着 6 万株兰花,兰花村由此得名。但村中最引人入胜的是各种展示泰国传统生活的表演,有民族舞蹈表演,享有盛誉的泰式拳击表演,还有一天两场的大象表演。只要你肯花几个钱,就可以骑大象或给大象喂食。

若论自然风光,普吉岛上最美丽的地方非攀牙湾莫属。这里属于典型的海上喀斯特岩溶地形,山峰耸峙,怪石嶙峋,景色变幻万千,酷似中国的桂林山水,因此被誉为泰国的"小桂林"。在这一带的海面上,遍布着 160 多个大小岛屿,形态奇特,海湾内还生长着珍贵的胎生植物红树林,划着小船在红树林和小岛间穿梭,宛如进到蓬莱仙境。如果说游览普吉岛是一出戏剧,只要到了攀牙湾才真正进入高潮。

在攀牙湾附近众多的岛屿中,最有名的便是 007 岛。它本名达铺岛,"达铺"在泰语中是"钉子"的意思。由詹姆士·邦德主演的系列影片《007》中有一集叫《铁金刚勇战金枪客》,就是在这个岛上拍摄的,由此使得这个小岛名声大噪,连泰国国王也留下手迹记录此事,于是这座岛就被称作 007 岛了,也叫它詹士邦岛。

007 岛的形状好似蘑菇,又像棒槌,上阔下窄,头大尾细,高约 30 多米,仿佛一根铁钉插在海底。这是海水侵蚀的结果,才出现了这傲然兀立的自然奇观。007 岛上那块"大白菜石"特别令人关注,据说不久以后它就会消失。前往 007 岛可以搭乘泰国独有的长尾船,它的船身很长,一排可坐两个人,大概有 16 排左右,酷似中国珠江三角洲的小龙舟。

这一带比较有趣的岛屿还有割喉岛、攀娜岛。割喉岛（Hong Island）在泰文中的意思是"房间岛"，指的是岛中有一个被海水侵蚀而成的大岩洞，好似屋子里的房间，华人取其谐音将它叫作"割喉岛"。游人来到这个岛上，要换乘小独木舟，才能进入岛上的岩洞，有的岩洞高不过 30 厘米，要躺着才能进去。攀娜岛外形类似躺椅，与割喉岛一样都是壮观的海蚀地形，但比较之下更有看头，幸运的话，能在岩洞之间看到蹦蹦跳跳的猴子。

在从普吉岛前往攀牙湾的沿岸，可以顺便参观两个石灰岩洞，一个叫佛庙洞，一个叫隐士洞。佛庙洞内面积宽广，有各式千奇百怪的石笋和钟乳石；隐士洞由数十个位于山峰底部的洞穴串联而成，洞内流水淙淙，景色神秘而壮观。

普吉岛的离岛大多集中在东北角的攀牙湾，位于其他方向的离岛要少许多，但名气并不小，其中最著名的要数坐落在普吉岛东南方向约 20 千米处的皮皮岛，如今已经成为全球旅游热点。皮皮岛分为大皮皮岛和小皮皮岛，因形似字母 P 而得名。爱看电影的朋友应该记得 2000 年上映的美国热门影片《海滩》，影片中那片梦幻般的碧海晴天，就是小皮皮岛的实景拍摄。这里有柔软洁白的沙滩，一脚踏上去就好像走在一块巨大的波斯地毯上，比较开放的游客干脆全身赤裸就地俯卧，让阳光给自己换一身古铜色的皮肤。这里有宁静碧蓝的海水，颜色如同透明的翡翠。这里有大大小小的天然洞窟，让人叹为鬼斧神工。这里还有未受污染的自然风貌，鱼儿成群结队地游上浅滩。这里能够获得好莱坞大导演的青睐，足见皮皮岛魅力不凡。

普吉岛上不仅有美丽的风光，也有值得骄傲的历史，而最让普吉岛人尊崇的历史人物是一对姐妹。她们的塑像就立在他朗市区里码头广场圆环的正中央，每年的 3 月 13 日都要在这里举行纪念活动，而当地居民平时只要经过这里，都会合掌膜拜或者用按喇叭的方式来表达心中的敬意。

1767 年，缅甸人打垮了泰国阿瑜陀耶王朝，泰国人随后在曼谷新成立了却克里王朝。1785 年，缅甸人组织起一支庞大的船队进攻普吉岛，想试探一下却克里王朝的态度。缅甸大军很快就占领了攀牙的竹古巴与竹古童两城，继续进击他朗城。这时候，普吉府尹已经阵亡，他朗城中的男人已经大部分战死，但府尹的遗孀却没有逃跑，她与妹妹穆召集起 500 名妇女，手上拿着用烟煤涂抹过的椰树枝伪装成武器。缅甸人不知是计，便没有贸然攻城。在苦撑了一个月后，泰军在挽涛湾突击得手，缅军只得撤退，他朗城得到了保全。为了嘉勉这两位勇敢的女性，泰王拉玛一世颁赠给她们"帖卡撒堤"与"席顺通"的称号，前者通常是只保留给皇家成员的贵族称号。为了纪念这对英雄姐妹，普吉人民修建了这座纪念碑，尽管这青铜塑像已是锈迹斑驳，但她们的眼睛中依然闪烁着英勇无畏的光彩。

爪哇岛

论面积爪哇岛只算得上印度尼西亚的第四大岛,比台湾岛稍大,但论人口却有一亿多,占到全印尼人口的一半左右,不但是全印尼人口密度最大的岛屿,也是世界上人口最多的岛屿。

爪哇岛上人口多,那是因为岛上的大城市多。东南亚最大的都市雅加达就在爪哇岛的西北部,光这一座城市就有 1200 万人口。早在几百年前,雅加达就已经是输出胡椒和香料的著名海港,人烟凑集,称为"巽达·加拉巴",意思是"椰子林的世界"。相传华人最初来到这里时,向当地人问起地名,由于语言不通,人家以为问的是椰子,就告以"加拉巴",因此华人就称它为"椰加达"或"椰城"。1527 年,淡目国占领了巽达·加拉巴,改名为"查雅·加尔达",意思是"胜利之城""光荣的堡垒",雅加达的名称就由此演变而来。

1596 年以后,荷兰殖民者来到爪哇岛,他们采取各个击破的策略,侵吞了这个"千岛之国",雅加达也被换上了"巴达维亚"的别名,意思是"荷兰的民族"。面对殖民者的剥削和奴役,英勇而倔强的印尼人民从来没有屈服过。印尼有一种野生水牛,外表并不凶猛,但非常强悍有力,特别是雄牛,一到与敌人搏斗的时候,就浑身毛发直竖,眼里射出电光,甚至能用两只尖角将老虎戳死。印尼人自比水牛,而把荷兰殖民者比做老虎。那时候,印尼盛行一种"水牛斗老虎"的游戏,游戏的结局总是水牛获胜。在雄牛精神的激励下,印尼人民终于推翻了殖民统治,于 1945 年 8 月 17 日正式独立。过上独立自由生活的印尼人民,并未忘记水牛精神对他们的鞭策,于是就在雅加达市区修建了一座气势非凡的雄牛广场,让水牛精神永远鼓舞自己和他们的后人。

对于游人来说,雅加达最有吸引力的地方无外乎两个,一个是民族纪念碑,另一个是印尼微缩公园。民族纪念碑是雅加达市的象征,位于雅加达市中心独立广场上,高 137 米,每到华灯初上,高高耸立的纪念碑就被灯光辉映得一片灿烂,既庄严又华美,不管你在雅加达的哪个角落都能望见它那笔直的身影。它是 1959 年由印尼第一任总统苏加诺下令修建的,为的是纪念 1945 年 8 月 17 日印尼的独立日,1968 年竣工。纪念碑的顶端有一个用 35 千克纯黄金打造的火炬雕塑,象征着印尼"八月革命"的独立精神之火燃烧不息。据说碑顶的黄金有一部分是中国政府捐赠的。碑身上的浮雕反映出印尼人民反抗荷兰殖民统治的英勇事迹。碑旁还有喷泉、水池以及民族女英雄的雕像。

微缩公园坐落在雅加达南郊,距离市区大约 10 千米,占地 120 公顷。它的原文是 Mini Park,华人称它为"迷你公园"。"迷你"是小型的意思,而实际上这个公园并不小,小的是它里边的景观。它是印尼前总统苏加诺的夫人提议建造的,1972年7月破土动工,1975年4月20日落成。它的入口处立有一座巨大的纪念碑,形状好似张开的五个手指,上面写着"播查希拉"四个字。它是印尼建国五项基本原则的简称:信仰上帝、人道主义、民族主义、民主和生活公平。纪念碑的后边便是一个巨大的印尼群岛的模型。通过观看这个模型,游人可以对印尼的每一个大屿小岛都看得清清楚楚。

进入园中,游人可以坐缆车、小火车或马车游览印尼全国"各省"。公园内设置了26个区域,每个区代表印尼的一个省,一个区域就是一个小公园,建有这个省主要民族的标志性建筑,周围栽种了这个省代表性的植物和花卉。巴厘人庄严的庙宇、达雅人宽敞的长屋、阿斯特拉人精巧的树屋、伊里安查雅人朴素的草屋、马鲁古人别致的亭厦,全都按1:1的比例建造,还配有真实的生产工具、生活用品和宗教祭物,让游人如身临其境般地观赏到印尼各地的风土人情。缩影公园中到处都能看到人物、鸟兽的塑像,大小比例也与真的一样,它们全都是泥塑作品,显示出印尼泥塑艺术家的才华。在公园大门的一侧建有一座环形银幕电影院,外形好像一只金色的海螺,里边专门放映介绍印尼风俗习惯、历史地理、经济文化的纪录片。

离开雅加达向北走大约56千米,就来到了位于爪哇岛西部的茂物市,这里有世界上最大的热带植物园。它建于1817年,坐落在格德山麓和山腰上,面积约100公顷,芝利翁河从园中蜿蜒流过,一直流向雅加达。植物园的入口两旁各有一尊象头神雕像,它是印度教所信奉的"智慧之神",其用意是园中有许多问题需要人类用智慧去探索。茂物植物园的布局十分考究,一条十几米宽的林荫大道沿着山坡缓缓伸展开去,1万多种植物上都挂着一块小牌子,上面用拉丁文注出它的学名和产地,同时也将当地名称写在上面。园内不仅古木参天,更有许多奇花异草,光兰花就有五六百个品种,著名的"兰花皇后"(又名甘蔗兰)茎高3到5米,每株可开七八十朵花,花朵直径达15厘米,香气很浓,唯印尼独产。这里还种着世界稀有的加里曼丹铁木树,质地十分坚硬,是一种优良的建筑材料。

离开雅加达向东南方向走大约200千米,就来到了印尼第三大城市万隆。万隆是西爪哇省会所在地,古称"勃良安",意为"仙之国",现名意为"山连山"。这里虽然地近赤道,但因地势较高,气候凉爽,四季如春,被誉为印尼最美丽的城市,素有"爪哇的巴黎"之称。早在17世纪,万隆就已经成为著名的旅游和避暑胜地。城内的小西湖风景清幽,附近峰峦叠翠,有著名的覆舟火山和万隆温泉。距离万隆24千米的马里巴雅温泉尤为著名,可容三百人游泳洗浴。

万隆还是印尼的英雄城。为了抵抗荷兰殖民者的统治,万隆人民曾进行过艰苦卓绝的斗争。1955年4月,第一次亚非会议在这里隆重举行,会议一致通过了和平共处"万隆十项原则",由此产生了影响久远的"万隆精神",使得万隆的名字也随之远扬四海。当年举行亚非会议的独立大厦如今依然屹立在万隆市中心。它是一座乳黄色的三层楼,建于 1879 年,原是荷兰人的集会场所,现在部分辟为展览厅。一走进大门,人们便可以通过玻璃隔断观看当年举行部长会议时用的会议室,想象昔日政坛精英荟萃一堂的盛况。

爪哇岛还有几个较大的城市都集中在岛的东部,分别是日惹、三宝垄和泗水。日惹是一座文化古城,爪哇文化的发源地,精美的浮雕和雕像随处可见。位于市中心的日惹苏丹王宫具有 250 年的历史,在爪哇古典建筑中极具特色。游客们一眼就能认出苏丹的寝宫,因为它不但富丽堂皇,而且也是日惹古城内唯一可以坐西朝东的房间。王宫的南边是萨利水宫公园,原本是王族成员娱乐、洗澡的地方。公园内有一座大仓库,那里面停放着各式皇家车驾。每到星期五这一天,都有印尼人从四面八方赶来向这些车驾献花。如果有谁在生活中遇到了麻烦,就会搬来铺盖,在车房附近睡一宿,据说这样就可以得到死去苏丹灵魂的指点。日惹人每年都要为这些车驾举行一次盛大的洗车活动,当地人称为"圣浴"。洗车水被当地人视为灵物,用来洗浴据说可以带来好运。

日惹城外也是古迹云集,除了世界上现存最大的古佛塔婆罗浮屠外,在日惹东北方 16 千米处还有一座巴兰班南神庙。它是印尼最大的印度教寺庙,主要部分由 224 座小塔组成,每座 14 米,另外还有 16 座佛塔。主神庙是规则的四方形,高 47 米,里边供着湿婆神。主神庙旁建有露天剧院,每年 8 月至 10 月的月圆之夜,人们都可以在这里观看到《罗摩衍那》舞剧表演。

三宝垄是当年郑和下西洋到过的地方,当地华人对郑和十分尊崇,他们说如果三保太监郑和没有来到三宝垄,就没有当地华侨的今天,于是出资在市中心西南 5 千米处的望安山麓修建了一座三宝公庙,这里就是当年郑和船队登陆的地方。

三宝庙背山面海,绿山环绕,高大的庙门上雕着两条飞龙,正上方镶嵌着"三宝圣祠"的石匾。庭院中有一个古色古香的配亭,亭内放置一个高约 2 米的铁铸巨锚。此锚是郑和船队的遗物,当地华商把它视为圣物,争相向它朝拜进香。庭院里还有一艘石雕的大船,船体斑驳,中间长出一棵十几米高的大树。这里有 10 多根巨型蜡烛,从大年初一点燃,一直点到农历大年三十,一年不熄。

三宝庙中最富神秘色彩的是三宝洞。此洞占地阔大,约有百米方圆,洞口矗立着三尊郑和铜像,供人膜拜。洞中的香案下有一口方井,名叫三宝井,一股甘甜的清泉终年潺潺流淌。据当地老一辈华人传说,只有用这股清泉洗湿衣裳,将来死后,这个人的亡灵才有望返回故土。

泗水是印尼的第二大城市,高楼较少,在市中心偶尔能看到几幢荷兰殖民统治时期留下的建筑,街道干净宽敞,两旁树木繁茂,和雅加达比较起来,它显示出朴实恬淡的风格。在印尼语中,"泗水"是"鲨鱼和鳄鱼"的意思。相传很早以前鲨鱼和鳄鱼为了争夺这个美丽的海湾,曾有过一番翻江倒海的恶斗。雕塑家根据这个传说,创作出一尊极富动感的塑像,立在泗水的街头。只见鳄鱼潜水在下,弯曲躯体,正转头欲袭鲨鱼;鲨鱼俯冲而下,正张开大口欲噬对手。两凶缠斗得难解难分,搅起的阵阵水花好似喷溅而出。

在泗水街头还立着一尊造型别致的竹子雕塑,由 5 根长短不一的竹子并拢成一束,斜断面如尖刀利刃。第二次世界大战期间,日寇侵占印尼,泗水人民削竹为利器,抗击来犯之敌。竹子再尖利,当然也敌不过火器,但那劲节分明的竹雕却在晓谕世人:如果敌人闯上门来,不管多么凶恶,泗水人即便手里只有尖竹,也要与之决一生死。这份勇气足以赢得世人的敬仰。

穿梭于爪哇岛上的各个城市之间,似乎已经窥见了岛屿的全貌,实际上原非如此。

你还没有见到报警花呢! 爪哇岛上有很多活火山,每当火山爆发前,山顶上就会有一种植物开花。而见到它开花,人们就知道火山要爆发了。因此,人们送给它一个动听的称呼——"报警花"。

你还没有见过"死亡谷"呢! 爪哇岛上的一条山谷中分布着大小不一的 6 个山洞,不管是人还是动物,只要来到洞口六七米远的地方,就会被一种神奇的吸引力吸入洞内,再难逃出。有人用望远镜进行观察,发现洞内堆满了狮子、老虎、野猪、鹿以及人类的残骸尸骨。至于其中的奥秘,迄今仍然无法解释。

你还没去看看爪哇猿人的化石呢! 1891 年,荷兰人在爪哇岛上的梭罗河边发现了一种已经绝灭了的生物遗骨化石,它具有人和猿的两重生理构造特征。杜布阿把它命名为"直立猿人",认为它是从猿到人的过渡阶段的中间环节之一。这一发现和命名立即在世界上引起了一场关于人类起源的激烈争论,一直到 1929 年 12 月发现了北京猿人才告结束,古人类学界重新确定了爪哇猿人作为最先发现的直立人的地位。经过几百万年的时空变换,人们已经无法确知人类的老祖先是否在爪哇岛最先站立起来的,但这里确是人类的发祥地之一。中国人时兴祭祖,不知道该不该也到爪哇岛上进一束香。

巴厘岛

印度尼西亚素有"千岛之国"之称,由 13677 座岛屿组成的印度尼西亚群岛,如同一串翡翠放在浩渺的南太平洋上,巴厘岛则被公认为是这串翡翠上最为璀璨夺目的明珠。

在有钱的西方人的眼里,巴厘岛是一座"天堂岛";在笃信宗教的东方人眼里,巴厘岛是一座"神仙岛"。向往天堂的人到这里追求的是享受,向往神仙的人到这里喜欢参拜寺庙神佛。不管是出于什么样的心思,巴厘岛都成了很多人心目中一生必去的地方之一,从而大大提高了它的名声,以至于不少人仅知道巴厘岛,却不知道它属于印尼。

巴厘岛

西方人所认可的度假胜地必须具备三个 s:sun(阳光)、sand(沙滩)、sea(大海)。巴厘岛不仅三 S 俱全,而且都是最优等的。来到巴厘岛上,满目都是蓝天、白云、银沙、碧水,数不清的亮丽色彩装点着绵长的海岸线,众多的沙滩。如果你想坐在海滩上欣赏美妙绝伦的落日,那就请到名列世界十佳日落景观的金巴兰海滩,它位于巴厘岛机场南边,附近有一个小渔村。当耀眼的阳光渐渐淡没,整个天边变成了一片金黄。突然间,太阳就好像被一条看不见的丝线飞快地拉进海底,只剩下金色的云朵散射着柔光,只剩下海天连成的一片灰蓝。观看着这令人陶醉的美景,却不要忘记享用海鲜大餐。金巴兰海滩上到处都是海鲜餐厅,一家家都把桌椅摆到沙滩上来,各式各样的鱼类、螃蟹、大明虾,还有龙虾,新鲜得活蹦乱跳,勾动着游客的食欲。就着烛光,还有小型乐队伴奏,吃饭这等俗事竟也变得浪漫无比。

如果你想享受日光浴和戏水的乐趣,那就请到库塔海滩来。这里是巴厘岛上最繁华、游人最多的地方,度假村、商店、餐厅、俱乐部比比皆是,晒得黑黑的游人随处可见。难得的是这里的环境保持得非常好,海滩总是那样干干净净,海水总是那样碧绿清澈。库塔海滩还有很好的冲浪海域。从拎着滑浪板急急而去的游人脸上,你看到的是兴奋和跃跃欲试;从拎着滑浪板缓缓而回的游人脸上,你看到的则是满足与意犹未尽。

能躺在巴厘岛的沙滩上,仰望着优游的白云,尽情沐浴着南太平洋的日光,甚至是在阳光下发呆,那绝对是一种奢华。而巴厘岛上另一个奢华的享受便是闻名世界的 SPA(水疗)。巴厘岛是 SPA 的最早发源地之一,有些 SPA 台就设在海边。躺在敞开的亭子里,眼睛里是椰林树影,耳朵里是海浪波涛,鼻子里是花香、精油香,感觉着水的柔滑,舒坦渐渐渗透着骨子里,恍然间仿佛成了神仙。

尽可以冲着诸般享受前去巴厘岛,但如果忘记了解这里的风俗民情,那真是天大的遗憾。印度尼西亚是一个伊斯兰教国家,唯有巴厘岛迥然有异。它的西方色彩很浓,这也是西方人喜欢它的一个重要原因。1588 年有三个荷兰航海家因为船只失事漂流到了巴厘岛上,立刻爱上了这个天堂一般的地方。后来能够搭船回国时,只有一个人愿意回国。荷兰人统治了这个岛数百年,使它至今仍保有许多殖民时代的特征。直到 1945 年印度尼西亚独立,巴厘岛才重回印尼的怀抱。

对巴厘岛影响最深的是印度教。公元 14 世纪左右,印度教大规模进入巴厘岛,和原来的佛教相融合,当地人习惯上将其称为"兴都教"或"巴厘印度教"。在宗教的影响下,岛上形成了独特的宗教习俗。几乎家家都供奉有神龛,各种神庙随处可见,城有城庙,村有村庙,全岛神庙的总数近15000个,朝拜的香火早晚不断。

到巴厘岛上一般都去海神庙。它盖在海边的一块巨岩上。涨潮时,四周海水环绕,和陆地完全隔离,落潮时方可相通。海神庙建于16世纪,巨岩下方对岸的岩壁上有几条有毒的海蛇,传说是海神庙的守护神。相传海神庙建成时忽逢巨浪,寺庙岌岌可危,寺内和尚解下身上的腰带抛入海中,腰带化为两条海蛇,终于镇住了风浪。

巴厘岛人信奉宗教非常虔诚,朝拜晚祈,成了岛民日常生活的核心。在巴厘岛上,一年中各种与宗教有关的节日多达198个,其中有32个节日要通宵达旦地跳舞唱歌,不明就里的外国游客还以为岛上每天都在过节。宗教节日上的舞蹈大多要由未成年的女孩来跳,所以岛上孩子从3岁起就练习歌舞,男孩子从小就会摆弄很复杂的乐器。女孩子从小就能连续跳舞几个小时,不仅不出汗,脸上也无倦意。巴厘岛人能歌善舞,与这种训练大有关系。

如果你有幸能在巴厘岛上参加一次宗教仪式,那简直就是在观看精彩的艺术表演。在传统乐器"加美兰"悠扬的音乐中,连绵数百米的祭神队伍从大路上款款走来。男子们头扎白色头巾,腰裹黑白方格纱笼,扛着造型各异的神像,有的还跳着粗犷有力的舞蹈。女人们穿着色彩亮丽的服装,戴着精美的首饰,腰身挺得笔直,头上顶着堆扎成小山似的供品,每个人都是那么美丽动人,每个人都是那么婀娜多姿。

巴厘岛上的男人是全印尼体魄最健美的男子,而巴厘岛上的女人则是全印尼最标致的女性,高矮适中,体态匀称。只是由于外来文明的影响,她们才戴上了乳罩之类的东西,早先曾是大模大样地挺着乳房,给人以生机勃勃的感觉,犹如女神一样不容你生出邪念。

相比之下,巴厘岛上男人要比女人轻闲多了。女人做生意下地干活,男人在家里带孩子收拾屋子,闲暇的时间便制作些图案繁复的木雕和石雕,再没有事情做就看斗鸡赌博。

巴厘岛人对宗教的崇拜衍生出对艺术的热爱,而对艺术的热爱又培育出了他们的爱美之心。岛上的建筑,不论寺庙、民宅、饭店、旅游景点,还是警察局、电信局、银行或邮局,都是画栋雕梁,古意盎然。许多饭店里的庭园造景和景观,简直要比王宫还漂亮百倍。在巴厘岛最负盛名的旅游景点乌布,狭窄的街道两旁挨家挨户都是画廊、艺术品小店。那富有独特审美趣味的木雕、银饰、蜡染、编织、串珠等手工艺品,总是令人忍不住多看几眼。

巴厘岛人还将美延伸到他们的生活中。随便找一个家庭旅馆住下来,你会发现庭院里到处都是鲜花,石雕的大水盆里也盛满了花。一般人家每天都要扫地除尘,而这里的主人每天都要清扫落在地下的花瓣。当地人喜欢在耳朵上别朵花,左耳代表已婚,右耳代表着未婚。游人随便拣朵花插在头上,做一个爱美的巴厘人吧!

苏门答腊岛

苏门答腊是一座青翠欲滴的绿岛,各类热带植物郁郁葱葱,交叠错落的山脉淹没在原始森林中,高大挺拔的椰树列队在波平如明镜的河流两岸,橡胶园更是片片相接,把乡村田野浸润成绿色的海洋。苏门答腊岛种植橡胶树已有数百年的历史,于是人们就给它取了个"帕齐亚"的别名,在印尼语中就是"橡胶岛"的意思。苏门答腊又有"希望之岛"的美称,其来由是这个岛物产极为丰富,出口值占到印尼全国出口值的六成以上,在印尼经济中占有举足轻重的地位,也承载着印尼这个岛国奔向美好未来的希望。

苏门答腊岛

苏门答腊岛物产丰饶,海岸线又长,只可惜找不到天然良港。这倒不是找不到港湾,而是因为"印度洋拍岸浪"的破坏力量太大。这种拍岸浪常常高高地卷起,排成一长排或两排、三排向岸边推进,轻而易举地就能把渔船举到浪峰上,又翻转扣下。

苏门答腊岛的古名来自梵文,意为"金岛",大概是因为古时候有人在苏门答腊山区开采过黄金。从元朝开始,苏门答腊就与中国有交往。明永乐三年(1406年),苏门答腊苏丹罕难必镇派遣使者到中国朝贡,明成祖把罕难必镇封为苏门答腊国王,赐予印信和金币。数年后,那孤儿国入侵苏门答腊国,罕难必镇中毒箭身亡,王子苏干拉当时还小,王妃不得已悬赏招募勇士,并答应谁能为国王报仇,保卫苏门答腊国,就嫁给谁为妻子。一位老渔翁挺身而出,居然率众打败了那孤儿国,王妃信守诺言,果真嫁给了老渔翁,还尊他为老国王。后来,前王子苏干拉长大成人,他愤恨于老渔翁占了他的王位,就聚众杀死了国王,逃往山中为寇。明永乐十三年(1416年),三保太监郑和来到苏门答腊,擒获苏干拉送京伏法。少渔翁国王感恩不尽。明宣德十年(1436年),明宣宗封少渔翁国王的儿子继承王位。郑和七次下西洋,屡屡从苏门答腊海岸经过。明成祖曾让郑和赠送给亚齐国王一座大钟,现在仍陈列在岛上亚齐省首府达亚齐亚博物馆里。

苏门答腊国最后被亚齐酋长国所灭,而苏门答腊则成为全岛的名字。到了19世纪,岛上的各个王国一个接一个地被荷兰殖民者打败,唯有亚齐酋长国坚持了很长时间，让荷兰人付出了惨重的代价，最终才被占领。

不管是小国割据，还是殖民统治，苏门答腊岛上一直人口密度不高（85 人/平方千米），而幽深的热带雨林从来都是五花八门生物的乐园，人类反倒成了旁观者。比如臭名远扬的"尸花"，就是 1878 年由一位欧洲人在岛上的森林中发现的。它的学名叫作泰坦白星海芋，生命周期一般约为 40 年，其间共开花两至三次，平均十几年才开一次花，难得一见。盛开时它那红紫色的花瓣直径可达到一至两米，被认为是世界上最大的花。这位植物界的"名人"不仅体形庞大，更因为其开花时散发出来的尸臭味而闻名遐迩。那股好像腐肉、烂鱼一般的气味能把人熏吐，却会吸引苍蝇和以吃腐肉为生的甲虫前来为它授粉。

除了珍贵的植物，苏门答腊岛上还有极为珍贵的动物。首先是犀牛。亚洲有三种犀牛，分别是爪哇犀、印度犀和苏门答腊犀。印度犀和爪哇犀都是单角犀，唯有苏门答腊犀是双角犀，鼻子上一前一后长着两个犀角，前角长，后角短。然后是苏门答腊虎。在所有种类的老虎中，苏门答腊虎个头最小，雄虎从头至尾身长平均2.4 米，体重大约 120 千克；母虎身长接近 2.2 米，体重只有 90 千克左右。苏门答腊虎又是所有老虎中毛皮颜色最暗的，身上黑色的条纹非常宽阔。

苏门答腊虎体形小巧，穿越密林如履平地。苏门答腊犀全身无毛，长着许多疣状突起，好像古代武士穿的铠甲。它鼻子上的犀角坚韧锋利，一旦兽性发作，连狮子、老虎也要惧它三分。如此凶猛的野兽本来是人类不敢招惹的，但犀牛和老虎周身全是宝贝，就有人要打它们的主意。猛兽再猛，也敌不过躲在暗处开枪的人。以苏门答腊虎皮为例，20 世纪 70 年代每张售价就已高达 3000 美元。在整个中东和远东地区，用犀牛角治病的传统由来已久，被人们誉为"灵丹妙药"。1994 年时，1千克犀牛角竟能卖到 6 万美元的高价。犀牛角还是中东地区青年小伙子最喜爱的自卫、御敌武器和随身装饰品。一把精制的犀牛角匕首，竟价值 1.2 万美元。

在经济利益的驱动下，苏门答腊岛上的犀牛和老虎都遭到了疯狂的捕杀。从1975 年到 1992 年间，仅韩国一个国家就从印尼进口了 6128 千克的虎骨，这就得猎杀 333 只苏门答腊虎。截至 2001 年，苏门答腊犀牛只剩下了 132 头。有人预言，如果不及时采取行动，苏门答腊犀牛将会在 10 年内绝种。苏门答腊虎的前景也不乐观，大名已经上了濒危物种名单。幸好苏门答腊岛上目前已经建立起多个国家公园，对这两种前景大为不妙的动物严加保护，为它们争取到与人类共存的希望。

苏门答腊岛上还有一种珍贵的动物很值得一提，它就是东南亚特有的金丝燕。金丝燕做的巢是用嘴里吐出的胶质性唾液凝结而成的，它就是作为滋补品和餐桌上珍贵菜肴的燕窝。苏门答腊岛上的丁宜市是著名的燕窝产区。丁宜市濒临大海，离岸几十里远的岛屿大多荒无人烟，金丝燕就在那里的悬崖峭壁和岩洞中筑巢安家。要想得到珍贵的燕窝，就得上岛采摘，非常危险，纯正的燕窝之所以昂贵，也包括这份风险在内。

丁宜市内居住了不少华人,住在福建会馆周围的华人都有自己的独立住宅,大多数是四层楼的古旧建筑。1998 年 5 月,丁宜市发生了严重的排华动乱,华人开办的商店被歹徒们洗劫一空,住宅惨遭破坏,财物被掠夺,尤其是福建会馆周围一带的华人住宅,被破坏的程度更为严重,有不少人家只剩下一幢空屋。动乱平息后,逃难在外的华人们陆续返回家园。他们一进屋就惊喜地发现,从来都是深居不出的金丝燕,却飞进自家的房间里做起窝来,一个个淡黄色的燕窝悬挂在墙角,踩着小板凳一伸手就能摘下来。当时 1 千克燕窝售价达到 1600 美元,且供不应求。华人们亦悲亦喜,都说这是"佛祖的照应",让金丝燕送"财"来补偿华人的损失。

为了使金丝燕能长期落户安居,华人们便将住有金丝燕的房间打扫干净,专供它们居住,人称"燕屋"。勤奋的金丝燕非常对得起主人的厚待,白天觅食昆虫,傍晚就飞回燕屋生蛋孵雏做燕窝。华人们坐在家里就能采到燕窝,一个季度下来,多者能采集到八九千克,少者也有两三千克。

这个消息传开后,不少房地产开发商闻风而动,在丁宜市里建起了许多四五层高的楼房。许多人纷纷前来购置新屋,也想发一笔飞来之财。一时间,丁宜市的房价暴涨。奇怪的是,金丝燕只钟情于那些当年遭过难的华人,而对新建的"燕屋"不屑一顾,气得一些购房者又纷纷把新房低价卖出去。

苏门答腊岛上可供旅游的景点不多,比较著名的有多巴湖,它是印尼也是东南亚最大的淡水湖,位于岛北部海拔 900 米的高原上,以其旖旎的湖光山色吸引了很多游客。位于岛北部的海滨小镇巴利巴汉也是一处游览胜地。这里地处马六甲海峡南岸,房屋都建在海边的木桩上,家家户户由小桥连成一气。涨潮时,整个小镇仿佛浮在海面上;落潮时,木桩下的陆地便显露出来。当地人戏称这里是印尼的"威尼斯"。

来到了苏门答腊岛,就应该顺便去游览一下明打威群岛。这个群岛位于苏门答腊岛西岸外,由 70 个岛屿组成,其中较大的岛屿有西比路、帕吉和锡波拉等。在岛上茂密的丛林中,生活着一个古老而奇异的部落,他们喜好文身,所以得名"花人"。花人以文身为美,孩童从 8 岁起就开始文身。文身师以棕榈汁和木炭等熬制染料,用针在他们皮肤上刻画出星星、月亮等图案和精细的线条。文身不是一次完成的,每个人一生中要进行好几次,最后文遍全身。

花人文身完全出于爱美之心,他们往往只在腰下部围些树叶或扎上一块布条,这样就能让文身之美一目了然地呈现在人们的面前。他们有了文身似乎还不满足,每每遇到重大活动,还要采来鲜花装饰在自己身上。

爱美的花人还有一套爱美的理论。他们认为,保持身体的美丽是为了取悦自己的灵魂,如果身体不美丽,灵魂就会不高兴,以致脱壳游走,使得身体生病。于是,他们每天都忘不了精心地打扮自己,让灵魂高高兴兴,自己也高高兴兴。这就是花人的"快乐秘方",祖辈流传了 3000 多年,不知道对岛外的人有无启发。

兰卡威群岛

兰卡威有一个动听的中文名字,叫"浮罗交怡",听起来容易让人浮想联翩,据说它是最先来这里游玩的台湾人叫开的。而在马来古语中,"兰"指老鹰,"卡威"的意思是礁石。作为海岛,兰卡威的海岸边礁石并不难找,而要想看老鹰,却要乘船到红树林保护区附近的海面上。兰卡威群岛上有很多大片的红树林,树林上方经常有成群的老鹰在天空翱翔。船家将事先准备好的鸡皮抛洒到海面上,不到几分钟的工夫,就有上百只老鹰轮番俯冲下来,熟练地掠水啄食,又像旋风一般回到空中,在蓝天与大海之间反复地画出一条条充满张力的弧线。这些老鹰对游人已经熟视无睹,有时会从距人不到 10 米远的地方飞掠而过,翅膀扇起的风让人都能感觉到。

马来人将鹰视为不属于人间的神灵之物,为了表示对鹰的崇敬,就在主岛兰卡威的瓜埠码头附近建起了一座展翅欲飞的巨鹰雕像,它所在的广场也就得名巨鹰广场。这座雕像高 14 米,用一块来自中国的大理石雕刻而

兰卡威群岛

成。如今它已经成了兰卡威的吉祥物,也是兰卡威人希望和自豪的象征。巨鹰广场周围有景致优美的湖泊、小桥、遮盖看台、餐馆和拱形圆顶的回廊,每当夜幕降临,这个美丽的广场便灯火通明,引来很多游人在这里漫步。

兰卡威岛上还有一个标志性的景点,它就是位于瓜埠西方约 12 千米处的玛素丽公主墓。玛素丽生活在 19 世纪,是岛上的公主,也是一位绝色美女,长大之后嫁给一位常年出海经商的商人。有一天,一位年轻的马来吟游诗人来到岛上,应邀到她家里朗诵诗歌,讲述流浪者的故事。嫉妒玛素丽美貌的酋长妻子听说了这件事,就污蔑她与那位诗人有染。数月之后,玛素丽产下一名男婴,似乎证明了对她的指控不错。于是,她以通奸罪被判处死刑,一把马来弯刀结束了她美好的生命。临死前,玛素丽公主诅咒兰卡威将没落七代,而且岛上只能长出不能食用的蓖麻。当弯刀刺进她的身体时,竟然流出了白色的血液。玛素丽公主死后,她的诅咒很快就应验了,先是遭到暹罗(泰国)人的大举入侵,接下来是长时期的贫困笼罩着全岛,一边证明着公主的清白之身,一边也在惩罚着悲剧制造者的后代。

　　玛素丽公主的墓园整个用岛上盛产的白色大理石雕砌而成,造型典雅,四周环绕着翠绿的灌木,雪白的矮墙,簇拥起公主素净的棺廓,似乎在幽幽地吐露着她的旷世奇冤。由瓜埠前往玛素丽公主墓园的途中,有一座弯刀雕塑纪念碑,那也是为了纪念她的不幸遭遇而建起来的。

　　杀害玛素丽公主的弯刀停止滴血已经七代了,但公主的诅咒却依然没有解除。到了1957年,全岛还只有两辆汽车,一辆为当地的行政长官所用,另一辆是当地医生的吉普车。这位医生就是后来大名鼎鼎的马来西亚前总理马哈蒂尔。他只在兰卡威行了几年医,却对它一往情深,上任后不久就开始着手开发兰卡威,包括给予全岛免税的特殊待遇。岛上的道路全都修缮一新,交通变得非常便利,即使是从岛中心到海边也不过20分钟。全马来西亚只有5个国际机场,兰卡威就占了一个。亚洲最大的海洋水族馆也建在了兰卡威,通过这里的水底隧道可以看到5000多种不同的淡水和海洋生物,其中有濒临灭绝的绿海龟、黄貂鱼和鲶科鱼。马来西亚有两座高空缆车,兰卡威又占了一个。它的高度世界有名。坐在全透明的缆车里,俯瞰棕榈夹岸的雪白沙滩、灿烂阳光下的碧海粼波、葱郁繁茂的森林,还有荡波激浪的礁岩,好似遨游在人间的天堂。

　　马哈蒂尔成功地解除了玛素丽公主的诅咒,兰卡威风风火火地发展起来了,地价随之疯涨,岛民们觉得种水稻太没有意思了,全都改行干旅游生意。但当地人对做生意并不上心,他们开的店铺里卖的东西类型都差不多,价格也差不多。反正在这个岛上容易赚钱,也就不愿意动心思了。有人戏称,兰卡威岛上的天是蓝的,水是清的,沙是细的,纱笼是彩色的,人是懒惰的,只有动物是勤快的。

　　兰卡威岛上最勤快的动物可能就是鱼了。只要把钓钩扔进海里,马上就会有鱼儿来咬钩,简直是下钩不如拉钩快。当地的船家笑着说:“这里的鱼儿天天就盼着上岸呢!”鱼钓得够多了,就在附近找个地方自助烧烤,那味道真是好极了!

　　来到海岛都要游泳,兰卡威的湿米岛海滩沙子特别细,而且洁白耀眼,游人们都爱选择在这里下水。在湿米岛游完海水,一定要转去孕妇岛,那里有兰卡威群岛最大的天然淡水湖。跳进湖水中一泡,粘在身上的海水就会被冲刷得干干净净,感觉十分爽。相传这个湖中栖息着能给人们带来吉祥的白鳄鱼,不知道谁能交好运碰上它。

　　孕妇岛距离兰卡威主岛只有20分钟的航路,远远望去,湖边的高山和突出的岩石轮廓酷似一名十月怀胎的孕妇,头、胸、腹、腿、脚等部位清晰可见,不由得让人叹服大自然的鬼斧神工。相传很多年以前,有一位仙女生下的第一个小孩不幸夭折,伤心不已的仙女把夭儿安葬在这碧绿的湖水中,并赐予湖水神力。此后,凡是没有生孩子的妻子,只要喝了这里的湖水,就非常容易受孕,孕妇湖的美名便由此而来。

孕妇岛上有两个很有趣的景点，一个就在孕妇湖的边上，这里有一个浮在水上的平台。游人坐在平台上，把脚伸进湖水里，将一把捏碎的饼干撒到水面上，鱼儿们就会成群结队地涌到你的脚下，用嘴啄你的脚，就好像为你做"专业"的"足底按摩"。孕妇岛上另一处有趣的景点是女妖洞，女妖当然是看不到的，却能看到数以千计的蝙蝠，它们会是女妖的化身吗？

兰卡威群岛不仅有美丽的自然风光，还有着悠久的文化，流传着各种民间故事和神话传说，所以被称为"传奇岛"。位于兰卡威岛海滨的塔曼莱珍达公园占地50公顷，这里有17座雕塑，表现的都是流传在兰卡威岛上的传说和神话。漫步在这座公园的人造湖边和人造海滩上，一座座雕塑细细看来，传奇的兰卡威会伴随着细碎的涛声永远留在你的心田。

吕宋岛

外国游客来到菲律宾，都要以吕宋岛为起点，而游览吕宋岛，一般都以首都马尼拉为起点。

马尼拉有着长达400多年的殖民地历史，西班牙文化和美国文化在这里打下了深刻的烙印，于是有人把它称为"亚洲最欧化的城市"，甚至称它为"亚洲的纽约"。富丽堂皇的大教堂满是历史的沧桑，林立的高楼大厦记录着这座城市的现代化步伐，大型综合购物中心中各种商品琳琅满目，而各类娱乐设施和艺术表演则尽显现代文明的奢华。然而，就在这座风韵独特的城市里，不时会发现低矮拥挤的木板房，露宿街头的流浪汉，光着身子的小男孩满街乱跑，让游人感觉到发展中国家现代又古老、繁华又没落的矛盾。

吕宋岛

初次来到马尼拉的外国人，一定会被马尼拉街头随处可见的"花车"所吸引。它是一个"杂交品种"。当年美国大兵撤离菲律宾，留下了不少美式吉普，马尼拉人给它换上日本的引擎，马来西亚的橡胶轮胎，再把白色铁皮的车壳用颜料粉刷一遍，画上五颜六色的不同图案，就摇身一变成了马尼拉市内主要的交通运输工具。花车方便便宜，随处拉客，别名"马路之王"。只是由于花车大多使用柴油为燃料，造成了严重的空气污染，让政府很头疼，而马尼拉市民对它是爱也花车，烦也花车。

离开马尼拉，那就应该到吕宋岛西部的碧瑶看一看，这里距马尼拉市区250千米，是一座海拔1500米的山城，全年平均温度只有17.7℃，号称"菲律宾的夏都"。

当马尼拉人在30℃的高温下忍受煎熬的时候,碧瑶人却得穿夹衣。有人开玩笑说,马尼拉人做了一套西服却没法穿,只有去了碧瑶才有机会穿上。

按当地土话,"碧瑶"的意思是"风景",后来福建籍的华侨用闽南话称它为"碧瑶"。这个谐音的"瑶"字十分传神,瑶池是神话中的仙景,而云雾缭绕的山城碧瑶风景如画,旧式的西班牙建筑物掩映在葱翠的山林树木之中,真的如同仙境一般。菲律宾总统的行宫就安在碧瑶,那是一般的有钱人也不敢有的非分之想,而菲律宾的"西点军校"——菲律宾军事训练学校也设在这里,那些学员可真是太有福气了!

碧瑶号称"松树之城",那是因为整座城市掩蔽在大片的松林中,随处都可见到树龄上百年的参天松树。在城市的任何一个角落,都能听到阵阵松涛,享受林间吹来的习习凉风。每当朝曦初上或夕阳欲坠时分,红日映照着满城松树,交映生辉。碧瑶又号称"花都",那是因为这里一年四季鲜花盛开,街头巷尾到处都点缀着各色鲜花。每年2月的最后一周,碧瑶都要举行花车大游行,整个城市顿时变成了一座大花园。

吕宋岛西南部还有一个避暑和游览胜地,它就是塔盖泰镇的塔尔湖,从马尼拉往南走大约56千米就能到达。塔尔湖长24千米,宽14千米,水深170米,所在之处是一个巨大的火山口。湖中有一个小岛,岛上有一座世界上最小的火山——塔尔火山,最高处海拔仅有300米。塔尔火山处于活动期,但白色的烟雾不是从最高处喷出来,站在湖岸上望去,就像是山腰上升起了团团轻烟。塔尔火山的中间又有一个直径1000多米的小湖,形成了湖中有山、山中有湖的奇特自然景观。

菲律宾最大的活火山在吕宋岛东南端,名叫马荣火山,位于马尼拉东南330千米处,海拔2421米,周围占地约250平方千米。它呈圆锥形,远远望去,就像一顶巨大的斗笠,戴在葱绿的椰林、稻田之上,显得分外绮丽而壮观,被誉为"世界上最完美的火山锥"。它的外形很像日本的富士山,常有白云缭绕。山的上半部几乎没有树木,下半部长有一片片茂密的森林,有的地方从山上一直到山脚下都能看到火山熔岩的痕迹。

根据当地人的传说,马荣火山的外形是有来历的。古时候这里住着一对父女,父亲忠厚老实,女儿心地善良,为了救父,她牺牲了自己的生命。人们为她的孝心所感动,就为她修建起了一座大坟墓,没想到这座坟墓越长越高,竟长成一座顶天立地的高峰。

马荣火山自1916年2月19日首次喷发以来,至今已爆发了50次。火山脚下有一个卡葛沙威镇,如今已经被岩浆埋没了,只剩下卡葛沙威教堂的塔尖露出地面。据说当时好多人不想跑远,就跑到教堂里,相信上帝可以保佑他们,只可惜没有什么力量能阻挡大自然发脾气。为了防止这样的悲剧重演,菲律宾政府疏散了附近的居民，但很多人想一睹火山爆发的景象，还有一些摄影爱好者想拍摄到自然界的奇景，因此马荣火山周围还是人流不断。凡是来到马荣火山的人，都会不虚此行。平时，山顶上不断喷出白色的烟雾；入夜，烟雾变成了暗红色，宛如一座巨大的三角形蜡烛台，只是上边缺了燃烧的烛火。

在距离马尼拉东南方大约105千米的地方，有一处以急流和瀑布著称的风景区，它就是百胜滩，又称北染瀑布。在菲律宾语中，"百胜滩"是"分支"的意思，指的是这里正好位于两条河的分叉点上。来到百胜滩，就要玩溯溪。所谓溯溪，就是沿着水层浅但落差大的溪水逆流而上，比顺水而下的漂流别有趣味。

玩溯溪的人所乘坐的是一种四人坐的独木小舟，外形细长，前后方各有一位划桨舵手，当地人称之为"邦卡"。溯溪而上与顺流而下，所看到的峭壁和古树兰花都是同样的，不同的是充满了惊险刺激的气氛。这里水流湍急，河道上奇岩怪石，状貌嶙峋，如果桨手身手不敏捷，邦卡就会撞到巨石上去。遇到特别难行的地方，桨手干脆就跳进水中，费尽全力拉船前行。

邦卡渐渐地来到河流尽头，这里有一条轰隆作响的瀑布。汹涌的波波安河水从嵯峨的母亲山顶骤然下泻，好似白绢千百匹，声若惊雷，势若奔马，雾气翻腾，银珠四溅。百胜滩溯溪之旅的压轴好戏就在这里开场了！游客们乘坐竹筏从瀑布中穿行而过，只听得尖叫声此起彼伏，全身立刻变得湿淋淋的，却能得到无与伦比的快感。台湾人和香港人相信水为财，因此特别爱到这里来玩，据说真有人被瀑布淋了一回，回去就发达起来了。

巴林群岛

乘飞机前往巴林，当飞机在波斯湾上空盘旋时，你向下俯瞰，就会看到一座座小岛漂浮在万顷碧波中，闪动着柔和妩媚的乳白色，就像一颗颗珍珠在熠熠生辉，"海湾珍珠"的美誉便由此而来。

谁都知道巴林是依靠石油富起来的，或许会以为把巴林岛比做珍珠那只是惊羡于它的华贵，实际上，它在历史上曾是海湾地区最有名的珍珠采集和贸易中心，那时候全世界最知名的珠宝商每年都云集巴林，称它珍珠王国名副其实。虽然近年来由于人工养殖珍珠的产业得到迅速发展，巴林的天然珍珠在国际市场上受到排挤，但巴林的珍珠质量仍然是举世无双的。

天然的好珍珠来自天然的好贝母，贝母对海底的地质构造、气候条件都有很高的要求，尤其对水质要求更高。而在这些自然条件方面，巴林岛都很优异。"巴林"在阿拉伯语中的意思是"两个海"，其中一个海是常见的咸水海，另一个海是罕

世界百科全书·旅游篇

见的淡水海。甜淡而清澈的阿拉伯河水流进波斯湾后，在咸水的包围中形成了一大块淡水区域，构成了海中有海的奇特景观。咸水海颜色深，淡水海颜色浅，这两种颜色的对比营造出美妙的海面景色，而两种水的交融则孕育出了勃勃的生机。"巴林"在阿拉伯语中又指从海底深处奔涌出的鲜活之泉，巴林人常用竹管从近海的海底涌泉中汲取淡水，来补充岛上的淡水资源。如

巴林群岛

此丰富而甘甜的地下水养育出了巴林独有的贝母，从而使巴林珍珠名列世界顶级珍珠之列。

在发现石油之前，巴林的采珠业十分发达，最盛时拥有采珠船 1500 艘。在 20 世纪早期，海湾地区约有 4 万人从事珍珠采集，其中至少有一半是巴林人。珍珠采集有两个主要季节，一个是从 4 月到 6 月，这个时候水温比较低，珍珠的产量不是很多，称为"冷采"；另一个是从 6 月到 10 月，这个时候正值珍珠生产的旺季，称为"大采"。采珠船出海的时候，称为"开海"。到了"开海"那一天，巴林岛上热闹非凡，几百艘采珠船依次排开，船上酋长的旗帜迎风飘扬，激越昂扬的鼓声壮起了出海者的豪气。全岛的妇女、老人和孩子都聚集在沙滩上，口中虔诚地朗诵着《古兰经》，祈求真主保佑他们的亲人多采珍珠，平安归来。忽听一声开船令下，采珠船列队出发，渐渐消失在水天相接的地方，而海滩上的人群却久久没有散去。

珍珠是海洋的恩赐，巴林人对它们有着深深的热爱，他们给各种不同尺寸、等级及色彩的珍珠都取了独特的名字；采珠业是巴林的传统行业，巴林人对它给予了充分的尊重。在巴林首都麦纳麦有一座巧夺天工的珍珠塔和"航海"纪念碑，两边各有一块巨大的风帆，中间夹着一颗大珠，它象征着巴林采珠业曾经有过的辉煌。然而，辉煌只属于过去，挽救不了今日采珠业的没落。巴林政府目前正在积极采取各项措施，包括出台禁止进口与出售养殖珠的法令，来保护和发展传统的采珠业，不过收效不大。

巴林的传统不止一个采珠业，这个小国的历史非常悠久。早在公元前 3000 年左右，岛上就已经出现了具有原始形态的国家组织——狄尔蒙国。巴林本身没有留下史书，但阿拉伯各国的古籍不止一次提到天堂一般的"狄尔蒙岛"。岛上泉水丰沛，绿洲葱茏，浅海滩盛产珍珠蚌，吸引了很多大陆居民来岛定居。巴林岛在历史上有过多次兴衰。公元 4 世纪时，波斯王国不断进攻巴林，最后登陆破城，几乎将岛上的阿拉伯人斩尽杀绝，城市被夷平，水井被堵死，树木被砍尽，巴林岛成了"鬼岛"。公元 10 世纪以后，巴林进入历史上最强大和繁荣的时期。公元 929 年，巴林国向麦加进军，连著名的克尔白"玄石"也被当成战利品抢了回来。公元 10 世

纪时,阿拉伯哈里发讨伐巴林,屠杀"邪教徒"(非穆斯林),岛上的所有城镇一律被摧毁,果园和棕榈林全都被放火烧光。

正是这漫卷时空的历史风云,给小小的巴林岛留下了数不清的历史遗迹。在巴林岛北岸的巴尔巴尔地区,有一座建于公元前2500年的庙宇遗址,石料砌成的大门和大型祭坛,都证明着它当初规模十分宏大。麦纳麦市郊耸立着一座哈米斯市场清真寺,建于公元692年,考古学家在它的下边发现了伊斯兰教传播前古建筑的残垣断壁及古墓。巴林岛的北岸有一个古港口遗址,这里发掘出来的住宅、公共设施等遗迹,生动地记录了巴林岛上大约从公元前2300年到16世纪这段时间的文明变迁。巴林岛的地下还掩埋着两座城市的遗址,城墙基础厚约4米,它们同著名的巴比伦城一样古老。

巴林岛上最壮观的历史遗迹在岛的北部,这里古墓如海,绵延数十里,占地30多平方千米,一座座坟丘横排竖列,蔚为奇观。由于年代久远,前人之墓被泥沙埋没,后人复葬其上,一层叠一层,成为山丘模样,最高达10米,比三层楼还高。从飞机上俯瞰,这里的墓葬群好像万千起伏的浪头,又似十万大军集结的帐篷。这里就是世界上最大的史前时期的冢林,巴林岛由此得名"万冢之岛"。据不完全统计,这一带的全部坟墓当在17万座以上。经考证,古墓的历史上限在公元前3000年的青铜器时代。这些坟墓能够证明,巴林岛古时候就有过人口众多的城市,出现过灿烂的文明。

巴林古墓分为两类。多数是单墓,比较简陋,可能是葬平民的;少部分是双墓,葬的大概是上层人物。双墓形状如两层小楼,坟头高出地面4.6米,直径20米。双墓中的陪葬品非常丰富,除了羊、羚羊、狗等动物的骨殖,还有大量的条纹陶罐、红釉花瓶、金属矛头、匕首,也有黄金制成的辟邪佩物、刻有精细花纹的青铜器、银器、象牙制的小盒子等等。

古老的巴林岛上有一个同样古老的都城,它就是位于巴林岛东北角的麦纳麦。早在2500年以前,它就已经是巴林群岛上最大的商业城市了。在阿拉伯语中,"麦纳麦"的意思是"寝宫",这名字来自一个传说。相传古代巴林岛上生活着一位国王,他患有严重的择床病,换个地方就睡不着觉。为了能休息好,他专门给自己修建了一座睡觉用的宫殿,一到睡觉的时候,不管人在什么地方,都要赶回到这座寝宫来。这个传说很有趣,后来人们就把这座寝宫的所在地麦纳麦叫成了"寝宫"。

生活在15世纪的阿拉伯旅游家伊本·白图塔到过麦纳麦,他对这座城市这样描写道:"该市整洁宽敞,到处是繁花似锦的园林,绿树成荫,河曲纵横,地下水位很高,用手便可以在地下挖出水来。城内有许多椰枣园、石榴园、佛手柑园和柠檬园……"从古人的描述中不难看出,麦纳麦的地下水特别丰富,这个特点一直保留到今天。来到麦纳麦郊区,你会看到一股股喷涌而出的泉水形成了片片湖泊和条条小溪,灌溉着附近的种植园。在这里你还能看到闻名遐迩的"处女泉",它汩汩而流,恰似一串串珍珠不断地浮出水面,滋润着周围的草绿花红。

麦纳麦城的美丽在阿拉伯世界早已广泛传诵,被称为"海湾的新娘子"。这位楚楚动人的新娘如今更加美丽。整个城市一尘不染,街道两旁和空地上到处都是高大的椰枣树和棕榈树,遮天蔽日,一片葱郁,守护着一幢幢造型独特的建筑。这里的建筑多以两三层的别墅为主,偶尔也有挺拔的高楼,但座座楼宇都不重样,颜色也是五彩缤纷,给人以赏心悦目之感。形状各异的街心公园到处可见,各种热带植物有的翠绿欲滴,有的芬芳吐艳,呈现出一派热带风光。

入夜以后,你不妨到麦纳麦的金街上转一转,那里各种黄金饰品琳琅满目,在灯光的映照下,仿佛成了黄金的海洋。这里所透露出来的是巴林这个岛国的富有,也让游人感受到阿拉伯人的热情好客。不管客人如何砍价,即使最终什么也不买,他们始终都是笑脸迎送。

巴林是个弹丸小国,最大的巴林岛开车全岛转一圈也不过个把小时。就是这样一个小岛,每年却能迎来100多万外国游客,实在是个了不起的成就。这成就主要归功于这个岛国得天独厚的自然与人文条件,阳光海滩伴随着椰风树影,名胜古迹遍布国内各地。除了乌姆赛义德海滩外,巴林的所有海滩都是浅海滩,北部海岸还有不少珊瑚礁,海水清澈,景象万千。巴林岛上的旅游设施先进而完善,东西方最新颖时尚的商品一应俱全,也是颇能吸引游人之处。除了这一切人们所能想见的,连接巴林与沙特的跨海公路大桥法赫德国王大桥也有它的一份功劳。这座大桥全长25千米,桥面由沥青和混凝土铺设而成,有上下4个汽车道,两侧还有人行道。据统计,每年通过这座大桥进入巴林的人数约为1200万,而经由巴林国际机场到达的人数只有200万左右。巴林的西边是沙特阿拉伯,南边是卡塔尔,陆地相距只是半小时的路程。没有这座大桥,隔着波斯湾让人望岛兴叹;有了这座大桥,那便是天堑变通途。到沙特和卡塔尔的游人,拐个弯就能到巴林观观光,而巴林人只消坐门待客,就能揽金收银。

马尔代夫群岛

"马尔代夫"源于印度文,是"花环"的意思。如果从天空中俯瞰浩瀚的印度洋,在印度和斯里兰卡的西南方你会发现一串串翡翠般的珊瑚礁岛,宛如美丽的花环,这就是马尔代夫群岛被称为"印度洋上的花环"的由来。而在神话传说中,当初上帝开天辟地之后,在印度洋上洒落下花环般的泥土,这就是马尔代夫别称"花环群岛"的由来。

马尔代夫群岛由无数的珊瑚岛组成,目前有87个已被开辟为旅游度假村。随便你来到哪一座珊瑚岛上，就会觉得无论怎样的赞誉都不为过。蓝天白云、水清沙白、椰林树影，这样的美景已经成了平平常常，不同颜色的交织把一座座小岛都变成了斑斓的画卷。珊瑚岛的中央是青翠的绿，四周是闪亮的白，近岛的海是浅浅的透明蓝，稍远一点是湛蓝，更远的海是深蓝，逐次渐层，令人目不暇接。

马尔代夫群岛

马尔代夫号称全球三大潜水胜地之一，来这里若不潜水实在遗憾。这里的海水清澈如镜，有时甚至不用下水，站在岸上就可以看到缤纷多彩的热带鱼。每一座度假岛屿的饭店中都设有潜水学校，除了教授潜水课程外，还对外租借潜水器材。初学者只要租到一副浮潜用具，就可以窥得如梦如幻的海底世界。运气好的话，你还能见到小鲨鱼和魔鬼鱼呢！

如果你对航海感兴趣，那就租一条当地人用椰木做的小船，像哥伦布那样去寻找"新大陆"。马尔代夫群岛中多的是无人荒岛，登岛寻幽探秘，将会带给你充满刺激的新奇体验。

马尔代夫还是钓友的乐土。这里盛产大石斑，就连生手也能随钓随上。适合的钓鱼时段有清晨，有黄昏，有夜间，游客们大多选择黄昏垂钓。驾一条小船，找到一座珊瑚礁停下来，抛线而下，不一会儿功夫就会有鱼儿上钩。

大多数马尔代夫人都以捕鱼为生，因此就练就了一套独特的捕鱼本领。当局规定离海岸 2000 米内不准张网捕鱼，只能钓鱼，而优秀的钓手一小时之内就可以钓起 30 条平均 1500 克左右的大鱼。

马尔代夫人善捕鱼，也善烹鱼。他们捕到金枪鱼后，便洗净放进砂罐里用海水煮，然后剥离鱼刺，切成鱼片，再把鱼片放在竹架上用木柴火烧熏，待鱼熏成黑色后，又放到阳光下曝晒，这就是当地最有名的特产"马尔代夫鱼"。"马尔代夫鱼"味道鲜美，马尔代夫群岛每年出口这种鱼都在 4000 吨以上。当地人鱼吃得最多，还喜欢用槟榔或椰子叶卷起椰子果碎块和少量的石灰浆，放在嘴里一起嚼，结果他们的牙齿都被染成黑色的了。

马尔代夫群岛中最大的岛屿是马累岛，总面积约 2.5 平方千米，首都马累就在这个岛上，而它却是世界上最小的首都。这里的环境恬静而秀丽，大街小巷全用白色的细珊瑚沙铺就，与漆成蓝色、绿色的民居门窗形成强烈的对比，街道两旁高大挺拔的椰子树则与各种热带地区特有的奇花异草相映生辉。城里机动车辆很少，居民出门一般都骑自行车或步行，因而这里没有其他国家首都常见的污染问题。

在马累市中心建有国家博物馆和苏丹公园。博物馆中藏有代表阿拉伯及斯里兰卡文化的展品,还陈列着一些古老的马尔代夫手工艺品和来自中国的瓷器和钱币。博物馆中有一件展品是一支锃亮的铜制长枪,上面字迹清晰,握手处颜色发浅,它是马尔代夫的民族英雄穆罕默德·塔库拉夫·阿里·阿拉扎姆使用过的武器。马尔代夫人民在他的带领下,经过17年的艰苦奋战,终于在1573年赶走了葡萄牙侵略军。阿拉扎姆曾用这支枪打死了葡萄牙侵略军的首领,继而全歼葡军,它如今成了马尔代夫人民追求自由和独立的象征。为了纪念阿拉扎姆的不朽功绩,马尔代夫人在苏丹公园里建了一座顶端用黄金做的纪念碑,竖立在他的陵墓上。

马累岛北部是一条长长的海滨大道,政府机关和商店大多集中在这条街上。距离海滨大道50米远的海上,有一条用珊瑚礁石砌成的防洪堤。防洪堤内白沙细软,海水清澈透底,是绝妙的游泳场所;防洪堤外渔帆点点,海鸟飞翔,景色优美迷人。那些小渔船是用椰木做成的,不怕海水腐蚀,只有20米长,小巧别致,可以泰然自若地周旋于海浪与鱼群之中。在海滨大道上游人们还可以买到各种各样的旅游纪念品,贝雕、珊瑚手镯、珍珠项链、胸针等,琳琅满目,让人怦然心动。

马尔代夫诸多岛屿最美的地方还是在海滨,太多的阳光,太蓝的海水,太白的沙滩,比基尼女郎太美太艳,浪费时间在这里成了光明正大的事情。然而,这样的恣意放纵后面却隐藏着致命的忧虑。据科学家估计,在未来的100年内,全球的海平面将平均上升近1米。马尔代夫群岛距离海平面只有2米,只要印度洋水位上涨50厘米,马尔代夫80%的土地就将被淹没。于是有人预言,不出100年,马尔代夫就只能留在人们的记忆之中。但愿马尔代夫不会成为"失落的天堂",变成"地平线上的最后乐园"……

非洲名岛

塞舌尔群岛

印度洋上有三大明珠,分别是马尔代夫、毛里求斯、塞舌尔,它们都是群岛小国,其中塞舌尔是非洲面积最小的国家,它的首都维多利亚则是塞舌尔唯一的城市,也是世界最小的城市之一,全城只有一个交通红绿灯。

维多利亚坐落在塞舌尔第一大岛马埃岛的东北角。在市中心的独立大道上矗立着一座三只飞翔的海鸥雕塑,象征着塞舌尔人来自欧、亚、非三大洲。塞舌尔人肤色各异,白、黑、棕、黄、红,什么人种都有。但不管什么肤色,他们都自称为一个民族——克里奥尔。"克里奥尔"一词原意是"混合",泛指世界上那些由葡萄牙语、英语、法语以及非洲语言混合并简化而生的语言，说克里奥尔语的克里奥尔人，通常经过多代混血，他们可能同时拥有来自非欧亚三大陆的血统。

维多利亚最引人入胜的去处是国家植物园，这里集中了全岛最名贵的植物，也是全世界最名贵的植物，有罕见的兜树和兰花，有奇异的瓶子树，有极为稀少的海蛰树，但最奇特最珍贵的还要数塞舌尔的国宝海椰子。

海椰子的果实是植物王国中最大、最重的种子，通常在 10 千克左右，最重的可达 30 多千克。成熟的海椰子果肉洁白而坚硬，曾经有人拿来冒充象牙，其硬度可想而知。海椰子树生命力很强，能活 1000 多年，连续结果在 850 年以上。海椰子树的果实呈墨绿色，而且有公母之分，雄椰子树的果实酷似男性生殖器官，雌椰子树的果实酷似女性的骨盆。塞舌尔当地厕所门口常常画着雄、雌海椰子，表示男女有别，让人看了一目了然。

海椰子树总是公树母树并排生长。但是树根却纠缠在一起。据说如果一株被砍，另一株就会"殉情而死"。岛上相传，在满月的夜晚，雄性海椰子树就会自行移动去和雌性海椰子树共度良宵。大概是害怕扰了海椰子的好梦，岛上的人从来不在深夜进入椰林。

海椰子树的另一个神奇之处，在于它的树干与树根的交接处宛如人体的关节，是可以旋转的。海椰子树干十分坚硬，不能随风摇摆，容易被大风折断，而有了这个活动关节，就可以保证大树在强风下随风转动，消减压力。海椰子树死后，底部的这个关节能继续存在 60 年才会烂掉。

另外，海椰子称得上全身都是宝。白色的椰肉是上等的补药，有补肾壮阳的奇效；果核是贵重的工艺品原料；椰子汁味道醇美，是酿酒的好原料，据说还能治疗中风。

关于海椰子这个名字的由来，还有这样一个传说。很久以前，一位马尔代夫渔民在印度洋上捕鱼时，从渔网里发现了一个奇特而硕大的椰子壳，以为它是生长在海底的一种巨树的果实，就给它取名"海椰子"。后来，人们在塞舌尔群岛的普拉兰岛上的"五月山谷"里发现了一片椰林，树上挂着的就是这种果实，这才知道海椰子其实生长在陆地上。18 世纪时，岛上有一位英国总督对海椰子非常着迷，甚至认为海椰子就是使得亚当、夏娃失去伊甸园的"知识果"。在人们没有发现塞舌尔群岛之前，海椰子成了无价之宝，平民百姓如果私藏就会遭到断臂的处罚甚至死刑。据说当年哈布斯堡王朝名声显赫的鲁道夫二世，曾出价 4000 个金币，都未能买到一颗海椰子果。

从马埃岛搭乘小型螺旋桨飞机，只需 15 分钟就可以到达普拉兰岛，乘坐双体客船则需一个小时的航程。"五月山谷"就坐落在普拉兰岛的中心，面积只有 19.5 公顷，是世界上最小的自然遗产，因谷中有 7000 多棵海椰子树而闻名于世。这里有一棵海椰子树王高达 35 米,大有俯视群雄的威严。除了海椰子外,这里还有许多世界上独一无二的动植物,堪称珍奇大观园。

"五月山谷"中独特动物的代表应数黑鹦鹉,它是塞舌尔的国鸟,叫声婉转动听,走遍地球也只有在这里才能见到它的身影,但目前已濒临绝境,只剩下 300 只~400 只。其实,黑鹦鹉并不是黑色的,而是通体咖啡色,只是因为它们常在树荫儿中飞行,因此被误以为是黑色的。

"五月山谷"中独特植物的代表应数拉特树。它的树干不是拔地而起,而是凭"空"而立,离地面约 1 米高,一根根地深深斜插进土壤中,给人一种随时可以拔"腿"前进的感觉。靠着这种特殊的根,它就可以恣意生长在溪流之中。

"五月山谷"至今仍然保留着原始风貌,除了外围的防火林,谷中的所有植物都是天然生长的。因为环境适宜,这里的植物都长得有几分放肆,无忧草的叶子长到一尺多宽,巨大的椰子树遮住了半边天,松塔竟有甜瓜那么大。在这个触目皆绿的世界里,空气中弥漫着花草的芳香,人们的感觉就是呼吸也变成了美好的享受。

和普拉兰岛一样,塞舌尔群岛中的很多岛屿都具有自己的特色。阿尔达布拉岛是著名的龟岛,岛上生活着数以万计的大海龟。它们的身长足有两米多,体重有 200 多千克,有的甚至达到四五百千克。由于它长得太大了,所以得了个别名叫"象龟"。象龟和大象一样,也可以骑,但不像大象那样乖。当地有一种"象龟比赛",在半小时内,凡是能驾驭象龟向前爬行 10 米者,便可获得一张与象龟合影的一次成像照片。很多游客为了获得这张照片,想方设法让象龟往前爬,可是任你使出百般解数,它们就是不动地方,如果你逼急了,它们干脆就把脖子缩回去,一动不动,反正你也奈何不得这个庞然大物。

孔森岛是一个"鸟雀天堂"。这里的鸟雀种类繁多,在群山丛林之间自由自在地飞翔。塞舌尔别称"燕岛",而登上孔森岛就好像进入了一个天然观鸟园。弗雷加特岛是一个"昆虫的世界"。岛上繁衍着难以计数的奇异昆虫,有的十分美丽,令人百般喜爱;有的却奇丑无比,令人生厌。伊格小岛则以盛产各种色彩斑斓的贝壳而著称。

塞舌尔群岛中还有一个闻名于世的"蛋岛"。它的面积仅有 0.4 平方千米,每年 7 月间,就有大群的海鸥飞来产蛋,眨眼间岛上遍地都是鸟蛋。岛上居民将拣得的鸟蛋卖给经营鸟蛋的商人,就可以过上衣食无忧的生活,因此人称"自然之子"。商人们把鸟蛋的蛋黄取出来,加工出口,成为塞舌尔在国际市场上享有盛誉的特产。

塞舌尔群岛上的动物大都从远古时代繁衍至今,而人类在这个岛上书写的历史却极为短暂。直到 1502 年,葡萄牙人达·迦玛才将它第一次写入航海日记,而从 1685 年开始,这里成了海盗们盘踞的巢穴。经过英、法两国海军的追剿,海盗在猖獗了半个世纪后逐渐绝迹。1756年,法国新任毛里求斯总督宣布对马埃岛及其周边岛屿拥有主权,并以当时法国财政部长的名字将其命名为"塞舌尔"。这个群岛虽然有了名字,但由于它远离大陆,仍然默默无闻,直到20世纪60年代末期,厌倦了都市生活的欧洲人才重新认识了这个"世外桃源",有钱人纷纷来这里享受阳光、沙滩、碧海、蓝天,它作为"旅游胜地"的名声才变得响亮起来。

塞舌尔群岛上有翠绿的丛林,清澈见底的海水,几乎不受污染的空气,还有被很多权威的旅游杂志评为全世界最美、最干净的沙滩。光一个马埃岛上就有73个沙滩,其中长达4000米的博瓦隆沙滩世界排名第三,这里细腻如泥的细沙和碧蓝如水晶般透明的海水,每年都吸引来10多万欧洲游客。你可以在沙滩上用沙铲堆砌出梦想中的城堡,可以来个火辣辣的日光浴,也可以在专业教练的陪同下潜到海底,欣赏绚丽无比的珊瑚礁,还可以租一条船去海上钓鱼。当然,你也可以什么都不做,不看电视,不看报纸,不用电脑,不发短信,寻找一处只属于你一个人的海滩,据说这样才能领略到塞舌尔群岛风光的精髓。

马达加斯加岛

马达加斯加岛雄踞于印度洋的万顷波涛之上,有世界"第八大洲"之称。这称号主要不是来源其大,世界上比它大的岛屿还有三座,而是来源于它得天独厚的自然环境、世间独有的人文风俗和傲然独存的珍稀动植物。

据说在距今1.75亿~1.5亿年前,印度洋上有一块巨大的陆地,被称为"莱姆利亚"。不知什么缘故,它似乎在一瞬间就消失了,只留下一连串的岛屿,马达加斯加岛就是其中之一。亿万年来,封闭的地形隔绝了外来的惊扰,使这块土地上自由地发展起许多世界上其他任何地方都没有的物种,由此得名"活化石的土地"。

从动物方面来说,尽管这里距离非洲大陆很近,却没有那里常见的羚羊、大象、斑马、骆驼、长颈鹿、土狼、狮子等哺乳动物,岛上唯一的大型哺乳动物河马也变成了侏儒,而且在100年前就绝迹了。而生活在这个岛上的动物,却是在非洲大陆上根本找不到的。现在的世界第一大鸟是鸵鸟,300多

马达加斯加岛

前这个荣誉属于隆鸟,而隆鸟就生活在马达加斯加岛的森林中。"隆鸟"的意思是"高高凸起的鸟",身躯健硕,脖子很长,脑袋很小,个子有3米高,体重达500千克以上,善于奔跳而不会飞。隆鸟的肉多且鲜美,羽毛修长,可以做装饰品,结果遭到

当地居民的大量捕杀,最终灭绝。

马达加斯加岛还是变色龙的天堂,全世界一半的变色龙都生活在这里。这里的变色龙不仅数量多,而且品类独特,世界上最大的国王变色龙和奥力士变色龙等只有在这个海岛上才能够找到。

马达加斯加岛上现存的最独特的动物要数狐猴,当地人称它卡特,是一种狐面猴身的小动物。大的狐猴有 1 米多长,小的狐猴只有 10 厘米长,尾巴比身体长出许多,上边带着漂亮的黑环。让人喜欢的狐猴大多体形较大,愿意在白天活动。它们性情温和,行动谨慎,或是蹲在树杈间懒洋洋地晒太阳,或是在山岩上规规矩矩地排队汲水,或是在树杈之间自由地荡来荡去,都是那样憨态可掬,活泼可爱。

相反,那些喜欢在夜间活动的黑色小狐猴就让人感到恐怖了。它的眼睛特别大,还能发出明亮的白光。15 世纪末,一支葡萄牙探险队闯进了马达加斯加岛上的丛林地带。夜里,他们被一阵可怕的嗥叫声惊醒,发现暗处似乎有发光的物体在窥视着。他们吓坏了,会不会是鬼怪来了? 直到天亮以后他们才看清楚,那种发光的东西原来是一种长相与猴子类似的小动物,于是就给它取名狐猴,拉丁文的意思是"死去的精灵"。无独有偶,马达加斯加岛上的人也认为人死后其灵魂会在狐猴身上托生,甚至认为若是被小狐猴细长的中指点到,人就会马上死亡。狐猴的这个坏名声使它成为人们追杀的对象,而狐猴得以排在世界濒危动物名录的第一位,也与此很有关系。

从植物方面来说,马达加斯加岛上最独特的品种无疑要数号称"世界第一奇树"的猴面包树。一般的猴面包树高不过 20 米左右,胸径却达 15 米以上,往往要十几个成年人拉手才能合抱。它结出的果实不仅大如足球,而且甘甜汁多,是猴子、猩猩、大象等动物最喜欢的美味。每当它果实成熟时,猴子们就会成群结队而来,爬上树去摘果子吃,"猴面包树"的称呼就是这样来的。

猴面包树的长相非常奇特。树杈千奇百怪,酷似树根,远远望去,就像是摔了个倒栽葱。民间相传,当初上帝安排猴面包树到非洲安家落户,它却不听招呼,擅自跑到热带草原上。上帝一生气,就把它连根拔起来,从此猴面包树就倒立在地上,成了一种奇特的"倒栽树"。

你要想亲眼见识一下猴面包树的风采,请到马达加斯加岛上的西海岸城市穆隆达瓦来。这里集中了全岛最典型的 7 个不同品种的猴面包树,是名副其实的猴面包树之乡。这里的海滩白沙细软,周围是一望无际的红树群和潟湖,历来是吸引游人的好地方。

马达加斯加岛上另一种独特的植物就是旅人蕉。它叶片硕大奇异,状如芭蕉,左右排列,对称均匀,犹如一把摊开的绿纸折扇,又像是孔雀开屏。非洲地区气候炎热而干燥,旅人蕉不仅可以成为遮阳伞,还能成为天然的饮水站。旅人蕉的树干是空的,每个叶柄的底部都有一个酷似大汤匙的"贮水器",可以贮藏好几斤水,只要在这个位置上划开一个小口子,就像打开了水龙头,清凉甘甜的泉水便会立刻涌出来。这个神奇的"水龙头"拧开后还能自动关闭,一天后又能让旅行者开怀畅饮,消暑解渴。由于旅人蕉的这个特性,所以深受当地人的喜爱,将它誉为"国树",还送给它"旅行家树""水树""沙漠甘泉""救命之树"等一大堆美名。

与独一无二的马达加斯加岛相应,岛上的城市也是别具一格。首都塔那那利佛的建筑混合着亚、非、欧三大洲的不同风格,城中的伊麦利那王宫既有当地人建的城堡,又有法国人建的富丽堂皇的曼加卡米亚达纳宫,英国建筑师又为它砌上了一层石壁。富有异域风情的迪戈迪雅兹有着世界上最美丽的海岸线,也是世界第二大海湾。它还有"乌托邦之国"之称。当年有个海盗首领在这里建立了自己的王国,他规定不管什么人,只要来此投奔,一律欢迎接纳,"乌托邦之国"之名便由此而来。

马达加斯加人的生活也是独特的,这不是说他们富有,而是说他们快乐。这里的岛民似乎都是天生的舞蹈家,只要音乐响起来,不分男女老幼,都会随着节奏翩翩起舞。世界上最复杂、最难跳的鹦鹉舞,也只有在马达加斯加岛上才能见到。每当举行盛大庆典时,露天舞场就会搭好。中间是一根齐胸高的木棍,跳舞的人必须以优美的舞姿从它上边跳过去,而且要连续跳 250 次。如果这中间有一次失败,那就得从头跳起,直到跳满 250 次为止。不跳舞的人席地而坐,为舞者鼓掌加油。置身在如此欢快的氛围中,所有的人都会感受到马达加斯加人对传统生活的无比热爱,这份热爱是一代代传下来的,还会在这个海岛上一代代传下去。

毛里求斯岛

"上帝先创造了毛里求斯,再创造了伊甸园。"这句话出自向以幽默著称的美国大作家马克·吐温之口。在马克·吐温想来,上帝的想象力也有限,要到毛里求斯寻找些灵感。

作为亚热带的海上岛国,毛里求斯不乏明媚充足的阳光,清澈湛蓝的海水,白白细细的沙滩,外加上游弋在珊瑚礁中色彩鲜艳的珊瑚鱼,这一切美则美矣,却不见得有什么独到之处,上帝不至于连这样的大众思维都不具备。如果说上帝真的选择了毛里求斯当范本,那一定是相中了它的罕有与特异。

毛里求斯岛上最为特异的首推七色土。天上的彩虹分七色,没想到这里的土也分出了七色。在位于岛西部的查马雷尔地区,有一块名叫夏马尔的山坡,四周绿树环绕,中间是一片寸草不生的开阔地,地面上静卧着的就是闻名遐迩的七色土。七色土面积不大,东西长约 50 米,南北也不过百余米,呈不规则的丘陵状,然而其多彩多姿堪称奇观。七色土的颜色杂糅在一起,却又非常分明,红色中带着蓝色,蓝色中包含着黄色,黄色中又泛着绿色。每种色彩都占有自己的位置,却又不去淹没别的色彩,共同组成了一道道令人称奇的"地面彩虹"。

毛里求斯岛

更让人惊奇的是,即便你把山坡上各种不同颜色的泥土翻开后再混合在一起,只要下过一场大雨,它们又都会恢复原状。据地质学家分析,七色土的成因在于火石岩融化后,冷却的温度不均。至于七色土为什么彼此难以捏合,一时还没有人能做出回答。

色加舞也是毛里求斯岛上的特有之物。每年的 8 月 15 日,居住在岛上黑河山脚下的印度族人就会穿戴上美丽的民族服装,手拍腰鼓,跳起色加舞,一直狂欢到深夜。色加舞通常由少女们来表演,她们身姿婀娜,腰部柔软,表演时跪在地上,头向后仰,甚至能接触到地面。跳色加舞时身体的摇摆幅度不大,主要是臀部摆动,粗看颇有些肚皮舞的味道。每逢周末,毛里求斯的一些宾馆里就会安排热辣辣的色加舞表演,不时赢得阵阵掌声。

比色加舞更独特的是火坑舞。每当祭祀神佛时,毛里求斯人就会跳起这种奇特的舞蹈。太阳落山后,人们便将燃尽的炭火扒开,平铺在地面上,男男女女踏着音乐的节拍在上边欢歌狂舞,人人兴高采烈。来到毛里求斯首都路易港的游客,在行程即将结束时,都会被邀请到一座印度寺院里观看这种"火上舞蹈"。只见一名印度人赤着脚在炭火上起舞,让人又紧张又兴奋。

站在炭火上跳舞人受得了吗?长期以来,对这个神奇的现象存在着种种猜测和解释。有人说那些舞者对于痛感已经麻木,因为宗教信仰已经使他们处于昏迷状态;有人说这是体内排出汗液的巧妙作用,因为汗液能使人的脚掌和炭火隔开;还有人说这是气功的一种。至于真相如何,至今还没有人能给出令人信服的说明。

毛里求斯的首都路易港是一座繁忙的港口城市,城中有一座自然史博物馆,这都没有什么出奇的,出奇之处在于这座建于 1842 年的博物馆中藏有很多目前已经绝种的鸟类标本和海生植物标本,其中可爱的渡渡鸟是全世界独一无二的鸟类,曾经在这个有"天堂岛"之称的地方无忧无虑地生活了不知多少个世纪,最后也在这里集体了结残生。

渡渡鸟的灭绝过程恰恰与毛里求斯岛的历史同步。16 世纪以前,毛里求斯岛上荒无人烟:大约在中世纪时,阿拉伯人曾经到过这里,在阿拉伯人绘制的地图上,把它标为"荒凉之岛"。1511 年,葡萄牙航海家多明戈·费尔南德斯·佩雷拉来到岛上,只见岛上生活着许多身体肥硕不会飞翔的渡渡鸟,他没有见过这种奇特的鸟儿,就随口给它取名"蝙蝠岛"。1598 年,荷兰人登岛,以莫里斯王子的名字给它命名为"毛里求斯"。1751年,法国人占领了毛里求斯岛,把它更名为法兰西岛。1814年,英国人将这个岛划为自己的殖民地,又把名字改了回来。直到1968年,毛里求斯才正式宣告独立。

殖民者的到来使毛里求斯得到开发,却给渡渡鸟带来了厄运。由于岛上没有天敌,渡渡鸟毫无防御本领,连飞都不会。殖民者和他们带上岛的猪、狗很快就发现这种鸟吃起来很香,于是大量的渡渡鸟遭到捕杀,就连幼鸟和蛋也未能幸免。开始时,他们每天都能捕杀到几千只到上万只渡渡鸟,到了后来,每天只能打到几只。1681年,最后一只渡渡鸟被残忍地杀害了。从此,地球上再也见不到活的渡渡鸟,只有在博物馆的标本室和画家的图画中才能见到它们的尊容,英语中也多了个"像渡渡鸟一样销声匿迹了"的成语。

随着渡渡鸟的灭绝,毛里求斯特产的一种珍贵的树木——大颅榄树也渐渐稀少,似乎患上了不孕症。原来,渡渡鸟最喜欢吃大颅榄树的果实。大颅榄树的种子外壳很坚硬,被渡渡鸟吃下去后,硬壳和果肉都被消化掉了,种子被排出体外,很容易发芽。渡渡鸟灭绝后,大颅榄树的繁衍也就戛然而止。到了20世纪80年代,毛里求斯全岛只剩下13株大颅榄树。如果不是科学家及时采取措施,这种名贵的树种就会紧随渡渡鸟而去。

毛里求斯植物园历史悠久,在这里你能看到一池池叶大如盘的古睡莲——王莲。这种莲花是世界上最大的莲花,它们的叶子直径一般在2米左右,可以承受住一个婴儿的重量。高大的王棕随风摇曳,难得的是要想看到它开花,得等上100年。此外,毛里求斯茶隼和粉鸽也是世界上的珍稀动物。

沿着圣路易港的市区大道漫步而去,两旁高大整齐的椰树和棕榈树在杜鹃花的映衬下,洋溢着浓郁的热带风情。这景色不算奇特,奇特的是以棕榈树的树心为原料,可以做成沙拉,口感类似竹笋般清脆、细腻。当初这种树产量很少,只有百万富豪才承受得起这种吃法,所以它就得名百万富翁沙拉。

桑给巴尔岛

对于生活在北半球的人来说,桑给巴尔是一个处处透着新意的国度,你那里分寒暑,他这里分大小雨季,你那里洗手盆里的水向左旋转排出去,他这里却是向右卷着漩涡流出去。你可以说这里的海滩与其他地方的海滩没有什么两样,在阳光下都是白得耀眼,但退潮的时候,几千米以内都变成了浅滩,水深只到膝盖,水底全是海胆,珊瑚,海星。你可以说印度洋的海水与太平洋一样湛蓝,但环绕着桑给巴尔岛的海水却是罕见的绿松石色。也许正是这美丽的颜色吸引了智商颇高的海豚,它们成群结队地来到这里游泳。一般的游人可以坐在船上与这些可爱的精灵一起在海面上追逐，游泳技术好的人早已迫不及待地跳进大海，与它们并排游去，甚至有可能用手摸一摸它们乳白色的鳍。穿上浮潜用具的人带着水下摄像机，轻易地就可以拍到它们的"倩影"。

桑给巴尔岛

桑给巴尔岛是世人公认的世界上最美的岛屿之一，美国《旅游》杂志还将它评为东非三大必到目的地之一。但如果仅论海水和沙滩，不能说桑给巴尔岛胜过别处的海岛多多。很多游人千里迢迢来到这座岛上，竟是为了吸一口岛上的芳香——这里可是世界上最香的地方呀！

桑给巴尔岛的香气来自丁香。丁香的香味特别清醇，每当丁香花含苞待放的时候，那独特的芳香直沁心脾，令人心旷神怡。丁香还有着很高的经济价值，不仅是食品、香烟等的调配料，还是高级化妆品的主要原料，又是牙科药物中不可缺少的防腐镇痛剂。正是相中了丁香能换来钱财，1832 年时，桑给巴尔的统治者苏丹萨伊德·赛义德和欧洲殖民者沆瀣一气，买来大批非洲奴隶，在奔巴岛和桑给巴尔岛上砍掉茂密的原始森林，大批种植丁香树和椰子树。当时规定，每种一棵椰子树必须种植三棵丁香树，否则就处以重罚。这道强制性的法令扩大了丁香树的种植面积，使得奔巴岛上出现了 360 万株丁香树，桑给巴尔岛上的丁香树也达到了 100 万株。有了这么多丁香树，怎么能不满岛飘香，让慕名而来的游人如醉酒一般陶醉于香风花雨之中。

桑给巴尔长久以来都是世界丁香的主要产地，所产的丁香总量在国际市场上占到八成以上，丁香出口收入也占到桑给巴尔外汇收入的八成，难怪当地人自豪地称它为"摇钱树"。但岛上人多地少，聪明的岛民便实行"立体种植"，把最高大的椰子树、次高的丁香树、较低的木瓜、香蕉和更矮的木薯、芋头、豆类、蔬菜等混种到一起，充分利用生长空间，维持着岛上富足的生活。

在没有种植丁香树之前，桑给巴尔就很富饶。自古以来它就是印度洋地区的贸易重地，中国宋代典籍中称它为"层拔国"或"昆仑层拔国"，出产有象牙、生金、黄檀香等珍贵物品。自从 16 世纪葡萄牙人侵占了桑给巴尔后，这里先后被阿拉伯人、英国人、德国人所占领，岛民失去了往日自给自足的生活，只能沦为新老统治者的奴隶。尤其是到了 19 世纪中叶，桑给巴尔翻开了它历史上最黑暗的一页。各国殖民者和奴隶贩子从非洲大陆上掠夺、拐骗来一批批黑人，一部分留在岛上种植丁香和椰子，一部分转运到别处。一时间这里成了东非最大的奴隶转口港，岛上出现了全世界最大的奴隶市场，高峰时每年贩卖奴隶多达 1.5 万人。如今岛上仍保存着奴隶洞和奴隶窖。位于桑给巴尔城北大约 2 千米的马鲁呼比奴隶洞,有一堵三人多高的石块垒砌的灰色墙,墙壁上挂着当年用来锁奴隶手脚用的铁链和铁环,在无声地诉说着奴隶贩子的残忍。岛上还保存着多处囚禁奴隶的地窖的残址,供人追思以往。

1866 年,英国传教士利文斯通来到桑给巴尔岛上。他也是一位医生,用树皮制奎宁抗疟疾就是他发明的,给非洲人造福不浅。他在岛上亲眼看见奴隶主杀死了 400 名黑人妇孺,激发了他的同情心,干脆把传教的事情丢在一边,全力去阻止奴隶买卖。他把自己的所见所闻写出来,托人送到美国发表,立即引来强烈反响,使得很多人都投身到反奴运动中去。这样一来,利文斯通就成了奴隶贩子的死敌,若不是同行的黑人保护他,他早就被杀害了。1873 年他死在非洲中部的一片沼泽地里,非洲人把他的心挖出来,葬在这片多灾多难的土地上。他的同伴把他的遗体装在布袋里,走了 8 个多月,才走到海边,用轮船把他的遗体运回伦敦。英国人把这具没有"心"的身体葬在威斯敏斯特大教堂里,尊称他为"非洲之父"。

利文斯通的人道主义精神当然值得后人颂扬,但说他是"非洲之父"却流露出欧洲人的褊狭。在他们想来,在欧洲文明没有进入之前,像桑给巴尔这样的地方只能是一片蛮荒。实际情况却不是这样。与坦桑尼亚其他地方不同的是,这里的居民大部分是波斯人。当年波斯被古罗马打败后,一些波斯人便逃到这个海岛上来。后来,阿拉伯人赶走了岛上的葡萄牙人,在这里统治了两个多世纪。知道了这段历史,你就会明白为什么桑给巴尔的首府桑给巴尔市有点儿像《一千零一夜》中的神秘国度。

桑给巴尔城有"石头城"之誉,指的是市区西部临海一带有一片古老的石城区,那里全是白色的石头建筑,有石造的城墙,有塔形的堡垒,还有苏丹的王宫。进入曲径幽深的桑给巴尔城,你会看到许多清真寺,还有许多装饰得富丽堂皇的阿拉伯式的房屋。这些房屋的木质大门上布满铜钉,华丽的图案精雕细刻,仍然是典型的阿拉伯风格。在非洲看惯了相貌粗犷的黑人,到了这里会觉得这里的人长得格外眉清目秀,这也不值得奇怪,因为他们都是波斯人的后代。

来到桑给巴尔,还有个地方不能不去,它就是位于桑给巴尔市深水码头西北方向大约 5 千米处的龟岛。这是一座面积只有 0.2 平方千米的小岛,却因为岛上有最长寿的乌龟和美丽的珊瑚、海滩而闻名遐迩。

整个龟岛掩映在绿树之中,俨然一幅热带风景画。海浪前赴后继地拍打着海岸,而这里的海水却不见一丝浑浊,那是因为它是个珊瑚岛,四周全是沙滩和礁石,没有一点泥土,从而使得这里的沙子格外细腻,海水格外清澈。站在长长的引桥上,就能看到无数的小鱼在礁石和珊瑚水草之间游来游去。如果你能潜下水去,就会看到了另外一幅风景画。阳光透过海水照射进来,把海底世界变得一片透明,颜色鲜丽的珊瑚随着水流轻轻地摇晃着美丽的触手,五颜六色的鱼儿好似故意炫耀一般从你身边快速游过,还有卧在海底的那么多海胆和海星,好像专门为点缀海底而生。

来到龟岛上,头等大事当然是去拜访那些久负盛名的"龟爷爷"。它们是一些硕大的陆龟,据说年岁最大的一只已经是 170 岁的高龄了。陆龟的个头很大,也很有力气,两三个人站到它背上,照样能轻松自如地向前爬行。陆龟的模样憨态可掬,对游客也很友好,任凭抚摸它们的身体,还能很配合地跟游客合影留念。快来照一张吧!

全球四大香料岛

除了桑给巴尔外,名列全球四大香料岛的还有马鲁古群岛、班达群岛和格林纳达岛。

马鲁古群岛位于印度尼西亚的东北部,处于苏拉威西岛和伊里安岛之间,赤道从中间穿过,面积 74000 多平方千米,由大约 1000 个小岛组成。这里气候炎热,潮湿多雨,所生产的香料质地优良,香味浓郁,是东方的主要香料产地之一,很早就有"香料群岛"的美名。

班达群岛是肉豆蔻的原产地,位于马鲁古群岛以南,由印度尼西亚班达海上东北部 10 余座小火山组成。群岛中的海面形似小湖,风平浪静,海水清澈,海底有很多珊瑚礁及海洋生物,有"海底花园"之称。

格林纳达是加勒比海向风群岛中最西南的一个岛屿,离委内瑞拉不远,面积 344 平方千米。它地处热带,终年气温很高,潮湿多雨,岛上植物茂盛,满山遍野都长着豆蔻树,香味扑鼻,素有"香料之岛"或"西方香料岛"之称。过去在海上航行的人,凭着豆蔻花的香味就能很容易地找到格林纳达。

圣赫勒拿岛

1815 年 6 月,法国皇帝拿破仑一世惨败于滑铁卢,被迫再次退位。尽管连遭败绩,这位叱咤风云的人物在法国仍然拥有很多狂热的崇拜者。获胜的反法联盟各国唯恐他东山再起,就把他流放到遥远而荒凉的圣赫勒拿岛上。

1502 年 5 月 21 日,葡萄牙航海家若奥·达诺瓦在前往印度的途中发现了一个小岛,这一天在天主教的宗教日历中是圣赫勒拿日,因此就将它命名为圣赫勒拿岛。当时岛上没有土著居民,而葡萄牙

圣赫勒拿岛

人觉得这样一个地处偏僻的小岛实在没有什么利用价值,也就没有在那里殖民。荷兰人曾经在 1645 年至 1651 年间占领了这个岛,也没有殖民。1659 年,英国东印度公司占据该岛,开始在那里殖民并驻军,还在岛上建立了詹姆斯敦要塞,这里就是今天圣赫勒拿的首府。

从地理位置上来说,在苏伊士运河开通前,圣赫勒拿岛作为大西洋航线上重要的中继站,战略地位非常重要。可惜的是,这里的海岸被悬崖峭壁分割得破碎无比,船舶无法停靠,法国大文豪夏多布里昂形象地把它比喻成"岩石停枢台"。只是在詹姆斯敦旁边敞开了一个小口,勉强成为一个小港口。这样的地理条件,大大地限制了它的发展。而 1869 年苏伊士运河开通后,再加上蒸气轮船的普及,远航能力普遍增强,来岛上补给的船只越来越少,刚有一点繁荣迹象的圣赫勒拿岛很快就萧条下来。

1815 年 10 月 15 日,在经过了 67 天的海上颠簸后,拿破仑一行乘坐的英国"锘森伯伦"号巡洋舰驶抵圣赫勒拿岛。拿破仑用望远镜仔细观察着岛上阴森森的悬崖峭壁和堆起的火山岩,一种不祥之兆涌上心头,他自言自语道:"这不是什么好地方。"拿破仑的预感是非常准确的。这里气候潮湿,季风流行,而最让他难以忍受的是英国人的戒备森严。他们在他居住的朗伍德别墅四周划出了一块周长约 12 英里的地方,拿破仑只能在这个范围内自由活动。边界之外岗哨林立,通向海面的每条羊肠小道上都有流动哨。在海岛附近的海域里,还有两艘英国战舰不断巡游。英国总督哈德逊·洛夫又与岛上居民约法三章,谁要敢帮助拿破仑及其随从,或者与他们有接触,轻者驱逐出境,重者判处劳役。

英国人过度的防范把圣赫勒拿岛变成了一座监狱,而这里的囚徒只有一个无所事事的拿破仑。这位昔日指挥千军万马驰骋疆场的皇帝,神经本来极为坚强,但也忍受不了这样的折磨,他经常歇斯底里地大叫:"海岛阴森恐怖,令人毛骨悚然,我们像被关在监狱里。我们应当大声疾呼,进行控诉。"他多次向英国政府提出抗议,但英国内阁佯作不知,他也无可奈何。

英国人是不是谨慎过了头?在朗伍德别墅里陈列着一副国际象棋,在那些孤寂难挨的日子里,它成了拿破仑的爱物,几乎天天把玩。这是拿破仑的一名忠实部属奉献给他的礼物。但他至死也没有发现,棋子里藏着那位部属苦心绘制的一幅逃生地图。假如英国人放松了警惕,让拿破仑逃了出去,欧洲的历史会不会重写呢?

在圣赫勒拿岛上,拿破仑也接待过为数不多的来宾,其中一位是英国赴华使节阿美士德。他对这位慕名而来的英国外交官说出了也许是他一生中最后的名言:"中国是一头睡狮,当它醒来时,全世界将为之震动。"

1821 年 5 月 4 日夜里,圣赫勒拿岛上刮起了骇人的风暴,狂风拔起了大树,朗伍德别墅似乎摇摇欲坠。第二天清晨，风暴平息了，拿破仑已僵硬得如同一座横卧的雕像，眼角边还挂着一颗泪珠。他的死因给世人留下了一个未解之谜，直到今天还有人说他是因慢性中毒而亡。

根据他的遗嘱，他的遗体被安葬在岛上托贝特山泉旁那个叫作"魔鬼酒碗"的地方。这里峡谷幽深，几棵垂柳掩映着一泓流水，秋海棠、海芋和美人蕉竞相开放，似乎在安慰着这位晚景凄凉的盖世英雄。1840年，法国军舰到圣赫勒拿岛接回了拿破仑的遗骨，让他以一个老兵的身份安息在塞纳河畔的荣誉军人院里。

如今的圣赫勒拿岛依旧像拿破仑在世时那样荒凉，只有拿破仑的名字还被人时时提起。游人来到这个岛上，也是为了缅怀那位昔日的枭雄。山泉边上的那个拿破仑安葬地点现在常年鲜花掩映，绿柳飘垂。拿破仑居住5年多的朗伍德别墅保存完好，成为全世界历史迷向往的圣地。每逢节日，拿破仑很喜欢去"欢快山"狄安娜峰进午餐，那里有一个死火山口，周边矗立着狼牙般的山峰，至今仍显示出一股野性之美，可能很合拿破仑的脾气。

除了拿破仑，这个小岛上还留下了另一位伟人的足迹，他就是著名的生物学家达尔文。1836年7月，达尔文随同"贝格尔"号测量船登上了圣赫勒拿岛。这里人迹罕至，拥有许多独特的动植物品种，体形庞大的巨龟，花色奇特的圣赫勒拿蝴蝶，还有独一无二的红杉，都让达尔文又惊又喜，赞叹这里是"物种的天堂"。如今这些物种有很多已经濒临灭绝，当地人建起了珍稀动植物保护公园，以维系它们的命脉。

提起圣赫勒拿岛，就不应该不说说阿森松岛。它虽是圣赫勒拿岛的属岛，名气却毫不逊色。二战期间，这里是美国和英国的海空军基地。20世纪60年代后期，英国人在岛上陆续修建了遥控、雷达、卫星通讯、大功率无线电转播站、导弹掩蔽所、宇宙飞船控制站等军事设施，同时建有供各种大型飞机起降的现代化机场。1982年爆发英阿马岛战争，阿森松岛的重要性立刻凸现出来。英国特混舰队在这里停留加油并装运作战物资，先后有500余架次飞机在岛上着陆。如果没有阿森松岛做跳板，长途奔袭的英国舰队很难打胜仗。

当年拿破仑一行来到圣赫勒拿岛上时，阿森松岛上空无一人。英国人害怕拿破仑的崇拜者利用这个小岛搬救兵，便决定在该岛驻军。驻军就得有军费，但根据当时英国政府的财政规定，只有军舰才能获得政府拨款。阿森松岛上的驻军便玩了个瞒天过海的把戏，谎称阿森松岛是一艘"阿森松号军舰"。结果，这艘不能动的"军舰"还真的列进了英国皇家军舰的名录。第二次世界大战初期，为了补充损耗，英国政府用阿森松等多个小岛的基地使用权，从美国人手里换来了50艘二手军舰，假的"阿森松"号军舰居然换来了货真价实的军舰，也算是阿森松岛的一段历史花絮。

欧洲名岛

科西嘉岛

科西嘉岛以"三美"著称，那就是美景、美酒、美味。科西嘉岛的美景是以鲜艳的色彩点染而成的，那蓝色的是无垠的大海，深绿色的是高大的柏树，褐色的是热那亚人留下的城楼，而红色的则是一个个海湾附近那成片的别墅。美酒便是法国的葡萄酒，而美味则是绝对地道的法国菜。有了这"三美"，一向喜欢享受的法国贵族怎么能视而不见，于是科西嘉岛一度成了法国上流社会的度假岛。白天徜徉在地中海景色最美的海滩上，晚上享受法国葡萄酒和法式美食，然后在安宁中进入梦乡，那绝对是贵族的生活方式。

然而，除了度假之外，法国本土的人对科西嘉岛并无好感。自 1769 年归入法国以来，这个岛全靠法国政府的财政支持度日，每年拨给科西嘉的财政补助高达上百亿法郎。可是，如此巨额的金钱却没有换来片刻的安静，200 多年来，岛上的民族主义分子和地方分离主义分子一天也没有停止过活动，政治暗杀事件层出不穷。无论哪一届法国政府，都为它伤透了脑筋，以至于不少法国人认为，科西嘉岛成了法国的一大负担，不如撒手不管，随它独立好了。

科西嘉岛

科西嘉岛的动荡不安是与它的历史分不开的。早在公元前 259 年，罗马人就占领了这个岛。相传特洛伊王子科尔与提洛王后的孙女西嘉相爱，用意大利语拼读双方的名字就是"科西嘉"。13 世纪至 15 世纪，比萨、热那亚、阿拉贡等意大利城邦先后夺取了科西嘉岛的控制权。如今在科西嘉岛的沿岸还能看到热那亚人修建的许多防御要塞。从地理位置上来说，科西嘉岛除西北面向法国外，其他三面都被意大利国土包围着。从这里到意大利本土，大大近过到法国。因为这样的渊源，科西嘉人的语言、风俗都与法国人迥然不同，却接近于意大利人，难怪法国小说家巴尔扎克把科西嘉岛形容成"在意大利阳光照耀下的法国岛屿"。18 世纪上半叶，科西嘉人在当地领袖保利的领导下，赶走了热那亚人，成立起了科西嘉独立政府。热那亚当局恼羞成怒，竟同法国签订了一份秘密协定，将科西嘉岛的"权力"出售给法国人。刚刚尝到独立滋味的科西嘉人又在保利的指挥下,展开了反抗法国入侵者的战斗。法兰西历史上的巨人拿破仑的父亲夏尔·波拿巴当年是保利的副官,其祖先是意大利贵族,他和妻子一道参加了科西嘉保卫战。1769 年春天,科西嘉人被迫向征服者屈服,集体加入了法国籍,这其中就有夏尔和他的妻子。

就在这一年的 8 月 15 日,拿破仑·波拿巴出生在科西嘉岛上的阿雅克修城。生活在这个崇尚自尊、复仇和荣誉的小岛上,拿破仑从小就继承了父辈们顽强好斗的性格,16 岁那年,他就暗暗下定决心,有朝一日他要像保利那样,赶走法国人,解放科西嘉。只是后来他的目标更为远大,觊觎整个欧洲,也就不再把科西嘉这个区区小岛的独立放在心上了。

1976 年科西嘉岛被划分为南科西嘉省和上科西嘉省,前者的首府就是阿雅克修,后者的首府是巴斯蒂亚。如今的阿雅克修人颇以拿破仑这位法国雄狮感到骄傲,整个城中以拿破仑命名的大街、饭店到处可见,广场上还耸立着一组拿破仑及其兄弟们的塑像。拿破仑故居更是得到重点保护,并辟为阿雅克修·拿破仑博物馆。不过,当年拿破仑还是个小军官的时候,他与自己的同乡们关系很是紧张。当地多数居民都是保利的支持者,而此时的拿破仑已经变成了坚定的亲法派分子。1791 年 9 月,他以国民自卫军阿雅克修营副营长的身份回到科西嘉,正赶上岛上的亲法派和反法派发生了武装冲突,拿破仑命人开枪射击了支持保利的分离主义者。后来,反法派袭击了拿破仑支持者的住所,洗劫了波拿巴一家,拿破仑历尽千难万险,才带着全家从科西嘉岛上逃了出来。

近年来科西嘉岛上的恐怖活动愈演愈烈,这片山海相依的土地被很多人视为畏途,但每年来这里旅游的人数还是达到数百万,其魅力由此可见一斑。科西嘉岛上的美丽景色的确世上难寻。从巍峨的高山到珊瑚形成的高地,再到天然的沙滩,再到滨海的岩石,处处都是大自然的慷慨馈赠。位于科西嘉岛西北部的圣·拉斯特德海滩一片金黄,在成片的松树覆盖下,静谧幽雅成了它的主格调。在通往科西嘉海角的路上,一边是长满柠檬树、橄榄树的原野,一边是茂密的丛林,令人流连忘返。科西嘉野生公园占地 20 万公顷,这里生长着许多珍贵稀有的植物物种。位于科西嘉西海岸的斯坎多拉自然保护区更是一颗璀璨的明珠,从 1983 年起就被联合国教科文组织列入世界自然遗产的名单中。在海边红色的悬崖上,香桃木、乳香黄连木、大戟和岩蔷薇郁郁葱葱,而海水与风力的侵蚀作用,则把这里的岩石雕凿出令人叹为观止的景观。万千溶洞,缝隙遍布,岩墙冲天而立,山峰尖锐突出,时或几只海鹦盘旋飞过,在凝固的面面上抹上了一缕生动的色彩。

西西里岛

从地图上看,意大利本土好像一只伸向地中海的尖头皮靴,而西西里岛就好像靴子尖上的一颗宝石,而酷爱足球运动的意大利人,则说与那只皮靴若即若离的是一个足球。

如果把西西里岛比做足球,那它一定是个金球。它辽阔而富饶,从东海岸到西海岸,到处都是果实累累的橘林、柠檬园和大片大片的橄榄树林,历史上号称"金盆地"。在农业占主导地位的时代,这样得天独厚的地方是很让人垂涎的。于是,从公元前 8 世纪开始,希腊人、罗马人、阿拉伯人、突厥人、诺尔曼人、西班牙人、奥地利人先后成为这块土地的征服者。这些征服者都在西西里岛上留下了遗迹,却没有留下繁荣与富裕,愧对了"金盆地"的美名。

西西里岛

到了上个世纪初,这里又成了黑手党的天下。黑手党的英文"Mafia"源自阿拉伯语,意思是"逃难",指的是西西里岛被突厥人和诺曼人占领期间,有一批中年男子自动组织起来,保护家人免受侵略者的骚扰。后来,这批人演变成了一群为了复仇而私自执行法律的人,又逐渐蜕变为专门从事抢劫、绑架、凶杀、走私、贩卖毒品等犯罪和非法经营活动的黑社会组织。除此之外,黑手党还从事金融、商业、建筑、旅游等合法经营活动。20 世纪 90 年代初,意大利黑手党公然"挑战政权",采取同国家机器正面对抗的战略,一大批国家官员被黑手党残酷杀害。黑手党的猖狂肆虐激起了天怒人怨,意大利政府颁布了一系列紧急法令,成立全国反黑机构,调集军队开进西西里岛,对黑手党展开全线反击。凶残暴戾的黑手党元凶被抓获,其最高领导机构"库波拉"的绝大多数成员和数千名党徒落入法网,黑手党从此一蹶不振。

当然,黑手党并没有销声匿迹,只是将精力集中在贩毒、走私军火、银行洗钱等隐蔽性很强的犯罪活动上,尽量不与政府发生冲突。西西里岛首府巴勒莫至今仍然是黑手党的地下首府。从表面上看,这里一片歌舞升平,但市中心的商家每月都要向黑手党交纳保护费。

即使是在黑手党最猖獗的时候,他们也从不对普通游客下手,所以到西西里岛旅行根本不用担心人身安全,妇女独自在夜间开车也不会有问题。相反,黑手党的存在却给游客的西西里岛之旅增加了几许神秘的色彩。岛上的男人长得都很帅气,轮廓分明,如果戴上意大利式的墨镜,即便推着婴儿车,也会让人猜测他是不是身怀绝技的黑手党。岛上的女人热情奔放,美丽的眼睛中总是带着几分挑逗的神情,不禁令人想入非非,《西西里的美丽传说》的主演大美女莫妮卡·贝鲁奇会不会活脱脱地走上巴勒莫的街头。

来到西西里岛上，人们不约而同地都会想起那部由马龙·白兰度主演的《教父》，它是描写黑手党家族的史诗性作品。在这部影片中，你会看到西西里岛沐浴在灿烂的阳光下，田野幽静，充溢着自然的田园气息，古迹犹存，弥漫着中世纪的优雅，还有身穿厚实的单排扣西装的西西里男人，简直酷到了极点。

你要想真正见识西西里的风情和美丽，还得从巴勒莫城游起，它是西西里第一大城，被大文豪歌德称为世界上最优美的海岬，而意大利的大文豪但丁则称赞它是世界上最美的回教城市。这里的古迹建筑分属诺尔曼、拜占庭和伊斯兰三种风格，呈现出截然不同的风貌，看上去有些别扭，却生动地记录着这座城市经受不同文化洗礼的历程。

如果你能在复活节前来到巴勒莫，就能赶上西西里岛上最隆重的"圣周"仪式。仪式从复活节前那个星期五的下午 5 点开始，扛着棺木的男子沿着窄窄的石径缓缓走过，随行乐队奏着葬礼的哀歌。他们这是在纪念耶稣的死亡和复活。夜色降临了，人们点起五颜六色的灯笼(现在改成用电池充电的灯笼)。当游行队伍返回城里的广场上时，只听一声鼓响，仪式结束。刹那间，整个广场又变得灯火通明。

来到巴勒莫，可不要忘了看一场提线木偶戏。这里有许多木偶剧场，舞台上灯光、布景都很讲究，木偶身上的服装也很漂亮。武士偶身上的盔甲都是用亮晶晶的金属薄片缀成，配上色彩鲜艳的战袍，显得既威武又华丽。这种武士偶显然最受欢迎，在作为旅游纪念品出售的木偶中，顶盔贯甲手拿宝剑盾牌的武士偶数量最多。你如果喜欢，不妨买一个带回家。

顺便说一句，巴勒莫市内有些饭店还给客人们发放海水浴场的免费票。巴勒莫东北方的蒙得罗海岸有一处非常不错的海水浴场，那里有和煦的阳光，有蔚蓝的海水，在看完了众多的古迹后，正好到这里轻松一下。

西西里岛上第二个绝对值得一游的地方是阿格利真托。这座城市号称"诸神的居所"，被希腊抒情诗人品达尔赞誉为"人间最美的城市"。不过，就历史价值而言，阿格利真托全城加起来也不如一个神殿之谷。在阿格利真托南面的一座小山丘中有一条山谷，谷中布满了古希腊遗迹群，其密集程度仅次于雅典，因此得名神殿之谷。据说，西西里岛上最早的移民都来自古希腊本土，这些古希腊神庙就是他们建造起来的。谷中最古老的遗迹当数建于公元前 520 年的埃柯拉神殿，大部分已经倒塌，仅存的八根漂亮的廊柱是英国考古学家修复的。山谷右边的协和神殿被誉为雅典巴特农神殿以外最完整的希腊神殿，也是西西里岛上规模最大、保存得最完好的神殿，34 根巨柱以及前后屋面、内院围墙都没有太多损毁，虽说屋顶早已倒塌，一样无损其慑人的气派。谷中还有宙斯神殿、狄奥斯克利神殿、卡他尼亚大教堂、古希腊剧场、古罗马剧场等遗迹。

在距离阿格利真托不远的地方有一个叫作亚美林纳广场的小镇。这里有一座建于公元三四世纪间的卡萨来别墅,别墅内布满了马赛克镶嵌画,画面的内容相当丰富,有狩猎场面,也有生活场景,被考古界评为"世界第八奇迹"。有趣的是,在一幅戏水图中,女人身上居然穿着比基尼。

西西里岛上第三个值得一游的地方是小城陶美那。这里一面靠悬崖,一面临大海,整个小城建筑在山石之上,一层层铺接上去,仿佛接到了天上。到了夜晚,华灯初放,远远望去,点点灯火和天上的繁星连成一片,使人分不清哪是天上,哪是人间。陶美那不仅风光旖旎,而且常年如春,每年都能招来大量游客。一个只有万把人的小城,居然有上百家旅馆,能提供上万张床位,至于为旅游者服务的餐馆、咖啡店、各种商店,更是布满了大街小巷。

陶美那最著名的景点是建于公元前3世纪的古希腊剧场,它保存得非常完整,而且选址极佳,远眺广阔的大海,近观起伏的山陵。每到夏季,这里经常举行音乐会、舞蹈和歌剧演出,把这山海美景衬托得更加超凡出尘。

撒丁岛

比起西西里岛和科西嘉岛来,同处于地中海之中的撒丁岛宛如被世人遗忘的角落,光顾这里的游人非常少,连带着这里的码头也非常小,仿佛大型公园内的游船码头。登岛的船只靠上码头,只会下来稀稀落落的一二十位乘客。他们刚一离开,这里马上又会恢复一贯的寂静。

当年,英国王妃戴安娜和她的富翁男友法耶兹如胶似漆之时,想寻到一块能躲避开公众视线的地方,很是煞费了一番苦心,最后选定的就是撒丁岛。一来到撒丁岛上,他们便暗自庆幸选对了地方。这里的礁石洁白闪亮,在蓝绿色的海水簇拥下,酷似晶莹透明的宝石。这里的海浪出奇地

撒丁岛

大,海水又出奇地浅,即便你不善游泳,也可以体会到弄潮的快乐。这里的海水清得让人嫉妒,站在齐胸的水里可以清楚地看见自己的脚趾。这里的海滩一片银白,与蓝色的海水搭配成绝妙的自然风景。最让戴安娜满意的是岛上的居民,不管岛上来了什么样的人物,他们都不去理会,自顾自地享受着大自然慷慨赐予的空气和阳光。

然而,戴安娜低估了狗仔队的能量。他们的假期刚刚开始,狗仔队就将他们在豪华游艇上的合照拍了下来,给娱乐版贡献了一个头条新闻。

就在戴安娜红透大半个地球的时候,她的到来却没有使撒丁岛人大惊小怪,有人把这归结为撒丁岛人生性淡薄。其实远非如此。早在14世纪时,这里就成为爱比利亚(今天的西班牙)的一部分,深受西班牙文化的熏陶,于是撒丁岛就成了西班牙国王和王室成员非常喜爱的度假地。近代以来,欧洲的皇室成员、名人政要看中了它的清幽,更是频频登岛度假。由于出入这里的王孙子弟、富豪名人太多,简直是三米之内必有大人物或名人,岛上的居民也就见多不怪了。

与撒丁岛渊源最深的意大利名人当属贝卢斯科尼。他是欧洲足球豪门AC米兰的老板,当上了意大利总理,撒丁岛上就有他的豪华别墅,撒丁岛海湾中摆渡的轮船也是他买来的。有一年,贝卢斯科尼在他私人拥有的意大利电视五台上演唱他自己创作的歌曲《唱支歌更好》。整个节目的背景就是撒丁岛美丽迷人的风光,为贝卢斯科尼的演唱烘托出一种优美的意境。可能是受了老板的影响,AC米兰俱乐部的大牌球星们每逢休假,总是把撒丁岛作为首选。假如你是一名追星族,到撒丁岛上走一遭,肯定会让你收获一份惊喜。

"人间没有天堂,这里离天堂最近。"不过,这天堂只属于富翁,那空无一人的海滩,是有钱人做梦的地方。这里是游艇族的乐园,又经常有私驾飞机起落,而游艇和飞机又是什么人可以拥有的呢?岛上也有酒店,也有餐厅,但大众难以消费得起。于是,这里风光如画的小村庄,年代久远的历史遗迹,就只有通过电视或照片让平民百姓欣赏。即使是欧洲人,也要下大决心,才能到撒丁岛上奢华一圈。在极具侵略性的现代文明面前,撒丁岛能够保持住它的原始风貌,昂贵是一个重要原因。

把撒丁岛称作天堂,还有个原因在于这里是闻名于世的长寿岛。据统计,撒丁岛是目前世界上拥有百岁老人最多的地方。根据联合国人口组织最近所做的调查,撒丁岛上有317个村庄,现有百岁以上寿星222人,平均每10万人中就有13.5人为百岁以上的老人,位居世界长寿平均水平之冠。这一比例比世界平均水平高出10倍之多。每逢新年,岛上的人习惯于用传统的问候语互相道贺"安吉亚",意思就是"祝您长命百岁"。

有钱人到撒丁岛上度假,都盼着能从撒丁岛人那里讨到长寿的秘诀。这秘诀其实不用讨,那就是与世无争的生活态度,愉快乐天的心情,还有积极的劳作,岛上80岁以上的高龄老人大多每天都坚持劳动。来到撒丁岛上,抛开了功名利禄,你会觉得这些都容易学得到;而一回到滚滚红尘中,你就会觉得撒丁岛人都是生活在天堂里的神仙。神仙只可望而不及,长寿有什么奇怪的呢?

卡普里岛

如诗如画的卡普里岛与著名的维苏威火山遥遥相对,而它的对面就是苏莲托镇,意大利民歌《重归苏莲托》的开头就这样唱道:"看,这海洋多么美丽!多么使人心旷神怡!那优美的景致,如此魅人,使人进入梦幻。"

歌中唱到的那美丽的海洋指的就是有着世界最美海湾之称的那不勒斯湾。在荷马史诗《奥德赛》中,半人半鸟的女妖塞壬,就居住在这一带海面的岩石上,每当有大雾迷离的时候,远行的水手就会听到甜美的歌声在雾中飘荡,使人意乱神迷,不顾一切地投进大海。古希腊英雄奥德修斯远征特洛亚城后航海归来,途经这里时,他把同伴的耳朵用蜡封起来,然后让同伴把自己绑在桅杆上。结果,尽管奥德修斯听到了塞壬的歌声,但因为挣脱不开绳索,也就没被迷惑。相传塞壬伤心欲绝,一气之下就投入大海而死,她的身体被海浪冲到岸边,便成了那不勒斯湾。

当然,那不勒斯湾中并没有出现过女妖,真正对人有迷惑作用的是这里的海水,在阳光的照射下,能够变幻成无数种深浅不一的蓝绿色。在这一片迷人的蓝绿色中,风景优美的卡普里岛宛若海上仙境。公元前29年,罗马帝国的奥古斯都大帝在东方战役结束后,回国途中登上这座小岛,当即被它的风姿所迷惑,不惜拿伊斯基亚岛来换取卡普里岛,作为自己的避暑地。伊斯基亚岛位于那不勒斯湾西北部,面积比卡普里岛大4倍,但景色比卡普里岛逊色一些,只是岛上温泉比较有名。奥古斯都死后,他的继任者提比略因为和元老院关系紧张便隐退到卡普里岛上。他来到岛上可不是闭门思过,而是把这里当成了他的"黄金流放地",大兴土木,纵情声色。他还别出心裁地命童男童女扮演成牧羊神和美丽的牧羊女,站在绿草如茵的山坡上,为他演绎传说中的爱情故事。他在岛上度过了近10年极为荒唐的日子,最后被近卫军杀死在这里。另一位罗马皇帝尼禄本来只安排了一个小时视察卡普里岛,结果来了以后,甚至不愿意再回首都罗马了。

一座小小的海岛,居然先后迷倒了古罗马三位皇帝,可见它的魅力超凡。如今的卡普里岛应该比古罗马时代更加迷人,温和的气候,怒放的鲜花,崎岖的海岸线,汩汩的温泉,石灰水刷白的农家房舍,令游人流连忘返,很多功成名就的艺术家、作家以及阔佬,则把这里当成了半永久的住所,终日陶醉在日丽风清之中。

在卡普里岛上居住过的大作家有一位中国人非常熟悉,他就是高尔基,在岛上住了7年之久。1905年,高尔基参加了反对沙皇政府的莫斯科十二月起义,并积极为起义者筹措资金,提供武器。起义失败后,他受到沙皇政府的迫害,只得出国流亡。1906年秋,高尔基从美国转道意大利,定居在卡普里岛上。在1908年4月和1910年7月,列宁两次应邀来到卡普里岛看望高尔基。高尔基不止一次地向他讲起自己的童年和少年的生活,列宁对他说:"您应当把这一切都写出来,老朋友,一定要写出来!这一切都是富有极好的教育意义的,极好的!"在列宁的鼓励下,高尔基在卡普里岛上完成了他的自传体长篇小说三部曲的第一部《童年》。

高尔基在岛上不仅留下了经典作品,也留下了一段经常被后人提起的教子经典名言。有一段时间,他唯一的儿子马克西姆曾来岛上与他同住。有一次,他看到儿子在院子里松土种花,感到非常高兴,就不住地赞美儿子。不久,马克西姆提前回国了,但他种下的花都开出了艳丽的花朵。高尔基望着这些芬芳的花儿,心中忽有所悟,便提笔给儿子写了一封信:"我的孩子,要是你在任何时候,任何地方,一生留给人们的都只是美好的东西——鲜花、感人的思想和人们对你的非常好的回忆——那你的生活将会是多么的轻松愉快啊! 那时,你会感到所有的人都需要你,这种感觉会使你成为一个心灵丰富的人。你要记住:'给'永远比'拿',快乐和幸福!"

卡普里岛上只有两个小镇,一个是卡普里镇,另一个是坐落在它西边的阿纳卡普里镇。后者要比前者幽静一些,瑞典物理学家阿克塞尔·蒙特曾在这里住过,他的那本畅销书《圣米凯莱的故事》就是以镇上的圣米凯莱别墅为背景写成的。在这个别墅的花园露台上,可以欣赏到卡普里岛的美丽风景。当年高尔基居住在卡普里镇上一幢不太大的别墅里,房子建在山坡上,院子里栽着高大的松柏和杨树。游人们在它的门前会看到一块大理石板,上面刻着:马克西姆·高尔基于1911年2月至1913年11月居住于此。

高尔基居住的这一带全是别墅区,那一幢幢白色的小楼散布在树林、草地之间,显得分外幽静。而卡普里岛上最引人注目的别墅则位于小岛南岸,它占据了一大片地方,厚厚的墙壁上嵌着一面铜牌,上面写着"克虏伯别墅"的字样。阿尔弗雷德·克虏伯是德国有名的军火大王,希特勒的军队就是由克虏伯家族武装到了牙齿。第二次世界大战结束后,克虏伯家族将这个别墅移交给了卡普里市政府。而在此之前很长一段时间里,这里一直是个禁区,它的南面是垂直的峭壁,在峭壁上凿出一条石阶,通往海上的一个小人造码头,其他几面全是高高的围墙,有人日夜严密守卫着。经常有一些年轻英俊的男子被送到这里来,他们所为何来属于高度机密,直到若干年以后,人们才知道阿尔弗雷德·克虏伯是个同性恋。

卡普里镇和阿纳卡普里镇之间相距不远,但隔着一道陡峭的山崖,往来非常不便。古代的腓尼基人在悬崖上开凿出了777级石阶,将两镇连通起来。游人至今仍可拾级而上,尝一尝登天梯的滋味。如果你知难而退,那就去坐当地有半节火车车厢那么长的大巴士,沿着九曲十八弯的环山公路盘旋。当巴士开到峭壁顶端时,游人从窗口望下去,只见万丈悬崖下就是茫茫大海,不禁心惊肉跳,可是司机却依旧把车开得飞快,把人惊出一身冷汗。其实,你完全用不着担心,那些司机技术十分熟练,对当地的地形十分熟悉,根本不会发生意外。

在卡普里岛上登山下海都有乐趣,但岛上观光的重头戏却是游洞。岛上四周进海水的山洞很多,有储藏洞、神父洞、圣人洞、奇妙洞等十几个,其中最著名的是被称为"世界七大自然奇景"之一的"蓝洞"。1826年,一位德国画家在卡普里岛海边的一堵悬崖下发现了这个奇妙的石洞,它长 54 米、宽 15 米、深 18 米,仅有一个 1 米高 2 米宽的狭窄入口,紧贴在海平面上。游人要想进洞,必须换乘小舢板,仰面躺在船上,由水手拽着固定在洞口顶端的一条铁链,把小舢板拉进洞里。

进到洞里,里边虽无灯光照明,却没有黑暗的感觉。整个洞内从洞顶到四壁,全都反射出一种奇异的蓝光,好似蓝宝石发出的光芒。从洞外涌进来的海水一进到这里,就陡然间变了颜色,呈现出圣洁的纯蓝。游人把手伸进水中,手也变成了蓝色的,仿佛在散射着蓝色的荧光。这神秘的蓝色是从何处而来呢?过去人们说蓝洞是巫师和魔鬼聚会的场所,这种场所总是蓝幽幽的。其实,蓝洞之"蓝"来自其洞口的特殊结构,一部分光线从洞口折射进入洞内,一部分光线从洞内水底反射上来,就把洞内变成了一片神秘莫测的蓝色世界。

参观蓝洞要讲究时机,不然就无缘观看到那人间奇景。一是要能赶上好天气,如果没有太阳,蓝洞就没有了蓝色。二是要赶上退潮,涨潮时小小的洞口会被海水封住,既进不去,也出不来。另外还得没有风浪。即使是这几点都注意到了,蓝洞也不是什么时候都可以进的,据说一年内只有一个月的时间可以进洞一游。

从蓝洞出来后,游人们通常会被安排乘坐水翼船绕岛一周。从海上观看岸边洁白的沙滩、幽雅的花园别墅、蜿蜒的乡间小道,还有那奇形怪状的礁石,使得卡普里岛显得格外生动诱人。距离蓝洞不远的海面上并立着三座礁石小岛,中间的那个最为奇特,靠近海平面处居然是一个天然形成的拱洞,就像一座拔海而起的天生石门。每当水翼船穿过石门时,幽默的船长都要噘起嘴唇,发出一种类似小鸟叫的"啾啾"声,那是提醒情侣们赶快接吻。相传在石门下接吻,情侣就会终生相爱不渝。不敢说有过石门之吻的男女,这一辈子就不会再生龃龉,但地中海中那个充满梦幻的小岛,却一定会时时刻刻温馨着他们浪漫的记忆。

厄尔巴岛

作为意大利的旅游胜地之一,厄尔巴岛的夏天总是人满为患。尽管这里有数不清的美丽海滩,却很难找到一处僻静的所在,然而欧洲人还是趋之若鹜。这里的原因不仅在于它诱人的自然风光,更在于这里曾经安置过一个名垂世界现代史的人物——拿破仑。

拿破仑·波拿巴身高不足 1.7 米,放在人高马大的欧洲人当中,简直就是个侏儒。不过,他杰出的军事指挥才能却让法国人在欧洲列强面前扬眉吐气,从而赢得了法国人的敬仰,把他推上了皇帝的宝座,从一个破落贵族家庭出身的军官,摇身一变成了拿破仑一世。1809 年,勇于冒险的拿破仑再次打败奥地利后,他的帝国达到了强盛的顶峰,而接下来在 1812 年那个罕见的寒冬,拿破仑率领的 70 万大军在俄国遭遇灭顶之灾,只带回了几万狼狈溃退的散兵。1814年,欧洲反法联盟的军队浩浩荡荡地挺进巴黎,拿破仑被迫签订了退位诏书,被送到厄尔巴岛上软禁起来。

厄尔巴岛

对于一个阶下囚来说,能有这样一个去处应该说是满不错了。厄尔巴岛有着与生俱来的美丽,背靠着葱郁的山峦,面对着蓝天大海,尽显地中海风情。在神话传说中,爱与美的女神维纳斯身上戴的宝石项链跌碎了,碎片掉入海中,就变成了厄尔巴岛以及周围的几个小岛。除了有美景为伴,拿破仑的物质生活也很滋润,每年能领到200万法郎的津贴,还保留着皇帝的头衔,并在名义上统治全岛。

厄尔巴岛上原有一家钢铁厂,但经过长期开采,矿源逐渐减少,开采成本越来越高,钢铁厂也就关闭了,只留下"铁港"这样的地名。当年拿破仑被流放的地方就是岛上的铁港镇。当他乘船来到这个名不见经传的小镇时,所有地方官员都赶来迎接他,还把小镇的钥匙交到他手里,当地老百姓也对这位大人物的到来表示出极大的热情。

铁港镇坐落在一座小山上,前边是碧波荡漾的海湾,山顶上建有古堡和灯塔,依山而建的房屋红色的瓦,黄白色的墙,掩映在翠绿的灌木丛中。在这个风景如画的地方,拿破仑选中了位于铁港镇最高处的"磨坊"别墅作为自己和家人的住处。这幢别墅原是佛罗伦萨地方统治者梅迪奇于1724年修建的。为了让自己住得既舒适又安全,拿破仑从法国请来了木工、泥瓦匠、画家和装饰匠,把它整修成名副其实的"官殿"。他将自己的客厅、图书室、卧室等安排在一楼,让妹妹和母亲居住在楼上。如今,这幢别墅各个房间中的物品都是按拿破仑居住时的模样原封不动地保存着。最引人注目的是一幅拿破仑骑在马上威风凛凛的肖像画,色彩鲜艳,形象逼真,淋漓尽致地表现出这位伟人的风范。在"磨坊"别墅的红墙上可以看到一块石牌,上面刻着这样的字样:拿破仑自1814年5月5日至1815年2月26日生活在这里。

在离铁港镇不到5千米的圣马尔蒂诺山脚下,原有一个简易的仓库,它被拿破仑从外国请来的能工巧匠改建成了富丽堂皇的"宫殿"。从这幢别墅的窗户里,可以望见铁港镇的码头和海湾。如今,拿破仑苦心经营的这座乡下别墅已经被辟为博物馆,里面陈列着许多珍贵的艺术品。其中有一尊名叫"礼貌"的白色大理石雕像,表现的是一位侧身蹲下的裸体少妇,她那美丽的容貌、柔软的体肤和丰满的身躯,被作者刻画得真切而细腻。据说她的原形就是拿破仑的妹妹宝丽娜。

也许是有钱有"权"的境遇让虎落平阳的拿破仑产生了错觉,他来到岛上一刻也没有安分过,他把厄尔巴岛当成了自己的"小小王国",经常四处走动,了解当地老百姓的生活情况和他们的问题。他不时对当地居民说:"你们都应当成为我的好儿子,我将成为你们的好父亲。"他还注意从岛上的观光游客嘴里打探外界的消息,同时暗地里与法国政府的官员们保持沟通。

机会终于来了!1815年2月,法国政治家马雷等人派人乔装水手来到厄尔巴岛上,向他汇报说国内普遍存在着不满情绪,法国军队都盼着他回去。拿破仑的雄心壮志被激发起来了,他决定立即采取行动。2月26日夜里,拿破仑觅得负责监督的英国代表前往托斯卡纳度假的良机,带领他的手下,分乘7艘小帆船,悄无声息地离开了厄尔巴岛。拿破仑率众登陆后,居然未费一枪一弹就征服了整个法国,重新登上了帝位。只是没过多久,他的奇迹就在滑铁卢被终结,再次被流放。

拿破仑离开厄尔巴岛后,就没有再回来过,但厄尔巴岛人并没有忘记他,毕竟是他使这座小岛名扬天下。岛上的许多饭馆、旅馆、街道和广场,都以拿破仑的名字来命名,这就是厄尔巴岛人对拿破仑的感谢方式。

美洲名岛

复活节岛

复活节岛自被发现的那一天起,这座海中孤岛就笼罩在一层神秘的面纱中,而造成这种气氛的主角,便是那一座座高大的石像。在小岛南部靠近岸边的地方,有一个巨大石墙的残迹,石墙的后边耸立着几百尊石像(当地人称之为"莫埃")。这些石像全都背朝大海,上面刻着人物和飞鸟鸣禽的花纹。它们的面部表情十分生动,有的安详端庄,有的怒目而视,有的似乎在沉思默想,也有的满脸横肉,杀气腾腾。奇怪的是,这些雕像没有一尊像佛教的弥勒佛那样开怀大笑,莫非石像雕刻者心里不高兴? 这些石像都是用整块石头雕成的,大的足有10米高,小的也有5米左右。有的石像头上还戴着巨大的石头帽子,耳部有长长的耳垂。

复活节岛

根据罗格文的描述,他登岛时岛上的居民不懂得使用铁器,甚至连最简单的工具都不会利用,以他们的能力是根本雕不出这么多巨像来的。那么,这么多巨像又是什么人留下来的呢?

它们究竟是代表什么？是神？死去的部族首领？还是活着的人？雕像的头顶为什么要戴一顶硕大的红色石帽？这些石帽又代表着什么？为什么有些石像被推翻在地？为了回答这一系列令人困惑的问题，几百年来，人类学家、民俗学家、语言学家、民族志学家、地质学家、考古学家、海洋学家，甚至火山学家等都蜂拥而至，试图揭开复活节岛巨像的秘密，他们做了大量的研究和考察工作，提出了各种推测，但都是各说各有理，至今也没有形成定论。

一部分专家认为，大约在 10000 年前，这里存在着一块太平洲古大陆，这块大陆上文明相当发达，生活在这块大陆上的人不仅会使用火，掌握了高超的建筑本领，而且还创造了文字。后来发生了一场大地震，古大陆遭到沦陷，只有复活节岛幸免于难，岛上的石雕像就是那个时代的遗迹。

这个推测的重要根据之一就是岛上发现了刻有象形文字的木板，当地人称为"荣戈—荣戈"，但他们不知道这些文字的意思，只知道是祖先留下来的。1863 年，法国的两个传教士来到岛上，他们成功地说服岛上居民皈依了上帝。为了彻底铲除多神教的信仰，消灭为异教做宣传的工具，那两位自作聪明的传教士下令把那些刻有象形文字的木板集中起来烧毁了。有的岛民不忍心祖宗留下来的东西一朝被毁，就偷偷地藏起一些，还有人用这些木板造了一条小船，后来人们拆船时，才发现船板上竟是无人能识的"天书"。这些具有重大价值的木板如今已是所剩无几，只有 26 块散见于一些国家的博物馆里。毫无疑问，刻在木板上的这些文字就是揭开复活节岛之谜的金钥匙，但可惜这些文字世界上没有一个人能够看懂。

还有一部分专家认为，地界上根本没存在过什么太平洲古大陆，复活节岛上的石像必然是天外来客留在地球上的纪念物。他们的这种推测也有根据，那就是假使有过那样一片古大陆，以当时地球人的水平，即使能把这些巨像雕刻出来，却休想把它们运走。这些巨像都是用坚硬的火山岩雕凿而成，用发亮的黑曜石或贝壳镶嵌成眼睛，最重的达 90 吨，轻的也有 30 吨。那些矗立在海边的雕像，距离拉诺—洛拉科火山采石场足有 16 千米。古人用什么方法把这些大家伙搬运到那么远的地方呢？一种可能是采用滚木运输法，可是有关专家经过反复试验，最终证明岛上的土壤根本长不出这种方法所需要的大规格树木。另一种可能是采用拖拉法，即用藤条编的绳索来拖拉石像。但实验表明，这种绳索承受不了 30 吨以上的拉力。再退一步说，即使这些石像被运到了地方，它们头上重达数吨的帽子又是怎样安放上去的呢？如果不准使用机械，现代人面对这个难题也是一筹莫展，难道古人的本领比现代人还大？

也有专家认为，复活节岛本身就是一座孤岛。在很早以前，南美大陆的印第安人曾居住在这里。拿岛上的石像和南美或中美洲的文物相比较，就会发现它们是很相似的。后来，波利尼西人侵入复活节岛，把印第安人赶跑了，巨像的雕刻工作也就戛然而止。在拉诺—洛拉科火山脚下杂草丛生的采石场，横七竖八地躺着三四百座未完工的石像，其中最大的一尊高20多米，重约数百吨。人们在这里还发现了许多石锛、石斧和石凿等工具，散乱地丢在荒草丛中，好像雕凿工作是突然停止下来的。

如果事情真是这样，应该留在当地人的传说中。遗憾的是，19世纪后期，秘鲁的奴隶贩子掠走了岛上1000多名土著，包括末代国王和岛上的"圣人"。没有人确切知道这批人的下落。后来，不知是什么人把传染病带到了岛上，使岛上剩余的居民全都死光了，一部可能存在的口头历史也就到此终结了。

夏威夷群岛

每当游人踏上夏威夷群岛的土地，就会立刻被热情友好的气氛包围起来。一群群岛民们拥上前来，摘下佩戴在脖子上的花环，戴到你的脖子上，嘴里还一个劲地喊着"阿洛哈"。在波利尼西亚语中，"阿洛哈"意为"欢迎""友谊""再见"。

不过，对于最初登上夏威夷群岛的外来人，当年的岛民却是充满了敌意。公元4世纪左右，一批波利尼西亚人乘独木舟来到这里，为这片岛屿起名为"夏威夷"，意为"原始之家"。他们以渔猎为生，不愁吃穿，过着自由自在的生活。1778年，英国航海家詹姆斯·库克上校在寻找海上新航线的途中，偶然间发现了这个群岛。当地人以为他们是天神下降，对其毕恭毕敬。就在这些英国人准备离去时，库克和几个偷船的土著人争吵起来。一个土著贸然出手，将他刺伤，库克呻吟着倒在地上。土著人见状大叫起来："他知道疼！他不是神！"于是一拥而上，将他杀死，还吃光了他的肉。

夏威夷群岛

库克船长遇难的地方就是夏威夷群岛中的瓦胡岛上的威基基海滩。如今这里已经成为美丽和浪漫的代名词，晴空下阳伞如花，晚霞中蕉林低唱，为来自世界各地的情侣们献上夏威夷特有的花之香、海之韵。这片海滩上有一座纪念碑，它是为库克船长而立，而立碑人竟是吃了他的肉的土著人。库克船长上岛后，带来了猪、羊、甜瓜、南瓜等，也带来了西方文明，土著长老视他为救星，就在威基基海滩上为他举行了隆重的海葬，还在岸边树立起了一座纪念碑，又将威基基改名为"日落海滩"。傍晚时分，站在威基基海滩上远远望去，夕阳鲜红如血，而土著人认为那就是被库克船长的鲜血染红的。

夏威夷群岛为火山喷发形成，所以它的海滩上都是黑焦石或黑沙子，而唯有威基基海滩上铺着松软细腻的细沙，如珍珠一般洁白。这是怎么回事呢？1900 年 7 月，一批美国商人在美国领事和炮舰的支持下，发动政变，推翻了时任夏威夷女王卡美哈美哈，那首著名的夏威夷歌曲《再见吧》就是她谱的曲。为了所有夏威夷人的生命安全，女王忍辱签了将整个夏威夷交美国托管的协议书，这个协议被称为"刺刀宪法"。同时女王又向美国政府提出了一个要求，用细柔的白沙铺满威基基海滩，并将这片海滩永远开放给夏威夷人民，待此项工程全部完成后，她才将全部权力正式交给美国。美国人很爽快地答应了女王的请求，立即调集大批商船，从美国南部运来一船又一船上好的白沙，铺满了威基基海滩。

1901 年 9 月 3 日，卡美哈美哈女王站在威基基白色的沙滩上，正式将夏威夷交给了美国。在交接仪式上，女王身穿一件红袍，那是她花了一个多月的时间亲手缝制的。第一次试穿时，她与自己的女管家有这样一段对话。女王问："红吗？"管家答："红。"女王又问："红的像什么？"管家又答："像玫瑰，像朝霞。"女王连连摇头："像鲜血。"那鲜血是从女王心中流淌出来的呀！

其实，自从库克船长带领的英国船队登陆夏威夷群岛，就注定了当地的文化就此衰落，而失去了文化的内在支撑，土著人建立起来的夏威夷王国只能分崩离析。乘坐着一艘艘商船，基督教的传教士成群结队地来到岛上，他们毁掉了土著人供奉的石头和木刻雕像，破除了原有的宗教信仰，岛民的思想陷入混乱，只能任由白人摆布了。大约在 19 世纪 20 年代，殖民者们颁布禁令，不允许夏威夷人跳草裙舞，理由是这种舞蹈赞颂的是夏威夷的神灵，与基督教的信条不符。实际上，传教士们是被这种舞蹈颇为性感的动作和过分暴露的服装吓坏了。跳草裙舞时，男人身上只缠着一条腰带，女人则不着上装。

白人说不让跳草裙舞，土著人只好不跳，但它的动作和装束却在民间秘密地保留了下来。在当地土著人的心目中，音乐和舞蹈是神的赐物，每逢节日，悠扬的民间乐曲就会响彻全岛，而草裙舞则是夏威夷土著最喜欢也是最具盛名的圣舞。它本来是一种宗教性的舞蹈，在举行祭祀仪式时由男人表演，女人只能在非宗教节日的活动中跳这种舞蹈。草裙舞传入美国后，很快就在轻歌舞和马戏杂耍表演中风靡一时，但被改成了色情的主题。后来草裙舞被好莱坞利用，于是名声大噪，与夏威夷音乐一道成为夏威夷文化的象征。从 1964 年起，每年 4 月，都要在希洛岛上举行草裙舞比赛。这项比赛是为了纪念卡拉考阿国王而举办的，1874 年卡拉考阿国王执政后，恢复了这种传统舞蹈，但要求女性不得裸露上身并穿上长裙。

如今，观赏草裙舞已经成了游客游览夏威夷的保留节目。头戴花环的夏威夷女孩笑意盈盈，身材浑圆，胸前、手腕、脚踝上鲜花簇簇，棕榈叶编制的草裙系在腰间，"阿洛哈"随口而出。配合着夏威夷音乐的旋律和节奏，她们翩翩起舞，那热烈奔放的舞姿足以令人如饮酒般迷醉。

在夏威夷群岛的几个主要岛屿中，论面积瓦胡岛只能排在第三位，但它开发得最好，所以成为群岛中的佼佼者。夏威夷的首府火奴鲁鲁就坐落在这个岛上。它是一个拥有几十万人口的大城市，群岛上五分之四的人口都居住在这里。人们说去夏威夷，首先就要到达瓦胡岛的火奴鲁鲁。

火奴鲁鲁有个汉语名称叫檀香山。中国人对檀香山这个名字很熟悉，那是因为我国伟大的革命先行者孙中山先生曾在这里发起组织了兴中会。至今在檀香山市的街头，还矗立着孙中山先生的铜像，他的脖子上挂满了用鲜花编织而成的花环。

夏威夷群岛当年盛产檀香木，在信奉佛教的东方人眼里，檀香木堪称宝贝，而当地人却把它当柴烧。19世纪初，檀香木在中国市场上每市斤能卖到8~10美元。运一船檀香木到中国，就能换回满满一船舱中国茶叶、丝绸和瓷器。既然檀香木这么值钱，当地人就拼命地砍伐檀香树，大树砍光了就砍小树，小树砍光了就拔幼苗。就这样乱砍滥伐了几十年，到了1880年，野生的檀香木就在岛上绝种了，只剩下一个地名留给人们去做悔恨的记录。

到了檀香山，自然要到威基基海滩、到哈努玛海湾，去游泳去冲浪，尽情享受阳光、海水、沙滩、色彩带来的快乐。如果你对美国人说已经购得飞往夏威夷的机票，美国人一定会非常羡慕地说："啊！火奴鲁鲁？你要去天堂？"然而，就在与威基基海滩遥遥相对的地方，却曾经是美国人的伤心之地——珍珠港。这里是世界著名的天然良港，仅有一个窄口与大洋相通，因水域内曾盛产珍珠而得名。从1911年起，美国太平洋舰队和空军的总部和基地就设在这里。1941年12月7日，那是一个星期天的早晨，珍珠港阳光灿烂，碧海如镜，驻扎在这里的美国太平洋舰队的官兵们有的在吃早饭，有的上岸度假去了，舰艇整齐地停泊在港内，飞机密密麻麻地停放在瓦胡岛的7个机场上。突然，从日本特遣舰队的6艘航空母舰上起飞的183架日本飞机好像大群的乌鸦一般飞临珍珠港上空，成千上万枚炸弹从天而降。机场上顿时升起滚滚烟火，港湾的军舰四周水柱冲天。在经历了1小时50分钟的噩梦后，美军4艘主力舰被炸沉，1艘受重创，3艘被炸伤，另有10余艘辅助舰只被炸沉、炸伤，188架飞机被击毁，美军官兵死伤4500多名，美国太平洋舰队主力几乎全军覆没。

日本偷袭珍珠港得手，宣告了太平洋战争的全面爆发，也给自己招来一个可怕的敌人。美国人之所以会把世界上第一颗原子弹投到日本，不仅是想早日结束战争，也有报复的动机在其中。为了追悼在珍珠港事件中遇难的美国官兵，亚利桑那战舰纪念馆于1980年落成。在整个珍珠港事件中，"亚利桑那"号是死伤最惨重的战舰，舰上的大火连续烧了两天，有1000多人死在舰上。据说这艘3万吨级的战舰沉没后，仍能听到里边传出受困者敲打舰身的声响。

如今，"亚利桑那"号依旧躺在清澈的海底，只露出桅杆，它的旁边建造起一座白色花岗岩纪念馆，顶部的中央略向下弯曲，横跨在"亚利桑纳"号的两侧。纪念馆的墙壁刻满了所有舰上遇难者的名字。

耐人寻味的是，来夏威夷观光的游人们中，数日本人最多，参观亚利桑那纪念馆的游人中也有很多日本人。他们不仅来这里游玩，还到这里投资。据说曾有个日本富商，驾车在火奴鲁鲁的富人区兜风，见到中意的住宅就上前敲门，如果谈得拢，当场就从轿车后厢中拿出成捆的美元，立刻成交。日本人在夏威夷不仅购买住宅，还收购大饭店，兴建高尔夫球场。眼见得日本人的投资商抢光了他们在夏威夷所能得到的所有不动产，幽默的美国人讲了这样一个笑话：假如第三次世界大战爆发，美国首先做什么？回答：轰炸珍珠港！

除了瓦胡岛，夏威夷群岛中值得游览的还有夏威夷岛和考爱岛。夏威夷岛是夏威夷群岛的第一大岛，以火山奇观著名。位于夏威夷岛东南部的基拉韦厄火山是一座终年都不休息的活火山，几乎天天都有熔岩喷出。那炽热的熔岩流好像一锅沸腾的钢水，形成了长4千米、深130米的"火湖"。每当火山活动较为剧烈时，熔岩就会从火湖的边沿流出，形成壮观的熔岩瀑布、熔岩河流，甚至熔岩喷泉。岩浆还会一直流淌到几十千米外的太平洋里，发出震耳的咆哮，有时可延续几个月。到了夜晚，火湖向天空中喷出的熔岩泉就形成了迷人的"节日焰火"。飞溅的熔岩还会凝结成头发般的细丝，当地人称它们为"火神的头发"。

在基拉韦厄火山的西部，还有一座高达海拔4170米的莫纳罗亚火山，它是世界上最高的海岛火山。莫纳罗亚火山也是一座活火山，在过去的200年间，大约喷发过35次。1959年11月，莫纳罗亚火山再次爆发，持续时间达一个月之久，岩浆喷出的最高度超过了纽约的帝国大厦。

这两座火山虽然经常喷发，但并不猛烈，熔岩的黏稠度小，流动性强，不易堵塞，因而就成了人们观赏火山的好地方。

考爱岛是夏威夷群岛的第二大岛，它是世界上降雨量最多的地方，年平均降雨量为11684毫米，号称世界"雨极"。考爱岛的东北坡又是全岛降水最多的地方，每年有350天是雨天。可是，仅隔一条山岭，考爱岛的西南面却是一片沙漠，年降雨量不过460毫米，还不足东北面的百分之四。更为神奇的是，当人们在这些沙丘上走动时，沙丘就会发出"汪汪"的叫声；如果在沙滩上奔跑，则会发出雷鸣般的声音，而且天气越干燥，声音越大。这些奇怪的自然现象至今还没有人能给出合理的解释。

无论你一年四季何时来夏威夷群岛，无论你来到群岛中的哪个岛上，都能见到盛开的鲜花，而其中最美的花应属"天堂鸟花"。这种花的花朵很大，四个花瓣的形状和组合仿佛鸟的翅膀，酷似一只鸟儿正欲展翅高飞。花瓣中间长着两枝紫色的花蕊，它们一前一后，恰似鸟儿的头、脖子和身体。如此美妙而绚丽的花朵大概只能在夏威夷才可见到，而夏威夷美得如同人间天堂，所以这种花就被生动地命名为"天堂鸟花"。

巴巴多斯岛

当欧美国家还刮着冬天的寒风时，加勒比海上的岛国巴巴多斯正好进入最凉爽的季节。这里虽然接近赤道，但来自东北方向的海风天天吹拂着全岛，使得岛上变得很凉爽，于是就变成了度假旅游的胜地。

到巴巴多斯度假，有两样东西可以尽情享受，一样是阳光，一样是海滩。如果说阳光也是财富，那么到了巴巴多斯岛上，人人都会变成大富翁。早上 4 点太阳就出来了，直到晚上 18 点才会落下，每天的日照时间长达 14 个小时，全年平均日照时间更是长达 3000 多个小时，这就难怪人们给这个小岛取了个"阳光富翁"的别名。

巴巴多斯岛又称得上"沙滩富翁"，全岛将近一半的土地都被沙滩覆盖着。这一片沙滩洁白如玉，那一片沙滩粉红如胭，与淡蓝色的浅海相依相偎，向着远方无穷地铺展开去。如此美妙的地方自然会吸引来很多人，在这里看到尊贵的首相夫人，看到身价千万的网球明星，你完全用不着惊奇。至于

巴巴多斯岛

普通的欧美年轻人，则把巴巴多斯当作新婚蜜月的首选地，能在巴巴多斯的海滩边举办自己的婚礼，那是许多欧美新娘的一生的梦想。

巴巴多斯岛上适合做日光浴，游泳的海滩大多位于岛的西海岸和西南海岸，尤其是从首都布里奇顿到圣詹姆斯和圣彼得之间的海滩，面向加勒比海，终年无风无浪，平静如镜，海水清澈见底。早晨和晚上的水温都在 20 摄氏度以上，游起来感觉非常舒服。地处东海岸的巴希巴面向大西洋，风高浪急，岸边的岩石被海浪冲刷得千姿百态，国际冲浪比赛常在这里举行。由于常年遭受强风吹袭，这里沿岸的树木都朝着一个方向侧伏，景色很是奇特。

除了游泳和日光浴，巴巴多斯岛还为游人提供了一个令人向往的游览项目，那就是乘坐潜艇观赏海底世界。从布里奇顿乘汽艇行驶大约 20 分钟，就来到了一个浮动在海面上的小船坞。只见水面上浪花翻滚，一条小型游览潜艇浮出水面。它长约 20 米，内设 48 个座位，由专业人员驾驶，能下潜到 43 米深的地方。每个乘客的前面都有一个圆形的玻璃窗，可以清楚地看到外面的景色。

巴巴多斯周围的加勒比海海底真是一个奇妙的世界,这里有巨大蘑菇状的巨石,还有100多年前失事的海盗船。珊瑚礁中成千上万的热带小鱼像雪片一样飘飘扬扬,觅食的大鱼穿梭其中,到处制造惊扰,而大海龟则像绅士一样慢条斯理,仿佛正在度假的闲人。这里还有一个怪坡,坡上长着1米多高的小树,颜色灰白,只见树干不见树叶。

说来也巧,布里奇顿最北端的地方也有一个怪坡,它是一段柏油马路,大约有15度,长约百米。汽车停在山坡下,挂上空档,就仿佛有一只无形的大手拉着汽车向坡上缓缓驶去。这里的环境并没有特别之处,四周杂草丛生,东面不远处就是大海,据说奥秘在这儿的地下,有一个特别强的磁场,才出现了这样的怪现象。

巴巴多斯国徽上有两根甘蔗,它们代表着这里是一个"甘蔗之国"。每年从6月第二个星期开始,当甘蔗收割完毕,最后一批满载甘蔗的马车凯旋时,人们就会敲响悬挂在大树下的铜锣,一年一度最盛大的民间节日——甘蔗节,就拉开了欢庆的帷幕。

甘蔗节最热闹的场面是彩车游行。每一辆马车都用彩带和鲜花精心打扮起来,男女老少身着五彩缤纷的民族服装,手执花束,簇拥在车队两侧,边走边舞边歌,热闹非凡。游行结束后,还要举行丰富多彩的民间体育竞赛活动。举行抓猪比赛时,把一头周身涂满油脂的猪放进一块空地上,猪猛跑乱窜,十几个小伙子穷追不舍。谁能抓住这头滑溜溜的猪,便将猪奖给谁。爬高游戏也有类似之处,在木杆和绳子上涂满油脂,顶端放上钱币,谁能爬到顶端,钱币就归谁。只是那木杆和绳子实在太滑了,很难有人能够爬得上去。

甘蔗节上主要的庆祝方式是伴着鼓声跳舞,随着不绝于耳的鼓声和笛子、口哨声,人们跳起了当地流行的各种舞蹈,把节日的气氛渲染得分外浓烈。然而,如此欢快的节日却连接着巴巴多斯人一段辛酸和痛苦的回忆。1518年,西班牙殖民者登岛,动用武力将大批大批的印第安人掳到海地岛当奴隶。10多年后,当葡萄牙人来到这座岛上时,已经难以看到印第安人的身影了,只看到遍地生长着长满藤蔓的无花果树,这些藤蔓如同胡须,所以葡萄牙人便将这个岛叫作巴巴多斯。在葡萄牙语中,"巴巴多斯"的意思就是"长满胡须的地方"。到了17世纪,英国人占领了巴巴多斯岛,他们从西非运来大批黑人奴隶,并将巴西的甘蔗移植到岛上,开辟出大片的甘蔗种植园。庄园主只顾赚钱,全然不管奴隶们的死活,强迫奴隶们每天干10多个小时的活儿,还不让他们吃饱饭,结果有很多奴隶丢了性命。为了生存和自由,奴隶们多次举行起义,最后迫使庄园主们做出让步,允许奴隶们在收割完甘蔗后,可以拿出一段时间来休息娱乐。能争取来这样一段宝贵的时间很不容易,奴隶们便抓紧机会开展娱乐活动,渐渐地便形成了一个传统的民族节日。

从7月的第一个星期六开始,甘蔗节的庆祝活动中心便移到布里奇顿。这一天，整个布里奇顿人山人海，大街小巷上到处都搭起临时舞台，演出丰富多彩的文艺节目，人们见面后相互赠送花边或手帕，表示节日的祝贺。夜幕降临后，人们拥到郊外的大草地上，点起熊熊大火，将"哈丁"模拟像投入火中。"哈丁"用甘蔗渣制作而成，身穿黑色服装，头戴黑色礼帽，代表着昔日残酷压榨奴隶的庄园主。随着"哈丁"模拟像在烈火中化为灰烬，甘蔗节便在一片欢呼声中结束了。

温哥华岛

从温哥华岛北端的哈得港登陆，沿着高速公路一直可以抵达南端的名城维多利亚港。这是一个被誉为"人间伊甸园"的城市，那是因为这里气候温和，阳光明媚，当加拿大其他城市里的人还裹着厚厚的毛领皮大衣时，这里的无数花坛上已经绽放出了无数绚丽多姿的花朵，早早地传递出了春天的消息。这又是一个被称作"比英国还英国的城市"，来到这里就好像置身于英伦三岛，随处可见的小茶馆，双层的公共汽车，白色骏马拉着四轮马车在街道上缓缓驶过，港口里停泊了很多游艇，还有摆满商店柜台的英国瓷器、毛织物等，无一不在显示着英国人的生活格调。

维多利亚港的英国色彩，实际上是殖民地的遗迹。最早在这个岛上定居的是撒利希人、努特卡人和夸扣特尔人。1774年，西班牙船队首先发现了这里，岛上丰富的皮毛资源很快就吸引来了许多其他欧洲国家的探险者和贸易商。经过一系列的争

温哥华岛

斗，这里最终处于大英帝国的控制范围内。1843年，英国船长乔治·温哥华登岛，这个岛的名字就是为了纪念他而取的，岛上的第一个定居点后来发展成为维多利亚市，则以英国女王的名字来命名。尽管英国人对这个岛的殖民统治时间只有几十年，但由于岛上的外来户都是欧洲移民，所以欧洲人的生活方式并没有弱化，而是得到了持续的加强。

维多利亚港的居民也和英国人一样，偏爱园艺，舍得把精力和金钱投到庭院建设上来。维多利亚城中的布查特花园就是这样一个代表。它占地56英亩，号称世界上最大的私人花园，又名列世界十大花园之一。有了这两项桂冠，凡是登上温哥华岛的人，都不会放过来这里大开眼界的机会。

布查特花园的所在地原来是一个石灰石开采场，为布查特家族所拥有。当这里的石灰石开采殆尽时，酷爱园艺的布查特夫人就在场内栽种下许多花草灌木。经过十几年的改造，到了1921年，一座幽静雅致的花园便出现在世人的眼前。

世界百科全书·旅游篇

　　进入花园后,游人首先看到的是秋海棠亭,这里是布查特夫人生前饲养鸟雀的禽舍,现在挂满了各种颜色的秋海棠花篮。原主人故居的庭院栏杆上爬满了藤萝和鲜花,一派欧洲风情。前行不远,那是利用石灰石矿坑巧妙设计出来的低洼花园,一畦畦颜色各异的花卉令人赏心悦目。这里的石灰石矿坑坑墙刻意保留着原状,与爬满常春藤的花园围墙,形成强烈的色彩对比。

　　布查特花园由四个小花园组成,除了秀丽的低洼花园,还有小巧的日本花园,优雅的意大利花园和芬芳四溢的玫瑰园。意大利花园中有一座青铜雕塑的布查特山猪,别看它獠牙外露,模样凶猛,却是布查特花园的镇园之宝。相传只要摸摸它的长嘴唇,就能给自己带来好运,很多人对此深信不疑,于是它那突出的嘴唇就被摸得闪闪发亮。

　　除了维多利亚港以外,温哥华岛上还有大大小小几十个城镇,它们都集中在岛的中南部,其中有两座小城最为知名,一个是邓肯,另一个是希曼内斯。凡是来温哥华岛观光的人,都把参观它们当作游览的重点。

　　邓肯号称"图腾之城"。城中有一条图腾小径,两旁竖立着40多根不同样式的图腾巨柱,这是当地雕刻家的杰作,为的是弘扬印第安民族文化,当然也是为了增加旅游看点。你要想真切地感受一下印第安文化,可以到镇上的原住民文化中心看一看。那里不仅竖立着很多图腾柱,还经常举行传统的露天祭神活动、歌舞表演。如果你喜欢印第安人的雕刻物件,当场就有人刻出来卖给你。

　　希曼内斯号称"加拿大的壁画之都"。这里本是一个以木材加工业为主的小镇,后来由于林业资源日渐枯竭,镇上的居民便想出了画壁画的主意,以促进旅游业的发展。1982年,希曼内斯举行了第一届壁画节,以建筑物的外墙为画布,请来世界各地的艺术家一展才艺。于是,这座小城便成了壁画的海洋,无论是公共建筑还是私人住宅的墙壁上,都绘有精美绝伦的彩画。有的表现印第安人的早期生活,有的描绘温哥华岛的开拓者从事伐木、捕鱼、开路等劳动的场面。还有一幅壁画表现的是一位华人在岛上辛勤创业,最终衣锦还乡的故事。

　　希曼内斯距离维多利亚港只有两个小时的路程,来这里观看壁画的游客一般都不住下,于是当地就兴起了一种"柳树客栈",它号称全世界最小的旅店,只有一间客房和一张床,却拥有私家院落和喷泉浴池等豪华设施。小小的"柳树客栈"总是客满,你要想在这里倾听一夜乔治亚湾的涛声,非得提前一年预定才行。

橡树岛

　　橡树岛不过一个大型体育场那么大,相传岛上当年生长着一株很大的橡树,这棵大橡树早已不见了踪影,空自留下了橡树岛这个名字。

对于全世界各地的寻宝者来说,橡树岛就是一个黄金梦。200 多年来,他们在岛上挖沟、钻洞、筑坝、开隧道,简直是无所不用其极,为的就是找出那个埋藏着无数珍宝的洞穴。然而,不管这些人做出怎样的努力,到头来他们的梦想无一例外都变成了可怕的梦魇。据官方统计,从 1795 年至今,寻宝者们在岛上一共只挖掘出三个铜链、一小片羊皮纸、一块刻着奇怪符号的石板。而这些东西连累了 25 家探宝公司因投入巨额资金而破产,至于因此而倾家荡产的人更是不计其数,有的人甚至在绝望之下投身海底。

橡树岛

那么,橡树岛上是否真的藏有宝藏呢?这话说起来就长了。1795 年秋天,年仅 16 岁的丹尼尔·麦坚尼划船去这个小岛上打野鸭子,意外地发现了一块开阔地,在中间略高的地方孤零零地耸立着一棵大橡树。在橡树的阴影下,地面上有个圆形的坑,直径约两米。大橡树的树干上有很多疤痕和记号,树枝上还挂着一组滑轮。麦坚尼觉得有些奇怪,心里想:"这下面是不是埋藏着什么呢?"

第二天,麦坚尼约上两个同龄的小伙伴,带着工具回到这个小岛上,在那棵大橡树下边挖掘起来。他们每往下挖 10 英尺,就会碰到一层很厚的橡木板。他们挖了 30 英尺深,仍然一无所获,三个男孩子泄气了,丢下工具和挖了半截的坑就走了。

1803 年底,一位名叫席米昂·林兹的年轻富翁对这个传说中的"藏宝坑"大感兴趣,依靠财大气粗的父亲,专门成立了一个寻宝公司,带上机械设备,大张旗鼓地开到橡树岛上来。挖掘工作很快就开始了,还是每隔 10 英尺就是一层橡木板。挖到 90 英尺的地方,挖出了一块 60 厘米长、30 厘米宽的砂岩板,它的背面刻着一行谁也不认识的文字和一些稀奇古怪的图案。工人们用铁杆往下探测,触到了坚硬的东西。林兹等人欣喜若狂,那一定就是藏宝箱!

第二天清晨,天刚发亮,林兹就带人赶到"藏宝坑"前,想把那口藏宝箱挖出来。可是一到坑前,林兹却惊得目瞪口呆:洞穴里灌满了海水,有 60 英尺深。林兹急忙命令工人们用桶汲水,但海水不断涌入,汲水根本无济于事。林兹不死心,就于第二年春天在"藏宝坑"以东 5 米远的地方另挖一个井,想从它的底部再掘出一条隧道,接近藏宝箱的位置。二号洞向下挖掘很顺利,但挖平行隧道时,海水突然涌了进来,工人们丢下设备仓皇逃命。

两年的辛苦一朝付之东流,林兹投下的钱全都打了水漂,他的公司破产了,寻宝梦也做到了头。

虽然说有了林兹的前车之鉴,却阻止不了一队队探宝的人马纷至沓来,挖掘、抽水、爆破、筑坝，忙个不亦乐乎，橡树岛的南端变得坑坑洼洼，面目全非，而结果是林兹的悲剧一再重演。大约在19世纪初期，橡树岛上最先被发现的那个坑得名"钱坑"，这是一个颇具讽刺意味的名称。寻宝者无一不想从这个坑里捞钱，而最终却把大把大把的钱扔到坑里。

不能责怪寻宝者过于痴迷了，也有人想到这件事也许从一开始就是个骗局，但是不断有零星证据证明这个岛上似乎真的藏有什么秘密。1897年，有人在岛上155英尺的深处挖出了一个小羊皮纸卷，上边有用鹅毛笔写成的两封信。据专家鉴定，"它是用装着印度黑墨水的羽管写的"，尚可辨认的字符"看上去是 ui 或 wi 或这些音节的一个部分"。根据这个发现，有人断定橡树岛上的那个"藏宝坑"，就是英国历史上最有名的海盗船长威廉·基德布下的迷魂阵。17世纪时，基德和他的同伙把橡树岛当成了安乐窝。他抢来的那些珍宝会舍近求远藏到别处吗？1701年，基德在被处决前曾提出一项交换条件，如果当局能免他一死，他愿意引领一支船队前往他藏宝的地方。他的这个要求遭到了拒绝，他的藏宝秘密就被他带进了棺材。有人判断，基德的藏宝价值至少在1000万美元以上。

直至今天，还有不少人相信，只要机缘巧合，这笔财富肯定会重见天日。他们用上了声呐、红外线电视、金属探测仪、水下闭路电视监视系统以及各种最现代化仪器，一个由加拿大和美国的投资者组成的联合有限公司，甚至投资1000万美元，在橡树岛上钻出了200多个孔洞，但依然是徒劳无功。

经过了两个多世纪的挖掘，橡树岛几乎被翻了个底朝天，传说中的宝藏还是在云里雾里，就连那些信念最坚定的寻宝者也产生了疑问：这个岛上真的埋藏着巨额的宝藏吗？这是一个要么不会有答案要么任何人都无法回答的问题。财富的诱惑对于人类是永恒的，好奇心的诱惑对于人类也是永恒的，也许这才是橡树岛永恒的魅力，诱惑着人们乐此不疲地挖掘下去。

百慕大群岛

百慕大群岛是大西洋上著名的旅游胜地，却跟一个恐怖的名字——"百慕大魔鬼三角"联系在了一起，这不能不说是百慕大群岛的悲剧。百慕大群岛和"百慕大魔鬼三角"其实不是一回事。百慕大群岛是一个实实在在的地方，游人们来到这里，可以品尝异国他乡的鲜果，可以在中世纪的古堡和教堂中流连，还可以在金黄色的海滩和浴场里尽情嬉戏。而"百慕大魔鬼三角"这种划分在地理学上根本不存在，只是有些人发现，在以百慕大群岛、波多黎各岛和佛罗里达半岛为三个顶点的三角形海区里，曾经发生过无数次神秘莫测的船只和飞机遇难事件，就给它取名为"魔鬼三角区"或"百慕大死三角"。

俗话说:无风不起浪。"百慕大魔鬼三角"这个名称也不是凭空捏造出来的。1945年12月5日,美国第19飞行队的队长泰勒上尉带领14名飞行员,驾驶着5架复仇者式鱼雷轰炸机,从佛罗里达州的劳德代尔堡机场起飞,进行飞行训练。泰勒是一名经验丰富的飞行员,有着在空中飞行2599小时的飞行记录,以他的飞行技术来完成这次训练任务,应该是毫无问题的。

百慕大群岛

但当机群越过巴哈马群岛上空时,基地突然收到了泰勒上尉的呼叫:"我的罗盘失灵了!""我在不连接的陆地上空!"在这之后无线电通信系统断断续续,电波讯号越来越微弱,直至一片沉寂。指挥部感到事情不大对头,立即派出一架水上飞机起飞搜索。半小时后,这架水上飞机也莫名其妙地坠落了。

在短短的6个小时里,6架飞机、15名飞行员一下子都失踪了,美国军方决心查个水落石出,他们出动了300架飞机和包括航空母舰在内的21艘舰艇,在广达600万平方千米的海面上进行了最大规模的搜索,搜索范围从百慕大到墨西哥湾,每一处海面都没有漏过。5天过后,竟然没有搜索到任何线索。

百慕大海域就是随着这次事件的披露而出了名。据统计,从1880年到1976年间,在"百慕大魔鬼三角"发生了大约158次无法解释的船只或飞机失踪事件,其中大多发生在1949年以来的30年间,至少造成2000人丧生或失踪。

"百慕大魔鬼三角"的"魔鬼"到底是什么呢? 科学家们对此提出了种种猜测和假设,有人说是外星人的飞碟在作怪,有人说是异常的自然原因造成的,如地磁异常、洋底空洞、次声波、晴空湍流等等。但至今没有形成定论,于是就出现了著名的"百慕大魔鬼三角"之谜。应该指出的是,在这个问题上,并不是所有的人都抱着科学的态度,其中不乏哗众取宠者。比如有个叫伯利兹的人写了一本《百慕大三角》,声称在百慕大三角的海底发现了一座大金字塔,至少高420英尺,底座边长540英尺,并认为这座金字塔就是造成一系列神秘失踪案的"元凶"。而事后证明,伯利兹完全是信口开河。

就在"百慕大魔鬼三角"之谜被炒得一片火热的时候,就有不少人认为,这个谜实际上并不存在。所谓的"百慕大魔鬼三角"每条边长达2000千米,在这个广阔的区域里,有世界著名的墨西哥暖流,多漩涡、台风和龙卷风,还有波多黎各海沟,发生一些海难、空难事故,应该是很正常的。如果这个区域真的频繁发生灾难,那么海洋保险公司必定会对经过百慕大三角区的船只收取额外的保险费,而垄断英国海洋保险的伦敦劳埃德保险公司却特地发表声明指出,没有任何证据可以支持百慕大三角区比其他地方有更多失踪案的说法。

当然，话又说回来了，百慕大群岛附近有很多暗礁群，在远距离无线电导航系统普遍使用之前，这一带的海域确实充满了危险，即使是今天，驶近百慕大群岛的船只也要加倍小心。精明的百慕大群岛人发现了其中蕴藏的商机，他们组成多支海难救险队，在岸边夜以继日地等待着海难呼救信号。一旦有船触礁，便风驰电掣般地驶向出事地点，开展营救，自然会得到一笔丰厚的酬金。

百慕大群岛人还利用这一带海域中的沉船，开展起独具特色的旅游业。你想不想亲眼看看沉没在海底的船只是个什么样子？那就到潜水公司租用专业的潜水设备，在潜水专业人员的指导下，从百慕大最西边的水域下水，那里的水底静静地躺着几条沉船，你可以围着它们转上几圈。这些沉船上装有很多瓶装药品，有时候这些瓶子会漂到群岛的浅滩处，药品当然都失效了，游人拣到后可以当纪念品带回家。不过近年来出了麻烦，当年当麻醉剂使用的吗啡并没有失效，而吗啡如今成了毒品，任由这种纪念品出境，就会让毒品贩子钻空子。当地的管理部门只得下了一道禁令，游客在海滩上拣到瓶子，不管里边装的是什么，都不准带出岛外。

如果你没有胆量到海底观光，可以到百慕大海事博物馆游览一番，这里珍藏着从 16 世纪到 20 世纪多艘在百慕大群岛附近遇难的船只以及船上载有的物品。比如 17 世纪英国人的"伊戈尔"号，它满载着运往美国的烟草，在航行的路上触礁沉没；再如"波罗克·谢尔德"号，第一次世界大战期间它满载着军火，在百慕大群岛南岸附近触礁沉没。

躺在百慕大群岛附近惊涛骇浪深处的沉船绝不止这么几艘，而船上运载着的物品一旦打捞出水，那将是巨大的宝藏。于是便有人建议，将百慕大群岛的海滩关闭起来，由官方组织力量进行打捞。这个建议刚一露头，就遭到了来自各方面的反对。首先是百慕大的商家坚决不同意。关闭了景点就谢绝了游客，也就断了他们的生财之道，大把大把的钞票到哪里去赚？民间的探险者也坚决反对，寻找沉船如同大海捞针，很多时候需要直觉，而在这方面，民间的探险者有着非凡的业绩，令专业的考古学家都望尘莫及。最强烈的反对声音来自广大的旅游者。他们来到百慕大群岛虽说不是为了探宝寻珍，却都想体会一下猎奇的快乐，有的人干脆亲自潜到水下，近距离地欣赏百慕大海底的神秘乐园。即使不潜水，让浅滩上的海水漫过脚面，或把手伸进海底的淤沙里，摸出个什么物什，也能获得一份穿越时空的惊喜。

百慕大群岛附近的海域里很可能藏有很多份无主的遗产，很可能每一份都价值连城，这样的诱惑对于一般人来说并无实际意义，只能想象却不能接近，但身在宝岛那也值得兴奋，精明的百慕大群岛人应该会懂得如何保持这份无穷的魅力。

巴哈马群岛

巴哈马群岛距离美国的佛罗里达只有 80 千米,从迈阿密坐飞机到巴哈马的首府拿骚,只需要半个小时。这样的地理条件使得美国人大沾其光,俨然成了这个热带岛屿的主人,只要度假首先就会想到巴哈马,好像一抬脚就能到,"美国的郊区"这个别名就是这样来的。

对美国人来说,到巴哈马度假花费并不太多,但不同的财力决定了不同的度假方式。如果你极其有钱,那就租一座无人小岛,过上一段与世隔绝的惬意生活,在享受美丽海景的同时,还可以体验一下鲁滨孙的荒岛生活滋味。如果你非常有钱,那就住进豪华的度假别墅,与声名显赫的好莱坞明星为伍,在 18 洞的高尔夫球场上挥动球杆,一显矫健身手;也可以驾驶游艇或小帆船在加勒比海波涛不惊的水域里疾驰探险。如果你没有多少钱,那也无关紧要。巴哈马群岛拥有号称世界上最清澈的海域,不要几个钱就可以进入如梦似幻的海底世界,让色彩斑斓的热带鱼儿在你身边翩翩起舞。或者干脆懒洋洋地躺到白色的沙滩上,一边啜饮着口味独特的巴哈马鸡尾酒,一边眺望着水天相接的远处,那份逍遥悠闲直追神仙。

巴哈马群岛

巴哈马群岛岛屿众多,而且风物景致迥然有异。对于旅游者来说,最难办的事情是不知舍弃哪一个。要把巴哈马所有的岛屿都逛个遍,从前没有可能,而有了"空中巴士"后,游人就可以乘坐这种小型飞机,在 200 米的高度任意观览。而回到地面上来,游览这么多岛屿就得分出个先后次序来,那不妨先从首府拿骚游起。巴哈马群岛的主岛叫新普罗维登斯岛,它并不是群岛中最大的,但它开发得比较早,所以巴哈马人就把首府设到这个岛上来。至于拿骚这个名字的由来,那得回到 1695 年,当时的英皇威廉三世为了纪念他的父皇奥列治·拿骚,就以父名命名了这座城市。

拿骚城市不大,却是世界第四大国际金融中心,其地位仅次于纽约、伦敦和东京,设在这里的国际金融机构有 500 多家,因此被誉为"加勒比海的苏黎世"。小小的拿骚为什么会博得全世界金融界的青睐呢?自然不会因为它城市整洁,海滨景色美丽,而是因为巴哈马政府实行自由开放的金融政策和特别优惠的税收政策,外国银行在这里开展业务,不仅可以免交各种税,还没有外币存款准备金的要求。当然,巴哈马人不是在干傻事,他们每年通过征收外国银行的注册费、入境费和印花税,就能获得 1 亿美元的收入。

拿骚城里有加勒比海最大的赌场,它设在亚特兰提斯度假村里,好奇的游客大多禁不住诱惑,拿出几个钱进赌场试试运气。离拿骚城一箭之遥的便是天堂岛。这里最具人气的地方是占地 14 英亩的"亚特兰特水景"。它是全世界最大的室外水族馆,这片水域里遨游着 100 多种鱼类。

如果你想了解一下巴哈马群岛的历史,那就到圣萨尔瓦多岛上走一走。它是巴哈马群岛中最靠东边的岛屿之一,岛上有许多纪念碑、废墟和海难遗址,反映了这座岛丰富多彩的历史风貌。1492 年 10 月 12 日,哥伦布第一次航行到达圣萨尔瓦多岛,发现岛上的印第安人全身都是赤条条的,不穿衣服,但一个个长得都非常健美,对人非常善良友好。哥伦布深受感动,在日记中把这个地方描绘成"人间的伊甸园"。1513 年,波多黎各总督庞塞·莱昂为了寻找传说中的返老还童仙泉,来到巴哈马群岛,也是最先登上了圣萨尔瓦多岛。莱昂发现这一带的许多岛屿地势平坦,就像是海洋中的一个个浅滩,因此就顺口给它取名为"巴哈马",在西班牙语中是"浅滩"的意思。

传说中的返老还童仙泉就在巴哈马群岛中的毕米尼岛上,它分为南北两个岛,是群岛中最大的两个岛屿。据当地人说,那个仙泉就在南毕米尼岛的飞机场附近,它具有神奇的药效,救过很多人的命。南毕米尼岛上还有一个"愈池",据说也有返老还童和治疗疾病的神奇魔力。另一个神奇的传闻指向这个岛上的"记忆礁石",相传只要躺到这块礁石上,就会回想起从前的美好时光。

毕米尼是一个充满回忆的地方。远处的回忆直至远古。在毕米尼岛附近的海底,有人发现了一条长约 90 米的"石路",平坦而且开阔,好像是一段公路或者是一截倒塌的城墙。在古希腊哲学家柏拉图的著作中,提到过大西洋中有一个巨大的海岛阿特兰提斯,由于火山爆发,它沉没到了海底。有人认为,这条"石路"就是当年的阿特兰提斯人铺下的。

在毕米尼岛上所能唤起的近处追忆,那是美国大作家海明威生活的时代。当时的毕米尼岛的海水似乎比现在更清澈,海底巡游的鱼儿似乎比现在更奇异,海明威着了迷,就住进了那家刚刚开张的名叫"娴熟的钓者"的旅店,过上了捕鱼加醉酒的生活,也写出了他的晚期作品《海流中的岛屿》。如今他住过的旅馆已经被保护起来,供游人参观。

如果你想找到一片属于自己的安详而静谧的空间,那就到位于拿骚东南 152 千米的猫岛,它是巴哈马群岛中居住人口最少的岛。这里有一片长达 13 千米的粉红色沙滩,甚是惹人喜爱。

如果你对潜水感兴趣,那么可供选择的岛屿就太多了。大巴哈马岛拥有世界上最大的水下乐园,在这里你有机会和鲨鱼或海豚同游。阿巴克岛附近的海底峭壁林立,有很多沉船,为潜水爱好者提供了一个不可多得的去处。安德鲁斯岛的水域中海洋生物品种多样,数量繁多,形成了一个五彩斑斓的海底世界,是潜水爱好者的必游之地。同样,玛玛罗达暗礁也是潜水爱好者不容错过的地方,它是一个浅海珊瑚礁,水深只有4米,礁石上洞穴密布,里面生长着许多小龙虾和海鳗。

如果你对钓鱼感兴趣,可供选择的岛屿照样很多。玛雅古纳岛特别偏僻,适合独自垂钓。浆果岛附近的水域中生长着许多大型鱼类,如旗鱼、青枪鱼和大金枪鱼等,是职业钓手最喜欢光顾的地方。

如果你想见识一下巴哈马群岛上一年一度的家庭赛舟会,那就请到伊克祖马斯岛上来。每年4月份,风景如画的伊丽莎白港中就会排满手工制作的巴哈马渔船,高高的桅杆上挂着白色的风帆。一声令下,百舸争流,轻巧的船身滑过绸缎似的海水,盘旋的海鸟也知趣地前来助威,这情景让旁观者也会怦然心动,神往于那蓝天碧海之间。

塔希提岛

塔希提岛上阳光明媚,气候宜人,一派绮丽的热带风光。漫步岛上,处处山清水秀,绿草如茵,棕榈树、椰子树、芒果树、面包树、鳄梨树、露兜树、香蕉树、木瓜树,阴凉匝地,果实飘香。半山腰处的山洼里,一幢幢茅草别墅新颖别致。沐浴在凉爽的海风里,这热带太平洋上的岛国,倒成了难得的避暑胜地。

塔希提岛上空气湿润,全年姹紫嫣红,花香四溢,所以又名"花岛"。1716年,英国人意外地发现了这个百花飘香的岛屿,惊呼到了"海上仙岛"。而如今每位来到塔希提岛的首府帕皮提的游人,都会从塔希提少女手里得到一串花环或一朵鲜花。塔希提岛上的居民混有法国人和东方人的血统,女人长得像鲜花一样艳丽,岛上佳丽多次在国际选美中赢得奖项,塔希提岛上的男人则像棕榈树一样健美。每逢年节或喜庆的日子,女人们就头戴花冠,套上鲜花颈饰,穿上稻草编成的金黄色草裙,在皮鼓、吉他的伴奏声中翩翩起舞,男人们也争相献技,表演各种

塔希提岛

节目。有相当一部分岛民是中国人的后裔,公元五六世纪时,他们的祖先从东南亚驾木舟漂洋过海来此定居。如今岛上最隆重的民间庆祝活动就是赛龙舟,为的就是纪念当年跨海移民的壮举。

当年来岛上的传教士为了使岛民皈依基督教,强迫他们放弃自己的传统文化,

禁止他们文身,不让他们跳舞。直到 20 世纪 80 年代,岛民们才彻底冲破了这些束缚,迅速地复兴着属于自己的文明。每当岛上举行庆祝活动时,塔希提岛人连日狂欢,白天参加体育比赛,晚上跳舞唱歌,这时的塔希提岛人会让世人见识到他们豪放热烈的性情。

塔希提岛人能够尽情地享受生活,其物质基础是这里四季如春,物产丰富,人们衣食无忧。尤其是只产于南太平洋的黑珍珠,数量稀少,价值远较白珍珠高,给塔希提岛带来了巨大的财富。生活在这里的人常常无所事事地望着远处的大海凝思,心绪随着太平洋上吹来的风一同悠悠而去。他们管自己叫"上帝的人",而外人来岛上尽可以乘坐玻璃钢游艇,观赏海底的珊瑚礁和珍奇鱼群,却无法拥有岛民的闲适,便不无嫉妒地称这里是"最接近天堂的地方",还送给它一个美称——"世界乐园"。

塔希提岛最早是由英国人发现的,岛上有许多景点都与英国人有关系,如金星角,那是英国人在岛上进行"金星凌日"科学观测活动的地方,如库克船长登陆点,那里有为纪念詹姆斯·库克而立的碑。然而,这个岛最后却成了法国的殖民地,这与英国人的傲慢自大有关。1761 年,英国航海家瓦利斯登上了塔希提岛,他和他的船员们以这个岛的发现者和拥有者自居,很快就引起了岛上居民的反感,结果被居民们赶走了。随后法国的航海家布甘维尔来到这里,他态度谦卑,与岛民平等交往,还带来了大批现代生活用品和装饰品,大受岛民的欢迎。布甘维尔回国后,撰文介绍塔希提岛上浪漫的异国情调,吸引了大群大群的法国人来岛上度假、定居,一来二去,这个群岛就为法国人所拥有。

1891 年,孑然一身的法国画家高更来到塔希提岛上,在这里开始了被后世尊为"象征派之父"的艺术家的黄金时代。高更深深地感到现代文明与艺术有着不可调和的矛盾,他认为艺术的种子只能撒播在原始而肥沃的土壤里,而塔希提岛正是他心目中理想的"乐土"。来到塔希提岛上不久,他就搬到离帕皮提 50 千米的马塔伊阿,与土著人一样住在海边的小茅屋,出门时腰上只围一块布。他白天作画、爬山、游泳、捕鱼,夜晚和土著姑娘一起唱毛利民歌。这样具有原始浪漫情调的生活一过就是 12 年,这也是他生命中最后的 12 年,在这段时间里,他画出了一批举世瞩目的油画作品。阳光下的椰林、海湾和沙滩;翠绿的山林、红色的野果;茅草屋下,赤裸着棕红色肌肤的土著人在无拘无束地憨笑,塔希提少女素色的小花簪在发际间静静地散发着芬芳。高更用他的画笔,将塔希提岛上的风光与民情化为艺术的永恒。

高更不仅用绘画来赞美塔希提岛,还屡屡挺身而出,为遭受不公正待遇的土著人向殖民统治当局发难,他甚至还办了一份名为《微笑》的杂志。专门刊登抨击当局的文章。1903 年 2 月,为了替一群酒后闹事的土著人辩护,高更输了官司,被判罚一笔巨款以及监禁三个月。但未等判决执行,高更就在 5 月 8 日因病长逝,临死时身边只有一个当地的仆人。

高更不在了,而他所深爱的塔希提岛依然如珍珠般在南太平洋的波光中熠熠闪烁,依然迎送着潮水般往来的游人,只可惜再也见不到像高更那样的理想主义者了。也许只有塔希提岛上的土著人才会为此深感痛切,所以当他们唱起悼念高更的歌曲时,曲调才会那般婉转凄切。

澳洲名岛

新几内亚岛

如今的新几内亚岛是自成一体的海中之岛,而在公元前 5000 年的时候,它还和澳大利亚连在一起,只是后来由于海平面上升,一道托雷斯海峡把新几内亚岛和澳大利亚分隔开来。

1511 年,葡萄牙人最先发现了这个岛屿,因为岛上的土著人长得颇像非洲西海岸几内亚的居民,便给它取名为新几内亚。自从 1828 年荷兰人占领了这个岛屿的西半部后,就开始了新几内亚岛的殖民历史,它成了德国、英国、荷兰、澳大利亚等国不断争夺、瓜分的领地。第二次世界大战后,新几内亚西部于 1959 年举行选举,成立巴布亚议会,并决定把新成立的国家的国号定为西巴布亚。可惜好景不长,1961 年 12 月 18 日,印尼入侵西巴布亚,结束了它为期短暂的独立。1975 年,澳大利亚正式给予新几内亚东部全面独立的地位,成立了巴布亚新几内亚国。新几内亚一岛两国的现状就是这样形成的。巴布亚新几内亚占据了新几内亚岛的大部分土地,其居民大都属于巴布亚密罗尼西亚人种,都讲巴布亚语,所以他们管这个岛又叫巴布亚岛。而这

新几内亚岛

个岛的西半部归印尼所有,属伊里安查亚省,印尼人通常把这个岛称为伊利安岛。

伊里安岛的西部地区靠近赤道,炎热多雨,到处都是繁茂的热带森林和沼泽,著名的猎头部落阿斯马特人就居住在这里。阿斯马特人居住的地区有 20 多个村庄,彼此之间经常爆发"战争"。开战前,男人们用赭石和石灰涂在独木舟上,然后趁着夜色的掩护,潜入敌对的村庄,不分男女老幼,一概斩尽杀绝。杀人后,他们便

用竹刀割下人头,剥下头皮,在太阳穴处挖一个小洞,把脑髓倒出来喝掉,再把人头当作战利品带回来。在返回的路上,胜利者高声唱着他们自己谱写的歌曲:"我们杀死了一个男人,我们杀死了一个男人;我们快乐,我们幸福。"

阿斯马特人把猎头当成一种可以炫耀的行为。每到节日,那些猎取过人头的男人就会在脖子上戴上一个项圈,上面穿了一个一尺长的竹片,还有几块人的脊椎骨和下颌骨,这是光荣的标志。丈夫猎头,妻子也能跟着沾光,从丈夫那儿借来项圈戴上,会赢来很多羡慕的目光。

走进阿斯马特人居住的村落,随便接近一间房屋,都会看到很多人的头盖骨。那些上边没有洞的头盖骨,属于正常死亡的死者;而那些太阳穴上有洞没有下颌的头盖骨,便是猎头袭击的战利品。头盖骨在阿斯马特人的日常生活中有着广泛的用途。晚上睡觉时,他们常常把头盖骨当枕头用,他们相信枕在下面的头盖骨的灵魂能够保护自己。他们还用头盖骨进行贸易,一个头盖骨可以换一把丛林刀。

阿斯马特人并非总是互相杀戮,不管彼此仇恨有多深,都能讲和。讲和的方式很有趣,常常是杀人的一方挑选出一个孩子,送给另一个村庄一个儿子被杀的男人当儿子。如果这两个村庄以后再发生纠纷,就派这个小孩当使者,调停双方的冲突。

新几内亚岛的东半部属于巴布亚新几内亚。这里虽说位于赤道附近,但是不少山峰海拔很高,山顶终年被皑皑白雪所覆盖,形成了有名的"赤道雪景"。这里还有大片的原始森林,奇花异草种类繁多,而且全国只铺设了 686 千米长的公路,主要集中在沿海地带和极少数的山地,其余地区人迹罕至,所以这里被称为印度洋和太平洋上最后一片未被污染的净土。如果你喜欢远足、漂流、观察野生动植物、丛林探险,那就请你到新几内亚岛来,因为这里是地球上真正的伊甸园,这里的原始风情无与伦比。

如果你喜欢潜水,那更得到新几内亚岛上来。新几内亚岛的陆上景色算不上独一无二,但它的海底景观却是举世无双。潜入这片澄净的热带海洋,便可以看到多姿多彩的珊瑚在海底如鲜花般绽放,这里任何一处礁石丛中生长的珊瑚种类都相当于加勒比海所有珊瑚种类的总和。还有那些色彩鲜艳的热带鱼,成群地在你身边往来嬉戏,似乎在有意向你展示生命的活力和色彩。

除了丰富的自然景观,新几内亚岛上土著部落的独特习俗也是颇能吸引游客的看点。这里最有代表性的风俗习惯为"OneTalk"与"PayBack"。"OneTalk"指的是使用同一种语言的人或同乡同族,都在城市里生活,一人有难,众人相帮,很有人情味。"Pay-Back"可以直译成"以牙还牙",大致相当于中国人所说的"有仇必报"。这种民情很容易激化矛盾,加剧部族之间的敌意。

新几内亚岛上的土著还有一个十分独特的习俗,那就是崇猪爱猪,这在当今世界上大概是首屈一指的。有的部族酋长在自己的鼻子上挖一个大洞,把野猪的爪尖嵌进去,既作为权威的象征,又表示对猪的崇敬。有的酋长把野猪的睾丸串起来,戴在手腕上,以表明他的信仰和力量。有的土著还把木炭和猪油混合起来,涂抹到脸上,以此来表现自己不辱祖先的武勇。

新几内亚岛上的土著以猪作为财富的象征,谁的猪多谁就有钱,也就有地位。某人拥有多少头猪,从他戴的项圈上就能看出来,那上边的每一片就代表着一头猪。猪还被用来作为定亲的聘礼。婚约一旦成立,男方就要给女方送猪。送多少头猪,那要看姑娘相貌如何,据说漂亮的姑娘能得到七八头猪。

新几内亚岛上有个名叫乌拜古比的部落,居住在非常偏僻的山区,只有一条险陡的羊肠小道与外界相通。他们实行男女分居,男人们都住在村子中间的一个椭圆形的大屋子里,女人、孩子跟猪同住在四周的小圆屋里。到了夜间,人和猪并排躺在一起。爱猪爱到这种程度,着实令人叹为观止。

塞班岛

在太平洋中部赤道附近的海面上,散布着密密麻麻 2200 多个小岛,统称密克罗尼西亚群岛,意为"微型群岛"。由于它的战略位置极其重要,所以被称为"美国在太平洋上的要塞""从夏威夷到菲律宾的太平洋桥梁"。密克罗尼西亚群岛下边又辖有好些群岛,其中最靠近亚洲的就是马里亚纳群岛,马里亚纳群岛所属的塞班岛地处整个密克罗尼西亚群岛的最北端,在军事上的重要意义不言自明。

塞班岛和太平洋上许多岛屿一样,好似天生丽质的美人,有着天然的美景,蔚蓝如洗的晴空,翡翠般湛蓝的海水,更有细白的沙滩。与众不同的是,塞班岛的东面的海水颜色极为特别,好似深蓝色的墨水,那里就是世界上最深的海沟——马里亚纳海沟,有 1 万多米深,即使把珠穆朗玛峰整个装进去,也不会见到顶。

塞班岛

塞班岛的壮观景色自古有之,但除了岛上土著居民查莫洛人和加罗林人,外人从未见识过。直到 1521 年,著名的航海家麦哲伦在环球旅游中发现了这一带的群岛,才将它命名为拉迪伦尼斯。后来,西班牙人在这里登陆,将其占有,并用西班牙皇后的名字为它起名为"马里亚纳"。西班牙人在这里统治了近 400 年,至今塞班岛上的居民还保存着西班牙式的某些风俗。1898 年,西班牙人把塞班岛卖给了德国人,第一次世界大战后,战败的德国又把它转让给了日本。日本人强迫大批中国、南亚、韩国的移民来到塞班岛上,开发出大片种植甘蔗的农庄。

第二次世界大战后,联合国将密克罗尼西亚群岛以及北马里亚纳群岛、帕劳岛和马绍尔群岛一起划给了美国政府托管,托管期为40年(1945~1985)。托管期结束后,密克罗尼西亚群岛、帕劳岛与马绍尔群岛分别独立,而北马里亚纳群岛经全民公投决定,归属美国,成为美国版图的新成员。作为北马里亚纳群岛的首府,北马里亚纳联合体和美国的星条旗在塞班岛上一起高高飘扬。自1986年起,岛上居民全都拿上了美国公民护照。不过,塞班岛上的居民不能自由进出美国,也没有美国的居留权,更没有权利投票选举美国总统,有点儿"二等国民"的味道。

如今的塞班岛已经成为旅游胜地,但在二战期间,这里却成为太平洋战争中最残酷的战场。日本偷袭珍珠港后,塞班岛的战略地位立刻凸现出来,日军在岛上派驻了3万多人,挖掩体,修工事,妄图把这里变成保卫日本本土的第一道屏障。1944年,太平洋战争进入后期,美国决定先夺取西太平洋上几个关键的据点,以切断日军的海空交通线,并且利用这些据点轰炸日本本土,塞班岛就这样被美国太平洋舰队总司令尼米兹用红笔圈住了。这一年的6月11日,尼米兹亲自指挥640多艘军舰、1000多架舰载机、620架陆基飞机和12.8万美军,对塞班岛发动突袭。双方力量对比非常悬殊,但日军的顽强大大超出世人的想象,让美军付出了伤亡1.6万余人的惨重代价。

塞班岛战役持续了20多天后,日军太平洋中部舰队司令南云中一大将见大势已去,已经自杀了,日军打到只剩下3000多人。就是这么点人,居然在一片杀声中,向美军第27步兵师猛扑过来。他们有的挂着拐杖,有的吊着绷带,有的缺胳膊少腿,有的眼睛被打瞎了,有的仅仅拿着绑在竹竿上的刺刀,有的甚至赤手空拳,却潮水般地向美军阵地涌来。那些没有力气冲锋的重伤员,则引爆了身上的手榴弹。这就是有名的"切腹谷"大血战。战斗结束后,美军不得不调来推土机,把这里的一条小山沟稍加改造,挖掘出一个大墓坑,将那么多日军尸体埋到一处。

就在日军发起最后冲锋的时候,塞班岛上的日本平民开始了大规模的自杀。他们或是从悬崖上跳进大海,或是父母抱着孩子向海中走去,塞班岛周围的海面上漂满了日本人的尸体。美军急忙将坦克车改成宣传车,到处大声呼叫:"我们不会伤害你们的!"但没有什么效果,阻止不了1万多日本平民走向死亡的坚定脚步。因为珍珠港事件,美国人本来恨透了日本人,很多士兵都把"勿忘珍珠港"当成了参战格言,但面对如此惨不忍睹的场面,一些美国士兵甚至泣不成声:"日本人……你们为什么……要这样去死呢?"这样的疑问直到今天也不太好回答。

当年激烈的枪炮声和绝望的呐喊现在早已消散,但战争的遗迹在塞班岛上依然随处可见。被炸成"麻花"的钢筋,锈迹斑斑的大炮,沉没在海底的飞机、舰艇遗骸,不管当年如何惊心动魄,现在都成了岛上的观光资源。塞班岛北部的莫鲁比悬崖是游人必到之处,也是体验山崖跳水和蹦极的胜地,但日本人称它为"万岁崖"。当年,有8000多名残余的日军及其家属,高呼着"天皇万岁"的口号,在这里跳崖自尽。战后,一些日本人在"万岁崖"上建起许多"慰灵碑",就连日本天皇也来这里祭拜过。不过,这些"慰灵碑"大多被口香糖黏得面目全非。当地人说,这是韩国和菲律宾等国战争受害者的抗议之举,这些碑也因此被人戏称为"口香糖纪念碑"。

为了纪念太平洋战争胜利50周年,美国人在塞班岛上建立起了一座美军纪念公园,公园里有一座纪念碑,上面刻着5000名阵亡将士的名字,供人瞻仰。公园内24小时都悬挂着美国军旗,包括美国陆海空军的旗帜。园内绿草如茵,休闲设施齐全,与"万岁崖"给人的感觉截然不同。这里的纪念碑肯定不会有人往上边黏口香糖。

距离塞班岛只有5500米的天宁岛是北马里亚纳群岛中第二大岛,充满太平洋热带风情,站在塞班岛的南端,就可以清楚地看到它浮现在碧绿的海洋中,美如图画。而当你来到这个小岛上时,却会发现这里依然有着太多的战争痕迹。在岛上的主要景点都可以看到残破并已经石化的飞机、坦克和大炮的残骸,静静地躺在马路边、礁石旁、草丛中。位于岛北的"美军原子弹储藏地遗址"隐藏在一片密密的灌木丛中,这里有两个不到10平方米的方形水泥坑,外面罩着金字塔形的透明有机玻璃护罩,旁边立有白色的纪念碑。当年,绰号为"小男孩"和"胖小子"的两颗原子弹就是从这里被装载升空,投到了日本的广岛和长崎。这两颗大炸弹的爆炸,直接导致了第二次世界大战的结束。

天宁岛上有多处游人必到的景点,最有名的就是被列为世界五大自然奇景之一的"喷水海岸"。这里岸边有一排大小不一的岩洞,那是百万年来海浪冲击的杰作。当海水涌向岸边时,灌进这些岩洞中,海水从洞中喷出,如喷泉一般向上喷射。风浪大时,潮水喷起的高度可达八九米。岛上的"塔加屋"是岛上原住民塔加族人留下的石屋遗迹,距今已有3500年的历史。它由12根柱子撑起,现在仅存一根。这根巨柱高达6米,留下了很明显的人工切割的痕迹,现在很难解释当年的塔加族人是怎样搬运来如此沉重的石头,又把它们搭建成房子的。

美丽的海滩在天宁岛上随处可见,其中最别致的一处位于岛南端西北部,被称为"星沙"海滩。"星沙"是一种极其微小的沙粒,大约就跟一颗尘埃差不多,但身上长角,看上去就是一颗颗小星星,非常美丽。据说若能捡到八角星沙,就会交好运,这种星沙还被当地人当作祝福婚姻坚贞幸福的礼物。在偌大的沙滩上要想找到这样的沙子并不容易,唯有慕"沙"而来的情侣们有足够的耐心,而他们通常不会失望。

塞班岛又有"世界第一潜水胜地"的美誉。海水中的透视度可达30米,戴上潜水镜,一头栽入海中,你会惊奇地发现自己仿佛进入了童话世界,无数的热带鱼在身边游来游去,随手就可以摸到活生生的海星、海参与珊瑚。塞班岛上有20多处潜水地点,其中劳劳海滩是最受潜水者欢迎的潜水点,它不仅拥有平坦的沙滩,还有着岛上最大的暗礁,成群结队的隆头鱼、蝴蝶鱼、刺尾鱼,仿佛成了水中一组组活动的彩色画卷。世界上难度最高的洞穴潜水场就在塞班岛的东北角,名叫蓝洞。蓝洞最神奇之处,就是这里的石灰岩经过海水的长期侵蚀、崩塌,形成了一个深洞,水深达到17米,最深处达到47米。潜水者进入洞中,可以观赏到各种海洋生物,包括海龟和小丑鱼。蓝洞有三个出口通往海面,光线从外海透过水道射进洞里,洞中的海水闪烁出一片淡蓝色的光泽,美艳无比,令人赞叹不绝。

关岛最早由查莫洛人居住,1521年时航海家麦哲伦在环球旅行时发现了这个岛屿,取名为"风帆之岛"。据说当年麦哲伦登陆的地点就在关岛犹麦特克村的海滨,人们在村中竖起一座麦哲伦纪念碑。关岛人还把每年的3月6日定为"发现新大陆纪念日",一到这一天,人们便载歌载舞,以示庆祝。

1898年美国和西班牙之间的战争结束后,西班牙把关岛割让给了美国,从此关岛就成为位于西半球的美国在东半球的领土。与美国本土相比,它处在国际日期变更线的另一边,因此它的日期总比美国早一天,所以说美国的黎明是从关岛开始的。

美国人相中了这个岛屿的战略地位,便着手在岛上建立军事基地。从此之后,关岛就成为美国军事部署中位于亚洲前沿的重要支撑点。朝鲜战争期间,岛上的安德森空军基地成为美军本土重型轰炸机部队前往朝鲜半岛最重要的中转基地。越南战争期间,美军远程轰炸机B-52屡屡从安德森空军基地起飞,对越南进行了长达数年的狂轰滥炸。直到今天,关岛仍有30多个独立的海军指挥部,由美国海军马里亚纳群岛部队司令官负责统一指挥。

1941年珍珠港事件后,日本人占领了关岛。1944年,美国军队在夺取了塞班岛后,又乘胜向关岛发起进攻。这一次美军充分吸取了攻打塞班岛的经验教训,不仅增加了进攻兵力,更加强了舰炮和航空火力。在登岛之前,美国海空军对关岛进行了连续13天的炮击和轰炸,最多一天投弹量达72.7万千克,发射火箭147枚。结果,关岛一战美军阵亡1435人,伤5648人,伤亡人数比攻打塞班岛几乎少了一半。美军夺取关岛后,为自己获得了后勤基地、潜艇基地和空军基地,直逼日本本土,大大加速了日本战败的进程。

关岛之战的惨烈程度不及塞班岛之战,关岛也就不像塞班岛那样遍布战争遗迹,但今天的关岛要比塞班岛更能让人嗅到火药的气味。在这里,人们到处都能看到美国大兵的身影。这里的夜总会生意都出奇的好,因为美国军人喜欢过夜生活。

不过，你可不要以为美国基地好接近。海面上不时有巡逻艇出动，全副武装的哨兵在岸上来回走动。到了晚上，有的基地还用大功率探照灯"扫射"水面。美军在关岛主要有三大基地，即阿普拉海军基地、安德森战略空军基地和阿加尼亚海军航空站，其中安德森战略空军基地是世界上数得着的大型空军基地，两条跑道可容纳150架B-52型战略轰炸机。这三大基地占地约130平方千米，相当于关岛陆地总面积的四分之一。

虽说关岛被美国人变成了一个大"军火库"，但毕竟这里有蔚蓝深邃的海洋，广阔绵延的白沙滩，五彩缤纷的珊瑚礁，还有柔和的海风轻拂着婀娜多姿的椰子树，因而每年都能吸引130多万游客来岛度假。关岛向来便以体育设施齐全而闻名，潜水、游泳、滑浪风帆、高尔夫球、浮潜、拖曳伞等等，供人各取所爱。如果你很有胆量，可以试一试空中跳伞，还可以学开轻型飞机及直升机，充分享受在蓝天里翱翔的乐趣。这里的射击馆中各种型号的手枪相当齐全，如果你对此感兴趣，不妨试试枪法。关岛还是高尔夫的天堂，有7个球场被列入世界最佳高尔夫球场。

关岛又是潜水爱好者的天堂。这里海水清澈，礁堡陡峭，400多种珊瑚和700多种鱼类，装点出无比美丽的海底世界。关岛最著名的礁堡是位于海口南部的大裂缝，礁堡里各种热带鱼、海豚、梭子鱼、吞拿鱼及鲨鱼都是常客，当地的旅游公司还特地开设了海豚追踪之旅，让游人与海豚在水中亲密接触。对于资深的潜水者来说，最有吸引力的是潜到海底，那里有两次世界大战留下的战舰残骸。从水底回到岸上，再去岛上的南太平洋纪念公园看一看，你会感触更多。这座公园的原址是二战进入尾声时日军的最后一个指挥部，而在长达四年的太平洋战争期间，美、日两国的军人加上本地居民一共死了50多万，还不包括葬身海底的钢铁。这么多生命和物力换来了什么呢？公园中有一座高塔，据说象征着永久的和平。但愿这座塔能够起到警世的作用，让战争与和平这两股对立的力量此消彼长。

说起关岛最负盛名的景点，莫过于坐落在杜梦湾的情人崖了。它高115米，陡峭的岩壁从湛蓝的海面上突兀而起，景色美如山水画，而发生在这里的却是一段极为凄凉的故事。相传在西班牙统治时期，一位查莫洛族的姑娘被父亲许配给了一个西班牙船长，而那个姑娘已经有了心上人，她不从父命，与情人暗夜私奔，来到海边的悬崖上。古代的查莫洛人无论男女都留着长发，他俩就将彼此的头发紧紧地缠绑在一起，一同跳下悬崖殉情。

如今的情人崖已经成为关岛的浪漫地标，每天都有很多游客来这里缅怀那段感人的恋情。情人崖上有一组雕像，便是根据那个传说创作出来的。那对苦命鸳鸯相貌英俊，身材细长，尤其是两条腿又粗又长，而那个西班牙船长却是个矮个子。这也许并不符合实情，却反映了民心，那个西班牙人是配不上查莫洛少女的，从外表到心灵都配不上。

　　如今的关岛已经成为新人理想的结婚之地,这并不在于它拥有太平洋的浪漫风光,更在于它拥有情人崖以及那个爱情故事。情人崖附近有一座天使小教堂,它是专门为了纪念那对殉情的青年男女而建的,也是情侣们来关岛举行结婚仪式的首选之地。就连岛上位于西班牙广场上的圣母玛利亚大教堂也对外租借,供婚礼使用。关岛有许多酒店都建有自己的小教堂,为新人举行婚礼提供方便。凯悦酒店的小教堂就设在海边,祭坛背后的落地窗户中茫茫大海与蔚蓝的天空相互映衬,再加上2000多粒大大小小的水晶从天花板上垂下来,使得整个小教堂仿佛成了透明的宫殿,气氛神圣而庄严。

　　在关岛结婚,温馨的情调自不必说,还能领取到具有法律效力的美国结婚证书,大概这也是很多人选择在关岛结婚的理由之一。

汤加群岛

　　对于澳洲人来说,英国的航海家和探险家詹姆斯·库克船长的名字要比哥伦布还响亮,澳洲的不太长的历史有多处刻上了他的印记。今天的悉尼是他最先发现的,澳洲有史以来的第一杯啤酒是他酿造出来的,汤加群岛的存在也是由他最先宣传给了欧洲人。

　　1616年,一些来自荷兰的海员首次光临汤加,但他们没有意识到这个偏僻的群岛有什么价值,两度经过,都没有在这里驻足。1767年,詹姆斯·库克船长来到汤加群岛,他给汤加人带来了一份见面礼———一头牛。令他哭笑不得的是,汤加的土著人不认识这个庞然大物,将它命名为"库克猪",就供养了起来。不过,土著人的友好接待让库克感动不已,据说"友谊岛"的别名就是他取的。

　　汤加群岛由一个个有如花环般的小岛组成,清澈的海水轻轻地依偎着雪白晶莹的沙滩,倒映在水中婆娑的椰树影子演绎出迷人的热带风情。放眼远望,在海天交界的地方,有一条明显的分界线,那里的海

汤加群岛

水给人以夜空一般深邃的感觉。汤加还有一条看不见的分界线,那就是从它的东部穿过的国际日期变更线,由于地处这样的位置,全世界第一缕晨光总是最先照射到这里,世界上每一个新一天都是从这里最先开始的,因此它被称为"日始之国"。

　　汤加是个长条形的岛国,面积很小,却是世界上历史最悠久的君主国之一,还

是波利尼西亚地区众多岛国中唯一的世袭王国。国家的最高权力掌握在世袭的国王手里,他通过 33 家贵族统治全国,只有贵族才可以当内阁大臣。国王把土地分给贵族,再由贵族分租给平民。每年各地子民都要向贵族进贡最好的食品,贵族们再选出其中最好的奉献给国王。

历代汤加国王都是大胖子,20 世纪统治汤加的陶法·图普四世体重达 200 千克。他每次外出时,都要随身携带一张木制的宝座,它雕工精细,异常坚固,足以承受他的重量。图普四世坐飞机时,航空公司要专门为他设一个特别宽大的座位。

汤加国王长得胖,有人说这是因为他把岛上最好的食物都吃了。其实不然,汤加岛上到处都是大胖子,男子平均体重 82 千克,女子平均体重 73 千克。在汤加的首都努库阿洛法港,人们经常会看到一些肥胖的汤加人或坐或卧,慢慢悠悠地打发着时光,因此这座城市被人戏谑地称为"胖子的乐园"。

认真说起来,汤加人多胖子是有一定原因的。第一个原因是汤加人所喜好的食品不外乎木薯、芋头、面包果、香蕉等,都是淀粉含量很高的食品,热量值高,吃了容易发胖。第二个原因是汤加终年气候温热,人们动不动就打瞌睡,睡眠时间一长,体内脂肪就会大量积聚,身体自然越来越胖。另外,汤加人属波利尼西亚人,波利尼西亚人一般都长得高大魁梧,这构成了他们肥胖的先天基础。

不管有多少原因,人要长得胖首先就得吃得饱,而汤加岛所产的粮食不能自给,全靠进口。但是在汤加却没有挨饿的人,这是因为大自然中可供食用的东西太多了,如面包果、西米树、野香蕉等。就连那些无家可归的人也能变成胖子,随便找点东西就能吃饱,岛上到处都是树木和阔大的树叶,随便搭一下就能当房子用。不必努力工作,不必忧虑生活,不发胖才怪呢!

汤加岛上以胖为美的奇异风俗由来已久,但随着科学知识的普及,许多汤加人逐渐认识到肥胖有碍身体健康,会引起多种疾病,减肥成了新的风尚。汤加国王亲自出面号召他的臣民要参加体育锻炼,减轻体重。国王自己也听从医生的劝告,每天都做运动,设法减轻体重。

游人们来到汤加,首先要到它的首都努库阿洛法港看一看。这座城市坐落在汤加塔布岛北部的海滨。汤加塔布是汤加群岛的主岛,汤加国名就是由它演变而来的。努库阿洛法港是世界上少有的没有工业污染的城市,市内高层建筑不多,房屋大多漆成乳白色,给人以清洁而明快的感觉。市内值得一看的景点有建于 1867 年的维多利亚王宫,红顶白墙,掩映在苍翠的松林中。这里还有两处古迹,一处是有着 1200 年历史的巨石拱门,一处是重达 40 吨的石制"日晷",上面刻着一年之中最长的一天和最短的一天,还有太阳初升时的标记。

来到汤加,如果不去潜一次水,会给你留下巨大的遗憾。假如你不敢深潜,那就租上一副潜水镜、救生衣和脚蹼,享受一下浮潜的乐趣,在清澈的海水中与鱼儿共舞。退一步说，假使你就是不敢下水，那也一定到海边走走，离岸边 20 米以内的海水一般都不深，但鱼儿特别多，在阳光的照射下，美丽的海底世界给人以梦幻般的感觉。

离开汤加的时候，千万不要忘记买几张邮票带走。汤加号称"邮票王国"，以异形邮票闻名于世。自 1963 年以来，汤加发行了 60 多种奇形怪状的邮票，有钱币形、王冠形、椰子形、鸟形、信封形、八角形、摄影机形等等，还有一些根本叫不出名字来。

斐济群岛

看过电影《接触未来》的人，大概还会记得影片中有这样一个情节：女主角神秘消失了三分钟，其间出现了一个如梦似幻的未来幻境，那一大片白净的沙滩，还有蔚蓝色的海岸，简直美得不可思议。这些画面不是电脑特技合成出来的，而是在斐济岛实地拍摄到的。来到斐济，你甚至会感觉到这里的海域要比屏幕上的画面还美。海水蓝得有远近之分，也有深浅之分，近岸的海水蓝得近乎透明，稍远处蓝得像淡淡的水彩，再远处蓝到深不可测，属于靛蓝一类，好像深蓝的墨水一般。

看过好莱坞名片《重返蓝色珊瑚礁》的人，大概还记得影片中那高悬的瀑布，翁郁的热带雨林，有着纯朴洁净的仙境之美。这些画面也不是电脑特技合成出来的，而是在塔妙妮岛实地拍摄到的。塔妙妮岛距离斐济主岛不远，"塔妙妮"在斐济语中意为"花园之岛""富庶之岛"。国际日期变更线就从这个岛上穿过，很多游客特地来这里迎接每天的第一道曙光。

斐济群岛

斐济岛不仅有着美丽无比的自然风光，还有着与世隔绝的安宁，很多岛屿对外唯一的交通工具就是专用直升机。正是相中了这一点，好莱坞电影明星或欧美的社会名流们，时常选这里开宴会，招待来宾。世界首富比尔·盖茨的蜜月就是在斐济岛上度过的。

对于游人来说，斐济岛独特而神秘的风俗民情和它的风光一样有吸引力。而要想亲眼见识一下斐济的风俗民情，最简捷的办法就是到岛上的维塞塞村一游。现任斐济总统约瑟法·伊洛伊洛就来自这个村，所以它有"斐济第一村"之称。进村参观前，导游会提醒游人注意，进村后要把帽子取下来，千万别摸小孩的头。原来，在斐济的村庄里，只有村长才有戴帽子的特权；而摸别人的头，则是对他人最大的羞辱。1867年，一名英国传教士因为从一位当地酋长的头上拿下一把梳子，竟被愤怒的土人活活砍杀并煮食。现在的斐济人已经完全进入了现代文明社会，游人不至于因为违反习俗而招来杀身之祸，但容易引发不必要的麻烦。

村中来了客人，当地人照例要举行隆重的欢迎仪式，先由村长致欢迎词，然后就端上"卡瓦"，请客人品尝。"卡瓦"是一种饮料，用一种叫"卡瓦"的胡椒树根的细末浸泡而成，味道很辣，初饮者会感觉像喝辣椒水一样。但斐济人却把它视为甘露，据说每天晚上都要喝上好几个小时，才算过瘾。"卡瓦"算得上斐济的"国饮"，只有来了最尊贵的客人，斐济人才会为他举行喝"卡瓦"的仪式。

文身是斐济人的另一主要风俗。以前，文身多少往往象征着权力的不同。比如，只有全文身者才能下海摸珍珠，半文身者只能在边上看，而没文身的人连看的资格也没有。

斐济的鲜花很多，男女老少都喜欢戴花，如果把花戴在头部左边，那就表示未婚，如果戴在右边，那就代表已婚。男人戴花已经让人有些吃惊，这里的男人居然还穿裙子，甚至指挥交通的警察们也是穿着裙子执行公务，真是绝妙的街头风景。斐济的土著居民还常常留着长度达1.5米的长发，而酋长则头戴"萨拉"（一块特殊的头巾），象征权力在握。

斐济人特别喜欢一种叫作"红花"的花（又叫木槿），把它定为斐济的国花。每年8月份，斐济人都要在首都和主要港口城市苏瓦举行为期7天的"红花节"。节日期间，苏瓦城中热闹非凡，新搭起的牌楼上彩旗招展，装饰着各种花草和彩色灯泡。人们穿着各色服装，戴着稀奇古怪的假面具，排起长长的队伍，沿着大街游行。彩车上坐着妙龄女郎，她们都是来竞选"红花皇后"的。每年都有三位女郎被选为"皇后"，她们戴着用红花缀成的王冠，身着盛装，坐彩车游遍全城，让人们一睹她们的迷人风姿和如花似玉的容貌。

苏瓦位于斐济群岛维提岛的东南沿海，始建于1880年，那时候斐济群岛已经沦为英国的殖民地。在当地土语中，"苏瓦"意为"土堆""土墩"，据说是过去两个部落的土地分界地。而斐济的第一个首都却不是苏瓦，而是位于维提岛东南侧欧瓦罗岛上的列雾卡市。这里是欧洲人最早登上斐济岛的地方，充满了维多利亚风格的建筑，到处都能找到早期开发留下的痕迹。比如这里有斐济的第一家报馆、南太平洋最早的旅馆、斐济最早的夜生活大街等等。

斐济岛盛产甘蔗和香蕉，因此其别名为"太平洋上的甜岛""香蕉岛"。英国人统治斐济期间，强迫大批印度移民在岛上建了很多条铁路，专门用来运输甘蔗，但没有一条用来运送旅客。斐济独立后，脑子活泛的印度人从英国引进火车头，利用原来运甘蔗的铁路，做起了观光小火车的生意来。小火车开得很慢，游人坐在摇摇晃晃的车厢里，沿途两旁的甘蔗田、海岸以及各种有趣的现象接连映入眼帘，就好像在观看一部活生生的斐济群岛的发展史。

斐济群岛中还有个贝卡岛很值得一游，在这里可以观看到充满神秘色彩的"走火仪式"。斐济人把这个仪式称为"维拉维莱雷"，意思是"跳进火炉"。仪式开始时，人们先把许多大块石头放到一个用树枝、木柴架起来的坑里，然后点火燃烧。等到石头变热、发烫时，走火者便赤着双脚，纵身跳到坑里，在石头上转圈走动，时快时慢，而走火者的脚底板却不会被烫伤。这是为什么呢？人们对此做出了很多解释，但至今还没有形成定论。

名街游

亚洲名街

和平大街

它是蒙古首都乌兰巴托的主干道,东起环形路,跨越敦德河,从城市中心向城市西郊延伸。

在蒙古语中,乌兰巴托的意思是"红色英雄城"。它原名库伦,始建于 1639 年。是个喇嘛庙集中的地方。所谓庙宇,也不过是些用木头搭成的简陋房子,其余的全是牧民居住的更简陋的蒙古包和土坯房子,非常荒凉。自从 1924 年蒙古成立人民共和国以后,库伦改了一个威武的名字,这座城市也逐渐变得漂亮起来。

走在和平大街经过市中心的一段,两旁的树木挺拔碧绿,壮丽华美的建筑群栉比鳞次,它们大多是蓝色和白色的,还装饰着五颜六色的花纹图案,显示出现代化大都市的一派勃勃生机。与其他都市不同的是,在林荫大道两旁的草坪里,牛羊在悠闲自在地吃草,身着蒙古袍的牧民们骑着骏马在大街上漫游,就像欧美国家城市里的人开小轿车一样。

和平大街

每年的 7 月 11 日是蒙古的国庆节,这一天还是一年一度那达慕大会开幕的日子。成千上万的蒙古人从四面八方赶到和平大街上,参加这个已有 800 多年历史的盛会。"那达慕"在蒙古语中的意思是"游戏"和"娱乐",而传统的那达慕又被称为"男子三项那达慕",主要内容是摔跤、射箭和赛马,其中射箭项目女子也可以参加。那达慕通常要举行 3 天,而在这几天里,和平大街上就变成了欢乐的海洋,蒙古人不管老少男女,都换上了色彩鲜艳的蒙古袍,戴上蒙古小圆帽,腰间扎着金黄色的腰带,成群结队地涌向城郊的比赛场地。那达慕举办期间,还有棋艺、歌舞、影视放映、图片展览、科技推广等内容,同时交流各种农牧土特产、茶砖、布匹、绸缎、日用百货等,这些活动在和平大街上都能见到。

那达慕盛大的开幕仪式一般都是在和平大街中段北侧的苏赫巴托广场上举行。它占地 5.2 万平方米,宽阔平坦,沥青铺地,可以容纳 6 万多人。广场正中矗立着苏赫巴托策马扬鞭的巨型雕像,他头戴圆形的小尖帽,胯下骑着一匹大马,面向太阳初升的方向,一只手高过马头,伸向东方,似乎还在指挥着千军万马。

苏赫巴托是蒙古国的开国元首,1921 年在俄国人的帮助下,他成立了君主立宪政府,1924 年又废除君主立宪,成立蒙古人民共和国。建国后不久他就死掉了,据说他是被毒死的。

苏赫巴托雕像北面的宏伟建筑,就是大呼拉尔所在的政府大厦,大厦前的深红色和黑色的大理石建筑,那是苏赫巴托的陵墓。1954 年春,蒙古政府请来苏联专家专门为苏赫巴托修建了陵墓,其造型很容易让人联想起莫斯科红场上的列宁墓。苏赫巴托以后的蒙古领导人是乔巴山,他也被蒙古人尊为共和国的缔造者,于 1952年在苏联去世,苏赫巴托的陵墓建成后,蒙古国家特别委员会做出决定,将苏赫巴托和乔巴山这两位领袖的遗体葬在一起。

苏联解体后,蒙古人对苏赫巴托和乔巴山这两个大人物的评价有了悄然转变,尽管还没有出现十分刺耳的批评,但蒙古政府已经做出计划,准备将他们的陵墓从市中心迁走,还打算新建一座成吉思汗的塑像来取代和平大街一侧的苏赫巴托塑像。说不定有一天,苏赫巴托广场就会变成成吉思汗广场,如今每逢重大庆典,出现在广场上的仪仗队已经是身着传统民族服装,而不是蒙古人民军的军装,也许这就是小小的预演。

乌兰巴托在变,在和平大街上就能看到这种变化的缩影。转经筒遭遇电脑,骆驼遭遇轿车,不变是不现实的,身穿蒙古袍的青年男女来到和平大街的商店里,喜欢选购的是时尚的外国家电、家具和床上用品。习惯于喝奶茶的蒙古人,也喜欢到和平大街上的咖啡馆里品尝咖啡,和平大街的街头上还树立起一面面大型的广告牌,而其中一大半宣传的是韩国商品,大大小小的韩国美发厅在这条街上更是数不胜数。假如苏赫巴托广场真的改名为成吉思汗广场,和平大街会不会改名为韩国一条街呢?

神田书店街

神田书店街地处日本首都东京中心千代区的东北部神保町内,这里有许多家经营旧书的书店，由于其位置靠近神田车站，所以通常被称作"神田古本街"。在日语中，"本"就是书的意思，"古本"大致相当于中国人所说的旧书，而不是古代的书。

巴黎塞纳河畔有条旧书店街非常有名，而东京的神田书店街足以与它相媲美。这里大约有130多家书店，其中约100家是旧书店，集中了日本全国大约三分之二的旧书，还有几十家图书批发公司。仅以有着百年历史的"三省堂"为例，它的图书大厦于1987年拔地而起，存书量突破百万册，一跃成为神田书店街上的老大，在整个东京也仅次于市中心存书120万册的八重洲地下商店街。在它的八层大楼中，每一层一个学科领域，分门别类，全部开架，无论阅读还是选购都十分方便。

神田书店街

在这条街上林林总总的书店里，最有特色的一家名叫"岩波"，它除了卖书之外，还以相当大的人力、财力投入到出版、发行上来。日本著名思想家河上肇翻译的《资本论》，就是这家书店于20世纪20年代出版的，书中"剩余价值"等名词都被中文版本照样采用。这家书店从1927年开始致力于袖珍本丛书"岩波文库"的出版，即使在烽火连天的战争年代也不曾间断过，总数已经超过4500种，深受国内外读者的好评和喜爱。

神田旧书街上还有许多经营中国书籍的书店，其中最负盛名的当然是"内山书店"。这家书店的创始人内山完造先生在20世纪30年代与鲁迅结下了深厚的友谊，谱写一段为许多中国人熟知的故事。以经营现代中国政治、经济等社会科学书籍为主的"东方书店"也很有名，那是从事中国问题研究的师生们的必去之所。

说起神田书店街的形成，至今不过100多年的历史。明治维新以后，在神保町周围，高等学府如雨后春笋般涌现出来，东京大学、法政大学、明治大学、日本大学、御茶水女子大学等都成了大小知识分子聚堆的地方，对书籍形成了巨大的需求，学生用书也得有商店代理，于是第一家书店便于1875年问世了，紧接着书店业务就蓬蓬勃勃地开展起来了。1923年关东大地震后，神田书店街的地面建筑荡然无存，但随后实施的东京复兴计划又给这条特色街道带来了无限生机，送书上门、旧书联展、贩卖大会等新型运营方式搞得红红火火，第二次世界大战前，这条街道上的书店已经发展到了110多家。

太平洋战争爆发后，随着战事日益吃紧，卖书人也被迫应征入伍，神田书店街变得冷冷清清。人不在了书还在，但当日本人放起的战火回烧到自己家门口的时候，这条街上的大量图书全被付之一炬。但令人不可思议的是，1945年3月东京遭遇大空袭,整个东京城几乎被夷为平地,但神田书店街这一带却安然无恙。有人说这得感谢研究日本文化的苏联专家,他们向麦克阿瑟将军建议说,神保町有很多日本贵重的文化财产,毁坏不得。麦克阿瑟将军听了苏联专家的话,就在作战地图上将这里用一个红圈圈了起来。实际上,神田一带能够得以幸免,还得感谢与它毗邻的日本皇宫,那里住着日本天皇,如果对这里进行轰炸,就得考虑政治影响,所以麦克阿瑟不得不谨慎行事。

二战结束后,神田书店街与复兴中的东京城一道复苏,而随着日本经济的发达,出版业的蒸蒸日上,这条街道也呈现出一日千里的巨变。首先发达起来的是对大学的供书业务。按照日本文部省的规定,凡是新成立的大学,相当数量的藏书是"硬件",必须达到。为了达标,很多大学都找到神田书店街上来,从这里大量采购旧书,以应急需。有了这样几笔大宗的业务,书店街的景气也就指日可待了。

日本旧书的"旧"字与书品没有必然的联系,很多旧书看上去与新书并无二致,这得归功于日本人对书籍的精心呵护。打开一本十几年或二十几年前出版的书,偶尔还可以找到书的主人当年留下的发票或书签。

日本人喜欢书,这是书店街兴旺繁荣的基石。根据联合国教科文组织公布的调查结果,日本人每人每年平均购书在 10 册以上,而中国人只有人家的一半,如果跟世界人均购书水平最高的挪威相比,那就更少得可怜了,只有 1/45。买书多少往往跟有钱没钱没有多大关系,中国人每年每人拿出来买书的钱不过 30 多元,也就够简单地吃一顿麦当劳。收入水平一般的中国城市家庭,一年之内绝不会只领孩子去一趟麦当劳。这里边的原因自然是多方面的,但呈现为表面化的却是日本神田有条书店街,而我们这里的书店却相继从市中心的繁华地带撤退,变成一家家麦当劳、肯德基。

神田书店街上也有一些以经营新书为主的书店,大约有 30 多家,而且规模相当可观,其中以"书泉"和"三省堂"两家最大。"书泉"建成于 1973 年,与"三省堂"一样,也是一座八层大楼,还有一层地下室,存书不少于 65 万册,当时曾显赫一时。不过,这条街上大部分书店还是恪守传统,热衷于经营旧书。日本的旧书业非常发达,主要原因是新书不但价格昂贵,而且又受到严格的管制,绝对不允许随便打折,但成为旧书后就可以降价流通了。一本 1000 多日元的新书,成了旧书后一般只能卖到 50 日元到 100 日元左右,两者相差的就是不能先睹为快了。而旧书店里出售的旧书,价格一般是原书定价的一半或三分之一,其获利较之卖新书并不菲薄。店主乐意卖,顾客乐意买,这就使得日本旧书市场上的书籍流通量非常大,真正是供销两旺。

神田书店街还是专业淘书者心目中的"天堂",在这里总能发现一些十分罕见的善本、真本、孤本,或绝版书籍,给识货者带来喜获至宝的感觉。例如藏本影印的

《石头记》,20 世纪 80 年代初期在中国国内出版时只发行了 300 部,如今难得一见,而在神田书店街上,不止一家书店的在库目录上列有该书的名字。

在神田书店街淘旧书有个"窍门",那就是要赶"书祭",就是"书展",几乎每周都举行一次。最让爱书人悠然神往的"书祭"在每年 10 月下旬到 11 月上旬举办一次,为期一周。每到这个时候,神田书店街就如同庆祝盛大的节日,到处彩旗飘舞,彩灯高悬,人流如潮,从神保町到骏河台,街道两旁摆的全都是书。在书海中遨游了几个小时,没有一个人空手而归。他们不等回家,一踏进地铁的车厢,就借着明晃晃的灯光读起来,日本人爱读书的风气由此可见一斑,他们脸上那痴迷的神情可不是伪装得出来的。

横滨中华街

横滨中华街坐落在日本第三大城市横滨市中区山下町,以前日本人称它为"唐人街",1912 年改称"南京街",战后易名为"中华街"。它是一个方圆 1600 米的商业区,街区中有关帝庙街、市场街、西门街、南门丝绸街、长安道、广东道、福建路、中山路等多条街道,而主街就是纵贯整个街区的中华街。

"地球上只要有一株椰子树的地方,就有华人。"这话未免有些夸张;"世界上只要是人口超过 10 万以上的城市,就有唐人街。"如果在唐人街后边加上"或中餐馆",这话就是事实。

日本与中国一衣带水,还有徐福东渡成为日本人始祖的传说,日本的唐人街应该也少不了。实际情况却不是这样,华人在日本的数量远没有在美国的多,日本的唐人街也没有美国的规模大,而且日本的唐人街也没有像纽约的唐人街那样深入进美国的心脏地带。横滨的中华街素有"小中国"之称,是日本最大的中国城,而它所在的横滨在日本的大城市中只能排名第三。与纽约、旧金山等城市的唐人街相比,横滨中华街显然不那么纯粹,这一带有居民 6000 多人,华侨华人只能占到一半左右。

不管这种情形是否出于日本人的偏狭,只要是唐人街就像一只传说中的不死鸟,有着顽强的生命力,那也是华人能够遍布世界各地的根本。140 多年前,也就是明治维新之前,日本开始放弃闭关锁国的政策,陆续吸引来不少中国人到横滨落脚谋生。那时的横滨是个只有 500 多户人家的小渔村,而中国人仅仅靠着剃刀、剪刀和菜刀,靠着互相扶助的传统道德,渐渐地办起了一家家店铺,带动了城市的繁荣,也出现了中华街的雏形。此后,先是中日甲午战争,又是关东大地震,再接下来是日本发动侵华战争,中华街屡遭劫难,这里的华人所剩无几。到了二战末期,美军的轰炸机在横滨上空投下上万枚燃烧弹,熊熊大火烧了三天三夜,整个横滨城化为灰烬。

　　1945年日本宣布投降,华人华侨立即搭乘外国船只重回横滨,拣来废弃的铁皮、木板,搭起简陋的房子,摆上几样从海员手上搞来的东西,就算是小店开张了。买卖再小也需要有资金,而华人手里就是缺钱,于是就咬紧牙关啃白薯,把领到的大米白面偷偷拿到黑市上换钱,做些精打细算的小生意。就这样一点一滴地做着小本经营,积攒着一分一角,也就一丝一毫地改变着中华街的面貌。

　　这座牌楼建成后,被华侨取名为"善邻门",向当地人传达着"善邻友好"的意愿。1923年关东大地震后,很多华侨丧命,幸存的华人将"善邻友好"的意愿化为实际行动,当街搭锅建灶,煮粥、炸油饼,让当地居民吃饱肚子,而当时却发生了日本人屠杀中国人的悲剧。如此回报让华人寒心,所以很多人离开横滨就发誓不再回来。

　　横滨中华街的最好时期是1972年,那一年中日两国恢复了邦交,带动了民间的礼尚往来,一时在日本出现了"中国热",吃中国菜、喝乌龙茶、到中国旅游、交中国朋友,成了日本人的时尚。中华街上的华侨商家抓住这一有利时机,成立起了"中华街发展委员会",以募捐方式重新修建了牌楼,新建了具有中国建筑风格的公园凉亭、九龙文化橱窗和存车场大楼,使中华街的面貌焕然一新。1986年,这里的关帝庙因火灾再次遭毁,"中华街发展委员会"发出呼吁,海峡两岸华侨有钱出钱,有力出力,联手建成了一座比以往任何时代都更加金碧辉煌的关帝庙,成为当地的重要名胜。每逢春节和元旦,"中华街发展委员会"都要出面组织举办中国传统的庆祝活动,跑旱船、耍龙灯、舞狮子,搞得红红火火,把不少日本人都吸引了过来。

　　正像世界各地的所有唐人街一样,中华街也不只是一条街,而是一个街区,或者说是一座城。这座城有东西南北四座城门,也就是四座雕梁画栋的牌坊,下边是朱红色的柱子,上面覆盖着绿色的琉璃瓦,地道的中国传统建筑。在这座城中星罗棋布着很多条街道,这些街道大多以中国的地名命名,如香港路、北京小路等,随时都能勾起海外游子的思乡之情。坐落在这些街道的小店里经营的也大都是中国的土特产,就连录音磁带也是中国流行歌手的专辑。

　　全长只有300多米的中华街只是这些街道中的一条,也同那些街道一样狭窄,宽不到10米,它的特殊之处在于它的位置居中,它的名字还是全城的代表。作为主街的中华街还有一个特殊之处,那就是它是全城餐馆最集中的地方,出售中式杂货和副食品的店铺一般都分布在其他街道上。凡是唐人街都以中式餐馆闻名,横滨中华街也是一样。站在善邻门下往前眺望,那一家家中餐馆挤得密不透风,餐馆的店铺多得让人喘不过气来,万珍楼、聘珍楼、珠江饭店、四五六菜馆、华正楼、重庆饭店、谢甜记等等,都是出了名的老店铺,主要经营色香味美的广东风味,也有上海餐馆和四川餐馆。四川的麻辣菜式也很受日本人欢迎,麻婆豆腐成了吸引日本食客的招牌菜。世界各地的中餐馆都以价格低廉取胜,主要吸引华人就餐,而横滨中华街却反其道而行之,讲究高贵豪华,定的也是高价位。一盘麻婆豆腐要卖到1500日元,3只小笼包就卖到450日元,5只水饺竟卖500日元。三四个人在这里吃一顿饭,花上几万日元极为寻常。一向勤俭的华人舍不得为吃顿饭就花掉这么多血汗钱,光顾这里的大多是日本的有钱人或是外国的游客。事情偏偏这样奇怪,越是贵越有人来吃。每到节假日,中华街上人流不断,各家中餐馆都是顾客盈门。20世纪这里的中餐馆都是小铺面,最大的才能装十来个人。而现在这条街上出现了很多家可以容纳一二百号人的餐馆,甚至出现了可容纳千人以上的大餐馆,但还是会经常发生因为事先没有预约而吃不上饭的事情。这种事情可不是笑话,也不是偶尔发生。据统计,节假日光顾中华街的人平均每天可达六七万,而中华街上的餐馆一天总共只能接待3万人左右,于是有人就戏谑地把那些慕名而来却未能吃上饭的人称为"中餐难民"。

明洞大街

明洞大街位于韩国首都首尔的中心地带,长约1500米,面积只有0.44平方千米,常住人口5000人,但每天的流动人口超过200万,每年有400万以上的外国游客来这里观光。2000年3月,它被韩国政府指定为观光特区。

"洞"是韩国行政建制的基层单位,相当于中国的街道。所谓"明洞",可以理解为一条叫作"明"的街道或街区。朝鲜王朝时代,这里不过是一片典型的韩式住宅区。到了近代,韩国人请来英国技师,在这一带建造起带有明显欧式风格的房屋,于是明洞就成了朝鲜文化与西方文明接触的象征。

街道两旁布满了百货公司、商场、餐厅、酒店、戏院,还有一批超现代的大型购物广场、观光酒店、100多家金融机构、数千家服装及服饰专卖店,形成了一个大型购物休闲娱乐区。

走在只供行人行走的宽敞而明亮的明洞大街上,密密麻麻挤在一起的品牌专卖店足以让人眼花缭乱,同时又会下意识地感觉到自己的钱包不够鼓。这也难怪,乐天百货公司、新世界百货公司、优图总商厦、米利奥商厦、阿巴塔商厦这些有名的购物中心,走的都是高品质路线,

明洞大街

各种服装、鞋帽、饰物等都能领导全球潮流,但价格不菲。不过,有经验的游客只是在这里开开眼,却不肯掏腰包,因为他们知道明洞大街两旁的胡同里云集了数量极多的品牌商店,它们出售的商品质量绝对不差,你用较少的钱照样可以买到最时髦的商品。

当然,那些占据明洞大街要冲的大商家自有自己的招徕之法,比如位居韩国百货连锁业龙头老大的乐天集团,就在与乐天百货公司相接的地方开设了一座世界级的室内游乐场,这里有装潢精美的背景建筑,趣味无穷的游乐设施,世界狂欢游行热闹非凡,宇宙杂技表演魅力无穷。有了这个主题游乐场的吸引,很多外国游客都把自己的吃住与购物安排在乐天集团所属的饭店与商店了。

不管是大商场还是小商店。在明洞大街上经营都要付出很高的成本。据有关数据,明洞大街的地价平均每平方米在 1 亿韩元以上,约合 100 万元人民币。尽管如此,这里的土地拥有者还是不愿意轻易出售。令人咋舌的地价必然带来昂贵的租金,在这里随便开一家小店铺,每月的租金就得在 800 万韩元左右,约合 8 万元人民币。联想到这里每年有 400 万外国游客光顾,想来租金再高也是有赚无赔的。

作为最受韩国人喜爱的韩国最好的商业街,明洞大街处处给人年轻与生动的感觉,但在这条繁荣的现代化的街道上,也有一处国家级的文物,那就是明洞圣堂。韩国人大多信仰基督教,早在 1784 年就有了当地的基督教信仰团体,而 1889 年建成的明洞圣堂则是韩国最早的天主教堂,韩国的第一位本土主教的就职仪式就是在这里举行的。它虽然是砖砌的,却有着纯粹的哥特式建筑的风格,在漫天的商业广告牌中独自显示着它的古色古香。

在韩国走向民主化的进程中,明洞大街和明洞圣堂都曾经扮演过一个特殊的角色。1980 年以后,那些热望期盼韩国进入民主社会的示威群众,把明洞圣堂当成了聚集地,整天在这里与警察对峙。嗅着明洞大街上不时传来的催泪弹的刺鼻气味,明洞大街上的商人们感觉到了危机,他们积极行动起来,成立了一个名叫"明洞商街繁荣会"的组织,宣称这里是一条"和平之街",这边劝警察不要动粗的,那边劝示威群众克制一下。最终韩国社会能够和平地完成民主化进程,明洞大街的商人们也有一份功劳。

中国驻韩国大使馆也在明洞大街上,它的附近有一条中国街,已经有 20 多年的历史了。在这里可以买到各种来自中国的物品,如生活用品、茶叶、药品、香料、书籍等等。中国人来到这里会感到格外亲切,而韩国人在逛完了号称"购物天堂"的明洞大街后,常常会来这里感受一下异国情调。

非洲名街

海滨大道

海滨大道位于埃及第二大城市亚历山大,濒临地中海,全长约 26 千米,建于 1934 年,又称 7 月 26 日大街。它的东端是蒙塔扎宫,西端是卡特巴城堡,沿途现代化的建筑群中清真寺的尖塔时或可见。

亚历山大是埃及最开放的城市,也是举世闻名的旅游胜地。这里冬无严寒,夏无酷暑,四季花开,万木常青。它也是埃及最漂亮的城市,东西狭长的城市宛如一位淡妆素裹的少女侧卧在地中海滨,显得异常娴静美丽,有"埃及新娘"之称。

最能体现这座城市特色的就是海滨大道,它一面是浩瀚辽阔的地中海,一面是错落有致的现代化建筑,沿途绿树成荫,花草争艳,景色十分迷人。对于游人来说,这里的海边最有诱惑力,松软的沙滩正好用来做日光浴。但海滨大道上的海滨浴场只有很少的几处,总长度加起来不足 1000 米,其中的原因大约是阿拉伯人的习俗不允许在公共场合里袒胸露背。在天气炎热的夏

海滨大道

季,偶尔能看到几个年轻人在海边嬉水,但女生的衣服绝对是上遮肩下及膝的。

亚历山大人当然不会丢弃这美妙绝伦的海滨资源,只是不下水,而是沿着海滨一路走去,在海风的吹拂下尽情欣赏带有欧洲建筑风格的街景。公元前 332 年,希腊马其顿国王亚历山大一世征服埃及后,把一个默默无闻的小渔村变成了古希腊的第一大城。从那以后,这座城市就带上了明显的希腊印记。直到阿拉伯人征服了埃及后,这座城市的建筑依然瞄准了地中海那边的世界,清真寺高耸的尖塔和球状屋顶反倒显得有些另类。

不过,建在海滨大道上临地中海而立的清真寺也是十分有名的,其中最突出的是阿布阿拔斯清真寺和布塞瑞清真寺。阿布阿拔斯清真寺面积稍大,1943 年建立在一座 13 世纪的坟墓上,周围是如画的旧城区。布塞瑞清真寺晚间灯火熠熠,成为途经这里飞机夜航的标志。

海滨大道上最有名的建筑要数亚历山大图书馆。这座图书馆始建于公元前

259 年,当时中国的老子、孔子还把他们精妙的思想写在竹简上,而它的馆藏图书就多达 54000 卷了,所以被后人誉为人类文明世界的太阳。据说当初建亚历山大图书馆唯一的目的,就是"收集全世界的书",实现"世界知识总汇"的梦想,为此历代国王不惜动用一切可以使用的手段:凡是进入亚历山大港口的船只,一律严格搜查,只要发现图书,不论国籍,马上归入亚历山大图书馆。相传当时古希腊三大悲剧作家埃斯库罗斯、索福克勒斯和欧里庇得斯的手稿原本收藏在雅典档案馆内,托勒密三世得知此事后便设了一计,以制造副本为由,先用一笔押金诱惑雅典人破例出借,可最后还给希腊人的却是足以乱真的赝品,真迹却被送进亚历山大图书馆里珍藏起来。

不管手段正当与否,反正亚历山大图书馆迅速成为人类早期历史上最伟大的图书馆,并享有"世界上最好的学校"的美名,在整个地中海世界扮演着传播文明的角色。然而,这座图书馆却神秘地消失了。现今人们只知道它先后毁于两场大火。第一场大火是古罗马人放的,本意是焚烧埃及军队的战船和港口,没想到大火蔓延到亚历山大城里,致使图书馆遭殃,全部珍藏过半被毁。另一场大火相传是公元 642 年由征服埃及的阿拉伯将领阿慕尔放的,理由是他的上级给出的:如果这里的书籍与我们传授的教义内容一致,那它们就没有存在的必要;如果与教义不一致,那就更该毁掉。于是,这里的所有图书都被运到当地一个公共浴室当燃料烧,据说整整烧了大约 6 个月。

为了让这座"地中海文化灯塔"重新闪耀光芒,一座崭新的亚历山大图书馆于 1989 年海滨大道上破土动工,据说这里就是托勒密王朝时期那座图书馆的旧址。它总造价 4500 万美元,建筑面积达 45000 余平方米,主体建筑为圆柱体,顶部是半圆形穹顶,会议厅是金字塔形,三者的巧妙结合浑然天成,多姿多彩的几何形状勾勒出这座图书馆的悠久历史。令人称奇的是,无论从哪个角度看,它的主体建筑都像是一轮斜阳,象征着普照世界的文化之光,也有人说它体现了古埃及人信奉的太阳神文化。图书馆外墙上有一处用花岗岩砌成的"文化墙",上边镌刻着包括汉字在内的世界上 50 种最古老语言的文字、字母和符号,凸显出文化传承的创意。步入可容纳 2500 人的阅览大厅,这里覆盖着半圆造型的巨大玻璃屋顶,柔和的自然光线撒遍整个大厅。

海滨大道的最西端,有一座依海而建的城堡,它就是卡特巴城堡。这座城堡本身没有什么特别之处,特别之处是它的地基是位列古代世界七大奇迹之一的亚历山大灯塔。这座著名的灯塔在 14 世纪的大地震中倒塌,为了防止土耳其人入侵,埃及国王卡特巴于 1477 年下令在原灯塔的遗址上修筑起一座城堡,用的还是原先建灯塔使用过的石块。这座米黄色的城堡是一座典型的阿拉伯建筑,三面都是高大的城墙,每个角落各有一个炮楼。站在这里眺望着一碧如洗的地中海,倾听着轰隆隆的潮水,似乎是远航的游子在述说着循着灯塔的光芒归家的故事。1966年卡特巴城堡被改为埃及航海博物馆,这里的展品相当丰富,有古埃及船只的模型,还有从海里打捞出来的部分埃及法老时代到托勒密时代的文物。

离开卡特巴城堡,沿着蜿蜒的海滨大道,可以一直走到位于亚历山大市东部的蒙塔扎宫。这里密林环绕,如今已经成为全城最大的公园,而在1952年前,它一直是皇室家族的消夏避暑之地,所以又称夏宫。每当夕阳西下时,涌上岸边的雪白的浪花变成了橙红色的弧线,好像为这座行宫镶上了一轮金边。蒙塔扎宫中的建筑上到处都刻着字母"F",据说这是因为王宫的主人相信"F"能给他的家族带来好运气,所以国王的子孙命名都以"F"开头。1952年1月,埃及的末代国王法鲁克的儿子降生了,他为儿子取名阿赫迈德·福阿德,字母"F"被放在第二位。6个月后,法鲁克就被废黜了。莫非"F"真有那么大的魔力吗?法鲁克就因为不遵祖制才落得那样的下场吗?在充满神秘的国度里,神秘的传说总是层出不穷。

法鲁克的另一座行宫蒂恩角宫也建在海滨大道上,它是法鲁克出生的地方,一到冬天国王就搬到这里来,因此又称为冬宫。1952年7月26日,法鲁克在这里被迫签字退位,结束了埃及的君主制度。如今的蒂恩角宫已经成为国宾馆,宫内陈设无比奢华,依旧保持着原貌。

欧洲名街

唐宁街

唐宁街位于伦敦市内白厅大街西侧中段,它是一条短而窄的横街,长不过百米,却是英国的政治中心,英国首相的官邸就在这条街上。

很多城市的街道是以人名来命名的,唐宁街也是一样。但是用作街道名字的人物,通常是足资后人景仰或作为榜样的,而唐宁这个人历史上却是有污点的。

乔治·唐宁是爱尔兰人,在英国资产阶级大革命时代,他担任过克伦威尔的总侦察长,后来又出任英国驻荷兰海牙大使。就在这时候,他扮演了一个叛徒的角色。他秘密地与流亡在荷兰的查理二世取得了联系,将克伦威尔要缉拿查理二世的计划透露给他,查理二世这才得以逃脱。克伦威尔去世后,克伦威尔集团的主要成员都被逮捕入狱,唐宁也被关进伦敦塔内两个多月。幸好查理二世没有忘记他的救命之恩,下令释放了他,而唐宁从此就彻底背叛了以前的盟友,转而全力效忠国王。查理二世投桃报李,很快就把他提拔到财政大臣这个重要位置上来,还赏给他一块封地。唐宁不愧是财政大臣,很有商业头脑,他发现在伦敦市内的重要地段上建造房屋是一个迅速发财的好办法,就策划建了几座房子,这就是唐宁街的雏形。

唐宁去世后,他的房产都被皇室收回了。1732年,英王乔治二世将唐宁街上的房子以及俯瞰英国皇家卫队的房子统统赠送给了罗伯特·沃伯尔爵士。他当时的头

唐宁街

衔是第一财政大臣,实际上等于首相,所以人们就把他称为英国历史上的"第一任首相"。沃伯尔不愿意把唐宁街的房产据为己有,他要求英王允许他和他的继任者将其作为官邸使用。英王欣然允诺。从此,唐宁街10号就成了英国的首相府,而门旁的邮箱上还留着当时镌刻的"第一财政大臣"的字样。1937年后,英国正式设置首相,历任首相都住在唐宁街10号,它的名声也就越发响亮起来。

唐宁街上除了10号,还有11号、12号,分别是政府督导员办公室和财政大臣官邸,但唯有10号的"曝光率"最高,所以给人的印象仿佛是整条唐宁街只有一个10号。

作为英国政府的神经中枢所在和世界上最著名的政府办公室,唐宁街10号无论怎样藏而不露,都无法不引人注目,这里的所有细节都能引起人们的兴趣。比如它的前门是两扇黑色铁门,门上威武的狮头门环,那是诺斯勋爵担任首相时,给唐宁街10号增添的。如果你很细心的话,就会注意到,这两扇前门一模一样,这是为了防备一扇需要油漆,也不至于破坏它的传统景观和日常功用。有趣的是,首相本人并没有唐宁街10号的大门钥匙。尽管这里是他的家,他也用不着自备钥匙,门口日夜有人值班,随时会为这里的主人开门。

尽管唐宁街10号戒备森严,但其内部情况还是为人所熟知。它的门厅铺着黑白相间的格子大理石,这些大理石也是诺斯勋爵在任期间铺下的。一楼的内阁会议厅里摆着一张古朴典雅的船形会议桌,周围摆了一圈椅子,中间那把带扶手的椅子是首相的专座。每个星期四的上午,内阁大臣们就要坐在这张桌子周围,参加由首相主持的内阁会议,英国政府的许多重要决策,都是在这里制定出来的。沿着悬臂吊挂的主楼梯上二楼,你会在墙壁上看到历任英国首相的黑白照片或肖像画,形象地展示了这里的主人变迁。二楼有三个宴会厅,那是首相用来会见或宴请来访的外国来宾所用的。宴会厅的墙壁上挂着很多有名的油画,但不是首相个人的东西,都是借来的,首相卸任后是带不走的。三楼是首相一家和部分首相府工作人员的住处。首相家人也住在这里,是为了便于首相生活,但房子是不能白住的,照例要交付房租。

温斯顿·丘吉尔担任英国首相时,正是战争时期。1940年10月,一个炸弹落在唐宁街10号附近,炸坏了这里的厨房和政府寓所,并造成三人丧生。为了保护首相和内阁成员的安全,唐宁街10号的房间都用钢铁加固起来,窗户上安装了厚厚的金属挡板,它的地下室也得到加固,成了丘吉尔的办公室。丘吉尔和英王乔治六世经常在地下室的餐厅里一边进餐,一边商讨国家大事。战后,丘吉尔从地下搬回到地上。1945年5月8日下午3时,他在唐宁街10号的内阁会议厅里通过广播宣告欧洲胜利日的到来。如今在地下室餐厅的墙壁上还挂着丘吉尔的纪念牌,向来访者讲述着那段不寻常的历史。

牛津街

牛津街(摄政街)坐落在伦敦西区中部,是西区购物的中心,也是全英国最繁忙的街道,全长近2000米。牛津街是东西走向,摄政街是南北走向,两条大街的交叉处就是唐人街。

伦敦分为东西两区。东区过去是"贫民窟",建筑低矮,街道肮脏,住在这里的大多是平民百姓。西区是王宫、议会、政府各部门的所在地,英国最大的百货公司、最时髦的时髦用品商店、最豪华的别墅,都集中在西区,所以这里被称作"富人的乐园"。

牛津街作为英国最有名的购物街,自然坐落在伦敦的西区。这条街道不足2000米,竟云集了300多家店铺和商场,每年都有上千万来自世界各地的游客到此观光购物,每小时都有50辆公共汽车在这条街上运行。如此庞大的人流酝酿着巨大的商机,精明的商人们哪里肯放过,世界上很多知名品牌都在这里开设专营店,一方面是为了增加销售,另一方面是在这里设一个展示品牌的窗口。

喜欢购物的游客来到伦敦必到牛津街,在这里你能找到来自世界各地的服装、化妆品、家具、陶瓷、烟草、酒水等各类名牌产品,琳琅满目的商品让

牛津街

人大开眼界,你想要买什么这里就有什么。这里所有的店铺都是一个挨一个地靠在一起,令人有目不暇接之感,而且街道宽敞明亮,尽管购物者川流不息,却没有拥挤不堪的感觉。

逛牛津街,很容易勾起人们购买的欲望。但当你决定掏腰包时,一定要心中有数,伦敦的物价水平绝对"国际化",价格绝对不便宜。其实,不少游客来到牛津街

之前,就已经打定了不花钱的主意。牛津街上的名牌店里种类繁多,款式齐全,某些顶级品牌的款式竟然比产地店铺里摆的还多。除了大饱眼福外,在这里你还可以享受到英式的周到服务,体验到超五星级的待遇。而牛津街两旁的店铺各有特色,也组成了一道令人赏心悦目的风景。

牛津街上还有一些大型综合商厦,以专门出售昂贵商品而闻名,其中中国游客最多的是塞弗里奇百货公司。迈进商厦大门,首先映入眼帘的是古奇、迪奥和普拉达等世界知名品牌的专柜。这些专柜不仅面积大,还用透明的玻璃墙将它与其他柜台区分开来。让中国游客失望的是,这家商厦中来自中国的商品极少,只是在顾客相对较少的家居用品区里有一个经营中国古典家具的专柜。这里的产品小到枕套大到柜橱,价格在同类产品中算中档,最贵的是中国古典红木方桌,要价上万英镑。尽管价格昂贵,但悠久的历史和独特的样式还是能吸引一些顾客。

来到牛津街,很容易走到摄政街上,它也是一条商业街,但与牛津街稍有不同,那就是它更窄一些,更为曲折蜿蜒。另一个不同是牛津街更能吸引喜欢赶时髦的年轻人,而摄政街更能赢得中年绅士淑女的欢心。这里有著名的韦奇伍德瓷器店,可以买到精致的骨瓷,还有全世界最大的哈姆雷兹玩具店、Mappin & webb 刀叉店。在这条街上购物,要比在牛津街上购物更随意、更轻松一些。

从 2000 年开始,摄政街上又多了一道风景,那就是每年的 9 月初,这里要举办一届摄政街节。节日期间,汽车禁止入内,整个街道被布置成了一个街头游乐场,就连深受英国人欢迎的马球手也把他们的坐骑拉上了街头。人们可以一边购物,一边参加各种娱乐活动,尽情享受闲暇时光。

在牛津街和摄政街交叉的地方,有一块方圆不足一平方千米的街区,被英国人称为"中国城",也叫"唐人街"。这里虽然紧靠伦敦的两大商业街,却没有高层建筑,也没有豪华的大公司,街道也很狭窄,只能容汽车单行。这里是华人的天下,街道两旁全是用汉字书写的店铺招牌。至于零星几家由洋人经营的商店和酒吧,则完全被林立的中餐馆淹没了。与其他地方的唐人街一样,这里也是中餐馆众多,粗略算一下,绝对不少于 100 家。在这些中餐馆的橱窗中,吊着烧鸡烤鸭、广东香肠,还有独具特色的中式糕点,中国人见了觉得亲切,外国人见了不禁垂涎欲滴。

每逢新春佳节,"中国城"中到处张灯结彩,男女老少都穿上了新衣服,互贺"恭喜发财"。青年人则舞龙耍狮,表演中国杂技,将异国风情融进了牛津街和摄政街浓浓的商业气息之中。

皇家一里

苏格兰首府爱丁堡的著名街道,位于爱丁古堡脚下,向东偏北,全长约 1.6 千米,街道两旁有许多气势宏伟的皇家建筑。

爱丁堡市中心有一座 135 米高的城堡山,山顶是全城的最高点,而著名的爱丁堡古堡就耸立在城堡山顶。这里三面都是陡峭的悬崖,只有东面是一个略微平坦的斜坡,皇家一里这条街道就沿着这个斜坡蜿蜒而下。

皇家一里是个让人一目了然的名字,"一里"(即一英里)指的是它的距离,"皇家"指的是它的个性。一里长的街道几乎每座城市都有,而专属皇家的街道却不多见。而像皇家一里这样的小街,周围全是雍容华贵的皇家建筑,那就更少见了。

皇家一里这头连着爱丁古堡,那头连着圣十字架宫,这二者都为苏格兰皇室所有。

据史书记载,在公元 7 世纪时,城堡山上就建有城堡,作为一个古老王国的都城。到了 11 世纪,这里成了国王的皇宫。不过需要指出的是,现存的爱丁堡古堡并不那么古了,它是 18 世纪重建的。爱丁堡古堡的主要功能就是防御外敌入侵,这一点从城墙上为数众多的大炮就能看得很清楚。那一尊尊排列整齐的古炮,步调一致地将乌黑的炮口对准堡外的福思湾河,似乎在渲染着古时候这里戒备森严的气氛。如今,这些大炮每天下午 1 点都要鸣空炮,既是礼炮,同时又让游客们嗅到一点战争年代的火药味。

沿着古堡拾阶而下,走过古堡广场,就能看见一座造型别致的瞭望塔。它不很高,只有 98 级台阶,在天气晴朗的日子,游人登上塔顶的八角形暗室,就能将爱丁堡的美丽风光尽收眼底。原来,这个暗室里装有一个类似潜望镜的装置,它能把市区的全景收拢起来,再投射到一个圆形屏幕上,在屏幕上观看景物,如同看动画片一般。

在这座瞭望塔的旁边,立着一只狗的雕像。这只狗名叫勃比,与主人的感情极其深厚。主人死后,它就一直守候在主人的墓前,这一守就是 14 年,直至老死。它的忠诚感动了爱丁堡人,就追认它为爱丁堡市的"自由人",还为它塑像以示纪念。

在皇家一里的尽头坐落着圣十字架宫。它原本是一座寺院的宾馆,后来经过不断扩建改造,成了国王的行宫。这座宫殿平时对外开放,游人只要买票就可以进去参观。宫中存有 11 幅苏格兰历代君主的画像,记录着这个古老王国的权力更迭,也许还隐藏着不为人知的宫廷阴谋或秘闻。而到了夏天有一周时间,这里就不接待一般游客了。因为英国女王或皇室成员会到这里小住避暑,那时候圣十字架宫上会飘扬起王室的旗帜。在爱丁古堡和圣十字架宫之间,依次排列着许多气派非凡的皇家建筑,其中最值得一看的是圣哲尔斯教堂,它的塔顶建于 1495 年,其造型模仿的是苏格兰王冠。这座教堂中有四根大柱子,那是 12 世纪留下的遗物。作为教堂装饰的彩色玻璃和精美木雕,也都令人赞叹不已。

香榭丽舍大街

香榭丽舍大街位于法国首都巴黎市南北相分的中轴线上,全长 1880 米,宽 120 米,可并行 10 辆汽车,沿途遍布名胜古迹。

"香榭丽舍"是一个绝妙的中文译名,它让根本不懂法文的中国人,仅仅凭着字面就能想象出一片诗情画意来。

在法文中,"香榭丽舍"是"田园乐土"的意思,而它又源于古希腊神话,意思是"神话中的仙景"。17 世纪以前,这里不过是一片低洼潮湿的空地,连丑小鸭都算不上,然而一段神话就这样凭空产生了。路易十四在位时,在这里植树造林,使之成为专供宫廷贵族游乐的禁区。后来,随着图勒里公园的东西轴线向西延伸,这里建成了一条近 1000 米长的林荫道,成为"世界上最美丽的散步大道"。1709 年,香榭丽舍大街正式得名,乘坐马车沿着这条大道前往凡尔赛,欣赏沿途风光,成为一时的风尚。在巴黎扩建的奥斯曼时代,这里成为"法兰西第一大道"。而到了 19

香榭丽舍大街

世纪,随着资本主义的飞速发展,这里又成了重要的商业大道。

作为巴黎的象征和标志,香榭丽舍大街还具有历史老人的资格,它曾见证了法国的各个重要历史时刻。1814 年,反法联盟的军队开进巴黎,普鲁士和英国士兵在这条大街上宿营。1885 年,大文豪雨果的出殡队伍从这条大街上缓缓走过。1944 年,解放巴黎的军队走上这条大街,两旁站满了热情欢呼的巴黎市民。1970 年,还是在这条大道上,法国人为去世的戴高乐将军送行。

法国的一些重大节日,如 7 月 14 日的国庆阅兵式、一年一度的新年联欢,也都在这条街道上举行。在举行国庆阅兵游行时,法国空军的飞机会从位于香榭丽舍大街的凯旋门上空飞过,在蓝天上喷出与法国国旗颜色相同的红、白、蓝三色烟雾。而当法国国家足球队在世界杯足球赛上夺冠时,这条大街顿时变成了狂欢的海洋,无数瓶香槟酒被当场打开瓶塞,无数个气泡飞洒成漫天的细雨。

香榭丽舍大街与法国历史联系紧密,那是因为它地处法国的首都;巴黎人离不开香榭丽舍大街,那是因为巴黎的夜生活主要集中在这里。巴黎人喜欢夜生活,而举世闻名的丽都夜总会就在香榭丽舍大街上。尽管不是每个巴黎人都有钱到丽都夜总会去看由现代科技和绚丽服装组合于一体的舞台表演,但借着香榭丽舍大街两边五光十色的霓虹,三五成群地聚集在咖啡厅或酒吧门前的小桌旁,或者与情人在街边相拥漫步,那也不失浪漫的情趣。

巴黎人都知道,到香榭丽舍大街上寻找浪漫是要分地点的。它从南到北横贯巴黎中心,东端是协和广场,西端是星形广场,也叫戴高乐广场,以隆布万街和圆点广场为界,分成风格迥异的东西两段。东段古雅幽静,花团锦簇,鸟语花香,一排排梧桐苍翠欲滴,街心花园夹在万木丛中时隐时现,还有三五成群的白鸽悠闲踱步;西段喧嚣吵闹,商贾云集,街道两边店铺林立,橱窗里的商品琳琅满目,一派富贵豪华。

如果你喜欢沉浸在田园风光中,自然要到香榭丽舍大街的东段看一看。这里有建于 1757 年的协和广场,又名路易十五广场,方圆达 4 万平方米。广场中央竖立着一座高达 23 米的方尖碑,它原是埃及卢克索神庙的文物,碑上记载着拉美西斯二世法老的事迹,1831 年被法国人从埃及运到这里。法国大革命时,愤怒的人民把国王路易十五和王后推上设在协和广场上的断头台。广场上还保留着两个建于 1836~1846 年的圆形喷水池,它们模仿了罗马圣·彼得广场上的水池风格,造型独特,尤其是夜晚在灯光的映照下,喷涌的水柱变幻出斑斓的色彩。

离开协和广场,步入香榭丽舍大街,首先进入眼帘的是典雅宏伟的波旁宫。它始建于 1772 年,原是国王路易十四的女儿波旁公爵夫人的王府,后来成为法国最高立法机构的所在地,于是被视为法国法律的象征。波旁宫内的中央大厅直通议会大厦,它的对面是享誉全球的艺术博物馆卢浮宫。波旁宫的东侧是国会图书馆,馆中藏书 60 万册,其中包括卢梭等著名学者的手稿、12 世纪的《圣经》、一些原始笔录、全套的官方公报等珍本。馆中还陈列着拿破仑当年东征西讨缴获来的 52 面敌国的国旗,以及拿破仑远征前让学者们为他整理的有关埃及的文献。

如果你喜欢体会商业的繁荣,自然要到香榭丽舍大街的西段看一看。这里有建于 1806 年的星形广场,广场中央矗立着著名的凯旋门。星形广场连接着巴黎 12 条有名的街道,每条街道都有林荫遮护,街道两旁各类店铺鳞次栉比。这些街道又连接着巴黎的千街万巷,如同一颗大星星闪烁出的万千光芒,星形广场由此而得名。

离开星形广场,步入香榭丽舍大街,很快就会嗅到一股浓烈的香水味,顿时产生一种心旷神怡的感觉。巴黎香水世界闻名,而巴黎最著名的香水店都集中在香榭丽舍大街西段。此外,这里还汇聚了好多夜总会、歌舞厅、咖啡店、快餐店,法国航空公司、法兰西商业信贷银行和"奔驰""雪铁龙""雷诺"等欧洲名牌汽车公司,还有"索尼""精工"等日本名牌产品,都争相让自己的展销大厅、展销店在这里抢占一席之地,真是商贾云集。巴黎有很多流浪音乐家、街头画家,他们也都偏爱在香榭丽舍大街的西段讨生活,从不到东段去,这也成就了香榭丽舍大街的一隅风情。

香榭丽舍大街两侧名胜众多,如玛德林娜大学、图勒里公园、市府大厦等,实在难以尽数。在诸多名胜中,有一家咖啡店跻身其间,让不熟悉巴黎的人大呼意外。这家咖啡店名叫富凯咖啡店,坐落在香榭丽舍大街与乔治五世大街的交汇处,创建于1899年,主人路易·富凯精明有道,以富有文化品位的服务招徕了很多文人雅士,使这里很快就成了社会各界名流聚会的场所。有不少巴黎人自惭形秽,不好意思到这家咖啡店里面,就在门前或露天座位上守候,期待着一睹他们心目中偶像的面容。

随着富凯咖啡店名声远播,很多大人物慕名而来,其中有英国首相丘吉尔、美国总统艾森豪威尔、法国元帅勒克莱尔等。为了庆祝巴黎从德国法西斯的铁蹄下解放出来,英国元帅蒙哥马利也选择这家咖啡店举行盛大的庆典。

如今的富凯咖啡店依然保留着昔日的风貌,这里的所有设施还是那样高档,所有的咖啡用具还是那样考究,身穿礼服的服务员还是那样周到而热情,还是严禁浓妆艳抹的不三不四女人入座。正是由于它独特的品位,法国文化部长亲自宣布,将它列入国家历史文物保护名单。一个咖啡店能成为受到国家保护的历史文物,这在全世界恐怕也是绝无仅有的。

经过了三个世纪的风雨沧桑,人们今天看到的香榭丽舍大道还是那样迷人。尤其是经过1898年的大改造后,那227棵高大伟岸的遮荫树,51条用热带雨林木制成的休息长椅,造型美观别致的公共汽车灯,1000盏自动调节亮度的行人道冷光灯,给这条大道增添了时代的活力和青春的生机。人类自己做不到红颜不老,却能让一条街道青春永驻,这条街道的名字就是——香榭丽舍。

特别提示:

本书在编写过程中,参阅和使用了一些报刊、著述和图片。由于联系上的困难,和部分作品的作者(或译者)未能取得联系,对此谨致深深的歉意。敬请原作者(或译者)见到本书后,及时与本书编者联系,以便我们按照国家有关规定支付稿酬并赠送样书。

联系电话:010-80776121 联系人:马老师